KB177519

E. HADER pinxit.   1884.   Gesetzlich geschützt.

Phot. u. Verl. v. Sophus Williams, Berlin W.

헤겔(1770~1831) 초상화

▲튀빙겐 대학교
헤겔은 이 대학 신학부에서 신학을
공부하고 기독교 역사연구에 전념한
다. 튀빙겐 시절 5년 동안 동갑내기
횔덜린과 5세 아래인 셸링과의 친교
는 그의 일생에 큰 영향을 준다.

◀횔덜린(1770~1843)
초기 낭만주의 학파로 시와 소설
등의 작품들은 독일문헌학을 발전
시켰으며 셰익스피어의 작품을 번
역하고 민담 등을 수집했다.

▲예나 대학교
1801년 예나 대학 교수로 가 있
던 셸링의 추천으로 강의를 맡
게 된다. 1805년에는 괴테의 추
천으로 원외 교수로 임명된다.
이 시기에 헤겔은 《정신현상
학》(1806)을 출판한다.

▶셸링(1775~1854)
셸링은 의식 그 자체는 자기의
직접적인 대상일 뿐이며 오직
예술에서만 정신이 충분하게
자신을 깨달을 수 있다고 주장
했다. 그는 독일의 낭만주의 운
동에 큰 영향을 주었다.

▲자식들에게 크리스마스 선물로 군복을 주는 프로이센 국왕 프리드리히 빌헬름 3세(1803)
헤겔의 사상은 철학 이외에 정치에도 영향을 미쳤는데, 헤겔이 죽은 뒤, 헤겔 우파는 그의 정치철학을 자기들 마음대로 해석해 이용했다. 그들은 프로이센을 중심으로 하는 입헌군주제야말로 이상적인 국가이며 변혁은 필요 없다고 주장했다.

◀게르만 민족주의
헤겔이 그즈음의 프로이센 국가를 이상화한 것은 히틀러에 이르러 절정을 맞이한 국가 숭배사상의 선구자로 평가받는 계기가 되었다. 사진은 히틀러 유겐트의 모습

피히테(1762~1814) 피히테는 칸트의 윤리적 개념에 바탕하여 절대적 관념론 철학을 체계화해 나간다. 베를린 대학교
는 피히테가 죽자 그의 후임으로 헤겔을 맞이한다.

포이어바흐(1804~1872) 헤겔 밑에서 2년 동안 공부했던 헤겔 학파였는데, 《헤겔 철학 비판을 위하여》(1837)를 계기로 헤겔 비판론자로 돌아섰다.

헤겔의 묘 베를린. 피히테의 묘 옆에 묻혔다.

System

der

Wissenschaft

von

Ge. Wilh. Fr. Hegel,

D. u. Professor der Philosophie zu Jena, der Herzogl.
Mineralog. Societät daselbst Assessor und andrer
gelehrten Gesellschaften Mitglied.

Erster Theil,

die

Phänomenologie des Geistes.

Bamberg und Würzburg,

bey Joseph Anton Goebhardt,

《정신현상학》(1806) 속표지

세계사상전집075
Georg Wilhelm Friedrich Hegel
PHÄNOMENOLOGIE DES GEISTES

정신현상학

G.W.F. 헤겔/김양순 옮김

동서문화사

디자인 : 동서랑 미술팀

정신현상학
차례

서설 : 학문적 인식에 관하여 … 11
서론 … 60

의식
 Ⅰ 감각적 확신, '이것'과 '사념' … 72
 Ⅱ 지각, '사물'과 '착각' … 82
 Ⅲ 힘과 오성, '현상'과 '초감각적 세계' … 95

자기의식
 Ⅳ 자기확신의 진리 … 121
  1. 자기의식의 자립성과 비자립성, 주인과 노예 … 128
  2. 자기의식의 자유, 스토아주의와 회의주의와 불행한 의식 … 138

이성
 Ⅴ 이성의 확신과 진리 … 158
  1. 관찰하는 이성 … 165
   1) 자연의 관찰 … 167
   2) 순수한 상태에서 외적 현실과 관계하는 자기의식의 관찰·논리학적 법칙과 심
    리학적 법칙 … 200
   3) 자기의식이 자신의 직접적인 현실과 맺는 관계, 인상학과 골상학 … 206
  2. 이성적인 자기의식의 자기실현 … 233
   1) 쾌락과 필연성 … 239
   2) 마음의 법칙과 자만의 광기(狂氣) … 244
   3) 덕성과 세계행로 … 252
  3. 절대적으로 실재하는 개인 … 260
   1) 정신적인 동물의 왕국과 기만, 또는 '사태 그 자체' … 261
   2) 법칙을 제정하는 이성 … 277
   3) 법칙을 음미하는 이성 … 282

정신

Ⅵ 정신 … 290

　1. 참다운 정신, 인륜 … 293

　　1) 인륜의 세계, 인간의 법칙과 신의 법칙, 남성과 여성 … 294

　　2) 인륜적 행위, 인간의 지와 신의 지, 죄책과 운명 … 306

　　3) 법적인 상태 … 317

　2. 자기에게서 소외된 정신, 교양 … 322

　　1) 자기에게서 소외된 정신의 세계 … 325

　　　⑴ 교양과 현실의 교양세계 … 325

　　　⑵ 신앙과 순수한 통찰 … 351

　　2) 계몽사상 … 358

　　　⑴ 계몽과 미신의 싸움 … 359

　　　⑵ 계몽의 진리 … 382

　　3) 절대적 자유와 공포 … 388

　3. 자기를 확신하는 정신, 도덕성 … 397

　　1) 도덕적 세계관 … 398

　　2) 치환 … 407

　　3) 양심, 아름다운 혼, 악과 악의 사면 … 417

Ⅶ 종교 … 444

　1. 자연종교 … 451

　　1) 빛 … 453

　　2) 식물과 동물 … 454

　　3) 공작인 … 455

　2. 예술종교 … 459

　　1) 추상적인 예술작품 … 461

　　2) 살아 있는 예술작품 … 470

　　3) 정신적인 예술작품 … 474

　3. 계시종교 … 487

Ⅷ 절대지 … 514

헤겔의 사상과 《정신현상학》 … 530

게오르크 헤겔 연보 … 564

서설 : 학문적 인식에 관하여

　서문에서는 흔히 저자의 목적은 무엇이고 동기는 무엇이며 또 그가 다루고 있는 대상에 관하여 자기 이전이나 동시대에 쓰인 작품은 그의 저작과 어떤 관계에 있는지를 설명하는 것이 관례처럼 되어 있다. 하지만 사실 그런 설명은 철학서에서는 불필요할 뿐만 아니라 문제의 성질상 부적절하고 취지에 어긋난다고도 하겠다. 왜냐하면 철학에 관하여 서문에 쓰일 법한 이야기 방식, 이를테면 역사적인 사실로부터 스스로의 경향이나 처지 또는 일반적인 내용이나 결론을 이끌어 내고는 거기에 진리에 대한 갖가지 주장이나 단언을 연관시키는 그런 방식은 철학적 진리가 표현되기에 적합한 방법이 아니기 때문이다. 또한 철학이란 그 본질상 특수한 것을 내포하는 보편성을 토대로 삼고 있으므로 다른 어떤 학문보다도 목적이나 최종 결론 속에서 사태 자체가 완전히 본질적으로 표현될 수 있다. 그런데 이에 비해 실제적인 전개 과정은 별로 중요하지 않다고 여겨지기 쉽다. 그러나 예컨대 해부학의 경우라면 신체의 각 부분을 생명 없는 물체 다루듯 해서는 학문의 내용이 되는 문제의 핵심을 파악했다고는 할 수 없으므로, 이보다 더 나아가 특수한 각 부분을 탐구할 필요가 있다고 누구나가 생각할 것이다. 더구나 학문이라고 칭할 자격도 없는 해부학처럼 잡다한 지식의 집합체의 경우에는 목적과 같은 보편적인 논의와, 신경이나 근육 따위와 같은 내용 자체에 관한 기술적(記述的)이고 무사상적(無思想的)인 논의가 서로 조금도 구별되어 있지 않은 것이 보통이다. 하지만 철학에서는 총론과 각론 사이에 차이가 있으므로 물론 각론도 제시되어야 하지만, 이것으로 진리를 파악할 수 없다는 점은 철학 자체에 의해서 명시된다.

　게다가 하나의 철학서가 똑같은 대상을 다루고 있는 다른 저작과 어떤 관계에 있는가를 따진다면 아무래도 엉뚱한 데 관심이 쏠려 정작 중요한 진리의 인식은 오히려 흐려질 염려가 있다. 참과 그릇됨이 서로 대립한다는 섣부른 생각이 굳어지면 굳어질수록 사람들은 보통 기존의 철학체계를 놓고 찬성과 반대 중 어느 한쪽으로만 치우침으로써 이 체계에 대해 설명할 때에도 다만 참과 그릇됨 가운데 어느 한쪽을 가려내는 데 그치고 만다. 이런 생각을 가진 사람은 여러 철학체계의 차이를 진리의 점진적인 발전으로 보지 않고 거기서 오로지 모순만을 발견한다. 이는 봉오리가 사라지고 꽃이 피어나는 모습을 보고 봉오리가 꽃에 의해서 부정되었다고 얘기하는 것이나 마찬가지다. 같은 논리로 열매가 열리면 꽃은 식물의 거짓된 존재가 되어 결국 식물의 진리는 꽃에서 열매로 옮겨 간다고 할 수 있다. 이 경우 저마다의 형식은 서로 다를 뿐 아니라 결코 양립할 수 없는 관계에 있는 셈이다. 그러나 사실은 모든 형식이 유동적인 성질을 띰으로써 동시에 유기적인 통일을 이루는 구성요소가 되는 까닭에, 이들은 서로 배척하기는커녕 오히려 모두가 하나같이 필연적인 관계 속에서 비로소 전체의 생명을 이루게 되는 것이다. 그런데 어떤 철학체계가 자신의 체계와 모순되는 경우, 해당 철학자는 대체로 이 모순을 이러한 전체의 틀 속에서 파악하려 하지 않는다. 그뿐 아니라 한편으로 이 모순을 보충적으로 올바르게 파악하려는 사람도 대부분은 이 모순되는 것들을 극단적인 형태로부터 해방시켜 자유롭게 만들어 주지 못할뿐더러, 또한 대립과 갈등을 빚고 있는 듯 보이는 양자 모두가 필연적인 구성요소라는 점을 인식하지 못한다.

사람들은 이런 모순된 체계의 참과 거짓을 가려내기 위한 설명을 바라고 이 설명을 잘 해내는 것이야말로 본질적인 과제라고 여기곤 한다. 그렇다면 철학적 저술의 핵심은 무엇보다도 그 목적과 결론에서 드러나게 마련이고, 또 이 목적과 결론은 같은 문제를 다루는 동시대 다른 작품과의 차이 속에서 더욱 분명하게 인식된다는 얘기다. 그러나 사실 이러한 것을 인식의 시초 이상의 어떤 것, 곧 현실적인 인식이라도 되는 것으로 간주한다면, 이는 정작 중요한 사태 자체는 회피하고 그 결과를 구하기 위해 온 힘을 쏟는 듯한 모양새만을 갖춘 채 참으로 기울여야 할 노고를 덜어 보려는 허튼수작과 다름이 없다. 왜냐하면 진정한 문제의 핵심은 목적이 아닌 그의 전개과정 속에 담겨 있으니, 실제로는 결론이 아니라 이 결론과 그 생성과정을 합쳐 놓은 것이 현실의 전체를 이루고 있기 때문이다. 목적 그 자체는 생명이 없는 일반적인 것이다. 마치 경향이라는 것이 현실성이 결여된 한낱 의욕에 지나지 않는 것과 마찬가지다. 결국 밑도 끝도 없는 갑작스러운 결론이란 거기에 경향이 전혀 없는 시체나 다름없다. 또한 다른 철학체계와의 차이를 드러낸다는 것 또한 사태 자체에 몰두하기보다는 사태의 언저리를 맴도는 데 그치는 행위다. 차이란 사태의 외면에서 생겨나는 것으로서 정작 사태와는 다른 것이다. 이렇게 볼 때 목적이나 결론을 찾아낸다거나 철학체계 상호간의 목적 및 결론의 차이를 놓고 판정을 내린다는 것은 겉으로 보기보다 그리 어려운 작업은 아니다. 왜냐하면 그러한 행위는 문제의 핵심을 놓고 고심하기보다는 언제나 사태를 넘어서 버리기 때문이다. 그렇게 얻어진 지(知)는 사태에 깊이 파고드는 것이 아니라 언제나 밖으로 다른 무언가를 찾아 나서면서 사태 가장자리에 머물러, 사태에의 몰입이 아닌 오히려 자기 안주에 그치는 것이다. 내용과 실질을 지닌 어떤 대상을 평가하는 일이 가장 쉽다고 한다면 그 내용이나 실질이 무엇인지 파악하는 일은 그보다 더 어렵고, 그 이상으로 가장 어려운 것은 이 두 가지를 하나로 합쳐 내용과 실질을 모두 다 표현하는 것이다.

자기를 형성하고 교양을 쌓아 의식주와 같은 실생활을 벗어나려면 언제나 무엇보다 먼저 보편적인 원칙이나 관점에 대한 지식을 마음속으로 깨닫고 그로써 사태 전반을 사유하기 위해 노력한 다음 이에 갖가지 근거를 제시하여 찬성할지 반대할지 정해서, 구체적이고 내용이 충만한 대상의 성질을 상정하고 명확히 파악하여 이에 대한 정통적인 결정과 진지한 판단을 내릴 수 있어야만 한다. 그런데 이렇듯 자기를 형성해 가는 초기 단계에는 충실한 생활의 진지한 모습을 향해 나아가며 사태 자체와 진지하게 겨루어 나가는 쪽으로 경험이 쌓여 간다. 설령 여기서 더 나아가 문제의 심층에 깃들어 있는 개념으로 진지하게 파고드는 경우라도 지금 이야기한 지식을 가지고 평가를 내리는 것은 역시 일상적인 대화 속에서 그에 알맞은 위치를 차지한다고 할 수 있지만 말이다.

진리가 현존하는 참다운 형태로는 오직 학문적 체계만이 있을 뿐이다. 철학이 학문의 형식에 한층 가까워지기 위해, 말하자면 지에 대한 사랑(愛知)이라는 이름을 떨쳐 버리고 현실적인 지를 목표로 하여 나아가기 위해 필요한 노력을 사람들과 함께 나누는 것이 바로 내가 지향하는 목표다. 지가 학문으로 승화되어야만 할 내적 필연성은 지의 본성 속에 깃들어 있는데, 이에 대한 만족할 만한 설명은 오직 철학 그 자체의 서술을 통해서만 이루어질 수 있다. 그런데 외적인 필연성도 개인이나 사적 동기 또는 우연성과 같은 요소를 제쳐 놓고 일반적으로 생각한다면 결국 내적 필연성과 마찬가지다. 곧 시대가 이 내적 필연성이란 요소의 현존 형태를 표상하는 방식으로 보자면 그렇다. 그러므로 철학이 학문으로까지 고양되어야 할 시기가 닥쳐왔다는 바로 이 사실을 밝히는 일이야말로 철학을 학문으로 정립하려는 시도를 참으로 정당화하는 유일한 방법이다. 이유인즉 시대가 이 목적의 필연성을 말할 것이며, 동시에 이 목적을 실현할 것이기 때문이다.

진리의 참다운 형태가 이러한 학문성 속에 존재한다고 할 때, 또 같은 의미에서 진리는 오직 개념 속에서만 스스로 존재의 터전을 마련한다고 할 때 나는 이 같은 내 생각이 현대인에게 확신처럼 받아들여지고 또 매우 널리 퍼져 있는 하나의 생각이나 여기에서 도출된 귀결과도 모순되는 듯이 보인다는 사실을 잘 알고 있다. 이 모순에 관하여 설명하는 것은 비록 그것이 지금 이 서론에서 내가 비판하려는 것과 마찬가지로 한낱 단정(斷定)에 지나지 않는다 할지라도 결코 불필요한 일만은 아닐 듯싶다. 요즘 사조에 따르면 진리란 절대자의 직관이나 절대자에 대한 직접지(直接知) 또는 종교나 존재, 그것도 신적(神的)인 사랑의 중심에 있는 존재가 아닌 단지 중심의 존재 그 자체라는 등으로 불리는 것 속에만, 아니 오히려 그러한 것으로서만 존재한다고 하는데, 그렇다면 철학의 서술에서는 개념의 형식과는 오히려 반대되는 것이 요구되게 된다. 즉 절대자는 개념에 의해 파악되는 것이 아니라 그저 감지되고 직관되는 것이므로, 여기서 주도권을 쥐고 주로 논해져야 할 대상은 절대자의 개념이 아니라 절대자에 대한 감정이나 직관이라는 것이 되고 만다.

그러한 요구의 대두를 전반적인 상황과 연관시켜 파악하고 현재 자각적인 인간정신이 이르러 있는 단계에 비추어서 살펴보자. 그러면 이 정신이 일찍이 사상(思想)의 경지에서 영위해 왔던 신(神)과 일체화된 생활, 곧 소박한 신앙의 차원에서 의식이 신과 화해하고 내적으로나 외적으로나 신이 존재한다는 확신에 젖어 있던 만족스럽고 안이한 차원을 초탈해 있음을 알 수 있다. 정신은 이러한 차원을 넘어서 신에 접하지 못한 자기 자신에 대한 반성·반조(返照)라는 반대쪽 끝에 다다르기만 한 것이 아니라 이러한 극단적인 상태마저도 초탈한 지경에 이르렀다. 정신의 본질적인 생활이 상실되어 버렸을 뿐만 아니라 정신이 이 상실과 더불어서 그 자신의 내용의 한계마저도 의식하기에 이른 것이다. 이러한 상황에서 정신은 마침내 찌꺼기를 핥는 짓을 그만두고 그 자신이 나쁜 처지에 놓여 있음을 고백하며 이를 저주하는 가운데, 바야흐로 '정신이란 무엇인가' 하는 지식을 철학으로부터 얻으려 하기보다는 다만 철학을 통해서 일찍이 신과 일체화되어 있던 알찬 생활을 재건하고자 하고 있다. 이 마당에 철학이 그러한 요구에 부응하기 위하여 해야만 할 일은 닫혀 버린 신의 세계를 열어젖히고 그 세계에 깨달음을 불어넣는다거나 혼돈스러운 의식을 정연한 질서에 따라 개념적으로 단순화된 사유의 차원으로 되돌려 보내는 것이 아니라 오히려 특수한 사상을 다 뒤섞어 놓고 개념상의 구별은 억제하고 절대존재를 향한 감정을 확립하는 일이 되었다. 즉 통찰을 깊이 하기보다는 차라리 신심(信心)을 북돋우는 일이 요구된다. 아름답고 성스러우며 영원한 것 또는 종교나 사랑 등은 입맛을 돋우는 데 필요한 미끼다. 개념 파악이 아니라 몰아의 경지가, 냉정하게 전진하는 사태의 필연성이 아니라 끓어오르는 영감이 곧 신적인 세계의 풍요함을 받들며 이를 끊임없이 확대해 나가는 힘이 된다는 것이다.

우리는 이런 요구에 부응하려는 나머지 감각적이고 비속하며 개별적인 것에 젖어들어 있는 사람들을 붙들어서 그들의 눈길을 저 높은 별세계로 돌리려는 힘겹고도 열성적이며 성급함마저 엿보이는 노력을 기울이게 되었다. 이렇게 보면 사람들은 신적인 것이라곤 완전히 잊어버린 채 마치 벌레와도 같이 티끌과 물만으로 만족하려 하는 듯이 보인다. 이와는 달리 옛사람들이 믿고 있던 천상계는 폭넓고 풍요로운 사상과 형상으로 충만해 있었다. 지상에 존재하는 모든 것은 의미 있는 빛줄기에 의해서 천상계와 결부되어 있으니, 사람들의 시선은 빛줄기를 좇아서 이 지상의 현재에 머무르지 않고 현재를 넘어 신의 세계로, 말하자면 피안의 현재로 줄달음쳤던 것이다. 이런 가운데 정신의 안목을 지상으로 쏠리게 하여 여기에 고정시키는 데에는 강제적인 힘이 동원되어야만 했다. 이승 세계에 팽배해 있는 모호하고 혼란스러운 상태 속에 천상계에서나 있을 법한 명석함을 불어넣으면서, 동시에 정신이 현재 눈앞에 있는 것에 주의를 기울이도록 하여 경험이라는 것에 관심을 두고 거기서 의미를 찾도록 하기까지는 오랜 세월이 걸렸다. 그런데 이제 와서는 또 어느새 그와 정반대되는 것이 요구되기에 이르렀다. 곧 사람들의 관심이 지상계에 너무나 얽매여 있어서 이를 드높은 천상계로 향하게 하기 위해, 과거 천국을 지상으로 끌어내릴 때만큼의 강제력이 필요해진 것이다. 천상의 것을 갈구하는 정신의 빈곤함은 몹시도 심하여 마치 사막을 헤매는 방랑자가 한 모금의 물을 애타게 찾기라도 하듯, 기운을 되찾기 위하여 신적 감정을 조금이라도 느껴 보려고 죽을힘을 다해 노력을 기울여야 할 처지가 되었다. 정신이 그토록 사소한 데에 만족하는 것을 보면 정신이 잃어버린 것이 얼마나 큰지 짐작할 수 있다.

그러나 이처럼 조금만 받고 내주길 아까워하는 태도는 학문의 품격에 어울리지 않는다. 오직 신심만을 두텁게 하려는 나머지 지상에서의 다채로운 생활이나 사상은 뿌연 안개 속에 가려 두고 의미도 불분명한 신성(神性)을 어렴풋이 향유하려는 사람은 자신이 어디서 그것을 찾아내는지 생각해 보길 바란다. 그는 어디에서든 열광하고 우쭐거리면서 그런 무언가를 찾아낼 수 있을 것이다. 그러나 철학이란 그렇듯 신심을 가다듬는 일에만 골몰한다고 해서 되는 일이 아니다.

더욱이 학문을 포기하고 신앙에서 흡족함을 느끼는 나머지 그에 도취하여 혼미해진 가운데 이를 학문보다 한 차원 높은 것으로 지레짐작하는 일은 절대 있어서는 안 되겠다. 이렇게 꼭 예언자처럼 말하는 사람은 자신이야말로 온갖 것의 중심을 이루며 그 심층부에 자리잡고 있다는 착각에 빠져 확연하고 명석한 한계(horos)를 경시하고 개념이나 필연성을 일부러 멀리한다. 이런 것은 그저 유한한 세계만을 터전으로 삼는 반성이라고 생각하기 때문이다. 그러나 속이 텅 비어 있는 넓은 것이 있듯이 속이 텅 빈 깊은 것도 있다. 또 다양한 일상적인 모습을 전개하면서 이를 한데 집약할 만한 힘이 없는 확산된 실체가 있듯이 확산되지 못하고 순수한 힘에 머무른 채 아무런 깊이도 내용도 없는 그러한 집중력도 있는 법이다. 그런 것은 피상적일 뿐이다. 정신의 힘은 그것이 밖으로 표출된 만큼의 크기만이 측정될 수 있으니, 그 깊이 또한 온 힘을 다하여 자신을 폭넓게 펼쳐 내면서 홀연히 몸을 내던질 태세가 되어 있는 만큼의 깊이만을 지니게 마련이다. 그와 동시에 이렇듯 개념이 결여된 신적 실체에 기대어 있는 지(知)가 자기야말로 절대존재 속에 몰입하여 진실하고도 신성한 자세로 철학을 연구하고 있는 체한다면, 실로 이러한 지는 신에 귀의해 있기는커녕 절도(節度)나 한정을 업신여기면서, 때로는 어쩌다 자기 자신 속에서 우연한 내용을 떠올리고 또 때로는 내용 속에 자신의 자의적인 생각을 멋대로 둘 뿐이다. 결국 신을 에워싸고 무절제한 흥분상태에 스스로를 내맡기는 사람들은 자기의식에 덮개를 씌워 놓고 오성(悟性)은 내버리고 아예 돌아보지 않음으로써 오히려 자신이 잠자는 동안에 신의 지혜가 그들에게 주어지기라도 하는 듯이 여기곤 한다. 이렇듯 잠든 상태에서 무언가를 잉태하고 낳으려 한들, 이는 결국 꿈에 지나지 않는다.

어쨌든 지금 이 시대가 탄생의 시대이며 새로운 시기로 넘어가는 과도기임을 알아차리기란 어렵지 않다. 정신은 지금까지의 일상세계나 관념세계에 결별을 고하고 이를 과거 속에 묻어 버린 채 바야흐로 저 자신을 바꾸려 하고 있다. 물론 정신은 한시도 쉬지 않고 끊임없는 전진운동을 계속한다. 그러나 마치 오랫동안 조용히 자양분을 섭취하며 차츰 성장을 거듭해 온 태아가 마침내 이 세상에서 첫 숨을 내쉬면서 느릿한 전진운동을 멈추고 질적 도약을 이루어 신생아로 태어나듯이, 자기도야를 지속해 온 정신도 또한 천천히 소리 없이 새로운 형태를 무르익게 하면서 지금까지의 자기 세계라는 큰 건물을 구성하고 있던 조그만 부분들을 순차적으로 허물어 버린다. 그래서 이렇게 세계가 동요하는 조짐은 다만 이따금 엿보이는 징후 정도로 내비쳐질 뿐이다. 현존하는 체제 속에 경솔함이나 권태로움이 끼어들면서 종잡을 수 없는 어렴풋한 예감 같은 것이 번져 나갈 때면 이는 곧 또 다른 새로운 세계의 도래를 알리는 징후가 된다. 결코 전체의 외관마저 변형시키지는 않는 점진적인 와해 작용이 한순간에 딱 멈추면서 번갯불처럼 새로운 세계의 모습을 단숨에 드러내는 것이다.

그러나 이 새로운 세계는 갓 태어난 아기와 마찬가지로 아직 완전한 현실을 이루어 내고 있지는 않다. 이 점을 절대로 가볍게 여겨서는 안 된다. 갓 등장한 것은 커다란 개념만을 갖추고 있는 직접적인 새로운 존재에 지나지 않는다. 마치 한 건물의 기초가 다져졌다고 해서 건물 전체가 완성되었다고는 할 수 없듯이 전체의 개념이 얻어졌다고 해서 참으로 실물 전체가 얻어진 것은 아니다. 힘차게 뻗어 나간 줄기와 활짝 펼쳐진 나뭇가지와 무성한 잎사귀를 모두 갖춘 떡갈나무를 보고 싶어하던 터에 나무가 아닌 도토리 열매만이 눈에 들어온다면 그 누구도 만족하지 못할 것이다. 이와 마찬가지로 정신

세계의 왕좌를 차지하는 학문이 갓 고개를 들기 시작한 것을 두고 이미 그것이 완성되었다고 할 수는 없다. 새로운 정신의 시초는 다양한 자기형성 양식이 폭넓은 변혁을 거친 결과 생겨나는 것이며, 또한 정신의 복잡한 발전경로와 보조를 함께해 온 다양한 집중과 노력의 대가로서 생겨난다. 이 시초는 연결되고 확장된 길을 따라서 정신이 자체 내로 되돌아와 하나로 응어리지는 가운데 이 전체가 단순한 개념으로 승화되어 나타난 것이다. 그런데 이 단순한 전체가 현실성을 띠기 위해서는 계기(契機)가 된 갖가지 정신 형태가 지금까지와는 다른 새로운 터전 위에 새로이 생성된 의미 속에서 발전을 이룸으로써 새로운 형태를 마련해야만 한다.

새로운 세계가 갓 출현했을 때 전체는 아직 단순함 속에 가려진 채 일반적인 토대를 이루고 있을 뿐이다. 반면에 우리 의식에서는 과거의 풍요로운 생활이 여전히 기억 속에 생생히 남아 있다. 따라서 새로이 등장한 형태에는 내용의 전개와 특수화가 결핍되어 있는 듯이 느껴진다. 더구나 서로 명확한 구별이 지어진 확고한 관계 속에서 전체적인 질서와 형식이 전개되려면 아득히 멀게 느껴진다. 그런데 이런 형식상의 전개가 이루어지지 않고서는 학문의 보편적인 이해란 불가능하며, 그 학문은 단지 몇몇 개인에게만 비밀히 전해져 내려온 재산처럼 여겨지게 된다. 여기서 '비밀히 전해져 내려온 재산'이라고 한 이유는 학문이 이제 겨우 개념 속에 깃든 내면적인 요소로서만 존재할 뿐이기 때문이며, 또한 '몇몇 개인에게'라고 한 이유는 학문의 등장과 동시에 그것이 충분히 전개되지 않은 탓에 다만 개인적인 것이 되기 때문이다. 완전히 규정된 것만이 공개적이고 개념적이며 동시에 학습을 통하여 모든 사람의 소유물이 될 수 있는 것이다. 학문이 마땅히 지녀야 할 이해하기 쉬운 형식을 갖추게 될 때 비로소 그것은 모든 사람에게 제공되고 누구나가 거기에 다다를 수 있는 길이 닦였다고 할 수 있다. 이렇듯 오성적인 이해를 거쳐서 이성적인 지에 다다르는 것은 학문에 발을 들여놓은 의식이 당연히 내놓을 수 있는 요구이다. 왜냐하면 오성적으로 이해한다는 것은 곧 사유하는 것으로서, 순수한 자아 그 자체이기 때문이다. 그리고 오성적으로 이해된 것이란 이미 잘 알려져 있어서 학문과 비학문적인 의식에 공통되는 것이며, 이를 통하여 비학문적인 의식은 곧바로 학문세계로 진입하게 된다.

갓 태어난 학문은 아직 세부적으로 다듬어지지도, 완전한 형식을 갖추고 있지도 않다는 점에서 흔히 비난을 받는다. 물론 이런 비난이 학문의 본질을 지적하는 것이라고는 할 수 없지만, 그렇다고 완전한 학문을 이루길 바라는 요구가 받아들여지지 않는다는 것 또한 당치 않은 일이다. 그런데 바로 이러한 대립이야말로 오늘날 가장 큰 난관이다. 학문의 자기형성은 이 난관에 부딪쳐 싸우느라 완전히 지쳐 있으며, 이를 어떻게 처리해야 할지 충분히 이해하질 못하고 있다. 한편에서는 소재의 풍부함과 이해의 용이함을 자랑삼아 내세우는가 하면 다른 한편에서는 손쉬운 이해 가능성을 업신여기면서 이성과 신성이 직접 현시되는 것을 뽐내곤 한다. 이때 전자가 진리의 힘이나 또는 상대의 맹위에 눌려 침묵을 강요당하고 또 문제의 근원을 밝혀내지 못했다는 점에서 패배를 스스로 인정한다 해도, 이 경우 앞서 말한 철학의 요구는 충족되지 못한 셈이다. 이러한 요구는 정당한데도 충족되지 못한 것이다. 그렇다면 이런 침묵은 진리를 향한 절반의 승리일 뿐, 나머지 절반은 끊임없는 기대를 불러일으키면서도 결국 약속이 이행되지 못하는 데서 오는 권태와 무관심의 소치라고 하겠다.

내용에 관해 말하자면 이와 다른 진영은 때때로 범위를 크게 넓혀 나가곤 한다. 그들은 이미 알려지고 정돈되어 있는 많은 소재를 스스로의 토대로 삼는다. 그리고 주로 특수하며 진기한 것에 심취해서 전념할 때면 이미 잘 알려져 있는 손쉬운 내용들을 앞세워 마치 아직 규칙적으로 정리되지 않은 특수한 사례까지 제대로 잘 다루고 있다는 듯이 내세우면서, 모든 것이 절대이념의 지휘 아래 통합되어 그 이념이 모든 일에서 빈틈없이 인식될 때 학문은 더없이 충실해지며 널리 뻗어 나가는 것으로 생각한다. 그러나 그렇게 학문이 확대되어 나가는 모습을 자세히 들여다보면 이는 하나의 동일한 이념이 여러모로 변형되면서 이루어진 것이 아니라, 단지 하나의 동일한 이념이 저마다 다른 소재에 동일한 방식으로 외부로부터 적용되어서 단조롭기 짝이 없는 외관상의 차이를 보이고 있는 것에 지나지 않는다. 그리하여 그 자체로는 참으로 이념다운 것이 실은 언제나 애초의 상태에 머물러 있으니, 이는 발전이라고는 하지만 똑같은 말이 그대로 되풀이된 것뿐이다. 지적 활동을 하는 주체가 부동의 동일한 형식을 눈앞에 현존하는 것들에 이리저리 적용한다고 할 수도 있고 반대로 소재가 외부로부터의 힘에 의해서 부동의 요소 속으로 침투된다고 할 수도 있겠는데, 이런 수법은 내용에 관한 자기의 임의적인 착상을 앞세우는 나머지 철학이 요구하는 내용을 충족시키기에는 턱없이 부족하다. 철학이 충실해지려면 그 자체에서 솟아나는 풍부함을 받아들이고 오직 자발적인 힘으로 서로 다른 온갖 형태를 스스로가 꾸며 나가야만 한다. 그런데 지금 설명한 수법은 단조로운 형식주의로서 다만 소재상의 차이를 나타낼 뿐이며, 더욱이 그 소재마저도 이미 다듬어지고 숙지되어 있기에 그런 차이를 만들어 내는 것에 지나지 않는다.

그러나 형식주의는 이러한 단조로움과 추상적인 보편성을 절대적인 것이라고 주장한다. 그런 단조로움에, 만족하지 못하는 이유는 단지 절대적인 상황을 자기 것으로 하여 거기에 굳건히 자리잡을 능력이 없기 때문이라고 단언한다. 예전에는 무언가 다른 식으로도 생각할 수 있는 공허한 가능성만 있으면 하나의 관념을 반박할 수 있다고 했으며, 마찬가지로 한낱 가능성에 그치는 일반적인 사고가 그대로 현실 인식의 모든 긍정적 가치를 지니곤 했다. 그런데 여기서도 또한 이 비현실적인 형식을 지닌 보편 이념에 온갖 가치가 부여되고, 내용상의 차이를 없애 버리거나 심지어 아무런 발전도 없고 정당성도 확인되지 않은 내용상의 차이를 공허한 심연으로 내던지는 것이 사변적인 고찰양식이라도 되는 듯이 여겨지고 있다. 물론 어떤 존재를 스피노자적으로 절대자의 양상 속에서 바라본다고 할 때 당연히 그것은 '어떤 것'으로서 다루어지고는 있다. 그러나 A=A의 형식을 띠는 절대자 속에는 그러한 '어떤 것'은 전혀 존재하지 않으며 모든 것이 하나가 되어 버리고 만다. 절대자 속에서는 일체가 동일하다는 이 단 하나뿐인 지식을 구별과 내실을 갖춘 인식, 아니 충실한 내용을 모색하고 탐구하는 인식에 대치시키면서, 흔히 절대적인 것이란 캄캄한 어둠이며 여기서는 모든 소가 검은색을 띠고 있는 것과 같다고 우겨대는 것은 천진하기 이를 데 없는 인식력의 결여를 드러내는 행위라고 할 수밖에 없다. 근대철학의 공격과 멸시를 받으면서도 바로 그 한가운데서 다시 태어난 이 형식주의는 비록 그 불충분함이 알려지고 느껴지더라도 이것만으로는 절대 학문에서 추방될 리 없다. 실로 이를 추방하기 위해서는 절대적인 현실을 인식한다는 것이 본질적으로 과연 어떤 의미를 갖는가에 대한 완벽한 해명이 이루어져야만 하겠다. 각론에 들어가기에 앞서 총론적인 관점을 밝혀 둔다면 각 부분을 보다 이해하기가 쉬울 테니 여기서 대략적인 생각을 미리 암시하는 것도 쓸모없는 일은 아니리라. 그리고 이와 더불어 철학적 인식에 장애가 되는 몇 가지 형식에 대해서도 이 기회에 주의를 환기해 두고자 한다.

물론 이것은 체계 자체의 서술을 통해서만 제대로 판단이 내려질 수 있는 문제이긴 하다. 하지만 어쨌든 내 생각에는 모든 철학적 진리 탐구에서 중요한 문제는 진리를 '실체'로서뿐만 아니라 '주체'로서도 파악하고 표현해야만 한다는 것이다. 동시에 여기서 주의할 점은, 실체성이라는 것이 지(知) 그 자체의 보편적이고 직접적인 양식을 내포하는 것 못지않게 또한 지의 대상이 되는 존재의 직접적인 양식도 함께 내포한다는 것이다. 지난날 신을 유일한 실체로서 파악한다는 규정이 이루어졌을 때 당대인들은 그야말로 분노해 마지않았다. 왜냐하면 그러한 규정이 내려지고 나면 자기의식이 설 땅을 잃고 소멸될 수밖에 없지 않을까 하는 생각을 본능적으로 떠올렸기 때문이다. 그러나 다른 한편으로는 사유를 사유로서 굳게 지키려는 그와 반대되는 일반론의 경우에도 보편성, 위의 규정과 같은 단순함으로 말미암아 사유가 무차별적인 부동의 실체가 되어 버리고 말았다. 그리하여 세 번째 관점으로는 사유와 실체의 존재가 합일되어 직접적인 직관이 곧 사유라는 생각이 등장했다. 이 관점에서도 지금 말한 지적 직관이라는 것이 다시 나태한 단순함에 빠져 들어서 현실 그 자체가 비현실적으로 표현되지나 않을지가 여전히 문제이다.

생동하는 실체는 참으로 주체적인, 다시 말하면 참으로 현실적인 존재이다. 그것은 실체가 자기 자신을 정립하는 운동이며 나아가서는 스스로 자기를 타자화하는 가운데 자기와의 매개를 행하기 때문이다. 실체는 주체로서는 순수하고도 단일한 부정성(否定性)이다. 바로 그렇기에 이는 단일한 것이 둘로 분열됨을 뜻한다. 그러나 이렇듯 분열되는 데서 오는 대립은 이중화됨으로써, 분열된 양자가 서로 아무런 관계도 없이 차이와 대립을 빚는 그런 상태를 부정한다. 이렇게 해서 스스로 회복된 동일성, 다시 말하면 밖으로 향하면서 곧 다시 자기 자신을 향해 반성·복귀하는 움직임, 즉 최초의 직접적인 통일 자체와는 다른 이 두 번째 동일성이 바로 진리이다. 진리는 자체적으로 생성된다. 이는 자기 종착점을 사전에 목적으로 설정하고 이 지점을 출발점으로 하여 실현 과정을 통해서 종착점에 다다를 때 비로소 현실적인 것이 되는 둥근 고리와 같은 것이다.

그러므로 신의 생명과 신의 인식을 두고 사랑이 자기 자신과 벌이는 유희라고 표현하는 것까지는 괜찮다고 하더라도, 만약 여기에 부정적인 진지함과 고통과 인내와 고생이 결여되어 있다면 사랑의 유희라는 논지는 무의미한 설교로 전락하고 말 것이다. 물론 즉자적(卽自的, an sich)으로 신의 생명이란 티 없이 맑은 자기동일성이자 자기통일성으로서, 여기에 타자존재가 섞여 들어서 소외가 야기되거나 다시 이 소외가 극복되거나 하는 일이라곤 있을 수가 없다. 게다가 이러한 신의 본디 상태는 추상적인 보편성에 지나지 않는다. 여기서는 자기 자신에 대해서 존재한다는 신의 생명의 본성이 무시되고, 따라서 형태가 자기(自己)운동을 행한다는 사실이 간과되어 있다. 형식과 본질은 동일하다는 관점에서, 인식은 그 자체의 본질만 있으면 충분하며 형식은 생략될 수 있다고 한다면 이는 크게 잘못된 생각이다. 절대적인 원칙이나 절대적인 직관만 있으면 된다, 그러니 원칙을 실현하거나 직관을 전개하지 않아도 된다고 하는 것은 커다란 오해다. 본질에게는 형식이 바로 본질 그 자체와 마찬가지로 본질적이므로 본질은 하나의 본질로서, 다시 말하면 직접적인 실체이자 신의 순수한 자기직관으로서 파악되고 표현될 뿐만 아니라 그에 못지않게 형식으로서도, 더욱이 충실하게 발전된 형식으로서도 파악되고 표현되어야 한다. 이렇게 되었을 때 비로소 본질은 현실적인 것으로 파악되고 표현되는 것이다.

진리는 곧 전체이다. 그런데 전체는 본질이 스스로 전개되어 자신을 완성한 것이다. 절대적인 것에 대해서 얘기한다면, 이는 본질상 결과로서 나타나는 것이며 끝에 가서야 비로소 참모습을 드러낸다. 바로 이 점에 절대적인 것의 본성은 현실적인 주체이자 자기의식이라는 사실이 나타나 있다. 절대적인 것은 본질적으로 결과로서 파악되어야만 한다는 것은 비록 모순된 이야기처럼 들릴지도 모르지만, 좀더 깊이 생각해 보면 그 모순된 느낌은 곧 해소된다. 애초에 곧바로 내세워지는 원리니 하는 절대적인 것이란 일반적인 것에 지나지 않는다. 내가 '모든 동물'이라고 얘기할 때 이 말이 곧 동물학의 개념으로 통용될 수 없는 것과 마찬가지로 '신' '절대적인 것' '영원한 것' 등등의 낱말이 실제로 거기에 함축되어 있는 것을 나타내고 있지 않은 것은 틀림없는 사실이다. 결국 이런 낱말은 사실 우리 머릿속에 직접 떠오른 직관을 표현하고 있을 뿐이다. 그런 낱말만이 아닌 그 이상의 것은 명제 형식으로 나타내야만 하는데, 설령 단 하나의 명제로 나타낸다 해도 이 경우에는 일단 말로써 타자화(他者化)되고 이것이 다시금 되돌아오는 매개작용이 따르게 된다. 그런데 이 매개라는 것을 사람들은 기피해 마지않는다. 그 이유는 매개라는 것은 절대적이지도 않고 또 절대적인 것 속에는 전혀 포함되어 있지도 않다는 그 이상의 것을 주장하려 한다면, 결국 절대적 인식은 단념할 수밖에 없지 않느냐고 생각하기 때문이다.

그러나 사실 이러한 기피 현상은 매개와 절대적 인식의 본성을 제대로 모르는 데서 비롯된다. 매개란 스스로 운동하여 자기동일적인 것이 되는 것이다. 다시 말해 매개란 자기와 맞서 있는 자아가 이를 자각하는 가운데 자신에게로 되돌아가는 순수한 부정성으로서, 이 운동을 순전히 추상화해 본다면 이는 단순한 생성 운동이다. 자아 또는 생성 일반이 곧 매개의 작용인데, 이는 그 단순함으로 말미암아 직접 있는 그대로의 것이 생성되면서 동시에 그자체가 직접적으로 있다는 것이다. 따라서 만약 진리에는 반성이 필요하지 않다면서 반성을 절대적인 것의 적극적인 요소로 파악하려 하지 않는다면 이는 이성이라는 것을 오해한 것이다. 반성이란 진리를 결과로서 이루어 내는 것인 동시에 진리의 생성과 그 결과와의 대립을 지양하는 것이기도 하다. 왜냐하면 여기서 말하는 생성도 역시 단순하며, 따라서 결과에서 단순히 나타나는 진리의 형태와 결코 별개의 것이 아니기 때문이다. 생성은 오히려 단순한 것으로 복귀하는 것이라고 할 수 있다. 태아는 그 자체로는 물론 인간이지만, 아직 스스로가 인간임을 깨닫지 못한다. 자기형성을 통해 이성이 갖춰지고 나서야 비로소 그는 자기가 인간이라는 것을 알게 된다. 이때 그는 자체적으로 마땅히 있어야 할 제자리를 차지하게 된 것이다. 여기서 이성은 드디어 현실성을 띤다. 그런데 그 결과 자체는 직접적인 단순한 존재이다. 결과로서 자유를 자각한 인간은 자기에 안주하여, 이전의 자기를 방치하거나 그와 계속 대립하는 것이 아니라 이전의 자기와 화해한 것이다.

위에서 얘기한 바에 따르면 이성은 합목적적인 행위라고 할 수도 있다. 그런 식으로 자연과 사유 모두를 오해하여 사유보다 자연이 우월하다고 생각한 나머지, 먼저 자연의 외적 합목적성을 배제하려는 관점을 취한 탓에 목적이라는 형식 전체가 아예 불신당하기에 이르렀다. 그러나 아리스토텔레스도 자연을 합목적적인 행위로 규정했듯이 목적이란 직접적인 것이며 정지해 있으면서 동시에 스스로 움직이는 것이다. 따라서 움직여지지 않으면서 스스로 움직이는 이것은 다름 아닌 주체이다. 힘을 추상적으로 파악한다면 그 움직이는 스스로에 대해 존재한다는 순수한 부정성이다. 결과가 시초와 동일해지는 것은 시초가 목적이기 때문이다. 다시 말해 현실적인 것이 그 개념과 일치하는 까닭은 목적으로서 최초에 있는 것이 자기 자신, 곧 순수한 현실성을 이미 내포하고 있기 때문이다. 목적이 점차 실현되어 현실의 존재로 나아가는 것이 운동이고 또 전개된 생성이며, 이렇듯 쉼 없이 움직이는 것이 바로 자기(das Selbst)이다. 그리고 시초에 있는 직접적이며 단순한 것과 자기가 일치하는 까닭은, 자기가 곧 자기에게로 되돌아온 결과이기 때문이다. 이렇듯 자기에게로 복귀한 것이 곧 자기이며, 이 자기란 오직 자기와 관계하는 동일한 단순체이다.

절대적인 것을 주체(주어)로 상정해야 할 필요성으로 말미암아 사람들은 '신'을 주어로 삼아 '신은 영원하다' '신은 도덕적 세계질서이다' '신은 사랑이다' 등등의 명제를 내놓기도 했다. 이런 명제 속에서 진리는 뜬금없이 주어로 등장할 뿐 자기 자신에게 복귀하는 운동으로 제시되는 일은 없으니, 이런 명제의 특징은 바로 '신'이라는 낱말로 시작된다는 것이다. 그런데 이 낱말 자체는 한낱 무의미한 소리로서의 이름일 뿐이다. 정작 신이 무엇인가를 설명하여 그 개념을 채워 주고 그 의미를 부여하는 것은 술어의 몫이 된다. 공허한 시초가 마지막 술어에 와서야 비로소 현실적인 지(知)가 되는 것이다. 이렇게 본다면 술어 자리에 오는 '영원'이나 '도덕적 세계질서' 같은 것이라든가 과거의 '순수개념' '존재' '일자' 등등 의미 있는 것에 대해서만 얘기하면 될 것을 무엇 때문에 의미도 없는 소리를 구태여 첫머리에 가져다 놓는 것인지 이해되지 않는다. 그러나 이 소리(신)가 그 위치에 놓인다고 해서 한낱 존재나 본질이나 보편적 원리가 주체가 되는 것은 아니며, 자기에게 되돌아오는 주체가 주어로 되어 있음이 명시되는 것이다. 그러나 그와 동시에 절대적인 것을 주체로 파악하는 일이 여기서는 다만 예견되어 있을 뿐이다. 여기서 주어가 되는 주체는 고정된 점으로 간주되고 술어는 마치 이 점을 지탱하기 위한 토대로서 거기에 따라붙는 격이 되어 있는데, 결국 이 운동은 점 그 자체가 스스로 행하는 운동이 아니라 주어에 관한 지식을 소유한 자가 행하는 운동이 된다. 하지만 이 운동을 통해서는 내용만이 주체로서 서술되고 있을 뿐이다. 운동이 그러한 성격을 지니게 된다면 운동이 주어가 되는 주체에 속하는 일은 있을 수가 없다. 하지만 주어라는 고정된 점을 전제로 한다면 그것은 그럴 수밖에 없고, 운동은 어디까지나 외적인 것일 수밖에 없다. 이렇게 본다면 지를 선취(先取)하거나 예견하여 절대적인 것이 주체라고 하는 것은, 절대적인 것의 개념을 실현한다기보다는 오히려 개념 실현을 불가능하게 만들어 버린다. 왜냐하면 그런 전제에서는 이 개념이 부동의 점으로 설정되지만, 현실의 개념이라는 것은 자기운동을 하기 때문이다.

지금까지 서술한 바에서 도출되는 갖가지 귀결 중에서 특히 강조되어야 할 것은 다음과 같다. 지는 오직 학문 또는 체계로서만 현실적이고 또 현실적으로 서술될 수 있다는 것, 나아가 이른바 철학의 원칙이나 원리라는 것은 참일 경우에도 원칙이나 원리인 이상 바로 그 이유 때문에 잘못된 것이기도 하다는 것이다. 그러므로 원칙이나 원리를 반박하기란 쉬운 일이다. 반박하려면 그 대상의 결함을 지적하면 되는데, 지금 본 바로는 그 원칙이 일반적인 원리이자 시초라는 점에서 이미 결함을 안고 있으니까 말이다. 철저하고 완벽한 반박이 행해지려면 그 논거가 원리 자체에서 도출되고 전개되어야만 한다. 원리와 대립되는 명제나 착상을 밖으로부터 끌어들여서는 안 된다. 고로 근본적인 반박은 본디 원리를 발전시켜 나가면서 원리의 결함을 보완하는 것이어야 한다. 이를 위해서는 대상의 부정적인 면만 바라보는 폐단에서 벗어나 논지의 진행과 결론이 갖는 긍정적인 면도 의식해야만 한다. 그런데 또 어떤 시초를 참으로 긍정적으로 발전시켜 나간다는 것은 거꾸로 그 시초에 대해 부정적인 태도를 취하는 것이기도 하므로, 결국 최초에 직접적으로 불쑥 내세워진 목적이라는 일면적인 형식은 부정되어 버린다. 따라서 시초를 참으로 긍정적으로 실현해 나가는 식의 반박은 체계의 근본을 이루는 것을 부정하는 반박이라고도 할 수 있으며, 더 정확히 말하면 체계의 근본이니 원리니 하는 것은 체계의 시초에 지나지 않는다는 사실을 지적하는 것이라고 할 수 있다.

오직 체계로서의 진리만이 현실적이라는 것, 다시 말해 실체는 본질적으로 주체라는 것, 이것을 나타내려는 뜻에서 절대자는 곧 정신이라고 표현하게 되는데 실로 이것이야말로 근대 및 근대종교에 특유한 가장 숭고한 개념이다. 오직 정신적인 것만이 현실적인 것이다. 그것은 본디 그 자체로 있는 본질이며, 자기와 관계하는 것이고 규정된 것이며 외타적인 동시에 독자적인 존재로서, 결국은 자기를 벗어나 있는 상태에서 자기 자신에 머무르는 완전한 즉자대자적(an und für sich) 존재이다. 그러나 이렇게 즉자대자적이라는 것은 일단 자체적으로 우리에게 그렇게 비칠 뿐이고, 다만 정신적인 실체로서 있을 뿐이다. 이 즉자대자적인 것은 자기 자신에게 자각되어야 하며 정신적인 것에 대한 지(知)이자 자기가 정신이라는 것을 아는 지여야만 한다. 다시 말하면 정신적인 것이 정신 자신에게 대상으로 나타나야만 하고, 그것도 매개를 통해 나타나 보이는 대로의 모습과 반성적으로 자기에게 돌아간 모습을 함께 지닌 대상으로 나타나야만 한다. 이 대상은 정신에 의해서 그 정신적 내용이 산출되는 셈인데, 정신이 이렇듯 자기와 관계하는 모습은 우리만이 알아볼 수 있다. 그러나 정신이 이런 식으로 자기 실상을 자각하는 이상, 자기가 자기를 산출한다고 하는 순수한 개념이 동시에 대상적인 모습을 갖춘 장(場)으로서 정신 앞에 드러나면서, 자각적인 현존재로서의 정신은 자기에게 되돌아온 대상이 된다. 이렇게 전개되어 자기가 곧 정신이라는 것을 알고 있는 정신이 바로 학문이다. 학문이란 정신이 현실성을 띠고 자기의 고유한 터전 위에 쌓아 올린 정신의 왕국이다.

절대적인 타자존재로 있으면서 순수하게 자기를 인식하는 이 에테르(Ether, 精氣) 자체야말로 학문의 근거이며 지의 보편적인 모습이다. 철학의 시초는 의식이 이러한 터전 위에 자리잡고 있다는 것을 전제조건으로 요구한다. 그러나 이러한 터전은 스스로가 생성되어 가는 운동을 통해 비로소 투명한 장으로서 완성된다. 그것은 보편적 원리가 단순히 있는 그대로 존재하는 순수한 정신의 세계이다. 터전으로서의 이 장은 그 자체로서 있는 정신이며 실체적인 정신 전반이다. 정신이 직접 있는 그대로 존재하는 터전은 변모한 실체이며 여기에는 본질적인 이념이 밝게 빛나면서 있는 그대로의 자기와 일체화한 단순한 반성, 즉 자기에게 되돌아온 존재가 있다. 학문이 학문으로서 개인의 자기의식에게 요구하는 것은 자기의식이 이런 에테르의 경지로 상승하여 학문과 더불어 학문 안에서 살아 움직이는 것이다. 한편으로는 개인은 적어도 학문이 그런 상황에까지 올라설 수 있는 사다리만큼은 건네줄 것과 개인의 내면에 그런 관점이 자리잡고 있음을 명시해 줄 것을 요구할 권리를 갖고 있다. 이러한 권리는 개인이 어떤 형태의 지를 갖추고 있건 간에 그 안에서 절대적 자립성을 띤 존재라는 데 근거한다. 지의 형태가 학문적으로 인정된 것이건 아니건 또 그 내용이 어떤 것이건 간에 개인은 직접적인 자기확신이라는 절대의 형식을 지니고 있기 때문이다. 다시 말해 이러한 개인은 무조건적 존재(unbedingtes Sein)라고 할 수도 있다. 그런데 의식의 처지에서는 대상적 사물이 자기와 대립하고 자기는 대상적 사물과 대립한다는 것이 지의 전제가 된다. 이는 학문과는 별도의 상황, 즉 자기를 아는 데 자기를 고집하는 것이 오히려 정신의 상실을 자초하는 상황으로 여겨진다. 그렇다면 학문의 장이란 의식으로서는 더 이상 발붙일 수 없는 먼 피안과도 같은 것으로 보인다. 의식과 학문은 둘 다, 상대가 진리라고 주장하는 것은 전도된 진리라고 여기게 된다. 자연적 의식이 아무 거리낌 없이 학문을 신뢰하려 하는 소박한 태도는 대체 무엇 때문에 그리되는 것인지 알 수 없으나, 아무튼 이는 한번 물구나무를 서서 걸어가 보려는 것과도 같은 짓이다. 그런 익숙지 않은 자세로 움직이는 것은 전혀 예기치 않게 너무나도 당치 않은 무리한 일을 강요당하여 애써 그렇게 해 보는 것과 같다. 학문 그 자체야 어떤 것이건 그것이 직접적인 자기의식에는 전도된 것으로 보인다. 달리 말하면 자기가 몸담고 있는 세계야말로 현실의 원리를 이룬다고 확신하고 있는 자기의식은 스스로가 학문 바깥에 위치해 있는 까닭에 학문이 비현실적인 형식을 지녔다고 생각한다. 따라서 학문은 자기확신에 젖어 있는 의식의 세계와 스스로를 결합시켜야만 한다. 아니, 더 분명히 말하면 자기의식의 세계가 학문에 귀속되는 것과 그 귀속 형태를 드러내 보여야만 한다. 그 이전의 현실성을 결여한 학문은 아직 그 자체에 지나지 않고 단지 내면에 잠겨 있는 목적만 지닐 뿐이어서 활동하는 정신이 아닌 정신의 실체에 지나지 않는다. 이 실체는 밖으로 드러나 자각적으로 바뀌어야 하는데, 이는 곧 학문이 자기의식과 하나가 돼야 한다는 뜻이다.

이러한 학문 또는 지의 생성과정을 서술하는 것이 학문체계의 제1부에 해당하는 《정신현상학》이다. 최초에 존재하는 지, 즉 직접적인 정신은 정신이 비어 있는 감각적인 의식이다. 의식이 본디의 지에 이르러서 순수한 개념의 세계인 학문의 경지를 구축하기까지는 기나긴 도정을 헤쳐 나가야만 한다. 이 생성과정은 내용면에서나 내용에 따르는 형태면에서 완성을 향해 나아간다. 그런데 이것은 비학문적인 의식을 학문으로 인도하는 것처럼 보일지 몰라도 실은 그게 아니다. 그렇다고 또 학문의 초석을 다지는 것도 아니다. 더더구나 권총에서 탕 하고 발사되듯 홀연히 절대지에서 출발하여 다른 관점 따위에는 눈을 돌릴 필요도 없이 이를 공언만 하면 된다고 여기는 그런 영감과도 또 다르다.

그런데 교양이 미비한 개인에게 지를 갖추도록 해준다는 이 과제를 일반적인 견지에서 보면 이는 보편적인 개인, 세계정신의 고양 형성과정을 고찰하는 것이 된다. 먼저 교양을 갖추지 않은 개인과 보편적인 개인과의 관계를 살펴보면, 보편적인 개인에게서는 온갖 요소가 구체적이고 독특한 형태를 띠고 나타난다. 이에 반하여 특수한 개인은 불완전한 정신을 지니고 있는데, 그도 구체적인 형태를 띠고 있으나 특수한 규정이 현실의 삶 전체를 지배하고 그 밖의 규정은 모두 모습을 감춘 상태다. 보다 고차적인 정신에서는 하찮은 일상생활은 눈에 띄지 않는 희미한 모습을 한 채 예전 같으면 중요시되었던 것이 흔적에 지나지 않는, 형태를 식별할 수도 없는 어렴풋한 그림자로 바뀌어 있다. 개인은 이러한 과거를 더듬어 가면서 더욱 고차적인 정신을 몸에 익히는 셈인데, 이는 마치 고도의 학문을 터득하려는 사람이 지금까지 배운 예비 지식을 되살리며 그 내용을 새삼 더듬어 나가는 것과 흡사하다. 이때 그는 분명히 그 내용을 기억 속에 되살려 내고는 있지만, 그렇다고 거기에 관심을 기울이면서 깊이 파고들려고 하지는 않는다. 이런 식으로 개인은 보편정신이 거쳐 간 온갖 교양의 단계를 그때그때의 내용을 따라 밟아가는데, 이때 그 하나하나의 단계는 마치 평탄한 길 위에 정신이 벗어던져 놓은 옷가지처럼 널려 있다. 따라서 지식에 관해 말하자면 이전 시대에는 성숙한 두뇌의 소유자에게 어울리던 것들이 이제는 아이들에게 어울리는 지식이나 기능 또는 놀잇거리 정도로 격하되기에 이르렀으니, 실로 교육의 진보에 힘입어서 이제 우리는 세계의 교양 발자취를 불로 비추어 보듯이 훤히 꿰뚫어 보게 된 것이다. 이처럼 과거의 생활은 이미 보편정신의 소유물이 되고 이 정신이 개인의 실체를 이루게 되었으니, 이것이 곧 개인에게는 무기적 본성을 형성하는 것이 된다. 개인으로서는 교양 형성 과정이란 개인이 눈앞에 현존하는 것을 획득하고, 아직 유기적 통일을 이루지 못한 자기 본성을 자기 내부로 받아들여 완전히 소유하는 것이다. 그런데 이는 보편정신 또는 실체가 스스로 의식의 대상이 되어 자신을 생성하고 자기반성으로 향하는 것이다.

학문은 이러한 교양 형성 운동을 필연성에 따라 세부적으로 서술함과 동시에 이미 정신의 요소나 소유물이 되어 있는 것이 자신의 형태를 이루는 과정도 서술한다. 이때 목표는 지(知)란 도대체 무엇인가를 정신이 통찰하는 데 있다. 성급한 사람은 수단이 되는 중간 단계를 거치지 않고 곧바로 목표를 이루려고 하지만 이는 불가능한 일이다. 과정상에 있는 각 계기는 모두가 필연적이므로 우리는 이 기나긴 길을 참을성 있게 거쳐 가야만 한다. 또 우리는 그 모든 계기마다 꼼꼼히 살펴 나가야만 한다. 왜냐하면 그 계기 하나하나가 완전한 정신의 응집 형태를 이루고 있으므로, 그 개별적인 특징을 하나의 고유한 전체로서 구체화하여 총체적으로 고찰을 해야만 비로소 완벽하게 철저한 관찰이 행해졌다고 할 수 있기 때문이다. 개인의 실체를 이루는 정신, 아니 심지어 세계정신조차도 기나긴 시간의 경과 속에서 나타나는 그러한 온갖 형식을 끈기 있게 가꾸어 나갔다. 그리고 또 그런 세계사적인 커다란 사업을 떠맡을 만한 인내심을 지니고 있었다. 세계정신은 그보다 적은 노력으로는 자기 진면목을 도저히 의식할 수 없었다. 그러므로 당연히 개인도 그만한 인내심 없이는 자기의 실체를 파악할 수가 없다. 그러나 동시에 개인의 노고는 세계사의 경우보다는 좀 덜해도 된다고 하겠다. 왜냐하면 정신의 형식은 벌써 역사 속에 자체적으로 완성되어 있고 내용은 있는 그대로의 현실성을 박탈당하여 가능성의 형태로 바뀐 채 형태 그 자체가 간소화되어 주어진 단순한 규정 아래 위치해 있기 때문이다. 이미 사유의 결과물이 된 내용은 개인의 소유물이 되어 있어서 이를 더 이상 자체적인 본디 모습으로 전환할 필요는 없다. 오히려 자체적인 즉자를 자각적인 대자존재로, 다시 말해 명확히 의식화된 형식으로 바꾸어 놓기만 하면 된다. 이런 작업이 어떻게 이루어지는지 자세히 살펴보자.

교양을 쌓는 운동을 할 때 개인은 기존의 정재(定在)를 전적으로 폐기할 필요는 없다. 오히려 한층 고도의 전환을 위하여 그것이 폐기된 뒤에도 종래의 표상과 여러 형식에 대한 친숙함을 그대로 유지할 필요가 있다. 세계사적인 시대의 흐름을 타고 있는 정신의 실체는 여기서 최초의 부정에 직면하여 겨우 직접적인 자기의 경지로 옮겨진다. 이렇게 자기의 소유물이 된 것은 정재 그 자체와 마찬가지로 아직 개념파악이 안 된 직접성과 무관심한 경직성을 간직하고 있다. 말하자면 정재가 고스란히 표상으로 이행해 버린 것이다. 따라서 그러한 정신의 형상은 지금의 정신이 그 터전 위에서 활동하거나 거기에 관심을 기울이지 않는 친숙한 기지의 것이다. 그런데 활동이라는 것은 당장 마주친 일을 마무리하고 나면 개념 활동과는 무관한 자질구레한 특수한 정신의 운동에 그치고, 이때 생겨나는 표상이나 기지의 것은 지(知)가 새삼 추구해야 할 표적이 된다. 이렇게 해서 보편적인 자기의 행위와 사유의 관심이 싹트는 것이다.

기지의 것은 잘 알려져 있기는 하나 논리적으로 인식되어 있지는 않다. 어떤 것을 인식할 때 이미 잘 안다는 것을 전제로 하여 이를 여과 없이 받아들이는 행위는 매우 흔한 자기기만인 동시에 타인에 대한 기만이기도 하다. 그러한 지는 어찌된 영문인지도 모른 채 이러쿵저러쿵 떠들지만 결국 한 걸음도 나아가지 못한다. 주관과 객관 또는 신·자연·오성·감성 등등, 이 모두가 기지의 것으로서 제대로 통찰되지도 않은 채 타당한 것으로 전제되어 확고한 출발점도 되고 귀착점도 되고 있다. 이때 운동은 부동의 위치를 차지하는 두 점 사이를 오가는 표면적인 것일 뿐이다. 그리하여 여기서 지적으로 파악하고 음미하는 작업이란, 이미 전제되어 있는 것에 관하여 얘기된 것이 자기 생각과 합치되는지 또는 기지의 널리 알려진 것과 조화되는지 여부를 따지는 일이 고작이다.

보통 표상을 분석하는 일이라 하면 곧 표상된 기지의 형식을 타파하는 것이었다. 하나의 표상을 원초적인 요소로 분해하는 것은 적어도 그 표상 형식을 지니고 있지 않은 요소, 즉 사유 주체로서의 자기에게 돌아가 그 표상된 존재를 직접 확인해야만 하는 요소로 복귀하는 것이다. 물론 이 분석도 어쩔 수 없이 숙지되어 있는 고정되고 안정된 내용을 지닌 사상이나 관념에 다다를 수밖에 없다. 그러나 그렇게 분해된 비현실적인 것이야말로 참으로 본질적인 요소다. 다시 말해 구체적인 것이 이런 식으로 분열하여 비현실적인 것이 될 때, 이 구체적인 것은 스스로 운동하는 것이 된다. 이 분열 활동은 오성의 힘과 작업에 의한, 참으로 경이롭고도 더없이 위대한, 아니 절대적이라고도 할 수 있는 힘의 발현이다. 자체적으로 완결되어 안정적이고 실체로서 그 요소를 끌어안고 있는 원(圓)은 직접 드러나 있는 대로 거기에 있을 뿐, 전혀 경이로움을 자아내는 관계를 이루고 있지는 않다. 그러나 그 둘레를 벗어난 우연적인 요소가 이 원에 속박되어 원을 벗어난 다른 현실과의 연관 아래 현실적인 존재로서 분리되어 자유를 얻게 된다면, 여기에는 거대한 부정의 힘이 작용하게 마련이다. 이것이 바로 사유의 에너지이며 순수자아의 에너지이다. 이렇게 해서 생겨난 비현실성을 죽음이라고 부른다면 참으로 이 죽음만큼 무서운 것은 없으니, 죽음을 똑바로 바라보는 데에는 더없이 커다란 힘이 필요하다. 아무 힘 없이 겉으로만 아름다운 것이 오성을 증오하는 이유는 그로서는 감당할 수 없는 것을 오성이 요구하기 때문이다. 그러나 죽음을 회피하고 황폐함을 모면하려는 생명이 아니라 죽음을 무릅쓰고 그 안에서 자기를 유지해 나가는 생명이야말로 정신의 생명이다. 정신은 스스로 절대적인 분열 속에 몸담고 있을 때 비로소 그 자신의 진리를 획득한다. 정신은 부정적인 것을 외면하고 긍정적인 쪽으로 쏠림으로써 힘을 발휘하는 것이 아니다. 무언가가 주어졌을 때 그것은 아무 의미도 없는 거짓된 것이라고 하면서 당장 손을 떼고 다른 쪽으로 마음을 돌린다면 정신은 아무 힘도 발휘하지 못한다. 참으로 정신이 힘을 발휘하는 이유는 바로 부정적인 것을 직시하며 그 곁에 머물러 있기 때문이다. 그것을 멀리하지 않고 그 곁에 머무르는 바로 그때, 여기에 부정적인 것을 존재로 바뀌게 하는 마력(魔力)이 생겨나는 것이다. 이 마력이란 앞에서 주체라고 일컬어졌던 바와 같은 것이다. 즉 주체란 자기가 관여하는 범위 안에 있는 내용에 구체성을 부여함으로써, 그저 존재하기만 하는 추상적인 직접성을 지양하여 실체를 진리로 이끌어 가는 것이다. 부정이나 매개를 자기 외부에 맡겨 놓다시피 한 무기력한 존재가 아니라 스스로 분열과 매개를 행하는 존재만이 주체라고 불릴 수 있다.

표상된 것이 그대로 순수한 자기의식의 소유물이 되게 함으로써 보편성 전반을 높이는 것은 어디까지나 교양형성의 한 측면일 뿐, 그것으로 교양이 완성될 리는 없다. 여기에 바로 고대와 근대의 학습 방법상의 차이가 있는데 먼저 고대에는 자연적 의식을 참되게 완벽히 형성하는 것이 주안점이었다. 여기서 자연적 의식은 생활 전반에 걸친 집중적인 탐구가 행해지면서 온갖 현상이나 사건이 철학적으로 고찰되는 가운데 철저한 실험을 거쳐 보편성에 이르렀다. 이에 반하여 근대에는 이미 갖가지 추상적인 형식이 마련되어 개인의 눈앞에 놓여 있다. 이 형식을 포착해 자기 것으로 삼으려고 노력하는 것은 구체적인 생활에서 비롯된 다양한 요소 속에서 보편적 이념을 발현시키기보다는 오히려 내면에 깃들어 있는 것을 아무런 중간 단계도 거치지 않고 단숨에 꺼내서 보편적인 것을 산출해 내는 것이다. 따라서 교양을 북돋우기 위한 작업은 이미 개인의 몸에 배어 있는 직접적이고 감각적인 생활양식을 개인에게서 털어 내어 그를 사유가 이루어진 실체이자 사유하는 실체로 만드는 것이라기보다는, 반대로 고착되어 버린 특정한 사상을 지양하여 보편이념을 정신적인 것으로서 실현하는 데 있다. 그러나 고착된 사상을 움직이게 한다는 것은 감각적인 생활을 움직이게 하는 것보다 훨씬 어려운 일이다. 그 이유는 앞서 말했듯이 사상이라는 것은 자아에 의한 부정의 힘이나 관념의 순수한 힘을 자신의 토대 또는 요소로 하여 성립된 것인데, 반면에 감각적인 것은 다만 어쩌다 거기에 존재하게 된 추상적인 무기력한 것이기 때문이다. 결국 사상이 유동성을 지니려면 내면에 직접 깃들어 있는 순수한 사유가 전체의 한 요소로 인식되거나 아니면 순수한 자기확신이 그 자신을 추상하거나 해야 한다. 하지만 그렇다고 그런 확신을 어딘가에 치워 버려야 한다는 뜻은 아니다. 완고한 자기집착, 곧 갖가지 내용과 대립하는 순수한 구체적 존재로서의 자아 그 자체가 갖는 완고함과 순수사유의 터전 위에서 자아의 무한한 힘과 관련되어 있는 온갖 완고한 구별을 모두 다 내버리고 돌아보지 말아야만 한다는 것이다. 이러한 운동에 의해서 순수사상은 개념이 되고, 또 비로소 진실한 사상으로서 둥근 고리적인 자기운동을 전개하면서 있는 그대로의 정신적인 본질을 드러내게 된다.

이런 순수한 정신의 운동이 학문이라는 것 전체의 본성을 이룬다. 이를 내용과 관련시켜 본다면 이 운동은 내용이 그 필연성에 따라 확대되면서 유기적인 전체를 형성하는 것이다. 그리고 지의 개념이 획득되기까지의 도정은 이 운동을 통해 하나의 필연적인 완성을 향해 가는 생성과정이다. 따라서 이 준비 단계(《정신현상학》)도 결코 일상적인 불완전한 의식이 우연히 마주치는 이러저러한 대상이나 관계나 사상에 얽혀 들거나, 특정한 사상을 바탕으로 한 논변이나 추리나 추론으로써 진리를 근거 지으려는 것과 같은 우연한 발상에서 나온 철학 연구일 수는 없게 된다. 그보다도 오히려 이 도정에서 개념의 운동을 통하여 의식 세계는 완선히 그 필연성 속에 포괄될 것이다.

이런 맥락에서 서술된 것이 학문의 제1부를 이룬다. 여기에 나타난 정신은 갓 태어나 직접적인 상태에 있는, 아직 자기에게 되돌아오기 이전의 정신이다. 따라서 이 학문의 제1부가 그 다음 부분과 특히 차이 나는 점은 그것이 직접적인 존재의 장을 기반으로 하고 있다는 것이다. 이런 차이점을 설명하려면 이와 관련하여 자주 등장하는 몇 가지 고정관념을 언급해 둘 필요가 있다.

정신의 직접적 존재양식인 의식은 지와 지에 부정적인 대상이라는 두 계기로 이루어져 있다. 정신이 의식의 토대 위에 전개되면서 그 계기를 개진해 나간다고 할 때 거기에는 방금 말한 대립이 뒤따르며 이러한 계기들이 모두 의식의 형태를 띠고 나타난다. 이런 도정을 거치는 학문이 바로 의식이 쌓는 경험에 관한 학문인데, 여기서는 실체와 그 운동이 어떻게 의식의 대상이 되는가 살펴봄으로써 실체를 고찰한다. 의식은 그가 경험하는 범위 내에 있는 것 말고는 아무것도 모르며 파악하지도 못한다. 왜냐하면 경험 속에 주어져 있는 것은 정신의 실체일뿐더러, 더욱이 그것은 실체의 고유한 자기의식의 대상이 되기도 하기 때문이다. 그런데 정신이 대상이 되는 이유는 바로 이 정신이 스스로 자기의 타자가 되고 또 자기 자신의 대상이 되는 가운데 다시금 이 타자존재를 지양하는 운동이기 때문이다. 결국 의식의 경험이란 다름 아닌 이 운동이다. 이 운동에서는 감각적인 존재건 단순한 관념적 존재건, 어쨌든 직접적으로 있는 경험되지도 않은 추상적인 것이 자기소외를 거치고 나서 다시금 이 소외로부터 자기에게로 되돌아오는데, 이때 비로소 대상은 의식의 소유물이 되어 현실성을 얻은 진리로서 서술된다.

의식 안에 있는 자아와 자아의 대상인 실체 사이에는 괴리가 있다. 이 괴리는 그들을 구별하는 부정적인 것이다. 이 부정적인 것은 대립하는 양극의 결함으로 보일 수도 있지만 사실 그것은 양극을 함께 운동으로 몰아가는 원동력이다. 어떤 고대인들은 '공허함'을 운동의 원리로 파악했는데, 그들은 운동 속에서 부정의 힘은 보았으나 여기서 더 나아가 운동을 자기로 파악하는 데까지 이르지는 못했다. 그런데 이 부정적인 것이 자아와 대상의 불일치로 나타난다면 이는 실체 그 자체 내에서 생겨난 불일치이기도 하다. 실체의 바깥에서 야기되어 실체에 대항해서 작용하듯 보이는 것이 실은 실체 자체의 행위이므로, 실체란 본질적으로 주체라는 것이 뚜렷해진다. 이 점이 빈틈없이 밝혀질 때 정신의 존재와 본질은 일치한다. 그리고 있는 그대로의 정신이 곧 정신의 대상이 됨으로써 정신은 직접적이라는 추상적인 장, 지와 진리의 분열이라는 추상적인 장을 뛰어넘게 된다. 존재하는 모든 것이 절대적으로 매개되고 실체의 내용이 동시에 그대로 자아의 소유물이 되면서 내용은 곧 자기운동하는 개념이 된다. 이것이 정신현상학이 다다르는 최종 지점이다. 현상학 속에서 정신이 다져 놓는 것은 바로 광활한 지(知)의 경지이다. 그리고 이러한 바탕 위에서 단순한 형식을 지닌 정신의 요소들이 확장되어 나가는데, 이때 정신은 대상이 곧 자기 자신임을 알고 있다. 여기서는 존재와 지 사이의 대립은 사라지고 단순한 지의 경지만이 있으며 진리가 진리로서 나타나 있다. 여기에 그 어떤 차이가 있다 하더라도 이는 내용상의 차이에 지나지 않는다. 이 경지에서 전개되는 운동을 전체적으로 조직해 놓은 것이 '논리학' 또는 '사변철학'이다.

이렇듯 정신 경험을 체계화한 《정신현상학》은 정신의 현상만 다루는 까닭에, 이 체계로부터 진리 그 자체를 다루는 학문으로 전진하는 과정은 부정적인 데 지나지 않을 것으로 보인다. 게다가 부정적인 것은 곧 거짓된 것이므로 괜히 그런 쪽으로 돌아서 가지 말고 곧장 진리의 길로 들어서길 바라는 사람도 있으리라. 대체 왜 거짓된 것을 굳이 다뤄야 하느냐는 것이다. 학문을 당장에 불쑥 시작한다는 것이 어째서 있어서는 안 되는 일인가에 대해서는 앞에서 이미 설명했으니, 여기서는 거짓된 것으로서의 부정적인 것이 어떤 성질을 지니는지 논의해 보려고 한다. 실로 이에 관한 잘못된 생각이 무엇보다도 진리로 향하는 길목을 가로막고 있으니 말이다. 이 문제를 말하자면 또한 수학적 인식에 관한 이야기도 나오게 될 것이다. 철학에 통달하지 못한 사람들은 수학적 인식이야말로 학문의 이상이라고 하면서 철학도 마땅히 이에 다다르기 위해 노력해야만 하는데 아직껏 그러한 노력의 성과가 보이지 않는다고 철학을 비난하곤 한다.

사람들은 '참'과 '거짓'이 결코 움직일 수 없는 저마다 독자적인 성질을 지닌 일정한 사상이라고 하면서 그 둘을 이쪽과 저쪽으로 따로 떼어서 고정시켜 놓고 다루어 나간다. 그런 관점에 대해서는 진리란 기성품으로 만들어져서 그대로 지갑에 넣기만 하면 되는 동전과 같은 것은 아니라고 대꾸해야만 하겠다.* 게다가 거짓된 것은 절대 홀로 존재하지는 않는데, 이는 마치 악이 단독으로 존재하지 않는 것과 마찬가지이다. 물론 악과 거짓은 그 어느 것도 악마만큼이나 고약하지는 않다. 왜냐하면 악마로 여겨질 때 악이나 거짓은 특별한 주체로 내세워지기 때문이다. 그러나 악이나 거짓은 저마다 악이고 거짓인 이상 어디까지나 일반적인 것에 지나지 않는다. 다만 그것들은 서로에 대해서 저마다 실재하는 것이다. 여기서는 악이 아닌 거짓이 문제가 되고 있으니 이것만 놓고 본다면, 거짓이란 지의 참다운 내용인 실체와는 배치되는 타자이며 실체의 부정태로 여겨진다. 그러나 실은 실체 그 자체도 본질적으로 부정적인 것이다. 실체의 내용에 구별이나 특수한 성질이 생겨나는 것도, 또 실체가 실체 그 자체와 지로 단순히 양분되는 것도 모두 실체가 부정적인 것이기 때문이다. 물론 지가 그릇된 것일 수는 있다. 이 그릇된 지라는 것은 지와 그의 실체가 일치하지 않음을 뜻한다. 그러나 바로 이 불일치야말로 실체에 구별이 생겨난다는 것이며, 이는 바로 실체의 본질적인 요소이다. 실제로 이 불일치에서 일치도 생겨나게 되며, 이렇게 생겨난 일치야말로 진리이다. 하지만 그렇다 하더라도 마치 순수한 금속에서 불순물이 제외되고 완성된 항아리에서 본틀이 벗겨지듯 불일치가 제거되면서 진리가 생겨나는 것은 아니다. 불일치는 부정적이면서도 핵심적인 것으로서 진리 그 자체 속에 직접 존재한다. 그러나 또 그렇다고 하여 거짓이 참의 한 요소이거나 심지어 참을 이루는 하나의 구성요소가 된다고 할 수는 없다. 어떤 거짓 속에도 어느 정도 참이 존재한다고 흔히들 말하지만, 이 경우 참과 거짓은 기름과 물처럼 서로 섞이지 못하고 단지 겉으로만 한데 어울려 있다는 것이나 마찬가지다. 이렇듯 전혀 별개의 것이 나란히 어울려 있다는 듯이 혼란스러운 의미가 내포될 수 있으므로, 서로 별개의 것이라는 점이 부정되는 상황에서는 참이니 거짓이니 하는 그러한 표현법이 쓰여서는 안 된다. 마찬가지로 주관과 객관, 유한과 무한, 존재와 사유의 통일이라는 식의 표현도 적절치 못하다. 주관과 객관이니 하는 표현들은 모두 그 한 쌍의 통일의 장(場)을 벗어나 있는 듯한 의미를 띠는데, 그 둘이 서로 통일된 경우에는 주관과 객관이니 하는 단어의 의미도 변할 수밖에 없기 때문이다. 이런 점에서 거짓이라는 것도 그것만이 따로 진리의 한 요소를 이룰 수는 없다.

지나 철학의 연구에서 독단적인 사고방식이 고개를 쳐들고 나온다면 이는

---

* 레싱의 희곡 〈현인 나탄(Nathan der Weise)〉 Ⅲ, 6에 "als ob die Wahrheit Münze wäre ! (마치 진리가 동전이라도 되는 듯이!)"라는 말이 나온다.

확고한 결론인 듯이 내세워진 명제, 즉 직접적으로 이해되는 명제 속에 진리가 있다고 생각하는 데서 비롯된 것이다. 하기야 카이사르가 언제 태어났으며 1스타디온은 몇 토와즌인가 하는 물음에는 명쾌한 대답이 주어질 수 있고, 또한 직각삼각형의 빗변의 제곱은 다른 두 변의 제곱을 합한 것과 같다는 등의 명제가 진리임에는 틀림없다. 그러나 철학적 진리는 그런 진리와는 다른 본성을 지닌다.

역사적 진리에 관해서 간략히 말하자면, 순수하게 역사적인 진리란 우연한 자의적 내용 또는 필연성이 따르지 않는 개별적인 사실에 관계된다는 것을 쉽게 알 수 있다. 그러나 앞서 언급한 벌거숭이 진리 같은 것마저도 자기의식의 운동 없이는 존재하지 않는다. 하나의 진리를 깨우치기 위해서는 많은 것들을 비교하고 서적을 참고하는 등 어떤 식으로든 연구를 해야만 한다. 직접 눈으로 확인된 것이라도 그에 관한 지식이 문제가 되면 몇 가지 근거를 대고 논증을 해야만 비로소 그 진가가 인정되게 마련이다. 물론 여기서 애초에 문제가 되고 있는 것은 벌거숭이 진리에 지나지 않지만 말이다.

수학적 진리에 관해서 얘기한다면, 외부로부터 주어진 유클리드의 정리를 암기만 할 뿐 그 증명도, 내면적인 연관성도 터득하지 못한 사람을 기하학자라고 할 수는 없다. 이와 마찬가지로 수많은 직각삼각형을 그려 놓고 그 변의 길이를 측정하여 피타고라스의 정리가 타당하다는 사실을 아는 것만으로 기하학적 지식이 충분하다고도 할 수 없다. 그런데 증명은 본디 그 증명이 결론 자체의 요소가 된다는 의미와 본성을 지니고 있건만, 수학적 인식에서도 이런 일이 이루어지지 못해서 결론이 도출되고 나면 증명은 어디론가 사라져 버린다. 물론 결론에 가서 정리가 맞다는 것이 밝혀지기는 하지만, 그럴 경우에도 정리 내용에 무언가가 더해지는 것은 아니고 수학자라는 주체와의 관계에 무언가가 덧붙여질 뿐이다. 수학의 증명이라는 운동은 대상의 본질에 속하는 것이 아니라 사태를 겉도는 외면적인 행위이다. 이를테면 직각삼각형에 관한 관계를 나타내는 명제를 증명할 때는 작도 작업이 필요한데, 사실 이 작업에서 나타나듯이 직각삼각형의 본성이 스스로 분해되는 것은 아니며 어디까지나 결론을 이끌어 내는 과정 전체가 인식을 위한 절차와 수단이 되어 있는 것이다. 철학적 인식에서도 존재로서의 존재의 생성과, 사태의 본질 즉 내적 본성의 생성은 서로가 구별된다. 그러나 철학적 인식은 첫째로 이 두 가지 생성을 모두 다 포함하므로, 수학적 인식이 존재의 생성만 포함할 뿐 사태의 본성은 인식작용 그 자체 내에 깃들어 있는 것으로 표현하는 것과는 차이가 있다. 둘째로 철학적 인식은 이 특수한 두 개의 운동을 통일시키기도 한다. 실체의 내적 발생과 생성은 그대로 외적인 존재로 향하면서 타자와 연관되는 운동과 불가분의 관계를 맺는데, 거꾸로 보면 존재의 생성은 본질로의 자기귀환인 것이다. 그리하여 이 운동은 전체의 이중 과정이며 생성인데, 이때 이 양면적인 운동은 서로가 타자를 정립하는 가운데 저마다 두 개의 모습을 지니게 된다. 그리고 이 양자가 서로 해소되어 전체의 요소를 이루는 쪽으로 합일될 때 철학적 진리의 전체가 성립된다.

수학적 인식에서는 사태를 이해하려는 작용이 외부로부터 가해지기 때문에 정작 다루어져야 할 진짜 내용은 변질되어 버린다. 따라서 이해 작업상의 수단이 되는 작도나 증명은 참된 명제를 내포하고 있는데도 내용은 또 그만큼 잘못된 것일 수가 있다. 앞에서 든 예에 따른다면 삼각형이 해체되고 그 나누어진 부분은 작도를 통해 생겨난 다른 도형이 되어 버린다. 이렇게 되면 마지막에 가서야 비로소 본디 문제시되던 삼각형이 재현된다. 이 삼각형은 작도나 증명이 행해지는 도중에는 눈앞에서 사라지고 또 다른 전체의 일부로서 나타날 뿐이다. 따라서 여기에도 또 내용을 부정하는 힘이 작용한다고 할 수 있으나, 이 부정성은 내용의 그릇됨을 드러내는 것과 함께 개념의 운동 과정에서 일어나는 확고한 사상의 소멸마저도 나타내 준다고 해야만 하겠다.

그러나 수학적 인식에 특유한 결점은 인식 그 자체의 결점인 것 못지않게 소재 전반의 결점이기도 하다. 인식에 관하여 얘기한다면 무엇보다 먼저 작도의 필연성이 밝혀져 있지 않음을 들 수 있다. 작도는 정리의 개념에서 나오는 것이 아니라 단지 이렇게 하도록 강제되는 것일 뿐이다. 그러므로 그 밖에 무수히 많은 선을 그을 수 있는데도 굳이 이 선을 그으라는 지시에 우리는 그저 묵묵히 따를 뿐이다. 그러는 것이 증명을 진행하는 데 효과적이리라고 무조건 믿어야 하는 것이다. 따라서 그것이 정말로 유효한가 아닌가는 뒤에 가야만 알 수 있다. 왜냐하면 여기에는 증명을 하고서 반대로 되짚어 본 다음에야 비로소 알 수 있는 외면적인 연관밖에는 없기 때문이다. 마찬가지로 이 증명도 어디론가부터 시작되는 임의의 길을 따르고는 있지만 그것이 본디 지향하는 결론과 어떤 관계에 있는가는 분명하지 않다. 증명이 진행될 때 우리는 이러저러한 성질이나 관계는 이용하면서 그 밖에 다른 성질이나 관계는 팽개쳐 버리는데, 과연 어떤 필연성에 따라 그러는지는 분명하지 않다. 이유인즉 밖으로부터 끌어들인 목적이 이 운동을 지배하고 있기 때문이다.

인식상 이러한 결함이 있는데도 수학은 그 인식이 아주 명증하다고 자랑하면서 심지어 철학 앞에서 콧대를 세우기도 한다. 그러나 이 명증함은 수학의 목적이 빈약하고 소재가 불충분한 데서 오는 것이므로, 철학적인 안목으로 보면 이는 하찮은 것이다. 수학의 목적, 즉 개념은 '크기(量)'에 있다. 그런데 크고 작음이라는 것이야말로 비본질적이고 몰개념적이다. 크고 작음에 관한 지의 운동은 단지 표면을 겉돌 뿐 사태 그 자체의 본질인 개념에 다다르지는 못하므로, 개념 파악은 전혀 이루어지지 않는다. 수학이 자랑스러운 진리의 보물을 손에 넣는 장이 되는 소재는 '공간'과 '1'이라는 수이다. 공간이란 개념이 단지 장소나 위치의 차이로 나타나는 공허한 죽은 장으로서, 거기에 나타나는 차이라는 것은 모두가 움직임도 생명도 없는 것이다. 현실의 존재는 수학에서 고찰되는 바와 같은 공간적인 존재가 아니다. 따라서 수학이 다루는 이 비현실성은 구체적인 감각적 직관과도 철학과도 전혀 관계가 없다. 그런 비현실적인 장 속에 존재하는 것이라면 역시 비현실적인 진리라고나 할 고정된 죽은 명제들뿐일 것이다. 이런 명제는 저마다 서로 분리되어 있어서, 결국 하나의 명제에서 다음 명제로 진전되면서 사태의 본성에 따른 필연적인 연관이 성립되는 일이라곤 없이 각 명제마다 독립적으로 새로운 출발점이 되고 만다. 게다가 이런 원리와 이런 장에 근거를 두고 있기 때문에—더구나 바로 이 점에 수학적 명증의 공식적인 측면이 존재하는데—수학적 지는 '상등성'이라는 직선을 따라 나아가게 된다. 스스로 움직이지 않는 죽은 것은 본질적으로 구별이 지어지지도 않고 본질적인 대립이나 불일치가 조성되지도 않으므로 하나의 대립물에서 또 다른 대립물로 이행하는 일이라곤 없으며, 따라서 질적인 내재적 운동이나 자기운동을 행하는 일도 없기 때문이다. 실로 수학이 고찰하는 것은 크기라는 비본질적인 차이일 뿐이다. 공간을 여러 차원으로 분할하고 동시에 이들 각 차원을 그 안에서 결합하는 것이 곧 개념이라는 사실을 수학은 그저 추상해 버린다. 예컨대 선과 면의 관계는 수학적 고찰 대상이 되지 않는다. 또 원의 지름과 원주를 비교할 때는 그것들이 약분 불가능함을 알게 되고 바로 여기에 개념의 무한한 관계가 드러나는데, 수학은 그 개념을 파악할 수가 없다.

내재적 수학이라는 이른바 순수수학은 시간 그 자체를 제2의 고찰 소재로 삼아 공간과 마주하게 하지는 않는다. 하기야 응용수학은 운동이나 그 밖에 현실적인 것과 더불어 시간을 취급한다. 그러나 응용수학은 개념에 의해 결정되는 갖가지 시간적 관계를 포함한 종합적인 명제를 경험에서 얻어 내서, 이런 전제에다가 수학적인 공식을 적용하는 데 그치고 만다. 응용수학에서는 지레의 법칙이나 낙하운동에서 공간과 시간의 관계 등에 관한 이른바 증명이라는 것이 자주 행해지는데, 그런 명제의 증명이 증명으로 받아들여진다는 사실은 수학적 인식에서 증명이 얼마나 필요한가를 스스로 증명해 준다. 수학적 인식에서는 아무런 증명도 하지 않으면서 증명이 된 듯한 모습을 드러내 보이는 데 치중하며 만족감에 젖기도 하는 것이다. 그러므로 수학이 걸치고 있는 위장된 장식물들을 벗겨 내 그 한계와 더불어 이와는 별개의 지식이 필수적이라는 사실을 밝혀내는 데에는 수학적 증명을 비판하는 것이 중요하고도 유효하다고 하겠다.* 흔히들 시간은 공간에 대응되는 순수수학의 또 다른 소재를 이룬다고 하지만 사실 이 시간이란 개념이 실재하는 모습이다. 말하자면 개념 없는 차이에 지나지 않는 크기의 원리와 추상적이고 생명 없는 통일에 지나지 않는 상등성의 원리로는, 시간 속에서 끊임없이 동요하는 생명과 그 절대적인 차이를 포착할 수 없다. 그러므로 수학에서 이 시간이라는 부정성은 마비된 채 '1'로서 인식의 제2의 소재가 될 수밖에 없다. 아무튼 사태를 외면적으로 취급하는 수학적 인식은 스스로 운동하는 것을 한낱 소재로 다루는 데 그쳐서, 그로부터 아무래도 상관없는 외면적인 생명 없는 내용을 들추어낼 뿐이다.

이와는 달리 철학이 고찰하는 것은 비본질적인 규정이 아니라 오직 본질적인 규정에 한한다. 철학의 토대와 내용을 이루는 것은 추상적이고 비현실적인 것이 아니라 스스로를 정립하고 내적인 생명을 지닌, 개념에 들어맞는 모습을 한 현실적인 것이다. 현실적인 것은 움직이는 과정이며 이 과정은 스

---

* 헤겔은 《엔치클로페디》 제267절 '낙하의 법칙'에서 이런 맥락으로 더 자세한 논급을 했다. (Phil. Bibl. Bd. 33, S. 229ff.)

스로 요소를 산출하고 그곳을 두루 지나간다. 그리고 이 전체적인 운동이 적극적인 진리를 형성한다. 그리하여 이 운동에는 부정적인 요소도 포함되는데, 만약 이 부정적인 것만 따로 떼어 놓고 본다면 이는 버려야 할 거짓된 것으로 간주될 수도 있다. 그러나 마땅히 소멸되어 버릴 만한 것도 결코 진리와 단절된 채 어딘가 동떨어진 곳에 내버려 두어도 되는 고정적인 것이 아니라 오히려 진리에 없어서는 안 되는 본질적인 것으로 간주되어야만 한다. 마찬가지로 진리라는 것도 결코 거짓의 반대편에 꼼짝없이 눌러앉아 있는 생명 없는 긍정적인 것은 아니다. 현상(現象)은 생성과 소멸인데, 이것 자체는 생멸의 단계를 넘어선 본연의 모습으로 존재하여 생동하는 진리의 현실 및 운동을 형성하고 있는 것이다. 따라서 진리는 모두가 도취상태에 빠져 있는 디오니소스 축제의 흥분의 도가니와 같은 것이어서, 누구든지 이에서 벗어나 홀로 자신에게 돌아간다 해도 곧 다시 이 도취상태로 돌아와 자신을 잃어버리므로 이 도취는 전체가 투명하고 단순한 평온함을 유지하고 있기도 한 것이다. 이 진리의 운동이라는 법정에서는 더 이상 정신의 개별적인 형태나 특정한 사상이 독자적으로 존립할 여지는 없으며 모두가 부정되고 소멸될 수밖에 없는데, 그런 와중에도 이것들은 동시에 적극적이고 필연적인 요소를 이루고 있다. 정지해 있는 듯이 보이는 전체적인 운동 속에서 나타나는 이러저러한 차이나 특수성은 내면화된 기억으로 보존되어 있으며, 여기서는 존재하는 것이 곧 자기 자신을 아는 것이고 자기를 아는 것이 그대로 존재하는 것이 된다.

  이러한 운동을 펴 나가는 학문의 방법과 관련하여 미리 몇 가지 사항을 언급해 둘 필요가 있을지도 모르겠다. 물론 방법의 개념은 이미 얘기된 바도 있고 더욱이 그에 대한 본격적인 서술은 논리학이 해야 할 일이며 심지어 논리학 그 자체라고도 하겠는데, 왜냐하면 방법이란 전체의 구조를 순수하게 본질적인 형상에 따라서 제시하는 것이기 때문이다. 그러나 방법에 관한 지금까지의 통념으로 말하면 철학적 방법의 본질에 대한 관념의 체계들이 이미 지난날의 교양 수준에 머물러 있다는 것을 우리는 알아야만 한다. 어쩌면 이러한 말투가 내 뜻과는 달리 호언장담이나 혁명적인 언사인 듯이 받아들여질지도 모른다. 그렇다면 여기서 수학이 내세우는 화려한 학문적인 도구들, 이를테면 설명·분류·공리·정리·승명·원칙·연역·추론 등등이 적어도 일반인의 눈으로 볼 때 이미 시대에 뒤처져 있다는 사실을 되새겨 보길 바란다. 그것이 더 이상 쓸모가 있는지 없는지는 차치하고라도 실제로 그런 것이 활용되는 경우는 거의 없다고 할 수 있다. 그 화려한 도구들은 아예 거부당한다고까지는 할 수 없어도 기꺼이 받아들여지지 않는 것만은 분명하다. 우리는 우월한 것이 기꺼이 이용되게 마련이라는 편견을 가질 수밖에 없다. 그러나 미리 명제를 앞세워 놓고 그 근거를 제시하며, 반론에 대해서도 또 반박할 근거를 내놓는 식의 방법이 진리를 나타내는 데 합당치 않은 형식임을 알아채기란 그리 어려운 일은 아니다. 왜냐하면 진리란 스스로 운동하는 것인데, 지금 말한 방법에 따라서 수행되는 인식은 소재 밖에서 운동하는 것이기 때문이다. 그런 방법은 수학에 합당한 수학의 전유물이라고나 하겠다. 왜냐하면 이미 설명했듯이 수학은 개념이 결여된 크기의 관계를 원리로 하고 죽은 공간이나 죽은 1을 소재로 하는 것이기 때문이다. 그런데 이런 방법이 일상생활에서는 더욱 기승을 부리면서 거침없이 임의로 사용되는지도 모른다. 즉 인식에 주력하기보다는 호기심이나 자극하려고 드는 일상적인 대화나 역사적 교훈 따위가 그런 부류에 속하며, 이른바 머리말이라는 것도 대체로 이런 교훈에 해당한다. 일상생활에서 의식의 내용이 되는 것은 지식, 경험, 감각적인 구체적 사실, 사상, 원칙 등등, 요컨대 바로 눈앞에 있어 확고하고 안정된 모습으로 존재하는 것들이다. 의식은 실재로 여겨지는 그러한 것들의 주변을 맴돌면서 때로는 서로 연결되어 있는 내용들 사이의 고리를 임의로 끊어 버리고는 밖으로부터 그것을 규정하며 처리하려고 한다. 그리하여 의식은 그와 관련해서 비록 한순간의 느낌에 불과할지언정 뭔가 확실하게 느껴지는 것이면 이를 자기 것으로 삼으려고 한다. 그리고 이 확신은 자신이 잘 알고 있는 지점에 다다르면 거기에 멈춰 서서 만족하는 것이다.

그러나 개념의 필연성이란 자질구레한 이치나 따지고 들면서 대화하는 식의 진행이나 또는 학문적 허식에 사로잡혀 경직된 자세로 일관하는 식의 진행은 떨쳐 버리고 나아가는 것이다. 그렇다고 해서 앞에서 지적했듯 방법 없는 자의적인 예감이나 영감 또는 솔깃한 예언을 통해 그 빈자리를 메우려고 해서는 안 된다. 이런 것들은 겉치레에 치중하는 경직된 학문만이 아닌 학문 전체를 경멸하다시피 하는 것이기 때문이다.

이와 마찬가지로 칸트의 '삼중성·삼위일체' 체계를 보면, 애초에 이것은 그저 본능적으로 재발견되어 생명이 없는 몰개념적인 것에 지나지 않았다. 그런데 새삼 여기에 절대적인 의미가 주어지면서 이 체계는 참다운 내용 속에 담긴 참된 형식이라고 치켜세워지고 이로부터 학문의 개념이 생겨나게 되었다. 여기까지는 또 그렇다 치더라도 이어 삼위일체 형식을 환영(幻影)과도 같은 생명 없는 도식으로 꾸며 내 학문적인 체계를 한낱 일람표 정도로 전락시켜 놓았으니, 이런 방식을 두고 학문적이라고 할 수는 없겠다. 이런 형식주의의 일반적인 특징은 이미 설명했으니 이제 그 방법을 좀더 자세히 살펴보겠다. 그런데 미리 한마디 해둘 것은 어떤 형태에 관해서 말할 때 도식 중의 한 항목을 술어로 적용하기만 하면 그 형태의 본성도 생명도 다 표현된다고 보는 것이 이 형식주의의 상투적인 수법이라는 점이다. 이때 도식이 적용되는 항목으로는 주관성이나 객관성, 자기나 전기, 수축이나 확장, 동과 서 등등 다양한 것을 들 수 있으며, 그 밖에도 헤아릴 수 없이 많은 것을 열거할 수 있다. 까닭인즉 그 방식대로라면 어떠한 성질이나 형태라도 다른 것들에 대해서 도식의 일개 형식이나 요소로 사용될 수 있고, 그 밖에 또 어떤 것이라도 같은 용도로 쓰일 수 있기 때문이다. 결국 이러한 형식주의에서는 사물들 사이에 순환적인 관계가 형성되며 사태는 서로가 대응될 뿐, 구체적으로 사태 자체가 무엇이며 한쪽과 다른 한쪽이 어떤 의미를 지니는 것인가는 도무지 분명하지가 않다. 이때 일상적으로 우리의 직관 대상이 되는 감각적인 성질의 것은 당연히 그 의미가 관념적으로 변형된다. 한편으로 주관·객관·실체·원인·보편 등과 같이 순수한 사상 규정은 일상생활에서 흔히 쓰이는 강약이나 신축과 같은 구체적인 성질의 사용법과 다름없는 안이하고 무비판적인 용법으로 다루어진다. 그 결과 형이상학적인 고찰도 감각적인 표상도 모두가 학문적일 수는 없게 되고 만다.

　이러한 형식주의는 내적인 생명이나 그 존재의 자기운동 대신 직관이나 감각적인 지에 의해 얻어진 단순한 규정을 표면적인 유추를 통해 논하여, 이렇듯 도식을 외면적이고 공허한 방식으로 적용하는 것을 학문적인 구성으로 내세운다. 형식주의는 언제나 늘 이런 식이다. 예컨대 질병에는 무력증, 강력증, 약간의 무력증이라는 것이 있고 여기에는 저마다 세 가지 대증요법이 있다는 정도의 이론*¹을 놓고 사람들은 불과 얼마 전까지만 해도 단 15분 정도만 배우면 그런 교과과정을 훌륭히 마무리할 수 있었다. 그런데도 그냥 경험만 있는 돌팔이 의사 수준에서 벗어나 이론에 정통한 의사가 될 수 없다고 한다면 그는 얼마나 아둔한 사람이겠는가? 자연철학상의 형식주의에 따르면 지성은 전기이고 동물은 질소이며 또한 이들은 남·북과도 일치하므로 그대로 남과 북을 대표하는 것이라고 한다. 이렇듯 단도직입적인 표현이 있는가 하면 사이사이에 술어를 섞어 놓는 경우도 있는데, 이런 식으로 서로 아무 연고도 없어 보이는 것을 억지로 결부시키거나 정지해 있는 감각적인 것을 강제로 덧붙여서 거기에다 개념이라도 되는 듯한 허울을 씌워 놓고 있다. 이런 수법으로는 개념 그 자체나 감각적 표상의 의미 그 자체를 밝혀낸다는 중요한 문제가 올바르게 다루어질 수 없다. 자연철학상의 형이상학이 그런 짓을 하는데도 뭘 모르는 사람은 그것을 보고 경탄하면서 천재적인 발상이라고 치켜세우기도 한다. 그리고 추상적인 개념을 직관을 통해 보완함으로써 내용에 대한 명쾌한 설명이 주어진 듯이 기뻐하면서 그 훌륭한 성과에 공감하고 이를 축복할 수도 있을 것이다. 중요한 점은 그런 정도의 지혜의 수법은 요령을 터득하기도 쉽고 사용하기도 어렵지 않다는 것이다. 뻔히 알려진 수법을 되풀이하는 것은 마치 속임수가 다 보이는 마술을 반복하는 것과도 같아서 보는 사람이 민망할 정도이다. 이 단조로운 형식주의는 마치 붉은색과 초록색 두 색깔만 있는 팔레트를 손에 쥔 화가가 역사화를 그릴 때면 붉은색으로, 풍경화를 그릴 때면 초록색으로 화면을 칠하듯이 간단히 도구를 써서 모든 일을 처리해 버린다. 이때 천상과 지상과 지하에 존재하는 만물[*2]을 두 가지 색상으로 칠해 버리는 데서 오는 즐거움과 이 만능약의 효과는 정말 최고라고 여기면서 자만에 빠지는 태도, 이 두 가지 중에 과연 어느 쪽이 더 큰 만족감을 낳는지 가려내기란 쉽지 않다. 하기야 사실 이 두 가지는 상호보완적인 관계에 있을 테지만 말이다. 천지 만물을 이루는 온갖 자연적·정신적 형태에 일반적인 도식이라는 몇 가지 규정을 적용하여 모든 것을 단순히 배열해 버리는 이 방법으로 얻어지는 것이란 우주의 기제(機制)에 관한 명명백백한 보고에 지나지 않는다.[*3] 다시 말해 이러저러한 이름표가

---

*1 일명 브라운주의. 존 브라운(John Brown), Elementa medicinae, 1780.

*2 《빌립보서》 2 : 10 참조.

*3 피히테의 저작 《최근의 철학 본질에 관해 대중에게 알리는 명명백백한 보고》를 연상시키는 표현이다.

붙어 있는 해골이나 아니면 양념가게의 상표가 붙은 통조림 진열대와 흡사한 하나의 일람표라고나 하겠다. 해골이건 통조림이건 간에 여기에 제시되어 있는 것은 모두가 일목요연하다. 다만 전자의 경우는 뼈만 남기고 살과 피를 제거했다면 후자의 경우는 생명이 없는 것을 그 안에 숨겨 놓았다고 하겠으니, 형식주의의 일람표라는 것 또한 살아 있는 본질을 팽개쳐 버리거나 숨겨 버리고 있는 꼴이다. 이런 형식주의가 도식상에 나타난 차이를 부끄럽게 여기며 이를 반성의 탓으로 돌리면서 모든 것을 절대의 공허 속으로 몰아넣고는 순수한 동일성과 같은 형식 없는 흰색을 덧칠하는 수법을 씀으로써 결국 한 가지 색의 절대적인 그림을 완성해 놓는다는 것은 이미 얘기한 대로이다. 앞에서 본 한 가지 색으로 된 도식과 그 생명 없는 규정과 지금 말한 절대적 동일성 그리고 어느 한쪽에서 다른 한쪽으로의 이행은 그 모두가 하나같이 죽은 지성의 산물이며, 외부에서 끌어들인 인식에 지나지 않는다.

그러나 아무리 탁월한 것도 지금 본 바와 같이 생명과 정신을 박탈당한 채 껍질이 벗겨지고 그 위에 생명 없는 공허한 지(知)의 덮개가 씌워져 버리는 운명은 피할 길이 없다. 그런데 오히려 이런 운명 속에서야말로 탁월한 것이 정신에, 아니 적어도 심정에 대해서만큼은 폭력에 가까운 힘을 발휘하는 면이 보이기도 하는데, 이런 와중에 보편적이고 명확한 형식이 확립되고 탁월한 것이 완성되면서 우리가 그 형식 덕분에 보편적인 원리를 표면적으로 손쉽게 이용할 수 있게도 되는 것이다.

그런데 학문은 오직 개념의 고유한 생명력을 통해서만 조직되어야 한다. 학문에서는 형식적인 도식에 따라 밖으로부터 존재에 첨가되는 성질 대신 자기운동을 하는 충만된 내용의 혼이 맥박치고 있다. 이때 존재의 운동이란 한편으로는 스스로가 자기 자신에 대해 타자가 됨으로써 자기 안에 내재하는 내용이 되는 것이고, 다른 한편으로는 타자화된 자기존재를 다시금 자기에게 되돌려 옴으로써 자기 자신을 하나의 요소로 하여 단순한 내용을 얻어내는 것이다. 전자의 운동 속에서는 부정성이 차이를 낳으면서 이것이 일정한 틀을 갖추게 되는데, 이로부터 자기에게 되돌아옴으로써 부정성은 명확한 모습을 띤 단일체를 낳게 된다. 이렇게 해서 내용에 보태어지는 성질은 어떤 타자로부터 받아들여져서 덧붙여지는 것이 아니라 어디까지나 내용 스스로가 마련한 것으로서 자발적으로 전체를 뒷받침하는 한 요소로 자리잡는다. 일람표에만 매달리는 오성은 이렇듯 자발적으로 자리매김된 사태의 구체적인 현실과 생동하는 운동, 즉 내용의 필연성과 개념을 자기 자신만의 것으로(대자적으로) 놓아둔다. 아니 어쩌면 그게 아니라 오히려 그것을 모른다고 할 수 있다. 만약 이 오성의 내용의 필연성과 개념을 통찰하고 있다면 당연히 그것을 제시할 테니까 말이다. 형식에 얽매여 있는 이 오성은 그런 통찰의 필요성조차도 깨닫고 있지 못하다. 만약 그것을 알고 있다면 마땅히 자기의 도식 따위는 내던지거나 적어도 그렇게 내용 목록을 표시하는 것만으로 만족하고 자랑스러워하지는 않으리라. 실로 형식에만 집착하는 오성이 제공하는 것은 내용 목록일 뿐, 내용 그 자체는 아니다. 예컨대 자기(磁氣)라는 성질은 그 자체로는 구체적이고 현실적인데도 정작 자기와는 관계없는 존재의 술어(述語)가 될 뿐, 존재 자체에 내재하는 생명으로 인식되는 일도 없고 존재 안에서 자체를 산출하고 표현하는 고유한 힘으로 인식되는 일도 없으니 실제로는 죽은 성질로 격하되어 버린다. 형식적인 오성은 내재적인 생명을 인식한다는 이 긴요한 일을 스스로 떠맡으려 하지 않으며 어디엔가 떠넘기고 만다. 사태에 내재하는 내용 속으로 파고드는 대신 언제나 위로부터 전체를 훑어보기만 하고 정말로 따져 봐야 할 개별적인 대상으로부터 멀리 떨어져 있는 까닭에 결국은 대상을 제대로 보고 있지 않은 것이다. 그러나 학문적 인식에 요구되는 것은 오히려 대상의 생명에 자신을 내맡기는 것, 다시 말하면 대상의 내적 필연성을 직시하고 이를 표현해 내는 것이다. 학문적 인식이 그렇게 대상에 몰입하게 되면 내용과 동떨어진 지의 자기반성에 그치는, 위로부터 사태를 훑어보듯 하는 자세는 떨쳐 버리게 된다. 그런데 주어진 소재에 침잠하여 그 운동에 동참한다는 것은 학문적 인식이 자기에게 되돌아오는 것이기도 하다. 다만 이러한 복귀는 충만한 내용이 자기에게 되돌려져서 단순한 모습으로 존재의 일면을 이루는 것으로 자리매김되어 스스로 고차적인 진리로 이행하는 상태를 빚는다. 그리하여 자기반성이 망각된 풍부한 내용 속에서 스스로를 훑어보는 단일한 전체의 모습이 떠오르는 것이다.

요컨대 앞에서도 얘기했듯이 실체 그 자체가 곧 주체라는 점에서 모든 내용은 자기 자신에게로 되돌아가는 운동이다. 내용의 존립 즉 실체라는 것은 자기동일성을 뜻하는데, 무릇 자기동일성에 이르지 않는 존재란 해체되어 버리는 수밖에 없다. 그런데 이 자기동일성이란 순수한 추상으로서, 이렇게 추상하는 것이 바로 사유한다는 것이다. 내가 '질(質)'이라고 말할 때 이렇게 내려진 규정은 단순하며, 이 질로 말미암아 존재는 서로 구별되고 저마다 존재로서의 제 모습을 갖추게 된다. 곧 질을 통하여 존재는 존재로서 독자성을 띤 가운데 단순히 자기와 일체화한 채로 존속해 간다. 이렇게 되면 존재는 본질적으로 사유를 한 것(사상)이기도 하다. 존재가 곧 사유라는 것은 바로 여기에 근거하는데, 이 점을 제대로 통찰하기란 쉽지 않아서 흔히 몰개념적으로 사유와 존재의 동일성이라는 말을 앞세운다고 해서 그 의미가 제대로 파악된 것은 아니다. 그런데 이처럼 뭔가가 존립한다는 것이 자기동일성이라는 순수한 추상성을 띤 것이라고 한다면, 이렇듯 동일화된 존재는 자기 자신으로부터 자신을 추상하여 자기를 떠난 존재가 됨으로써 자기와의 불일치 속에서 스스로 해체될 터이니 결국 그것이 자기 내면으로 되돌아오는 자기생성의 운동이 된다. 이것이 존재자의 본성이다. 더욱이 이러한 그의 본성이 지의 대상으로 나타나는 이상, 지가 내용을 바깥에 두고 조작하거나 내용과는 동떨어진 곳에서 자기반성을 일삼거나 하는 일은 없게 된다. 학문이라는 것은 주장하는 독단주의 대신 단언하는 독단주의나 자기확신의 독단주의로서 등장한 예의 관념론 같은 것이 아니다. 지는 내용이 자기 내면으로 되돌아오는 데 초점을 맞추어 내용 속으로 침잠하여 거기에 내재하는 자기의 본체를 파악하면서 동시에 자기에게 복귀하여 타자존재 속에서 순수한 자기일체화를 이루어 내야만 한다. 이런 점에서 지의 활동은 교활하다고도 하겠다. 즉 겉으로는 활동을 자제하는 듯하면서 실은 사태를 예의 주시하여, 자기유지 및 특수한 관심 추구에 전념하는 듯한 존재가 정작 구체적인 생명활동을 벌일 때면 반대로 자기를 해체하여 전체 속의 요소가 되어 거기서 제자리를 차지하는 행위의 실상을 지켜보고 있는 것이다.

앞에서 오성의 의미를 실체의 자기의식으로 규정한 바 있는데, 이렇듯 존재하는 것으로서의 실체의 규정 아래에서 보면 오성의 의미가 분명해진다. 존재는 질을 갖는데, 이것이 일정한 틀을 갖춘 단순하고 자기와 동일한 성질을 지니는 사상이라는 점에서 존재는 곧 오성이라는 것이다. 그래서 처음에 아낙사고라스는 존재의 본성을 '누스(Nous : 오성)'라고 했던 것이다. 아낙사고라스 이후의 철학자들은 존재의 본성을 좀더 명확하게 에이도스(Eidos :

형상)나 이데아(Idea : 이념)라는 개념으로 파악했는데, 이는 명확한 보편성을 지닌 '유(類)' 개념이다. '유'라는 표현은 요즘에 유행하는 아름다움·성스러움·영원함 같은 이념을 대신하기에는 너무나 평범하고 보잘것없는 것으로 보일 수도 있다. 그러나 이념이 표현하는 것은 실제로는 유개념 그 이상도 이하도 아니다. 오늘날에는 흔히 개념을 명확히 드러내는 표현을 마다하고 또 다른 표현을 선호하는 경향이 있지만, 이때 즐겨 쓰는 표현은 외래어에 속하는 까닭에 개념의 뜻이 모호한데도 그래서 오히려 더 그럴싸하게 여겨지고 있다. 존재가 유로 규정될 경우 그것은 단일한 사상이 되며 거기에서는 단일한 누스가 실체가 되어 있다. 이렇듯 단일하고 자기동일적이므로 실체는 확고부동하고 영속적인 것으로 나타난다. 그러나 자기동일성은 또한 부정성도 안고 있어서, 이로 말미암아 확고부동한 존재는 해체되고 만다. 존재가 일정한 규정을 받는 것은 언뜻 타자와의 관계에서 빚어진 결과이고 또 그러한 규정을 가하는 운동 역시 낯선 타자로부터의 외압에 의한 것으로 보인다. 하지만 사실 외압이 가해지는 것도 그 규정을 받는 존재 자체에서 발현되는 자기운동으로서, 이 점은 다름 아닌 앞서 이야기한 사유 자체의 단일성 속에 포함돼 있다. 왜냐하면 단일한 사유라는 것은 스스로 운동하는 가운데 자체적으로 구별을 만들어 내면서 동시에 자기의 고유한 내면에 바탕을 둔 순수한 개념을 보유하는 것이기 때문이다. 이렇게 본다면 지적(知的)이라는 것은 하나의 생성운동을 뜻하며, 이 생성운동 속에서 지적이라는 것은 곧 이성적이라는 의미가 된다.

이렇듯 존재하는 것은 스스로 존재하는 그대로 개념으로 나타난다는 본성을 지니는 까닭에 논리적 필연성이 존재를 꿰뚫고 있다고 할 수 있다. 논리적 필연성이야말로 이성적이며 유기적인 전체의 리듬으로서, 바로 이 필연성을 따르는 것이 내용을 아는 것이고 내용을 개념이며 본질로서 파악하는 것이기도 하다. 다시 말하면 이 논리적 필연성이야말로 사변적인 것 그 자체이다. 구체적인 형태는 자기운동을 하는 가운데 단일한 규정이 되고 그럼으로써 또 논리적 형식으로 승화되어 그 자신의 본질적인 모습을 드러낸다. 어떤 형태가 구체적으로 존재한다는 것은 바로 이 운동을 뜻하며, 결국 '있다'는 것이 그대로 '논리적으로 있다'는 의미를 띠게 된다. 따라서 구체적인 내용에 밖으로부터 형식적 도식을 덧붙일 필요는 전혀 없다. 구체적인 내용은 스스로 형식적 도식을 갖추게 마련이다. 물론 이 도식은 밖으로부터 안겨지는 것이 아니라 구체적인 내용 그 자체에서 비롯된 고유한 생성의 결과이다.

학문적 방법의 이러한 본성은 내용과 불가분하게 결부되어 있으며 또한 자기 자신의 힘으로 운동의 리듬을 규정한다. 이 본성을 진술하게 나타내는 것이 이미 언급한 바 있는 사변적 철학이다. 물론 지금 말한 것은 대략적인 원리를 표현할 뿐이며, 따라서 미리 해보는 단언 정도로만 받아들여야 한다. 철학적 진리란 이렇듯 부분적인 설명으로만 그칠 수 있는 것이 아니다. 따라서 그게 아니라 이런 것이라는 투의 반대되는 단언에 부딪친다고 해서 진리가 부정되는 것도 아니다. 또한 일상적인 관념을 기정사실화된 진리인 양 새삼 이야깃거리로 삼는다거나 내면에 간직되어 있는 신의 직관으로부터 뭔가 새로운 것을 떠올리기라도 했다는 듯이 단언하거나 해도 나의 이 진리가 반박을 당할 수는 없다. 이처럼 우리가 뭔가 알 수 없는 것과 처음 마주칠 때면 무엇보다 먼저 그것에 반대하는 태도를 취함으로써 외적인 낯선 권위에 대항하여 자기의 자유나 통찰력이나 권위를 수호할 수 있다고 여기는 것은 흔히 있는 일인데, 이는 또한 무언가를 다른 누군가가 먼저 터득해 버렸다는 사실에서 오늘 불명예스러움을 없애기 위한 일이기도 하다. 그런데 또 반대로 사람들이 미지의 사실을 환호하며 받아들이는 마당에 구태여 그런 식의 이론(異論)을 내놓는 것은 마치 다른 영역에서 극단적인 혁명적 언동이 유발하는 것과 같은 효과를 나타낸다.

그러므로 학문을 연구할 때 중요한 것은 개념 파악을 위한 노력을 몸소 걸머지는 일이다. 여기서 요구되는 것은 개념 그 자체에 눈을 돌림으로써 즉자(자체)존재, 대자(독자)존재, 자기동일성과 같은 단순한 규정을 올바르게 이해하는 일이다. 왜냐하면 이러한 규정은 혼(Seele)이라고 부를 만한 순수한 자기운동을 나타내는 것으로서, 가정에 따르면 개념이란 본디 혼을 초월한 그 이상의 어떤 것을 의미하지는 않기 때문이다. 표상에 의거해 사유를 진행하는 습관이 몸에 밴 사람에게는 개념적 사유에 의해 표상이 정지된다는 것은 성가신 일일 터이며, 또한 비현실적인 사상 속에서 그럴듯한 논리를 꾸며 내면서 맴도는 형식적인 사고로서도 개념을 추구하는 일은 부담스럽게 느껴질 것이다. 이러한 사유 습관은 물질적 사유라고도 칭할 수 있다. 이는 우연히 주어진 소재 속에 함몰되어 있는 의식이라고도 하겠는데, 분명히 이런 의식으로서는 소재에서 그 자신의 핵심 개념을 순수히 이끌어 내 자기 곁에 함께 머무른다는 것은 쉬운 일이 아니다. 그런가 하면 형식적 사유는 자기가 내용으로부터 자유롭다면서 내용을 멸시하고 허세를 부린다. 이런 의식에 대해서는 마땅히 그 자유를 포기하고, 내용을 멋대로 움직이는 원리가 되는 대신 그 자유를 내용 속에 침잠시킴으로써 내용 그 자체의 자기운동이라는 본성에 따라 내용을 움직이게 하여 바로 이 운동을 고찰하도록 요구해야만 하겠다. 결국 개념에 내재하는 리듬에 간섭하지 말고 따르는 것, 개념을 자기 임의대로 꾸며 내지도 않고 바깥에서 얻은 지혜로 헝클어뜨리지도 않는 것, 바로 이런 억제력을 발휘할 때라야만 비로소 개념에 눈을 돌릴 본질적인 요건이 충족된다.

논증적인 형식적 사유는 주로 다음 두 가지 점에서 개념적인 사유와 대립관계에 있다. 이를 좀더 확실히 살펴보면, 무엇보다 먼저 그것은 일단 파악된 내용에 부정적인 자세를 취하면서 이를 반박하고 무효화시켜 버린다. '그렇지는 않다'는 식의 이 통찰은 한낱 부정적인 인식에 지나지 않으며, 형식적 사유는 여기서 끝나고 더 이상 새로운 내용으로 나아가는 법이 없다. 새로운 내용이 필요해질 때면 어디에서든 또 다른 내용을 끌어들이려고만 하는데, 이때 반성은 공허한 자아로 향하는 것이며 지 그 자체가 공허함을 면치 못한다. 이렇듯 공허하다는 것은 지의 내용이 공허하다는 뜻만이 아니라 인식 그 자체가 공허하다는 의미이기도 하다. 실제로 무엇인가를 부정하는 데만 치우쳐 있는 이러한 인식에서는 긍정적인 요소를 발견할 수 없다. 이러한 반성행위는 스스로가 안고 있는 부정성을 내용으로 삼는 일이라곤 없으므로 그 부정은 사태 속에 뿌리내리지 못한 채 언제나 겉돌 뿐이다. 이런 상태에서 헛된 자만에 젖어 있는 반성은 공허함을 내세우는 것이 오히려 충실한 내용을 담고 있는 통찰보다 언제나 더 앞서 간다고 생각한다. 이와는 달리 앞서 말했듯이 개념적 사유에서는 부정성이 내용 자체에서 비롯된 것이기 때문에 내용의 내재적인 운동과 그 규정이라는 측면에서 보거나 전체적인 측면에서 보더라도 아무튼 긍정적이게 마련이다. 이때 결과로서 얻어지는 부정적인 것은 운동에서 비롯된 한정된 부정이며, 이로써 또한 긍정적인 내용이라고도 할 수 있다.

그런데 논증적인 형식적 사유는 표상이건 사상이건 또는 양자의 혼합물이건 그 어떤 내용을 다루더라도 결국 개념 파악에는 다다를 수 없는 또 다른 면을 안고 있다. 이런 측면의 특징은 앞에서 제시된 이념 자체의 본질과 밀접하게 관련되는데, 더 자세히 말하면 이념이 사유의 운동으로 나타나는 양식과 관련된다고 할 수 있다. 바로 앞에서 얘기한 바와 같이 부정을 위주로 하는 사유에서는 논증적 사유 자체가 자기이며 내용은 이 자기에게로 되돌아간다. 반면에 긍정적인 인식에 무게를 두는 사유에서는 자기는 표상된 주체(주어)이며 내용은 속성이나 술어로서 그와 관계하게 된다. 즉 주체가 토대를 이루고 내용이 거기에 결부되면서 여기에 끊임없이 오가는 운동이 펼쳐지는 것이다. 그런데 개념적인 사유에서는 이와는 전혀 다른 일이 일어난다. 개념이란 대상 자체의 자기이며 자기가 이 대상의 생성으로서 나타나기 때문에, 자기는 정지된 부동의 주체로서 속성을 지니는 것이 아니라 스스로 운동하는 가운데 갖가지 성질을 자기에게 되돌려 오는 개념이 된다. 이 운동 속에서 정지해 있는 주체(주어)는 몰락하여 갖가지 구별된 내용 속으로 함몰되어 오히려 규정이 돼 버린다. 이제 주체는 내용과 대립하여 한쪽 편에 있는 것이 아니라 구별된 내용 또는 이 내용의 운동이 되기에 이른다. 따라서 논증적 사유에서는 확고한 토대를 이루고 있던 정지해 있는 주체(주어)가 여기서는 동요하고, 이 운동이 바로 고찰의 대상이 된다. 스스로 풍부한 내용을 지니게 된 주체는 더 이상 내용에서 벗어나 외부로부터 속성이나 술어를 받아들이려고 하지 않는다. 그러므로 조각나서 확산된 내용은 오히려 자기의 통제 아래 묶이게 된다. 이제 내용은 주체(주어)를 떠나 아무렇게나 확산되어 여러 주체와 결부되는 보편적인 성질의 것이 아니다. 따라서 내용은 사실상 주어에 딸려 있는 술어가 아니라 바로 실체이며 문제가 되는 것(주어)의 본질이자 개념이다. 한편 표상적 사유는 그 본성상 속성이나 술어를 향해 운동을 전개할 수밖에 없는데, 당연히 이런 속성이나 술어가 주체라고는 할 수 없는 이상 사유는 그것을 초탈한 곳에 주체(주어)를 설정할 수밖에 없다. 이렇게 되면 명제 속에서 술어의 형식으로 나타나는 것이 고찰해야 할 실체 그 자체인 까닭에 표상적 사유의 전개는 방해를 받게 된다. 말하자면 사유가 이 전개를 그런 식으로 표상한다는 점에 대해 반격을 당하는 것이다. 애초에 주체(주어)에서 출발하여 이것이 어디까지나 토대를 이룬다고 여기던 차에 오히려 술어가 실체가 되면서, 주체가 술어 쪽으로 옮겨져 가서 폐기되어 버리는 것이다. 이렇게 해서 술어라고 간주되던 것이 묵직한 전체적인 내용을 지닌 독립된 구성체가 됨으로써, 사유의 주관적인 자유로운 행보는 더 이상 허용되지 않은 채 사유는 술어의 무게에 눌려 발이 묶이는 것이다. 일반적인 경우 첫째로 주체(주어)가 대상 쪽에 있는 고정된 자기로서 전체의 토대를 이룬다. 그리고 여기서 출발해 다양한 성질이나 술어로 향하는 필연적인 운동이 전개된다. 이때 최초의 주체(주어) 대신 지적인 자아가 등장하여 술어와 이를 받쳐 주는 주체를 연결하는 역할을 한다. 그러나 최초의 주체가 술어를 구성하는 갖가지 성질 속에 파고들어서 내적인 혼이 되어 있으니, 두 번째 주체로 등장한 지적인 자아는 스스로 이미 첫 번째 주체(주어)를 처리하고 나서 이를 뛰어넘어 자기 안으로 되돌아가려던 참에 그 첫 번째 주체(주어)가 술어 속에 아직 존재하고 있음을 발견하게 된다. 따라서 이 지적인 자아는 술어의 운동을 추진하는 구실을 하여 첫 번째 주체에 어떤 술어를 덧붙일 것인가를 놓고 논증적으로 사유할 수 있는데도 그렇게 하지 않는다. 오히려 두 번째 주체는 내용의 본체와 연관을 맺지 않을 수 없어서, 스스로 독자적인 주체임을 내세우기보다는 내용 그 자체에 합류할 수밖에 없다.

지금까지 설명한 것은 형식적으로는 이렇게 표현할 수도 있다. 주어와 술어로 구별될 수 있는 판단이나 명제의 본성은 사변적인 명제에 의해 파괴되고, 처음 명제가 다다르는 동일성 명제는 주어와 술어의 관계에 반격을 가한다는 것이다. 명제의 형식과 이 형식을 파괴하는 개념 통일 사이의 이러한 대립은 마치 리듬에 존재하는 박자와 악센트 사이의 대립과 흡사하다. 리듬은 양자 사이에 떠서 움직이는 중간지대에서 양자가 통일되어 생겨난다. 이와 마찬가지로 철학적 명제에서도 주어와 술어의 통일은 명제의 형식에서 나타나는 양자의 구별을 없애는 것이 아니라 오히려 하나의 조화로서 구현되어야만 한다. 명제의 형식에서는 특정한 의미가 그 충실함의 차이를 나타내는 강약의 악센트를 수반하면서 나타난다. 그런데 술어가 실체를 표현하고 주어 자체가 보편자에게 귀속되는 데서 이 악센트를 없애는 통일이 생겨나게 된다.

지금까지 설명한 내용을 예를 들어 설명해 보자. '신은 존재이다'라는 명제의 경우 술어는 '존재'인데, 이때 실질적인 의미는 술어에 있고 주어는 술어 안에 녹아 들어가 있다. '존재'는 술어라기보다는 오히려 본질이라고 해야만 한다. 그리하여 명제 속의 위치로 보면 고정된 주체여야만 할 '신'이 실은 그렇지 않게 되어 버린다. 이렇게 되면 주어에서 출발해 술어로 진행해 가려던 사유는 주어가 사라진 탓에 진행을 저지당하고, 사라져 버린 주어를 떠올리면서 출발점으로 되돌려질 수밖에 없다. 또한 사유는 술어 그 자체가 주어로서 바로 이 주어의 본성을 떠안고 있는 '존재' 또는 '본질'로 표현되어 있으므로, 주어가 술어 속에 그대로 존재하고 있음을 깨닫는다. 이때 사유는 술어의 테두리 안을 떠돌아다니며 자기 내면에서의 움직임대로 자유로운 상황에서 논증을 일삼는 것이 아니라 사태의 내용에 몰두하거나, 아니면 적어도 사태의 내용에 몰두하도록 요구를 받고 있다. 또 '현실적인 것은 보편적인 것이다'라는 명제도 마찬가지다. 여기서도 '현실적인 것'이라는 주어는 술어 속으로 사라져 간다. '보편적인 것'은 그저 '현실적인 것은 보편적이다'라는 의미에서 술어로서 작용할 뿐만 아니라 현실적인 것의 본질까지도 표현할 수밖에 없다. 따라서 사유는 주어상의 확고한 대상적 토대를 상실하는 동시에 술어 속에서 주어에 되돌려지지만, 이때 사유는 자기에게 복귀하는 것이 아니라 내용의 주체로 돌아가는 것이다.

철학적 저작은 흔히 이해하기 어렵다고들 얘기한다. 하지만 정작 당사자에게 이를 이해할 만한 소양이 갖추어져 있지 않은 경우를 제외한다면, 그런 비난은 대체로 지금 설명한 사유과정상의 유별난 장애에 기인한다. 철학적 저작은 여러 번 되풀이해 읽지 않으면 이해가 되지 않는다는 식의 상투적인 비난의 이유를 우리는 여기서 찾아볼 수 있다. 실로 이러한 비난에는 심히 부당한 결정적인 의미가 포함되어 있기 때문에 일단 이를 수긍하게 되면 여기에는 어떠한 반론도 있을 수 없을 것으로 여겨진다. 아무튼 지금까지 한 이야기로 보면 그러한 비난이 가해지는 이유도 알 만하긴 하다. 철학적 명제도 명제인 이상 누구나 보통 명제에서와 같은 주어와 술어의 관계를 떠올리고, 또 보통 명제에서와 같은 지의 활동이 행해지는 것으로 생각하기 쉽다. 그러나 그러한 생각은 오히려 철학적 명제의 내용에 의해서 파괴되어 버린다. 여기서 사람들은 기존의 생각을 바꾸어야 한다는 느낌을 받게 되는데, 지 자체의 생각을 바꾸려면 명제로 되돌아가 명제를 다른 형태로 파악할 수밖에 없다.

어떤 경우에는 주어에 관하여 언명되는 것은 주어의 개념을 밝혀내는 데 반하여 다른 경우에는 술어나 속성을 가리킬 뿐인데, 이는 사변적인 사유와 논증적인 사유를 혼동하지만 않으면 피할 수 있는 문제에서 비롯되는 것이다. 이때 어느 한쪽의 방식은 다른 한쪽의 방식을 방해한다. 그러므로 결국 명제에서 일상적인 주어와 술어의 관계를 완전히 배제한 철학적 표현만이 비로소 유연한 진리의 표현일 수가 있게 된다.

물론 실제로는 사변적인 사유가 아닌 사유에도 그 나름의 가치는 있지만 사변적인 사유로서의 가치를 지닌다고 할 수는 없다. 어쨌건 명제의 형식은 파기되더라도 이때 명제의 내용이 바뀐다는 한낱 직접적인 형식의 파기만으로는 충분하지 않다. 중요한 것은 주어와 술어 상호간의 대립과 지양의 운동이 언어로 표현되는 것, 다시 말하면 명제에서 사유의 진행이 저지되는 양상이 표현될 뿐만 아니라 개념이 자기에게 되돌아오는 과정이 표현되어야만 하는 것이다. 보통 같으면 증명이 떠맡아야 할 이 운동이 여기서는 바로 명제 그 자체의 변증법적 운동을 가리킨다. 오직 이것만이 현실적인 사유의 모습이며 또한 이를 나타내는 것만이 사변적 표현이라고 할 수 있다. 명제의 형식에 머무르는 한 사변적 사유란 내적인 방해에 지나지 않는다. 이때 실제는 자기에 바탕을 두고 있으나 아직 존재하진 못하고 있다. 그래서 우리는 흔히 이렇게 내면에 감춰져 있는 의미를 찾아 나서곤 하지만 이때 오히려 스스로 추구했던 명제의 변증법적 운동을 표현하는 일은 소홀히 하는 철학적 표현과 접하게 되는 것이다. 명제란 진리가 무엇인가를 표현해야 하지만, 진리는 본질적으로 주체이다. 그리고 주체로서의 진리는 자기 자신을 산출하고 전진을 거듭하여 마침내 자기에게 되돌아가는 변증법적 운동이다. 일상적인 인식에서는 이런 내면의 운동을 뚜렷이 표현하는 것은 증명이 떠맡을 일이지만, 이렇듯 변증법과 증명이 서로 분리된다면 사실상 철학적 증명이란 개념은 사라져 버리고 만다.

여기서 주목할 점은 변증법적 운동도 갖가지 명제를 부분으로 지니거나 그 위에서 전개한다는 것이다. 그렇다면 앞에서 말한 철학의 이해와 관련된 난점이라는 것은 또다시 반복되고, 이것은 사태 그 자체에서 오는 어려움이라고 할 수 있다. 이는 보통 증명에서 내세워지는 근거가 또 다른 근거지음을 필요로 하면서 무한히 근거를 소급해 올라가는 경우와도 비슷하다. 그러나 이처럼 근거를 짓고 조건을 나타내는 형식은 변증법적 운동과 무관한 증명에서나 볼 수 있으며, 이는 사태를 겉도는 외면적인 인식에서 비롯된 것이다. 변증법적 운동을 보면 그 장(場)을 이루는 것은 순수한 개념이며 따라서 그 운동 내용은 어디까지나 주체적이다. 그러므로 어떤 내용이 주어로서 기초를 다진 다음에 그 의미로서 술어가 덧붙여지는 일이란 있을 수가 없다. 명제라는 것은 그 자체로서는 한낱 공허한 형식에 지나지 않는다. 명제 자체는 감각적으로 직관되거나 표상된 자기를 제외하면 어디까지나 한낱 주어로서 공허하고 몰개념적인 '1'을 나타내는 이름으로서의 이름에 지나지 않는다. 그러므로 '신'이라는 이름도 되도록이면 쓰지 않는 것이 좋겠다. 왜냐하면 이런 단어는 막상 내놓아도 그것이 곧바로 개념을 나타내는 것이 아니라 단지 토대의 구실을 하는 주어를 고정시켜 주는 이름으로서의 역할만 하고 있기 때문이다. 이에 비하면 '존재' '일자' '개별자' '주체'라는 말은 직접 개념을 나타낸다고 할 수 있다. '신'과 같은 주어를 놓고 사변적인 진리 운운한다 하더라도 그 내용은 어디까지나 정지해 있는 주어의 위치에 머물러 있을 뿐이므로 내재적인 개념이 결여될 수밖에 없으니, 이런 진리는 신앙심을 북돋우는 것 이상일 수는 없다. 이런 점에서 보면 사변적인 술어를 명제 형태로만 파악하고 개념이나 본질로는 간주하려고 하지 않는 일상적인 사유의 폐습도 철학적 표현 자체의 힘에 따라서는 교정 가능성이 없는 것은 아니다. 그리고 철학을 올바르게 표현해 내기 위해서는 사변적 사유의 본성을 충실히 통찰하면서 변증법적인 형식을 견지해야 하며, 또 개념 파악이 되는 것이나 개념 자체인 것만 다루어 나가야 한다.

철학을 연구하는 데에는 형식적인 이치를 따지고 드는 태도 못지않게 아무런 논증도 거치지 않고 진리를 기정사실화해 버리는 태도 또한 방해가 된다. 그런 식으로 진리를 얻었다고 자부하는 사람은 또다시 진리의 문제로 되돌아갈 필요를 느끼지 않고, 이미 얻어 낸 진리에 기초하여 이를 표현하거나 이에 의거해서 무언가를 판단하고 부인할 수 있다는 믿음을 갖고 있다. 이런 점에서 실로 철학적 사색을 진지한 작업으로 여기는 자세를 새로이 가다듬는 일이 절실히 요구된다고 하겠다. 학문·예술·기능·수작업 등과 같은 경우에는 이를 터득하는 데 다양한 학습과 훈련이 필요하다고 다들 확신을 하면서도 철학에 대해서는 엉뚱한 편견이 널리 퍼져 있는 것이 요즘의 현실이다.

즉 눈과 손가락이 있고 손안에 가죽과 도구가 있다고 해서 누구나 구두를 만들 수 있는 것은 아니듯, 타고난 이성을 척도로 삼는다고 해서 누구나 철학적 사색을 하거나 철학을 판정할 수 있는 것은 아닌데도 실제로는 그게 가능하다는 편견이 퍼져 있는 것이다. 이는 마치 발만 있으면 누구나 구두장이가 될 수 있다고 하는 것과 다름없다. 더 나아가 이는 지식이나 연구가 결여되어 있어야만 비로소 철학이 이루어질 수 있고 지식이나 연구가 시작되면 이미 철학은 끝난 것과 같다고 하는 것이나 마찬가지이다. 철학을 두고 흔히 형식적이며 내용이 없는 지식이라고들 한다. 이런 일반적인 생각에는, 어떤 지식이나 학문이건 그것이 내용상으로는 진리라 하더라도 철학에 의해 창출되지 않는 한 결코 진리라는 이름값을 할 수 없다는 사실에 대한 통찰이 완전히 결여되어 있다. 철학을 제외한 학문이 철학적이지 못한 논증을 멋대로 펼친다 한들, 철학 없이는 그 어떤 학문이건 생명도 정신도 진리도 획득할 수가 없다.

본디 철학에서는 정신이 기나긴 교양의 도정을 거치며 심오하고도 충실한 운동 속에서 자기의 지에 다다르게 마련이다. 그런데 사람들은 신의 직접적인 계시라거나, 본디 철학의 사색이나 철학 이외의 지도 갖추려 노력하지 않고 이를 통해 자기형성을 하지도 않은 이른바 상식이라는 것을 내세워 이를 기나긴 교양의 도정을 송두리째 대신할 수 있는 철학의 완전한 등가물로 간주하는 나머지, 마치 치커리를 커피의 대용품인 양 치켜세우는 것과 같이 이를 철학의 대용품으로 여기게 되었다. 사유한다고 자처하면서도 추상적인 명제나 더욱이 명제들 사이의 연관성을 투시할 만큼의 사유도 행하지 못하는 무지(無知) 속에서 형식도 품위도 갖추지 않은 저속한 무리들이 자신들이야말로 사상의 자유로움과 관용을 터득한 천재라고 장담하며 다니는 꼴이란 보기에도 민망할 정도이다. 알다시피 요즘 철학에서는 천재성을 내세우는 일이 유행처럼 되어 있는데, 한때는 그런 풍조가 시의 세계를 휩쓴 적이 있었다. 그런데 아무리 이 천재적인 창조가 무슨 의미를 지닌다 한들 그 결과물은 시라기보다는 차라리 보잘것없는 산문이거나 그 수준을 뛰어넘은 무질서한 말장난에 지나지 않았다. 한데 그런 풍조가 마침내 철학계로 옮겨져서 자연스러운 철학적 사색에는 거추장스런 개념 따위는 필요치 않고 오히려 개념이 없는 곳에 직관적이고 시적인 사유가 싹틀 수 있다면서, 사유와는 어울릴 수 없는 상상력을 가지고는 최고의 상품이라도 내놓는 듯이 기승을 부리고 있으니, 결국 이렇게 생겨난 것은 생선인지 고기인지 또는 시인지 철학인지도 알 수 없는 몰골을 하고 있을 뿐이다.

이와는 달리 상식이라는 안정적인 강바닥의 흐름을 타고 있는 자연스러운 철학적 사색은 평범하기 짝이 없는 진리를 요란한 수식어로 부풀려대곤 한다. 이때 그러한 진리는 무의미한 것이 아닌가라는 비난에 부딪히면 참으로 충실한 의미는 자기 마음속에 있고 또 타인의 마음속에도 있게 마련이라는 식으로 딱 잘라 말한다. 이렇게 단언하는 것은 마음의 순수함이나 양심의 순결함을 들먹여서 그 앞에서는 아무런 항변이나 요구도 할 수 없는 궁극의 진리를 내세우려 하는 것이다. 그런데 참으로 중요한 것은 아무리 최상의 진리라 하더라도 이를 내면에 가두어 두지 말고 백일하에 드러내야만 한다는 것이다. 궁극의 진리를 앞쪽에 드러내려는 노력이 지금껏 오래도록 행해지지 않았던 이유는 이미 그것이 옛적 교리문답서나 격언집 같은 데서 발견된 것으로 줄곧 여겨져 왔다는 데 있다. 그런 진리가 모호한 형태의 그릇된 것임을 꿰뚫어 보고, 이를 주장하는 사람들의 의식 속에 때로는 오히려 정반대의 진리가 깃들어 있음을 나타내기란 사실 어렵지 않다. 이 경우 만약 의식에 혼란이 생기면 여기서 빠져나가려는 의식은 또 다른 혼란에 빠져들면서 결국 '이미 결론은 나 있으니 더 이상 이러니저러니 하는 것은 모두가 궤변이다'라고 소리지르는 식으로 끝장내고 만다. 흔히 이 궤변이라는 말은 비속한 상식이 교양으로 다져진 이성에게 내뱉는 상투어로서, 덧붙여 얘기한다면 이는 철학에 무지한 자가 철학을 일컬어 '몽상'이라고 표현하는 것과 마찬가지이다. 아무튼 상식에 기대는 이런 사람은 감정이나 자기 내면에서 들려오는 신탁에 의존하고 있으므로 여기에 찬성하지 않는 사람과는, 즉 자기와 같은 감정이나 신탁을 자기 내면에서 이끌어 내지도 느끼지도 못하는 사람과는 가깝게 지낼 필요도 없다고 잘라 말한다. 이쯤 되면 상식이란 인간성을 뿌리째 짓밟는 것이나 다름없다. 타인과의 합의를 이루어 내려는 것이 본연의 인간성으로서, 의식이 서로 공통의 이해에 다다라야 인간성이 실현될 수 있을 테니까 말이다. 감정에 매몰된 채 오직 감정에 의해서만 서로 교류할 수 있다는 것은 반(反)인간적인 동물의 차원에서나 있을 수 있는 일이다.

학문에 왕도(王道)*가 있는지 누가 물어본다면, 상식을 따르는 것, 그리고 시대와 철학에 뒤떨어지지 않기 위하여 철학서에 관한 논평과 철학서의 서문 및 책의 처음 몇 단락 정도라도 읽는 것이 가장 쉬운 길이라고 대답할 수밖에 없다. 왜냐하면 서문과 처음 몇 단락에는 제일 중요한 일반적인 원칙이 제시되어 있고, 논평에는 사적(史的)인 경위와 함께 평가까지 내려져 있는데 더욱이 이 평가라는 것은 평가 대상이 되는 철학서보다 더 훌륭한 내용을 담고 있다고 할 수 있기 때문이다. 그런데 이런 평범한 길은 누구나 평상복으로도 다닐 수 있지만 영원하고 신성하며 무한한 것을 향한 억누를 수 없는 감정은 사제복을 걸치고 큰길을 의젓하게 걸어간다. 마치 세계의 중심에 있는 직접적인 존재이기도 한 것 같은 심오한 근원적인 이념이나 드높은 사상의 횃불을 든 천재성이 빛나는 길을 걷는 것이다. 그러나 그토록 심오한 이념도 여전히 진리 그 자체의 원천을 드러내 주지는 못한다. 마찬가지로 이 사상의 불꽃이 최고천(最高天, Empyreum)에까지 다다르지도 못한다. 참다운 사상과 학문적 통찰은 오직 개념의 노동 속에서만 얻어진다. 개념만이 보편적인 지를 창출해 낼 수 있으니, 이러한 보편적인 지는 일반 상식의 그늘 밑에 있는 평범하고 모호하며 빈약한 지가 아니라 교양으로 다듬어진 완전한 인식이다. 또한 나태하고 자만에 빠진 천재성으로 말미암아 퇴행하는 이성 소질의 독특한 보편성을 지닌 지도 아니다. 그것은 고유한 형식으로 잘 성숙된, 모든 자기의식적 이성의 소유물이 되는 그런 진리이다.

나는 학문이 현존할 수 있는 토대는 개념의 자기운동에 있다고 생각한다. 그런 까닭에 지금까지 얘기됐거나 아직 얘기되지 않은 외면적 측면을 포함한 진리의 본성과 형태에 관한 현대인의 견해는 내 생각과 일치하지 않을뿐더러 심지어 정면으로 배치되기도 한다. 따라서 학문체계를 개념의 자기운동으로 표현하려는 시도가 사람들에게는 탐탁지 않게 여겨지리라는 것도 잘 알고 있다. 그러나 이렇게 생각해 볼 수도 있다. 이를테면 플라톤 철학의 진수가 아무런 학문적 가치도 없는 신화에 있다고 여겨졌던 시기도 있었지만 다른 한편으로는 몽상의 시대라고까지 불렸던 시기도 있어, 아리스토텔레스의 철학이 그 심오한 사변적 성격으로 말미암아 존경받기도 하고, 또한 고대 변증법이 낳은 최대의 예술작품이라고 할 플라톤의 《파르메니데스》가 신의

---

* "기하학에 왕도는 없다"는 유클리드의 말을 시사하고 있다.

생명을 참으로 드러내 준 긍정적인 표현으로 간주되기도 했다. 그리고 더 나아가서는 '망아의 경지(황홀경)'라는 표현에 담긴 혼탁함으로 인한 오해에도 결국은 이 경지가 '순수한 개념'으로 존재하기도 했다. 게다가 우리 시대 철학의 탁월한 점은 철학의 가치를 학문성에 둠으로써 누가 어떤 생각을 하건 간에 오직 학문성을 통해 실질적인 가치를 인정받을 수 있다는 사실이다. 그런 만큼 나는 학문을 개념으로 되돌려 놓음으로써 개념이라는 고유한 터전 위에서 학문을 표현해 보려는 나의 시도가 사태의 내면적 진리를 통해 세상 사람들 속에 녹아 들어가기를 기대할 수도 있으리라. 우리는 때가 오면 진리는 반드시 모든 곳으로 번져 나갈 수밖에 없다는 것을 굳게 믿어야만 한다. 진리는 때가 무르익어야만 비로소 그 모습을 드러내는 것이며, 그 이전에는 나타나지도 않고 따라서 그것을 받아들이기에는 아직 미숙한 독자를 만나는 일도 없을 것임을 우리는 확신해야 한다. 또한 철학자 개인(저자)으로서도 자기 혼자 안고 있던 문제가 타인에게 진리로 인정받게 되고, 처음에는 특수한 것에 지나지 않던 확신이 모든 사람의 확신으로 번져 나가는 모습을 보려면, 역시 개인의 저작이 방금 말한 과정을 통해 알려져야 할 것이다. 다만 여기서 한 가지 유의할 점은 일반 독자와, 이들의 대표자나 대변자라도 되는 듯이 행세하는 사람을 일단 구분할 필요가 있다는 것이다. 여러 가지 점에서 이들 양자는 서로 다른, 아니 심지어는 정반대되는 태도를 보이곤 한다. 일반 대중은 어떤 철학서가 마음에 들지 않을 경우 이를 너그럽게 받아들이면서 자기가 그 수준에 이르지 못한다고 생각하는 데 반하여 자기 학식을 뽐내면서 대변자인 체하는 사람들은 모든 책임을 저자에게 넘겨씌워 버린다. '죽은 자가 저희 죽은 자를 장사 지내기'*1라도 하는 듯한 이런 대변자의 소행에 비하여 일반 독자가 나타내는 반응은 훨씬 느리고 조용하다. 그런데 이제는 사회 전반에 걸쳐서 통찰하는 힘이 증진되고 호기심이 고조된 데다가 판단 속도도 빨라져서 '너를 메어 내가려는 자의 발길이 이미 문 앞에 이르렀도다'*2라고 할 만한 상황이 되었다. 그렇다면 이런 것과 일반 독자의 느리면서도 차분히 번져 나가는 영향력은 서로 구별되어야 한다. 이 차분한 영향력은 위엄 있는 어떤 단언에 억지로 쏠려 있던 시선을 제자리로 돌려놓고 또

---

*1 《마태복음》 8 : 22 참조.
*2 《사도행전》 5 : 9 참조.

저자에게 모욕적인 비난을 퍼붓는 태도를 바로잡아 나가면서, 결국 일정한 시간이 지난 뒤에야 널리 받아들여지는 철학과 한때가 지나 그 다음 세대에 가면 어느덧 명맥이 끊겨 버리는 철학을 구분지어 놓을 것이다.

끝으로 한마디 덧붙인다면, 정신의 보편성이 너무나 증진된 나머지 이와 반대되는 정신의 개별성에는 그만큼 관심이 덜 쏠리고 또 보편정신이 전폭적인 범위에서 풍부한 교양을 지니고 이를 요구하기도 하는 시대에는, 정신이 행하는 작업 전체에서 개인의 활동이 차지하는 몫은 줄어들 수밖에 없다. 학문의 성격상 그럴 수밖에 없다고는 하지만, 아무튼 개인의 존재는 더욱더 잊힌다. 물론 그래도 개인은 자기 나름대로 할 수 있는 일을 해야겠지만, 개인을 필요로 하는 정도는 필연적으로 축소되어 결국 개인 자신으로서도 자기에 대한 기대나 요구를 낮출 수밖에 없게 되는 것이다.

서론

철학에서 주제 그 자체에, 곧 참으로 존재하는 것의 현실적인 인식에 손대기 전에, 절대자를 손안에 넣을 수 있는 도구나 절대자를 포착할 수 있는 수단이라고 여겨지는 인식작용에 관해서 미리 이해해 둘 필요가 있다고 보는 것은 자연스러운 생각이다. 사람들은 한편으로 인식에는 여러 종류가 있어서 절대적인 것의 인식이라는 궁극 목적을 이루는 데 좀더 적당한 것과 그렇지 않은 것이 있을 수 있으므로 자칫 선택을 잘못하지 않을까 걱정하고, 다른 한편으로 인식은 일정한 양식과 범위를 지니는 능력이라는 점에서 그 본성과 한계를 면밀히 규정짓지 않고서는 진리의 맑은 하늘 대신 허위의 구름을 붙들게 될까 봐 근심하는데, 이런 우려는 언뜻 당연해 보인다. 더욱이 그러한 우려는 그 자체로 존재하는 것을 인식작용에 의해서 의식이 획득하도록 한다는 것이 애초에 그 개념상 모순된 처사이며, 인식과 절대적인 것 사이에 확연한 경계선이 그어져 있다는 확신으로까지 변질될 수도 있다. 왜냐하면 인식이 절대존재를 손에 넣기 위한 도구라고 한다면, 이 인식이라는 도구를 무언가에 적용할 경우 그 무언가를 있는 그대로 놔두지 않고 거기에 형태를 부여해서 변화를 가하는 셈이 되기 때문이다. 또 반대로 인식이 우리의 능동적인 작업을 위한 도구가 아니라 그것을 통하여 진리의 빛이 우리에게 다다르는 수동적인 매체와 같은 것으로 간주된다 하더라도, 여기서 우리가 얻는 진리는 참으로 있는 그대로의 진리가 아니라 어디까지나 이 매체를 거쳐서 매체 안에 있는 모습 그대로의 진리가 된다. 요컨대 이 두 경우 우리가 사용하는 수단이 그 목적에 반하는 활동을 하고 있는 것이다. 바꾸어 말한다면 애초에 우리가 인식을 위한 어떤 수단을 이용한다는 것이 이치에 맞지 않는 셈이다. 하기야 도구가 작동하는 방식을 알면, 도구를 통해서 절대적인 것에 관하여 우리가 얻어 낸 관념 가운데 도구로 인해 생겨난 부분만큼을 결과에서 빼고 나면 그 나머지 진리를 고스란히 손에 넣을 수 있을 테니 위에서 말한 문제점도 다 사라질 것이라고 생각할 수도 있다. 그러나 이렇듯 수정을 가하는 것은 사실 우리를 문제의 출발점으로 되돌려 놓을 뿐이다. 도구를 통해서 형태를 얻은 사물로부터 도구에 의해 추가된 부분을 빼낸다면 사물은—이 경우에는 절대적인 것—인식 이전의 상태로 되돌아갈 수밖에 없는데, 그렇다면 인식은 불필요한 노고에 지나지 않게 된다. 설령 끈끈이를 바른 장대로 새를 잡는 경우와 같이 도구의 활용이 아무런 변화도 가져오지 않은 채 절대적인 것을 고스란히 우리 곁으로 조금이나마 끌고올 뿐이라 해도, 아예 처음부터 완전무결한 상태에서 우리 곁에 있지도 않고 또 그러려고도 하지 않는 절대자가 그런 계략에 말려들 것이라고는 생각되지 않는다. 여기서 계략이란 인식작용인데, 이유인즉 인식작용은 다양한 노력을 통해 아무 노력도 필요 없는 직접적인 관계를 만들어 내고 있을 뿐이건만 그와는 전혀 다른 짓을 하고 있는 체하기 때문이다. 또는 우리가 매체라고 여기는 인식작용을 음미해 본다면, 인식 광선의 굴절 법칙이 해명되어 인식결과에서 굴절된 부분만큼을 삭제한다고 한들 문제 해결에는 아무 도움도 안 된다. 왜냐하면 진리를 우리에게 안겨 주는 인식은 광선의 굴절이 아닌 광선 그 자체인 까닭에, 이것을 빼 버리고 난 다음에 남는 것은 아무 표적도 없는 순수한 방향이나 텅 빈 공간일 뿐이기 때문이다.

그런데 오류를 범하지나 않을까 하는 우려가 그런 걱정 없이 일 자체에 달려들어 실제로 인식을 성취하고 있는 학문에 대한 불신을 낳았다면, 거꾸로 그런 불신에 대해서는 왜 불신하지 않으며 또 오류를 범하지나 않을까 하고 두려워하는 것이 오히려 오류를 범하는 것임을 왜 사람들이 깨닫지 못하는지 의문스러울 따름이다. 실제로 그런 우려를 하는 사람은 뭔가를, 그것도 여러 가지를 진리로 전제해 놓고는 이를 바탕으로 이리저리 머리를 짜내며 염려하면서 결론을 내는데, 애당초 그러한 전제가 옳은 것인지 어떤지를 먼저 음미해 볼 필요가 있다는 것이다. 요컨대 이런 관점은 인식을 도구 및 매체로 보는 몇 가지 표상과, 또 우리 자신이 인식과는 동떨어진 곳에 있다고 보는 구별을 전제로 하고 있다. 더구나 특히 절대자가 한쪽 편에 있고 인식은 그와 다른 쪽에 실재적으로 존재하여 절대자와 단절되어 있다는 그런 생각이 전제되어 있다. 다시 말해 인식은 절대자 밖에, 즉 진리와 동떨어진 곳에 있으면서도 또한 진리인 것으로 전제되고 있는 셈이다. 그렇다면 이는 오류를 두려워한다기보다도 오히려 진리를 두려워하는 태도에 가깝다고 봐야만 할 것이다.

이러한 결론은 그야말로 절대적인 것만이 진리이고 진리만이 절대적이라는 생각에서 나온 것이다. 따라서 인식의 종류를 구별하여 학문이 추구하는 바와 같은 절대적인 것을 인식하지 않아도 인식이 진리일 수가 있다고 생각하거나, 또한 절대적인 것을 파악하지 못하는 인식이라도 또 다른 진리를 파악할 수 있다고 생각한다면 지금의 이 결론을 물리칠 수가 있다. 그러나 이렇게 생각해 봤자 결국은 절대적인 진리와 그 밖의 다른 진리라고 하는 모호한 구별에 다다를 수밖에 없다. 이렇게 되면 '절대적인 것'과 '인식'이라는 것은 한낱 낱말에 지나지 않게 되며, 이것이 전제로 하고 있는 의미부터 새삼 인식할 필요가 생긴다.

인식은 절대적인 것을 획득하기 위한 도구라거나 또는 우리에게 진리를 보여 주는 매체라는 등의 이런 부질없는 생각을 우리는 떨쳐 버려야 한다. 인식과 절대적 진리가 서로 분리되어 존재한다고 보는 그러한 모든 생각이 문제 해결을 불가능하게 만드는 것이다. 그리고 그런 전제 아래 학문은 더 이상 불가능하다고 단정하며 학문하는 노고를 떨쳐내 버리려고 하면서도 동시에 진지하게 열심히 노력하는 듯한 모양새만은 갖추어 나갈 속셈으로, 학문하기에 어울리지도 않는 사람이 그런 전제에서 이러저러한 궁리를 짜내곤 하는데, 그런 노력도 좀 그만두었으면 한다. 또한 이제는 그런 전제에서 생겨나는 의문에 답하는 일도 그만두어야만 하겠다. 인식과 절대적인 것의 그러한 관계는 어쩌다 우연히 떠오른 자의적인 관념이므로 미련 없이 내던져 버리길 바란다. 그리고 그와 결부해서 사용되는 '절대적인 것' '인식' '객관' '주관'이라는 등의 수많은 낱말도 그 의미는 누구에게나 주지된 것으로 전제되어 있기는 하지만 이 또한 기만적인 언사라고 봐도 괜찮겠다. 의미는 주지하는 바와 같고 심지어 누구나가 그 개념을 터득하고 있다는 식으로 내세우는 것은 개념을 올바르게 제시한다는 가장 핵심적인 작업을 피해 가기 위한 평계에 지나지 않는다. 학문 그 자체를 거부해 버리는 이런 생각이나 언사에 눈길을 주는 일은 그만두는 편이 상책일 것이다. 왜냐하면 그런 생각이나 언사라는 것은 학문이 등장하는 날이면 곧바로 사라져 버릴 지(知)의 겉모습만 갖춘 허상에 지나지 않기 때문이다. 그러나 갓 등장해 오는 학문도 이제 겨우 겉모습을 갖춘 데 지나지 않으며, 등장 과정에서 학문이 이미 그 참된 모습으로 실현되거나 전개돼 있는 것은 아니다. 따라서 학문이 다른 지와 나란히 등장할 경우, 이를 두고 겉모습만 갖춘 학문이라고 하건 아니면 학문이 등장하면 사라져 버릴 공허한 지의 학문이라고 하건 어느 쪽이라도 상관없다. 중요한 사실은 학문이 그런 겉모양을 탈피해야만 한다는 것인데, 이를 위하여 학문은 그런 겉모양과 대결하지 않으면 안 된다. 학문은 참다운 지가 아니라고 해서 이를 시시한 견해로 여기면서 무조건 비난만 해서는 안 되고, 자기의 인식은 그와 전혀 별개의 것이므로 그런 지 따위는 아랑곳하지 않아도 된다는 식으로 잘라 말하면서 우쭐대서도 안 된다. 그렇다고 또 그런 지에도 뭔가 받아들일 만한 것이 있다는 안이한 예감을 품어서도 안 된다. 그렇게 단언이나 하면서 학문은 존재한다는 것이 곧 학문 자체의 힘인 양 주장해 왔으나, 이는 참다운 지가 아닌 경우에도 가능한 일이다. 참다운 지가 아니면서도 자기가 지로서 존재한다는 사실을 앞세워 학문이란 별것도 아니라는 식으로 잘라 말할 수가 있는 것이다. 아무런 내용도 없이 단언만 하는 것이라면 어느 쪽이나 다 할 수 있는 일이다. 또한 참답지 않은 인식 속에도 눈여겨볼 만한 점이 있으니 그로부터 학문으로 통하는 길도 열릴 수 있다는 식의 안이한 예감을 품는다는 것은 더더욱 있어서는 안 될 일이다. 왜냐하면 이 경우 학문은 하나의 존재에 의미가 있다고 생각하는 데 그치지 않고 동시에 참답지 않은 인식 속에 있는 학문의 존재에, 즉 학문의 그릇된 양식과 그 겉모습에 가치를 두게 되어서 학문이 진정으로 갖추어야 할 참모습은 어디론가 사라져 버리고 말 것이기 때문이다. 이런 까닭에 지금 여기서 지의 현상하는 모습을 논한다는 것은 참으로 시의적절하다고 하겠다.

그런데 여기에 논술된 것은 현상하는 지만을 대상으로 하는 것이므로 이 논술 자체도 특유의 형태를 갖추고 움직여 나가는 자유로운 학문은 아닌 듯이 보인다. 오히려 이것은 지금 말한 상황에서 자연적인 의식이 참다운 지를 추구해 나가는 도정이라고 할 수 있다. 다시 말하면 혼이 자기 본성에 따라서 지정된 정류장과도 같은 갖가지 혼의 형태를 두루 거치고 난 뒤에 마침내 정신으로 순화되어 가는 과정을 그려 낸 것이다. 이렇듯 자기 자신의 온갖 모습을 편력하는 경험의 도정을 완벽하게 마무리지을 때, 혼은 참된 그 자신의 모습이 어떠한 것인가를 깨우치게 된다.

자연적인 의식은 지에 대한 개념만 지녔을 뿐 실제로 지를 구비하고 있지는 않다. 그러나 이 의식은 그 상태에서 자기가 지를 실제로 갖추었다고 여기는 까닭에, 참다운 지를 향한 도정은 오히려 지의 부정이라도 되는 듯이 받아들여지며 의식의 개념을 이루어 가는 도정이 오히려 자기상실인 것처럼 느껴진다. 이 도정에서 자연적인 의식은 자기가 진리라고 생각했던 것을 잃어버리게 되기 때문이다. 따라서 이 도정은 회의(懷疑)의 길이라고 볼 수 있고, 더 정확히 말하면 절망의 길이라고 할 수 있다. 흔히 '회의'라고 하면 진리라고 착각되던 어떤 것이 동요를 일으키고 난 다음 그 회의가 적절히 사라져서 처음의 진리로 돌아가게 되고 결국 사태가 원상 복귀되는 차례를 밟는 것으로 생각되는데, 의식의 도정은 그렇지가 않다. 회의가 뒤따르는 의식의 도정은 연이어 현상하는 지가 진리를 벗어난 것임을 명석하게 통찰해 나가는 과정이다. 여기서 연이어 현상하는 불완전한 지에서는 실제로 실현되지도 않는 개념에 지나지 않는 것이 가장 현실적인 것으로 생각되기 때문이다. 따라서 저 자신을 완성해 가는 이 회의주의는 진리와 학문에 진심으로 매진하는 자가 자기의 무기로서 충분히 가다듬고 있다고 자부하는 회의주의, 즉 학문적인 권위에 사로잡힌 나머지 타인의 사상에 의존하기는커녕 모든 것을 스스로 음미하고 자기 신념에만 충실하려고 하는 회의주의, 더 분명히 말한다면 모든 것을 스스로 창출하여 오직 자기 행위만을 진실한 것으로 여기는 그런 의도를 지닌 회의주의와는 확연히 다르다. 의식이 이 길에서 경험하는 갖가지 형태는 의식 자체가 학문을 향하여 교양을 쌓아 가는 구체적인 역사이다. 학문의 권위에 사로잡혀 있는 회의주의는 교양의 형성과정을 단순하게 취급해 이를 단번에 매듭지을 수 있는 것으로 생각하지만, 그와는 달리 이 길에서 연이어 나타나는 진리에 반하는 것을 그때마다 현실적으로 극복해 나가야만 한다. 자기 신념을 추종한다는 것은 물론 권위에 의존하는 것보다는 높이 살 만하다. 그러나 권위에 기초한 판단을 자기 신념에 기초한 판단으로 바꾼다고 해서 꼭 판단 내용이 바뀌는 것은 아니며 또한 오류 대신 진리가 나타난다고 할 수도 없다. 억견이나 편견의 체계에 사로잡혀 있는 한은 타인의 권위에 기대어 있건 스스로의 신념에 기초해 있건 이는 진리와의 거리가 먼 것으로서, 둘 사이의 차이라고 한다면 후자의 태도가 보다 허영심으로 채워지기 쉽다는 것 정도다. 이에 반하여 현상하는 의식의 모든 영역에 대하여 의혹의 눈초리를 보내는 회의주의는 이른바 자연적인 표상이나 사상이나 사념에 대한 절망감을 분명히 나타내는 것이므로, 이 회의주의에 매여 있는 정신은 진리란 무엇인지 음미하는 법을 잘 알고 있다. 그러므로 그런 억견이나 편견이 자기 것이건 남의 것이건 여기선 문제가 되지 않는다. 한마디 덧붙인다면 진리 여부를 덜컥 음미하려고 드는 의식은 아직도 그런 억견이나 편견으로 충만된 채 여기에 얽매여 있으므로 실제로는 참과 거짓을 음미하려고 해도 할 수가 없다.

실재적이지 않은 의식의 온갖 형태는 지의 진행과 연관의 필연성을 통해서 완성될 텐데, 이 점을 이해하려면 무엇보다 먼저 진실하지 않은 의식의 비진실성의 표현도 한낱 부정적인 운동에만 그치지는 않는다는 것을 일반적인 전제로 삼아야 하리라. 자연적 의식의 상황에서는 비진리라고 하면 단지 부정적인 것이라고 생각하기 쉽지만, 그렇듯 본질적으로 일면적인 시각에 사로잡혀 있는 지는 그 자체가 지의 도정에서 나타나는 불완전한 의식의 일개 형태에 지나지 않는다. 그런 회의주의는 결론 속에서 언제나 순수한 무(無)만을 알아볼 뿐, 이 무가 바로 그의 전제가 됐던 것의 무를 나타낸다는 사실은 간과하고 있다. 그러므로 무라는 것은 어디까지나 자신의 전제가 되는 것의 무를 나타내는 것이라는 생각을 하게 될 때, 비로소 그것은 실제로 참된 결론이 된다. 이때 무는 그 자체가 한정된 무로서, 내용을 가지고 있다. 공허한 무를 추상하는 데 그치는 회의주의는 여기서 더 앞으로 나아가지 못하고 다만 뭔가 새로운 것이 나타나 주기를 기다릴 수밖에 없는데, 나타났다고 해도 그것은 또 마찬가지로 공허한 심연으로 내던져질 수밖에 없다. 이와는 달리 무를 한정된 부정으로 파악하는 올바른 결론이 얻어질 경우에는 여기서 곧바로 새로운 형식이 발생하므로 부정이 그대로 다음 단계로 이행한다. 이리하여 수많은 형태의 전진이 저절로 완전하게 행해진다.

그러나 지의 진행 순서 못지않게 지의 목표도 필연적으로 잡혀 있게 된다. 여기서 목표란 지가 더 이상 자기를 뛰어넘어 앞으로 나아갈 필요가 없는 지점, 다시 말하면 지가 자기 자신을 발견하고 개념과 대상이 완전히 일치하는 지점이다. 이 목표를 향해 가는 도정은 중단되는 일이 없고, 목표에 다다르기 이전의 그 어떤 정류장에서도 만족하는 법이 없다. 자연 상태에 묶여 있는 동식물은 존재하는 대로의 직접적인 상태를 초탈할 수 없고 다른 존재에 의해서 그 바깥으로 쫓겨날 수밖에 없으며, 이렇게 쫓겨날 때면 만신창이가 되어 죽음을 맞이한다. 그러나 의식은 스스로 자기 본연의 모습을 개념 파악하는 가운데 그 자신의 한정된 상태를 스스로 벗어난다. 그런데 이 한정된 존재라는 것도 의식에 속하는 것이므로 의식은 자기 자신을 초탈하는 셈이 된다. 이때 의식에는 개별적인 존재와 함께 피안이 설정돼 있다. 비록 이것이 공간적 직관의 경우처럼 한정된 것과 나란히 있을 뿐이라 해도 어쨌든 그렇다. 그리하여 의식에서는 개별적이며 한정적인 상태에서 안겨지는 만족 따위를 뿌리칠 수 있는 폭력적인 힘이 내면에서 솟구쳐 나온다. 이 힘을 느낄 때 의식의 불안은 진리 앞에서 기가 죽을지도 모르고, 상실될 위험에 처해 있던 것을 보존하려는 노력을 하게 될지도 모른다. 그러나 그 불안은 평정을 얻지 못한다. 설령 불안이 무사상(無思想)의 나태함에 머물러 있으려고 해도 불안은 사라지지 않는다. 사상은 무사상을 짓눌러 버리고 그칠 줄 모르는 사상의 운동이 나태함을 뒤흔들어 놓는다. 그런가 하면 이 의식의 불안이 만물은 그 나름대로 제 몫을 다하고 있다는 관점에서 감상에 빠져 움츠리고 있으려 해도 소용없다. 여기에 이성의 힘이 파고들어와 '그 나름대로'라고 얼버무리는 투가 이미 뭔가 제 몫을 다하지 못하고 있는 증거임을 일러준다. 또는 진리를 두려워하는 마음이 자기 앞에서나 타인 앞에서나 가상의 그늘 속에 숨어 버리니, 이는 마치 아무리 진리에 대한 불같은 열의를 품었다 하더라도 역시 자기의 사상이건 타인의 사상이건 아무튼 사상이라고 불리는 것 가운데서는 자기가 내세운 것이 더 재치 있고 값어치가 있다는 투로 허영심을 부추기는 유일한 진리 이외의 것을 발견하기란 쉽지 않고 심지어는 아예 불가능한 듯싶다. 온갖 진리를 모두 다 헛일로 돌리고 거기서 몸을 빼서 자기 안에 칩거하여 자기 지성을 드높이며 온갖 사상을 다 허물어 버리는가 하면 일체의 내용을 팽개쳐 버리고 무미건조한 자아만을 바라보며 허영에 빠져 즐거워하는 그런 행태란 실로 자만의 극치라고나 하겠다. 이런 텅 빈 상태에서는 오직 자기의 존재만을 추구할 뿐 보편적인 진리 따위는 안중에도 없으니까 말이다.

지금까지 지의 진행양식과 그 필연성에 대한 일반적인 서술을 해왔는데, 이제 실제적인 전개방법에 관해서도 몇 마디 덧붙이는 것이 좋겠다. 이 서술의 목표는 현상하는 지에 대한 학문의 태도를 다루면서 인식의 실재성을 탐구하고 음미하는 것이 되겠는데, 이때 뭔가 척도로 삼을 만한 것을 전제하지 않는 한 기대했던 목적을 이룰 수는 없을 것으로 보인다. 음미한다는 것은 승인된 척도를 갖다대 보고서 음미하는 대상이 그것에 맞는지 아닌지에 따라 그 옳고 그름을 결정하는 일이기 때문이다. 그리고 여러 척도는, 또 이를 테면 학문이 척도가 되는 경우에 학문은 본질이자 자체로 여겨진다. 그러나 여기서는 아직 학문은 갓 등장했을 뿐이므로, 학문이건 그 무엇이건 간에 본질이나 자체로 인정받고 있지는 않다. 그리고 본질이나 자체가 없다면 음미는 전혀 이루어질 수 없을 듯이 보인다.

이런 모순과 이 모순이 해소되는 실상을 명확히 드러내기 위해서는 먼저 지와 진리가 의식에서 어떻게 추상적으로 규정되는가를 살펴봐야만 하겠다. 우선 의식은 무언가를 자기 자신과 구별하면서 동시에 그것과 관계해 있다. 다시 말하면 의식에 대해서 뭔가가 있는 것이다. 이렇게 이루어진 관계라는 특정한 측면, 즉 뭔가가 의식에 대해서 있는 측면이 바로 '지'이다. 그런데 이렇듯 타자에 대해서 있는 존재와 자체적인 즉자존재를 우리는 구별해서 생각한다. 지가 관계하는 어떤 존재를 보면 그것은 관계하는 동시에 지로부터 구별되어 이 관계의 바깥에 존재하는 것으로도 생각될 수 있는데, 바로 이 '자체'라는 측면을 우리는 '진리'라고 부른다. 과연 이러한 규정이 의미하는 것이 무엇이고 어떤 함축을 지닌 것인가는 지금은 상관할 바가 아니다. 왜냐하면 현상하는 지가 지금 우리가 다루는 대상이므로 지에 대한 규정도 일단은 직접 우리에게 나타나 있는 대로 받아들일 수밖에 없기 때문이다. 곧 규정으로 파악된 것을 그대로 규정으로 보면 되는 것이다.

그런데 지의 진리를 탐구하려 할 때는 본디 지 자체가 무엇인가를 탐구해야 할 것으로 보인다. 그러나 이렇게 탐구를 시작하게 되면 지는 곧 우리의 대상이 되어, 우리에 대해서 존재하는 것이 된다. 그리하여 분명히 밝혀질 터였던 지 자체란 오히려 우리에 대해서 있는 존재가 되어 버린다. 우리가 지의 본질이라고 주장하는 것은 지 자체의 진리이기보다는 오히려 지에 관한 우리의 지에 지나지 않는 것이 된다. 본질, 즉 척도는 우리 속에 있다. 그리고 이 척도와 비교되고 또 이 비교에 의해 옳고 그름이 결정되는 대상으로서의 지의 본체는 그런 척도를 꼭 인정해야만 하는 것은 아니다.

그런데 우리가 탐구하는 대상은 그 본성상 이와 같은 분열에서, 다시 말해 분열과 전제라는 가상의 것에서 벗어나 있다. 의식은 그 자신을 재는 척도를 제 스스로 가지고 있다. 따라서 탐구를 할 때도 의식이 스스로 자기 자신과 비교만 하면 되는 것이다. 왜냐하면 위에서 말한 구별이란 바로 의식 자신이 행하는 구별이기 때문이다. 의식 속에서는 어떤 것이 타자에 대해서 있는 것이다. 다시 말하면 의식은 애초에 지의 요소라는 규정성을 지닌다. 동시에 의식 속에서는 이 타자가 의식에 대해서 있으면서 또한 이 관계의 바깥에 그 자체로도 있게 되는데, 이것이 곧 진리의 요소이다. 따라서 의식이 자기 안에 깃들어 있는 자체 또는 진리로 간주하는 것이 곧 우리가 말하는 척도로서, 이는 의식이 자기의 지를 재기 위하여 스스로 설정한 것이다. 여기서 우리가 지를 개념이라 부르고 본질 또는 진리를 존재 또는 대상이라고 부른다면, 이때 음미한다는 것은 개념이 대상과 일치하는지 여부를 따져 보는 것이 된다. 그러나 우리가 대상의 본질 또는 자체를 개념이라 부르고 대상을 타자에 대해서 있는 대상의 의미로 받아들인다면, 이때 음미하는 일은 대상이 그 개념과 일치하는가 어떤가를 따져 보는 일이 된다. 물론 이 두 가지가 동일한 상태를 가리키고 있음은 분명하다. 여기서 중요한 것은 개념과 대상, '타자에 대한 존재 즉 대타존재와 즉자존재라는 두 요소는 모두 우리가 탐구하고자 하는 지(知) 그 자체에 속하는 것이므로 우리가 탐구를 할 때 여러 척도를 끌어들인다든가 우리의 착상이나 사상을 적용할 필요는 없다는 점을 명심하여 탐구의 전 과정에서 결코 잊어서는 안 되겠다는 것이다. 그런 거추장스러운 척도를 내던져버릴 때 우리는 사태 그 자체의 참된 모습을 있는 그대로 고찰할 수 있게 된다.

개념과 대상, 척도와 음미되는 것, 이 모두가 의식 자체 내에 현존한다면 우리는 구태여 무언가를 밖에서 끌어들일 필요가 없을 뿐 아니라 또한 양자를 비교하거나 스스로 음미하기 위하여 애쓸 것도 없다. 의식이 자기 자신을 음미하는 것을 우리는 그저 순수하게 방관만 하고 있으면 되는 셈이다. 왜냐하면 의식은 한편으로는 대상을 의식하는 동시에 다른 한편으로는 자기 자신도 의식하고 있으니, 의식은 진리의 의식이면서 또한 그 진리에 대한 자기의 의식이기도 하기 때문이다. 진리와 지, 이 모두는 동일한 의식에 대해서 있으므로 의식은 스스로 그 둘을 비교하고, 또 동일한 의식에게 대상의 지가 곧 대상과 일치하는지 아닌지도 드러나게 된다. 물론 의식에 나타나는 대상은 의식이 알고 있는 대상의 모습 그대로 있을 뿐이고 의식에 나타나지 않는 그 자체로 있는 대상의 모습에는 의식이 가닿지 않으므로, 결국 대상의 지를 대상 자체와 비교하여 음미한다는 것은 불가능한 듯싶기도 하다. 그러나 의식이 대상에 대해서 안다고 하는 바로 이 작용 속에 실은 이미 구별이 존재하고 있다. 즉 의식에 대해 뭔가가 그 자체로 존재하고, 이와는 별도로 의식에 대한 대상의 존재양식을 나타내는 지가 있다는 구별이 존재하는 것이다. 그리하여 현존하는 이 구별을 바탕으로 음미가 행해지는데, 이렇게 비교해서 양자가 일치하지 않을 때는 의식은 자신의 지를 변경하여 자기를 대상에 합치되도록 해야 할 것으로 생각된다. 하지만 지의 변화는 사실 지에 대한 대상 그 자체의 변화를 수반한다. 왜냐하면 현존하는 지는 본질적으로 대상에 관한 지이기 때문이다. 이렇듯 대상이 대상의 지에 본질적으로 귀속돼 있는 이상 지가 변하면 대상도 변하지 않을 수가 없다. 그리하여 이전에 그 자체로 의식되던 것이 실은 그 자체로 있는 것이 아니라 어디까지나 의식에 대해서 그 자체로 있는 데 지나지 않았던 것으로 의식된다. 그러므로 의식이 대상 속에서 자기의 지와 대상을 견주어 보고 그 둘이 서로 일치하지 않는다는 것을 깨달으면 대상 그 자체도 지속될 수 없게 된다. 다시 말하면 척도를 기준으로 음미되어야 할 대상이 음미된 결과와 일치하지 않을 경우에는 음미하는 척도 자체가 변한다는 것이다. 따라서 음미란 단순한 지의 음미가 아니라 동시에 척도의 음미이기도 하다.

의식이 자기의 지와 대상 양면에서 펼쳐 나가는 이상과 같은 변증법적 운동은 의식에 대해 새롭고 참다운 대상이 그로부터 생겨나는 한, 다름 아닌 '경험'이라고 불리는 것이다. 그런데 이 운동을 경험이라고 한다면 방금 설명한 의식의 과정 속에서 한 가지 요소를 강조하여, 앞으로 서술할 학문적 측면에 새로운 빛을 던져 주어야 하리라. 즉 의식은 무엇인가를 아는데 이때의 대상이 본질 또는 자체라는 점이다. 그런데 대상은 의식에 대한 자체이기도 하므로 이렇게 되면 진리는 두 가지 의미를 지니게 된다. 우리는 의식이 두 개의 대상을 갖는다는 것을 깨닫는다. 하나는 최초의 그 자체이고 다른 하나는 이 자체가 의식에 대해서 있는 존재이다. 후자는 언뜻 의식의 자기를 향한 반성으로, 곧 대상의 표상이 아니라 최초의 자체에 관한 의식의 지의 표상에 지나지 않는 것으로 보인다. 그러나 이미 보았듯이 이때는 그 최초의 대상에도 변화가 야기된다. 대상은 그 자체로 있는 것이 아니라 오직 의식에 대해서만 그 자체로 있는 것이 된다. 한데 이렇게 되면 이 두 번째 대상인 자체의 의식에 대해서 있는 존재가 참된 것이 되며, 그것이 본질 또는 의식의 대상이 된다. 이 새로운 대상은 최초의 대상이 무실해졌음을 드러내 주는 것으로서, 최초의 대상에 대하여 행해진 경험이다.

경험의 형성과정을 이상과 같이 서술한다면 일반적으로 경험이라고 이해되는 것과는 어딘가 들어맞지 않는 면이 한 가지 눈에 띈다. 그것은 최초의 대상과 그의 지에서 두 번째 대상으로 이행하는 것을 놓고 경험이 행해졌다고 한다면 이 이행은 최초의 대상에 관한 지, 다시 말해 최초의 자체 의식에 대한 존재가 두 번째 대상 그 자체가 되는 형태로 나타났다는 점이다. 그런데 이와는 달리 사람들은 보통 우리가 지닌 최초의 개념이 옳지 않음을 아는 것은 전혀 별개의 대상이 어쩌다 외부로부터 다가와 우리가 경험하게 되는 것이며, 따라서 그 자체로서 참되게 있는 것에 대한 순수한 파악만이 우리 내부에 생겨난다고 생각하고 있다. 그러나 지금 논의된 바에 따르면 새로운 대상은 의식의 전환 그 자체에 의해서 생겨난 것이다. 이러한 사태의 고찰방식은 방관자인 우리가 굳이 그렇게 조명하는 것이다. 경험의 와중에 있는 의식은 이를 자각하지 못하지만, 어쨌든 이러한 경로를 거치면서 수많은 의식의 경험이 학문적인 단계로 발돋움하기에 이른다. 그런데 사실 지금까지 설명한 것은 앞에서 이미 의식의 경험과 회의주의와의 관계를 다루는 데서 언급됐던 상태와 유사한 것이다. 다시 말하면 참되지 않은 지에서 그때그때 나오는 결과는 공허한 무로서 내버려지는 것이 아니라 그런 결과를 낳게 한 전제가 그릇된 것임을 밝혀내는 무로서 파악되어야만 한다는 것이다. 그 결과 속에는 앞서 간 지가 진리에 대해서 스스로 가지고 있던 참다운 것이 담겨 있게 마련이다. 이 점이 여기서는 다음과 같이 나타난다. 즉 최초에 대상으로 나타났던 것이 의식에 의해 대상에 관한 지로 변화하고, 있던 그대로의 자체가 의식에 대한 존재로 변화하여 이 두 번째 자체가 새로운 대상이 된다. 그리고 이 새로운 대상과 함께 새로운 의식의 형태도 등장하면서 이 의식에서의 본질은 이전 의식의 본질과는 별개의 것이 된다. 의식작용에서 일어나는 지와 대상 사이의 이러한 사태야말로 연이어 생성되어 가는 의식형태의 모든 계열을 그 필연성에 따라 이끌어 가는 힘이다. 하지만 이러한 필연성 그 자체, 즉 새로운 대상의 생성은 의식에게 전혀 자각되지 않은 채 의식에 나타나므로, 의식의 배후에 도사리고 있는 우리에게만 알아차려질 수 있다. 그리하여 의식의 운동 속에는, 경험의 와중에 있는 의식에는 나타나지 않는 '즉자존재' 또는 '우리에 대해서 있는 대자존재'라는 요소가 스며들게 된다. 그러나 또한 우리에게 드러나 보이는 사태의 내용은 의식에 주어진 것이다. 따라서 우리는 다만 이 내용의 형식을 이루는 순수한 생성작용을 개념 파악할 뿐이다. 의식에 대해서는 이런 식으로 생성된 것이 대상으로만 존재하지만 사태의 추이를 엿보고 있는 우리에 대해서는 이것이 동시에 운동이나 생성으로서도 존재한다.

이와 같은 필연성에 이끌려 학문을 향해 가는 도정은 그 자체가 이미 학문이며, 그 내용으로 본다면 의식의 경험의 학문이다.

의식이 자기에 관해서 행하는 경험은 그 개념상 의식의 모든 체계를, 다시 말해 정신의 진리의 모든 영역을 송두리째 자체 내로 포괄한다. 그러므로 저마다 독자적인 규정 아래 그때그때 나타나는 이 진리의 요소들은 결코 추상적이며 순수한 진리로 나타나지는 않는다. 그보다는 도리어 의식과 각 요소와의 구체적인 연관 속에서 의식에 대해 존재하는 그대로의 규정된 형태로 나타나는 것이다. 그러므로 전체를 이루는 요소들은 의식의 각 형태인 셈이다. 의식은 자기 본연의 모습을 향해 나아가다가 마침내 어느 지점에 다다른 것이다. 이때 의식은 자기에 대하여 마치 타자로 존재하는 것과 같은 낯설고 이질적인 면을 떨쳐 버린다. 그리하여 현상과 본질이 일치하고 의식의 서술이 그대로 참다운 정신의 학문과 일치하기에 이른다. 이렇게 해서 끝내 의식이 스스로 자기 본질을 포착하기에 이를 때 의식은 절대지(絶對知) 그 자체의 본성을 드러내게 될 것이다.

의식

Ⅰ 감각적 확신, '이것'과 '사념'

곧바로 우리의 대상이 되는 최초의 지는 직접적인 지로서, 이는 직접적인
것 또는 존재하는 것을 안다는 것이다. 이러한 지를 우리는 직접 있는 그대
로 받아들이기만 하면 되고, 거기서 나타나는 지를 조금이라도 바꿔선 안 되
며 개념적으로 파악해서도 안 된다.

감각적 확신의 구체적인 내용을 보면 일단은 감각적 확신이야말로 더없이
풍부한 인식, 아니 무한히 풍부한 인식인 듯이 보인다. 즉 풍부한 그 내용이
펼쳐져 있는 공간과 시간 속에서 우리가 나가려 할 때도, 또 그 풍부한 내용
에서 일부를 떼어 내 세밀히 분해해 들어가려 할 때도 한계에 부딪치는 일은
전혀 없을 듯이 보인다. 게다가 이 감각적 확신은 가장 올바른 것처럼 보이
기도 하는데, 왜냐하면 대상에서 아직 아무것도 떼어 내지 않은 채 대상을
온전한 모습 그대로 눈앞에 보고 있기 때문이다. 그러나 사실 이 감각적 확
신은 더없이 추상적이고 더없이 빈약한 진리임을 그 스스로 보여 준다. 스스
로 알고 있는 대상에 관해서 '그것이 있다'라는 감각적 확신의 진리는 어떤
사물의 존재만을 포함할 뿐이다. 의식은 또 의식대로 뭔가를 감각적으로 확
신할 때 단지 순수한 자아로 있을 뿐인데, 이러한 자아는 순수한 '이 사람'
으로만 존재하고 대상도 순수한 '이것'으로만 존재한다. '이 사람'인 자아가
'이것'의 존재를 확신하는 것은 자아가 의식으로서 스스로를 전개하여 다양
한 사유활동을 하기 때문은 아니며, 또한 내가 확신하는 어떤 것이 갖가지
구별되는 성질을 지니고 스스로 풍부한 관계를 형성하여 다른 것과 다양한
관계를 맺기 때문도 아니다. 둘 중 그 어느 경우도 감각적 확신의 진리와는
무관하며 자아도 사물도 다양한 매개라는 의미를 지니고 있지 않다. 자아가
갖가지 관념이니 사유를 지니지도 않고 사물이 다양한 성질을 지니는 것도

아니다. 사물은 그저 있을 뿐이고 있기 때문에 있는 것일 뿐이니, 감각적인 지에서는 이렇게 '있다'는 것이 본질적인 것이다. 이처럼 순수하게 단순히 직접적으로 있는 것이 바로 이 확신의 진리이다. 또한 마찬가지로 이 확신에 따른 대상과의 관계도 직접적인 순수한 관계이다. 의식은 자아이며, 순수한 '이 사람'이라는 것 말고는 다른 어떤 것도 아니다. 이러한 개별자가 순수한 '이것', 다시 말해 개별물을 아는 것이다.

그러나 이 확신의 본질을 이루고 그 진리로 내세워지는 이 순수한 존재를 잘 살펴보면 여기에는 그 밖에 갖가지 부수적인 것이 포함되어 우연히 작용하고 있다. 실제로 행해지는 감각적 확신은 순수히 있는 것만을 대하는 데 그치지 않고 거기에 곁들여진 갖가지 사례를 동반하고 있다. 그런 사례들은 저마다 헤아릴 수 없이 많은 차이를 드러내는데, 여기서 우리는 어떤 경우에 나 볼 수 있는 기본적인 구별을 찾아내게 된다. 즉 순수한 존재로부터 앞서 말한 두 개의 이것, 곧 자아로서의 '이 사람'과 대상으로서의 '이것'이 쉽게 갈라져 나오는 것이다. 이런 구별을 곰곰이 따져 보면 감각적 확신 속에서는 그 어느 쪽도 직접적인 형태로만 있는 것이 아니라 동시에 매개를 거친 존재로서 있다는 것을 알 수 있다. 말하자면 자기가 확신을 갖는 것은 상대인 타자로서의 사물을 통해서이고, 마찬가지로 이 사물이 확신되는 것은 타자인 자아를 통해서인 것이다.

본질과 사례, 직접적인 모습과 매개를 거친 모습이라는 구별은 방관자로서의 우리가 정립해 놓기만 한 것이 아니다. 우리는 이 구별을 감각적 확신 그 자체에서 알아볼 수 있다. 그러므로 이 구별은 앞에서 우리가 규정한 그 대로가 아니라 감각적 확신 속에 있는 그대로의 형식으로 받아들여져야만 한다. 이 확신에서 어느 한쪽은 단순히 있는 그대로의 직접적 존재로서 본질이자 대상이 되고 있는데 이때 다른 한쪽은 자체적으로 존재하는 것이 아니라 다른 한쪽에 매개되어 존재하는 비본질적인 것이다. 이것이 바로 자아 또는 지인데, 이것은 대상이 있음으로써만 대상을 알고, 또 지로서 존재할 수도 또는 존재하지 않을 수도 있다. 그러나 대상은 거기에 그대로 있는 참다운 것이며 본질이다. 그러므로 이것은 지에 의해서 알려지건 말건 관계없이 실제로 거기에 있다. 대상은 비록 알려지지 않는 경우에도 그대로 존속한다. 그러나 지는 대상이 없으면 지로서 존재하지 않는다.

이제 우리가 고찰해 봐야 할 것은 감각적 확신에서 본질로 여겨지는 대상이 실제로 그러한 것으로서 존재하는가, 또 본질적 존재라고 하는 대상의 개념이 과연 확신 속에 실제로 존재하는 대상의 모습과 일치하는가 하는 것이다. 여기서 우리는 대상에 대한 숙고를 거듭하여 그 참된 모습을 추구하는 것이 아니라, 다만 감각적 확신이 스스로 가지고 있는 그대로의 대상을 고찰해 보기만 하면 된다.

감각적 확신은 "이것이란 무엇인가?"라고 자문해 봐야 하리라. '이것'이 있다는 것을 우리가 '지금' 있다와 '여기' 있다는 이중의 형식으로 받아들인다면 '이것'이 지니는 변증법은 이것 자체와 마찬가지로 쉽게 이해될 만도 하다. "지금이란 무엇인가?"라는 물음에 대하여 우리는 "지금은 밤이다"라는 식으로 예를 들어 대답한다. 이 감각적 확신의 옳고 그름을 음미하기란 별로 어려운 일이 아니다. 이 진리를 종이에 써 놓아 보자. 이렇게 써 놓았다고 해서 진리가 사라질 리는 없으며 또 보존했다고 해서 진리가 사라지는 것도 아니다. 그런데 '지금이 낮'이 됐을 때 아까 써 놓았던 진리를 다시 들여다보면 그것은 알맹이 없는 진리가 되어 버리는 것이다.

밤으로서의 지금은 보존되어 지금이라고 불리는 존재로 취급된다. 하지만 그 지금은 더 이상 존재하지 않는 것이 되고 말았다. '지금' 그 자체는 분명히 지속되고 있지만 이 지금은 더 이상 밤은 아니다. 마찬가지로 이 '지금'은 현재 지금인 낮에 대하여 낮이 아닌 부정적인 것으로 지속되고 있다. 따라서 이렇게 지속되고 있는 '지금'은 직접적인 존재가 아닌 매개된 존재이다. 왜냐하면 '지금'은 낮이나 밤 같은 타자가 없음으로써 영원히 스스로를 유지하는 것으로 규정되기 때문이다. 그러한 '지금'은 이전의 '지금'이나 마찬가지의 단순한 '지금'이지만 이 단순함이 낮이나 밤과 같이 거기에 부수되어 이따금 작용하는 것과는 무관한 것이 되어 있다. '지금'은 밤도 낮도 아니면서 또한 낮도 밤도 될 수 있으므로 자기 이외의 존재인 낮이나 밤과 관계가 없는 것이다. 부정을 통해 생겨난 이렇듯 단일한 존재, 즉 이도 저도 아닌 불특정한 것이면서 또한 이것이 되든 저것이 되든 전혀 관계없는 단일한 존재를 우리는 보편적 존재라고 부르는데, 결국 보편적인 존재야말로 참으로 감각적 확신의 진리이다.

우리는 여기서 감각적인 것을 보편적인 것으로 표현하고 있는 셈인데, 이렇게 되면 우리가 말하는 '이것'은 '보편적인 이것'이고 '그것이 있다'라는 것은 보편적인 '있다'가 된다. 물론 이 경우 우리는 보편적인 '이것' 또는 보편적인 '있다'를 표상하고 있는 것은 아니지만 보편적인 것을 표현하고는 있다. 바꿔 말해 우리는 감각적 확신 속에서 사념하고 있는 것을 그대로 표현하고 있지는 않은 것이다. 그러나 말할 나위 없이 언어와 감각적 확신의 사념을 놓고 본다면 언어가 더 진리에 가까우니, 언어 속에서 우리는 스스로 직접 사념하는 것을 부정하게 된다. 그리하여 보편적인 것이 감각적 확신의 진리이고 언어는 바로 이 보편적인 진리만을 표현할 뿐이라고 한다면, 우리가 사념하는 감각적인 존재를 말로 나타낸다는 것은 도대체 불가능한 일이 된다.

'이것'의 또 다른 형식인 '여기'의 경우도 사정은 마찬가지이다. 예컨대 '여기'는 '나무'라고 하자. 그러나 내가 돌아서면 이 진리는 사라지고 다른 진리로 바뀌면서, '여기'는 나무가 아니고 '집'이다. 이때 '여기'라는 그 자체가 사라진 것은 아니다. '여기'는 집이나 나무 따위가 사라지는 동안에도 계속 그대로 존속한다. '여기'는 집이나 나무와는 무관한 것이다. 여기서도 역시 '이것'은 매개된 단일한 것, 즉 보편적인 것으로 드러난다.

이렇듯 감각적 확신 속에서 그 대상의 진리가 보편적인 것임이 밝혀진 이상, 이 확신의 본질을 이루는 순수한 '있다'는 존속하기는 하나 직접적인 '있다'가 아니라 부정과 매개를 본질로 하는 '있다'여야만 한다. 다시 말하면 그것은 우리가 흔히 '있다'고 사념하는 것이 아닌 추상 또는 순수한 보편자라는 규정을 지닌 '있다'로서 존속한다. 그런데 감각적 확신의 진리가 보편성을 띤다는 것을 인정하려 하지 않는 사념은 그 무엇과도 관계없는 공허한 '지금'과 '여기'에 대립하는 위치에 머무르려 하게 된다.

지와 대상이 처음 나타났을 때의 관계와 이제 결과로서 얻어진 지와 대상과의 관계를 비교해 보면 양자의 위치가 뒤바뀌어 있음을 알 수 있다. 감각적 확신의 본질이라던 대상이 이제는 비본질적인 것이 되어 있다. 왜냐하면 결과로서 얻어진 대상 즉 보편적인 것은 더 이상 감각적 확신에 의해서 본질적이라고 여겨졌던 대상의 모습을 나타내는 것이 아니며, 확신의 본질은 이제 대상의 반대쪽에 위치한 비본질적이라던 지 안에 있기 때문이다. 감각적 확신의 진리는 나의 대상으로서의 나의 사념 속에 있다. 그 대상은 내가 알기 때문에 존재하는 것이 된다. 이때 감각적 확신은 대상으로부터 추방되기는 했지만 그렇다고 파기되지는 않았으며 다만 자아 속으로 도로 떠밀려 들어갔을 뿐이다. 우리는 이러한 확신의 경험이 실제로 어떠한 모습을 띠는지 살펴봐야 하겠다.

마침내 이 확신을 진리일 수 있게 하는 힘은 자아 속에, 즉 내가 직접 보거나 듣거나 하는 것 속에 깃들어 있게 된다. 우리가 사념하는 그때그때의 '지금'과 '여기'는 사라져도 자아가 그것을 놓치지 않고 있는 한 여전히 '지금'과 '여기'는 지탱된다. "지금은 낮이다"라는 것은 내가 낮을 보고 있기 때문이며, "여기가 나무이다"라는 것도 또한 마찬가지 이유에서이다. 그러나 이러한 관계 속에서도 감각적 확신은 앞에서 말한 것과 동일한 변증법을 경험하게 된다. 바로 이 내가 나무를 보고 "여기는 나무이다"라고 주장할 때 또 다른 나는 집을 보고 "여기는 나무가 아니고 집이다"라고 주장한다. 이 두 개의 진리는 동일하게 증명된다. 둘 다 자기의 지에 대해서 직접 눈으로 보고 있다는 사실과 확실성을 지니고서 이를 바탕으로 단언하고 있다. 그러나 이때 어느 한쪽이 성립되기 위해서는 다른 한쪽은 사라져야만 한다.

이런 경험 속에서 끝내 사라지지 않고 남아 있는 것은 이 나무를 보는 것도, 또 이 집을 보는 것도 아니고 단순히 보는 작용만을 하는 보편적인 자아이다. 이 보는 작용은 집이나 나무 따위의 부정을 통해서 매개되므로 단순히 보는 것으로만 그치고, 거기에 우연히 부수되는 집이나 나무에 대해서는 그야말로 무관심하다. 이 경우 자아는 '지금' '여기' 즉 '이것' 일반과 마찬가지로 보편적인 것일 수밖에 없다. 나는 분명히 이 개별자로 있는 나를 생각할 수는 있지만 개별자로 있는 나를 그대로 말로 나타낼 수는 없으니, 이는 마치 '지금'이나 '여기'라고 생각한 것을 그대로 말로 나타낼 수 없는 것과 마찬가지이다. 내가 '이것' '여기' '지금' 또는 '개별물'이라고 말한다면 이렇게 말로 표현된 '이것' '여기' '지금'이나 개별물은 모든 이것과 여기와 지금과 개별물을 지시하는 것이 된다. 마찬가지로 내가 나를 두고 '나' '이 개별적인 나'라고 말하더라도 이때의 '나'는 모든 나를 포함하며, 따라서 누구나가 자기를 두고 '이 개별적인 나'라고 말할 수가 있다. 이를테면 누가 '이것' 또는 '이 인간'을 연역하고 구성하고 선험적으로(a priori) 드러내 보이라는 식으로 학문에 요구하면서 이것을 학문의 시금석으로 삼으려 해봤자 학문은 이 요구를 도저히 감당할 수 없으리라. 그런데 여기서 반문하고 싶은 것은 그런 요구를 하는 사람 자신이 '이것' 또는 '이 자아'라고 말할 때 과연 어떤 '이것'과 어떤 '이 자아'를 마음속에 두고 있는가 하는 점이다. 그러나 이것을 말로 나타낼 수는 없다.

이리하여 이제 감각적 확신은 대상과 자아 가운데 그 어느 쪽도 본질이 될 수는 없으며, 또한 직접 있다는 것만 하더라도 대상이나 자아 그 어느 쪽도 직접적으로 있는 것은 아니라는 것을 경험한다. 왜냐하면 자아가 생각하고 있는 것은 비본질적인 것이고 대상도 자아도 모두 보편적인 것이며, 보편적인 대상이나 자아 속에는 결코 내가 생각하는 것과 같은 '지금' '여기' '자아'는 존속하지도 또 존재하지도 않기 때문이다. 그렇다면 이제 우리는 감각적 확신의 전체를 가리켜 그의 본질이라고 할 수밖에 없다. 앞에서 얘기되었듯이 두 요소 가운데 어느 한쪽은 그 본질이 아니다. 즉 자아에 대립되는 대상이 실제로 존재한다거나 아니면 반대로 자아가 실제로 존재한다거나 하는 것이 아니다. 이 확신에서 직접 존재하는 것은 오직 감각적 확신의 전체일 뿐이고, 이 전체가 앞에서 생겨난 그런 대립 관계를 전적으로 배제하고 있는 것이다.

이렇게 해서 생겨난 순수한 직접적 확신은 더 이상 나무가 있는 '여기'가 나무가 없는 '여기'로 변한다거나 낮으로서의 '지금'이 밤으로서의 '지금'으로 변화하는 것과는 전혀 무관하며, 또한 어떤 다른 대상을 상대로 하는 또 다른 자아와도 아무 상관이 없는 확신이다. 그 직접적인 확신의 진리는 자아와 대상 사이에서 어느 쪽이 본질적이고 비본질적인가를 구별하지 않는, 따라서 또 어떤 구별도 끼어들 틈이 없는 양자의 완전히 일체화된 관계로서 유지된다. '이' 나는 '여기'가 나무라고 주장한다. 그리고 다른 쪽으로 돌아서거나 하지는 않으므로 '여기'가 나무가 아닌 것이 되는 경우란 있을 수 없다. 나 아닌 다른 자아가 나무가 아닌 '여기'를 보고 있거나 나 자신이 어떤 다른 기회에 나무가 아닌 '여기'나 낮이 아닌 '지금'을 대하거나 하는 일은 전혀 염두에 두지 않고, 나는 오직 눈앞에 있는 것만을 순수히 직관한다. 나는 나 홀로 제자리를 지키면서 '지금은 낮이다' '여기는 나무이다'라는 생각만 계속할 뿐, '여기'와 '지금' 자체를 서로 비교하지 않는다. 나는 '지금'과의 직선적인 관계 속에서 '지금은 낮이다'라고 고집스레 생각하고 있을 뿐이다.

이런 마당에 우리가 밤이 된 '지금'이나 지금을 밤이라고 생각하는 '자아'에게 눈길을 돌려보라고 이 확신에게 권유하더라도 확신이 이렇게 권유하는 쪽으로 다가올 리는 없으므로, 우리가 직접 이 확신에게 다가가서 거기서 주장되는 '지금'을 자기에게 제시한다고 하자. 이렇게 제시할 필요가 있는 이유는 이 직선적인 관계상의 진리가 하나의 '지금'이나 하나의 '여기'에 한정된 바로 '이' 자아의 진리이기 때문이다. 뒤에 가서 이 진리를 끄집어내거나 이 진리와 동떨어진 곳에 자리잡거나 한다면 그 진리는 의미를 완전히 잃어버릴 것이다. 그 진리의 본질인 눈앞에 닥쳐 있는 직접적인 것을 진리로부터 빼앗는 꼴이 되기 때문이다. 그러므로 우리는 현장에 있는 자아와 동일한 시간점 또는 공간점에 자리잡은 채 그 진리를 자기에게 내보여야만 한다. 곧 확신을 하고 있는 존재인 바로 이 현장의 자아와 자기 자아를 일체화시켜야만 한다. 그럼 이렇게 해서 우리에게 명시되는 직접적인 존재란 어떤 성질을 지닌 것일까.

'지금'은 '이 지금'으로 명시된다. 그러나 이렇게 명시되는 순간 그것은 존재하기를 그만둬 버린다. 지금 있는 '지금'은 명시된 '지금'과는 다른 '지금'이며, 따라서 '지금'이란 지금 있으면서 더 이상 지금이 아닌 것임이 판명된다. 우리에게 명시되는 '지금'은 벌써 지나가 버린 '지금이었던 것'으로서, 이것이 '지금'의 진리이다. 그런 '지금'은 '있다'라는 존재의 진리가 아니다. 그러나 '지금'이 있었다는 것은 진리다. 하지만 또 지나가 버린 지금이었던 것은 사실은 지금의 본질은 아니다. 그것은 이제는 있는 것이 아니다. 한데 '지금'의 본질은 당연히 '있음'에 깃들어 있어야만 한다.

이렇게 볼 때 '지금'을 명시한다는 것은 다음과 같은 경로를 거쳐 가는 하나의 운동임을 알 수 있다.

① 나는 '지금'을 가리키며 이것이 참답다고 주장한다. 그러나 이렇게 명시되는 것은 '지금'이었던 것이 되고 폐기된 것이므로 여기서 첫 번째 진리는 폐기된다.

② 다음으로 나는 '지금'이라는 것이 있었고 그것이 폐기되었음을 '지금'의 두 번째 진리로서 주장한다.

③ 그러나 있었다는 것은 결국 있는 게 아니다. 따라서 있었던 것, 폐기된 것이라고 했던 두 번째 진리가 폐기된다. 그 결과 부정됐던 '지금'이 다시 한

번 부정되어 결국 '지금'은 있다고 하는 첫 번째 주장으로 되돌아가게 된다.

따라서 '지금'과 '지금'을 명시하는 것은 둘 다 직접 거기에 있는 단일한 것이 아니라 다양한 요소를 안고 있는 하나의 운동이 된다. '이것'은 정립될 수 있지만 이렇게 정립된 것은 곧바로 '다른 것'이 되어 '이것'은 폐기된다. 그러나 이 첫 번째 것이 폐기되고 난 뒤에 나타나는 '다른 것'이 다시금 폐기되면서 운동은 최초의 '이것'으로 되돌아온다. 하지만 자기에게 복귀한 최초의 '이것'은 애초에 직접 거기에 있던 것과 완전히 동일하다고는 할 수 없다. 즉 그것은 자기에게 되돌아온 이상, 자기 밖으로 나가면서도 여전히 자기로서 계속 존재하는 단일한 것이다. 말하자면 이는 한 시점상의 지금이면서 절대다수의 지금이라고 할 그런 '지금'인 것이다. 이것이야말로 참다운 '지금'이다. 하루라고 하는 '지금'은 시간으로 된 많은 지금을 포함하고 있으며, 한 시간이라는 '지금'은 많은 분(分)을 포함하고 1분으로서의 '지금'은 많은 초를 포함한다. 따라서 '지금'을 명시한다는 것은 참다운 '지금'이 무엇인가를 표현하는 운동이라고 하겠으니, 결국은 많은 '지금'을 총합한 결과야말로 참다운 '지금'이다. 그러므로 '지금'을 명시한다는 것은 '지금'이 보편적인 것임을 경험하는 것과 마찬가지이다.

또한 내가 단단히 확보하고서 명시하는 '여기'도 마찬가지로 사실은 이 '여기'가 아니라 앞과 뒤, 위와 아래, 왼쪽과 오른쪽이기도 한 '여기'이다. 위라고 해도 또 그 자체가 다양하게 나뉘어서 위, 아래 등이 있게 된다. 명시되었다던 하나의 '여기'는 사라지고 다른 '여기'가 나타나지만 이것 또한 사라져 버린다. 그렇다면 결국 명시되고 확보되고 지속되는 '여기'는 부정적인 것이 된다. 그것이 존재하는 이유는 수많은 '여기'라는 것이 '여기'로 받아들여지고 또 즉시 폐기되기 때문이다. 명시된 '여기'란 결국은 많은 '여기'를 내포한 단일한 복합체인 것이다. '여기'는 점이라고 사념될 만도 하지만, 실상 점은 존재하지 않는다. 그 점이 존재하는 것으로서 명시된다고 한다면, 그것은 '여기'를 명시하는 것이 직접적인 지가 아니라 사념된 점으로서의 '여기'로부터 많은 '여기'를 거쳐서 보편적인 '여기'로 향하는 운동이기 때문이다. 마치 '하루'가 많은 '지금'이 합쳐져서 이루어진 단일한 복합체이듯이 보편적인 '여기'는 많은 '여기'가 합쳐진 단일한 복합체이다.

이제 분명한 것은 감각적 확신의 변증법이란 바로 이 감각적 확신의 운동,

즉 경험의 단순한 역사(歷史)며 또한 감각적 확신 자체가 바로 이 역사라는 것이다. 따라서 자연적인 의식은 감각적 확신의 진리를 이루는 이 결론을 향하여 끊임없이 전진하면서 그것을 경험하고, 또 그러면서 그때마다 그 결론을 망각하고 처음부터 다시 운동을 시작하는 것이다. 사정이 이런데도 이 보편적인 경험과는 반대로 감각적인 '이것'과 같은 외적인 사물의 실재성, 곧 존재가 의식에서 절대적인 진리가 된다는 식의 생각이 보편적인 경험이나 철학적 주장이나 심지어 회의주의의 결론으로까지 제시되고 있으니 참으로 놀라울 뿐이다. 그런 주장을 하는 사람은 그 자신이 무엇을 말하고 있는지도 모를뿐더러 그 자신이 말하고자 하는 것과는 반대되는 말을 하고 있다는 것도 모르고 있다. 그들은 의식에서 감각적인 '이것'이 있다는 진리가 보편적인 경험이라고 하지만, 오히려 그와 반대되는 것이 보편적 경험이다. 개개인의 의식은 '여기는 나무이다' '지금은 대낮이다' 등등의 감각적 진리를 폐기하고 '여기는 나무가 아니고 집이다'처럼 그와 반대되는 말을 한다. 그러나 첫 번째 주장을 폐기하는 이 두 번째 주장에도 첫 번째 경우와 마찬가지로 감각적인 '이것'에 얽매인 주장이 담겨 있어서 이것 또한 곧장 폐기되고 만다. 그리하여 모든 감각적 확신을 통해 경험되는 것은 이미 보았듯이 '이것'이 갖는 보편적인 모습이라고 하겠으니, 이는 감각적 확신의 주장이 보편적인 경험이라고 단언한 것과 정반대되는 것이다. 보편적인 경험을 그런 식으로 정의하는 사람들에게는 무엇보다 실제적인 면으로 눈길을 돌리도록 권장하고 싶다. 실제적인 면에서라면 감각적인 대상의 실재성에 관해 예의 진리와 확신을 내세우는 사람들에게는 엘레우시스에서 행해졌던 풍요의 여신 케레스와 주신(酒神) 바쿠스의 비의(秘儀)가 지니는 지혜의 첫발로 돌아가서 빵을 먹고 포도주를 마시는 데 감춰져 있는 비밀을 새삼 터득했으면 하는 생각이다. 왜냐하면 그 비의에 접한 사람은 감각적인 사물의 존재를 의심할 뿐만 아니라 아예 그 존재에 절망한 나머지 비의의 한복판에서 스스로 그 사물들을 먹고 마셔 버리고는 그것들이 모조리 없어져 버리는 것까지도 깨닫기 때문이다. 동물에게도 그 정도 지혜는 갖추어져 있다. 아니, 오히려 동물은 그 행동을 보면 비의에 깊이 통달해 있음을 알 수 있다. 왜냐하면 동물은 있는 그대로 존재하는 감각적 사물 앞에 그저 머물러 서 있지 않고 그 사물의 실재성에 대해 절망하여 그 존재가 헛되다는 것을 철저히 확신하는 가운데 이를 거침없이 먹어 치우기 때문이다. 실제로 동물뿐 아니라 온 자연까지도 감각적 사물의 진리가 어떤 것인지 가르쳐 주는 이 공공연한 비의를 칭송하고 있다.

　그런데 감각적 사물에 집착하는 사람들은 앞에서 지적했듯이 자신이 생각하는 것과는 정반대되는 것을 스스로 말하고 있기도 하다. 어쩌면 이런 현상은 감각적 확신의 본성을 고찰하는 데 가장 좋은 길잡이일지도 모른다. 그들이 걸핏하면 입에 올리는 외부의 대상적 존재란 정확히 말하면 현실적이고 완전히 개별적이며 전적으로 개성적이고 개체적인 것, 따라서 이와 전적으로 동일한 것이라고는 있을 수 없는 그런 것으로 규정된다. 그런데 그것이 절대적으로 확실한 참다운 존재라는 것이다. 그들이 생각하고 또 말하고 있는 대상은 이를테면 내가 지금 이 글을 쓰고 있다는 것 또는 이미 다 써 놓은 이 한 장의 종이인 셈이다. 하지만 그들은 스스로 생각하고 있는 것을 말로 나타내지는 못한다. 자기들이 생각하는 대로 이 한 장의 종이를 실제로 말로 나타내려고 해도, 또 실제로 말로 나타내려고 해봤지만, 그것은 불가능한 일이다. 왜냐하면 그들이 생각하는 하나의 감각적 사물은, 그 자체가 보편적인 의식에 귀속되는 언어로서는 다다를 수 없는 대상이기 때문이다. 그러므로 이 종이 한 장을 말로 나타내려고 하면 그 사이에 종이가 썩어 문드러질 것이다. 그에 관한 것을 글로 쓰기 시작하더라도 이를 완성할 수 없고, 결국은 타인에게 맡길 수밖에 없으리라. 그러나 이 타인도 결국 자신이 있지도 않은 것에 대해 이야기하는 꼴이 되었음을 고백하지 않을 수 없게 된다. 물론 그들이 앞서 이야기하던 것과는 전혀 다른 것이 된 이 한 장의 종이에 관해서 생각하고 말하는 것은 자유다. 이때 그들은 현실로 있는 사물, 외적인 감각적 대상 또는 절대적인 개별체라는 등의 표현을 쓴다. 그러나 이런 말로 표현되는 것은 결국 보편적인 관념에 지나지 않는다. 그리하여 '말로 표현될 수 없는 것'이라고 일컬어지는 것은 참이 아닌 것, 비이성적인 것, 단지 사념됐을 뿐인 것이라고 해야겠다. 뭔가에 관하여 그것은 현실적인 사물이고 외적인 대상이라는 말밖에 할 수 없다면 이는 보편성의 극치를 나타내는 것으로서, 이는 다른 것과의 차이보다는 다른 모든 것과의 동일함을 나타내는 것이 된다. '개별적인 사물'이라고 말할 때 나는 그것을 순전히 보편적인 것으로 나타내는 셈이다. 왜냐하면 모든 것은 개별적인 사물이니까. 마찬가지로 '이것, 이 물건'이라는 말도 모든 것에 적용할 수 있는 말이다. 좀 더 구체적으로 '이 한 장의 종이'라고 할 경우에도 이는 예외 없이 모든 종이에 해당되는 말로서 어떤 종이든지 저마다 한 장의 종이다. 결국 말로 표현되는 것은 언제나 보편적인 관념일 뿐이다. 언어란 머릿속에 떠오른 것을 곧바로 방향 전환하여 다른 것이 되도록 할 뿐만 아니라 말로 표현될 수 없도록 하는 신적 본성을 지닌다. 한데 그런 언어를 보완하는 의미에서 이 한 장의 종이를 명시한다면, 우리는 곧 감각적 확신의 진리가 실제로 어떤 것인가를 경험하게 된다. 내가 제시하는 것은 하나의 '여기'이지만 그것은 또한 수많은 다른 '여기'의 '여기'이기도 하며, 그 자체는 다수의 '여기'가 하나로 모아진 단일한 집합체인 보편적인 '여기'이다. 이것이야말로 '여기'라는 것의 참된 모습이라고 하겠으니, 나는 직접 거기에 있는 것을 안다는 차원을 넘어 이제는 '지각'을 하게 된다.

II 지각, '사물'과 '착각'

직접적 확신은 진리를 손에 넣지 못한다. 왜냐하면 그 진리가 보편적인 것인데도 확신은 개별물로서의 '이것'을 포착하려고 하기 때문이다. 이에 반해 지각은 자기가 존재한다고 생각하는 것을 보편적인 것으로 받아들인다. 애초에 보편성이 지각의 원리가 되어 있으므로 지각 속에 직접 구별되어 나타나는 요소들도 또한 보편적인 것이다. 이때 자아는 보편적 자아이고 대상은 보편적 대상이다. 보편적이라는 원리는 우리에게 의식적으로 발생한 것이므로, 지각을 받아들이는 우리의 방식은 감각적 확신에서처럼 나타난 것을 그대로 받아들이는 방식이 아니라 필연성을 따른 수용방식이다. 이 원리가 발생함과 동시에 여기서 떨어져 나오듯이 보이는 두 개의 요소가 생성되는데, 하나는 뭔가를 제시하는 운동이며 다른 하나는 이 동일한 운동을 단일물(單一物)로 나타낸 것이다. 전자가 지각이고 후자가 대상이다. 대상은 본질적으로 지각하는 운동과 동일하다. 다만 지각의 운동이 갖가지 요소를 전개하고 구별하는 것이라면 대상은 그 요소들이 하나로 집약되어 있는 것이다. 방관자로서 우리가 보기에는 원리가 되는 보편적인 것이야말로 지각의 본질이고 그러한 추상적 원리에 상대되는 구별된 두 요소, 즉 지각하는 것과 지각되는 것은 비본질적인 것으로 여겨진다. 그러나 실제로는 두 요소 자체가 보편적인 본질을 이루므로 모두가 본질적이라고 해야만 한다. 하지만 두 요소는 서로 대립하는 것으로서 관계하며, 이 관계 속에서는 한쪽만이 본질적이어서 결국 둘 사이에 한쪽만이 본질적이고 다른 한쪽은 비본질적이라는 구별이 생겨난다. 곧 단일체로 규정되는 대상 쪽이 본질을 이루며, 대상은 지각되고 안 되고에 상관없이 존재한다. 반면에 지각작용은 운동이므로 있어도 되고 없어도 되는 부수적이며 비본질적인 존재이다.

이제 이 대상을 좀더 자세히 규정하고 거기에 생겨난 결과에 따라 다시 이 규정을 간단히 전개해 봐야만 하겠는데, 여기서는 아직 그 이상 전개할 필요는 없다. 대상은 그 원리상 보편적인 것이고 단일체 속에서 매개 관계를 이루고 있으니, 이것을 대상 자체의 본성으로서 스스로 드러내야 한다. 이리하여 대상은 '다수의 성질을 지닌 사물'로서 나타나게 된다. 결국 감각적인 지의 풍부한 내용은 '이것'과 '여기' 등에 따른 갖가지 부수적인 사례를 제시하기만 하는 감각적 확신이 아닌 지각을 통하여 생생히 드러나게 된다. 왜냐하면 오로지 지각만이 구별이나 다양성과 같은 부정을 본질로 삼기 때문이다.

그리하여 '이것'은 '이것이 아닌 것' 또는 '폐기된 것'으로 정립된다. 그러므로 이는 한낱 무(無)가 아닌 특정한 무이며, 어떤 내용을 가진 특정한 것이 무로 돌아간 것이다. 그리고 이렇게 없어지는 내용이 바로 '이것'이다. 따라서 감각적인 것은 여전히 거기에 있긴 하지만 직접적 확신 속에서처럼 사념된 개별물로서 거기에 있는 것이 아니라 보편적인 것, 즉 '성질'로 규정되는 것으로서 거기에 있다. 폐기, 지양, 극복을 뜻하는 '아우프헤벤(Aufheben)'이란 독일어는 부정행위에서 오는 진리의 이중적 의미, 즉 '부정하다'와 함께 '보존하다'라는 의미를 여실히 표현하고 있다. '이것이 아니다'라고 할 때 그 부정은 직접적으로 존재하는 감각적인 사실을 보존하는데, 다만 그것은 보편적으로 직접 존재하는 것이다. 그런데 뭔가가 보편적인 것으로 존재한다는 것은 그 존재에 매개나 부정이 작용하고 있음을 뜻한다. 이러한 매개나 부정을 직접적인 존재양상에서 표현하는 것이 사물이 지니는 갖가지 규정된 성질이다. 이때 많은 성질은 동시에 서로 타자를 부정하는 모양새를 하고 나타난다. 그 많은 성질이 보편적인 것이라는 단일체 속에 함께 나타날 경우, 본디는 외부적인 힘에 의해 비로소 성질로 규정돼서 서로 관계하는 것이 되지만, 그러면서도 이들은 서로 무관한 상태에서 다른 규정으로부터 독립하여 저마다 별개의 것으로 존재해 있다. 그런데 또 자기동일성을 유지하는 단일한 보편성 그 자체 역시 거기에 포함된 갖가지 성질과는 구별된 상태에서 자유로이 존재하고 있다. 이 보편성은 온갖 성질을 내부에 간직한 채 순수한 자기 자신과의 관계를 지니는 매체로 존재한다. 그리하여 이들 성질은 서로와의 접촉 없이 통일된 단일한 매체 속에 다 함께 어울려 있다. 사물의 성질은 바로 이 보편성에 관여하는 한에서만 서로서로 무관한 상태에 있을 수 있는 것이다. 이 추상적이고 보편적인 매체란 물성(物性) 일반에 안겨져 있는 순수한 본질이라고 할 수 있는데 이는 바로 앞에서 다루어진 '여기'와 '지금', 즉 많은 성질의 단일한 복합체와 같다. 그러나 많은 성질이라는 것 또한 저마다 그 자체로는 보편적인 단일체이다. 예컨대 여기에 소금이 있다고 하자. 이 소금은 단일한 '여기'이면서 동시에 많은 성질을 가지고 있다. 그것은 흰색이면서 짠맛도 나고, 또 정육면체이면서 일정한 무게도 갖고 있다. 이 모든 성질이 단일한 하나의 '여기' 속에 존재하면서 서로 침투되어 있다. 그 가운데 어떤 성질도 그 밖의 성질과 다른 '여기'를 갖지 않은 채 저마다 다른 것과 마찬가지로 하나의 '여기'에 속속들이 스며들어 있는 것이다. 그런데 그 성질들은 서로 다른 '여기'로 분리되어 있지 않고 서로 침투되어 있으면서도 영향을 주고받는 일이 없다. 흰색이 정육면체에 영향을 준다거나 그것을 변형시킨다거나 하는 일도 없고 이 둘이 짠맛에 영향을 준다거나 그것을 변형시키는 일도 없이 저마다 단순히 자기와 관계할 뿐, 다른 성질에는 관여하지 않는다. 다만 이런 성질도 있고 저런 성질이 있다는 '또 역시'라는 방식으로 서로 관련돼 있을 뿐이니, 이 '또 역시'야말로 순수하고 보편적인 매체로서 많은 성질을 총괄하는 물성을 나타내 준다.

지금까지 이야기한 이 관계 속에서는 겨우 긍정적인 보편이란 성격이 관찰되고 또 전개된 데 지나지 않는다. 거기에는 또 다른 면도 드러나 있으므로 이제 이것도 아울러 고찰해 보자. 많은 특수한 성질이 아예 서로 무관하게 존재하면서 오직 자기 자신과의 관계만을 지닌다면 여기에 성질로서의 특수성이 나타날 리는 없다. 성질의 특수성이란 서로가 다른 것과 구별되고 대립하는 것으로서 다른 성질과 관계하는 한에서만 나타나기 때문이다. 그러나 이렇게 서로 대립되는 성질은 단일한 통일된 매체 속에 포괄될 수는 없으므로 여기에는 통일작용만이 아닌 본질적인 부정작용이 발생한다. 그 성질들이 서로 무관심하지 않고 배타적으로 다른 한쪽은 부정하는 성격을 지닌 이상, 이들의 구별은 이 단일한 매체의 바깥으로 나오게 된다. 말하자면 매체라는 것은 서로 무관한 성질을 '또 역시'라는 형태로 포괄하는 통일체이기만 한 것이 아니라 1이기도 하고, 배타적인 통일체이기도 한 것이다. 1은 단순히 자기와 관계하고 타자를 배척함으로써 물성을 하나의 사물로 규정하는 부정적인 요소다. 성질의 특성은 부정작용을 통하여 보편적인 것이 되는 직접적인 존재가 부정적인 규정을 해줌으로써만 제 몫을 다하는 것이다. 그러나 1로서는 부정은 곧 대립물과의 통일에서 벗어난 완벽한 독자존재이다.

이러한 요소들이 하나로 묶였을 때 사물은 지각의 진리로서 완성되는데, 이는 이 사물을 여기서 전개할 필요성이 있는 한에서 그렇다. 사물은 (α)무심한 수동적인 보편성이며 많은 성질 또는 많은 소재의 '또 역시'이고, (β) 부정이기도 하면서 단일성이기도 하니 다시 말해 1이기도 하면서 대립하는 성질을 배제하는 것이기도 하고, (γ)많은 성질 그 자체이자 처음 두 요소들의 관계이며 부정인 것이다. 이것은 무심한 장(場)과 관계하여 거기서 수많은 구별된 성질로서 퍼져 나간다. 바꿔 말하면 개별적인 점이 자기를 존립하게 하는 매체 속에서 퍼져 나가 다양성을 이루는 것이다. 이 구별된 성질들은 무심한 매체에 귀속된다는 점에서 그 자체로는 보편적이며 자기 자신하고만 관계하고 서로 영향을 주고받지는 않는다. 그러나 한편으로 이들이 상호부정적인 관계 아래 통일되어 있는 한은 동시에 배타적이기도 하므로 결국 여기에는 '또 역시'와는 동떨어져 있는 성질들 사이에서 대립적인 관계가 나타나게 된다. 감각적인 것을 보편적으로 파악하거나 또는 존재와 부정적인 것을 직접적으로 곧바로 통일해 놓고 볼 때라야 비로소 사물의 성질이 나타난다고 하겠다. 하지만 여기서는 바로 1로서의 사물의 성질과 일반 사물에 공통된 성질이라는 면이 구별되어 나타나 있으니, 이 양면을 모두 포괄한 것이 다름 아닌 성질이다. 이러한 성질이 순수한 본질적 요소와 관계될 때 비로소 '사물'은 완성되어 그 전모가 드러나는 것이다.

지각되는 사물이 이상과 같은 성질을 지닌다면 바로 그러한 사물을 대상으로 하는 의식이 '지각하는 의식'으로 규정된다. 의식은 대상을 단지 받아들이기만 해서 순수하게 파악해야 한다. 그렇게 할 때 의식에 등장하는 것이 진리이다. 의식이 대상을 그렇게 받아들일 적에 뭔가 괜한 짓을 한다면 뭔가가 덧붙여지거나 제거됨으로써 진리에 변화가 생기게 마련이다. 대상은 자기동일성을 유지하는 보편적인 진리인 한편 의식은 가변적이고 비본질적인 것이다. 그러므로 의식이 대상을 잘못 파악하여 착각에 빠진다는 것은 충분히 있음직한 일이다. 그리하여 지각하는 쪽은 자기가 착각할 수도 있다는 것을 의식한다. 왜냐하면 일반적으로 사물을 파악하는 지각의 원리에 따르면 직접적인 존재와는 별개의 존재도 '무의미한 것' '부정된 것'으로서나마 마찬가지로 의식의 눈앞에 나타나 있기 때문이다. 따라서 의식이 진리를 판단할 때 기준이 되는 것은 자기동일성이며 의식은 그의 자기동일성을 파악하는 데 주력하게 된다. 그런데 이때 의식에게는 자기동일성에 배치되는 것이 나타나며 거기서 파악되는 갖가지 요소 사이의 관계가 문제되는데, 이를 비교하는 가운데 동일하지 않은 것이 생겨난다면 이 불일치의 원인은 대상이 그릇됐기 때문이 아니다. 대상은 자기동일체이므로 불일치를 낳을 수 없으니, 오히려 그와 맞서 있는 지각하는 의식이 잘못된 것이다.

이제 현실적인 지각작용에서 의식이 어떤 경험을 해 나가는지를 보자. 물론 우리 방관자가 보기에는 바로 앞에서 논의된 대상과 그 대상을 대하는 의식 행태의 전개 속에 이미 그 경험이 깃들어 있으므로 다만 거기 존재하는 모순의 전개양상만 살펴보면 될 것이다. 내가 지각적으로 받아들이는 대상은 순수히 1로 제시된다. 그러나 또 대상에게서는 개별성을 능가하는 보편적인 성질도 지각된다. 이렇게 되면 최초에 1이라는 대상은 진실한 대상은 아니었던 것이 된다. 하지만 대상은 어디까지나 참다운 것이므로 결국 내 안에서 참답지 않은 것이 생겨난 셈이며, 중요한 점은 내가 파악하는 방식이 잘못되어 있었다는 얘기가 된다. 성질의 보편성을 염두에 둔다면 대상의 본질은 오히려 타자와의 공통성으로 파악되어야만 한다. 그런데 더 나아가서 나는 성질을 다른 성질과 대립시켜 타자를 배제하는 특정한 성질로서 지각하게 된다. 이렇게 되면 내가 대상적 본질을 타자와의 공통성 속에서 구하고 연속성으로서 규정한다는 것은 사실 대상의 본질을 올바르게 포착하는 것은 아니며, 오히려 특정한 성질이 규정되어 있는 만큼 타자와의 연속성을 단절하여 배타적인 하나의 사물로서 대상을 정립할 수밖에 없다. 홀로 분리되어 있는 하나의 것에서 나는 서로에게 영향을 끼치는 일 없이 무심하게 존재하는 많은 성질을 발견한다. 그러므로 나는 대상을 배타적인 것으로 파악할 때 올바른 지각활동을 하지 않았던 셈이다. 대상은 전에는 연속된 보편적인 것이었으나 이제는 보편적인 공통의 매체가 되었다. 그리하여 거기에 감각적인 보편성으로 존재하는 많은 성질은 그 하나하나가 또 배타적인 특질을 지니고 있다. 그런가 하면 내가 지각하는 단순한 진리는 역시 보편적인 매체가 아니라 자기만의 개별적인 성질 그 자체라고도 할 수 있지만, 그러면서도 또 특정한 존재에 속하는 성질이 아니라고도 할 수 있다. 왜냐하면 그것은 하나의 사물에 한정된 것도, 타자와 관계하는 것도 아니기 때문이다. 성질이 성질로서 존재하려면 하나의 사물 그 자체로 있으면서 타자와의 관계 속에 있어야 한다. 성질이 순수한 자기 자신과의 관계에만 매몰되어 있을 때에는 더 이상 부정의 성격이 존재하지 않으므로 그것은 감각적 존재에 그치고 만다. 이러한 감각적 존재를 대하는 의식은 단지 뭔가를 사념하는 데 지나지 않는 감각적 의식으로서 이미 지각의 영역을 완전히 벗어나 감각의 차원으로 되돌아간 의식이다. 그러나 감각적인 존재나 사념은 지각으로 이행하게 마련이다. 그리하여 다시 출발점으로 내던져지는 나는 다시 한 번 모든 요소에서 자기를 폐기하고 전체로서의 자기를 폐기하는 동일한 순환과정에 휘말려 들어간다.

이렇게 해서 의식은 똑같은 과정을 다시 한 번 통과할 수밖에 없지만 그렇다고 첫 번째와 똑같은 방식으로 통과하진 않는다. 의식은 지각작용을 통해서 지각의 참다운 결과가 지각의 해체를 초래하면서 진리의 밖으로 벗어나 자기에게 되돌아온다는 것을 경험한 것이다. 다시 말하면 지각이란 단순히 있는 그대로의 것을 받아들이는 데 그치는 것이 아니라 스스로 뭔가를 받아들이면서도 동시에 진리를 벗어나 자기에게 되돌아오는 운동이라는 '지각의 본질적인 성질'을 의식이 확실히 깨우친 것이다. 뭔가를 순수히 있는 그대로 파악하는 작용 속에 자기에게 되돌아오는 의식의 자기운동이 지각의 본질적인 모습으로 직접 끼어들게 될 때, 진리에 어떤 변화가 생긴다. 의식은 이 변화된 측면을 자기에게서 생겨난 것으로 몸소 받아들이고 대상은 어디까지나 순전히 참다운 것으로서 보존하려고 한다. 결국 여기서는 감각적 확신의 경우에서처럼 다음과 같은 측면이 현존하게 된다. 즉 의식이 자기에게로 떠밀려 돌아가긴 하지만, 그렇다고 감각적 확신의 경우처럼 의식 속에 지각의 진리가 생겨나는 것은 아니다. 그보다는 오히려 의식은 거기에 생겨난 비진리가 실은 의식 속에서 생겨났음을 인식한다. 그러나 이런 인식 덕분에 의식은 그 비진리를 폐기할 수 있게 된다. 의식은 이제 진리의 파악과 비진리의 지각을 서로 구별하여 비진리를 고쳐 바로잡는다. 그리고 이렇게 스스로 그 수정작업을 떠맡는 가운데 지각의 진리를 자기 것으로 간직한다. 따라서 이제부터 고찰할 의식의 행태는 더 이상 뭔가를 그저 지각하는 데 그치는 의식이 아니라 자기에게의 복귀를 의식하며 이 자기복귀와 단순한 파악을 서로 분리하는 그런 모습이 되겠다.

나는 첫째로 사물을 단일물로 받아들이며 그것이 사물의 올바른 규정이라고 굳게 믿는다. 만약 지각의 운동 속에 이와 모순되는 것이 나타나면 이는 내 생각에서 비롯된 것으로 간주된다. 지각 속에서는 사물의 성질로 추정되는 갖가지 성질이 나타난다. 그러나 사물은 하나인데 거기에 갖가지 상이한 면이 나타난다면 사물이 하나라고는 할 수 없게 되므로 이런 상이한 면은 우리에게서 생겨난 것으로 의식된다. 이리하여 실제로 사물이 흰색을 띠는 것은 우리 눈에 그렇게 보였기 때문이고, 짠맛이 나는 것도 우리 혀에 그렇게 와 닿았기 때문이며, 정육면체인 것도 우리 손에 그렇게 만져지기 때문이다. 이런 갖가지 측면은 모두가 사물에서 비롯된 것이 아니라 우리에게서 비롯된 것이고, 그 모두가 저마다 우리의 눈이나 혀나 손에 귀속되어 따로따로 나타난다. 이때 우리 자신이야말로 그러한 요소를 각기 별도로 존재하게 하는 매체인 것이다. 보편적인 매체라는 이 소임을 우리의 의식이 떠맡는다고 할 때 사물은 1이라는 자기동일성과 진리를 유지할 수 있다.

그런데 의식이 스스로 떠맡은 이 다양한 측면들은 보편적인 매체 속에 저마다 홀로 존재하고 그 모두가 규정이 된 특정한 성질이다. 이를테면 흰색은 검은색과 대립되는 한에서 흰색으로 존재한다는 식으로, 오직 타자와의 대립 속에서만 사물은 하나의 것일 수 있는 것이다. 그러나 하나의 것이라고 하면 일반적으로 자기에게 관계한다는 뜻이며 사물은 하나이기에 오히려 모든 것과 동등해지므로, 사물은 하나가 됨으로써 타자를 배제하는 것이 아니라 저마다 규정된 특정한 성질을 지님으로써 타자를 배제한다고 해야만 하겠다. 모든 사물은 저마다 그 자체로 완벽히 특정하게 규정된다. 사물은 성질을 지님으로써 타자로부터 구별된다. 그런데 성질이 사물 그 자체의 성질 또는 사물 내부에 있는 규정적 성질이라고 한다면 사물은 복수의 성질을 지니는 것이 된다. 내용을 요약해 보자면 첫째, 사물은 참다운 것이며 고유한 그 자체로 존재한다. 따라서 사물 내부에 있는 것은 타자를 위한 어떤 수단으로서가 아니라 사물 자체의 본질을 이루는 것으로서 존재한다. 그리하여 둘째로 특정한 성질은 다른 사물 탓으로, 또 다른 사물을 위해서만 있는 것이 아니라 사물 자체의 본질을 이루는 것으로서 존재한다. 그런데 다수의 성질이 있어서 서로 구별되고 있기에 그 성질들은 사물 내부에 특정하게 존재하는 것이다. 그리하여 셋째로, 그렇게 복수의 성질이 물성 속에 있는 이상 성질은 모두가 자체로서 완벽히 독자적인 존재로서 서로 무관하게 존재한다. 따라서 사실은 사물 그 자체가 희기도 하고 정육면체이기도 하며 또 짠맛도 나는 것이다. 그리고 많은 성질이 서로를 접하거나 없애 버리지도 않은 채 서로가 뿔뿔이 흩어져서 존재하기 위한 '또 역시'라는 보편적 매체라는 것이 사물의 진실한 모습이다.

그런데 이와 같이 지각할 때 의식은 동시에 자기도 또 역시 자기에게 되돌아가 지각작용 속에 '또 역시'와 대립되는 요소가 나타나는 것을 스스로 깨닫는다. 이 요소란 구별을 배제하는 사물의 자기통일이다. 여기서 사물은 서로 다른 독립된 다수의 성질로 존재하고 있으므로 이 통일은 의식이 스스로 떠맡을 수밖에 없다. 따라서 사물에 대해서는 흰색이면서 정육면체이기도 하고 또 짠맛도 난다고 하겠지만, 그러면서도 사물은 흰색인 한 정육면체는 아니며, 흰색이고 또 정육면체인 한에서는 짠맛은 아니다. 이러한 사물의 갖가지 성질을 하나로 합치는 일은 오직 의식이 감당할 수밖에 없으니, 의식은 그것들이 사물 자체에서 하나로 모아진다고 해서는 안 된다. 의식은 그런 목적을 이루기 위해서 '한에서'란 것을 끌어들여 성질들을 흩어 놓고는 사물을 '또 역시'라는 공존의 매체로 유지하게 된다. 의식이 온갖 성질을 자유로운 소재로 간주할 때 비로소 사물이 하나란 것의 참다운 의미가 의식에 받아들여진다. 이렇게 해서 사물은 소재의 집합이 되어 단일물이라기보다는 단지 내용물을 싸고 있는 포대기와 같은 것으로 그칠 때에 참된 '또 역시'란 성질을 띠는 것이다.

그런데 의식이 이전에 스스로 떠맡았던 것과 지금 떠맡는 것, 그리고 이전에 사물의 본질로 간주했지만 지금은 자신의 본질로 간주하는 것을 되돌아보면 우리는 의식과 사물 양쪽이 모두 두 가지로 나뉘었음을 알 수 있다. 즉 단 하나뿐인 순수한 단일성과, 뿔뿔이 흩어져 있는 소재로 해체되어 가는 '또 역시'가 있는 것이다. 이러한 비교를 통하여 의식은 진리를 포착하려는 활동이 다양성의 파악과 자기로의 복귀라는 양면성을 띨 뿐 아니라 진리 그 자체라는 사물이 또한 이중의 양식으로 나타난다는 것을 깨닫는다. 말하자면 사물을 파악하는 의식에 대하여 사물은 일정한 방식으로 나타나지만 그와 동시에 그 방식에서 벗어나 자기에게 되돌아옴으로써 자기와 대립되는 진리를 장악한다는 것이다.

이리하여 의식은 사물을 참다운 자기동일체로 간주하면서도 스스로가 이 동일성을 탈피하여 자기에게 되돌아가는 비동일로 받아들인다는 두 번째 태도, 곧 지각할 때의 태도마저도 탈피한다. 그 결과 의식이 보기에 대상은 이제껏 대상과 의식 양쪽으로 할당되어 있던 이 운동 전체가 되기에 이른다. 사물은 단일체로서 자기에게 복귀하는 대자존재다. 그러나 또한 사물은 대타존재이기도 한데, 더욱이 대자존재로서의 사물과 대타존재로서의 사물은 서로 다른 존재다. 이리하여 사물은 자립적이면서 또 역시 타자에 대해서도 존재하는 이중의 존재양식을 띠지만, 그러면서 또 역시 단일체이기도 하다. 그런데 단일체라고 한다면 이는 서로 다른 이중의 양식과는 모순된다. 여기서 다시금 의식은 단일화하는 작업을 스스로 떠맡으며 이를 사물로부터 분리시켜야 할지도 모른다. 즉 사물이 자기만의 존재로 있는 한 타자에 대해 존재하지 않는다고 해야 할지도 모른다. 그러나 의식의 경험에서 밝혀진 대로 단일체라는 것은 사물 자체에 귀속된다. 사물은 본질적으로 자기에게 되돌아가는 존재다. 그러므로 '또 역시'나 무심한 구별은 단일체로서의 존재양식과 마찬가지로 사물에 귀속되지만, 그러면서도 이 두 측면은 별개의 것이므로 동일한 사물에 귀속되는 것이 아니라 서로 다른 사물에 귀속된다. 본디 대상이 되는 것에 안겨져 있는 모순이 두 개의 대상에 분담되는 것이다. 여기서 마침내 사물은 그 자체로 완벽한 존재로서 자기동일성을 갖추게 되는데, 이러한 자기동일성을 혼란스럽게 하는 것은 다른 사물일 뿐이다. 이렇게 해서 사물의 통일이 유지되는 동시에, 통일을 벗어나 있는 것은 사물과 의식 모두에서 배제되어 유지된다.

대상적인 것이 안고 있는 모순은 이제 서로 다른 사물에 분담되었다. 그런데 바로 그 때문에 분리된 개개의 사물에는 차이가 생기게 된다. 이때 서로 다른 사물은 저마다 독자적으로 존재하는 것이 되고, 따라서 대립(모순)은 사물이 저마다 자기와 상이한 것이 아니라 타자와 상이한 것이라는 형태로 사물들 사이에서 생겨난다. 그러나 이렇게 되면 각 사물은 타자와의 본질적인 차이를 자기 자신이 지니고 있는 셈이 되지만, 동시에 사물 자체에 대립이 깃들어 있는 것은 아니다. 오히려 사물은 어디까지나 타자와는 구별되는 규정된 단일체로서의 본질적인 성격을 지닐 뿐이다. 물론 실제로는 사물에 갖가지 상이한 성질이 안겨져 있는 까닭에 이렇듯 고유한 성질이 현실적인 성질상의 다양한 차이로서 사물에서 나타날 수밖에 없다. 하지만 여기서는 규정된 성질이 사물의 본질을 이루고 있으며 그 때문에 사물은 타자와 상이한 것으로서 자립하고 있으니, 그 밖의 갖가지 성질은 본질적인 의미를 지니지 못한다. 그러므로 사물의 통일 속에는 '~하는 한에서'라는 이중의 구조가 존재하는데 그 둘의 가치는 서로 다르기 때문에 이 대립은 사물 그 자체의 현실적인 대립으로까지 번지지는 않는다. 아무리 그 자신의 절대적인 차이를 통하여 사물의 대립이 조성된다 하더라도 이 대립은 자기 바깥에 놓여 있는 또 다른 사물과의 대립에 지나지 않는다. 그 밖에도 성질상의 다양한 차이가 필연적으로 사물에 존재하기는 하지만, 이러한 차이는 그 사물의 본질적인 것이 아니다.

사물을 다른 모든 것으로부터 구별하여 따로 규정되게 하는 본질적인 성격이란, 하나의 사물이 다른 사물과 대립하는 가운데 오히려 스스로의 독자성이 유지되는 성격이다. 그러나 사물이 독자적인 단일체일 수 있는 것은 오직 그것이 타자와 관계하지 않는 한에서이다. 왜냐하면 타자와 관계한다면 그것은 바로 그 타자와 연계되고 그로 인해서 존재의 자립성이 소멸되기 때문이다. 절대적 성격에 의해 타자와 대립하는 사물은 바로 타자와 관계하면서 이 관계에 본질적으로 몸담을 수밖에 없다. 그러나 이 관계는 자립성을 부정하는 것이므로, 사물은 이러한 그의 본질적인 성질로 말미암아 파멸하기에 이르는 것이다.

사물이 그의 본질과 독자성을 형성하는 그 자신의 성질로 인하여 파멸한다는 것을 의식은 필연적으로 경험하게 되는데, 이는 사물의 단일한 개념으로 볼 때 다음과 같이 간단히 생각할 수 있다. 사물은 독자적으로 존재하면서 모든 타자와의 관계를 전부 다 부정하고 오직 자기하고만 관계하는 절대적 부정을 행한다. 그러나 자기와 관계하는 이 부정작용이 자기 자신을 지양하는 것과 같은, 다시 말하면 타자 속에서 자신의 본질적인 존재를 인정하는 결과를 낳는다.

실제로 지금까지 행한다. 그러나 대상에 대한 규정은 바로 이것을 나타낼 뿐이다. 대상은 자기를 단일한 독자적 존재로 만들어 주는 본질적인 성질을 지니지만, 또 그러면서 동시에 필연적이긴 하되 본질적이라고는 할 수 없는 갖가지 상이한 성질을 지니는 것으로 파악되어 왔다. 그러나 이런 구별은 단지 표현상의 문제일 뿐이다. 사실상 필연적이면서도 비본질적이라는 것은 스스로를 지양하게 되니, 이것이 방금 전에 자기 자신의 부정으로 일컬어졌던 것이다.

이로써 마침내 즉자존재와 대타존재를 분리하는 '～하는 한에서'라는 마지막 보루가 무너진다. 대상은 오히려 하나의 동일한 관점에서 자기 자신과 반대되는 것이 된다. 사물은 타자에 대해 존재하는 한에서 독자적으로 존재하고 독자적으로 존재하는 한에서 타자에 대해 존재하는 것이다. 대상은 독자적으로 존재하면서 자기에게 되돌아오는 단일체다. 하지만 이렇듯 독자적이고 자기에게 되돌아오는 단일체라는 것은 그와 대립하는 타자에 대한 존재와 통일되어 있으니, 결국 대상은 스스로 지양된 것일 수밖에 없다. 타자와의 관계만이 비본질적이라고 하던 차에 이제는 즉자존재도 마찬가지로 비본질적이 된 것이다.

이렇게 해서 대상은 그 본질이라는 순수한 여러 성질이 폐기되어 버린다. 이는 대상이 감각적 존재에 있어서 폐기된 것과 마찬가지다. 이제 대상은 감각적인 존재에서 벗어나 보편적인 존재가 된다. 그러나 이 보편적 존재는 어디까지나 감각적 존재에서 비롯된 것이고 본질적으로 감각적인 것에 제약되어 있다. 그러므로 이것은 결코 참다운 자기동일적 존재는 아니며 대립에 얽혀 있는 보편적 존재다. 그리하여 성격의 단일성과 자유로운 소재의 '또 역시'라는 '개별'과 '보편'의 양극으로 분열되는 것이다. 사물의 순수한 성질은 사물의 본질 그 자체로 보이지만 실로 그 본질은 타자에 대한 존재가 따라붙는 자립성에 있다. 그러나 이 양자는 본질적으로 하나의 통일 속에 존재하므로 지금 여기 이르러서 무제약적인 절대적 보편성이 현존하는 셈이다. 그리고 이제 의식은 비로소 참다운 오성의 영역으로 발을 들이게 된다.

물론 감각적 확신의 변증법적 운동 속에서 감각적 개별성은 소멸되고 보편성이 고개를 들지만 이는 감각적 보편성에 지나지 않는다. 그러나 아무튼 감각적인 사념은 사라지고 이제는 지각이 자체적으로 존재하는 대상을 보편적인 것 일반으로 받아들이는 단계에 와 있으므로, 지각에서는 개별성도 참다운 개별성으로서 1로서의 즉자존재 또는 자기에게 복귀한 존재로 나타난다. 하지만 이 즉자존재는 제약되어 있는 대자존재로서, 여기에는 개별성과 대립하고 바로 이 개별성의 제약을 받는 보편성이 또 다른 대자존재로서 나란히 함께 존재하고 있다. 그러나 개별과 보편이라는 이 모순되는 양극은 단지 나란히 함께 존재하고 있는 것만이 아니라 하나로 통일되어 있기도 하다. 다시 말하면 양자에 공통되는 즉자존재는 대립에 얽매여 존재하기 때문에 즉자존재이면서 동시에 즉자존재가 아니기도 하다. 물론 지각하는 의식은 이런 모순으로부터 두 요소를 구출해 내기 위하여 궤변을 늘어놓는다. 의식은 관점을 구별해서 '또 역시'라거나 '~하는 한에서'라는 상반된 관점을 앞세워 중재하려고도 하고, 비본질적인 것과 본질적인 것과의 차이를 드러내는 데서 진리를 포착하려고도 한다. 그러나 이런 궁여지책은 지각과정에서의 착각을 없애 주기는커녕 오히려 그게 얼마나 헛된 것인지 드러내 보일 뿐이다. 지각의 이러한 논리에 따라 얻어지리라던 진리는 바로 그 관점에서 볼 때 비진리임이 입증되고, 끝내 구별도 한정도 없는 보편성을 그 본질로 삼고 있음이 밝혀진다.

개별성과 이에 대립하는 보편성, 더 나아가 비본질적인 것과 결부되어 있는 본질 및 필연적이고도 비본질적인 것 등등, 이렇듯 공허한 추상이야말로 이른바 상식이라고도 불리는 지각적인 오성의 힘의 유희이다. 충실하고 실재적인 상식으로 간주되는 이 오성은 지각할 때에는 결국 추상에 휘말린 유희거리에 지나지 않는다. 더욱이 이 오성은 자기가 가장 풍부한 내용을 다룬다고 착각할 때 실은 가장 빈약한 법이다. 상식은 공허한 관념에 휘둘려서 이쪽저쪽으로 끌려다니다가는 어느 한쪽 품속으로 기어 들어가나 싶으면 이번엔 또 정반대되는 쪽으로 기어 들어가서, 궤변을 늘어놓으며 그때그때 상반되는 주장을 되풀이하여 내용을 바꾸어 나간다. 결국 그것은 진리에 등을 돌리고, 철학이란 사유된 관념적인 것만을 다루는 것이라고 멋대로 생각하여 저 자신을 위안한다. 분명히 철학은 사유된 것을 다루면서 이를 순수한 본질이며 절대의 요소 또는 힘으로 인식하지만, 동시에 그 한계도 인식하는 가운데 사유된 것을 통제한다. 이에 반하여 지각에 의존하는 오성은 사유된 것이면 다 진리라고 여기는 까닭에 이쪽 오류에서 저쪽 오류로 오가기만 할 뿐이다. 이런 오성은 자기 내부를 지배하는 것이 한낱 단순한 본질 차원에 속하는 것임을 의식하지 못한 채 도리어 자신이 언제나 매우 충실한 소재나 내용을 다룬다고 짐작하고 있다. 또한 감각적 확신은 순수한 존재를 헛되이 추상하는 것이 실은 자기 본질임을 알지 못한다. 그러나 실제로 지각하는 오성이 온갖 소재와 내용을 두루 거치면서 이리저리 돌아다니는 장(場)이 바로 그런 본질이며, 이것이야말로 그러한 소재나 내용을 총괄하고 지배한다. 오직 이것만이 감각적인 것이 의식에 제공할 수 있는 본질적인 모습으로, 이 본질과 의식과의 관계를 결정하고 지각과 그 진리를 운동하게 하는 장이 되는 것이다. 결국 무언가를 진리로 규정하고는 곧 다시 그 규정을 폐기하는 끊임없는 이 운동이야말로 본디 지각에서 진리를 얻을 수 있으리라 여기는 의식이 날이면 날마다 변함없이 우왕좌왕하면서 보여 주는 활동이다. 의식은 이 운동 과정에서 온갖 본질적인 관념이나 규정을 그때마다 폐기하는 결과를 향해 끊임없이 나아가면서 의식이 마주치는 개개의 요소 가운데 오직 하나의 특정한 관념만을 진리로 받아들이는데, 그 다음에는 또 곧바로 그와 대립되는 특정 관념을 진리로 받아들인다. 물론 의식은 그것이 진리가 아니라는 것을 감지하고 있다. 그래서 진리 상실이라는 위험을 피하기 위하여 바로 직전에 진리가 아니라고 주장했던 것을 이번엔 또 진리라고 주장하는 궤변을 쉽게 늘어놓는다. 진리가 아닌 것의 본성이 오성에게 강요하는 작업은 예의 보편적인 성질과 개별물, '또 역시'와 '하나의 것', 비본질과 필연적으로 결부되어 있는 본질과 필연적인 비본질이라는 관념을 통합하고 또 그로써 그 관념을 극복하는 일이다. 그러나 상식은 '~하는 한에서'라는 생각이나 여러 가지 관점상의 차이를 고집하면서 이에 반항하여 한쪽의 관념은 스스로 떠안고 다른 한쪽의 관념은 그로부터 분리하여 진리로서 유지하려고 든다. 하지만 그 추상 관념들은 본성상 그 자체로 통합될 수밖에 없으니, 결국 상식이란 그러한 추상관념의 소용돌이 속에서 허덕이는 먹이에 지나지 않는다. 상식은 비진리를 몸소 떠안거나 신뢰할 수 없는 것의 허상에 속아서 착각을 일으키는 것이라고 둘러댐으로써 필연적이지만 본질적이라고는 할 수 없는 것과 본질적인 것을 분리한다. 그리하여 어떻게든 관념적인 진리를 얻어 내려고 애쓰지만, 그렇게 얻는 것은 진리가 아닌 비진리에 지나지 않는다.

Ⅲ 힘과 오성, '현상'과 '초감각적 세계'

감각적 확신의 변증법에서 듣느니 보느니 하는 것이 의식에게는 다 덧없는 것이 되었는데, 그 다음 의식이 지각의 경험을 거쳐 나가는 와중에 무조건적 보편자 속에서 비로소 통합된 갖가지 사상이 출현하기에 이르렀다. 이 무조건적 보편자는 정지해 있는 단순한 본질로 간주될 경우 한쪽 극에 자리잡은 채 출현할 수밖에 없고 이것과 반대쪽 극을 이루는 비본질체가 대립하게 된다. 그러나 이처럼 비본질과 관계하는 본질이란 그 자체가 비본질적이어서 의식은 지각이 일으키는 착각을 벗어날 길이 없다. 그런데 무조건적인 것은 방금 말한 제약된 독자성을 탈피하여 자기에게 되돌아온 것으로서 생겨난 것이다. 이제 의식의 참다운 대상이 될 이 무조건적 보편자는 아직은 그저 의식의 대상일 뿐이며, 의식은 그의 참된 모습을 개념 그 자체로 파악하는 데까지는 이르지 못하고 있다. 의식과 대상은 본질적으로 구별되는데, 의식이 파악하는 대상은 타자와의 관계를 벗어나 자기에게 되돌아와 있으므로 자체적으로는 이미 개념의 단계에 들어서 있다고 하겠다. 그러나 의식은 아직 그 자체로 개념이 되어 있지 않으므로, 자기에게 되돌아와 있는 이 대상을 앞에 놓고도 거기서 자기를 인지하지 못한다. 방관자인 우리에게는 의식의 운동에 힘입어 이런 대상이 생겨났는데, 이때 대상의 생성에는 의식이 끼여 있고 자기에 대한 반성은 의식과 대상 양측에 동일한 운동에 지나지 않는다는 것이 분명히 드러나 보인다. 그러나 이 운동 속에서 의식은 다만 대상적인 본질만을 내용으로 삼을 뿐 의식 그 자신을 대상의 내용으로 삼고 있지 않으므로, 의식에 나타나는 결과는 대상적인 의미 속에 있을 터인데 의식은 거기 생성된 것으로부터 아직 물러서 있다. 그러므로 의식에서 본질이 되는 것은 어디까지나 대상적인 것으로서 거기 생성된 것이다.

이로써 오성은 물론 자기의 비진리와 대상의 비진리를 극복하고 있는데 이때 오성에 생겨난 것은 그 자체로 있는 진리의 개념이다. 이것은 아직 의식의 독자적 진리를 뜻하는 개념의 경지에는 다다르지 않았다. 오성은 아직 이 진리 속에서 자신을 깨닫지 못했으므로 그 진리를 그냥 내버려 둔다. 진리가 스스로 제 본질을 추구하고 있는 듯이 보이므로 의식은 그 진리의 자유로운 실현에 아무런 관여도 하지 않고 다만 이를 바라보면서 그대로 파악할 뿐이다. 그러므로 방관자인 우리가 애초에는 의식의 위치이기도 하므로 결과 속에 포함되는 것을 개념으로 전개하여 완성해 내보여야 하는 셈이다. 의식에 대해 존재하는 것으로서 나타나는 이 대상이 완성됐을 때 의식은 비로소 개념의 단계에 올라선다.

지각의 결과로 나타났던 무조건적 보편자는 일단은 의식이 자기의 일면적인 개념을 부정하고 사상(捨象)하고 폐기한 데서 생겨난 부정적이며 추상적인 의미를 지닐 뿐이다. 그러나 이렇게 생겨난 결과는 또한 즉자존재와 대타존재가 그 속에서 통일되면서 절대적 대립이 그대로 동일한 본질로 정립된다는 점에서 그 자체로는 긍정적인 의미를 지닌다. 언뜻 보기에 이런 결과는 대립적인 요소 사이의 형식에만 관련되는 듯이 보이기도 한다. 그러나 즉자존재나 대타존재는 내용 그 자체다. 왜냐하면 사실 이 대립은 지각에서 참이라고 여겨졌던 내용이 실은 형식적인 데 지나지 않고 형식의 통일 속에서 해소되어 가는 데에 그 참된 의미가 담겨 있기 때문이다. 이 내용은 동시에 보편적인 것이기도 하므로 그것을 제외한 내용은 없으며, 그 자체의 특수한 성질로 인하여 무조건적인 보편성으로 되돌아갈 수 없는 것은 내용이라고 할 수가 없다. 만약 그런 내용이라면 독자적이기도 하고 대타적이기도 한 특별한 방식으로 존재할 수 있을지도 모른다. 그런데 이와 같이 독자적이면서 대타적이기도 한 것은 보편적으로 내용의 본성이나 본질을 이루는 것이며, 여기에서 무조건적 보편자야말로 진리라고 하는 결과가 생겨난다. 이 결과는 내용과 형식 모두에 걸친 보편자로서 나타난다.

그러나 무조건적 보편자는 의식의 대상으로 나타나므로 거기에는 형식과 내용의 차이도 드러나게 된다. 내용면에서 보면 대립되는 두 요소는 처음 나타났을 때처럼 한쪽은 존립하는 많은 소재를 함께 어울리도록 하는 보편적 매체이고 다른 한쪽은 소재의 자립성을 없애 사기에게 되돌아온 단일한 존재다. 전자는 사물로서의 자립성을 상실한 수동적인 대타존재인 데 반하여 후자는 즉자존재다. 그럼 이제 이 두 요소가 그 본질을 이루는 무조건적 보편성 속에서 어떻게 나타나는가를 살펴보자. 먼저 분명한 것은 무조건적 보편성 속에서만 존재할 수 있는 이 두 요소는 더 이상 서로 분리돼 있는 것이 아니라 본질적으로 양자가 스스로를 지양하는 가운데 상대에게로 상호이행하며 존재하고 있을 뿐이라는 점이다. 그리하여 한쪽에 있는 요소는 여러 개의 자립적인 소재를 함께 존재하도록 하는 보편적 매체의 모습을 띤다. 그런데 여러 개의 소재가 자립한다는 것은 이들이 매체 역할을 한다는 것이다. 바꾸어 말하면 이 보편자는 어디까지나 방금 이야기한 자립적으로 구별된 보편적인 성질이 거기에 함께 존재하는 것을 말한다. 보편적인 것이 그 자체로 여러 개의 성질을 안고 불가분의 통일을 이루고 있다는 것은 또 그런 소재들이 동일한 공간 내에 공존한다는 뜻이다. 이 소재들은 상호침투되어 있다. 그러나 한편으로 저마다 상이한 여러 개의 성질이 자립적으로 존재하는 이상, 이들은 서로 접촉하지 않는다. 이렇게 되면 또 여러 소재들 사이에는 또 다른 소재가 끼어들 수 있는 틈바구니가 생겨나면서 자립적인 소재가 폐기될 위험이 따르게 된다. 그런데 이렇듯 자립적인 소재가 폐기된다는 것, 다시 말하면 저마다 상이한 성질이 순수한 즉자존재로 돌아간다는 것은 바로 사물의 매체성을 나타낸다. 이로 말미암아 저마다 상이한 성질은 저마다 자립적인 존재로서 공존하게 된다. 즉 즉자존재로 정립되어 있는 소재가 그대로 소재들의 통일로 나아가고 이 통일이 다시금 자기전개를 이루며 이렇게 전개된 것이 또다시 하나로 돌아가는데, 이 운동이 '힘'이라고 불리는 것이다. 이때 자립적인 소재가 밖을 향하여 존재를 드러내는 운동이 '힘의 발현'이고, 밖으로의 전개를 멈추고 사라져 자기에게 되돌아오는 운동이 '떠밀려 들어간 힘' 또는 '본디 힘'이다. 그러나 무엇보다 먼저 자기에게 떠밀려 들어간 힘은 발현되어야만 하고, 발현된 힘은 자기 내면에서 힘을 잃어버리는 것이 아니라 내면에 존재하면서 밖으로 발현된다. 힘의 두 요소가 이렇듯 직접적으로 통일되어 있는 마당에 이들 두 요소를 서로 구별된 것으로 받아들이는 개념의 작용은 힘의 개념을 소유하는 오성의 몫이라고 해야만 하겠다. 왜냐하면 이러한 요소는 힘 자체 속에서는 구별되어 있지 않으며, 따라서 구별은 오직 사유 속에 존재할 수밖에 없기 때문이다. 다시 말해 지금까지 설명한 내용에는 아직 힘의 개념만이 제시되고 힘의 실재성은 제시되지 않았다고 할 수 있다. 그러나 사실 힘이라는 것은 무조건적 보편자이므로 그 자체로 존재하면서 타자에 대해서도 존재하고 있다. 그런데 타자에 대한 존재란 곧 구별이므로 힘은 그 자신과 더불어 구별을 갖추고 있는 것이 된다. 그러므로 힘이 참다운 힘이 되기 위해서는 지금 말한 사유의 테두리를 완전히 벗어나 그런 구별의 실체로 정립되어야만 한다. 첫째로 힘의 전체가 본질적으로 즉자대자적인 완전한 영속적 존재로서 정립되고, 그 다음에 힘의 상이한 두 요소가 저마다 실체를 지닌 즉자존재로 정립되어야 한다. 이때 자기에게 떠밀려 들어간 힘 자체는 배타적인 일자(一者)로서 있는데, 이와는 별개로 소재의 전개가 또 다른 본질로서 자리를 잡고 있다. 말하자면 서로 구별된 자립적인 두 측면이 정립돼 있는 것이다. 그러나 힘은 또한 전체를 이루고 있는 것이기도 하므로 이 전체로서의 힘은 그 개념대로 자기를 굳게 지켜 나간다. 여기서 구별된 두 요소는 표면상으로 나타났다가 소멸되어 버리는 순수한 형식이다. 그런데 만약 자기에게 떠밀려 들어간 본디 힘과 자립적 소재의 전개라는 두 요소가 저마다 존립하지 않는다면 이는 없는 것이나 다름없으며, 힘이라는 것도 그처럼 대립하는 상태로 현존하지 않는다면 없는 것이나 다름없어진다. 한데 이렇듯 힘이 대립상태에서 존재한다는 것은 두 요소가 동시에 자립적으로 존재한다는 것을 뜻한다. 이처럼 두 요소가 끊임없이 자립하면서 또한 폐기되어 가는 운동이 이제부터 우리가 고찰해야 할 대상이다. 먼저 일반적으로 볼 때 이 운동이야말로 지각의 운동이다. 지각작용 속에서 지각하는 의식과 지각되는 대상이라는 두 측면은 다 함께 진리 파악을 위한 하나의 양식을 이루면서 서로 불가분의 관계에 있지만, 그러면서도 이 두 측면은 저마다 자기에게 되돌아와서 즉자존재를 이루는 운동으로 나타나는데, 이 양면이 여기서는 힘의 두 요소로 나타나 있는 것이다. 이들 두 요소는 하나로 통일되어 있으면서도 동시에 저마다 독자적으로 존재하는 양극을 연결하는 통일이며, 또 양극으로 끊임없이 갈라져 나가면서 그로 말미암아 비로소 양극의 존재를 가능케 하는 통일이다. 앞서 지각의 경우에는 모순되는 개념의 자기해체로 나타났던 이 운동이 여기서는 이처럼 대상적인 형식을 띤 힘의 운동으로 나타나고, 이로부터 마침내 무조건적 보편자가 비대상적인 사물의 내면으로서 표면화하는 것이다.

지금 규정된 대로 자기에게 되돌아오는 본디 힘이라고 하는 이 힘은 힘의 개념의 일면을 이루는데, 이는 일자로 규정되어 정립된 실체적인 극이다. 그리하여 전개된 소재의 존립은 이 통일에서 배제되어 그와 반대되는 극이 된다. 그런데 힘 그 자체란 이러한 소재의 존립으로서 밖으로 나타날 수밖에 없는 것이므로, 힘의 발현양식은 앞서 말한 반대되는 타자가 힘에게로 다가와서 힘을 유발하는 것으로 상정된다. 그러나 사실 힘은 스스로 발현될 수밖에 없으므로 다른 것으로 정립된 이것도 실은 힘 그 자체에서 생겨난 것이다. 힘이 하나의 1로 정립되고 또 스스로 발현한다는 힘의 본질이 힘의 외부에서 다가오는 또 다른 타자로서 정립된다는 것은 결국 철회될 수밖에 없다. 힘은 오히려 소재라는 요소를 존립하게 하는 매체로 간주되기에 이른다. 다시 말하면 힘은 스스로를 발현하는 것이며, 힘을 유발하는 힘 이외의 무언가로 간주되던 것도 실은 힘 그 자체다. 이렇게 해서 힘은 전개된 소재의 매체로 존재한다. 그런데 힘은 그 본질상 존립하는 소재를 폐기하여 전체를 하나로 묶는 형식이기도 하다. 이렇게 되면 일자로서의 힘은 다양한 매체로 정립되어 있는 힘에 대해서는 오히려 힘 이외의 것이 되고, 이러한 힘의 본질이 힘의 바깥에 있는 것이 된다. 그러나 이렇듯 아직 힘이 아니라고 여겨지는 일자도 필연적으로 힘의 요소를 이룰 수밖에 없으므로 이 타자가 힘에게로 다가와 힘의 자기복귀를 유발하여 힘이 발현되는 상태를 폐기하게 된다. 하지만 사실 여기서 발현상태를 폐기하고 자기에게로 되돌아가는 것은 힘 그 자체이다. 일자는 나타날 때도 그러했듯이 없어질 때도 힘과는 별개의 존재로서 소멸되지만, 이 타자가 실은 힘 자체이고 자기에게 떠밀려 들어간 힘인 것이다.

힘의 바깥에 있는 타자로서 등장하여 힘의 발현이나 자기복귀를 유발하는 것이란 곧 밝혀지듯이 그것 자체가 힘이다. 왜냐하면 이 타자는 보편적인 매체 또는 일자로서 나타나는데, 그 어떤 형태도 나타났다가 동시에 사라져 가는 힘의 요소에 지나지 않기 때문이다. 이렇게 본다면 힘이 타자와 관계하고 있는 이상, 힘은 아직도 참으로 현실적인 힘이 되어 있지는 않다. 그런데 두 개의 힘은 동시에 현존해 있다는 것이 되는데, 그렇다면 이 양자의 본질은 동일하면서도 통일되지 않은 채 둘로 분열되어 있는 것이다. 이 대립은 본질적으로 순전히 요소로만 그치는 것이 아니라 오히려 완전히 독립된 두 개의 힘으로 분열된 채 통일에서 벗어나 있는 듯이 보인다. 이 자립적인 두 개의 힘이란 어떤 것인지 좀더 자세히 따져 보자. 먼저 제2의 힘은 유발하는 힘으로서, 그것도 그 내용상 일반적인 매체로서 나타나는데, 이는 유발되는 힘이라고 규정된 힘과 대립한다. 그러나 제2의 힘은 본질적으로는 두 요소의 교체작용이며 그 자체가 힘인 까닭에 실제로는 그렇게 되도록 유발될 때에만 비로소 보편적인 매체가 되는 것이다. 또 마찬가지로 힘은 그렇게 유발됨으로써 비로소 힘의 복귀를 유발하는 것이 된다고 할 수 있다. 따라서 이 두 요소 사이에서 한쪽이 유발하는 것이고 다른 한쪽이 유발되는 것이라는 힘의 구별도 내용상의 규정에서와 마찬가지로 서로가 역할을 교체하는 것으로 볼 수 있다.

이렇게 두 힘 사이에 벌어지는 유희는 두 힘이 위와 같이 규정되어 있기 때문에 존재한다. 즉 그것은 규정상 두 개의 힘이 대립하면서 서로 관계하는 가운데 저마다의 역할을 정반대로 교체하는 모습을 나타내며, 이러한 이행작용 속에서 두 힘은 저마다 다른 규정된 성질을 지닌 자립적인 힘으로 등장하게 된다. 이를테면 유발하는 쪽이 보편적 매체이고 유발되는 쪽이 떠밀려 들어간 힘이라고 할 때, 여기서 전자가 유발하는 보편적 매체일 수 있는 이유는 어디까지나 다른 한쪽이 유발되는 것이기 때문이다. 말하자면 후자는 오히려 전자를 유발하여 매체가 되게끔 하는 것이다. 전자는 어디까지나 후자에 의해서 비로소 자기 성질을 띤다. 더 자세히 말하면 유발하는 것이 되도록 상대에 의해 유발됨으로써 비로소 유발하게 된다는 것이다. 그러나 이 때 전자는 유발하는 것이라는 그의 성질을 상실한다. 왜냐하면 이 성질은 상대쪽으로 이행하기 때문이며, 아니 오히려 이미 이행해 버렸기 때문이다. 밖으로부터 다가와서 힘을 유발하는 것은 보편적 매체라는 모습을 띠고 나타나긴 하지만 사실 이것은 힘에 유발됨으로써 비로소 그런 식으로 나타난다. 요컨대 힘이야말로 유발하는 것을 정립하며 또한 이 힘 자체가 본질적으로 보편적인 매체이기도 한 것이다. 결국 힘이 그렇게 유발하는 것을 정립하는 까닭은 바로 이 유발하는 것이 힘의 본질이고, 더 나아가 유발하는 것이 힘 그 자체이기 때문이다.

통찰을 더욱 심화하여 이 운동의 개념을 완전히 이해하려면 두 힘의 구별 그 자체가 이중으로 나타난다는 데 주목할 필요가 있다. 하나는 내용상의 구별로서 자기에게 되돌아오는 힘이라는 극과 소재의 매체라는 극의 구별이고, 다른 하나는 형식상의 구별로서 능동적으로 유발하는 것과 수동적으로 유발되는 것의 구별이다. 내용상의 구별은 방관자인 우리에게만 보일 뿐이지만 형식상의 구별은 양극이 자립적으로 서로 관계하면서 저마다 분리된 상태로 대립해 있다. 이렇게 형식적으로 분리된 양극이 저마다 그 자체로 존재하는 것은 아니고, 서로 구별되는 것을 존립하게 하는 이러한 측면들은 결국 소멸되어 가는 요소에 지나지 않는 바, 여기서는 각자가 반대되는 쪽으로 그대로 이행해 간다는 것이 마침내 힘의 운동을 지각하는 의식에게 분명히 깨우쳐지게 된다. 그러나 방관자인 우리에게는 이미 앞에서 지적했듯이 내용상의 구별이나 형식상의 구별이 자체적으로 모두 다 소멸되어 버렸음에 틀림이 없다. 말하자면 형식면에서는 그 본질로 보아 능동적인 것, 유발하는 것 또는 자립적으로 존재한다고 얘기됐던 것이 내용면에서는 자기에게 떠밀려 들어간 힘에 해당하는가 하면 반대로 형식상 수동적인 것, 유발되는 것 또는 타자에 대해서 존재한다던 것이 내용상으로는 많은 소재를 한데 어우러지게 하는 보편적인 매체인 것으로 드러난 것이다.

여기서 분명해지는 점은 힘의 개념이 두 개의 힘으로 나뉘는 이중작용에 의해서 현실적인 힘이 된다는 것이다. 두 개의 힘은 독자적인 두 개의 힘으로 존재한다. 그러나 이들의 존재는 상호간의 운동으로서 이루어지는 것이며, 여기서 이 두 힘은 오직 타자와의 관계를 통해서만 정립될 뿐이고 존재는 오히려 소멸될 수밖에 없는 것으로서 순수하게 포착된다. 두 개의 힘은 양쪽 극에 확고한 자리를 확보한 채 서로가 접촉하는 중간지점에 외부적인 성질을 밀어넣는 것이 아니다. 두 힘의 참된 모습은 바로 이 두 힘이 한데 어우러지는 중간지점에 있을 뿐이다. 따라서 자기에게 떠밀려 들어간 자립적인 힘도 힘의 발현도, 유발하는 힘도 유발되는 힘도 모두가 오로지 중간지점에 존재하며, 이러한 두 요소는 대립하는 두 개의 자립적인 극으로 분할되어 있는 게 아니다. 오히려 이 두 힘의 본질은 어느 쪽도 다른 쪽이 없이는 존재할 수 없다는 것, 게다가 또 각자가 이렇게 있을 때 바로 타자를 통해 있음으로 하여 결코 참다운 자기는 아니라는 것이다. 따라서 사실상 이 두 개의 힘은 자기 자신을 지탱하고 유지해 주는 독자적인 실체를 전혀 갖추고 있지 않다. 힘의 개념은 오히려 그 현실성 자체에 존재하는 본질로서 유지되는 것이다. 현실적인 힘이란 단적으로 발현된 힘이면서 동시에 이 발현은 힘이 스스로를 폐기하는 행위다. 현실적인 힘이 자기발현에 구애받지 않고 독자적으로 존재한다고 할 때 이것은 곧 자기에게로 떠밀려 들어간 힘인데, 앞에서 보았듯이 실은 이 힘 자체가 발현의 한 요소인 것이다. 이렇게 되면 힘의 진리는 여전히 힘의 관념으로 머무를 뿐이다. 여기서 힘의 현실적 요소, 힘의 실체, 힘의 운동은 지지 기반을 잃고 아무런 구별도 없는 통일상태로 휩쓸려 들어가게 되는데, 이렇게 통일된 힘은 자기에게로 떠밀려 들어간 힘이 아니다. 이유인즉 그것은 힘의 한 요소에 지나지 않기 때문이다. 이 통일된 힘은 바로 관념상 파악된 개념으로서의 힘이다. 그러므로 힘의 실현은 동시에 힘의 실재성의 상실로 이어진다. 여기서 실현된 힘이란 현실적인 힘과는 전혀 다른 보편성을 띠게 되는데, 오성은 임시로 또는 전적으로 이 보편성을 힘의 본질로서 인식한다. 그리고 이 보편성이야말로 마땅히 있어야만 할 힘의 실재성과 현실적인 실체에서 힘이 지니는 본질임을 알게 된다.

힘이 아직 자립성을 띠지 않은 상태에서 우리는 힘이라는 최초의 보편자를 오성의 개념으로 고찰해 왔는데, 이제 여기에 나타나는 두 번째 보편자는 즉 자대자적인 완전한 힘의 본질이다. 또한 거꾸로 우리가 최초의 보편자를 의식 앞에 직접 놓여 있는 현실적인 대상으로 간주한다면 이 두 번째 보편자는 감각적 대상이 된 힘을 부정하는 데서 나타난 것이다. 두 번째 보편자는 본질적으로 오성의 대상으로서만 존재하는 힘이다. 첫 번째 보편자가 자기에게로 떠밀려 들어간 힘 또는 실체로서의 힘이라고 한다면, 두 번째 보편자는 사물의 내면에서 꿈틀거리는 힘, 즉 개념 그 자체와 같은 내면적인 힘이다.

이제 사물의 참다운 본질은 다음과 같이 규정되기에 이르렀다. 즉 사물은 의식에 직접 나타나는 것이 아니며, 의식은 사물의 내면과 간접적으로 관계하면서 오성으로서 작용하며 두 힘의 유희 한복판을 관통하여 겉으로 드러나지 않은 사물의 진정한 배후를 투시해야만 하는 것이다. 오성과 내면이라는 양극을 연결하는 중간지점은 힘이 전개되어 가는 장이지만 이는 오성에서는 소멸되어 버리므로 그것이 곧 현상이라고 불린다. 스스로 소멸해 버려 없는 존재가 되는 존재는 가상(假象)이라 불리는데, 여기서 그것은 가상에 그치지 않고 가상의 전체인 현상을 나타낸다. 이 전체로서의 전체인 보편자는 사물의 내면을 구성하는 두 힘의 유희가 자기에게 되돌아오는 힘의 운동이다. 이 전체 속에서 지각되는 사물의 본질이 의식에 대상화되어 나타난다. 말하자면 그 본질은 한시도 멈추지 않고 있지도 않으며 당장 반대물로 바뀌어가는 운동으로서 존재한다. 즉 일자는 그대로 보편자로, 본질적인 것은 곧바로 비본질적인 것으로 바뀌는 운동 또는 그 역방향으로의 운동이 일어나는 것이다. 따라서 힘의 유희란 부정의 힘의 전개이면서도 그의 참된 모습은 긍정적인 것, 곧 그 자체로서 존재하는 대상인 보편자이다. 대상의 존재는 현상의 운동을 통하여 의식 앞에 나타나는데, 이 현상 속에서 지각의 대상인 감각적 존재는 어디까지나 진리에 부정적인 의미만을 지닌다. 따라서 의식은 이 현상에서 벗어나 자기 내면에 깃든 진리로 되돌아오지만, 그러나 역시 의식은 이 진리를 또 대상의 내면에 있는 것으로 여기는 가운데 사물의 자기복귀와 의식의 자기복귀를 별개의 것으로 구별해서 생각한다. 이에 따라 의식에서는 매개하는 현상의 운동도 아직 하나의 대상적인 운동으로 간주된다. 따라서 사물의 내면은 의식과 반대되는 한쪽 극으로 의식된다. 하지만 그러면서도 이 내면이 의식에게 진리로 여겨지는 이유는, 의식이 이 자체로서의 내면에 깃들어 있으면서 동시에 자기를 확신하는 자립성을 지니기 때문이다. 그러나 이러한 이치를 의식은 아직 깨닫지 못하고 있다. 왜냐하면 내면에 있다는 자립성은 부정적인 운동의 결과인데 의식은 아직도 이 운동을 대상적인 현상의 소멸로서만 받아들일 뿐, 자기 자신의 자립성과는 관계시키지 않기 때문이다. 따라서 사물의 내면은 의식 속에서 개념으로 존재하고 있는데도 의식은 여전히 이러한 개념의 본성을 모르고 있다.

보편과 개별의 대립을 말끔히 벗어난 절대적 보편자가 사물의 내면적 진리로서 오성 앞에 나타날 때 비로소 감각적 현상계를 넘어서는 초감각적인 진리의 세계가 눈앞에 펼쳐지고, 사라져 가는 차안의 세계를 넘어선 영원한 피안의 세계가 시작된다. 이것이야말로 자체의 세계이지만, 갓 드러났을 뿐인 지금 단계에서 그것은 겨우 불완전한 이성의 현상이며 또 진리의 본질을 지닌 순수한 장으로 정립되어 있을 뿐이다.

이제 우리의 대상은 사물의 내면과 오성을 양극으로 삼고 중간지점에 현상을 두는 추리 형식을 띤 것이 된다. 이 추리 운동은 오성이 중간지점을 통과해 내면 그 자체 속에서 발견한 것을 더 나아가 규정하는 운동을 뜻하며, 오성이 중간지점과 내면의 연결관계에 관련해서 겪는 경험을 가리킨다.

의식은 아직 사물의 내면에서 자기 자신을 발견하지 못하고 있으므로 내면은 의식에게 여전히 순수한 피안으로 남아 있다. 이 내면은 현상이 아니라는 점에서 긍정적인 의미로 해석해 봤자 단순한 보편자에 지나지 않는 공허한 것이다. 내면이 이렇게 공허하다고 보는 것은 사물의 내면은 인식될 수 없다고 주장하는 사람들의 생각과 일치한다. 그러나 그것이 인식될 수 없는 이유는 서로 다르다. 물론 여기에 직접 그대로 존재하는 내면에 관해서도 어떠한 인식도 성립되어 있지 않지만, 이는 이성이 근시안적이라느니 한계가 있다느니 하는 이유 때문이 아니다. 우리가 이성에 관해 아직 깊이 다루지 못한 이 단계에서는 그 점에 관한 한 아무것도 알려진 바가 없다. 그게 아니라 사물 자체의 성질이 단순하다는 것이 바로 그 이유다. 다시 말해 공허함 속에서는 아무것도 인식될 수 없기 때문이다. 달리 얘기하면 의식의 피안으로 규정되는 섯 속에서는 아무것도 인식될 수 없다는 것이다. 만약 초감각적 세계가 그 세계에 특유한 내용이건 아니면 의식이 만들어 낸 내용이건 간에 아무튼 뭔가 풍요로운 내용을 지니고 있는 그 세계 한복판에 맹인이 있는 경우와, 이번에는 반대로 칠흑 같은 어둠 속에 또는 좋게 말한다면 초감각적 세계가 광명으로 가득 찬 세계라고 가정하여 이 순전히 밝은 광명 속에 눈이 멀쩡한 사람이 있는 경우, 두 사람이 얻는 결과는 마찬가지일 것이다. 즉 눈이 멀쩡한 사람도 칠흑 같은 어둠 속 못지않게 또한 한없이 찬란한 광명 속에서도 아무것도 볼 수 없으니, 마치 맹인이 자기 앞에 있는 온갖 풍요로운 모습을 대하면서도 아무것도 보지 못하는 것과 마찬가지다. 이러한 예와 같이 만약 내면이나 내면과 현상의 연관성에 관하여 아무것도 알아낼 수 없다면 우리는 현상에 집착하여 참이 아니라고 알고 있는 것을 참이라고 생각할 수밖에 없으리라. 그리하여 처음에는 대상적인 사물의 공허함으로 나타났으나 또한 공허함 그 자체로서도 나타나는 것, 다시 말해 온갖 정신적인 관계나 의식 그 자체의 다양성마저도 결여된 공허함으로서 나타나는 것을 두고는 이 완전한 공허가 바로 '성스러운 것'이라고 말하기도 하겠지만, 이 경우 우리는 의식이 조작해 낸 현상 즉 몽상으로 공허함을 메워 나가는 길밖에는 도리가 없다. 공허한 내면에 비하면 차라리 몽상이 더 낫다고 얘기할 정도의 수준이라면 이렇듯 공허한 것을 심하게 취급하는 방식도 우선 타당하다고 할 수밖에는 없을 것이다.

그러나 사물의 내면이나 초감각적인 피안은 현상에서 생겨난 것이므로, 여기서는 현상이 피안으로 통하는 매개체가 된다. 이렇게 본다면 현상이야 말로 피안으로서의 내면이 지닌 본질로서, 사실상 그 피안을 충만케 하는 것이다. 초감각적인 것은 참으로 있는 그대로 정립된다면 감각적이거나 지각된 것인데, 이런 것의 진리는 현상 속에 있다. 그러므로 초감각적인 것인 현상이며, 현상으로 존재한다. 하지만 그렇다고 해서 직접적인 감각적 확신이나 지각에 비쳐진 대로의 감각적인 세계가 그대로 초감각적인 세계라고 생각한다면 이는 잘못된 생각이다. 왜냐하면 현상이 감각적인 지식이나 지각의 대상으로서 주어져 있는 것은 이 세계가 존재하는 것으로서 정립돼 있기 때문이 아니라 폐기된 것으로서, 다시 말해 참된 내면세계로서 정립돼 있기 때문이다. 흔히 초감각적인 것은 현상이 아니라고들 하는데 이는 사람들이 현상의 참뜻을 제대로 이해하지 못한 채 감각적인 사물의 세계를 현상계로 간주한 데 기인한다.

　우리가 대상으로 삼고 있는 오성은 내면세계를 아직 내용 없는 물 자체라는 일반적인 의미로 받아들이는 초입 단계에 있다. 두 힘의 유희는 자체적으로 존재하는 것은 아니라는 점에서는 부정적이지만 오성 밖에 있으면서 물 자체와 의식을 이어 주는 매개 구실을 한다는 점에서는 긍정적이다. 그러나 오성이 매개를 통해 내면세계와 관계할 때 오성의 입장에서는 이러한 운동에 의해 내면세계가 가득 차게 된다. 오성 앞에 직접 존재하는 것은 힘의 유희이지만 그것이 추구하는 진리는 단순한 내면세계에 있다. 그러므로 힘의 운동도 단순할 때 비로소 진리가 된다. 그러나 이미 보았듯이 두 힘의 유희에서는 상대로부터 유발되는 힘이 한편으로는 상대편 힘을 유발함으로써 그것을 유발하는 힘이 되게 만든다. 매체이거나 부정적인 통일이라는 양식으로 두 규정 사이의 직접적인 교체와 절대적 교환일 뿐이다. 일정한 양식으로 등장한 것이 곧바로 등장했을 때의 모습과는 다른 것이 된다. 이렇게 등장하는 것은 그 일정한 양식을 통해 다른 쪽을 유발하는데, 그로써 그 다른 쪽이 스스로 발현하게 된다. 즉 이제는 다른 쪽이 처음에 자기를 유발했던 것의 위치를 차지한다는 뜻이다. 이렇듯 힘의 유발에 따른 양쪽의 관계와 상호대립하는 일정한 내용의 관계라는 두 측면은 저마다 절대적 전도와 교체를 야기한다. 그러나 이 두 가지 관계는 또한 동일한 것이기도 하다. 유발되는 것과 유발하는 것이라는 형식상의 구별은 그대로 내용상의 구별과 겹쳐지면서 유발되는 쪽이 수동적인 매체가 되고 유발하는 쪽은 활동적이며 부정적인 통일 또는 일자가 되어 있다. 이로써 힘의 운동 속에 존재한다고 여겨지던 특수한 두 가지 힘의 구별은 전적으로 사라져 버린다. 그런 힘은 어디까지나 형식상의 구별이나 내용상의 구별에서 비롯된 것이므로 이 구별이 하나로 모아지면 힘의 차이도 하나로 합쳐져 버린다. 이제는 힘도 없고, 유발하는 것과 유발되는 것도 없으며, 보편적 매체나 자기에게 되돌아오는 통일의 성질도 소멸되어 뭔가가 홀로 존립하거나 갖가지 대립이 일어나지도 않는다. 이 절대적인 교체운동 속에는 온갖 대립을 하나로 통합한 보편자로서의 구별밖에는 없다. 바로 이 보편자로서의 구별이야말로 힘의 유희가 지닌 단순한 진리로서 이것이 곧 '힘의 법칙'이다.

절대적으로 교체운동을 일으키는 현상은 내면세계, 곧 단순한 오성과 관계하는 가운데 보편성을 지닌 단순한 구별로 귀착된다. 내면세계는 현재는 단지 그 자체로서 보편자일 뿐이다. 그러나 자체적으로 단순한 이 보편자가 그 본질상 보편적인 구별을 절대적으로 나타내 준다. 왜냐하면 보편자는 교체를 본질로 하고 교체의 결과로서 생겨나기 때문이다. 한데 이 때문에 내면화한 교체의 진리는 순전히 보편적인 안정되고 자기동일적인 부동의 구별로서 내면세계에 수용된다. 다시 말하면 이제 부정이 보편자의 본질적인 요소가 되어 있으니, 보편자 속에서 부정이나 매개가 보편적인 구별을 불러온다. 그런데 이러한 구별은 변화무쌍한 현상의 안정된 상(像)으로서 법칙 속에 표현된다. 따라서 초감각적인 세계는 평온한 여러 법칙의 왕국이다. 그리고 지각된 세계는 오로지 부단한 변화를 통하여 이 법칙을 표현하고 있으니, 이 법칙의 왕국은 지각된 세계의 피안에 있으면서도 지각의 세계를 터전으로 하여 이 세계를 직접 비추어 낸 안정된 상을 이루게 된다.

이 법칙의 왕국은 오성의 진리이며 진리는 법칙에 내재된 구별 속에서 내용을 지니고 있지만, 동시에 이 진리란 단지 오성에 의하여 갓 발견된 진리에 지나지 않으므로 현상을 속속들이 담아 낸 것은 아니다. 법칙은 현상 속에 현존하고는 있지만 현상을 완벽하게 드러낸다고는 할 수 없으니, 사정이 변하면 그때마다 늘 다른 현실성을 지닌다. 그래서 현상에는 내면세계와는 어울리지 않는 그 나름의 고유한 측면이 남아 있다. 이런 점에서 현상은 아직 폐기된 자립적 존재로서의 현상으로 정립되지는 않은 셈이다. 법칙이 현상을 빈틈없이 담아 내지 못한다는 이 결점은 법칙 자체에서도 당연히 드러난다. 법칙의 결점으로 꼽히는 것은 법칙 그 자체에 구별은 있지만 그 구별이 보편적이고 모호하다는 것이다. 그러나 법칙은 전체 법칙이 아닌 특정한 일개 법칙인 한 거기에는 한정이 있게 마련이며, 따라서 불특정 다수의 법칙이 존재하게 된다. 그런데 법칙이 여러 개가 있다는 것은 그 자체가 결점이기도 하다. 단순한 내면세계를 의식하여 거기에 깃든 보편적 통일을 진리로 삼는다는 오성의 원리에 여러 개의 법칙이 있다는 것은 모순이기 때문이다. 따라서 오성은 많은 법칙을 하나의 법칙으로 집약해야만 하는데, 예컨대 돌의 낙하법칙과 천체의 운행법칙을 똑같은 하나의 법칙으로 파악하지 않으면 안 된다. 그러나 이렇게 여럿이 하나로 합쳐지면 법칙마다의 특성이 사라지고 법칙 자체는 점차 피상적으로 변한다. 그 결과 실제로는 특정한 몇 개의 법칙을 합쳐 놓은 통일된 법칙이 아니라 특정한 법칙 따위는 무시해 버린 하나의 법칙만이 남게 된다. 이를테면 지상에서의 낙하의 법칙과 천체 운행의 법칙을 합쳐 놓은 하나의 법칙은 사실 둘 가운데 어느 것도 표현하고 있지 않다. 모든 법칙을 통일한 '만유인력의 법칙'은 법칙 속에 깃들어 있다는 법칙의 개념 말고는 어떠한 내용도 표현하고 있지 않다. 만유인력이 말해 주는 것은 만물이 다른 것과는 확고하게 구별된다는 것뿐이다. 이때 오성은 보편적인 현실성을 그대로 표현하는 일반 법칙을 발견한 것으로 생각하지만 실제로 발견한 것은 법칙의 개념일 뿐이다. 그런데 여기서 오성은 동시에 '모든 현실성은 그 자체가 합법칙적이다'라고 말한다. 이 점에서 '만유인력'이라는 표현이 대단한 의미를 갖는 것은 사상이 결여된 표상에서나 그럴 뿐이다. 사상이 없는 표상에서 만물은 우연히 거기에 있는 것이므로 규정상으로는 감각적으로 자립한 형식만이 존재할 뿐이다.

이 경우 특정한 법칙은 만유인력이라는 순수한 법칙 개념과 대립한다. 이 순수한 개념이 법칙의 본질이며 참다운 내면세계로 간주되는 한, 특정한 법칙이 지니는 한정성은 현상으로서 오히려 감각적인 존재에 속하는 것이 된다. 그런데 순수한 법칙의 개념은 서로 대립하는 특정한 법칙을 초월할 뿐만 아니라 법칙 그 자체마저도 초월해 있다. 지금까지 우리가 살펴본 규정된 특수한 면은 본디 그 자체가 소멸될 수밖에 없는 요소로서 더 이상 본질이 될 수 없다. 왜냐하면 현존하고 있는 것은 오로지 참다운 법칙뿐이기 때문이다. 그러나 법칙의 개념은 법칙 그 자체마저도 뒤흔들어 놓는다. 법칙에서는 일정한 구별이 직접 포착되어 보편자로 받아들여지고 있는데, 그 때문에 법칙에서 관계지어지는 갖가지 요소는 저마다 서로 무관한 독자적인 본질적 존재로 간주된다. 법칙에 내포된 구별의 이런 부분이 곧 법칙의 한정성을 이루거니와, 따라서 만유인력이라는 순수한 법칙 개념은 진정한 의미에서는 법칙 그 자체에 현존하는 여러 구별을 단순히 통일된 내면세계로 다시 돌아가게 하는 절대적으로 단순한 개념으로 파악되어야만 한다. 결국 이러한 통일이야말로 법칙이 갖는 내적 필연성이다.

이제 법칙은 이중의 양식으로 존재한다. 먼저 서로 구별되는 요소를 자립적인 존재로 표현하는 법칙이 있고, 다음으로 자기에게 되돌아와서 단일체의 형식을 띠는 법칙이 있다. 후자는 또한 '힘'이라고 불릴 수 있다. 그러나 이때의 힘은 자기에게로 떠밀려 들어간 힘이 아니라 힘 일반 또는 힘의 개념과 같은 것이며, 끌어당기는 쪽과 끌어당겨지는 쪽과의 구별을 자기 내부로 끌어들인 추상적인 개념이다. 예컨대 단일한 전기는 힘인데 거기서 구별되는 요소를 법칙으로 표현하면 양전기와 음전기의 구별이 생겨난다. 낙하운동의 경우 힘은 중력이라는 단일체가 되는데, 이를 법칙으로 나타내면 경과한 시간과 통과한 공간이라는 운동의 두 요소의 크기가 서로 근(根)과 제곱의 관계로 표시된다. 전기 그 자체는 본디 구별되지 않는다. 바꿔 말해 본질적으로 양전기와 음전기로 이루어진 이중의 존재는 아니다. 그래서 보통 전기는 그렇게 분리되는 법칙을 갖는다거나 또는 그렇게 발현되는 성질을 갖는다고 얘기되곤 한다. 물론 그러한 성질은 전기라는 힘이 지닌 본질적이고 유일한 성질로서 전기에 필연적으로 존재하는 것이다. 하지만 이 필연성은 사실 공허한 낱말에 지나지 않는다. 즉 전기는 그렇게 될 수밖에 없으니 그렇게 이중이 된 것이라고 말하는 데 지나지 않는다. 물론 양전기가 정립된다면 음전기도 동시에 저절로 정립될 수밖에 없다. 양(긍정적인 것)은 오직 음(부정적인 것)과의 관계 속에서만 양이기 때문이다. 다시 말해 양은 스스로 자기와 구별되는 음을 인정하는 셈인데, 이는 음도 마찬가지다. 하지만 전기가 이렇듯 양과 음으로 분리되는 것은 그 자체가 필연적이라고 할 수는 없다. 단일한 힘으로서의 전기는 전기가 양과 음으로 분화된다는 법칙에 구애되지 않는다. 만약 우리가 여기서 전자를 전기의 개념이라 부르고 후자를 전기의 존재라 부른다면, 전기의 개념과 전기의 존재는 서로 무관하다. 전기는 단지 그러한 성질을 지니고 있을 뿐이지 그게 꼭 전기에 자체적으로 갖추어져 있다고 할 수는 없는 것이다. 만약 음과 양으로 분화되는 것이 전기의 정의(定義)라거나 이것이 그대로 전기의 개념이며 본질이라고 얘기된다면 방금 말한 무관함은 또 다른 양상을 띤다. 이 경우 전기라는 힘의 존재는 힘이 현실로 있는 것을 뜻하지만 앞에서 내려진 정의는 힘이 현실로 존재하는 필연성을 이야기하진 않는다. 그러한 현존은 전혀 필연적인 것이 아니며 어쩌다 전기가 현실적으로 눈에 띄었으므로 그것이 존재한다고 얘기되거나, 아니면 그 밖의 힘을 통하여 외부적인 필연성이 작용해서 전기가 현실로 존재하게 됐다고 얘기되는 것이다. 그러나 필연성이 타자에 의해 생겨난다고 한다면 우리는 바로 앞에서 오직 법칙 그 자체를 고찰하기 위해 내던져 버렸던 그 많은 특수한 법칙이라는 데로 되돌아가고 만다. 다만 여기서 필요한 일은 이 법칙과 법칙 그 자체의 개념, 또는 법칙의 필연성을 비교하는 일이다. 그런데 이 필연성은 그런 온갖 형식이 존재할 경우에는 한낱 빈말에 지나지 않는 것이다.

지금까지 제시된 것과는 다른 양식으로 법칙과 힘, 또는 개념과 존재의 무관함이 밝혀지는 경우도 있다. 예컨대 운동의 법칙에서 운동이 시간과 공간으로, 또 거리와 속도로 나누어지는 것은 필연적이라고 생각된다. 운동이라는 보편자는 오직 이들 두 요소의 관계에서 비롯된 것이므로 스스로가 두 부분으로 나뉜다고 할 수 있다. 그런데 시간과 공간 또는 거리와 속도라는 각 부분들은 따로 떼어 놓고 보면 그 자체는 하나의 동일한 존재에서 비롯된 것이라기보다는 서로 무관하게 존재하고 있다. 시간이 없는 공간이나 공간이 없는 시간은 충분히 생각될 수 있고, 또 적어도 속도가 없는 거리는 생각될 수 있다. 더 나아가 이 부분들은 양전기나 음전기처럼 서로가 본질적인 관계를 맺는 것은 아니므로 각자의 크기 역시 서로와는 무관하다. 요컨대 여기서 그런 분할의 필연성은 아마 현존할 테지만, 그렇게 분할되어 짝을 이룬 두 부분 사이의 필연성은 현존하지 않는다. 그러나 이렇게 되면 애초에 둘로 분할돼야 한다는 필연성도 사실과는 다른 거짓된 필연성이 된다. 즉 운동은 단일하고 순수한 존재가 아니라 아예 처음부터 저마다 두 요소에 의해서 이루어진 것으로 표상된다. 그리하여 시간과 공간은 필연성의 자립적인 부분이며 또한 그 자체로서 본질적으로 실현되고, 거리와 속도가 이들의 존재양식으로서 제시된다. 이렇게 해서 시간과 공간, 속도와 거리는 서로가 다른 쪽이 없어도 존재할 수 있다. 그러므로 결국 운동은 이 두 부분의 표면적인 관계일 뿐, 그것들을 본질적으로 연결하는 것은 아니다. 힘이라는 단일한 본질로 표상된다면 운동의 힘은 아마 중력으로 나타날 테지만, 중력에는 애초에 구별이 포함되지 않는다.

따라서 전기와 운동 그 어느 경우에도 요소의 구별은 그 자체로 필연적인 것이 아니다. 전기의 경우 보편자로서의 힘은 법칙에서 나타나는 음과 양의 분리와는 무관하고, 운동의 경우 법칙을 구성하는 구별된 두 요소가 서로 무관한 상태에 있다. 그러나 오성은 법칙이 한편으로는 자체적으로 존재하는 내면적인 것이면서 동시에 자체 내에 구별되는 요소를 지니는 것이기도 하다는 바로 그 점에서 구별 자체의 개념을 가지고 있다. 따라서 이 구별을 내적인 구별이라고 하는 것은 법칙이 단일한 힘이라는 법칙의 개념으로서 존재하는 가운데 여기에 개념상의 구별이 생겨나 있다는 것을 뜻한다. 그러나 이 내적인 구별은 이제 겨우 오성의 테두리 안에 생겨났을 뿐, 사태 그 자체 내에 정립되어 있지는 않다. 오성은 자신이 필연적인 것으로 요구하는 구별을 표현하고 있는 데 지나지 않는다. 즉 오성은 이 구별이 현실적인 사태 자체에서 생겨난 구별은 아님을 스스로 언명하고 있기도 하다. 결국 말로만 존재하는 이런 필연성은 필연성의 둥근 고리 속에 갇혀 있는 요소를 말로 늘어놓는 것일 뿐이어서, 비록 이 요소들이 서로 구별된다고는 하지만 동시에 이 구별은 사태 자체 내에서 생겨난 것은 아니라고 언명됨으로써 곧바로 폐기되고 만다. 이러한 운동이 '설명'이라고 불리는 것이다. 이 '설명'에 의해 법칙이 말로 표현되고, 이 법칙과 구별되는 보편적인 근거로서 힘이라는 것이 있게 된다. 그런데 이 구별은 실제로는 아무런 차이도 나타내지 않으며 오히려 근거가 되는 힘은 법칙과 똑같은 성질을 지닌다. 예컨대 번개가 친다고 할 때 이를 보편적인 것으로 파악하여 이것이 전기의 법칙을 나타낸다고 하자. 이를 설명하려면 법칙을 힘에다 집약해서 이를 법칙의 본질로 삼게 된다. 여기에 작용하는 힘은 양전기와 음전기로 양분되어 발현하고 다시금 서로의 내부로 사라져 버리는 성질을 갖는다고 한다. 그렇다면 힘과 법칙은 완전히 동일한 성질을 갖는 셈이고 둘 사이에는 아무런 구별도 없는 것이 된다. 구별되어 나타나는 것은 순수하고 일반적인 발현, 또는 법칙과 순수한 힘이다. 그런데 이 양자는 동일한 내용과 동일한 성질을 지니는 까닭에 내용상의 구별, 즉 사태에 따른 구별은 여기서도 또 철회되고 만다.

지금까지 살펴본 바와 같이 이러한 동어반복의 운동에서 오성은 대상이 평온한 통일을 유지한다는 생각에 집착하므로 운동은 단지 오성적인 사유 자체에만 속할 뿐 대상 속에서 행해지지는 않는다. 이 운동은 하나의 설명이라지만 결국 아무런 설명도 하지 않는다. 그러기는커녕 이 설명은 이미 얘기된 것과 다른 것을 얘기하려고 하면서도 그러지 않고 변함없이 이전과 동일한 것을 되풀이하고 있음이 분명하다. 이 운동을 통하여 사태 그 자체에는 아무 변화도 생겨나지 않고 운동은 오직 오성의 운동으로 그치고 만다. 그런데 우리가 이 운동 속에서 인식하는 것은 바로 법칙 아래에서는 놓쳐 버렸던 절대적 교체 자체다. 곰곰이 따져 보면 이 운동은 그대로 자기 자신의 정반대가 되는 것이다. 말하자면 이 운동이 정립하는 구별은 방관자인 우리에게 아무런 구별도 아닐 뿐만 아니라 바로 이 운동 자체에 의해서 폐기되어 버리는 그런 구별이다. 이 변전과 교체는 두 힘의 유희로 나타났던 것과 똑같은 교체다. 힘의 유희에서는 유발하는 것과 유발되는 것, 발현하는 힘과 자기에게로 떠밀려 들어간 힘 사이의 구별이 있기는 했지만 사실 이는 아무런 구별도 아니었으므로 그대로 폐기되어 버렸다. 하지만 그렇다고 처음부터 아예 구별이라곤 정립되지 않은 채 단지 통일만이 존재한 것은 아니고, 분명히 거기에 구별이 생기기는 하지만 이것이 실은 아무 구별도 아니어서 곧 다시 폐기되어 버리는 하나의 운동이 존재하는 것이다. 이제 설명이라는 운동으로 돌아가 보면 전에는 내면세계 밖의 현상 속에서만 행해졌던 변화와 교체가 이제는 초감각적인 세계로 침투한 셈이다. 그런데 우리의 의식은 이 대상으로서의 내면세계를 빠져나와 반대편에 있는 오성 속으로 이동하여 거기서 교체가 일어나는 모습을 보게 되는 것이다.

따라서 이러한 교체는 아직 사태 자체의 교체는 아니며, 교체되는 요소의 내용이 변함없이 그대로 있으니 오히려 순수한 교체로 나타난다. 다만 개념이 오성의 개념으로서 사물의 내면과 동일한 이상 이 교체는 오성에게는 내면의 법칙으로 간주된다. 그리하여 오성이 현상 그 자체의 법칙으로서 경험하는 것은 구별이 전혀 구별이 아니라는 것, 즉 동질(同質)의 것이 서로 반발한다는 것이다. 더 나아가 구별되는 것은 실은 구별이 되지 않고 서로를 폐기하고 만다는 것, 바꿔 말해 이질적인 것이 서로를 끌어당긴다는 것을 오성은 경험한다. 이것이 곧 제2의 법칙이며, 구별된 것이 변함없이 서로 자립적으로 동질성을 지키는 이전의 법칙과 정반대되는 법칙이다. 왜냐하면 이 새로운 법칙은 오히려 동질적인 것이 이질적인 것이 되고 이질적인 것이 동질적인 것이 된다는 것을 나타내기 때문이다. 여기서 개념적 사유가 수행해야 할 일은 두 법칙을 통합하여 그 대립을 의식하는 것이지만 오성에는 그만한 사유 능력이 없다. 어쨌건 제2의 법칙도 법칙이며 내면적인 자기동일성을 갖추고는 있지만, 이 자기동일성은 오히려 동일하지 않은 것의 자기동일성이며 그 일관성은 일관되지 않은 것의 일관성이다. 두 힘의 유희에서는 이 법칙이 그야말로 양극 사이를 오락가락하는 절대적 이행 또는 순수한 교체로 나타났다. 여기서는 동질의 힘이 분열되어 대립이 싹트고 이 대립이 일단은 자립적인 구별로서 나타나지만, 사실 그 사이에는 구별이라곤 전혀 없다는 것이 밝혀진 셈이다. 왜냐하면 동질의 것이 서로 반발한다고 하지만 이때 반발하는 것은 서로 동질이기에 본질적으로 서로를 끌어당기기도 하므로 결국 반발과 견인은 서로 동일한 것으로 드러나기 때문이다. 따라서 구별은 되지만 구별이라곤 어디에도 없으므로 구별은 다시금 폐기된다. 이러한 구별은 사태 자체에 있는 구별 또는 절대적 구별로서 표현되지만, 결국 사물의 이러한 구별이란 동질적인 것 상호간의 반발에 지나지 않으므로 이러한 대립은 전혀 대립일 수가 없다.

　지각된 세계를 본뜬 평온한 법칙의 왕국인 최초의 초감각적 세계는 이제 이러한 원리를 통해 정반대의 것으로 역전된다. 앞에서 법칙은 거기 드러난 구별과 마찬가지로 자기동일적인 것으로 여겨졌지만 이제는 모두가 그와는 정반대의 것으로 정립되었다. 이에 자기동일적인 것이 서로 반발하고 자기와 동일하지 않은 것이 자기동일자로 정립되기에 이르렀다. 동일한 것은 동일하지 않은 것이 되고 또 동일하지 않은 것은 동일한 것이 됐으니, 실제로 이러한 규정을 통해서만 비로소 구별은 내면화되어 물 자체의 구별이 된다. 이렇게 해서 제2의 초감각적 세계는 전도된 세계가 되고 더욱이 그 한쪽 측면이 이미 최초의 초감각적 세계에 현존하고 있으므로 결국 최초의 초감각적 세계를 전도시켜 놓은 세계가 되는 셈이다. 그리하여 이제 내면은 현상으로서 완성된다. 왜냐하면 최초의 초감각적 세계는 지각된 세계를 직접 추상화하여 보편적인 장으로 고양시켜 놓았을 뿐이기 때문이다. 그 세계는 아직 그 자체만의 교체와 변화의 원리를 유지하는 지각된 세계에 대하여 필연적인 대립을 이루고 있었던 것이다. 결국 최초 법칙의 왕국에는 교체와 변화의 원리가 결여되어 있었지만 전도된 세계에는 그 원리가 존재한다.

따라서 전도된 세계의 법칙에 따르면 첫 번째 세계에서 동질적인 것은 자기에 대해 이질적인 것이고, 비동일적인 것은 곧 자기에 대해 비동일적인 것이 됨으로써 자기동일화가 이루어진다. 이를 특정한 요소에 비추어 보면 첫 번째 세계에서 단맛이 나는 것은 전도된 세계에서는 신맛이 되고 저쪽 세계의 검은색은 이쪽 세계에서는 흰색이 된다. 또한 첫 번째 세계의 법칙에서 자석의 북극이 되는 것이 또 하나의 초감각적 세계(즉 지구)에서는 남극이 되고, 저쪽의 남극이 여기서는 북극이 된다. 마찬가지로 첫 번째 법칙에서 전기의 양극이 되는 것은 또 다른 초감각적 세계에서는 음극이 되고, 반대로 저쪽의 음극은 여기선 양극이 된다. 이와 다른 영역에 속하는 일상의 법칙에 따르면 피해를 입은 개인은 적에게 복수함으로써 더없는 만족감을 얻는다. 그러나 자신을 독자적인 인격으로 취급하지 않는 사람에게 자신의 존재를 그렇게 받아들이도록 하기 위하여 상대의 인격을 말살하려고 하는 이 법칙은 또 다른 세계의 원리에 의하여 정반대의 법칙으로 전도된다. 즉 적의 말살에 의한 자신의 인격 회복이 오히려 자기파괴로 둔갑하는 것이다. 그리하여 범죄를 처벌할 때 나타나는 이러한 전도가 법칙으로 확립된다면, 이 역시 전도된 초감각적 세계의 법칙과 대립을 빚는 이쪽 세계의 법칙에 지나지 않는다. 다시 말해 저쪽에서 경멸당하는 것이 이쪽에서는 존경받는 것이 되고 저쪽에서 존경받는 것이 이쪽에서는 경멸당하는 것이 된다. 첫 번째 세계의 법칙에서는 인간을 능멸하고 말살하는 듯한 형벌이 전도된 세계에서는 인격을 수호하고 인간의 명예를 되살리는 은혜로 뒤바뀌는 것이다.

표면적으로 보면 이 전도된 세계는 첫 번째 세계와 분리되어 그 세계를 전도된 현실로 여겨 밀쳐 내고 있으니, 한쪽이 현상계라면 다른 한쪽은 물 자체의 세계가 되고 또 한쪽이 타자에 대해서 존재하는 세계라면 다른 한쪽은 자립적인 세계로 있는 듯이 보인다. 이 전도된 세계는 첫 번째 세계와 반대된다. 따라서 아까와 같은 예를 든다면 단맛이 나는 것은 사물의 내면에서는 본디 신맛이 나고, 현실로 존재하는 자석에서 북극에 해당하는 곳은 내면의 본질로 보면 남극이 되며, 현상계의 전기에서 양극으로 나타나는 것이 물 자체에서는 음극이 되는 셈이다. 또한 현상계에서는 범죄시되는 행위가 내면세계에서는 선한 것이 된다(악한 행위는 선한 의도를 지닌 것이 된다). 형벌은 그저 현상계에서 형벌일 뿐, 이와 다른 본디 세계에서는 범죄자에 대한 은혜가 될 수 있다. 그러나 내면과 외면, 현상과 초감각적인 것이 두 개의 현실로서 서로 대립한다는 구도는 더 이상 성립되지 않는다. 상호 반발하는 양자는 새로이 두 개의 실체로 분리되고 이 실체가 구별된 양자를 각각 떠맡은 채 서로에게 저마다 다른 존립을 부여해, 그로써 오성은 내면세계를 벗어나 다시금 자기 위치로 되돌아가는 일은 없게 된다. 그렇게 분리될 경우에는 한쪽 실체는 또다시 둘 가운데 한쪽 법칙을 본질로 하는 지각세계가 되고 이에 대립하는 내면세계는 첫 번째 세계와 전혀 다름없는 감각적인 세계이면서도 관념 속에만 존재하는 것이 되고 만다. 이 내면세계는 감각적인 세계로 제시될 수 없고, 볼 수도, 들을 수도, 맛볼 수도 없는 세계이지만, 그럼에도 감각적인 세계로 표상된다는 것이다. 그러나 한쪽이 지각된 것이면서 그 지각의 물 자체가 지각될 것의 반대물이고 또한 감각적인 것으로 표상된다고 한다면, 실제로는 단맛 나는 것의 실체라고 할 수 있는 신맛 나는 것도 단맛이 나는 것과 마찬가지로 현실로 존재하는 신맛 나는 것이 된다. 흰 것의 본체라고 할 검은 것도 현실로 있는 검은 것이고, 남극의 본체라고 하는 북극도 동일한 자석에 나타나는 북극이며, 음극의 본체에 해당하는 양극도 동일한 전지에 현존하는 양극이 된다. 그러나 실제로 저질러진 범죄의 경우, 선한 의도는 지니지 않았다 해도 의도 그 자체로 보자면 그 전도된 내면세계를 가능성으로서 내포하고 있다. 왜냐하면 오직 행위 그 자체만이 의도의 진실이기 때문이다. 오히려 내용상으로 보면 범죄는 현실로 행해지는 형벌을 통하여 자기에게 되돌아오고 전도되는 셈이다. 형벌은 범죄로 말미암아 법과 대립하는 현실에 맞닥뜨렸을 때 이 양자를 화해시키는 구실을 하는 것이다. 끝으로, 현실로 행해지는 형벌은 다음과 같이 그 자체가 전도된 현실을 빚는다. 즉 법이 형벌이라는 형태로 효력을 발휘하여 스스로를 폐기한다는 의미에서 형벌은 법의 실현이며, 그렇게 실제로 활동하는 법으로부터 다시금 정지된 법으로 흡수됨으로써 마침내 개인과 법 사이의 배척운동이 없어진다.

이리하여 초감각적 세계의 일면적인 본질을 이루는 전도라는 표상을 통하여 두 개의 구별된 것이 저마다 존립하는 상이한 두 요소 속에 고정되어 있다는 감각적인 표상은 제거된다. 그리고 구별은 내면의 구별로서, 즉 동질적인 것의 자기반발이나 이질적인 것 그 자체의 동질성으로서 이제 절대적인 개념의 형태를 띠고 순수하게 표현되고 파악되기에 이르렀다. 여기서 우리는 순수한 교체, 곧 자체 내에서의 대립과 모순을 주목해야 할 것이다. 왜냐하면 내면적인 구별에서는 둘 가운데 하나만이 대립물로 정립되는 것이 아니라—만약에 그렇다면 대립물은 존재물이지 대립물은 아닌 것이 되므로—대립물은 대립물의 대립물이라는 점에서, 양쪽은 서로가 다른 쪽에 그대로 현존하고 있기 때문이다. 물론 나는 이쪽에 대립항을 놓고 이와 대립되는 타자를 저쪽에 놓음으로써 대립항을 타자 없이 그 자체만으로 존재하게끔 정립할 수 있다. 그러나 이 경우 내가 한쪽 편에 독자적으로 존립하는 대립물을 마련해 놓는다고 하는 바로 이 사실로 인해 대립항은 자기의 대립항이 된다. 다시 말해 그 대립항 속에는 저쪽에 있는 타자가 그대로 파고 들어와 있는 것이다. 그리하여 전도된 초감각적 세계는 동시에 또 하나의 세계를 뒤덮어 그 세계를 자기 것으로 삼게 된다. 초감각적 세계는 이제 자기에 대해서 전도된, 자기 자신과 반대되는 세계가 되면서 마침내 초감각적 세계 자체와 그에 반대되는 세계를 하나로 합쳐 놓은 세계가 된다. 그리하여 비로소 초감각적 세계는 내적인 구별이며 그 자신으로서 자체적인 구별이 되어 무한성을 드러내게 된다.

이제 우리는 이 무한성을 통해서 법칙이 그 자체의 필연성에 따라 완성되고 현상의 온갖 요소가 내면 안으로 수용된다는 사실을 알게 되었다. 지금까지 밝혀진 바에 따르면 단순한 법칙이 무한하다는 것은 다음과 같은 의미를 지닌다.

(α) 그 단일한 법칙이 스스로 구별을 지니는 자기동일체라는 것, 다시 말하면 동질적인 것이면서도 스스로 자기반발을 일으켜 분열된다는 것이다. 앞서 단일한 힘으로 일컬어지던 것은 스스로 이중화된 무한의 운동을 되풀이하여 법칙을 이룬다.

(β) 분열된 것은 법칙을 구성하는 두 부분이 되어 저마다 독립적인 존재

로서 표현된다. 이 부분이 내적인 구별의 개념 없이 고찰될 경우, 이를테면 중력의 요소로서 등장하는 공간과 시간 그리고 거리와 속도는 중력 자체와 무관하듯이 그들끼리도 서로 무관하여 아무런 필연적 연관도 지니지 않고, 마찬가지로 단일한 중력도 그러한 두 요소와 아무 상관이 없는 것이 된다. 단일한 전기와 양전기, 음전기도 이와 같이 서로 무관하다.

(γ) 그러나 내적인 구별의 개념에 따라 공간과 시간같이 상호무관한 서로 다른 두 요소는 아무런 구별도 아닌 구별 또는 동질적인 것 사이의 구별에 지나지 않는 구별을 이루면서, 마침내 통일이 그 본질을 이루게 된다. 두 요소는 저마다 긍정과 부정이라는 형태로 서로에게 생명을 불어넣지만, 여기서 이들의 존재는 오히려 서로가 자기를 없애 버리며 통일을 이루는 것이 된다. 구별되는 양자가 있지만 이들은 저마다 자체적으로 있으면서 또 그 자체가 대립물로 있는 까닭에 결국 저마다가 자기 자신의 대립물이며, 따라서 또 서로가 자기의 타자를 스스로 지닌 채 모두 하나로 통일되는 것이다.

이 단순한 무한성 또는 절대적 개념이야말로 생명의 단순한 본질이며 세계의 혼이며 만물에 스며 있는 피라고 불러야 하리라. 이는 어떤 구별에 의해서도 방해를 받거나 중단되는 일 없이 전체 속에 있으면서 스스로 온갖 구별을 일구어 내고 동시에 이를 극복한다. 그리하여 마치 정중동(靜中動)과 같이 스스로 움직이지 않으면서 그 안에서 맥동하고, 평온한 가운데 자기 내부에서 진동을 한다. 이러한 구별은 전혀 구별이라고 할 수 없는 동어반복에 지나지 않으므로 이 무한성은 자기동일성에 다름 아니다. 이 자기동일적인 것은 오직 자기 자신과 관계하는데, 여기서 자기 자신이란 관계 저쪽에 있는 타자를 말한다. 그러므로 자기 자신과 관계한다는 것은 오히려 둘로 분열되는 것이고, 자기동일성이라는 것은 내적인 구별을 지니는 것이 된다. 그야말로 이러한 분열은 그 자체의 완전한 분열이고 양자는 저마다가 다른 쪽에 대해서 대립자가 되어 있다. 여기서 이미 타자가 자기 내부에 깃들어 있음이 밝혀지게 된다. 달리 말해서 어느 쪽도 결코 타자의 대립항이 아닌 오로지 순수한 대립항일 뿐이다. 그것은 스스로 자기에 대립해 있는 대립항인 것이다. 다시 말해 여기에는 대립항이라고는 전혀 없고 오직 순수하게 자립적인, 자기 내부에 아무런 구별도 지니지 않는 순수한 자기동일적 존재만이 있으니, 이제 우리는 이 순수한 존재'에서' '어떻게' 구별이나 타자존재가 생겨나는지 물을 필요가 없다. 또한 그런 물음에 대답하려고 노심초사하는 것을 철학이라고 여긴다거나 철학으로서는 그러한 물음에 답할 수 없다고 생각할 필요가 없다. 왜냐하면 분열은 이미 발생해 있으며 그렇게 생겨난 구별이 자기동일자에게서 배제를 당한 채 그대로 이 존재 곁에 머물러 있기 때문이다. 이렇게 되면 자기동일자라는 것은 절대적인 존재라기보다는 오히려 이미 분열되어 있는 두 요소 가운데 하나가 된다. 따라서 자기동일자가 분열된다는 것은 그것이 이미 분열된 상태에 있는 자기와 자기의 타자존재를 다 함께 폐기하고 있음을 뜻한다. 흔히 통일에 관하여 얘기할 때 거기서는 구별이 생겨나지 않는다고들 하지만, 사실 그러한 통일은 분열의 한 요소에 지나지 않는다. 통일이란 구별과 대립하는 단일성을 추상하는 것이다. 그런데 이렇듯 추상적인 통일이 대립적인 두 요소의 한쪽을 이룬다고 한다면 이것은 이미 분열이 생겨나 있다고 얘기하는 셈이 된다. 왜냐하면 통일이 이렇듯 부정성을 지닌 대립물이라고 한다면 이 통일은 다름 아닌 대립을 스스로 지니고 있는 대립물로 정립되기 때문이다. 따라서 이와 마찬가지로 분열과 자기동일화의 구별은 바로 자기를 폐기하는 운동을 뜻한다. 스스로 분열하여 자기의 대립물을 낳는 처음의 자기동일자라는 것은 하나의 추상물에 지나지 않고 그 자체가 이미 분열된 존재이므로, 지금 이 자기동일자에 의한 분열은 이미 분열된 존재를 폐기하는 것이기 때문이다. 이런 점에서 자기동일화는 또한 분열이라고도 하겠으니, 결국 자기동일화되는 것은 분열과 대립하는 셈이다. 이렇게 되면 자기동일자는 한쪽 편에 자리를 잡으니, 오히려 하나의 분열된 것이 된다.

무한히 순수하게 자기 자신이 되어 가는 이 절대적인 동요는 어떤 양식으로든 간에 아무튼 '존재'로 규정된 것이 오히려 그 규정과는 반대의 것이 되는 운동인데, 이러한 자기운동이야말로 지금까지 얘기해 온 모든 의식의 경험의 핵심으로서 이제 비로소 내면세계에서 자유로이 그 모습을 드러내게 되었다. 두 힘의 유희가 벌어지는 현상에서도 벌써 그러한 무한성이 표출되기는 했지만 지금 '설명'의 단계에 와서 그의 모습이 제대로 드러난 것이다. 마침내 이 무한성이 운동 그 자체로서 의식의 대상이 될 때 의식은 '자기의식'이 된다. 오성에 의한 설명이란 당장은 자기의식이란 무엇인가를 기술하는 데 그친다. 오성은 법칙 속에 이미 순수한 모습으로 존재하고는 있지만 아직은 서로 무관한 요소들의 구별을 폐기하여 이를 힘이라는 하나의 통일 속으로 합쳐 놓는다. 하지만 이 통일은 곧 분열이기도 하다. 까닭인즉 오성은 구별을 폐기하여 하나의 힘을 정립하기 위해서 법칙과 힘이라는, 실은 아무런 구별도 아닌 하나의 새로운 구별을 낳기 때문이다. 그런데 이 새로운 구별 또한 아무런 구별도 아닌 데다가 오성은 또 힘과 법칙에 동일한 성질을 부여하므로 구별은 다시금 폐기되기에 이른다. 그러나 이러한 필연의 운동은 그런 까닭에 아직 오성의 필연성이자 운동일 뿐이어서 그 자체가 오성의 대상이 되어 있지는 않다. 말하자면 오성은 오히려 전기·거리·속도·인력(引力) 등 그런 운동의 내용을 이루는 수많은 요소를 대상으로 삼고 있다. 설명이란 크나큰 자기만족을 낳게 마련인데, 왜냐하면 의식은 설명을 할 때 그야말로 자기와 직접 대화하는 가운데 스스로 마음껏 즐기고 있을 뿐이기 때문이다. 그때 의식은 마치 어떤 다른 것을 마음속에 두고 있는 듯한 모습을 띠지만 실은 오직 자기 자신만을 상대하고 있는 것이다.

제1의 법칙을 뒤집어 놓은 제2의 법칙, 즉 내적인 구별 속에서는 물론 무한성 그 자체가 오성의 대상이 되기는 한다. 그러나 동질적인 것의 자기반발과 비동일적인 것의 상호견인이라는 구별의 참된 모습을 두 개의 세계 또는 두 개의 실체적 장에다 분담시키는 오성으로서는 무한성 그 자체를 포착할 수가 없다. 경험 속에 드러나는 운동이 오성에게는 한낱 그렇게 일어난 사건으로 여겨지면서 동질적인 것과 이질적인 것은 존재하는 토대를 본질로 삼는 술어쯤으로 생각된다. 이렇듯 오성에는 감각적인 덮개로 덮여 있는 대상이 방관자인 우리에게는 순수개념이라는 본질적인 형태로 나타난다. 이처럼 있는 그대로의 참된 구별이나 무한성 그 자체를 파악하는 것은 방관자인 우리에게 가능한 일이며, 또는 자체적으로 가능한 일이다. 이 무한성의 개념을 개명(開明)하는 일은 학문이 도맡아야 할 일인데, 그 개념을 직접 눈앞에 두고 있는 의식은 여기서 다시금 독자적 형태를 띤 새로운 의식으로 등장한다. 그러나 이런 형태의 의식은 현재로선 무한성의 본질을 인식하지는 못하고 그와는 전혀 다른 것을 눈여겨보는 데 그치고 만다. 무한성의 개념을 대상으로 하는 의식은 그대로 곧 다시 폐기되어 버릴 구별을 의식하는 의식이다. 의식은 자기 자신에 대해서 깨닫고 있으니, 그것은 구별되지 않는 것을 구별하는 것이며 곧 '자기의식'이다. 나는 나를 나 자신으로부터 구별한다.

그러나 이렇게 구별되는 것이 구별된 것이 아니라는 사실이 나에게 직접 깨우쳐진다. 나라는 동질자가 나 자신에게 반발하여 비동일적인 구별이 생기지만, 이렇게 정립된 것은 구별되어 있으면서도 나에게는 전혀 구별되는 것이 아니다. 어쨌건 나로부터 구별된 나라는 대상을 의식하는 것은 당연히 자기의식이 하는 일이며, 이는 자기에게 되돌아가는 가운데 자기의 타자 속에서 자기 자신을 의식하는 것이다. 자기가 아닌 다른 사물을 진리라고 간주하던 지금까지의 여러 의식형태가 마침내 이렇게 필연적인 진전을 이룬다는 것은, 사물을 의식하는 것이 오직 자기의식에게만 가능하다는 것뿐만 아니라 자기의식이야말로 지금까지의 의식형태의 진리라는 것을 보여 준다. 그러나 이렇게 드러나는 진리는 방관자인 우리에게만 깨우쳐질 뿐, 의식에게는 깨우쳐져 있지 않다. 자기의식은 이제 비로소 저 자신에 대해서 생겨났을 뿐 아직 의식 일반과 통일되어 있지는 않은 것이다.

우리가 살펴본 바에 따르면 현상의 내면에서 오성이 경험하는 것은 참으로 현상 그 자체이며, 그것도 더욱이 힘의 유희와 같은 그런 현상이 아니라 내면의 절대적이고 보편적인 요소들과 그 운동으로서의 힘의 유희. 이때 오성은 사실 자기 자신을 경험하고 있는 셈이다. 지각의 단계를 넘어선 의식은 이제 현상이란 중간지점을 매개로 하여 바로 이 현상의 배후를 투시할 수 있게끔 초감각적인 세계와 추리의 형태로 연결되기에 이르렀다. 여기서 마침내 순수한 내면과 이 순수한 내면을 투시하는 내면이라는 양극이 합일되면서 양극이 극으로서의 참모습을 잃게 되는 동시에 양극과는 또 다른 중간지점도 소멸되어 버린다. 내면에 씌워져 있던 장막이 걷히면서 이제는 내면이 내면을 투시할 수 있는 경지가 마련되었다. 이는 구별되지 않는 동질의 것을 투시하는 일이다. 이 동질의 것은 자기에게 반발하는 데서 서로 구별되는 두 개의 내면으로 정립되지만 이 내면에서는 양자가 구별되지 않는다는 것도 분명히 자각되기에 이르렀으니, 이것이 바로 자기의식이다. 내면을 덮고 있는 장막의 배후가 우리에게 보이고 또 거기에 보일 만한 것이 존재한다 해도, 우리가 스스로 거기까지 가지 않는 한 그 무엇도 우리에겐 보이지 않을 것이다. 그러나 동시에 우리가 그 배후에 곧장 다다를 수는 없으며 세부적인 사유의 경로를 거쳐야만 한다는 것도 엄연한 사실이다. 왜냐하면 현상과 그 내면의 관념적인 진리에 대한 지(知)는 사념과 지각이라는 의식형태 및 오성이 차례로 소멸해 가는 세부 경로에 따른 운동을 통해 얻어지는 결과이기 때문이다. 그리고 마침내 의식이 자기 자신을 의식하게 될 때 과연 이 의식의 내용이 무엇인지 인식하기 위해서는 그보다 더 세부적인 데에 이르는 것이 필요한데, 이에 관해 논하는 것이 앞으로의 과제이다.

자기의식

Ⅳ 자기확신의 진리

지금까지 의식이 확신한 바에 따르면 그 진리는 의식과는 다른 어떤 것이었다. 그러나 진리를 경험하는 가운데 이러한 진리의 개념은 사라져 버린다. 의식의 대상은 직접적인 대상 그 자체였고, 이를테면 감각적 확신이 획득하는 존재나 지각이 알아내는 구체적인 사물 그리고 오성이 파악해 내는 힘 등이었다. 한데 그것은 그 스스로 증명하듯이 사실은 그렇게 있는 것은 아니다. 그것이 그 자체로, 즉자적으로 있다는 것도 어디까지나 그것을 파악하는 타자, 즉 의식이 있음으로 해서 비로소 그렇게 있는 것이다. 대상 그 자체에 대한 개념이 현실의 대상 앞에선 폐기되어 버린다. 다시 말해 경험 속에 직접 나타난 최초의 표상은 폐기되고, 그로써 확신은 사실상 의미를 잃고 만다. 그 대신에 등장하는 것이 지금까지는 나타난 일이 없는, 그 자신의 진리와 일치한다는 확신이다. 확신 그 자체가 바로 이 확신하는 의식의 대상이 되고 의식 그 자체가 의식에게 그대로 진리가 되는 것이다. 물론 의식 속에는 의식이 아닌 것도 있어서 의식은 구별을 하기는 한다. 그러나 이 구별은 동시에 의식에게 구별이라고는 할 수 없는 구별이다. 만약 우리가 지의 운동을 '개념'이라고 하고, 지를 취급하는 정지된 통일체인 자아를 '대상'이라고 한다면 분명히 방관자인 우리에 대해서뿐만 아니라 지 그 자체에 대해서도 대상과 개념은 일치해 있다. 달리 말해서 또 다른 방식으로 대상이 그 자체로 있는 것을 '개념'이라고 하고, 대상이 타자에 대해서 있는 것을 '대상'이라고 한다면 그 '즉자존재'와 '대타존재'는 동일한 것임이 드러난다. 왜냐하면 이때 '그 자체'는 의식이며, 마찬가지로 그 자체에 맞서 있는 '타자'도 의식이기 때문이다. 대상 그 자체와 타자에 대해서 있는 대상이 동일하다는 것이 의식에게 자각되면서, 이제 자아는 자기의식이 빚어내는 관계의 내용이면서 동시에 관계 그 자체가 된다. 자아는 타자에 대해서 자아 그 자체이면서, 동시에 자아에 대해서 마찬가지로 자아 그 자체인 이 타자를 뒤덮고 있다.

이리하여 우리는 자기의식에 다다른 순간 진리의 고향에 들어선다. 여기서 무엇보다 먼저 자기의식이 어떤 형태를 띠고 나타나는가를 살펴봐야만 하겠다. 자기를 안다고 하는 지의 이 새로운 형태와 타자를 안다고 하는 앞서간 지의 형태를 비교해 볼 때, 물론 우리는 후자가 소멸되어 있음을 알 수 있다. 하지만 그러면서도 동시에 그 지의 여러 요소는 그대로 보존되어 있으므로 실제로 소멸된 것은 타자가 그 자체로 존재한다는 점뿐이다. 감각적으로 사념된 존재, 개별성, 이와 대립되는 지각의 보편성, 그리고 오성의 대상인 공허한 내면의 요소로, 곧 모두가 더 이상 의식의 본질을 이루는 것이 아니라 자기의식의 요소로, 즉 추상적으로 구별되는 요소로 존재하는 데 지나지 않으며, 더욱이 이런 것들은 의식 자체 내에서 무의미한 것으로 의식되어 있다. 말하자면 그것은 아무 구별도 아니며 단지 사라져 버릴 뿐이다. 그러므로 여기서 상실된 것이라고 한다면 대상이 의식에 대해서 단일하고 자립적인 대상으로서 존립한다는 이전 단계의 주된 요소 그 자체일 뿐이다. 그러나 실제로 자기의식은 감각세계와 지각세계로부터 반성을 통하여 자기에게 되돌아온 것으로서 그 본질상 타자존재에게 복귀한 것이다. 이 자기의식이 곧 자기의식이 행하는 운동이다. 그런데 이 자기의식은 자기로부터 자기로서의 자기를 구별할 뿐이므로, 거기에 구별이 존재한다고 해도 그것은 그대로 타자존재로서 폐기되고 만다. 즉 구별은 없다고도 할 수 있으니, 자기의식은 '나는 나이다'라는 아무 운동도 없는 동어반복일 뿐이라고도 하겠다. 그렇지만 구별이 존재의 형태를 띠지 않는다면 그러한 의식을 자기의식이라고는 할 수가 없다. 따라서 자기의식에는 타자존재가 일단 자기와 구별되는 요소로서 존재하는데, 자기의식에게는 이 요소와 자기 자신의 통일 역시 두 번째 구별된 요소로서 존재하는 셈이 된다. 첫 번째 요소로 보자면 자기의식은 감각세계의 모든 영역을 상대로 하는 의식이지만, 이는 동시에 자기의식의 자기통일이라는 두 번째 요소와 관계하는 한 그렇다는 것에 지나지 않는다. 따라서 감각세계는 자기의식에 대해서 독자적으로 존립하는 듯이 보이지만 이는 겉으로 나타난 현상에 지나지 않는다. 의식과 세계와의 구별은 자체적으로 존재하는 구별은 아닌 것이다. 그런데 자기의식의 현상과 진리의 이러한 대립은 자기의식의 자기통일이라는 진리 없이는 성립될 수 없다. 이 통일은 자기의식에 본질적으로 속하는 것이어야 한다. 즉 자기의식은 본디 '욕구'라는 모습을 띤다. 이렇게 의식은 자기의식으로 떠오르면서 두 개의 대상을 지니게 된다. 하나는 직접적인 감각적 확신이나 지각의 대상으로서, 이는 자기의식에게는 '부정적인 것'이라는 성격으로 의식된다. 그리고 두 번째 대상은 자기 자신으로서, 이것은 현재로선 아직 첫 번째 대상과 대립되는 존재로서 나타날 뿐이지만 이것이야말로 참다운 본질적 존재이다. 이런 상황에서 전개되는 자기의식의 운동은 앞에서의 대립이 극복되어 자기의식의 자기통일이 성립되어 가는 운동이다.

자기의식에서 부정적인 것으로 나타나는 대상은 방관자인 우리에 대해서는, 또는 자체적으로는 역시 그 나름대로 의식과 마찬가지로 자기에게 되돌아와 있다. 바로 이렇게 자기에게 되돌아옴으로써 대상은 '생명'이 되는 것이다. 자기의식이 존재하는 것으로서 자기로부터 구별하는 것은 그것이 존재하는 것으로 정립되는 한, 단순히 감각적 확신이나 지각의 대상이라는 데 그치지 않고 자기에게 되돌아온 존재이기도 하다. 따라서 직접적인 욕구의 대상이 되는 것은 '생명이 있는 것'이다. 왜냐하면 오성과 사물의 내면과의 관계 자체, 곧 보편적인 결과는 구별되지 않는 것의 구별 또는 구별된 것의 통일이기 때문이다. 하지만 이 통일은 이미 보았듯이 스스로 자기반발을 하는 것이기도 하다. 그러므로 이 개념은 분열하여 자기의식과 생명과의 대립을 야기한다. 이때 자기의식은 온갖 구별이 무한의 운동 속에서 통일되는 것을 자각하는 통일체인 데 반해, 생명은 다만 통일체라는 데 그칠 뿐 이 통일을 자각하는 데는 이르지 못하고 있다. 그러나 의식이 자립적인 만큼 그 대상도 자체적으로는 자립적이다. 그리하여 자기의식은 단적으로 자기 자신에 대해 존재하면서 그 대상에게 부정적인 성격을 보인다는 점에서 먼저 욕구를 드러내는데, 이로 말미암아 오히려 자기가 부정하려는 대상의 자립성을 경험하기에 이른다.

생명에 대한 규정은 우리가 자기의식의 영역에 들어설 때 제시한 개념과 보편적인 귀결에서 이미 그 특징이 충분히 밝혀졌으므로 더 이상 그 성질을 자세히 살펴볼 필요는 없겠다. 생명의 본성의 둥근 고리는 다음과 같은 요소를 지닌다. 즉 생명의 본질은 일체의 구별을 폐기해 버리는 헤아릴 수 없는 순수한 회전운동으로서, 정지해 있는 가운데서도 절대적인 동요를 보이는 무한의 운동이다. 말하자면 온갖 운동의 구별이 해소된 가운데 하나의 자립적인 존재로 응어리져 있는 것이 생명이다. 이것은 자기동일성 속에 안겨 있는 시간의 단일한 본질적 존재로서 공간의 확고한 형태를 띠고 있다. 그러나 생명이라는 이 단일한 보편적 매체에도 갖가지 요소의 구별이 존재하고 있으니, 이 보편적인 유동(流動)인 생명은 바로 그러한 구별을 폐기하는 운동 속에서 비로소 본질적인 부정의 힘을 발휘한다. 그러나 만약 구별이 존립하지 않는다면 구별의 폐기도 불가능해져 버릴 것이다. 그리하여 생명이 자기동일적인 자립성을 안고 유동하는 것이야말로 구별된 요소의 독자적인 존립을 보장한다. 그러므로 생명 속에서 저마다 구별된 요소들은 독립된 부분으로서 존재하게 된다. 따라서 생명의 '존재'는 더 이상 어떤 존재를 추상하는 것이 아니며 또한 구별된 요소의 순수한 본질은 추상적 보편성을 띠지도 않는다. 구별된 요소가 존재한다는 것은 바로 순수한 운동을 행하는 단일하고 유동적인 실체가 자기 내부에서 꿈틀거리는 것이다. 그런데 각 기관(器官) 상호간의 차이라는 것은 본디 무한한 순수운동을 이어 나가는 요소들 사이의 차이일 뿐 그 밖의 다른 것이 아니다.

독립된 여러 기관은 저마다 따로 존재한다. 그러나 이런 대자존재는 오히려 모두가 내부적으로 직접 통일되어 있으며, 또한 반대로 이 통일된 생명은 갖가지 자립적인 형태로 분열되어 있다. 통일체가 절대적 부정성을 안고 무한한 운동을 하는 이상 분열은 필연적인 것이다. 그리고 이 통일이 존립해 있는 까닭에 구별된 부분도 이 통일 속에서 비로소 자립적으로 존재할 수 있는 것이다. 이렇듯 분열을 통해 생겨난 자립적인 형태는 타자와 대립하는 특정한 존재로 나타난다. 그런 이상 분열의 극복도 타자에 의해 생겨난다고 해야겠지만, 분열의 극복은 또한 자립성 그 자체 속에도 있다. 왜냐하면 생명의 유동성이야말로 자립적인 형태의 참된 토대이며, 이 토대가 무한한 운동을 펴 나가면서 온갖 형태는 스스로 존립하면서 분열하기도 하고 자립성을 폐기하기도 하기 때문이다.

지금 논의되고 있는 요소를 자세히 살펴보면 첫 번째 요소로서 자립적인 여러 형태가 스스로 존립하는 단계를 들 수 있다. 다시 말하면 자체적으로 존립할 수 없고 그렇게 존립하지도 않는 오직 구별작용 그 자체인 것을 억압하는 단계가 그것이다. 그리고 두 번째 요소는 그런 존립상태를 억압하여 구별의 무한성에 예속시키는 단계이다. 첫 번째 요소 속에는 존립하는 형태가 있다. 이 형태는 일정한 성질을 띠고 무한운동을 하는 자립적인 생명체로서, 보편적인 생명과는 대립되는 것으로 등장하여 생명의 유동성과 일체화되기를 거부해서, 그 보편자 속에 녹아 사라져 버리는 일 없이 오히려 무기적인 자연에서 이탈한 채 이로부터 영양소를 흡수함으로써 자기보존을 꾀한다. 보편적인 유동적 매체 속에 존재하는 생명, 즉 두 개의 형태가 따로 있으면서 평온하게 함께 존재하는 모습이 바로 그 때문에 형태의 동요를 일으키고, 여기에 과정으로서의 생명이 움터 나온다. 생명의 단순한 보편적 유동성은 생명 그 자체이고 갖가지 형태의 구별은 타자에 해당하니, 이는 여기서 유동과 구별이 서로 대립하기 때문이다. 이 구별은 그 자체로서 즉자대자적으로 존재하며 그 결과 무한히 움직이고, 이 운동을 통해 예의 정지해 있는 매체는 영양분을 빼앗기게 된다. 그런 의미에서 유동은 살아 움직이는 개체적 생명인 셈이다. 하지만 바로 그렇기에 이 전도된 것은 또한 그 자신의 본모습이 전도된 것이기도 하다. 다시 말해 오히려 영양분으로 제공되는 쪽이 생명의 본질이 된다. 생명의 보편자를 희생 삼아서 자기를 보존하며 자기와의 일체감을 만끽하는 개체는 이 행위에 의해서 자기의 독자적 존립 근거가 되는 타자와의 대립을 폐기한다. 그야말로 개체가 자기에게 부여하는 자기통일이 오히려 타자와의 구별을 유동하게 만들어서 형태의 전면적 해체를 가져오는 것이다. 그런데 반대로 개체적인 존립을 폐기하는 것이 또한 그의 자존적 상태를 낳기도 한다. 왜냐하면 개체적 형태의 본질인 보편적인 생명과 자립적인 생명체는 그 자체가 본디 단일한 실체이므로 자립적 생명체가 타자를 내부로 받아들일 경우에는 이 단일체의 본질이 와해되어 스스로 분열을 일으키는데, 구별이 없는 유동상태를 이렇듯 분열시키는 것이야말로 개체를 형성하는 것이기 때문이다. 그러므로 단일한 생명의 실체는 분열되어 자신을 두 가지 형태로 만들면서 동시에 이 존립하는 구별을 없애 나간다. 그런데 또 이러한 분열의 해소는 새삼 똑같은 분열을 초래한다. 전체적인 운동 속에서 구별되는 두 개의 측면, 즉 자립적인 보편적 매체 속에 평온하게 공존하는 형태화와 생명의 과정이 서로 맞물리면서 이 생명의 과정은 형태를 폐기하는 것 못지않게 형태를 이루어 낸다. 그리고 형태화는 또 형태를 이루는 것 못지않게 폐기하기도 한다. 유동적인 장이라는 것은 다만 생명의 본질을 추상화한 것으로서, 생명은 오직 형태를 띰으로써만 비로소 현실적인 생명이 된다. 또한 이 장이 부분으로 나뉜다는 것은 부분이 다시금 분열되어 이것이 해체된다는 것과 같다. 이러한 순환과정 전체가 생명을 이루는 것이다. 요컨대 애초부터 있던 대로의 생명의 본질이 충실하고 직접적인 연속된 상태를 이루거나 저마다 독자적인 형태가 따로 존립하는 상태를 이루는 것을 생명 그 자체로 간주할 수는 없다. 또한 형태의 순수한 운동과정이나 거기에 나타난 요소들의 단순한 종합상태를 놓고 생명으로 간주할 수도 없으니, 그야말로 생명이란 스스로 전개해 나가면서 이렇게 전개된 것을 해체하고 오직 이 운동 속에서 단순히 자기를 보존하는 전체인 것이다.

애초에 있는 그대로의 직접적 통일에서 출발하여 형태화와 과정의 요소를 거쳐 마침내 이 두 요소의 통일로 향함으로써 끝내 생명이 움트는 최초의 단순한 실체로 복귀하는 것이 생명의 운동이라고 할 때, 이렇듯 자기에게 되돌아온 통일은 최초의 통일과는 다른 것이다. 애초의 직접적인 통일을 존재하는 통일체라고 할 수 있다면, 생명의 운동의 모든 요소를 폐기된 것으로서 내포하는 두 번째 통일은 보편적인 통일이다. 이 보편적인 통일은 단일한 유(類)를 이루되 생명 자체의 운동 속에서는 자기 홀로 단일한 생명체로서 존재하지는 않는다. 오히려 그 결과 나타나는 생명은 이제 생명과는 다른 타자를 지시하게 되니, 곧 생명이 유로서의 통일체임을 인식하는 의식을 지시하게 된다.

그러나 유를 유로서 인식하고 그 자신도 유에 해당하는 또 다른 생명인 자기의식은 일단은 그 자신에 대해서 전적으로 단일한 본질로서 있을 뿐이며 순수한 자아로서의 자기를 대상으로 한다. 이제부터 고찰하게 될 자기의식의 경험 속에서 이 추상적인 대상은 우리가 바로 생명 부분에서 본 바와 같은 풍요로운 내용을 자기의식에 대하여 전개해 나가게 될 것이다.

단일한 자아는 앞서 말한 유로서의 단순한 보편적 존재인데, 형태화한 자립적인 요소를 부정하는 존재라는 점에서 이 자아는 자기와 구별되는 어떤 형태의 존재도 인정하려고 하지 않는다. 그리하여 단일한 자아, 즉 자기의식은 자기 앞에 자립적인 생명으로 나타나는 타자를 폐기함으로써만 자기의 존재를 확신한다. 그렇기에 자기의식은 '욕구'인 것이다. 타자는 공허한 것이라는 확신 아래 자기의식은 이 공허함이 타자의 진실한 모습이라고 자기 혼자 대자적으로 여기고, 이 타자라는 자립적인 대상을 없애 버림으로써 곧 자기의 확신이 객관적으로도 입증된 참다운 확신이라고 여긴다.

그러나 이와 같은 욕망 충족 과정에서 자기의식은 자기의 대상이 자립성을 띠고 있다는 것을 경험하게 된다. 이 욕구와 그 충족을 통해서 얻어지는 자기확신은 대상을 폐기함으로써 성립되는데 이러한 폐기를 하려면 자기가 아닌 타자가 반드시 존재해야 하니, 이로써 자기확신은 대상에 제약될 수밖에 없게 된다. 따라서 자기의식은 타자를 부정하는 관계 속에서도 대상을 소멸시킬 수는 없고, 오히려 욕구와 마찬가지로 대상도 재생산하기에 이른다. 사실상 욕구의 본질은 자기의식이 아닌 다른 것이다. 이러한 경험을 통하여 자기의식에게 이 진리가 밝혀진다. 그러면서도 동시에 자기의식은 절대적인 독자성을 지닌 존재로서 이를 실현하려면 대상을 소멸시킬 수밖에 없다. 자기의식은 그 스스로가 진리이므로 자기 스스로 충족을 얻어야 한다. 그리하여 자기의식이 자립적인 대상과 겨루면서 충족을 얻으려고 한다면 대상 스스로가 부정을 자청하는 그런 관계를 형성할 수밖에는 없다. 다시 말해 대상이 자체적으로 부정성을 띤 것으로서 자기부정을 행하며 타자에 대해서 모습을 드러내 보이는 것이어야만 한다. 그런데 이렇듯 대상이 스스로 부정작용을 하면서 동시에 자립적이라고 한다면 이는 다름 아닌 의식이다. 욕구의 대상인 생명의 경우에 부정작용은 어떤 타자 즉 욕구의 형태를 통해 행해지거나, 아니면 그 어떤 형태이거나 상관없는 다른 무언가에 대해 이루어지거나, 또는 타자가 무기적인 보편적 자연일 때 나타날 수밖에 없다. 그러나 보편적이며 자립적인 자연에 대해서 절대적 부정을 할 경우 이 자연은 생명을 초탈한 유 그 자체, 곧 자기의식으로서의 유일 수밖에 없다. 그리하여 자기의식은 오직 다른 자기의식 속에서만 스스로 만족할 수 있는 것이다.

다음과 같은 세 가지 요소 속에서 자기의식의 개념은 비로소 완성이 된다.

① 자기의식의 최초의 직접적인 대상은 전혀 구별되지 않은 순수한 자아이다.

② 그러나 이 직접적인 존재는 절대적 매개를 거친 것으로서 자립적인 대상을 폐기함으로써만 성립된다는 점에서 욕구다. 이 욕구의 충족을 통하여

자기의식은 자기에게 되돌아오는 가운데 자기확신은 진리가 된다.

③ 그러나 이 확신의 진리란 이중의 반성이며, 자기의식을 이중으로 만드는 것이다.

여기서 의식의 대상이 되는 것은 자기로 있으면서 자기의식의 타자존재가 되어 헛된 구별을 세운 채 자립해 있는 존재이다. 구별된 채로 단지 살아 있는 데 지나지 않는 온갖 생명체는 생명 자체의 전개과정 속에서 스스로의 자립성을 상실하고 동시에 구별과 더불어서 생물로서의 형태도 잃어버린다. 그러나 이렇게 자기를 부정하는 가운데도 자기의식의 대상은 여전히 자립적이다. 따라서 이 대상은 스스로가 유이면서 유에서 분리된 자기의 고유한 특성을 확보하면서도 보편적인 유동성을 지니게 되니, 이것은 곧 살아 있는 자기의식이다.

그런 식으로 자기의식은 또 하나의 자기의식과 대치해 있다. 이리하여 자기의식은 마침내 사실상 존재하게 되고, 이제야 비로소 스스로가 타자화되는 가운데서 자기통일이 성립되는 것을 알아차릴 수 있게 된다. 자기의식의 개념의 대상인 자아는 사실은 대상이 아니다. 그런데 욕구의 대상은 절멸 불가능한 보편적인 실체로서 유동적인 자기동일성을 지닌 존재이므로 참으로 자립적이라고 할 수 있다. 지금 여기서 대상이 되어 있는 것은 자기의식이므로 대상은 대상이면서 또한 자아이기도 하다. 여기에 이미 '정신'의 개념이 떠오르고 있다. 이제부터 의식은 정신이란 무엇인가를 밝혀 주는 경험을 하게 될 것이다. 그것은 독자적으로 존재하는 서로 다른 두 개의 자기의식이 완전한 자유와 자립성을 지니고 대립해 있으면서도 서로 통일되어 있다는 데 대한 경험이며, '나'가 '우리'이고 '우리'가 '나'라고 하는 이 절대적인 실체가 무엇인지에 대한 경험이다. 의식은 정신의 개념으로서 대두되어 있는 자기의식에 이르러서 일대 전환을 맞이한다. 즉 다채로운 가상이 펼쳐지는 감각적 차안과 공허한 밤의 어둠에 잠겨 있는 초감각적 피안에서 벗어나 의식은 이제 현재라는 정신의 밝은 대낮 속으로 발을 내딛는 것이다.

1. 자기의식의 자립성과 비자립성, 주인과 노예

자기의식은 또 하나의 자기의식에 대하여 자체적으로나 자기 스스로 있을 때 바로 이를 통하여 즉자대자적으로 존재한다. 다시 말해 자기의식이란 오직 인정된 것으로서만 존재한다. 이처럼 스스로 이중화되어 있으면서 통일돼 있는 개념, 자기의식 속에 실현되는 무한성의 개념은 복잡하게 얽힌 많은 측면과 많은 의미를 지니고 있다. 따라서 우리는 그 요소들을 정확하게 식별하여, 구별돼 있으면서도 동시에 구별되지 않는 것, 또는 늘 의미상 대립하는 것으로 받아들여 인식해야만 한다. 이때 구별된 것이 이중의 의미를 지니는 것은 자기의식의 본질에서 비롯된 것이다. 자기의식은 본질적으로 무한한 운동을 펼치면서 일단 정립되고 난 성질과 정반대되는 것으로 즉각 바뀐다. 이렇듯 이중화한 자기의식의 정신적 통일이란 무엇인지 그 개념을 분석해 보면 거기에는 '인정'의 운동이 나타나게 된다.

자기의식에 또 하나의 자기의식이 대치될 때 자기의식은 자기 밖에 벗어나 있다. 여기에는 이중의 의미가 있는데, 하나는 자기의식이 자기를 상실하고 저편에 있는 타자를 저 자신으로 인식한다는 의미이고, 다른 하나는 그런 의미에서 자기의식은 타자를 참다운 실재로서 보는 것이 아니라 타자 속에서 자기 자신을 본다는 식으로 타자를 폐기한다는 의미이다.

자기의식은 이렇게 자기를 타자로 보는 일은 지양해야만 한다. 이는 처음에 말한 이중의 의미를 폐기하는 것이 되지만 여기에서 또 다른 이중의 의미가 발생한다. 하나는 자기의식이 자기 이외의 다른 자립적 존재를 폐기함으로써 자기야말로 본질적인 존재임을 확신하도록 노력해야만 한다는 의미이며, 다른 하나는 이 타자는 바로 자기 자신이므로 결국 자기 자신을 폐기하도록 노력하게 된다는 의미이다.

이처럼 이중의 의미를 지닌 타자를 이중적인 의미에서 폐기하는 것은 동시에 이중의 의미에서 자기에게 되돌아오는 것이다. 왜냐하면 첫째로 자기의 타자존재를 폐기하고 자기와 일체화된 자기의식은 자기를 되찾은 셈이기 때문이며, 둘째로 자기의식은 타자 속에 있던 자기의 존재를 폐기하는 방식으로 타자를 완전히 자유롭게 만들어 줌으로써 다른 쪽 자기의식으로 하여금 자기를 되찾게 하기 때문이다.

그런데 자기의식과 다른 자기의식과의 관계에서 생겨나는 이러한 운동이 여기서는 한쪽 편의 행위로만 나타나 있지만, 한쪽의 이 같은 행위는 한쪽 당사자의 행위인 동시에 또한 다른 한쪽의 행위이기도 하다는 이중의 의미를 지닌다. 왜냐하면 다른 쪽 타자도 자립적인 완전한 존재이므로, 그 자신 속에 있는 것은 모두가 그 스스로의 힘으로 이루어 내는 것이기 때문이다. 최초의 자기의식은 단지 욕구의 대상에 지나지 않는 존재를 눈앞에 두고 있는 것이 아니라 자존하는 독립적 존재를 상대하고 있는 것이다. 그러므로 최초의 자기의식이 이 대상에게 무엇을 하려 하건 간에 상대 쪽에서도 스스로 동일한 것을 해주지 않으면 아무것도 실현될 수가 없다. 따라서 이 운동은 단적으로 말해 두 개의 자기의식이 행하는 이중의 운동이다. 두 자기의식은 양쪽 모두 상대가 자기와 동일한 것을 행하는 것을 본다. 그리고 양쪽 모두 자기가 상대에게 요구하는 것을 스스로 행한다. 따라서 그들은 상대가 그와 동일한 것을 행하는 한에서만 자기도 동일한 것을 행하게 되므로, 한쪽만의 행위는 아무런 소용이 없으며 정말로 이루어져야 하는 것은 오직 쌍방의 행위를 통하여 비로소 실현가능해지는 것이다.

그러므로 행위는 자기에 대한 행위인 것 못지않게 타자에 대한 행위라는 점에서 이중의 의미를 지닐 뿐 아니라 그것이 불가분적으로 한쪽의 행위인 동시에 다른 한쪽의 행위이기도 하다는 점에서도 이중의 의미를 지닌다.

이러한 운동 속에서 우리는 일찍이 두 힘의 유희로 나타나던 과정이 되풀이되는 것을 보게 된다. 다만 여기서는 그 유희가 의식 내부에서 행해진다. 힘의 유희에서는 방관자인 우리만이 보고 있었던 것을 여기서는 양극에 위치한 두 개의 자기의식이 바라보고 있다. 이때 중간지점에 있는 것도 양극으로 분열되는 자기의식이다. 두 개의 극은 서로의 역할을 바꿔 가며 저마다 반대의 역할로 무한히 이행한다. 물론 양쪽 모두는 의식으로서 자기 밖으로 나오기는 하지만 그렇게 자기 밖에 있으면서 동시에 자기에게 되돌아와 자기를 굳게 지키고 있다. 양자에겐 자기가 자기 밖에 있다는 것이 명확히 의식되어 있다. 자기가 직접 타자의 의식이면서 또한 타자의 의식은 아니라는 것이 각자에게 자각되어 있다. 그런가 하면 또 타자가 스스로 독자적 존재임을 포기하고 타자의 독자성 속에서 스스로를 자각하는 상태가 될 때 비로소 독자적인 존재가 된다는 것이 각자에게 자각되어 있다. 각자는 상대에 대하여 중간지점이 되고, 이 중간을 매개로 하여 저마다가 자기와 자기를 매개함으로써 자기와 합일된다. 결국 각자가 자기와 타자에 대하여 직접 독자적으로 존재하는 실재로서 나타나긴 하지만 이러한 독자성은 동시에 이런 매개를 통해서만 비로소 얻어진다. 두 개의 자기의식은 상호 인정 상태에 있는 의식으로서 서로가 서로를 인정하고 있는 것이다.

이중화한 두 개의 자기의식이 통일을 이룬다는 것이 인정의 순수한 개념이다. 이제 이 순수개념의 과정이 자기의식에 어떻게 나타나는가를 고찰해야만 하겠다. 처음에 이 과정은 두 개의 자기의식이 서로 같지 않다는 측면을 나타내는데, 여기서는 매개체로서의 중간이 양극으로 갈라져 대립하는 가운데 한쪽은 인정될 뿐이고 다른 한쪽은 인정하기만 하는 관계가 이루어진다.

자기의식은 무엇보다 먼저 단일한 즉자존재로서 모든 타자를 배제하여 자기동일성을 지닌다. 이때 자기의식의 본질이며 절대적 대상이 되는 것은 '자아'로서, 자기의식은 자각적 존재인 이 '자아'와 직접 어우러진 가운데 개별자로서 존재한다. 이 자기의식과 맞서 있는 타자는 부정적인 성격으로 규정된 비본질적인 대상이다. 그러나 이 타자 또한 자기의식인 까닭에 여기에는 개인과 개인의 대립이 형성된다. 이런 식으로 그대로 나타난 그들은 서로를 흔히 마주치는 평범한 대상으로 대한다. 그들은 비록 독립된 형태를 띠었다고는 하지만 생명이라는 존재—여기서는 존재하는 대상이 자기 자신을 생명으로 규정했으므로—속에 여전히 매몰되어 있다. 따라서 이 자립적 형태를 띤 두 개의 의식은 직접적인 자기존재를 송두리째 없애 버려 자기동일적 의식을 지닌 부정적 존재로서 감당해야 할 절대적인 추상화 운동을 서로에 대해서 수행하는 데에는 아직 이르지 못한 상태다. 즉 그들은 서로가 순수한 즉자존재 또는 자기의식으로 나타나 있지는 않다. 이들은 저마다 자기존재를 확신하고는 있으면서도 타자를 자기 것으로 확신하고 있지는 않으므로, 아직 스스로에 대한 자기확신은 진리가 되어 있지 않다. 이것이 진리가 되려면 자기만의 대자존재가 자신에게 자립적인 대상으로서, 다시 말하면 대상이 순수한 자기확신으로서 나타나야만 하기 때문이다. 그러나 그런 일은 인정의 개념에 비추어 볼 때 불가능하다. 그런 게 가능하려면 타자가 자기에 대해서 있는 것과 마찬가지로 자기도 타자에 대해서 있고, 또 서로가 자기의 행위와 마찬가지로 타자의 행위를 통해서도 저마다 대자존재일 수 있다는 식의 순수한 추상화 운동을 감행해야만 한다.

그런데 자기의식의 순수한 추상작용으로서 상호간의 행위가 나타날 때, 이들은 저마다 자기의 대상적인 모습을 완전히 부정할 수 있다는 것, 다시 말하면 어떤 특정한 존재에 집착하지도 않고 존재 일반이라는 보편적 개별성이나 심지어 생명에도 집착하지 않을 수 있다는 것을 보여 주어야만 한다. 이는 타자의 행위이면서 동시에 자기의 행위이기도 한 이중 행위다. 그것이 타자의 행위인 한 각자는 서로 타자의 죽음을 목표로 한다. 그러나 여기에는 또한 자기의 행위라는 제2의 행위도 포함되어 있으니, 타인을 죽음으로 내모는 것은 곧 자기 생명을 거는 행위이기도 하기 때문이다. 따라서 두 개의 자기의식의 관계는 목숨을 건 투쟁을 통해 자기 자신과 상호간의 진리를 확인하는 것으로 규정된다. 쌍방이 이러한 투쟁에 뛰어들 수밖에 없는 이유는 자기가 독자적인 존재라고 하는 자기확신을 자기 자신과 타자 모두에 대해서 진리로 고양시켜야만 하기 때문이다. 말하자면 자유를 보증받으려면 생명을 걸고 나서야 하는 것이다. 자기의식의 본질은 단지 주어진 대로의 삶을 살아가는 것 그리고 생명의 확대에 푹 잠겨 있는 것이 아니다. 오히려 다만 자기의식에는 결코 사라지지 않는 요소 따윈 하나도 없다는 것, 그리고 자기의식은 그저 독자적인 존재에 지나지 않는다는 것을 본질적으로 보증받기 위해서 자기의식은 목숨을 걸고 나서는 것이다. 물론 굳이 목숨을 걸고 나서지 않은 개인도 인격으로 인정받기는 하지만, 그는 자립적인 자기의식으로 인정받는다는 진리에는 다다르지 못한다. 그리고 타자는 이제 자기 자신임이 확실하므로 각자는 자기 목숨을 걸듯이 타자를 죽음으로 내몰지 않을 수 없다. 저마다의 본질은 타자로서 나타난다. 자기 본질이 자기 바깥에 있는 것이다. 따라서 각자는 자기 밖으로 벗어나 있는 존재를 폐기해야만 한다. 타자는 갖가지 속박을 당하고 있는 의식이지만, 각자는 자기의 타자존재를 순수한 즉자존재 또는 절대적 부정성을 지닌 존재로서 직관해야 한다.

그러나 이렇게 죽음으로써 진리를 확인하는 것은 이로부터 발현되어야 할 진리는 물론이고 심지어 자기확신마저도 폐기해 버린다. 왜냐하면 생명이 의식의 자연적인 긍정이며 절대적 부정성이 없는 자립적인 힘인 것처럼 죽음은 의식의 자연적인 부정이며 아무런 자립성도 없는 부정성을 뜻한다는 점에서, 여기서 일어나는 부정은 요구되는 바와 같은 인정의 의미를 지니지 않기 때문이다. 물론 죽음을 통하여 두 개의 자기의식이 서로 목숨을 걸고 자기 생명도 타자의 생명도 업신여긴다는 확신은 생기겠지만, 이러한 확신은 싸움을 견뎌 낸 당사자에게 생기지는 않는다. 이때 두 당사자는 자연적 존재라는 낯선 토대에 뿌리내리고 있는 자기들의 의식과 자기 자신을 폐기한다. 그래서 홀로 자립성을 지키려는 양극에 자리한 자기의식은 폐기돼 버린다. 그리하여 두 개의 자기의식은 대립 상태로 규정된 양극으로 분열한다는 본질적인 요소를 상호 교환 속에서 상실한다. 그리고 중간지점을 죽어 버린 통일 속에서 붕괴하고 마니, 이렇게 죽음으로 내몰린 상태에서 통일은 그저 존재할 뿐 역시 대립 없는 양극에 묻혀 버리게 된다. 양극이 더 이상 의식적으로 대응하면서 서로 주거니 받거니 하는 관계를 이루는 것이 아니라 두 개의 물체가 아무런 관계도 맺지 않은 채 서로를 방임하고 있을 뿐이다. 양자의 행위는 단지 추상적인 부정으로서, 이는 상대를 폐기하면서도 또한 그것을 보존하고 유지함으로써 파국을 견뎌 내고 살아남는 의식의 부정과는 다른 것이다.

이런 경험을 통해서 자기의식은 생명이 순수한 자기의식과 마찬가지로 자기에게 본질적이라는 것을 깨닫는다. 겨우 자기를 의식하기에 이른 직접적인 자기의식에게는 단순한 '자아'가 절대적 대상이지만 이 대상은 방관자인 우리에게는, 다시 말해 자체적으로는 절대적인 매개를 거쳐 나타난 것으로서, 자립적 생명을 본질적인 요소로 하고 있다. '자아'라는 단순한 통일체는 최초 경험의 결과 해체되고 만다. 이 해체로 말미암아 여기에 순수한 자기의식과 순수히 자립적이지 않고 또 다른 자기의식과 관계하는 의식, 즉 사물의 형태를 띠고 존재하는 의식이 정립되는데, 이 두 요소는 모두 의식에게는 본질적이다. 그러나 일단 이 양자는 서로 같지 않은 상태에서 대립해 있고 여기에 통일로의 복귀는 아직 일어나 있지 않으므로, 서로 대립하는 두 개의 의식형태로서 존재하게 된다. 한쪽은 독자성을 본질로 하는 자립적인 의식이며 다른 한쪽은 생명, 곧 타자에 대한 존재를 본질로 하는 비자립적인 의식이다. 여기서 전자는 '주인'이고 후자는 '노예'이다.

주인은 자립적인 의식이다. 그런데 단지 개념상으로만 그런 존재인 것이 아니라, 사물의 형태를 띤 자립적인 존재와 본질상 한데 묶여 있는 타자의 의식(노예)을 통해서 자기 자신과 매개된 가운데 자립적으로 존재하는 의식이다. 이 주인은 욕구의 대상인 사물 그 자체와 물성을 본질로 삼는 의식이라는 두 개의 요소와 관계한다. 이때 주인은 (a) 자기의식의 개념으로서 독자적으로 직접 상대와 관계해 있고, (b) 동시에 지금 같은 경우에 매개로서, 다시 말해 타자에 의해 비로소 자립성을 얻는 대자존재로서 독자적으로 있다. 여기서 (a) 주인은 직접 그 두 요소와 관계하고 (b) 간접적으로 양자 가운데 어느 한쪽을 통해서 타자와 각각 관계한다. 먼저 주인은 사물이라는 자립적인 존재를 매개로 하여 간접적으로 노예와 관계한다. 노예는 바로 사물에 속박되어 있다. 노예는 목숨을 건 투쟁에서 사물의 속박으로부터 벗어날 수 없었고, 따라서 물성을 띠지 않고는 자립할 수 없는 종속적인 모습을 드러낸 바 있다. 이에 반하여 주인은 투쟁하는 가운데 사물의 존재란 부정적인 의미밖에 지니지 않는다는 것을 입증함으로써 사물에 대한 지배력을 확립했다. 주인의 지배 아래 있는 사물은 한편으로 타자인 노예를 지배하는 힘을 지니는 까닭에, 이 연쇄적인 관계 속에서 주인은 노예를 자기에게 종속시킨다. 그런가 하면 주인은 노예를 매개로 하여 간접적으로 사물과 관계한다. 노예는 자기의식 일반으로서 사물에 부정적인 태도도 보여서 사물을 없애 버리려고 한다. 그러나 동시에 사물도 노예에 대하여 자립적인 존재이므로 노예는 사물을 부정하더라도 아예 폐기해 버릴 수는 없고 사물을 가공하는 데 그친다. 이에 반해 노예를 통하여 사물과 관계하는 주인은 사물을 완전히 부정할 수 있으므로 마음껏 사물을 향유한다. 이로써 욕구가 이루지 못했던 것, 즉 사물을 마음 내키는 대로 처리하고 향락하는 가운데 만족을 누리는 일을 주인은 해내게 된다. 욕구는 사물의 자립성으로 인하여 그러한 결과를 성취하지 못했다. 그러나 주인은 사물과 자기 사이에 노예를 끼워 넣어 어디까지나 사물의 비자립성하고만 관계하면서 사물을 고스란히 향유한다. 이때 사물의 자립성이라는 측면은 이를 가공하는 노예에게 일임된다.

위의 두 관계 속에서 주인은 다른 쪽 의식에게서 그의 존재를 인정받는다. 이 다른 쪽 의식(노예)은 한편으로는 사물을 가공해야만 하고 다른 한편으로는 특정한 존재에 종속될 수밖에 없다는 점에서 비본질적인 존재로 정립되어 있다. 요컨대 이 의식은 그 어느 경우에도 존재를 지배하고 이를 절대적으로 부정할 수가 없는 것이다. 따라서 주인 쪽에서 보면 노예라는 타자의 의식이 스스로의 자립성을 폐기하고 주인이 노예에게 할 일을 노예 자신이

행한다는 의미에서 인정의 관계가 성립되어 있다. 또 같은 맥락에서 노예가 하는 이 행위는 본디 주인이 하는 것이므로 노예의 행위는 곧 주인 그 자신의 행위라는 의미에서도 인정 관계가 성립되어 있다. 본질적으로 오로지 독자성만을 지니는 주인은 사물을 무(無)나 다름없다고 홀대하는 순수한 부정의 힘을 행사함으로써 이 관계 속에서 순수한 본질적 행위를 한다. 반면에 노예는 순수하지 못한 비본질적인 행위를 한다. 그러나 근본적인 상호인정이 이루어지기 위해서는 주인이 상대에 대해서 행하는 것을 주인 그 자신에 대해서도 행하고, 또 노예가 그 자신에 대해서 행하는 것을 상대인 주인에 대해서도 행해야만 한다. 이런 요소가 결여됐다는 점에서 현재 이 상태는 일방적이고 불평등한 인정의 관계이다.

　이렇게 본다면 비본질적인 의식은 주인에게 있어서 자기확신의 진리를 이루고 있는 대상이라고 하겠다. 그러나 이 대상은 그 개념과 일치하지 않으며, 오히려 주인의 자기실현으로 여겨지는 이 상태에서 생겨나는 것은 자립적인 의식과는 전혀 다른 비자립적인 의식임에 틀림없다. 따라서 주인은 의식의 독립성을 객관적 진리로서 확신하는 것은 아니며 그 진리라는 것은 비본질적인 의식과 이 의식의 비본질적인 행위이다. 그렇다면 자립적 의식의 진리는 노예의 의식에 있는 것이 된다. 물론 노예의 의식은 현재 자기를 상실한 상태이고 자기의식의 진리로서 나타나 있는 것은 아니다. 그러나 지배 과정에서 지배의 본질이 스스로 지향했던 바와는 반대의 것으로 전도되었듯이 예속의 본질도 관계 속에 실현될 때에는 직접 드러나 보이는 것과는 반대되는 것으로 전도된다. 노예의 의식은 자기에게 도로 떠밀려 들어가서 자기 복귀할 때 오히려 참다운 자립성을 획득하는 것이다.

　지금까지 우리는 예속이 지배와 어떤 관계를 맺고 있는지 살펴보았다. 그러나 예속되는 것도 자기의식이므로 이런 점에서 이번에는 예속이 즉자대자적으로 과연 어떤 것인지가 고찰되어야만 하겠다. 먼저 예속된 의식에서는 주인이 본질적인 존재이므로 주인 쪽의 자립적인 독립된 의식이 예속된 의식의 진리를 이루지만, 아직 이 진리는 예속된 의식에 대한 진리일 뿐 그 안에서 실현되어 있는 것은 아니다. 그런데 예속된 의식은 순수한 부정성을 지닌 즉자존재라는 진리를 실은 자기 스스로 지니고 있으니, 노예는 이 진리의 본질을 몸소 겪고 있는 것이다. 예속된 의식이 안고 있는 불안은 단지 우발적으로 나타난 어떤 것에 관한 불안도 아니고 특정한 순간에 닥치는 불안도 아닌, 그야말로 자기의 존재 전체에 닥쳐오는 불안이다. 그것은 절대적인 힘을 지닌 주인에게서 닥쳐오는 죽음의 공포이다. 이러한 공포 속에서 내면으로부터의 파멸에 직면한 노예는 온몸 구석구석까지 다 떨리는 전율을 느끼고, 이에 그의 내부에 확고히 자리잡았던 모든 것이 동요를 일으킨다. 여기저기에서 생겨나는 이 보편적인 운동, 즉 존립하는 모든 것의 절대적인 유동화는 자기의식의 단순한 본질인 절대적 부정성의 발로로서, 자기의식의 순수한 자립성이 이러한 모습으로 노예의 의식에 나타나 있는 것이다. 더욱이 주인을 통해 노예는 자기 자신에 대하여 자기의 대상으로 받아들여지는 까닭에 주관적으로나 객관적으로도 자립성을 감지하기에 이른다. 더구나 이 노예의 의식은 단지 막연한 기분상의 파멸만 나타나는 것이 아니라 노동이란 형태로써 현실적으로 이를 실현한다. 노동을 수행하는 매 순간마다 노예의 의식은 자연적인 존재에 대한 애착을 버리고 그 존재를 가공하고 변형하는 것이다.

그러나 일반적인 경우에나 개별적인 노동에서도 감지되는 주인의 절대권력은 그 자체가 붕괴를 예고하는 것에 지나지 않는다. 그리고 비록 주인에 대한 공포에서 지혜가 생겨난다고는 하지만 이 공포에 사로잡힌 의식은 여전히 대상에 얽매인 채 독자성을 갖추고 있지는 않다. 그러나 이 의식은 결국 노동을 통해서 자기에게 다다른다. 주인의 의식에서 욕구에 해당하는 것이 바로 이 노동인데, 어쨌든 노동에서 사물의 자립성이 유지되는 이상 노동하는 의식은 사물에 대해서 비본질적인 위치에 있는 듯이 보인다. 욕구는 대상을 전적으로 부정하며, 그럼으로써 순수한 자기감정을 확보한다. 하지만 바로 그렇기에 만족감은 그대로 소멸될 수밖에 없다. 왜냐하면 이때 욕구에는 대상의 존립이라는 측면이 결여되어 있기 때문이다. 이에 반하여 노동은 억제된 욕구이자 보류된 소실이다. 즉 노동은 사물의 형성으로 나아간다. 여기서 대상에 대한 부정적인 관계란 대상에게 형식을 부여하면서 그의 존재를 보존하는 쪽으로 나아간다. 왜냐하면 노동하는 노예 처지에서 대상은 어디까지나 자립성을 띤 것이기 때문이다. 사물에 형식을 부여하는 행위라는 이 부정적인 중간항은 동시에 의식의 개별성 또는 순수한 독자성을 나타낸다. 이리하여 의식은 노동하는 가운데 자기 바깥에 있는 영속적인 장(場)으로 나아가는 것이다. 이렇게 해서 노동하는 의식은 사물의 자립성을 곧 자기 자신의 자립성으로 직관하기에 이른다.

그러나 사물에 형식을 부여할 때 노동하는 의식은 순수한 독자성을 띠고 존재하게 된다. 긍정적인 의미를 지닐 뿐만 아니라, 공포라고 하는 첫째가는 요소를 불식시키는 부정적인 의미도 지닌다. 왜냐하면 노동하는 의식이 사물을 형성할 때, 그의 자립성과 부정성은 당면해 있는 사물의 형식을 폐기하는 과정을 거쳐서 대상화되기 때문이다. 그런데 이때 부정되는 대상이야말로 노예를 공포에 떨게 했던 그 낯선 외적인 힘이다. 노예의 의식은 이 낯선 부정적인 힘을 파괴하고 스스로가 부정의 힘을 지닌 것으로서 영속적인 장에 자리를 차지하여 대자존재로서의 자각을 지닌다. 주인에게 있어서 노예의 독자적인 존재는 타자로서 노예 자신과 맞서 있다. 그리고 주인에 대한 공포 속에서 스스로 독자적인 존재임이 노예에게 몸소 깨우쳐진다. 사물을 형성하는 가운데 스스로가 독자적 존재라는 것을 깨우치면서 마침내 노예의 의식은 자신이 즉자대자적인 완전한 존재임을 의식하기에 이른다. 사물의 형식은 바깥에 자리잡게 되지만, 그렇다고 의식과 별개의 것은 아니다. 이 형식이야말로 노예의 의식 자체가 순수한 독자성을 갖춘 진리의 모습이다. 그리하여 의식은 낯선 힘에 의해 이루어지는 것처럼만 보이던 노동 속에서 오히려 자기 혼자의 힘으로 자기를 재발견하는 주체적인 고유의 의미를 이끌어 내는 것이다. 노예로서 봉사하는 의식이 이렇듯 자기복귀를 이루는 데에는 공포와 봉사, 그리고 사물의 형성이라는 두 요소가 필요하며 더욱이 이들 요소가 생활 전반을 뒤덮고 있어야만 한다. 봉사와 복종의 훈련이 잘 이루어지지 않고서는 공포는 형식적인 데 그칠 뿐, 실생활에 의식적으로 퍼져 나가지는 않는다. 또한 사물의 형성 없이는 공포는 내면에 잠겨 침묵하고 있을 뿐이어서 의식은 그만의 독자성을 얻지 못한다. 최초의 절대적인 공포를 느끼지 않은 채 의식이 사물을 형성하게 된다면 의식은 다만 속이 텅 빈 자기 고유의 의미밖에 얻지 못할 것이다. 왜냐하면 의식의 형식이니 부정성이니 하는 것은 자체적인 부정성이 아니기 때문이다. 따라서 의식이 사물을 형성하더라도 이것이 본질적인 자기실현이라고는 의식되지 않을 것이다. 의식이 절대적인 공포를 실감하지 않은 채 다만 어쩌다 불안감에 젖어 들 뿐이라면 부정하는 힘은 의식 밖을 맴도는 데 그친다. 즉 의식의 본질은 부정성에 철저히 잠식되지 못한다. 이 경우 자기의 일상적인 의식이 안주해 있던 스스로의 토대가 온통 뒤흔들리는 일은 없으니, 어딘가에 의식이 기댈 만한 언덕이 남아 있게 된다. 그렇게 의식은 자체적으로는 아직 일정한 존재를 유지한다. 이때 자기 고유의 의미는 아집에 지나지 않으며, 그의 자유라는 것도 예속된 상태의 자유에 그칠 뿐이다. 의식은 사물의 순수한 형식을 본질로 삼지 못한다. 개개의 사물에 각인된 모습을 뛰어넘어 퍼져 나가야 할 순수형식은 보편적인 형성에도 절대적 개념에도 이르지 못한다. 그것은 몇몇 사물을 가공하는 숙련된 손놀림에 그칠 뿐, 보편적인 자연력이나 대상 세계 전체를 압도하는 것과 같은 힘이 될 수는 없다.

2. 자기의식의 자유, 스토아주의와 회의주의와 불행한 의식

자립적인 자기의식(주인)에게는 한편으로는 '자아'라는 순수한 추상만이 본질을 이루므로, 다른 한편으로 '자아'의 추상적인 형성과정에서 갖가지 구별이 생겨나더라도 이 구별은 자기의식에게 그 자체가 대상으로 존재하는 본질로서는 생각되지 않는다. 따라서 이 자기의식은 그의 단일성 속에서 참다운 구별을 생겨나게 하거나 이 절대적 구별작용 가운데서 자기동일성을 유지하는 자아는 아니다. 이에 반하여 자기에게로 다시 떠밀려 들어간 노예의 의식은 사물을 형성하는 가운데 형성된 사물의 형식으로 스스로 대상화되고, 그와 동시에 주인에게 독자적인 의식이 주어져 있음을 직관한다. 그러나 봉사하는 의식 그 자체에는 이 두 요소, 즉 자립적인 대상으로 나타난 자기 자신과 이 대상에 스며들어 있는 의식으로서의 자기본질이 통일되지 않은 채 서로 떨어져 있다. 그러나 사태의 참된 모습을 관찰하는 우리가 보기에 사물의 형식과 의식의 독자성은 동일한 것으로서, 자립적 자기의식의 개념에 따르면 자체존재는 곧 의식이다. 그러므로 노동 속에서 형상을 받아들이는 자체존재, 즉 물성의 측면도 의식의 테두리를 벗어난 것일 수가 없으니, 여기에 새로운 자기의식의 형태가 생겨나기에 이른다. 이것은 무한성 또는 순수한 의식의 운동을 본질로 하는 '사유하는' 자유로운 자기의식이다. 여기서 '사유한다'는 것은 자기의식이 추상적인 자아가 아니라 동시에 자체존재의 의미를 지니는 자아로서 그 자신의 대상이 되는 것, 다시 말하면 대상적인 실재가 스스로 상내하고 있는 의식의 독자성을 드러내 준다는 의미에서 대상적인 실재와 관계하는 것이다. 사유에 포착되는 대상은 표상이나 형태 속에서 운동하는 것이 아니라 개념 속에서 운동한다. 즉 의식에 대해서는 그대로 자신과 전혀 구별되지 않은 듯한 구별된 자체 속에서 대상은 움직이고 있다. 표상되거나 형태를 얻은 존재는 형식상 의식과는 별개의 것이지만 개념은 그대로 동시에 존재하는 까닭에, 의식에서 보이는 이 구별도 의식 자체에 주어져 있는 한 의식의 특정한 내용이다. 그런데 이 내용이 개념적으로 파악된 것이라는 점에서 그 특정한 내용과 의식의 통일은 직접적으로 의식되고 있지만, 이는 표상의 경우와는 다르다. 표상의 경우에 의식은 이것이 나의 표상이라는 식으로 새삼 확인해야 하는 반면 개념은 그대로 내 사유의 결정체이다. 사유하는 데서 나는 '자유롭다'. 왜냐하면 나는 타자 속에 있지 않고 어디까지나 자신에게 머물러 있으며 나에게 본질적인 대상이 자각적 존재로서의 나와 불가분의 통일을 이루고 있기 때문이다. 그러므로 개념을 추구하는 나의 운동은 나 자신 안에서 일어나는 운동이다. 그런데 자기의식의 새로운 형태를 이렇게 규정하는 데서 본질적으로 확보해 둬야 할 것은 이 형태가 '사유하는' 의식 일반이며, 그의 대상이 자체존재와 대자존재의 직접적인 통일체라는 것이다. 스스로 자기에게 반발하는 동일한 의식이 그 자신에게 자체적으로 존재하는 장(場)이 되지만, 이 장은 애초에는 보편적인 세계의 모습으로 나타나 있을 뿐 아직 다양한 존재가 운동을 전개하는 대상 세계로서 나타나 있지는 않다.

이러한 자기의식의 자유가 의식적인 형태를 띠고 정신사(精神史) 속에 등장한 것이 그 유명한 '스토아주의'라는 사상이다. 스토아주의의 원리는 의식이란 사유를 하는 것이며, 무엇인가가 의식에게 본질적인 의미에서 참답고 선하다고 의식될 수 있는 것은 오직 의식이 그 무엇에 대해 사유하는 한에서 그렇다는 것이다.

삶에서 내부적인 구별을 통해 생겨나는 다양한 확산과 개별화와 착종(錯綜) 등등은 욕구 또는 노동의 작용 대상이다. 그런데 이렇게 벌어지는 다양한 행위가 이제는 사유의 순수한 운동 속에 드러나는 단순한 구별작용으로 집약된다. 이제 더 이상 특정한 사물, 특정한 생활에 매여 있는 의식, 감정, 그 특정한 대상에 대한 욕구 등으로 나타나는 온갖 구별이나, 또는 그 목적을 자기의 의식이 정립했든지 아니면 타인의 의식이 정립했든지 간에 아무튼 욕구에 대한 목적으로 나타나는 구별 따위 하나도 중요하지 않으며, 오직 자아 자체에서 직접 솟구쳐 나오는 사유 속에서의 구별만이 사실상 의미 있는 것이 된다. 따라서 이 의식은 주종관계에 부정적인 태도를 취한다. 이 의식은 주인의 위치에서 노예의 진리를 지니지도 않으며, 또한 노예의 위치에서 주인의 의지야말로 진리라고 하며 복종하고 봉사하지도 않는다. 그보다도 오히려 왕좌에 올라서 있거나 사슬에 매여 있거나 간에, 그 어떤 개별적인 존재에도 구속되지 않고 존재의 운동 속에서 능동적이든 수동적이든 상관없이 어떤 작용에도 꿈쩍도 하지 않은 채 단순한 사상의 본질로 돌아가 계속 칩거해 있는 것이 스토아주의이다. 아집이라는 것도 사소한 개별성에 매여서 예속상태에 머무르는 어떤 자유다. 그러나 스토아주의는 사물에 대한 예속관계를 말끔히 청산하고 순수하며 보편적인 사상의 세계로 되돌아가는 데서 자유를 획득한다. 이 자유는 세계정신의 보편적인 형식으로 본다면 사회 전체에 공포와 예속이 만연해 있으면서도 동시에 형성이 고양되어 사유로까지 발전하게 된 일반적인 교양의 시대에만 출현할 수 있었던 것이다.

이 자기의식에게 본질적인 것은 자기 이외의 것도 아니고 순수하게 추상적인 자아도 아니며 어디까지나 타자존재를 사유된 구별로서 자기 내부에 지니고 있는 자아인데, 따라서 이 자아는 자기 이외의 타자존재를 사유함으로써 그대로 자기에게 돌아와 있다 해도, 이 자기의식의 본질은 역시 추상성을 띤다고 해야만 하겠다. 자기의식의 자유는 일상적인 존재에는 무관심하여 이에 전혀 개의치 않으므로 여기서 반성은 이중화된다. 사유의 자유는 충실한 생활이 결여된 순수한 사유만을 진리로 간주하므로, 이는 자유의 개념일 뿐 살아 있는 자유 그 자체라고 할 수는 없다. 이 자유에게는 오직 사유 일반이, 즉 사물의 자립성에는 아랑곳하지 않고 자기에게 돌아와 있는 한낱 형식으로서의 사유만이 값어치 있는 것이다. 그러나 개인성은 행동할 때는 살아 있는 모습으로 나타나고 또한 사유할 때는 생동하는 세계를 사유의 체계로서 포착하게 마련이므로, 결국 행동면에서는 선이란 무엇이고 사유면에서는 참이란 무엇인가가 내용으로서 사유 속에 포함되어야만 한다. 그런데 스토아주의의 의식 속에 존재하는 것이라고는 오로지 사유의 기본을 이루는 개념뿐이다. 이 개념이란 사물의 다양한 모습으로부터 완전히 단절된 추상물에 지나지 않으므로 그 안에 내용이라곤 아무것도 없으니, 내용은 밖으로부터 주어지는 수밖에 없다. 여기서 의식은 사유할 때 이질적인 내용을 폐기해 버리고 만다. 그러나 개념에는 특정한 내용이 담겨 있으며 이 특정한 성격이 곧 개념에 내재하는 이질적인 요소다. 따라서 스토아주의는 그 시대의 표현대로라면 진리 일반의 '기준'에 대한 질문, 즉 엄밀한 의미에서 사유의 내용 그 자체에 대한 질문을 받으면 그만 궁지에 몰리게 된다. 스토아주의로서는 무엇이 선이고 무엇이 참인가에 대한 질문을 받으면 그저 내용 없는 사유로 답변할 수밖에 없으니, 그들은 이성 속에 참과 선이 존재한다고 답하는 것이 고작이다. 그러나 사유가 사유와 일치한다는 이 동어반복적인 말은 결국 그 무엇도 규정하지 않는 순수한 형식에 지나지 않는다. 스토아주의가 끊임없이 내세우는 참다운 것과 선한 것, 지혜와 덕이라는 일반적인 말은 대체로 사람들의 정신을 고양하긴 하지만 사실 이로부터 내용이 전개될 수 있는 것은 아니므로 어느덧 권태로움을 자아내기에 이른다.

그러므로 추상적인 자유로서 오직 사유에만 전념하는 이러한 의식은 타자존재를 불완전하게 부정하는 데 그친다. 일상세계로부터 자기 내면으로 도로 끌려와서 칩거하고 있을 뿐인 이 의식은 현존하는 세계에 대한 절대적 부정을 스스로 실현하고 있지는 않다. 이 의식은 내용을 오직 사상으로서만 바라보고 있지만, 이 경우 사상은 특정한 사상으로서도 보여지는 것이다. 따라서 이는 동시에 한정된 것 그 자체다.

'회의주의'는 스토아주의가 단지 개념상으로만 다루었던 것을 실행에 옮김으로써 사상의 자유란 무엇인가를 현실로 경험한다. 자유로운 사상은 본디 부정의 힘을 지니므로 그런 형태로 나타날 수밖에 없다. 스토아주의에서는 자기의식이 자기 자신이라는 단순한 사상으로 복귀함과 동시에 실제로는 그 사상의 무한운동 속에서 사물의 자립적인 존재나 고유한 특성은 사실상 무시되어 버렸다. 그러나 회의주의에서는 타자의 세계가 전적으로 비본질적이고 비자립적이라는 사실이 명확히 의식되고 있다. 이제 사상은 다양한 성질을 지닌 세계의 존재를 말끔히 부정해 버리는 완전한 사유가 되고, 자유로운 자기의식의 부정성은 그렇게 스스로 삶에 다양한 형태를 부여할 때 현실로 이루어진다. 이렇게 볼 때 스토아주의가 주종관계로서 나타나는 자립적 의식의 개념과 일치했다면, 회의주의는 욕구와 노동을 통한 타자존재의 부정이라는 양식으로 이 자립적 의식을 실현한 것과 일치한다고 할 수 있다. 그러나 스토아주의에서는 욕구와 노동이 부정을 실현하여 자기의식을 성취하는 데까지는 이르지 못한 데 반하여, 사물의 다양한 자립성을 부정하는 회의주의는 이미 자기 내부에서 완성된 자유를 지니는 자기의식으로서 전투적으로 타자존재를 부정하려 든다는 점에서 더할 수 없이 큰 효과가 기대된다. 더 분명히 말하자면 여기서 부정은 사유의 무한성을 나타내는 것이므로, 이에 비하면 갖가지 차이를 드러내는 자립적인 사물의 존재는 소멸될 수밖에 없는 크기를 지닐 뿐이다. 자기의식 자체의 순수한 사유 속에서는 온갖 구별이 추상적인 구별에 지나지 않으므로 여기서는 모든 구별이 되고, 구별된 존재 모두는 자기의식이 떠안은 하나의 구별이 되는 것이다.

이상 설명한 데서 회의주의의 행위 일반과 그 태도는 스스로 밝혀진 셈이다. 회의주의는 감각적 확신, 지각, 오성으로 이어지는 변증법적 운동을 개진하고, 또한 지배와 봉사의 관계 속에서 규정됐던 것과 추상적인 사유에서 명확해진 것마저도 본질은 아니라며 불신한다. 지배와 봉사의 관계에서 명확한 것은 주인의 명령이나 도덕법칙 등을 가리키며, 추상적 사유에서 규정되는 것은 내용 없는 사유가 전개해 나가는 학문의 개념을 가리킨다. 내용 없는 사유는 이 개념 속으로 전개하여 개념의 내용을 이루지만, 이는 개념과는 무관한 존재에 단지 외적으로 개념을 적용하고 있는 것이다. 여기서 이 사유는 특정한 개념만을 타당하다고 여기지만, 사실 개념 그 자체는 순수한 추상물에 지나지 않는다.

변증법적인 것이 그대로 직접 행해지는 부정의 운동으로 나타날 경우, 먼저 이 운동은 의식 그 자체가 만들어 낸 것이 아니라 자기가 거기에 통째로 내맡겨져 있는 운동으로서 의식에게 나타난다. 이에 반하여 회의주의의 이 부정적인 운동은 자기의식에서 비롯된 것이므로 그 자신의 참과 본질이 어찌된 영문인지도 모르게 뜻밖에 소멸되는 일이 일어날 수는 없고, 의식은 스스로의 자유를 확신하는 가운데 참으로 실재한다는 듯 자처하고 나서는 타자를 부정해 버린다. 다만 대상 그 자체만 부정되어 버리는 것이 아니라 바로 그 대상이 대상으로서 거기에 있고 또 그것이 당연하다고 생각하는 자기 자신과 대상의 관계마저도 부정되고 만다. 결국 자기의 지각도, 언제든지 무너질 수 있는 위태로운 확신도, 궤변도, 또 자기 멋대로 확정지어 놓은 진리마저도 부정된다. 이러한 자각적 부정에 의해서 자기의식은 그 자신이 자유롭다는 데 대한 확신을 스스로 만들어 내고 이를 경험하는 가운데 마침내 그것을 진리로 고양시킨다. 이렇게 해서 소멸되는 것은 세부적으로 규정되고 구별지어진 것, 즉 어디서 어떻게 만들어진 것이든 간에 확고부동한 구별된 것으로서 내세워진 것이 된다. 이것은 그 자체로서는 아무런 지속성 없이 외면적으로 규정되어 오직 타자 속에 그 자신의 진리를 두고 존재하는 데 지나지 않으므로 사유에 맞닥뜨리면 소멸될 수밖에 없다. 여기서 사유란 세부적으로 구별된 것의 그러한 본성을 통찰하는 일이며 단순한 부정의 힘이다.

이리하여 회의주의의 자기의식은 견고한 듯이 보이는 모든 것이 동요하는 가운데 자기의 자유를 자기 힘으로 획득하고 지탱하는 경험을 한다. 이 자기의식은 자기 자신을 사유하는 부동심(不動心, Ataraxie)과 확고부동한 참다운 자기확신이다. 이 확신은 자기 자신의 다양한 전개를 자기 내부에서 붕괴시키고 있는 외부 존재로부터, 자신의 생성을 배후에 둔 결과로서 생겨난 것이 아니다. 그것은 의식 그 자체가 무한한 변증법적 동요를 겪으면서 감각적 표상과 사상적 표상을 이것저것 감싸안은 채 그 구별을 없애 버리고, 더 나아가 동일성마저도—이것 또한 비동일과 구별되는 것이므로—해체해 나가는 운동이다. 그런데 바로 이 점에서 실제로 의식은 이미 자기동일적인 의식이 아니고 걷잡을 수 없이 밀려오는 혼란 속에서 끊임없이 생성되는 무질서에 현기증을 느끼고 있는 의식이다. 이런 가운데서도 의식은 이 혼란함을 자각하고 있다. 왜냐하면 이 자체적인 혼란은 의식 스스로가 끌어들이고 불러일으킨 것이기 때문이다. 그러므로 의식은 이러한 혼란을 자기 탓으로 여기면서 자신이 전적으로 우연에 사로잡힌 개별적인 의식임을 스스로 인정하게 된다. 즉 자기 처지에서는 전혀 실재적이지 않은 것을 스스로 바라보면서 아무런 현실적 근거도 없는 것에 따르고, 진리도 아무것도 아닌 일을 실천하며, 그것을 현실이라고 믿는 경험적 의식임을 스스로 고백하는 것이다. 그러나 이 자기의식은 이런 식으로 자신이 개별적이고 우연한 동물적 생명이자 상실된 자기의식임을 인정하면서도, 한편으로는 다시금 자기동일성을 갖춘 보편적인 의식이 되기도 한다. 왜냐하면 이 의식은 온갖 개별적인 것과 구별된 것을 모조리 부정하기 때문이다. 이렇듯 내부에 자기동일성을 간직하면서도 이 의식은 다시금 우연과 혼란 속으로 전락하게 된다. 왜냐하면 쉴 새 없이 이어지는 부정의 운동은 개별적인 것하고만 관계하고 우연한 것과 마주치기 때문이다. 그리하여 이 의식은 자기동일적인 자기의식이라는 한쪽의 극과, 혼란이 또 다른 혼란을 낳는 우연의 소용돌이에 휩싸인 의식이라는 다른 한쪽의 극 사이를 무의식중에 왔다 갔다 하는 어리석은 짓을 하고 있는 것이다. 의식은 자기 자신에게서 비롯된 이 두 개의 사상을 합칠 수가 없다. 즉 한편으로는 그 자신의 자유가 온갖 혼란과 우연에 휘말려 있는 삶의 현장을 벗어나 있음을 인식하면서, 다른 한편으로는 다시 비본질적인 존재 속에 매몰되어 허우적거리는 처지에 놓여 있음을 스스로 고백하는 것이다. 그것은 비본질적인 내용을 자기의 사유 속에서 사라져 버리도록 하지만 바로 이 때문에 비본질적인 것을 의식하게 된다. 모든 것이 아주 없어진다고는 히지만 그러한 발언은 지워지지 않은 채 의식 속에 존재한다. 보거나 듣는 것은 믿을 게 못 된다고 하지만, 스스로 보거나 듣거나 하고 있다. 또한 인륜적 본성이란 허망한 것이라고 하면서도 스스로 행동에 임할 때는 이를 근간으로 삼는다. 이 의식의 행동과 발언은 언제나 모순되어 있다. 이 의식 속에는 불변의 자기동일적인 의식과 전적으로 우연에 이끌린 비동일적인 의식이라는 모순된 두 가지 의식이 존재한다. 그런데 의식은 이러한 자기 자신의 모순을 별도로 분리해 놓고는 모순에 대해서도 순전히 부정적인 운동으로 대처한다. 동일성이 제시되면 곧바로 비동일성을 제시하고, 지금 막 자기가 얘기했던 비동일성이 내세워지면 이번에는 또 동일성을 내세우는 것이다. 이런 헛소리는 마치 애들이 억지를 부리면서 말다툼하는 것과도 같아서, 상대가 B라고 하면 이쪽은 A라고 하고 반대로 상대가 A라고 하면 다시 이쪽에서 B라고 하는 투의 자기모순을 빚고 있으니, 실로 이렇게 서로 모순된 상태를 흥겨워하는 듯한 꼴이다.

사실상 회의주의에서 의식은 그 자신의 내부에 모순을 안고 있는 의식임을 스스로 경험한다. 이 경험에서는 새로운 의식형태가 생겨나는데, 이는 이제껏 회의주의가 따로따로 갈라 놓았던 두 개의 사상을 하나로 결합시킨다. 새로이 등장하는 이 의식은 두 갈래로 나뉘었던 사상을 모두 다 지닌 하나의 의식인 이상, 자기 자신에 대한 회의주의의 무사상성(無思想性)은 더 이상 존속될 수 없게 된다. 그러므로 이 새로운 형태는 자유롭고 불변하며 자기동일성을 지닌 자기와, 절대적인 혼란과 도착 상태에 빠져 있는 자기가 지녀 왔던 이중의 의식을 자각함으로써 새삼 자기모순을 의식하는 자각적 의식이 다. 스토아주의의 자기의식이 자기만을 위한 단순한 자유의 의식이었다고 한다면 회의주의에서는 이 자유가 실현됨으로써 의식은 특정한 존재라는 다른 일면을 부정해 나가는 가운데 오히려 자기 자신을 이중화하여 두 개의 의식이 되어 있다. 이리하여 전에는 주인과 노예라는 두 개인에게 분담되어 있던 이중성이 하나로 합쳐진다. 자기의식이 자체 내에서 이중화되는 것은 정신의 개념상 본질적인 것으로서 현재 이 분열이 존재하고 있지만, 여기선 아직 통일이 생겨나 있지 않다. 이렇게 분열된 가운데 스스로 이중적인 모순된 존재로서의 자기를 의식하는 것이 '불행한 의식'이다.

자체 내에서 분열되어 있는 불행한 의식은 존재의 본질적인 모순을 떠안은 채 하나의 의식으로서 존재하므로 어느 한쪽 의식으로 있으면서도 언제나 다른 한쪽 의식을 지니지 않을 수 없으니, 결국 양분된 의식을 통일시켜서 승리감이나 안정감을 얻었나 싶으면 곧바로 그 어느 쪽인가로부터 반발에 부딪쳐 통일상태를 잃고 만다. 그러나 이 불행한 의식이 참으로 자기에게 되돌아와 자기와 화해하기에 이르면 생동하는 모습으로 현실세계를 살아가는 정신의 개념이 나타나게 될 것이다. 왜냐하면 불행한 의식에서도 이미 이중화됐던 의식이 하나의 불가분적 의식임을 깨우쳐져 있기 때문이다. 하나의 자기의식이 또 다른 자기의식을 직시하는 가운데 그 어느 쪽이든 모두가 불행한 의식이라고 한다면 이 양자의 통일은 그 의식의 본질이라고 할 수 있다. 그러나 불행한 의식은 아직 그 자신의 이러한 참모습을 자각하지 못한 채 양자를 통일하지 못하고 있다.

처음에 불행한 의식은 분열된 양자를 그대로 합쳐 놓은 통일체일 뿐이다. 더욱이 이들은 동일화되지 않은 대립하는 것이므로 그중 한쪽을 이루는 단일한 불변의 의식은 본질이 되며 다른 한쪽에 해당하는 다면적이고 불안정한 의식은 비본질적인 것이 된다. 이때 양자 모두가 서로에게 이질적인 존재임이 의식에게 깨우쳐져 있으니 결국 의식 자체가 이런 모순을 안고서 불안정한 의식 쪽에 자리잡은 비본질적인 존재가 된다. 그러면서도 또 의식은 불변하고 단일한 본질적 의식이기도 하므로 이 비본질적인 자기로부터 자유로

위지려고 할 수밖에 없다. 왜냐하면 이 의식은 자각적으로는 불안정하게 변화하는 것이며 불변의 의식과는 거리가 멀다 해도, 또 의식 그 자체는 단일한 불변의 의식이므로 이것이 곧 자기의 본질임을 의식하고 있기 때문이다. 다만 여기서는 아직 의식 자체가 자각적으로 그런 본질적인 차원에 다다라 있지 않을 뿐이다. 따라서 이 불행한 의식은 서로 전혀 무관한 이질적인 위치를 양자에 부여하지도 않고, 또한 의식이 불변의 존재에 대해 무관한 위치에 있는 것도 아니다. 오히려 의식은 양자 모두를 자기 슬하에 두고 양자의 관계를 어디까지나 본질과 비본질의 관계로서 자각한다. 물론 비본질적인 것은 폐기되어야 하지만 의식에게는 양자가 다 같이 본질적이면서 모순되는 것이다. 따라서 의식은 모순을 지닌 운동으로서 존재할 수밖에 없으니, 여기서는 상호대립하는 한쪽 극이 다른 한쪽 극으로 이행한다고 하여 안정되기보다는 오히려 자기 내부에서 자기에게 반대하는 새로운 대립물을 낳을 수밖에 없다.

이렇듯 하나의 적에 대한 하나의 싸움이 벌어지고 있는 상황에서 이 적에 대한 승리는 오히려 패배라고 할 수 있다. 무언가 한쪽에서 획득하는 것이 있으면 그로 인하여 반대쪽에서는 오히려 그것을 상실하게 된다. 생명의 힘으로 존재하며 행위하는 의식이 이러한 자신의 존재와 행위에 대해 고통스러워할 수밖에 없게 되었으니, 왜냐하면 여기서 의식은 본질적 존재로서의 자기는 반대편에 있어서 정작 지금의 자기는 공허한 존재에 지나지 않기 때문이다. 의식은 이러한 처지를 벗어나서 불변자인 신에게로 상승해 간다. 그러나 이렇게 상승하는 것 자체가 결국 동일한 의식이 행하는 것이므로 이 상승 앞에 있는 것은 곧 그와 정반대되는 개별자로서의 의식이다. 의식 속에 참모습을 드러내기 시작하는 불변자는 바로 이런 이유로 개별자와 접촉하며 오직 개별자와의 연계 속에서만 현존하게 된다. 이렇듯 개별자는 불변자에 대한 의식 속에서 없어져 버리는 것이 아니라 어디까지나 개별자로서 불변자의 세계에 존재하는 것이다.

이러한 운동 속에서 불행한 의식은 불변자 곁에 개별자가 함께 출현하고 개별자 곁에 불변자가 함께 출현한다는 것을 경험하기에 이른다. 의식은 불변자에게서 개별자 일반이 생겨나고, 물론 개별자로서의 자기도 역시 불변자에게서 생겨난다는 것을 의식한다. 왜냐하면 이 운동의 진리는 바로 이 개별자와 불변자라는 이중적 의식의 일체화에 있기 때문이다. 그러나 이러한 통일이 의식 속에서 갓 이루어진 시점에서는 양자간의 차이가 통일을 지배하는 듯이 보인다. 이 경우 의식에서 개별자와 불변자 사이에는 다음과 같은 세 가지 결합양식이 있을 수 있다. 첫 번째는 의식이라는 개별자 자신이 새삼 불변자와 대립하여 다시 나타나는 경우인데, 이때 개별자는 이 의식의 관계 전체의 장을 바로 그 싸움이 처음 시작됐던 국면으로 되돌려지게 된다. 두 번째는 불변자 자신이 개별자의 모습으로 의식에 비치는 경우인데, 따라서 이때 개별자는 불변자인 신의 형태를 띠게 되면서 개별자의 존재 전체가 신격화된다. 세 번째는 개별적 의식 자체가 스스로 불변자의 품에 안겨져 있음을 의식하는 경우이다. 의식 속에서 첫 번째 불변자(성부)는 개별자를 단죄하는 초월적인 존재에 지나지 않지만 두 번째 불변자(성자)는 그 자신과 같은 개별자의 형태를 지닌 존재이고, 세 번째 불변자는 정신(성령)이 되어 자기 자신을 정신 속에서 발견하는 기쁨을 누리면서 자신의 개별성이 보편자와 화해했음을 의식하는 존재이다.

이렇게 해서 드러난 불변자의 모습 및 관계는 분열된 자기의식이 불행을 되씹어 가면서 몸소 겪어 온 바 그대로이다. 그런데 이 경험은 자기의식만의 일방적인 운동은 아니다. 왜냐하면 이 의식 자체가 불변의 의식이지만 이 불변의 의식은 동시에 개별 의식이기도 하므로, 운동은 불변의 의식의 운동이면서 또한 여기서 다른 쪽 의식과 마찬가지로 등장해 오는 자신의 개별성이 보편자와 의식의 운동이기도 하기 때문이다. 이 운동은 무엇보다 먼저 불변의 의식과 개별 의식이 대립을 빚고, 그 다음에 불변의 의식 자체가 개별 의식이 되어 다른 쪽 개별 의식과 대립하고 나서 마지막으로 양자가 통일된다는 세 개의 과정을 거친다. 그러나 이것은 방관자인 우리만이 알아차릴 수 있는 것인데, 이 문제를 다루기에는 아직 때가 이르다. 왜냐하면 지금까지 우리가 다뤄 온 불변성은 아직 대립에 사로잡혀서 참다운 불변성이 되지 못한 한낱 의식의 불변성에 지나지 않아서, 즉자대자적인 완전한 불변자는 등장하지 않은 상태이기 때문이다. 따라서 지금으로서는 이 불변자가 어떤 것인지를 우리는 모르고 있다. 다만 여기서 드러난 것은, 우리의 대상인 불행한 의식에 관해 지금까지 이야기된 내용이 불변자의 몇 가지 구체적인 내용으로 나타나 있다는 것뿐이다.

이상과 같은 이유에서 비록 불변의 의식이라 해도 형태를 띠고 나타날 때에는, 그 자체가 개별 의식에 대해 분열한 존재인 대자존재라는 기본 성격을 지니고 나타나게 된다. 그러므로 애초에 이 의식의 처지에서는 불변한 존재가 인간 개인의 개별성을 띠고 나타난다는 것이 갑작스런 일대 사건이다. 마찬가지로 의식은 자신이 불변한 존재와 대립하고 있음을 그저 깨달을 뿐이며, 따라서 본성상 이 대립관계를 지닌 셈이다. 그러다가 마침내 개별 의식이 불변자로서의 예수 그리스도 역시 자기와 동일한 인간이라고 생각하게 될 때, 이러한 관계는 부분적으로는 개별 의식이 스스로 산출해 낸 것이고 개별자가 개별적인 한에서 생겨난 것으로 보인다. 물론 그렇긴 하지만, 한편으로 이러한 통일은 그 발생으로 보나 현재의 존재양식으로 보나 불변자에 귀속될 수밖에 없으며, 따라서 신과 인간의 이 대립은 여전히 통일 자체 속에 존재하게 된다. 실제로 불변자가 인간의 모습을 띤다 하더라도 피안의 요소는 그대로 존속될 뿐 아니라 오히려 더 강조된다. 왜냐하면 불변자가 현실적인 개인의 형태를 띠고 개별적인 의식에 좀더 가까이 다가온 듯이 보이기는 해도, 다른 한편으로 이번에는 불투명한 감각적 단일물로서 현실적인 것의 냉혹한 모습 전체를 동원해 개인적인 의식과 대립한다고 할 수도 있기 때문이다. 결국 불변자와 일체를 이루고자 하는 희망은 어디까지나 희망에 그칠 뿐, 실제로 이루어져서 현실성을 지닐 수는 없다. 왜냐하면 그러한 희망과 희망의 실현 사이에는 그야말로 절대적인 우연성과 매우 확고한 무관심이 가로놓여 있으며, 이는 그 희망의 근간을 이루는 신의 육화(肉化) 자체에 존재하고 있기 때문이다. 불변의 신이 현실에 존재하는 일자(一者)로서 현실성을 띠고 나타난 이상, 불변자는 시간의 흐름 속으로 사라지고 공간적으로도 머나먼 곳에 그대로 머물러 있게 되리란 것은 당연한 이치이다.

　최초에 분열된 의식이라는 단순한 개념은 개별 의식으로서의 자신을 지양하여 불변의 의식으로 나아가는 형태로 자신을 규정했다. 그러나 이제부터 분열된 의식은 형태를 지니지 않은 순수한 불변자와 관계하기를 그만두고 오직 형태화한 불변자인 신과의 관계를 마련하기 위해 노력해야 한다. 분열된 의식의 개념 단계에서는 단지 무형의 추상적인 불변자만이 본질적인 대상이 되었지만, 여기서는 개별자와 불변자의 통일이 개별자의 본질이자 대상이 되어 있다. 이제 개별적인 의식은 애초에 있었던 개념의 절대적 분열이라는 관계에서 벗어나야 한다. 낯선 현실의 존재인 형태화한 불변자와 관계하는 것이 처음에는 외면적인 관계일 수밖에 없겠지만, 의식은 여기서 더 나아가 신과의 절대적인 일체화를 이뤄야 한다.

비본질적인 의식이 이렇듯 불변자와의 일체성을 지향해 나가는 운동은 육화된 피안의 신과 그의 관계가 삼중화되어 있는 데 따라서 역시 삼중의 운동이 된다. 첫째는 순수한 의식으로서의 운동이고 둘째는 욕구 및 노동을 통하여 현실에 대처하는 개별 존재의 운동이며 셋째는 자기의 독자성을 의식하는 운동이다. 이제 이 의식의 세 가지 존재양식이 신과 인간의 보편적인 관계 속에서 어떤 식으로 현존하고 규정되는가를 살펴봐야 하겠다.

먼저 비본질적인 의식을 순수한 의식으로서 고찰해 보자면, 이 순수한 의식에 나타나는 육화된 불변자는 즉자대자적으로 완전하게 존재하는 듯이 보인다. 그러나 이미 지적했듯이 즉자대자적인 완전한 불변자는 이 단계에선 아직 나타나지 않는다. 불변자가 즉자대자적인 완전한 모습으로 의식 속에 나타나기 위해서는 그것이 이 의식으로부터 비롯되기보다는 오히려 불변자 자신으로부터 비롯돼야만 한다. 그런데 지금 그렇게 현존하고 있는 불변자는 일방적으로 의식에 의해서만 신으로 정립된 것이다. 바로 이런 까닭에 그것은 참되고 완전한 불변자일 수 없는, 대립을 안고 있는 불완전한 존재이다.

그러나 불행한 의식이 비록 완전한 불변자를 실제로 소유하고 있지는 않다 하더라도 이 의식은 개별성 전체를 무시해 버리는 스토아주의의 추상적인 사유나 전적으로 불안정한 회의주의적 사유, 즉 실제로는 모순을 의식하지 않은 채 끊임없이 운동하고 있는 개별자의 사유와 같은 순수사유에 머물러 있는 것은 아니다. 불행한 의식은 스토아적 또는 회의주의적인 순수사유를 초월함으로써 순수한 사유와 개별 존재를 하나로 합쳐 놓았다. 그러나 이 의식은 더 나아가 개별 의식과 순수사유의 화해를 명확하게 의식하는 데까지는 이르지 못하고 있다. 오히려 불행한 의식은 추상적 사유와 개별 의식이 서로 접촉하는 중간지점에 자리하고 있다. 이 의식 자체가 이 접촉에 해당하니, 이것이 순수사유와 개별성의 통일이다. 이 의식에서도 이것은 사유하는 개별자이자 순수사유이며, 본질적으로 그 자체가 개별자로서 의식되는 불변자이다. 그러나 이 의식이, 즉 여기서 본질적으로 개별성의 형태를 띠는 것으로 의식되는 불변자가 실은 개별자의 의식인 불행한 의식 그 자체라는 것까지는 **자각**되어 있지 않다.

따라서 우리가 불행한 의식을 순수의식으로서 고찰하는 이 첫 번째 단계에서는 의식은 대상과 관계하지만 그것을 사유하는 데까지는 이르지 못한 상태다. 오히려 여기서는 자체적으로 순수히 사유하는 개별자와 대상이 되는 개별자가 서로 마주보는 가운데, 순수사유에 기초한 상호관계가 성립된다기보다는 이를테면 의식은 사유를 추구하는 어떤 신심에 지나지 않는다. 이 의식의 사유 자체가 덧없이 울려 퍼지는 종소리나 그윽이 피어오르는 향 연기와도 같은 음악적인 사유에 그침으로써, 대상을 파악하는 유일한 내재적 방법인 개념에는 다다르지 못하고 있는 것이다. 이렇듯 헤아릴 수 없이 순수한 내면적인 감정에도 대상이 나타나기는 한다. 그러나 대상의 개념이 파악되는 일은 없으니, 그것은 낯선 존재로서 다가온다. 결국 순수한 심정의 내면적인 운동이 행해지기는 하나 이 자기감정이란 신과의 분열을 서글퍼하는 고뇌의 감정이다. 이 심정은 무한한 동경의 운동인데, 이러한 동경은 자신의 본질 그 자체가 순수한 심정에 있음을 확신하고 자신을 개별체로 생각하는 순수사유이다. 다시 말해 이 동경은 대상이 자기를 개별체로 생각하기에 이 대상에 의해 인지되고 인정받는 것이다. 그러나 동시에 이 존재는 붙잡으려고 하면 도망쳐 버리는, 아니 이미 도망쳐서 놓쳐 버리고 만 피안의 존재이다. 이미 도망쳐 버렸다는 것은 그것이 개별자의 모습을 띤 것으로 여겨진 불변자로서, 의식은 그 불변의 존재에 직접 감싸여 있는 자기 자신에게 이르러 있으면서도 끝내 불변자와 대립하는 자기 자신에게 다다를 뿐이기 때문이다. 결국 의식은 신의 존재를 포착한다기보다는 단지 느낄 뿐이며, 이런 느낌 속에서 자기에게로 되돌아올 뿐이다. 이 의식은 신에게 다가서려는 마당에 그 자신이 처해 있는 신과의 대립상태를 견뎌 내지 못하므로 신을 포착하기는커녕 다만 신의 허울만을 알아차린다. 한편으로는 신의 품에 다다르려고 노력하는 의식이 실제로 손에 넣은 것이라곤 단지 자기의 분열된 현실일 뿐인데, 동시에 다른 한편으로 타자를 현실의 개별자로 포착할 수는 없다. 그런 타자는 구하고자 하는 곳에서 찾아지지가 않는다. 그것은 결코 찾을 수 없는 피안 그 자체일 테니 말이다. 여기서 의식이 구해 마지않는 것은 사유의 대상인 보편적인 개인이나 개인의 개념이 아니라 대상으로서 현존하는 개인인 예수 그리스도이며, 직접 감각적 확신의 대상이 되는 현실적인 존재이나 바로 그 때문에 소멸되어 버리는 개인이다. 그러므로 이때 의식에 생생히 떠오르는 것은 오직 예수의 생명을 증명하는 무덤일 뿐이다. 그런데 무덤 그 자체가 하나의 현실인 이상, 현실의 본성으로 보아 언제까지라도 소유할 수 있는 것은 아니다. 그러므로 무덤이 실제로 있을망정 이를 에워싼 싸움은 패배가 이미 결정돼 있는 헛수고라고 할 수밖에는 없다. 그러나 그 자체가 현실의 불변자라는 예수의 무덤도 실은 아무런 현실성이 없는 것임을 경험하고, 사라져 버린 예수라는 개인은 사라졌다는 점에서 참으로 존재하는 개인이 아니라는 것을 경험했을 때, 의식은 마침내 불변의 개별자를 현실의 개인으로서 추구하거나 사라진 것으로서 확보하려는 시도를 단념하게 되고 이로써 개별자를 참다운 보편적 개별자로서 맞이할 수 있게 된다.

그러나 여기서 일단 자기에게 되돌아가는 심정은 개별자의 심정으로서 현실성을 지닌 것으로 받아들여져야만 한다. 이때 순수한 심정은 사태 자체를 바라보는 우리에게는 당연히 자기를 발견하여 스스로 만족해하는 것으로 보인다. 왜냐하면 심정적인 의식이 신과 자신의 분리를 자각할 수밖에 없다 하더라도 신에 대한 감정이란 그 자체가 자기감정이며, 따라서 의식은 자기의 순수한 감정의 대상인 불변자를 느끼지만 이 대상은 사실 심정적인 의식 자신이기 때문이다. 이로써 심정은 독자적으로 존재하는 현실적인 자기감정으로서 등장한다. 이러한 심정의 자기복귀 속에서 욕구와 노동이라는 불행한 의식의 두 번째 관계가 우리 앞에 조성된다. 이 욕구와 노동 속에서 의식의 내면적인 자기확신은 자립적인 사물의 형식을 띠고 존재하는 낯선 존재를 폐기하거나 향락적으로 소비함으로써 보증된다. 그러나 불행한 의식은 그 자신이 다만 욕구를 하고 노동에 종사하는 것으로만 여길 뿐, 그러한 의식의 근저에 내면적인 자기확신이 깔려 있고 또한 그가 지니는 신에 대한 느낌이 곧 자기감정임을 자각하고 있지는 않다. 의식이 이렇듯 스스로 확신하는 바를 깨우치지 못하는 것은 의식 내면의 자기확신에 여전히 균열이 존재한다는 얘기가 된다. 이와 마찬가지로 노동과 향락을 통하여 얻어져야 할 보증에도 역시 균열이 존재한다. 이렇게 해서 불행한 의식은 오히려 자진해서 그러한 보증을 폐기할 수밖에 없게 된다. 그래서 욕구와 노동 속에서 얻어지는 보증은 의식에 감지되는 의식의 분열을 보증하는 것에 지나지 않는다.

욕구와 노동이 마주하는 현실은 이 의식에서는 더 이상 그 자체가 무가치한 의식에 의해 그저 폐기되고 소모되어 버리는 것이 아니다. 그것은 의식 자체와 마찬가지로 둘로 분열된 상태에서 한편으로는 무가치한 것이면서도 다른 한편으로는 신성한 세계이기도 한 현실이다. 이 신성한 세계로서의 현실은 불변자의 모습을 하고 있다. 왜냐하면 불변자는 자체적으로는 개별자의 모습을 유지하는데 불변자가 동시에 전지전능한 보편적 존재이기도 하여, 그 개별자가 모든 현실이란 의미를 지니고 있기 때문이다.

만약 의식이 자기만의 자립적인 의식이고 의식에 대해서 있는 현실이 전적으로 무가치한 것이라고 한다면 의식은 노동하고 향락하는 가운데 자기야말로 현실을 폐기해 버리는 것이라는 자각 아래 자기의 자립성을 실감하게 될 것이다. 그러나 현실이 어디까지나 불변자의 모습을 하고 의식에 나타나는 이상 의식은 이를 폐기해 버릴 수는 없다. 의식이 현실을 부정하고 향락한다 한들 이는 본질적으로 불변자가 자기 모습을 한 것을 희생시켜, 의식으로 하여금 이를 향락하도록 내맡긴 데서 생겨나는 것이다. 그런데 여기서는 의식도 그 나름대로 현실적인 존재이며 더욱이 내면적으로 분열된 채 등장한다. 이러한 분열은 의식이 노동과 향락을 할 때 나타나는데, 현실과 관계하는 자립적 의식과 의식 그 자체의 분열로서 표현된다. 그런 식으로 현실에 관계하는 것이 곧 개별 의식 자체에 속하는 자립적인 행위이며 사물에 변화를 가져오는 행위이다. 그러나 이 점에서 의식은 또한 자체적이기도 하다. 이 측면은 본디 불변의 피안에 속하는 것이다. 이것이 바로 갖가지 능력이나 역량이라고 일컬어지는 것이며, 불변자는 이러한 정체불명의 천부적인 재능을 의식에 선사하여 사용하도록 한다.

따라서 의식은 그의 행위에서 무엇보다 먼저 양극 사이의 관계 속에 놓이게 된다. 즉 의식은 능동적으로 행위하는 차안의 존재로서 한쪽 편에 있고 그 반대편에는 수동적인 현실이 있는데, 이 양자는 서로 관계는 하면서도 모두가 불변자에게 귀속되어 있으며 자체적으로 확고히 고정되어 있다. 그러므로 이 두 개의 측면에서 한쪽 표면만이 교대로 나타나, 이 표면이 한쪽에서 다른 한쪽으로 운동하는 것이다. 수동적인 현실의 극은 능동적인 극에 의해서 폐기되지만, 이렇게 현실의 극이 제압당하게 되는 이유는 불변의 존재가 현실을 폐기하여 자기 밖으로 밀쳐 내고 돌아보지 않음으로써 이를 능동적인 행위자의 손안에 넘겨주기 때문이다. 이렇게 해서 능동적인 힘은 현실을 없애 버리는 불변자의 위력으로서 나타난다. 그런데 이렇게 되면 신 그 자체를 자기 바깥에 있는 타자로 간주하는 이 의식에서는 의식의 활동으로 나타나는 이 위력도 자기와 동떨어진 피안에 속하는 것이 된다. 그러므로 의식은 자기 행위에서 출발하여 자기에게 되돌아와 여기서 자기의 독자성을 확보하는 것이 아니라 오히려 행위의 원동력을 찾아서 반대쪽 극으로 갈 수밖에 없으니, 이 극은 이때 순수한 보편자로서 나타난다. 즉 그것은 이를 기준점으로 하여 운동이 온갖 방향으로 나아가는 근원이자, 최초에 나타난 대로 분열되는 양극의 실재이며 그 자체의 실재에 해당하는 절대적 위력으로서 나타나는 것이다.

불변의 의식인 신이 스스로 조성해 놓은 형태를 단념하고 양도하는 데 반해 개별 의식인 인간은 감사하며 이를 받아들인다. 여기에는 의식의 자립성이 안겨 주는 만족을 포기하고 행위의 본체인 신은 피안에 있다는 두 측면 상호간의 방기(放棄)가 생겨나 있지만, 이로 말미암아 개별 의식은 불변자와의 통일을 의식하게 된다. 그러나 동시에 이 통일은 분리될 수 있는 여지가 있어서 다시금 내적 분열을 일으킨다. 그리하여 여기서 또다시 보편자인 신과 개별자인 인간의 대립이 생겨난다. 왜냐하면 의식은 겉으로는 자기감정의 만족을 단념한 듯이 보이지만 실제로는 만족을 누리고 있기 때문이다. 욕구와 노동과 향락의 의식이란 이러한 것으로서, 의식은 스스로 바라고 행동하며 즐긴 것이다. 의식이 반대쪽 극에 있는 신적 본질을 인정하여 자기를 방기하는 이 감사한 행위도 어디까지나 의식 자신의 소행으로서, 이것은 반대쪽 극의 행위에 보답하고 자기희생적인 상대의 선행에 대등한 행위로서 응답하는 것이다. 그뿐 아니라 반대쪽 극이 그의 표면만을 의식에 내맡기는데도 의식은 마찬가지로 이에 감사하면서 자기의 본질인 행위를 폐기해 버리므로, 단지 표면만을 자기로부터 단절해 버린 반대쪽 극보다도 더 충실한 행위를 하는 셈이 된다. 따라서 단지 현실적인 욕구와 노동과 향락 속에서만이 아니라 전혀 반대되는 일처럼 보이는 감사의 행위에서조차도 운동 전체는 개별성의 극으로 되돌아오게 된다. 이때 의식은 개별자로서의 자기감정을 지니고 더 이상 자기단념이라는 겉모습에 현혹되지는 않는다. 왜냐하면 스스로 단념했다고는 하지만 그 참뜻은 오히려 자기를 버리지 않았다는 데 있기 때문이다. 여기서 생겨난 결과라고는 양극으로 이중의 자기복귀를 했다는 것뿐이니, 이로써 불변자의 의식과 이에 대립하는 의욕·실현·향락과 자기방기로 나아가는 자립적인 보편적 개별 의식과의 분열이 다시금 생겨난다.

이리하여 불행한 의식의 운동에서 세 번째 관계가 나타나게 되었다. 이는 사실 자신의 의욕과 실현을 통하여 스스로의 자립성을 엄정하게 실증한 것으로서 두 번째 관계에서 나온 것이다. 첫 번째 관계에서 의식은 현실적 의식의 개념으로서 내적 심정의 차원에서 드러났을 뿐 그것이 현실의 행위나 향락으로 이어지지는 않았지만, 두 번째 관계에서는 외적인 행위와 향락 속에서 의식이 현실적인 의식이 되었다. 그런데 여기서 다시금 자기에게 돌아온 의식은 스스로 현실에 힘을 발휘하고 있음을 실감하는 가운데 자신의 즉자대자적인 참모습을 자각하고 있다. 그러나 여기서는 또한 그의 진면목이 무엇인지 여실히 보여 주는 적(敵)이 나타나 있다. 심정의 싸움에서는 개별 의식이 다만 음악적이고 추상적인 요소로서 존재할 뿐이다. 이 비본질적인 의식에 실재성을 부여하는 노동과 향락 속에서 의식은 그대로 자기를 잊은 채 거기에 휩쓸려 버리지만, 이러한 현실 속에 자기존재를 의식하는 의식은 감사로써 불변자를 인정하는 행위에 의해 파괴되고 만다. 그러나 실은 이러한 파괴가 의식의 자기복귀를 가져옴으로써 마침내 의식은 참다운 현실인 자기에게로 되돌아간다.

그런데 참다운 현실이 한쪽 극을 이루는 이 세 번째 관계는 덧없는 모습인 이 현실을 보편 존재인 신과 관련짓는 것이다. 그러면 이 관계가 어떻게 진전돼 나가는가를 고찰해 보자.

먼저 의식의 실재가 전혀 무가치한 것으로 여겨지는 그런 상태가 나타난다. 여기서는 의식의 현실적 행위가 아무 의미도 없는 행위가 되면서 의식의 향락은 불행의 감정을 불러일으킨다. 그리하여 행위와 향락은 온갖 보편적인 내용과 의미를 다 잃어버리고 만다. 이유인즉 양자가 보편적이라면 자체적으로 자립하는 존재일 텐데, 이 경우 양자는 그들을 폐기하기 위해 의식이 향하고 있는 개별 국면으로 귀속될 수밖에 없기 때문이다. 의식은 이 현실적 개별자로서의 자기를 의식할 때 스스로 동물적인 기능을 한다. 동물적인 기능은 자체적으로 무가치한 것이며 정신적으로 조금도 중요하지 않고 본질적이지 않은 것으로서 작용을 한다. 그런데 이 기능은 욕망과 쾌락이라는 적(敵)을 고유한 모습으로 나타내 주므로 오히려 진지한 노력의 대상이 되며,

그야말로 가장 중요한 것이 된다. 하지만 이 적은 아무리 쓰러뜨려도 또다시 되살아난다. 의식은 이 적을 고착시켜 버리므로 거기에서 벗어나기는커녕 언제나 거기에 말려든 채 늘 불순한 자기를 인지하게 된다. 그와 동시에 스스로 노력을 기울이는 내용이란 비본질적인 비천한 것이며 아무런 보편성도 갖추지 못한 개별적인 것이다. 결국 여기서 우리는 자기와 자기의 하찮은 행위에만 얽매여 노심초사하는 불행하고 초라한 인격을 발견하게 된다.

그런데 이렇듯 불행의 감정과 헛된 행위에 얽매어 있는 것은 또한 불변의 신과 일체화된 의식이기도 하다. 왜냐하면 자기의 현실존재를 완전히 부정해 버리려는 시도는 불변자에 대한 사상(思想)을 매개로 하여 그런 관계 속에 생겨나는 것이기 때문이다. 개인으로서의 자기를 부정하는 운동의 본질은 신과의 간접적인 관계를 맺는 데에 있으니, 부정적인 이 운동은 관계 그 자체로서는 의식과 불변자와의 통일을 이루어 낸다는 긍정적인 면도 지닌다.

이 간접적인 관계라는 것은 애초에 신과 대립하는 위치에 고정된 개별자가 신이라는 반대쪽 극과 제3자를 매개로 하여 비로소 종합된다고 하는 추리의 형태로 나타난다. 이 매개적인 중간항을 통하여 불변적인 의식의 극이 비본질적인 개별 의식 앞에 모습을 드러낸다. 그런데 동시에 이 개별 의식도 스스로 이 중간항을 통해서만 불변의 의식 앞에 모습을 드러낼 수 있게 된다. 따라서 중간항은 양극을 서로에게 표상함으로써 한쪽이 다른 한쪽에게 봉사하는 봉사자(성직자)의 형태로 자각된다. 이 중간항은 그 자체가 곧 의식을 지닌 존재다. 왜냐하면 이 중간항은 의식 자체를 매개하는 행위이며, 이 행위의 내용은 의식이 개인으로서의 자기와 더불어서 시도하는 절멸 행위이기 때문이다.

이렇듯 매개하는 중간 위치에서 의식은 자기의 행위와 향락이라는 처지에서 벗어나게 된다. 의식은 자립적으로 존재하는 한쪽 극에 위치한 자기로부터 자기 의지의 본체를 스스로 떨쳐 버리고 중간 위치에 있는 성직자에게 결단의 주체성과 자유를 내맡기며, 따라서 자기 행위에 대한 책임(죄)도 떠넘긴다. 불변자와 직접 관계하는 이 매개자로서의 성직자는 무엇이 옳은 행위인지에 대해 충언하면서 개인에게 봉사한다. 그런데 타인의 결정을 따르는 행위란 행위의 의지라는 측면에서 본다면 더 이상 자신의 행위라고 할 수 없지만, 행위의 대상적인 측면을 이루는 노동과 향락의 성과는 여전히 비본질적인 의식의 손안에 남는다. 따라서 의식은 이 성과마저도 스스로 뿌리쳐 버릴 수밖에 없다. 그리고 자기의 의지와 더불어 노동과 향락 속에서 획득된 현실마저도 단념하게 된다. 결국 전혀 낯설고 의미도 알 수 없는 것을 떠올리며 읊어대고 실천에 옮기는 것은 자기의식이 획득한 그의 자립성이라는 진리로서의 현실을 단념하는 일이고, 그 다음 노동으로 획득한 것 가운데 일부를 기꺼이 내놓는다는 것은 외적인 재산으로서의 현실을 단념하는 일이며, 끝으로 단식과 금욕에 힘쓰는 것은 이미 맛본 향락을 단념하는 일이다.

이처럼 자기결정을 포기하고 그 다음 재산과 향락을 포기하고 나서 마지막에는 의미도 알 수 없는 임무를 수행하는 적극적인 의식은 이제야 오히려 내면이나 외면 모두에서 자유롭다는 의식, 즉 독자적인 대자존재라는 현실의 의식을 참다운 의미에서 완전히 자기 내부에서 폐기하게 된다. 이때 의식은 참으로 그 자신의 자아를 방기함으로써 자기가 직접 지닌 자기의식을 사물로 바꾸어 대상적 존재로 전환했음을 확신한다. 결국 의식의 자기단념은 이러한 현실적인 희생행위를 통해서만 보증되는 것이다. 오직 이런 희생을 통해서만 마음이나 입으로 감사할 때 이루어지는 내면적인 인정 속에 내포된 기만성이 사라지기 때문이다. 물론 이 인정은 독자성이라는 모든 위력을 자기에게서 다 떨어내 버리고 그 위력을 하늘이 주신 선물로 간주하기는 한다. 그러나 이를 떨어내 버리면서도 의식은 여전히 스스로 버리지 못한 소유물 가운데 외적인 자기 모습을 보존하고, 의식 스스로가 내린 결의를 의식하고 의식을 통해 결정한 내용을 의식함으로써 내적인 자기 모습을 계속 간직한다. 하지만 이 내용을 아무 의미도 없이 의식을 채우는 낯설고 풍요로운 내용과는 맞바꾸지 않은 것이다.

그런데 희생행위가 현실로 이루어지고 나면 의식이 자기 자신의 행위를 방기했듯이 의식의 불행도 스스로 의식으로부터 사라진다. 다만 이렇듯 자체적으로 갑자기 불행이 사라지는 것은 사실 추리관계상 반대쪽 극에 있는 자체적으로 존재하는 실재가 그렇게 행위하기 때문이다. 그런데 동시에 비본질적인 개별자의 극이 행하는 희생행위도 일방적인 행위가 아니라 반대쪽 타자의 행위도 포함하고 있는 것이다. 자기 의지를 포기한다는 것은 한편으로는 부정적인 행위일 뿐이지만, 그 자체적 개념으로 본다면 이는 타인의 의지를 받아들임으로써 의지를 개별적이 아닌 보편적인 의지로서 받아들인다는 긍정적인 의미를 지닌다. 개별 의지가 부정되는 데서 긍정적인 의미를 지니는 것은 불행한 의식의 반대쪽 극에 있는 의지다. 이 의지는 자기 밖에 있는 타자이므로 의식이 자기 힘으로 이것을 산출해 낸다는 것은 있을 수 없는 일이다. 그것은 중간 위치에서 매개하는 성직자의 충고로서 나타난다. 따라서 개별자의 의지가 보편적인 의지로 고양돼 스스로 존재하는 것은 자각되지만, 의식 자체가 그 의지를 그대로 체현하고 있는 것은 아니다. 즉 자기만의 개별 의지를 방기했다고 해서 그 개념상 보편적 의지라는 긍정적인 의미가 생겨나는 것은 아니다. 마찬가지로 소유나 향락의 포기도 한낱 부정적인 의미를 지닐 뿐이어서, 여기에서 생겨나는 보편적인 것은 개별 의식 자신의 행위에 포함되는 것이 아니다. 행위 개념에 따르면 대상과 의식의 독자성이 통일되어 이것이 대상의 본질로서 나타난다. 그러나 이러한 통일은 의식에게 자기행위로서 개념적으로 성립되어 있지 않다. 결국 이 통일이 직접 의식 자체에 의해서 조성된 것으로 분명히 대상화되는 일은 없고, 중간에서 매개 역할을 하는 봉사자에 의해서 의식은 확신이 아직도 분열되어 있음을 스스로 털어놓게 된다. 그 고백에 따르면 의식의 불행은 온전한 의미에서의 불행이 아니라 전도된 것일 뿐이다. 즉 의식의 행위는 자신의 행위에 따른 자기만족과 축복을 누리는 행위다. 그리고 이와 마찬가지로 초라해 보이는 행위는 본디 전혀 반대되는 절대적 행위로서 개념적으로는 결국 그 어떤 행위라는 것은 오직 개별자의 행위로 나타날 수밖에 없다. 그러나 의식 자체로 보면 그의 현실적인 행위는 여전히 초라한 행위일 뿐이고 그가 향락한다는 것도 고통일 뿐이니, 그 초라함과 고통이 사라진다는 것은 긍정적인 의미에서 피안을 뜻한다. 이 개별적인 의식 자신의 행위와 존재를 자체적인 존재와 행위로 만들고 있는 이 대상(피안) 속에서, 개별 의식에게는 이성이라는 표상이 주어진다. 이성이란 개별 의식이면서도 절대적으로 그 자체가 곧 온갖 실재라는 의식의 확신인 것이다.

이성

V 이성의 확신과 진리

의식은 개별 의식 그 자체가 절대적 실재라는 사상을 얻고서 자기에게 되돌아온다. 불행한 의식으로서는 자체존재가 자기의 피안에 있다고 했다. 하지만 의식의 운동 속에서 개별 존재가 완선히 전개되어 현실의 의식인 개별자가 자기 자신을 부정하고 대상적인 반대쪽 극에 자리잡음으로써, 기어이 독자적 대자존재를 그 자신으로부터 떼어 내서 그것을 존재로 삼기에 이른 것이다. 이 점에서 의식에게도 대상 세계 전체와 자신의 통일이 자각되면서 이제 폐기된 개별자가 보편자에 이르게 되었으니, 제3자인 우리가 보기에는 통일은 더 이상 개별 의식의 바깥에 있는 것이 아니다. 그리고 의식은 이렇게 자기를 부정하는 가운데 자기를 유지하므로, 이 통일은 의식 자체의 본질이 된다. 여기서 의식의 참모습은 두 개의 극이 절대적 대립자로서 등장하는 추리관계에서 양극을 매개하는 중간항으로서 나타난다. 이 매개적인 중심 (성직자)은 불변의 의식(신)에 대해서는 개별자가 스스로를 단념했다고 알리고, 개별자에 대해서는 불변자가 더 이상 반대쪽 극에 있는 것이 아니라 개별자와 화해했다고 말한다. 이 중심이야말로 양극을 직접 알고 이들을 관계시키는 통일체로서, 그가 이러한 통일을 의식에게, 따라서 자기 자신에게도 알림으로써 불변자와 개별자의 통일이 의식될 때 의식은 모든 진리를 얻었음을 확신하는 것이다.

자기의식이 이성으로 고양됨에 따라 이제껏 의식이 지녀 왔던 타자존재와의 부정적인 관계는 긍정적인 관계로 뒤바뀐다. 지금까지 의식은 다만 자기의 자립성과 자유에만 관심을 둔 채, 자기의 존재를 부정하는 듯이 보이는 세계와 의식 자신의 현실을 희생해 가면서 자기 자신을 구하고 지탱하려고 애써 왔다. 그러나 자기 자신을 확신하는 이성이 된 자기의식은 이제 양자 모두에 대해서 평정을 유지하며 이를 감내할 수 있게 되었다. 왜냐하면 이성적인 의식은 자기 자신이 실재한다는 것을, 다시 말하면 모든 현실이 이성 이외의 다른 그 무엇도 아니라는 것을 확신하고 있기 때문이다. 이제 자기의식의 사유가 직접 그대로 현실이 되면서 의식은 관념론의 상황에서 현실과 관계하기에 이른 것이다. 이렇게 자기를 파악하게 될 때 이성적 자기의식은 세계가 지금 막 자기 눈앞에 생겨나기라도 한 것처럼 여긴다. 지금까지 의식은 세계를 이해하지 못했다. 그저 세계를 욕구와 가공의 대상으로 삼은 채 거기에서 빠져나와 자기에게 되돌아가고는 자기 나름으로 세계를 말살하는 동시에, 세계를 본질로 여기는 의식이나 세계를 무의미하다고 보는 그런 자신의 의식마저도 말살했다. 그러나 의식 자신이 진리라고 여기던 무덤이 사라지고 자기가 몸담아 온 현실을 말살하려는 시도 자체가 말살되면서 개별 의식 그 자체가 절대적 존재임이 의식되기에 이른 이상, 이제 자기의식은 자신의 새로운 현실적 세계로서 세계를 재발견했다. 이전에는 그 세계의 소멸에만 관심을 쏟던 자기의식이 이제는 그 존속에 관심을 갖게 되었다. 왜냐하면 세계가 존속한다는 것이 곧 의식이 그의 진리를 현재 지니고 있다는 뜻이 되며, 의식은 이제 세계 속에서 바로 자기 자신을 경험하고 있음을 확신하고 있기 때문이다.

이성이란 곧 '온갖 실재이다'라는 의식의 확신이다. 관념론은 이성의 개념을 이렇게 표현한다. 이성으로서 등장하는 의식이 곧 온갖 실재라는 확신을 그대로 자기 것으로 삼고 있듯이, 관념론도 이 확신을 그대로 말로 나타내서 '자아는 자아이다'라고 한다. 즉 나의 대상이 되는 자아는 다른 것을 비존재로서 의식하는 대상이며 유일한 대상이자 현재 존재하는 온갖 실재라고 말하는 것이다. 그러나 자기의식 일반으로 보나 자유로운 자기의식으로 보나 사정은 이와 전혀 다르다. 자기의식 일반의 경우 자아는 공허한 대상이며, 자유로운 자기의식의 경우 자아는 자기의식과 더불어 타당한 타자를 방치한 채 자기에게 돌아간 대상에 지나지 않는다. 그러나 자기의식이 곧 온갖 실재라는 사실을 단지 자각하는 것뿐만 아니라 자체적으로도 그러한 것임을 드러내기 위해서는 자기의식이 이 온갖 실재가 되거나 자기를 그러한 것으로서 증명해 내야만 한다. 물론 자기의식은 지금껏 살펴본 의식의 도정에서 자신의 확신을 증명해 왔다. 처음에는 사념과 지각과 오성의 변증법적 운동 속에서 물 자체로서의 타자존재가 소멸되었고, 다음에는 주종관계에서의 의식의 자립성이나 자유 사상에 의한 운동 속에서, 그리고 회의주의적 자유와 내적으로 분열된 의식의 절대적 자유 획득을 위한 투쟁 운동의 전개 속에서, 의식에 나타나는 한에서의 타자존재가 자기 내부적으로도 소멸돼 간다는 것이 밝혀진 바 있다.

이 의식의 도정에서는 두 개의 측면이 잇달아 나타났다. 하나는 의식에게 본질 또는 진리인 것이 거기 실제로 존재한다고 규정된 경우이고, 다른 하나는 본질 또는 진리는 어디까지나 의식에 대해서만 존재한다고 규정된 경우이다. 그러나 이 두 측면은 결국 하나의 진리로 환원되었다. 그 진리란 그 자체로 존재하는 것은 오직 의식에 대해서 존재하는 한에서만 존재하고, 의식에 대해서 존재하는 것은 그 자체로도 엄연히 존재한다는 것이다. 이러한 진리를 표방하는 의식이 그대로 이성의 이름으로 등장하게 되는데, 이렇게 나타난 이성은 위와 같은 진리를 확신하면서 나타나므로 지금껏 의식이 거쳐 온 도정은 뒷전으로 밀려나 잊히고 만다. 그 자신이 온갖 실재라는 단언만 할 뿐, 그 이치를 개념적으로 파악하고 있지는 않다. 이성이 여기서 말로만 표명한 주장을 개념적으로 해명해야 할 의식의 도정이 이 이성에게는 망각되어 있기 때문이다. 마찬가지로 이 도정을 스스로 경험해 보지 않은 사람이 구체적인 경과는 제쳐 두고 순전히 형식적인 단정에만 귀를 기울인다고 한들, 그 개념을 파악할 수는 없다.

따라서 의식이 거쳐 온 단계적인 과정을 서술하지 않고 단도직입적으로 이성이 온갖 실재라고만 주장하는 관념론은 역시 순수한 단정에 해당한다. 이는 스스로도 자기의 주장을 개념 파악하지 못하고 타인에게 이해시키지도 못하는 단정에 지나지 않는다. 그러한 관념론이 직접 확신한 바를 언명할 때면, 의식의 도정에서 망각되었던 또 다른 직접적 확신을 여기에 맞세울 수가 있다. 이 경우 두 확신의 단정은 똑같은 권리를 지니게 된다. 여기서 이성은 모든 의식의 자기의식에 호소하여 '자아는 자아이다' 또는 '나의 대상과 본질을 이루는 것은 자아이다'라고 주장하며, 어떤 의식도 이성에 대해서 이 진리를 거부할 수는 없다고 한다. 그런데 이성이 이런 식으로 자기의식에 의지해서 진리를 내세운다면 그와는 또 다른 확신의 진리도 인정될 수밖에 없다. 즉 '나와 대치하고 있는 것은 나에게 타자이며, 이런 자아의 타자가 나의 대상이며 본질이다'라는 확신, 또는 '자아가 나의 대상이며 본질인 것은 내가 나의 타자로부터 발을 빼고 그와 나란히 또 하나의 현실로서 등장하고 있기 때문이다'라는 확신도 역시 진리로 받아들여져야만 할 것이다. 이성의 자기주장이 한낱 확신이나 단정에 그치지 않고 진리로서, 그것도 다른 것과 나란히 있는 진리가 아닌 유일한 진리로서 나타나려면, 오직 이성이 반성의 힘을 통해 자신과 대립하고 있는 이런 확신의 굴레를 벗어나야만 한다. 이성이 이렇게 있는 그대로 나타나는 것은 이성 앞에 있는 존재를 추상하는 것인데, 이 존재의 본질이며 본체를 이루는 것은 그것이 생성되어 온 운동 속에 깃들어 있는 절대적인 개념이다. 그런데 의식과 타자존재, 즉 대상과의 관계는 이 의식이 때마침 세계정신의 어느 단계에 처해 있는가에 따라 그때마다 다양한 양식을 띠게 된다. 그리고 세계정신이 각 단계에서 자기나 대상을 직접 어떻게 발견하며 규정하고 있는가, 다시 말해 그의 정신이 어떻게 자각되고 있는가는 세계정신이 이미 거쳐 온 과거와 자체적으로 존재하게 된 것에 따라 좌우된다.

이성이란 온갖 실재라는 확신이다. 그러나 이 자체 또는 실재성이란 것은 아직은 전적으로 보편적인 것, 곧 순수하게 추상적인 실재성이다. 이 자체는 자기의식이 그 자신을 그대로 자각하여 인정한 최초의 긍정적인 것이다. 따라서 이때 나타나는 자아는 존재의 순수한 본질성을 지닌 단순한 범주에 지나지 않는다. 흔히 지금까지 범주란 존재의 본질, 즉 막연한 존재 일반의 본질 또는 의식에 대해 나타나는 존재의 본질이라는 의미로 이해되어 왔는데, 여기서는 오직 사유하는 현실적 존재의 본질 또는 단순한 통일을 나타낸다. 다시 말하면 범주란 자기의식과 존재가 동일한 본질임을 보여 준다. 이는 어떤 비교를 통해서 동일한 것이 아닌 그 자체로나 자각적으로나 절대적으로 동일한 본질이다. 그러나 일면적인 빈곤한 관념론은 또다시 이 통일을 깨뜨려서 한편에 의식을 놓고 다른 한편에 물 자체를 대치시키곤 한다. 그런데 자기의식과 존재의 단순한 통일을 의미하는 범주에도 자체적인 구별이 존재한다. 왜냐하면 범주의 본질이란 타자와의 절대적인 구별을 뛰어넘어서 그런 가운데 그대로 자기동일성을 유지해 나가는 것이기 때문이다. 따라서 구별이 실제로 있긴 하지만 이는 완전히 투명한 구별로서 전혀 구별이라고 할 수 없는 구별이다. 이러한 구별이 다수의 범주라는 형태로 나타난다. 관념론은 자기의식의 단순한 통일을 두고 이것이 곧 온갖 실재라고 언명한다. 그리고 관념론은—부정적인 것만이 부정 및 규정된 성질, 즉 구별을 스스로 가지고 있건만—이 통일을 절대 부정적인 것으로 이해하려 들지 않고 단지 그것을 덜컥 본질(실재)로 간주해 버릴 뿐이니, 범주가 통일이라는 사실을 제대로 깨우치기란 쉽지 않은 노릇이다. 뿐만 아니라 이보다 더더욱 이해하기 곤란한 것은 범주 속에 구별이나 종별(種別)이 있다는 사실이다. 아무튼 이러한 단정은, 범주 속에는 일정 수의 종류가 있다는 단정과 마찬가지로 새로운 것이다. 하지만 이러한 단정은 단정으로 받아들여질 수 없다. 왜냐하면 순수한 자아나 순수한 오성 자체 내에서 구별이 생겨나는 한, 여기서는 직접적인 단정이나 발견이 아닌 개념적인 사유가 시작되어야만 할 것이기 때문이다. 그런데도 다수의 범주를 다시 한 번 긁어모으는 식으로, 이를테면 몇가지 판단 속에서 얻어 가지고는 거기에 나름 의미가 있다고 인정한다는 것은 실로 학문의 수치라고 해야만 하겠다. 그야말로 그 자신이 순수 필연성인 오성 스스로가 이런 다수의 범주 필연성을 명시하지 못한다면, 대체 그 밖에 어디에서 이런 필연성을 명시할 수 있겠는가?

사물과 사물의 구별에 대한 순수한 본질 규정이 이성의 활동에 귀속된다고 한다면 의식에게 부정적인 것으로 의식될 수밖에 없는 사물이 더 이상 문제가 될 리는 없을 것이다. 왜냐하면 다수의 범주가 순수한 범주의 종류라는 것은, 순수한 범주가 다수의 범주와 대립하는 것이 아니라 이들의 유 또는 본질임을 의미하기 때문이다. 그러나 다수의 범주는 이미 그 자체가 애매한 것이라서, 그 안에 순수한 범주와는 배치되는 이질적인 타자존재를 동시에 내포하고 있다. 따라서 다수의 범주는 그것이 수효가 많기에 사실상 순수한 범주와 모순되므로 순수한 통일체인 범주는 다수성을 스스로 폐기하고 구별에 대한 부정적 통일체로서 구성되어야만 한다. 그런데 이 순수한 통일은 부정적인 통일인 이상, 예의 첫 번째 직접적인 순수통일 자체와 마찬가지로 구별 그 자체를 자기 밖으로 배제해 버리고 개별성으로서의 범주가 된다. 다시 말해 그것은 배타적인 의식의 범주로서, 의식에 대해 하나의 타자가 존재하는 것 같은 상황에서 하나의 새로운 범주가 된다. 개별성으로서의 범주는 개념을 벗어나 외적인 실재로 이행해 가는 순수한 도식을 이룬다. 이 도식은 의식 활동을 나타내는 것이긴 하지만 또한 개별성으로서의 배타적인 일자라는 점에서 타자로 눈을 돌리는 것이기도 하다. 그러나 또 개별성의 범주로서의 이 타자는 애초부터 있었던 또 다른 범주를 일컫는 것으로서, 즉 순수한 본질 규정이며 순수한 구별이다. 그리하여 타자가 정립된 이 개별성이라는 범주 속에서, 다시 말해 이 타자 자체 속에서도 의식은 의식 자체로서 있는 것이다. 개별성을 지닌 다양한 이 요소들은 저마다 다른 요소와 대치해 있지만 이런 가운데서도 이성이 타자가 되는 일이라고는 없다. 순수한 범주가 여러 가지 종으로서의 범주와 대치하고 이 종으로서의 범주가 부정적으로 통일되어 개별성으로서의 범주로 이행하지만, 개별성으로서의 범주가 이번에는 오히려 순수한 범주로 되돌아온다. 개별성으로서의 범주는 어느 범주 속에서나 분명한 자기통일을 유지하는 순수한 의식인데, 이 통일체가 마주하게 되는 타자란 존재함과 동시에 소멸되고 소멸됨과 동시에 되살아나는 타자이다.

여기서 우리는 순수한 의식이 이중 양식으로 정립되어 있음을 깨닫는다. 먼저 그것은 모든 요소를 두루 거치면서 거기에 떠오르는 타자존재를 포착하고 폐기하기 위하여 불안정하게 쉬지 않고 왔다 갔다 한다. 한데 그러면서도 한편으로는 자기가 진리를 파악하고 있음을 확신하며 평온한 통일상태를 유지하고 있다. 통일된 쪽에서 보면 끊임없이 운동하는 쪽이 타자가 되고 운동하는 쪽에서 보면 평온하게 통일된 쪽이 타자가 된다. 결국 이 양극 사이에서 어느 쪽에 위치하는가에 따라 의식과 대상의 위치가 뒤바뀐다. 그리하여 한편으로는 의식이 왔다 갔다 하며 탐색을 거듭할 때 대상은 순수히 본질로서 그 자체로 존재하고, 반대로 의식이 단일한 범주로서 통일을 유지할 때면 대상이 갖가지 구별을 자아내는 운동을 한다. 그런데 실은 이 과정 전체가 의식의 본질에 속한다. 단일한 범주로서의 의식은 개개의 범주로 나뉘어 대상으로 이행하여 대상 속에서 이 과정을 직관한다. 그리고 대상을 구별된 것으로서 폐기하여 내 것으로 삼거니와, 마침내 의식은 그 자신이 자기와 대상 모두를 포함한 온갖 실재라는 확신을 언명하는 것이다.

의식이 최초로 언명하는 것은 '모든 것이 자기 것이다'라는 추상적이고 공허한 말에 지나지 않는다. 온갖 실재라는 확신은 이제 겨우 순수한 범주로 나타났을 뿐이기 때문이다. 대상 속에서 스스로를 인식하는 이 최초의 이성을 표현하고 있는 것이 공허한 관념론인데, 이 관념론은 이성을 처음 나타난 모습 그대로 파악한 것에 지나지 않는다. 그런데도 그것은 온갖 존재 속에서 의식의 이 순수한 사유화 활동을 나타내고 사물이란 감각이나 표상에 지나지 않는다고 언명함으로써, 내 것으로서 실재하는 세계의 전체 모습을 드러냈다는 착각에 빠진다. 그러므로 이런 관념론은 동시에 절대적 경험론이기도 하다. 왜냐하면 나의 것이라는 공허한 낱말에 가득 찬 의미를 부여하여 그것이 다양한 구별 및 구별의 온갖 전개와 형태를 띠도록 하려면 이성이 외부로부터의 충격을 받아서 다양한 감각이나 표상을 받아들이는 일이 반드시 필요하기 때문이다. 따라서 이 관념론은 회의주의와 마찬가지로 상호모순되는 이중의 의미를 띤다. 다만 회의주의는 자기를 부정적으로 표현하는 반면 이 관념론은 긍정적으로 표현하고 있을 뿐이다. 이 관념론은 순수한 의식이 온갖 실재라고 하는 사상과, 외부로부터의 충격 또는 감각이나 표상도 똑같은 실재라고 하는 사상과의 모순을 조화시키지 못한 채 이쪽저쪽을 오락가락하는 감각적인 악무한(惡無限)에 빠져들고 만다. 이성이 추상적으로 자기야말로 사물 세계에 팽배해 있고 타자는 자기와는 무관한 이질적인 것이라고 한다면, 외적인 타자에 관한 이성의 지가 이성 내부에서 이렇게 정립된 셈이다. 이러한 지는 지금껏 '사념'이나 '지각'이나 또는 사념과 지각 대상을 파악하는 '오성'에 의해서 얻어진 지와 전혀 다름없는 것이다. 이런 지는 이 관념론의 처지에서 봐도 참다운 지라고는 할 수 없다. 왜냐하면 이 관념론이 추구하는 지의 진리는 오직 통각(統覺)에 의한 통일 속에서만 얻어질 수 있기 때문이다. 그러므로 이 관념론이 주장하는 순수이성은 자신의 본질을 이루는 타자, 즉 자기 안에는 없지만 자기에게 필수적인 본체인 타자에 다다르기 위하여 진리가 아닌 지로 스스로 돌려보내지게 된다. 결국 이 순수이성은 스스로 그렇게 인정하고 바라기까지 하면서 스스로를 진리일 수 없는 지라고 단죄한다. 그리하여 이성은 진리와는 거리가 먼 사념이나 지각을 떨쳐 버리지 못한다. 이때 이성은 '통각에 의한 통일'과 '사물'이라는 단적으로 대립되는 양자를 다 함께 본질이라고 주장하는 모순에 빠져든다. 물론 이때 사물은 의식에 가해지는 외부적인 충격이라느니 경험적 존재나 감각이라느니 또는 물 자체라느니 하면서 여러 가지로 일컬어지지만, 이는 모두가 개념상으로는 분명히 통각에 의한 통일에 속하지 않는 이질적인 것이다.

이 관념론은 이성에 관한 추상적인 개념을 진리라고 주장하기 때문에 위와 같은 모순에 빠지는 것이다. 이런 까닭에 이 관념론에서는 이성이 온갖 실재라는 확신을 하고 있는데도, 오히려 이성이 실재하는 세계라고 보지 않는 것이 실재로서 대두되어 있다. 그리하여 이성이 아무리 끊임없는 탐구에 열을 올리며 노력한다 한들, 끝내 만족할 만한 발견을 해내기는 불가능하지 않을까 생각하게 된다. 그러나 현실적인 이성은 그토록 불합리한 것은 아니다. 오히려 이성은 이제 겨우 온갖 실재라는 확신에 지나지 않으면서도, 이 개념에 관해서는 아직 확신이자 자아일 뿐 진정한 실재가 되진 못했음을 스스로 깨닫고 있다. 그래서 이성은 이 확신을 진리로 고양시키고 '나의 것'이라는 공허한 사상을 충실하게 채우기 위해 노력을 기울인다.

1. 관찰하는 이성

존재가 곧 자기 것이라는 의식으로서의 이성이 우리 눈앞에서 다시금 사념이나 지각작용으로 발을 들이고 있는 것은 사실이지만, 그러면서도 지금의 이 의식은 대상을 단지 타자로서 확신할 뿐만 아니라 자기가 이 타자 자신이라는 것을 확신하고 있다. 이전에는 그저 사물에 대한 갖가지 지각이나 경험이 불현듯 의식에게 생겨나곤 했지만 여기서는 의식 스스로가 관찰하며 경험하기에 이르렀다. 방관자인 우리 앞에서는 이미 폐기되었던 사념이나 지각이 이제는 의식 자신의 힘으로 의식 앞에서 폐기되고, 이성은 진리의 지(知)를 향하여 발돋움한다. 사념이나 지각의 대상이었던 사물을 개념으로 포착하는 것, 다시 말하면 사물 속에서 오직 자기 자신에 대한 의식을 찾아내는 일이야말로 이성이 지향하는 바이다. 그리하여 이성은 이제 세계 전체에 보편적인 관심을 갖게 되는데, 까닭인즉 이성은 자기가 세계 속에 현존해 있고 세계의 현재가 이성적이라는 것을 확신하게 되었기 때문이다. 이성은 사물에서 자기 자신 말고는 아무것도 가지고 있지 않음을 숙지한 상태에서 자기의 타자를 탐구한다. 여기서 이성은 오직 자기 자신의 무한성을 추구하고 있는 것이다.

처음에 이성은 다만 자기가 현실 속에 몸담고 있음을 어렴풋이 예감하는 정도이거나 그 현실을 전부 자기 것이라고만 알고 있을 뿐이다. 이런 의미에서 이성은 이제 자기 것이라고 확신하는 보편적인 세계 전체를 모조리 손에 넣으려고 하면서, 그 어떤 높고 낮은 곳이라도 오르내리며 거기에 자기 권위의 증표를 남기려고 한다. 그러나 이렇듯 표면상으로 자기 흔적을 남기는 일이 이성의 궁극적 관심사는 아니다. 그런 방식으로 전체를 손안에 넣고 기뻐한다 한들, 그렇게 획득한 것을 곰곰이 살펴보면 거기서는 추상적인 이성으로서는 다스릴 수 없는 이질적인 타자가 발견된다. 이성은 자기가 그보다는 좀더 깊이 있는 존재라고 예감한다. 왜냐하면 이성의 핵심을 이루는 순수한 자아는 구별되는 다양한 존재가 자기 것이 되는 가운데 자기를 현실로서 직관하고 또 자기가 온갖 형태와 사물로서 거기에 있게 되기를 요구하기 때문이다. 그러나 이성이 아무리 사물의 오장육부를 속속들이 훑고 모든 혈관을 갈라서 그로부터 이성이 튀어나오게 하려고 해도 그런 행운이 찾아오지는 않는다. 이성이 완전한 자기실현을 경험하기 위해서는 이성 스스로가 먼저 내부적으로 완전한 자기실현을 해야만 한다.

의식이 관찰한다고 할 때 이성은 자기를 존재하는 대상으로, 즉 감각적으로 생생하게 살아 있는 현실존재로 알고 또 소유하려고 한다. 그러나 관찰하는 의식은 이때 자기 자신보다는 오히려 사물 자체의 본질을 경험하려고 하는 줄 알고 또 그렇게 말하기도 한다. 이 의식이 그렇게 알고 또 말하는 이유는 그 의식이 이성이 되어 있기는 하지만 아직 이성 그 자체를 대상으로 하는 데까지는 이르지 못하고 있기 때문이다. 만약 이성이란 사물의 본질인 동시에 의식의 본질이기도 하고 나아가서는 이성이 바로 의식 속에서만 고유한 모습으로 존재할 수 있다는 것을 의식이 있다면, 그 의식은 사물 쪽으로 눈을 돌리기보다는 자기 자신 속으로 깊숙이 파고들어 그곳에서 이성을 찾으려 할 것이다. 그리고 의식이 이성을 그 깊숙한 곳에서 발견했을 때 이성은 다시 그곳에서 나와 현실로 돌아와서 거기에 감각적으로 표현된 자신을 직관할 것이며, 이 표현을 직관하자마자 본질적으로 개념으로 받아들일 것이다. 그 자신이 온갖 실재라는 의식의 확신을 안고 그대로 등장한 이성은 실재하는 세계를 눈앞에 드러나 있는 그대로 받아들이거나 자아와 이 대상 세계의 통일도 직접 눈앞에 이루어져 있는 통일로 받아들인다. 여기서는 이성이 존재와 자아라는 두 요소를 서로 분리하고 나서 다시 통일시키는 일은 없으니, 바꿔 말하면 이성은 이 통일을 인식하는 데까지는 다다라 있지 않다. 그러므로 이성은 관찰하는 의식으로서 사물에 다가갈 때 사물을 자아에 대립하는 감각적인 사물인 양 받아들인다고 생각하지만, 이성이 실제로 행하는 일은 이런 생각과는 서로 어긋난다. 왜냐하면 이성은 사물을 인식하고 감각적인 존재를 개념인 동시에 자아이기도 한 존재로 바꾸는 가운데 사유를 존재하는 사유로 바꾸고 존재를 사유된 존재로 바꿈으로써, 사실상 사물의 진리는 오직 개념으로서만 얻어진다고 주장하고 있기 때문이다. 여기서 관찰하는 의식에게는 사물로 보이는 것이 우리에게는 의식 그 자체로 보이게 된다. 그러나 의식이 펼친 운동의 결과는 의식의 참모습이 의식 자체에도 자각되기에 이른다는 것이리라.

관찰하는 이성의 행위는 스스로 운동할 때 거치는 각 요소에 따라서 고찰되어야 한다. 즉 관찰하는 이성이 자연과 정신 그리고 이 양자의 관계를 감각적 존재로서 어떻게 받아들이고 또 자기 자신을 현실존재로서 어떻게 추구해 나가는지 우리는 살펴봐야 할 것이다.

1) 자연의 관찰

사상이 결여된 의식이 관찰과 경험이야말로 진리의 원천이라고 언명할 때, 이는 미각·후각·촉각·청각·시각만을 마음속에 두고 있는 것처럼 여겨진다. 그런데 이때 의식은 미각·후각 따위에 열중하는 나머지, 자기가 실은 그러한 감각작용의 대상을 본질적으로 이미 규정해 놓았으며 그러한 규정이 자기에게 적어도 감각작용과 동일한 정도의 중요성을 갖는다는 것을 잊고 있다. 그러나 쉽게 알 수 있듯이 의식에서 지각만이 중요하다고는 말할 수 없다. 이를테면 담뱃갑과 나란히 종이칼이 놓여 있다는 지각작용을 관찰이라고는 할 수 없을 것이다. 지각된 것은 감각적인 개체로 있는데 그치는 것이 아니라 적어도 보편적인 의미를 가져야만 한다.

그런데 보편적인 것이란 아직은 자기동일성을 유지하는 것일 뿐이다. 그 운동은 동일한 작용에 의한 동일한 형태의 반복에 지나지 않는다. 대상 속에서 단지 보편적인 의미나 추상적인 자기 것이라는 표시밖에 발견하지 못하므로 대상이 본디 행하는 운동을 스스로 떠맡아야만 하는데, 이때 의식은 대상을 제대로 이해하는 데까지는 이르지 못하고 있다. 그러므로 기억력만이라도 동원하여 대상을 기억하고, 현실 속에서는 개별적인 양식으로만 존재하는 것을 보편적인 방식으로 표현하지 않으면 안 된다. 이렇게 개별적인 사실에서 보편적 형식을 표면으로 끌어내고, 자기 스스로 보편자가 되는 게 아니라 그저 감각적인 것을 받아들이기만 하는 보편적 형식이라는 수박 겉핥기 식 기술(記述)은, 대상 자체 내에서 운동하는 데까지는 이르지 못하고 오히려 기술하는 행위 안에서 운동하는 데 그치고 만다. 그리하여 일단 기술되고 난 대상은 더 이상 관심을 끌지 못한다. 대상의 기술이 끝난 다음에도 기술이 중단되지 않도록 하기 위해서는 또 다른 대상을 찾아 나서야만 하는데, 이런 작업이 끊임없이 이어진다. 완전히 새로운 것을 찾는 일이 어려워지면 이미 발견된 것으로 되돌아가서, 이를 다시금 세분하고 분석하여 그 사물의 새로운 물성(物性)을 찾아내기도 한다. 이렇게 쉬지 않고 뭔가를 찾아 헤매는 불안정한 본능이 다룰 만한 소재가 떨어지는 일은 결코 없다. 다만 새롭고 유별난 종류의 것, 이를테면 개체이면서도 보편적인 성질을 지닌 새로운 행성 따위를 발견한다는 것은 참으로 운 좋은 사람에게나 가능한 일이다. 그런데 코끼리나 떡갈나무나 황금 같은 것의 특징을 나타내 주는 유나 종의 한계를 설정하려 할 때에는 결국 복잡하기 짝이 없는 동식물이나 암석류 또는 인류의 힘과 기술에 의해서 비로소 모습을 드러내는 금속이나 토양 등등을 여러 단계를 거쳐 무한히 분류해 나가야만 한다. 이렇듯 애매모호하고 복잡한 보편적인 세계에서는 분류한다는 것이 개별화나 개체를 하나하나 살피는 차원에서 그쳐 버릴 수도 있지만, 아무튼 여기에 관찰하고 기술할 만한 재료가 넘쳐 나는 것은 사실이다. 그러나 눈앞에 끝없이 펼쳐진 광활한 영역에서 보편자의 한계와 특징을 찾아내려고 할 때 관찰자는 눈앞에 있는 무한정한 부에 만족하기보다는 오히려 자연의 제약과 관찰 및 기술행위의 한계를 절감하게 된다. 관찰하고 기술하는 처지에서는 자체적으로 존재하는 고유한 종으로 여겨지는 것이 혹시 우연의 산물은 아닌지 제대로 판단할 수가 없는 것이다. 혼란하고 미숙하며 나약한 채로 원시적인 모호함을 벗어나지 못한 상태에 있는 것은 아예 기술할 가치조차 없는 것으로 여겨진다.

이러한 탐구 및 기술에서는 오직 사물만 문제가 되는 듯이 보이지만, 이 경우에 우리가 실제로 눈으로 보는 것은 감각적 지각에 의한 탐구 및 기술의 전개운동이 아니다. 그보다는 사물을 식별하는 데 도움이 되는 징표가 그 밖의 온갖 감각적 성질보다도 더 중요하다. 사실 사물은 그러한 감각적 성질을 반드시 지니게 마련이지만 의식은 그러한 것을 무시해 버릴 수가 있다. 이렇듯 본질적인 것과 비본질적인 것을 구별짓는 가운데 산만한 감각적 대상으로부터 개념이 떠올라 온다. 이러한 인식작용에서는 적어도 의식 자신의 작용이 사물 못지않게 중요한 의미를 지닌다. 이와 같이 본질이 이중화되어 사물과 의식 양쪽이 모두 본질적인 의미를 갖는다면 과연 인식에 필수적인 것이 사물에도 필수적인 것인지 아닌지가 불분명해진다. 한편으로 인식작용에서 사물과 사물을 구별해 준다는 징표란 것은 인식작용에 도움이 된다고 하지만, 다른 한편으로 사물의 비본질적인 요소는 인식되지 않고 사물 자체를 존재 일반의 보편적인 연속성으로부터 따로 떼어 내는 것, 타자로부터 분리되어 그 자체로서 독자적으로 존재하는 것이 인식된다. 여기서 징표는 단지 인식작용에 대해 본질적인 관계를 지닐 뿐만 아니라 사물의 본질적인 성질과도 합치된다고 하며, 이 의식의 작위적인 체계는 자연 자체의 체계에 대응하여 오직 그 체계만을 표현하는 것이라고 한다. 이성의 개념으로 보아 이는 당연한 이야기다. 실로 이성의 본능은 그야말로 본능적으로 관찰을 수행하는 가운데 그 온갖 체계 속에서 이러한 통일을 이루어 내는 것이다. 이 통일 속에서는 이성의 여러 대상 그 자체가 본질적인 독자성을 지니는 존재가 되며, 결코 어떤 순간에 우연히 여기 있는 존재로 그치진 않는다. 예컨대 동물을 구별하는 징표로서 발톱과 이빨을 들 수 있다. 실제로 발톱과 이빨은 관찰자가 어떤 동물을 식별하는 길잡이가 될 뿐 아니라 동물 자신이 그것을 통해 자기를 타자와 구별한다. 발톱과 이빨이라는 무기를 앞세워 그들은 보편적인 자연에 종속되지 않고 자립적인 생활을 영위해 나가는 것이다. 이에 반하여 식물은 독자적인 존재에는 이르지 못하고 다만 개체성을 띨 듯 말 듯한 한계선상에 놓여 있다. 식물은 이런 한계선상에서 양성(兩性)으로 갈라지며, 이것이 식물을 구별하고 기술하는 징표가 된다. 그러나 식물보다 더 하위에 속하는 존재는 더 이상 자기를 타자로부터 구별하지 못해서 무엇인가와 대립하게 되면 사라져 버린다. 결국 홀로 안정되어 있는 상태와 타자와 관계해 있는 상태가 서로 대립하는 가운데 전자의 경우냐 후자의 경우냐에 따라 사물은 다른 것으로 보인다. 그런데 개체란 타자와의 관계 속에서 개체로서의 자기를 유지하는 것이다. 하지만 이렇듯 자기를 유지하지 못한 채 화학적인 양식과 경험적인 양식이 일치하지 않는 무기물은 인식에 혼란을 초래한다. 이에 의식은 과연 어떤 측면을 길잡이로 삼아 그 사물을 이해해야 할지 갈피를 못 잡고 논쟁만 하게 된다. 왜냐하면 이 경우에는 사물 그 자체가 동일성을 간직하지 못한 채 그 안에 갖가지 측면이 분리되어 서로 얽혀 있기 때문이다.

일반적으로 자기동일성이 유지되고 있는 체계에서는 이 자기동일성이 인식과 사물 모두의 실마리가 되기도 한다. 그러나 자기동일적인 성질의 것이 이런 식으로 확대될 경우 그 하나하나는 일정한 진행 계열을 이루어 저마다 자유롭게 있을 수 있는 장(場)을 얻게 되지만, 동시에 이 확대가 본질적으로 질서와는 정반대의 혼란을 일으키기도 한다. 왜냐하면 징표가 되는 보편적인 특징은 특수한 것과 보편적인 것이라는 대립물의 통일에 있기 때문이다. 따라서 통일은 이런 대립을 빚을 수밖에 없다. 한편으로는 특수한 것이 자기 본질을 이루는 보편적인 면을 제압하기도 하지만 다른 한편으로는 보편적인 면이 특수한 것을 지배하여 이를 한계까지 몰아세움으로써 서로 구별된 것과 본질적인 모습을 온통 뒤섞어 버린다. 이를 질서정연하게 분리하여 거기서 어떤 확고한 길잡이를 마련한 것으로 여기고 있던 관찰자의 눈앞에서 이윽고 원리와 원리가 서로 맞부딪치면서 이행과 혼란이 발생하게 된다. 그리하여 애초에는 완전히 분리되어 있던 것이 결합되기도 하고 한데 어우러져 있던 것이 분리되기도 한다. 따라서 평온하게 자기동일성을 유지하는 존재를 확고한 길잡이로 삼으려고 하더라도, 이를테면 동물이나 식물의 본질적인 징표로 삼을 만한 가장 보편적인 성질조차도 그 규정을 무효화하는 상황에 몇 번이나 맞닥뜨려, 결국 관찰을 통해 모처럼 손에 넣었던 보편적인 성질이 무력해져서 관찰과 기술을 사상이 결여된 것으로 퇴화하게 만들어 버리기도 한다.

그리하여 단일한 성질에만 국한하여 감각적 다양성을 보편적 성질로 제한하려고 하는 관찰은 실제로 대상과 마주치게 되면 자신의 원리가 혼란에 빠지는 것을 깨닫는다. 왜냐하면 특정한 성질이라는 것은 본성상 어떤 대립물과 마주치면 스스로를 유지할 수가 없기 때문이다. 그러므로 이성은 이제 동일한 상태에 머물러 있는 듯이 보이는 타성적인 특정한 성질에서 눈을 돌려 그 실상을, 즉 그와 그의 대립물의 관계를 관찰하는 방향으로 나아갈 수밖에 없다. 본질적인 징표라고 불리는 것은 안정된 특정한 성질이다. 그런데 이것은 단일한 성질로 나타나며 또 그렇게 파악되지만, 자기에게로 되돌아오는 운동의 소멸되어 가는 요소라는 그의 본성을 그대로 표현하지는 않는다. 그리하여 마침내 이성의 본능이 특정한 성질을 그 본성상 자립적으로 존재하는 것이 아니라 대립물로 이행하는 것으로 파악하려고 하면 거기서 얻어지는 것은 법칙 및 법칙의 개념이다. 물론 이성의 본능은 존재적 현실의 형태로서 이 법칙과 개념을 얻으려 하긴 하지만, 이런 현실은 이성본능 앞에서는 사실상 소멸돼 버리고 법칙의 두 측면은 순수한 요소 또는 추상적인 것으로서 파악된다. 이때 법칙은 개념의 본성으로 나타나는데, 이 개념은 법칙이나 개념과는 전혀 무관하게 존재하는 감각적 현실을 폐기해 버린다.

관찰하는 의식에게 받아들여지는 법칙의 진리는 경험 속에서 감각적 존재가 이 의식에 대해서 나타나는 형태로 존재할 뿐이지 자체적이며 절대적으로 있는 것이 아니다. 그런데 법칙은 개념 속에 그의 진리를 담아내지 않는다면 필연성이 없는 우연한 것에 지나지 않을 테고 실제로 법칙이라고 할 수가 없다. 그러나 법칙이 본질적으로 개념으로 존재한다고 해서 그것이 관찰의 대상이 되지 않는 것은 아니며, 오히려 개념인 이상 그것은 반드시 관찰될 수 있는 실재여야만 한다. 이성 일반이라는 의미에서 보편적인 것은 개념 자체의 의미로 보아도 보편적이다. 즉 보편자는 의식에 대해서도 생생한 현실적인 존재로 나타나고, 개념은 사물의 형태를 띤 감각적인 존재로서 표현된다는 것이다. 하지만 그것이 개념으로서의 본성을 상실하여 타성적인 존재가 되거나 아무런 의미도 없는 현상 수준으로 전락해 버리는 것은 아니다. 자연 전체를 지배하는 힘으로 인정받는 법칙은 실제로 자연 전체에 유효한 것이어야만 한다. 마땅히 있어야만 하는 것은 실제로도 있다. 단지 있어야만 할 뿐 있지 않은 것은 진리가 아니다. 이성의 본능이 어디까지나 이 점에 집착하는 것은 당연하다고 하겠다. 또한 이성이란 어떤 경험 속에서도 마주친 적이 없으면서 다만 마땅히 있어야 하고 또 당위적으로 진리를 지녀야 할 뿐인 관념적 존재, 즉 갖가지 가설이나 눈에 보이지 않는 영원한 당위에 현혹되어서는 안 된다. 왜냐하면 이성이란 바로 온갖 실재라는 데 대한 의식의 확신이므로, 의식에게 실재하는 자기를 드러내지 않는 것, 다시 말하면 스스로 현상하지 않는 것은 의식에게 무(無)나 다름없기 때문이다.

지금까지 살펴본 법칙의 진리가 본질적으로 실재하는 존재로서 나타나야만 한다는 것은 관찰자의 위치에 머물러 있는 의식의 처지에서 보면 개념과 대립하고 자체적인 보편자와 대립하는 듯이 여겨지기도 한다. 즉 의식에 법칙으로 나타나는 것은 이성의 본질에는 합치되지 않는 것처럼 보인다. 이때 의식은 낯선 것을 받아들이는 느낌을 받는다. 그러나 이러한 모순은 사실상 의식 자체의 반대를 받게 된다. 다시 말해 자연 전체를 지배하는 보편적 법칙의 진리를 주장하기 위해서 굳이 모든 개별적인 감각적 사물이 법칙을 체현하고 있음을 입증할 필요는 없다고 할 수 있다. 돌을 지면에서 들어 올린 다음 놓아 주면 돌은 낙하하게 마련인데, 이런 법칙을 밝혀내기 위하여 모든 돌로 같은 실험을 할 필요는 없는 것이다. 그저 많은 돌로 실험을 되풀이하면 그만큼 다른 돌에 대해서도 최대의 개연성과 충분한 정당성을 가지고 똑같은 일이 벌어지리라는 것을 의식은 유추할 수 있다. 그러나 유추란 사실 완전한 정당성을 지닐 수 없을 뿐만 아니라 그 성질상 자기모순에 빠져 있다. 그러므로 유추에 근거한 추론 결과 오히려 유추에 의해서는 추론을 전혀 하지 못한다는 식의 결론이 난다. 유추를 통해 얻어지는 개연성만 하더라도, 개연성의 크고 작음이라는 구별은 진리를 판가름하는 데에 아무런 의미도 갖지 않는다. 개연성이 아무리 크더라도 이는 진리에 비하면 무나 마찬가지이다. 그러나 이성의 본능은 실제로는 낙하의 법칙과 같은 것을 진리로 간주하고 있다. 그러다가 인식이 가닿지 않는 법칙의 필연성이 문제가 될 때라야만 비로소 개연성의 크고 작음이니 뭐니 하는 구별을 이끌어 내고는 사태의 참과 거짓을 개연성의 문제로 바꾸어 버린다. 그 결과 순수한 개념을 여전히 통찰하지 못하는 의식에서는 진리가 불완전한 모습으로밖에 나타나지 않게 된다. 왜냐하면 여기서는 법칙의 보편성이 한낱 단순한 직접적 보편성으로밖에는 현존하지 않기 때문이다. 그런데 또한 법칙은 이 보편성으로 말미암아 의식에게 진리로 간주되기도 한다. 이를테면 의식 속에서 돌의 낙하가 진리인 것은 돌이 무게를 갖기 때문이며, 그렇게 무게를 가짐으로써 돌 자체가 지구와 절대적으로 본질적인 관계를 맺고 있으며 이 관계가 낙하현상으로 나타난다는 것이다. 이때 의식은 법칙의 존재를 경험하고 있지만 이 법칙을 개념으로서도 지닌다. 이 두 가지 사정이 하나로 합쳐짐으로써 비로소 법칙은 의식 속에서 진리가 된다. 법칙이 법칙으로서 타당할 수 있는 이유는 그것이 바로 현상 속에 나타나는 것과 동시에 그 자체가 개념이기 때문이다. 법칙은 그 자체가 동시에 개념이다. 그러므로 의식이 지니는 이성본능은 반드시, 그러나 무의식적으로 법칙과 그 요소를 개념으로 순화하는 쪽으로 나갈 수밖에 없다. 이성본능은 법칙 실험을 시작한다. 갓 등장한 법칙은 감각적인 개별물에 휩싸여 있는 불순한 형태로 나타난다. 그의 본성을 이루는 개념은 경험적인 소재 속에 매몰되어 있다. 따라서 이성의 본능은 실험을 하면서 이런저런 상황 아래 무슨 일이 빚어지는지 알아내려고 한다. 그럴수록 법칙은 감각적인 존재 속에 흠뻑 젖어드는 듯이 보이지만 실험이 진행되면서 오히려 감각적인 존재가 점차 소멸되어 간다. 실험에 의한 탐구는 법칙이 성립되는 순수한 조건을 찾아낸다는 내면적인 의미를 지닌다. 그러나 순수한 조건을 발견하려는 사람들은 다른 의도를 품고 있는지 몰라도, 사실 여기서 시도되고 있는 것은 법칙의 구성 요소를 특정한 존재의 구속으로부터 완전히 벗어나게 하여 법칙을 순수한 개념의 형태로 고양하는 것이다. 예컨대 처음에 음전기는 수지(樹脂) 전기로, 양전기는 유리전기로 불려 왔지만 실험 결과 수지나 유리와 관련된 의미는 완전히 사라지고 특정한 사물과의 관계가 사라지면서 그것은 순수한 음전기와 양전기로 여겨지게 되었다. 그리하여 양전기가 되는 물체와 음전기가 되는 물체가 있다는 투의 말은 더 이상 할 수 없게 되어 버렸다. 마찬가지로 산과 알칼리의 관계와 이들 상호간의 반응도 물체의 대립을 나타내는 듯한 법칙을 이루었지만 사실 이렇게 분리되어 있는 두 사물은 아무런 현실성도 지니지 않는다. 이 두 물체를 떼어 놓는 힘도 양자가 곧 다시 하나의 과정 속에 녹아드는 것을 막지 못한다. 왜냐하면 그 둘은 이 관계에 있을 뿐이기 때문이다. 산과 알칼리는 이빨이나 발톱처럼 저마다 따로 떨어져 있을 수도 없거니와 그런 것으로 제시되지도 않는다. 서로가 곧장 중화되어 중성의 물질이 된다는 데에 그 본질이 있으니, 거기서는 양쪽 모두가 자체적으로 지닌 성질을 잃고 보편적인 존재가 된다. 그리하여 산과 알칼리는 오직 보편적인 성질로서만 진실로 존재하는 것이다. 마치 유리나 수지가 둘 다 양전기로도 음전기로도 될 수 있듯이, 산과 알칼리도 어떤 특정한 현실의 물질과 결부된 성질은 아니며 상대적으로 각각 산성이 되거나 알칼리성이 되거나 한다. 확실히 알칼리나 산 중 어느 한 쪽일 수밖에 없을 듯이 보이는 것도 이른바 물리화학적 결합(Synsomatien)에서 다른 한쪽과 반대되는 성질을 띠게 되는 것이다. 이러한 실험 결과 이제는 특정한 사물의 고유한 성질로 여겨지는 요소들은 모두 폐기되고 그 술어는 주어에서 분리된다. 주어에서 벗어난 술어에는 술어에 어울리는 보편적인 형식이 주어진다. 이러한 독립성으로 말미암아 술어는 물체도 성질도 아닌 '물질(소재)'을 일컫는 것이 되고, 이제는 더 이상 산소나 양전기·음전기나 열 등등을 물체라고 부를 수는 없게 된다.

물질이란 존재하는 사물이 아니라 개념의 형식을 띤 보편적인 존재이다. 그런데 아직 본능단계에 있는 이성은 물체와 물질을 올바르게 구별하고 있으나, 온갖 감각적 존재를 지배하는 법칙을 실험할 적에 한낱 감각적 존재를 폐기하면서도 자신이 그러는 줄 모르고 있다. 이성은 감각적 존재의 구성요소를 보편적인 물질로 파악하고, 이 물질이란 말을 쓸 때도 이를 비감각적인 감각물 또는 물체가 아닌 대상적 존재로 표현하고 있으나 이성 자신은 이를 의식하지 못한다.

그럼 여기서 이러한 실험 결과가 이성본능에 어떠한 사태 변화를 가져오고 또 그로 인해서 어떤 새로운 형태가 관찰의 대상으로 등장하는가를 살펴봐야만 하겠다. 이때 실험하는 의식의 진리로서 우리는 감각적 존재로부터 자유로워진 순수한 법칙, 나아가서는 감각적 존재 속에 현존하는 개념을 보게 된다. 이 개념은 감각적 존재 속에 자립적으로 존재하면서 아무 거리낌 없이 움직이는가 하면 또한 그 속에 깊숙이 잠겨 있으면서도 그로부터 해방되어 있는 단순한 개념이다. 이렇듯 실험 결과로서 본질적 요소가 이제 관찰하는 의식에게는 대상으로 나타나면서도 이것이 의식에게는 결과로서 얻어진 것이라고는 생각되지 않는다. 또한 여기서는 앞서 일어난 운동과 이 대상과의 관계도 자각되지 않으므로 특별한 종류의 대상이 나타난 것으로 보이며 그와 관계하는 의식도 지금까지와는 다른 관찰을 하는 것으로 간주된다.

단순한 개념이 되는 과정을 갖추고 있는 이 대상은 바로 '유기체'이다. 유기체란 절대적 유동성을 띤 것으로서, 그 속에서는 유기체가 단지 타자에 대한 관계에서나 가지고 있을 뿐인 성질은 여지없이 해체되어 버린다. 무기물은 타자와 구별되는 성질을 본질로 삼는 까닭에 어떤 다른 것과 함께할 때라야만 비로소 개념의 요소를 온전히 갖추게 되는데, 그로 말미암아 운동을 시작하면 스스로를 상실하고 만다. 이와는 달리 유기체에서는 타자와 어울릴 수 있는 온갖 성질이 단순한 유기적 통일체로 결합되어 있어서 그중 하나가 자유롭게 타자와 본질적인 관계를 맺는 일이란 있을 수 없다. 유기체는 타자와 관계하는 가운데 자기를 유지한다. 이제 이성본능이 관찰하고자 하는 법칙의 측면은 방금 이야기한 유기체의 성질로 보아 알 수 있듯이 서로 관계를 맺고 있는 유기체와 무기물이다. 단일한 개념으로 존재하는 유기체와는 달리 무기물은 제약을 받지 않고 뿔뿔이 흩어져 있는 갖가지 성질의 자유 집합체이다. 이러한 무기물의 성질 속에 있을 때 자연의 개체는 해체되어 있음과 동시에 이 성질들의 긴밀한 연속으로부터 분리돼서 독자적으로 존재한다. 공기, 물, 흙, 지대(地帶), 기후 등은 그런 유기적인 개체가 살아가기 위한 보편적인 장(場)이 되어 준다. 이 장은 여러 개체의 모호하면서도 단순한 본질을 이루며 거기서 개체는 동시에 자기 자신에게 되돌아온다. 한데 이 유기적인 개체도 무기적인 장도 즉자대자적으로 존재하는 절대적 존재는 아니다. 오히려 양쪽 모두가 자유로운 독자존재로서 각각 관찰의 대상이 되는 가운데 서로가 본질적인 관계 아래 있다고 봐야만 한다. 그러면서도 이 양자는 저마다 자립한 채 상대와 무관하게 있는 면이 두드러져서, 여기서 추상되는 서로의 관계란 부분적인 것일 뿐이다. 그리하여 이런 상황에서 법칙은 무기적인 자연적 장과 유기체의 형성과의 관계를 나타내는 것이 되는데, 이때 유기체는 한편으로는 무기적 존재와 대립하면서 다른 한편으로는 그러한 요소를 유기적 반영이란 형태로 나타내기도 한다. 그러나 공중에 서식하는 동물은 조류의 특성을 지니며 물속에 서식하는 동물은 어류의 특성을 지니고 북방에 사는 동물은 두꺼운 모피로 덮여 있다는 등의 법칙은 유기체의 다양성을 드러내기에는 역부족인 빈약한 지식에 지나지 않는다. 또한 환경조건에서 자유로운 유기체의 활동은 그와 같은 규정된 형식을 탈피하여 이른바 법칙이니 규칙이니 하는 것에 따르지 않는 예외를 여기저기에서 나타낸다. 비록 법칙을 따르는 유기체라 하더라도 그 법칙이 표면적인 규정에 불과한 이상 거기에 법칙의 필연성이 있다 한들 어디까지나 표면적인 것일 뿐이며, 단지 장이 유기체에게 커다란 영향을 미친다는 것이 밝혀질 뿐이다. 게다가 실제로 유기체의 어떤 부분에 얼마나 그 영향이 미치는지도 분명히 알 수 없는 노릇이다. 따라서 유기체와 무기적 자연(장)의 관계란 엄밀히 말하면 법칙이라고 할 수 없다. 왜냐하면 이미 얘기했듯이 그러한 관계는 내용면으로 볼 때 유기체의 모든 영역을 총망라한 것은 아니며, 한편으로는 관계되는 요소 그 자체도 서로 무관하게 뿔뿔이 흩어져 있어서 어떤 필연성도 나타내고 있지 않기 때문이다. 산의 개념 속에는 알칼리의 개념이 포함되어 있고 양전기의 개념 속에는 음전기의 개념이 포함되어 있다. 그런데 두꺼운 모피와 북쪽 지방, 또는 어류의 구조와 물, 조류의 구조와 공기가 밀접하게 연결되어 있는 모습이 아무리 자주 눈에 띄더라도 결코 북쪽 지방이라는 개념 속에 두꺼운 모피라는 개념이, 또는 바다나 공기라는 개념 속에 물고기나 새의 구조라는 개념이 포함되는 것은 아니다. 이들 두 개념은 서로에게 얽매이지 않고 자유로우므로 육지에 서식하는 동물 중에도 본질적으로 조류나 어류와 같은 성질을 지닌 것도 존재하는 것이다. 그뿐 아니라 법칙의 필연성도 존재의 본질에 어울리는 내적인 필연성으로 파악될 만한 것은 아니므로 감각적인 성질을 띠고 나타나지 않는 경우도 있으며, 현실세계 속에서 관찰되지 않고 현실에서 벗어나 있는 것일 수도 있다. 그리하여 이 필연성은 실재하는 세계에서는 발견될 수 없는 필연성인 까닭에 목적론적 관계라고 불리게 되는데, 이는 어디까지나 서로 관계되는 요소들의 바깥에 있는 관계일 뿐이므로 도무지 법칙이라고는 할 수 없는 관계이다. 결국 이런 필연성에 관한 사상은 자연의 필연성에서 완전히 이탈하여 필연성을 팽개치고 그것을 뛰어넘어 멋대로 활개치는 사상이다.

지금까지 설명한 유기체와 유기체의 생활 장소인 무기적 자연과의 관계는 유기체의 본질을 표현하는 것은 아니지만, 사실 이 본질은 목적 개념 속에 포함돼 있다. 물론 관찰하는 의식에서 목적 개념은 유기체의 고유한 본질이 아니라 방금 얘기한 대로 유기체의 바깥에 속하는 외면적인 목적론적 관계에 지나지 않는 듯이 여겨진다. 그러나 유기체란 앞서 규정했듯이 실은 목적 그 자체가 실재성을 띠고 나타난 것이다. 왜냐하면 유기체란 타자와의 관계 속에서 스스로를 보존하는 가운데 그 본성이 개념으로 되돌아가는 자연적 존재이므로 원인과 결과, 능동과 수동 같은 대립적인 요소를 필연적인 연관 속에서 하나로 묶어 놓기 때문이다. 따라서 여기서는 무엇인가가 필연의 결과로서 나타나는 것만은 아니다. 도리어 그 존재는 자기에게 되돌아옴으로써 최종적인 결과는 운동이 시작되는 출발점과 일치하며 또한 실현된 목적과도 일치한다. 이렇게 본다면 유기체란 뭔가를 산출한다기보다는 오히려 자기를 보존할 뿐이며, 뭔가가 산출된다 하더라도 이미 현존하는 것이 산출될 뿐이다.

이렇게 규정된 유기체의 자기보존이 그 자체로 어떤 의미를 지니며 또 이성본능이 이를 어떻게 파악하고 있는가를 좀더 자세히 따져 보자. 이는 이성본능이 그런 유기체의 규정 속에서 자기 자신을 발견하면서도 그렇게 발견한 것 속에서 자기를 인식하고 있지는 못한 모습을 살펴보기 위함이다. 관찰하는 이성이 명확한 개념으로 포착했던 목적 개념은 하나의 현실적인 존재로서도 있는 것이므로 이는 현실적인 유기체의 외적인 관계를 나타내는 데 그치지 않고 유기체의 본질을 이루기도 한다. 그 자체가 목적이기도 한 현실의 유기체가 합목적적으로 타자와 관계를 맺는다면 이 관계는 양자의 직접적인 상태에 좌우될 것이므로, 양자가 직접적으로 각기 자립한 이질적인 존재인 이상 이 관계는 우연적일 수밖에 없다. 그러나 양자의 관계의 본질은 표면에 나타나는 것과는 다르다. 그들의 목적론적인 행위는 감각적으로 직접 지각되는 것과는 다른 의미를 지닌다. 필연성은 발생하는 사건의 내면에 은폐되어 있다가 마지막에 가서 비로소 모습을 드러낸다. 그런데 여기서 밝혀지는 것은 이 마지막에 드러난 필연성이 애초부터 존재하고 있었다는 사실이다. 그런데 끝에 가서 나타나는 필연성이 애초부터 있어 왔다는 것은 행위에 의해서 야기된 변화란 이미 있던 것만을 만들어 냈을 뿐이라는 것을 뜻한다. 다시 말해서 우리가 최초의 것으로부터 출발할 때 그것이 행위를 통해 최종 국면에 이른다면 이는 단지 자기 자신에게로 되돌아왔다는 것이나 마찬가지이다. 결국 이렇게 되면 최초의 것은 자기 자신을 최종 목적으로 삼고 있는 존재이며 그러므로 그것은 최초의 것이면서 이미 자기에게 돌아와 있는 자기완결성을 지닌 즉자대자적 존재라는 얘기가 된다. 따라서 애초부터 있던 것이 스스로 행동한 끝에 다다른 도착점은 자기 자신일 뿐이다. 처음에 있던 것은 자신이 자기 자신에게 다다를 수밖에 없음을 스스로 느낀다. 물론 애초부터 있는 그대로의 것과 그것이 추구하는 것 사이에는 분명히 차이가 있지만 이는 표면적인 차이에 지나지 않으며, 바로 이 차이를 극복하는 데서 최초의 유기체는 개념이 된다.

그런데 또 마찬가지로 자기의식도 자기를 자기로부터 구별한다고 하지만 동시에 아무런 구별도 낳지 않는다는 성질을 지니고 있다. 따라서 자기의식이 유기체를 관찰할 때 발견하는 것도 결국은 이러한 자기본질이다. 즉 자기의식은 생명이 있는 사물로서 존재하는 자기 자신을 발견한다. 그러면서 자기의식은 자기 자신인 것과 자기가 발견한 것을 서로 구별하지만, 사실 그것은 아무 구별도 아니다. 동물의 본능은 먹이를 찾아서 먹지만 여기서 얻어

내는 것이라곤 자기 이외의 다른 어떤 것도 아니다. 이와 마찬가지로 이성의
본능이 추구하는 것 또한 이성 이외의 다른 어떤 것도 아니다. 다만 동물은
최종적으로 자기감정에 이르는 데 반해 이성본능은 동시에 자기의식이기도
하다는 점에서 차이가 있다. 그러나 이성본능은 어디까지나 본능일 뿐이므
로 의식의 반대편에 있어서 이와는 대립되는 관계에 있다. 따라서 본능적으
로 얻어지는 만족감은 대립으로 인해 둘로 분열된다. 물론 이성본능은 자기
자신을 목적으로 삼아 사물로서의 목적을 발견한다. 하지만 이런 그의 목적
이 처음에는 목적으로 표현되는 사물의 바깥에 있는 듯이 보인다. 다음으로
이 목적 자체가 동시에 대상화되어 나타나는데, 이렇게 되면 목적은 의식으
로서의 자기 안에 있는 것이 아니라 또 다른 오성(신) 속에 있는 것으로 간
주된다.

　더 자세히 살펴보면 이성의 이러한 규정은 그 자체가 목적이라고 하는 사
물의 개념 속에 나타나 있다. 곧 유기체는 자기를 보존한다. 이는 동시에 자
기보존의 필연성을 은폐하고 우연한 관계 속에서 살아가는 듯한 모습을 띠
는 것이 그의 본성이란 뜻이다. 이유인즉 유기체의 자유와 자립성은 필연적
인 것에 대하여 무관심한 태도를 취하는 데서 성립되기 때문이다. 따라서 그
자신의 개념이 자신의 존재 밖에 별도로 있다는 것이 유기체 본연의 모습이
다. 이와 마찬가지로 이성도 자기 자신에게 갖추어진 필연성이라는 개념을
자기 바깥에 있는 것, 즉 사물과 같은 것으로 바라볼 수밖에 없으니, 여기서
도 필연적인 사물과 이성 사이에 또는 사물과 개념 사이에 서로 무관심한 관
계가 맺어져 있다. 본능으로서의 이성은 이 무관심한 존재의 내면에 머물러
있으므로, 이성본능이 보기에 개념을 표현하는 사물은 어디까지나 개념과는
별개의 것이며 개념은 사물과는 별개의 것이 되어 있다. 따라서 유기체는 그
자체가 곧 목적이라 하더라도 유기체의 행위 속에 은폐되어 있는 필연성은
유기체가 필연성과는 전혀 무관한 자립적인 태도로 행동하는 이상, 이성이
보기엔 유기체의 바깥에 있는 것으로밖에는 보이지 않는 것이다. 하지만 그
자체가 목적인 유기체는 목적이 있는 듯한 태도를 취할 수밖에 없으니, 그
자신이 목적을 갖추고 있다는 것은 실제로 분명히 나타나 보이고 또 의식도
유기체를 그와 같이 관찰한다. 유기체는 자기를 보존하면서 자기에게 되돌
아가려 하고 또 이미 되돌아와 있는 것으로서 나타난다. 그러나 관찰하는 의

식은 이런 존재 속에 목적 개념이 깃들어 있다는 것을 인식하지 못한다. 다시 말하면 목적 개념이 어딘가 다른 곳에 있는 오성 속에 있는 게 아니라 바로 여기에 유기체라는 사물로서 현존하고 있다는 것을 의식은 인식하지 못하는 것이다. 관찰하는 의식은 목적 개념과 자립적인 자기보존 활동을 구별하지만 사실 여기에는 아무런 구별도 없다. 그런 구별이 애초에 아무런 구별도 아니라는 것을 의식은 자각하지 못한다. 행동 결과 생겨나는 것과는 아무런 관계도 없이 우연히 나타나는 행위와, 나아가 이 행위와 행위의 결과라는 양자를 한데 묶어 주는 통일은 관찰하는 의식 속에서 따로따로 취급되고, 그리하여 행위와 목적이 분리되어 버린다.

이런 견지에서 보면 유기체 자체의 행위라고 할 수 있는 것은 그 시작점과 종착점 사이에 내재하는 개별적인 성질의 행위뿐이다. 그러나 이렇게 되면 보편적인 성질을 지닌 행위, 이 행위가 낳는 결과와 행위자가 서로 동일해지는 합목적적 행위는 유기체의 독자적인 행위로는 간주되지 않는다. 그런데 한낱 중간자로서의 매개 수단에 지나지 않는 개별적인 행위란 바로 이 개별성으로 말미암아 순전히 개별적인 경우에만 유효한 우연한 필연성에 지배된다. 그러므로 유기체가 개체로서의 자기 또는 유로서의 자기를 보존하기 위해서 행하는 것은 방금 설명한 그의 직접적인 내용으로 볼 때 법칙성이라고는 전혀 없는 것이 된다. 왜냐하면 보편자와 개념은 유기체 바깥에 생겨나기 때문이다. 따라서 이 경우 유기체의 행위는 내용도 없는 헛된 것이므로 기계의 작동과도 전혀 다르다. 기계에는 목적이 있고 따라서 그 작동에는 일정한 내용이 따르기 때문이다. 보편적인 목적을 일탈한 개별적 행위란 어쩌다 벌어진 일에 지나지 않는다. 그것은 산이나 알칼리의 활동만큼도 자기에게 되돌아오지 않는다. 이런 활동은 직접적인 존재에서 분리되는 일도 없고 더욱이 대립물과의 관계 속에서 소멸되어 가는 존재를 버리는 일도 없지만, 그러면서도 자기보존은 할 수 있을 것이다. 그러나 여기서 이런 활동이 관찰되는 유기체 그 자체는 대립물과의 관계 속에서 자기를 보존하는 것으로 정립되어 있다. 그가 벌이는 활동 자체는 본질이 결여된 상태로나마 자립적인 순수한 형식을 지닌 것이다. 그런데 한낱 개별적인 존재를 넘어서서 보편성을 갖춘 활동의 실체, 즉 활동의 목적은 활동 바깥에 있는 것이 아니다. 활동은 스스로 자기에게 되돌아가는 것이지 결코 어떤 낯선 타자에 의해 자기에게 돌려보내지는 것은 아니다.

그러나 보편적 개념과 개별 활동과의 이러한 통일은 관찰하는 의식에게는 감지되지 않는다. 왜냐하면 그 통일은 본질적으로 유기체의 내면적 운동으로서 어디까지나 개념으로만 파악될 수 있는데, 관찰하는 의식이 추구하는 것은 존재와 지속이란 형식에 속하는 요소이기 때문이다. 하나의 전체를 이루는 유기체는 본질적으로 그런 고정적인 요소를 보유한다거나 겉으로 드러내 보인다거나 하지 않으므로, 관찰하는 의식은 유기체에 나타나는 대립을 자기 나름의 사상에 합치될 만한 대립으로 바꾸어서 파악할 수밖에 없다.

이렇게 해서 유기체는 존재적으로 고정된 두 요소의 관계로서, 다시 말하면 그 대립되는 양면이 다 함께 관찰되는 듯이 보이는 동시에 내용면에서는 유기체의 목적 개념과 현실의 대립을 드러내는 듯이 보이는 대립의 관계로서 관찰하는 의식에 나타난다. 그러나 이런 상태에서는 개념 그 자체가 말소된 채 전체가 모호하고 내용 없이 표면적인 것으로만 나타날 뿐이며 사상은 표상 속에 묻혀 있다. 그리하여 내면은 목적 개념을 뜻하고 외면은 현실을 뜻한다고 막연히 파악되기에 이르니, 양자의 이러한 관계는 '외면은 내면의 표현이다'라는 법칙을 낳게 된다.

대립을 동반하는 내면과 이들 상호간의 관계를 좀더 자세히 살펴보면 첫째, 법칙의 양면이 더 이상 이전의 법칙에서와 같이 저마다 독립된 사물이나 특정한 물체로서 나타나는 일이 없고, 둘째, 양면을 아우르는 보편자가 어딘가 존재의 바깥에 현존하는 그런 일은 없다는 것도 분명해진다. 오히려 유기체란 그 본질상 불가분의 존재로서 기초지어져 있는 가운데 내면과 외면 모두의 내용이자 양자에 대해 동일한 존재로서 불가분의 기초를 이루고 있다. 이렇게 되면 대립은 순수히 형식적인 데 지나지 않으며, 저마다 실재하는 것으로 나타나는 양면은 동일한 존재를 본질로 삼는 셈이 된다. 그러면서 동시에 내면과 외면은 사물로서도 대립해 있으니, 관찰자 처지에서는 별개의 존재인 양면이 저마다 독자적인 내용을 지니는 것으로도 보인다. 그러나 이 독자적인 내용도 유기적으로 통일된 동일한 실체로 이루어진 것이므로 실제로는 실체의 형식적 차이에 지나지 않을지도 모른다. 이 점은 관찰하는 의식에 의해서 외면은 내면의 표현에 지나지 않는다는 말 속에 암시되어 있다. 이와 동일한 관계를 우리는 이미 목적 개념에서 살펴본 바 있는데, 여기서도 또한 구별된 것이 저마다 서로와는 무관하게 자립적으로 존재하면서도 마침내 그 구별은 소멸되어 양자의 통일이 이루어지기도 하는 것이다.

이제 살펴보아야 할 것은 내면과 외면이 저마다 어떤 형태를 띠고 존재하는가 하는 것이다. 내면 그 자체는 외면 그 자체와 마찬가지로 의식의 대상이며 관찰되는 존재로 정립되어 있는 까닭에 그 또한 외면적인 존재와 형태를 지녀야만 한다.

내면에 깃들어 있는 유기적 실체는 단일한 혼(魂)이며 순수한 목적 개념이자 보편적인 힘이다. 이 보편자는 부분으로 나뉘더라도 전체로 번져 나가는 유동성을 그대로 유지하며, 따라서 그의 존재양식은 마치 사라져 가는 현실의 행위나 운동과 같은 모습을 띤다. 이에 반하여 존재하는 내면과 대립하는 외면은 유기체의 정지된 존재양식이란 모습으로 나타난다. 그리하여 내면과 외면의 관계에 해당하는 법칙은 그 내용을 한편으로는 보편적인 요소나 단일한 본질로 표현하며, 다른 한편으로는 실현된 본질이나 형태로서 표현한다. 이때 전자의 단일한 유기적 성질로는 '감수성' '반응성' '재생성'을 들 수 있다. 그런데 이들 성질 가운데 최소한 앞의 둘은 유기체 전반에 적용되지 않고 단지 동물에만 해당된다. 식물은 사실 유기체가 갖는 단순한 개념을 표현할 뿐, 그런 갖가지 요소를 전개하는 데에는 이르지 못한다. 따라서 우리로서도 이상 세 요소를 관찰할 때 그것을 실제로 전개하고 있는 형태를 보이는 동물에 주안점을 두어야만 하겠다.

이상 유기체의 세 가지 요소 자체를 보자면 그것은 모두가 직접 자기목적이라는 개념으로 이해될 수 있다. 감수성이란 유기체의 자기복귀 또는 보편적 유동성이라는 단일한 개념을 표현한다. 반응성은 자기복귀를 하면서 동시에 반작용을 일으켜 외부에 탄력적으로 반응하는 유기체의 실상을 나타내고, 최초의 안정된 자체 내 존재에 반하는 외적인 전개를 표현한다. 여기서 예의 추상적인 독자존재는 대타존재가 된다. 그런데 재생성은 자기에게 되돌아온 유기체 전체의 활동이며 목적 자체 또는 유로서의 유기체 자신의 활동을 나타낸다. 따라서 여기서 개체는 자기 자신에게 반발하면서 유기체의 일부나 개체 전체를 재생산한다. 자기보존 일반이라는 의미에서 보면 재생성이란 유기체의 형식적 개념인 감수성을 나타낸다고도 하겠지만 본디 재생성은 유기체의 현실적 개념이자 전체의 개념이다. 이때 유기체 전체는 개체로서는 자신의 각 부분을 재생함으로써 자기에게 되돌아가고, 유로서는 개체의 재생을 통해 자기에게 되돌아간다.

이러한 유기적 요소가 갖는 또 하나의 외면적인 의미로 들 수 있는 것은 그 요소들이 현실적이면서 동시에 보편적인 부분 또는 유기적 조직으로 존재하는 형태에 관한 것이 되겠다. 이를테면 감수성은 신경조직으로, 반응성은 근육조직으로, 재생성은 개체와 유의 보존기관인 내장으로 현존한다.

그러므로 유기체에 고유한 법칙은 이중의 의미에서 유기적인 요소의 관계를 나타내게 되는데, 하나는 유기체의 부분적인 형태에 관련된 것이고, 다른 하나는 방금 이야기한 모든 조직에 두루 침투해 있는 보편적인 유동성에 관련된 것이다. 이런 법칙을 표현할 경우 예컨대 유기체 전체의 한 요소인 특정한 감수성이 일정한 구조를 지닌 신경조직 내에서 표현될 수도 있고, 아니면 감수성이 개체의 유기적인 부분의 특정한 재생이나 개체 전체의 번식과 결부된다는 등으로 표현될 수 있다. 이러한 법칙의 두 가지 측면은 의식에게 관찰될 수가 있다. 먼저 외면은 그 개념상 대타존재인 까닭에, 이를테면 감수성은 감관조직 속에 직접 실현되어 있고 보편적인 성질로서의 감수성이 그 조직의 활동으로서 대상화된다. 그리고 내면에 해당하는 측면은 그 자신의 고유한 외면을 갖추고 있으므로, 이는 전체적으로 고유한 외면이라 불리는 것과는 구별되어야 한다.

결국 유기체의 법칙을 이루는 두 측면은 관찰될 수 있지만, 이 두 측면이 관계하는 법칙은 관찰되지 못한다. 관찰이 이처럼 충분히 이루어지지 않는 이유는 관찰 자체가 근시안적이며 또 경험적인 차례를 밟기보다는 사상에서 출발하려고 하기 때문은 아니다. 왜냐하면 그러한 법칙이 뭔가 실재적인 법칙이라면 이는 당연히 현실적으로 존재해야만 하고 또 관찰도 되어야 하기 때문이다. 따라서 관찰이 충분히 이루어지지 않는 것은 이런 법칙에 대한 사상이 전혀 진실성이 없는 것임이 저절로 드러나기 때문이다.

이리하여 법칙에 대해 생겨난 관계는 유기체의 보편적 성질이 유기적 조직 속에서 사물이 되어 조직에서 형태를 띠어 각인되고, 그럼으로써 성질과 조직이 동일해지는 것이리라. 즉 그 본질이 한편으로는 보편적 요소로서, 다른 한편으로는 사물로서 현존하는 것이리라. 또한 그 밖에 내면만을 놓고 보더라두 여기에는 다면적으로 읽혀 있는 관계가 있으니, 따라서 법칙의 사상이라고 할 만한 것은 유기체의 보편적인 활동 또는 여러 특성 사이의 관계로서 생겨난다. 그러한 법칙이 성립되는지 아닌지는 그런 성질의 본성에 따라 결정되어야 한다. 그런데 보편적인 유동적 성질이 유기체 전체에 스며들어 있다고 할 때 그것이 사물의 형식에 한정되거나 사물의 형태를 이루는 존재의 구별 속에 가만히 정지해 있는 것은 아니다. 이를테면 감수성이란 성질은 신경조직을 초월하여 유기적인 조직 전체에 스며들어야 하고, 더 나아가 그것이 전체 속으로 스며드는 보편적인 성질인 이상은 반작용 또는 반응이나 재생과 구별될 수도 분리될 수도 없다. 그럴 수밖에 없는 이유는 자기에게 되돌아가는 감수성은 이 과정에서 반작용을 일으키기 때문이다. 단지 자기에게 되돌아가는 것만으로는 수동적인 죽은 상태나 마찬가지여서 감수성이라고 할 수는 없으니, 이는 작용이건 반작용이건 자기에게 되돌아가지 않는 한 반응성이라고 할 수 없는 것과 마찬가지이다. 작용과 반작용 속에서 행해지는 자기복귀와 자기복귀 속에서 일어나는 작용과 반작용이 통일될 때 비로소 유기체가 성립된다고 하겠는데, 이 통일은 유기체의 재생과 동일한 의미를 지닌다. 이 점에서 다음과 같은 결론이 나온다. 먼저 감수성과 반응성의 상호관계를 생각해 본다면 현실성의 온갖 모습 속에는 감수성과 반응성이 같은 크기나 양(量)으로 현존할 수밖에 없다. 그리하여 유기적인 현상은 둘 중 어느 쪽을 척도로 삼든지 간에 똑같이 파악되고 규정될 수 있으니, 좀 더 쉽게 말하자면 그렇게 설명될 수 있다. 어떤 사람이 높은 감수성으로 받아들이는 것을 다른 사람은 또한 높은 반응성으로, 또는 같은 높이의 반응성으로 받아들일 수 있다. 이들 감수성과 반응성을 유기체의 동인(動因)이라고 부르는 데 나름대로 의미가 있다고 한다면, 이는 곧 두 개의 보편적 성질이 개념에 수반되는 요소이고 이 개념을 본질로 하는 실재하는 대상이 두 성질을 동일한 방식으로 갖추고 있다는 뜻이 된다. 그리하여 대상은 한편으로 감수성이 크다고 할 수 있다면 다른 한편으로도 마찬가지로 반응성이 크다고 할 수 있는 것이다.

이 두 가지 보편적 성질은 당연히 서로 구별되는데, 이는 개념에 따른 구별이고 이들의 대립은 질적인 대립이다. 그런데 이 참다운 구별 말고도 양자를 법칙의 양면으로서 표상할 때 존재의 형식을 띠고 나타나는 구별도 생각할 수 있으니, 이럴 경우 여기에 양적인 차이가 생겨난다. 이렇게 해서 양자의 고유한 질적 대립은 크기의 국면으로 옮겨 간다. 그리고 이를테면 감수성과 반응성은 양적으로 반비례하는 관계에 놓이게 되어 한쪽이 증가하면 다른 한쪽은 감소한다는 식의 법칙이 생겨난다. 다시 말해 크기라는 것 자체가 내용을 이루는 것으로 취급되면서 뭔가의 작은 쪽이 감소하면 그만큼 큰 쪽이 증가한다고 할 수도 있다. 그런데 이러한 법칙에 일정한 내용이 주어져서, 예를 들면 구멍의 크기는 그 속에 채워진 알맹이가 감소하는 만큼 반대로 증가한다고 할 때는, 이 반비례 관계를 정비례 관계로 전환하여 구멍의 크기는 거기서 제거된 알맹이의 크기에 비례한다고도 표현할 수 있다. 정비례라고 하든 반비례라고 하든 이때 얘기되고 있는 것은 동어반복적인 명제임에 틀림없으니, 결국 여기서 표현하려는 고유한 내용은 이 크기가 증가하면 그만큼 저 크기가 증가한다는 것일 뿐이다. 구멍과 그 속에 채워지거나 거기서 빼내진 것은 질적으로 분명 대립하고 있다. 그러나 그 실재와 그때그때의 일정한 크기는 전적으로 동일한 것이며 또한 큰 것의 증가와 작은 것의 감소는 서로가 동일한 것이어서 양자의 무의미한 대립은 동어반복으로 그칠 수밖에 없다. 이와 마찬가지로 유기체의 요소도 또한 그 실재로 보나 크기로 보나 서로가 불가분하게 얽혀 있으며 크기는 곧 실재의 크기이다. 이때 한쪽은 다른 한쪽과 짝을 이룰 때만 감소하고 역시 다른 한쪽과 함께 증가한다. 왜냐하면 한쪽은 다른 한쪽 없이는 아무 의미도 없기 때문이다. 그렇다면 유기적인 현상을 놓고 그것이 반응성이냐 감수성이냐 하는 것은 아무래도 상관이 없고 또한 크기가 문제인 경우에도 그 어느 쪽이건 마찬가지이다. 구멍의 증가를 공허한 부분의 증가라고 하건 아니면 거기서 빼낸 내용물의 증가라고 하건 아무 상관이 없다는 얘기다. 또 다른 예를 든다면 '3'이라는 수를 양수나 음수 어느 쪽으로 받아들이건 그 크기는 변함이 없고, 만약 3을 4로 확대하면 양수와 음수는 모두가 4로 확대된다. 마찬가지로 자석의 남극은 북극과 동일한 강도를 지니며 양전기나 산은 그것들이 저마다 관계하고 있는 음전기나 알칼리와 동일한 강도를 지닌다. 유기적인 실재도 그런 3이나 자석과 같은 크기를 나타낸다. 이것이 증가하거나 감소할 때면 양쪽의 동인이 함께 증가하거나 감소하는데, 이는 자석이나 전기의 강도가 높아지면 자석의 양극이나 전기의 양극이 함께 증가하는 것과 같다. 따라서 두 요소는 내포로 봐도 외연으로 봐도 서로 다른 것이 아니므로, 한쪽은 외연상으로 감소하더라도 내포상으로는 증가한다거나 다른 한쪽은 반대로 내포가 감소하더라도 외연은 오히려 증가한다는 식으로 얘기하는 것은 공허한 대립의 개념을 들먹이는 데 지나지 않는다. 진정한 내포의 크기는 외연의 크기와 완전히 동일하며 그 반대의 경우도 마찬가지이다.

이상과 같이 법칙이 정립되어 가는 참된 경위를 살펴보면, 처음에는 반응성과 감수성이 특정한 유기체의 질적인 대립을 이루지만 이윽고 그 내용은 소멸되고 대립은 크기의 증감이나 서로 다른 내포와 외연의 증감과 같은 형식적인 대립이 되어 버린다. 이 대립은 더 이상 감수성과 반응성의 본성과는 상관이 없는 것으로서 그 본성을 전혀 표현하지 않는다. 그리하여 법칙 정립이라는 것이 이렇게 유기체의 요소와는 동떨어진 공허한 유희로 변하여, 그 어디에서건 모든 것에 적용되기에 이른다. 이는 결국 이 대립의 논리적인 본성을 깨우치지 못하고 있음을 의미한다.

그런데 마지막으로 감수성과 반응성 대신 재생성이 등장해서 둘 중 어느 한쪽과 관계하게 되면 여기서는 아예 그러한 법칙이 정립될 여지마저 사라져 버린다. 재생성과 감수성 또는 반응성 사이에는 감수성과 반응성 사이에서와 같은 대립관계는 존재하지 않는다. 한데 법칙은 대립관계를 바탕으로 정립되므로, 여기선 그런 법칙이 존재하는 듯한 외양조차 찾아볼 수 없게 되는 것이다.

지금까지 살펴본 법칙 정립은 유기체의 개념이 지닌 온갖 요소들이라는 의미에서 유기체의 구별을 포함하고 있으며 본디 선천적인(a priori) 법칙 정립이라고나 할 만한 것이었다. 그러나 이 법칙 정립 자체에 본질적으로 포함된 사상이 있으니, 이는 구별이 현실적으로 눈앞에 존재한다는 의미를 지닌 것이라고 보는 사상이다. 그리하여 오직 관찰만 하는 의식은 본디 이 구별의 실재에 의해 지탱되고 있는 데 지나지 않는다. 유기체의 현실은 필연적으로 그의 개념이 나타내는 바와 같은 대립을 지닌다. 이 대립은 반응성 및 감수성으로 규정되는데, 이 양자는 둘 다 재생성과는 구별되는 요소로서 나타난다. 이 경우 유기체의 개념 요소가 드러난 것으로 관찰되는 외면은 내면 그 자체가 직접 외면화한 것으로서, 전체적인 형태를 그대로 드러낸 외면은 아니다. 이제부터 이 전체로서의 외면과 내면의 관계가 고찰되어야만 하겠다.

그런데 여러 요소가 지니는 대립이 하나의 실재 형태로 파악될 경우에는 감수성, 반응성, 재생성은 평범한 성질로 격하되어 서로 아무 관계도 없는 보편성, 즉 비중이나 색채나 경도(硬度) 등과 같은 성질이 되고 만다. 이런 상황에서도 예컨대 어떤 유기체의 감수성이나 반응성 또는 재생성이 다른 유기체보다 크다는 것은 쉽게 관찰될 수 있다. 또한 감수성의 질이 유기체의 종류에 따라 다르다는 것, 일정한 자극에 대해서 유기체들이 서로 다른 반응을 나타낸다는 것, 이를테면 말이 귀리와 마른풀에 대해서 각기 다른 반응을 나타내며 또 그 동일한 귀리나 마른풀에 대해서 개는 말과 다른 반응을 나타낸다는 것 등등, 이러한 사실이 마치 두 물체 사이의 경도 차이와 마찬가지로 관찰된다. 그러나 경도나 색채와 같은 감각적 성질이나 귀리의 자극에 대한 감수성, 그리고 무게에 대한 반응성이나 새끼를 낳은 수와 그 종류 등의 현상은 서로 관계되고 비교되기는 하나, 이는 본질적으로 합법칙성과 정반대되는 것이다. 왜냐하면 그런 감각적 존재의 특성은 전적으로 서로 무관하게 존재하는 것으로서, 이들은 관계의 통일을 나타낸다기보다는 오히려 개념을 벗어난 자유로운 자연적 본성을 표출하는 것이기 때문이다. 더 나아가 이는 개념의 요소 그 자체라기보다는 오히려 요소들 사이에 있는 우연한 크기의 계단을 오르락내리락하는 비합리적인 유희라고나 하겠다.

그러나 이와는 다른 측면에서 유기체의 개념을 이루는 단순한 세 가지 요소는 형태화한 요소와 서로 비교되는데, 이 다른 측면에서 비로소 내면을 그대로 옮겨 놓은 참다운 외면이 나타나면서 본디의 법칙이 성립될 듯이 보이기도 한다. 그런데 유기체의 단순한 요소는 전체에 침투하는 유동적인 성질을 지니고 있으므로, 저마다 형태를 갖춘 개별조직으로서 유기체의 어떤 부분엔가에 서로가 분리된 채로 사물로 표현되는 것은 아니다. 달리 말하면 앞에서 거론된 세 요소가 고정된 채 독립적으로 존재하는 것이 아니라 단지 개념과 운동의 요소를 이룰 때라야 비로소 유기체의 추상적인 이념이 이 세 요소 속에 진실로 표현될 수 있는 것이다. 그렇다면 반대로 그 유기체를 형태상으로 파악하기 위하여 마치 해부학에서 분석하는 것처럼 유기체를 세 가지 특정한 조직으로 나누어서 다룬다는 것은 옳은 방법일 수 없다. 실제로 유기체 내에 그러한 조직이 존재하며 이를 발견함으로써 유기적인 체계 자체를 정당화하려는 사람도 있지만, 이때 그는 해부학이 제시하는 조직이 세 개만 있는 게 아니라 그보다 훨씬 더 수가 많다는 사실을 마음속에 둬야 할 것이다. 또 방금 이야기한 내용은 문제 삼지 않더라도 애초에 감수성의 조직이란 신경조직으로 불리는 것과는 전혀 다른 것을 뜻하며 반응성의 조직과 근육조직, 재생성의 조직과 재생작용을 하는 내장은 각각 별개의 것이다. 형태 그 자체가 조직화되어 있다고 할 유기체는 추상적인 죽은 존재에 지나지 않는다. 그런 상태에서 파악된 각 요소는 시체나 해부학상의 지식일 뿐 살아 있는 유기체의 인식에 속하는 것이라고는 할 수 없다. 그러한 부분으로 분할되고 나면 각 요소는 더 이상 과정일 수는 없게 되면서 오히려 존재할 수 없게 된다. 유기적 존재는 본질적으로 보편성을 띠며 자기 자신에게 되돌아간다. 그러므로 유기적 존재 전체나 각 요소가 해부학적인 조직 속에 자리매김 되는 것은 아니다. 생명 전체를 현실에 표출시키는 외면은 오히려 갖가지 형태화한 부분을 관통하는 운동으로서 존재할 뿐이다. 그리하여 이 운동에서 개개의 조직으로 분리되어 고정되는 것은 본디 유동적인 요소로서 나타난다. 따라서 해부학에서 다루는 현실은 유기적 요소의 실상을 그대로 드러내 주지는 않으며 오직 과정으로서의 현실만이 그 실상이라고 하겠으니, 해부학이 다루는 부분도 오직 그런 과정 속에서만 의미를 지니게 된다.

그럼 여기서 유기체의 내면적인 몇몇 요소를 따로 분리하여 취급한다면 존재 법칙의 여러 측면을 나타낼 수 없다는 결론이 나온다. 그 이유는 내면적 요소가 그런 법칙의 테두리 안에 갇힌다면 일정한 실재에 대해 이야기하고 그것을 서로 구별할 수 있어도, 각각을 다른 것으로 대체할 수 없기 때문이다. 그런가 하면 또 내면적 요소가 고정된 조직의 한쪽에 놓였을 때 다른 한쪽의 어느 고정된 조직에서 실현된다고 할 수도 없다. 왜냐하면 고정된 조직은 어떤 내면적 요소를 표현하는 것이 아니며 또한 유기체의 진리를 지니고 있는 것도 아니기 때문이다. 그 자체로서 보편자인 유기체에서 본질적인 것은 실제로는 오히려 각 요소들이 전체를 관통하는 과정 속에 현실로 존재하는 것이어서, 홀로 유리된 어떤 하나의 것 속에 그 보편적인 상(像)이 마련되어 있지 않은 것이다.

그러므로 유기체는 법칙이라는 표상 아래 다뤄질 수 없다. 법칙은 대립을 정지해 있는 양면으로 파악하고 표현하려 하며, 이 양면에서 양자의 상호관계를 이루는 일정한 성질을 파악하고 표현하려 한다. 현상 전체를 아우르는 보편적인 성질의 내면과 정지된 형태를 지닌 부분으로 이루어진 외면이 저마다 법칙의 양면을 이루는 것으로 생각되는데, 이렇듯 양면이 분리되면 유기적인 의미가 사라져 버린다. 법칙이라는 표상은 그 양면이 각기 독자적으로 존립하면서 서로에게 대응하는 이중의 성질을 띠고 관계한다는 것을 기본으로 삼고 있으나, 사실 유기체의 내면과 외면은 도리어 온갖 특수한 성질을 해소하는 단일한 보편성이자 이런 해소의 운동 그 자체이기도 하다.

이러한 법칙 정립이 앞서 이야기한 몇 가지 형식들과 어떻게 다른가를 비교해 본다면 이 법칙의 성질이 분명히 드러날 터이다. 먼저 지각의 운동이나 이 지각 운동 속에서 자기에게 돌아가면서 대상을 규정하는 오성의 운동을 되돌아보면 이때 오성은 보편적인 것과 개별적인 것, 본질적인 것과 외면적인 것과 같은 추상적인 규정의 관계를 대상에게서 찾아내는 것이 아니라 오히려 오성 스스로가 이리저리 이행을 했을 뿐이고, 그런 이행작용을 자신의 대상으로 삼지는 않았다. 이에 반하여 유기체의 관찰에서는 유기적인 통일을 뜻하는 예의 대립관계 그 자체가 순수한 이행작용으로서 대상이 된다. 단일성을 띤 이행작용이 그대로 보편성을 지니는 가운데 거기에 구별이 생겨나고 이 구별된 것들의 관계가 법칙으로 표현된다고 할 때, 이 법칙의 요소는 관찰하는 의식의 보편적인 대상이 되어야만 한다. 이때 법칙은 '외면은 내면의 표현이다'라는 형식을 띤다. 지금까지 오성은 그저 법칙만을 추구하면서 법칙의 구성요소를 일정한 내용으로만 간주할 뿐 법칙에 관한 사상으로는 간주하지 않았지만, 여기서 드디어 오성은 법칙의 사상 그 자체를 포착하게 된 것이다. 따라서 이 경우 내용에 관해 얘기한다면 순수한 존재로서의 구별을 정지해 있는 것으로 하여 보편적인 형식으로 파악하는 법칙이 아니라, 구별된 것 속에서 직접 개념의 동요를 알아차리고 동시에 두 측면의 관계의 필연성까지 파악해 내는 법칙이 추구되어야만 한다. 그런데 이때 대상이 되는 유기체의 통일은 존재의 무한한 극복, 즉 절대적 부정을 정지된 존재와 하나로 통일시키는 것이며, 개개의 요소는 본질상 순수하게 타자로 이행하는 운동이다. 그러므로 보통 법칙을 세우는 데 필요한 따로 존재하는 고정된 내면과 외면은 여기서는 전혀 나타나지 않는다.

그렇게 따로 존재하는 고정된 내면과 외면을 소유하기 위하여 이제 오성은 유기적 관계의 또 다른 면, 즉 유기체가 자기에게 되돌아오는 면에 주안점을 두어야만 하겠다. 하지만 유기체가 자기에게 되돌아오는 운동은 너무나 완벽하게 행해지는 까닭에 타자와 관련될 여지라고는 전혀 남아 있지 않다. 직접적인 감각적 존재는 존재와 그 성질이 일체화되어 있어서 그 스스로 하나의 질적인 구별을 드러내고 있다. 예컨대 빨간색이 아닌 파란색, 또는 알칼리성이 아닌 산성이라는 식이다. 그러나 자기에게 되돌아오는 유기체는 타자와 전혀 무관하게 자기만의 단순한 보편성을 지니고 있으므로 지속적인 감각적 차이가 관찰되지는 않는다. 다시 말해서 그의 본질적인 성질은 지금 있는 성질의 끊임없는 교체로서만 나타난다. 따라서 다른 것과 구별되는 차이를 형태가 있는 것으로 표현하려면 크기의 차이와 같이 본질과는 무관한 구별을 들고 나올 수밖에 없다. 이때 구별의 개념은 말살되고 필연성은 소멸되어 버린다. 하지만 본질과는 무관한 크기라는 존재를 충만하게 하는 내용과 감각적 성질의 끊임없는 변화가 단일한 유기체의 성질로서 하나로 통합될 때는 동시에 다음과 같은 사실을 표현한다. 즉 그 내용은 앞서 말한—직접적 성질이라는—성질을 지닌 것이 아니며, 질적인 것은 이미 말했듯이 단순한 크기의 차이로 전락하고 마는 것이다.

물론 유기적인 성질을 지닌 것으로 파악된 대상은 개념을 갖추고 있다. 그래서 이 대상은, 법칙의 내용을 순수히 지각으로만 파악하는 오성의 대상과 구별되기는 한다. 하지만 그렇게 파악된 것이 법칙의 요소로 이용되는 이상 이러한 파악도 한낱 지각하는 데 지나지 않는 오성의 원리나 방법으로 다시 전락하고 만다. 왜냐하면 법칙에 연연하다 보면 그렇게 파악된 것은 고정된 성질을 띠게 되고 정지해 있는 현상이라는 직접적인 형식을 지니게 되며 끝내 크기의 문제로 한정됨으로써 개념의 본성이 억압당하고 말 것이기 때문이다. 따라서 단지 지각된 것을 자기에게 되돌아온 것과 맞바꾸고 한낱 감각적인 성질을 유기적인 성질과 교환한다는 것은 무의미한 노릇이며, 이런 일은 결국 오성이 아직도 법칙 정립의 차원을 벗어나지 못하고 있기 때문에 생겨난 것이다.

이런 식의 교환이 생겨나는 몇 가지 사례를 들어 비교해 보자. 예컨대 지각에서는 근육이 억세 보이는 동물이 법칙 정립적인 오성에서는 고도의 반응성을 지닌 유기체로 규정되는가 하면, 지각에서는 허약한 상태라고 보이는 것이 법칙 정립적인 오성에서는 고도의 감수성을 지닌 상태로, 또는 이를테면 비정상적으로 예민하거나 감동(Affektion)을 크게 증진하는(Potenzierung) 것으로 규정된다(이러한 표현은 감각적인 것을 개념화하지 않은 채 독일식 라틴어로, 그것도 서툰 표현으로 옮겨 놓은 것이다). 동물의 근육이 강한 것을 두고 오성은 동물이 억센 근력을 지녔다고 하며, 반대로 약한 동물은 보잘것없는 근력을 지녔다고도 한다. 반응성 개념에 의한 규정은 자기에게로의 복귀를 명확히 표현하고 있다는 점에서 자기복귀의 모호한 표현인 힘에 의한 규정보다 우월하다고 하겠는데, 이는 근육 고유의 힘이 바로 반응성으로 나타나는 까닭이다. 또한 반응성 개념에 의한 규정은 힘에 의한 규정과 마찬가지로 자기복귀를 동시에 지니고 있으므로 억센 근육이라는 규정보다 우월한 면이 있다. 이 밖에도 작고 연약한 힘이나 유기체의 수동성은 감수성 개념을 통해서 명확히 표현된다. 그러나 이렇듯 감수성 그 자체만이 단독으로 취급되어 고정된 채 크기의 규정과 결부되면서 크고 작은 감수성으로서 또 다른 크고 작은 반응성과 대치될 경우에는 감수성과 반응성 모두가 완전히 감각적인 요소가 되어 그저 평범한 성질로 전락해 버린다. 양자의 관계 역시 개념이 되지 못하고, 사상이 결여된 크고 작음의 차이를 나타내는 것에 그치고 만다. 이 경우 분명히 힘이나 강함과 약함이라는 모호한 표현은 제거되지만, 그 대신 이번에는 더 높고 낮은 감수성이나 반응성 또는 이들의 일치하거나 대립하는 상승과 하강 속에서 의식은 공허하고 모호한 형태로 우왕좌왕하게 되고 만다. 강하고 약하다는 것이 단지 감각적이고 사상이 없는 규정인 것 못지않게 크고 작은 감수성이나 반응성이라는 것 또한 무사상적으로 파악되고 표현된 감각적인 현상일 뿐이다. 개념 없는 표현을 대신해서 개념이 등장했다고는 할 수 없으니, 결국 강한 것과 약한 것을 나타내는 규정은 그 자체만으로 보면 개념에 의거하여 개념을 내용으로 삼고는 있을지언정 그 내용의 기원과 성격을 완전히 잃어버린 공허한 규정이 되어 있는 것이다. 그리하여 애초에 개념으로 존재하고 정립됐던 근원적인 본질은 이러한 내용을 법칙의 측면으로 삼는 단일한 직접적 성질이라는 형식을 지니며, 또 크기에 따라 그런 성질을 구별함으로써 이제는 감각적 지각이란 형태를 띠고, 힘의 강함과 약함 또는 직접적인 감각적 성질에 의거해 규정된 것과 마찬가지로 인식과는 거리가 먼 존재가 되어 버린다.

이제 남아 있는 문제는 유기체의 외면이란 무엇이며, 유기체의 내면과 외면 사이의 대립은 어떻게 규정되는가를 그 자체만으로 고찰하는 일이다. 그런데 이는 앞에서 전체를 이루는 내면이 그 자신의 외면과 어떻게 관계하는지 고찰되었던 것과 맥락을 같이한다.

외면이란 그 자체만 보면 존재라는 장(場) 위에 온갖 형태를 띠고 분포되어 있는 생명의 조직이면서 동시에 그 본질상 타자에 대해 있는 유기적 본질의 존재, 즉 자기독자성을 간직한 대상적 존재이다. 이때 타자란 일단은 유기체의 바깥에 있는 무기적 자연을 말한다. 이 양자를 법칙과의 관계에서 고찰하면, 앞에서 이미 보았듯이 무기적 자연이 유기체에 대하여 법칙의 측면을 이룬다고는 할 수 없다. 왜냐하면 유기체는 어디까지나 독자적으로 존재하므로 무기적 자연에 대해 보편적이고 자유로운 관계에 놓여 있기 때문이다.

그런데 여기서 이 내면과 외면의 관계를 유기적인 형태 자체에 비추어서 더 자세히 규정해 보자. 유기적 형태는 한편으로 무기적 자연에 대립해 있으면서 다른 한편으로는 독자적으로 존재하며 자기에게 되돌아간다. 현실의 유기체는 독자적인 생명과 그 자체로 존재하는 외계(外界)를 통합하는 매개적 중심이다. 그러나 독자적인 생명의 극은 무한한 일자로서의 내면적 존재로서, 이는 스스로 존속하거나 외계와의 연관 속에서 존재하는 형태 그 자체의 요소를 자기에게 돌아오게 한다. 그리하여 이 극은 내용 없는 일자로서 형태로부터 내용을 받아들이며 스스로가 이 형태의 변화과정으로 나타나는 것이다. 단순한 부정성 또는 순수한 개별성으로서 존재하는 이 극에서 유기체는 절대적인 자유를 누린다. 이 자유 덕택에 유기체는 타자존재나 형태상의 이런저런 요소에 구애받지 않고 보존된다. 이러한 자유는 동시에 형태를 이루는 갖가지 요소의 자유이기도 하며, 이런 자유에 힘입어서 각 요소는 거기 있는 그대로 현상화되고 그렇게 파악될 수가 있다. 이때 각 요소는 외계에 대해서와 마찬가지로 그들 상호간에도 자유롭고 무관심한 관계를 유지하고 있다. 왜냐하면 이 자유의 단순성은 곧 존재이며, 다시 말해 유기적 요소의 단일한 실체이기 때문이다. 순수한 자유라는 바로 이 개념은 동일한 생명을 뜻한다. 유기체의 형태나 타자존재는 아무리 다양한 변화를 겪고 있을지언정 오로지 동일한 생명을 이룬다. 생명은 이 자유로운 생명의 물결 속에서 어떤 물레방아가 이 흐름을 타고 돌아가든지 전혀 아랑곳하지 않는다. 여기서 첫째로 주목해야 할 것은, 이전에 본디 내면을 관찰했을 때는 개념이 유기체의 각 요소의 전개과정으로 파악되었는 데 반하여, 여기서는 그 개념이 현실의 살아 있는 유기체에 대하여 순수히 보편적인 측면을 이루는 단순한 내면으로 파악되거나 또는 형태상의 각 부분을 존립하게 하는 장으로 파악되어야만 한다는 것이다. 왜냐하면 여기서 우리가 고찰하는 것은 유기체의 형태인데 이 형태에서는 생명의 본질이 단순한 존립으로서 나타나 있기 때문이다. 둘째로 주목해야 할 것은, 여기서 대타존재의 성질을 띤 현실적인 형태가 그의 본질을 이루는 단일한 보편성에 둘러싸여 있을 때는 이 또한 마찬가지로 단일한 보편적이고 비감각적인 성질을 띰으로써 오직 수(數)로서만 표현될 수 있다는 것이다. 수라는 것은 규정되지 않은 생명을 외적인 현실의 생명체와 연결짓는 형태의 중간 매체로서, 규정되지 않은 생명과 같이 단일하면서 또 현실의 생명체처럼 명확히 규정되어 있다. 규정되지 않은 내적인 생명에 수로서 존재하는 것을 유기체의 겉모습은 그때마다 생태나 색채 같은 다양한 현실의 형태로 표현할 수밖에 없으니, 다시 말한다면 현상 속에서 전개되는 온갖 구별된 요소의 집합체로 표현하도록 되어 있는 것이다.

유기적인 전체의 두 측면—한쪽이 내면이고 다른 한쪽이 외면인데, 다시금 이들이 각기 자기 자신의 내면과 외면으로 나뉜다—에 나타난 두 개의 내면을 비교해 보면 첫 번째 내면은 불안정한 추상운동으로서의 개념이고 두 번째 내면은 정지해 있는 명확한 보편 개념인 수이다. 따라서 비록 개념이 첫 번째 측면에서 자기 요소를 전개해 나가면서 마치 관계의 필연성이 존재하기라도 하는 듯한 겉모습을 꾸며 냄으로써 법칙의 성립을 기약했다 하더라도, 두 번째 측면에서 나타나는 수가 법칙의 한쪽 편에 자리잡게 되면 법칙의 성립은 곧바로 무산될 수밖에 없다. 왜냐하면 수라는 것은 완전히 정지되어 죽은 채로 무엇에도 상관하지 않는 무관심한 성질의 것이어서, 거기서는 운동도 관계도 모두 사라지고 충동이나 생태나 그 밖의 갖가지 감각적 존재와 같이 생명체에게 다가설 수 있는 가교(架橋)가 단절되어 있기 때문이다.

그러나 유기체 그 자체의 형태와 형태의 내면을 이루는 것에 관한 지금과 같은 고찰은 사실 더 이상 유기체의 고찰이 아니다. 왜냐하면 서로 관계돼야 할 두 측면이 여기서는 무관한 상태로 정립되어 있어서, 결국 유기체의 본질을 이루는 자기복귀가 성립되지 못하고 폐기돼 있기 때문이다. 이런 가운데 내면과 외면의 비교는 오히려 무기석인 자연 쪽으로 옮겨져 간다. 무기적 자연에서는 본질을 이루는 무한의 개념이 내면적으로는 은폐되어 있을 뿐이며, 또 외면적으로는 자연 밖에 있는 자기의식 속에 들어와 있어서 더 이상 유기체의 경우에서처럼 현재 속에 대상화되어 있지는 않다. 그러므로 내면과 외면의 이러한 관계는 그의 본령(本領)에 해당한다고 할 무기물을 통하여 고찰되어야만 하겠다.

첫째로 무기물의 단일한 개별체라고 할 수 있는 형태의 내면은 '비중'이다. 비중은 단일한 존재이므로 그 자신이 지닐 수 있는 유일한 수적 성질과 똑같이 관찰될 수 있다. 또는 본디 몇 가지 관찰을 비교하는 데서 발견되는데, 이런 점에서 그것은 법칙의 한 측면을 이루는 듯이 보인다. 그리고 형태·색채·경도·점성이나 그 밖의 헤아릴 수 없이 많은 성질이 다 함께 외면을 이루며 내면에 있는 수의 크기를 표현하는 셈이 되는데, 그 결과 한쪽이 다른 한쪽과 대조를 이루게 된다.

여기서 부정성은 과정의 운동으로서가 아니라 수라는 정지된 통일체 또는 단순한 대자존재로서 파악되어 있다. 그런 까닭에 사물은 오히려 그의 부정성으로 말미암아 과정의 운동에 저항하면서 자기 내부에서 과정의 운동과는 무관한 태도를 계속 유지하려는 것으로 보인다. 그러나 이 단일한 대자존재는 타자에 대해 무관심한 태도를 철저히 지키므로 비중은 다른 성질과 나란히 있는 하나의 성질로서 나타날 수밖에 없으니, 이렇게 되면 갖가지 성질과 비중의 필연적인 관계나 합법칙성은 모두 소멸되고 만다. 이렇듯 단순한 내면을 이루는 비중은 그 스스로는 구별을 지니지 않으며, 설사 지닌다 하더라도 한낱 비본질적인 구별에 지나지 않는다. 왜냐하면 비중이 갖는 순수한 단일성이 일체의 본질적인 구별을 폐기해 버리기 때문이다. 그래서 이러한 비본질적인 구별인 '크기'는 다수의 성질이라는 또 다른 측면에 자신과 대조되는 타자를 지니게 되고, 그 결과 비로소 구별을 이룰 뿐이다. 만약 이 다수의 성질이 단일한 대립으로 총괄되어 이를테면 응집력 같은 것으로 규정된다면, 비중은 순수한 독자적 존재가 되고 응집력은 타자존재 속에서 작용하는 독자적 존재가 된다. 이때 이 응집력은 무엇보다 먼저 비중의 성질에 대해서 개념으로 정립된 순수한 특성인데, 이러한 법칙 정립 방식은 이미 앞에서 감수성과 반응성의 관계를 통해 고찰된 것과 비슷하다. 그런데 더 나아가 응집력이라는 것은 타자존재 속에 있는 대자존재의 개념으로서 비중과 대립하는 측면을 추상해 낸 것에 지나지 않을 뿐, 그 자체로 실제 존재하는 것은 아니다. 왜냐하면 타자존재 속에 있는 대자존재란 무기물이 스스로의 독자성을 보존하는 형태로 표현하는 과정이며 또 이런 자기보존 활동은 무기물이 하나의 요소로 만들어져서 이 과정 밖으로 유출되는 것을 방지하기 때문이다. 바로 이것은 보편적인 목적을 지니지 않는다는 무기물의 본성에 위배되는 것이다. 따라서 무기물의 과정이란 오히려 독자적 대자존재인 비중이 폐기되어 가는 일정한 관계를 드러내는 데 지나지 않는다. 그러나 무기물의 응집력이 그 참된 개념 속에서 존립시키고 있는 이 일정한 관계 자체와, 무기질의 비중의 일정한 크기는 서로 아무 상관도 없는 개념이다. 만일 이 관계의 양상을 무시하고 크기라는 표상만을 문제로 삼는다면, 좀더 비중이 큰쪽이 좀더 내향성을 지니는 셈이 되므로 비중이 작은 쪽보다도 운동의 과정으로 진입하기가 쉽지 않다고도 할 수 있다. 그러나 반대로 독자적 대자존재가 지닌 자유는 주변의 온갖 것과 어울려 있는 다양한 관계 속에서 자기를 보존해 나가는 가벼움을 지니고 있다. 이미 말했듯이 관계의 외면을 지니지 않는 내포는 내용 없는 추상에 지나지 않는다. 이유인즉 외연은 내포의 실재를 이루는 것이기 때문이다. 그런데 무기물이 타자와 관계하면서 자기를 보존한다는 것은 이미 지적한 바와 같이 무기물의 본성에는 어울리지 않는다. 무기물은 운동의 원리를 스스로 갖추고 있지 않으며, 절대적 부정성을 지닌 개념으로서 존재하는 것도 아니기 때문이다.

이에 반하여 무기물의 외면적인 측면이 과정으로서가 아니라 정지해 있는 존재로서 고찰될 경우 이는 곧 통속적인 의미의 응집력이 된다. 이것은 단일한 감각적 성질로 타자존재라는 해방된 요소에 대해서 다른 한쪽에 자리를 잡는다. 이 타자존재는 수많은 연관 없는 성질들 속에 분산되어 비중과 마찬가지로 그 가운데 한 가지 성질이 되고, 이 수많은 성질이 하나로 뭉쳐서 감각적 성질과는 반대되는 측면을 이룬다. 이때 그 어느 쪽에서든지 명확한 성질을 드러내 주는 것으로는 오로지 수가 있을 뿐이다. 그러나 수는 이들 성질 상호간의 관계나 이행을 표현할 수 없을 뿐 아니라 본질상 필연적인 관계라고는 전혀 밝혀 주지 못한 채 도리어 온갖 합법칙성을 말살해 버리고 만다. 왜냐하면 수가 표현하는 것은 비본질적인 성질일 뿐이기 때문이다. 따라서 비중의 크기라는 수치상의 구별을 나타내는 물체의 계열은 그와 다른 성질들의 구별이 이루는 계열과 결코 평행을 이룰 수 없다. 이 경우 문제를 좀 쉽게 만들기 위해 그 성질 가운데 단 하나나 몇 개만을 골라내서 살펴보기만 해도 된다. 왜냐하면 이 평행관계에서 다른 한 측면을 이루는 것도 실은 그런 성질들을 한데 묶은 집합체로서의 전체일 수밖에 없기 때문이다. 이 집합체를 질서 정연하게 정돈하여 하나의 전체로 총괄하는 데에는 한편으로 관찰되는 갖가지 성질을 수량화하는 방법도 있을 수 있지만, 다른 한편으로 그러한 차이는 질적인 것으로 등장하기도 한다. 이렇듯 하나로 묶인 잡다한 성질 가운데 긍정이나 부정으로 간주되어 서로가 상대를 폐기해 나가는 것, 즉 더할 나위 없이 복잡한 공식(公式)의 내면적인 구성을 나타내고 전개하는 것은 개념만이 다스릴 수 있는 문제이지만, 바로 여기서는 그런 성질들이 실제로 거기에 있는 것으로서 제시되고 또 그렇게 받아들여지는 까닭에 개념은 철저히 배제된다. 여기서는 그 어떤 성질도 타자를 부정하는 성격을 보이지 않고 모두가 동격에 놓여 있으며, 전체적인 질서 속에 그 밖에 다른 자기 위치를 지니지 않는다. 일정한 평행관계를 유지하면서 차이를 나타내는 계열에서는—이 관계에서 두 측면이 동시에 상승하거나, 아니면 한쪽만이 상승하고 다른 한쪽은 하강하거나 간에—문제의 관건이 되는 것은, 비중과 대립하여 법칙의 또 하나의 측면을 구성하는 총괄적인 전체를 궁극적인 단일한 형태로 표현하는 것이다. 그런데 그 결과 생겨난 법칙의 한 측면은 이미 언급된 바와 같은 이른바 보편적 응집력이라는 개별적인 성질이다. 또한 이 응집력과 나란히 있는 비중을 포함한 그 밖의 성질은 서로 무관하게 현존하고 있다. 그러므로 결국 그 모든 것이 똑같이 옳으면서 똑같이 그릇되어 있으니, 다른 측면 전체를 대표하는 것으로서 모두 다 선택될 수 있는 것이다. 한쪽은 다른 한쪽과 마찬가지로 단지 일면의 본질을 대표할 뿐이다. 즉 독일어로 말하자면 그것을 표상할(vorstellen) 뿐이지 사태 자체를 대표하지는 않는다. 따라서 두 측면이 단순한 평행관계를 이루는 가운데 이런 측면의 법칙에 의해 물체의 본질적 본성이 표현될 수 있을 법한 물체의 계열을 발견하려는 시도는 아직도 그 자신의 과제와 이 과제를 수행할 수단을 아는 데까지 이르지는 못한 사상이라고 해야 하겠다.

　앞서 이야기한 외면과 내면의 관계는 관찰자의 눈에 보이는 유기체의 형태에서 그대로 무기물의 영역으로 옮겨져 왔다. 이런 관계를 이 영역으로 끌어들이는 규정을 우리는 여기서 좀더 자세히 살펴볼 수 있으며 그로부터 이 사태의 또 다른 형식과 관계도 이끌어 낼 수 있다. 즉 방금 보았듯이 무기물에서 내면과 외면의 비교 가능성을 제시한다고 여겨지는 것이 유기체에는 전혀 존재하지 않는다. 무기물의 내면이란 지각의 대상이 될 만한 성질을 띠고 나타나는 단순한 내면이다. 따라서 그 성질은 본질적으로 크기인데, 이렇게 해서 드러난 성질은 외계나 그 밖의 많은 감각적 성질과 아무런 관계가 없다. 그러나 유기적 생명체라는 독자적인 대자존재는 외계에 대립해 한쪽 극을 이루면서 나타나는 것이 아니라 도리어 타자존재의 원리를 자기 것으로 삼고 있다. 이때 우리가 대자존재를 '자기에 대해 자기를 보존하면서 단순한 관계를 맺는 것'으로 규정한다면 타자존재는 '단순한 부정성'으로 규정될 수 있다. 그러면 유기체의 통일이란 자기동일적인 자기관계와 순수한 부정성과의 통일이 된다. 이 통일이 통일로서 유기체의 내면을 이루며, 이로써 유기체는 그 자체가 보편적인 것으로 파악되고 이것이 곧 유(類)이다. 그런데 유가 스스로의 현실에 대해서 지니는 자유는 비중이 형태에 대해서 지니는 자유와는 질을 달리한다. 비중이 갖는 자유는 존재하는 자유로서, 다시 말하면 그것은 특수한 성질을 가지고 한쪽 편에 등장하는 자유이다. 하지만 그것은 실제로 존재하는 자유인 까닭에 이 형태에 본질적으로 귀속되는 하나의 성질에 지나지 않으며, 이로 말미암아 이 형태를 규정된 본질로 삼게 된다. 이에 비하여 유의 자유는 보편적인 자유다. 이는 그 형태나 현실에 구애받지 않는다. 따라서 무기물의 대자존재 그 자체에 귀속되는 성질은 무기물의 존재 일면을 이루지만 유기체의 경우에는 그의 독자적인 생명의 지배 아래 있다. 무기물에서는 특수한 성질이 단지 하나의 성질로서 존재할지라도 그것이 단순한 부정성으로서 대타존재와 대립하는 것인 이상, 거기에는 무기물이 지니는 본질적 값어치가 나타나 있다고 할 수 있다. 그리고 이 단순한 부정성이 궁극적인 개별체로 규정된 것이 바로 수이다. 그러나 유기체는 그 자체가 순수한 부정성인 개체이다. 그러므로 아무런 연관 없이 흩어져 있는 존재에 귀속되는 고정된 수의 규정은 유기체 자체 내에서 지워지고 만다. 유기체에도 서로 무관하게 흩어진 채로 존재하는 요소가 없는 것은 아니며 거기에 수라는 요소가 끼어들지 않는 것도 아니므로 이 점에서 수는 유기체의 유희가 될 수 있지만, 그래도 유기적 생명체의 본질을 이루는 것으로 받아들여질 수는 없다.

그런데 과정을 이끌어 가는 원리인 순수한 부정성이 유기체의 바깥에 생겨나지 않고, 따라서 유기체가 부정성이라는 자기본질을 외부로부터 규정된 성질로서 지니고 있지도 않으며 도리어 유기적 개체 그 자체가 스스로 보편성을 지니고 있다 하더라도, 유기체의 이 순수한 개체가 그 자신의 추상적이며 보편적인 요소 속에서 유의 본질을 전개하고 현실화하는 것은 아니다. 그보다도 유기체가 실제로 표현하는 것은 내면성으로 되돌아가는 유의 보편성의 바깥에 있는 것이다. 그리고 현실의 형태를 띠고 스스로 전개해 가는 개체와 유기적 보편자인 유 사이에는 보편적인 유를 몇 갈래로 나누어 규정한 종(種)이 끼어든다. 보편적인 유가 가닿는 종으로서의 이 현실존재는 존재하는 형태의 온갖 부분을 따라서 지나가는 과정의 운동이 전개된 것일 뿐이다. 만약 유가 정지해 있는 단일성으로서 갖가지 구별된 부분을 지니는 가운데 그의 단순한 부정성 그 자체가 유의 요소로서 현실로 존재하는 있는 그대로 보편적이면서도 단순한 부분을 관통하는 운동을 행한다면, 유기적인 유는 의식으로 발돋움할 것이다. 그러나 사실 유기체의 단일한 규정성은 정신이 담겨 있지 않은 종의 양식을 띤 채 현존한다. 결국 현실은 종이라는 단순한 성질의 것에서 처음으로 시작되므로 현실에 등장하는 것은 유 그 자체는 아니며, 따라서 이는 결코 사상이 될 수 없다. 유가 현실의 유기체로서 존재할 때는 어떤 대표자가 유를 대표할 수밖에 없는데, 이 대표자가 바로 수이다. 유에서 개체적인 형태로의 이행을 나타내는 수는 관찰자에게는 필연성의 두 가지 측면을, 즉 단순한 한정이며 부정으로서의 필연성과 다양한 전개를 거쳐서 이루어진 형태의 필연성을 제시하는 듯이 보인다. 그러나 사실 여기서 수는 보편적인 유와 개체가 서로 무관하게 자유로이 존재하고 있음을 보여 준다. 이때 개체는 유 쪽에서 보면 본질이 결여된 크기의 차이만 있는 듯이 보이지만 실제로는 그러한 구별에서 벗어나 자유롭게 살고 있다. 지금까지 규정된 바와 같이 참으로 보편적인 유는 여기서는 오직 내적인 본질일 뿐이다. 보편성이 종으로 나타날 때는 형식적인 보편성이 된다. 그리고 이와 대립되는 참다운 보편성은 개체의 편에 나타나고 그로써 개체는 살아 있는 개체가 되면서 그 자신의 내면에 힘입어 종으로서의 제한성을 넘어서게 된다. 하지만 이 개체는 동시에 보편적인 유를 자기의 외적인 현실로 삼다시피

하는 보편적인 개체는 아니다. 그것은 오히려 유기적 생명체의 바깥에 있다. 더욱이 이 보편적인 개체가 직접 있는 그대로의 자연적인 형태를 지닌 개체로 존재할지라도 이는 의식을 지닌 존재일 수는 없다. 보편적인 개체의 실재는 개개의 유기적 생명을 지닌 개체이므로, 혹시 이것이 의식을 지녔다면 자기 바깥으로 나와선 안 될 것이다.

그러므로 여기서 우리는 다음과 같은 추리형식이 성립됨을 깨닫게 된다. 먼저 한쪽 극은 보편적인 유의 형식을 지니는 보편적 생명이고 다른 한쪽 극은 개별적인 개체 또는 보편적인 개체로서의 보편적 생명이다. 여기서 중간에 위치하는 매개체는 양극의 합성물로서, 한쪽 극은 한정된 보편적 존재인 종으로서 나타나고 다른 한쪽 극은 본디의 개별적인 개체로서 나타나 중간에서 합류한다. 그런데 이 추리형식은 본디 형태화의 측면에 속하므로, 이와 구별되는 무기적 자연도 이 관계 속에 포괄되어 있다.

이제 유라는 단일한 본질인 보편적 생명은 자기 편으로부터 갖가지 구별된 개념을 전개하여 이를 단순한 성질의 계열로 표현할 수밖에 없는데, 여기에 나타나는 것은 저마다 다른 요소들이 서로 무관하게 줄지어 늘어서 있는 수의 계열이다. 앞에서 개별체의 형태를 띤 유기체는 그의 생동하는 자연적 본성을 표현하지도 포함하지도 않는 수에 의한 비본질적인 구별과 분명히 대립했다. 또한 무기물에 대해서도 다수의 성질들 속에서 전개된 그의 전체상이 수적인 구별에 어울리지 않는다고 해야겠는데, 그렇다면 지금 여기서 수에 기초한 유의 분류에서 자유로울 뿐 아니라 오히려 분류를 관장하는 위력마저 지닌다고 여겨지는 것은 바로 보편적 개체라고 해야 하리라. 수의 보편적 성질에 따라 종으로 분화되기도 하고, 이를테면 형상이나 색채와 같은 개별적 성질을 분류의 근거로 삼기도 하는 유는 이렇듯 정지된 분류작업을 할 때 보편적 개체인 '지구(Erde)'로부터 폭력에 가까운 영향을 받는다. 이 보편적인 개체는 만물에 대한 보편적 부정성을 발휘하는 가운데 본디 그 스스로 가지고 있는 생태상의 차이와 그 바탕이 되는 성질로 말미암아 유의 본성과는 다른 구별의 본성을 안고 유의 체계화에 대항한다. 결국 유의 분류작업은 오직 막강한 자연력이 지배하는 지구라는 장(場) 안에서만 영위되므로 극히 한정된 것일 수밖에 없고, 거침없이 맹위를 떨치는 자연력의 위세에 눌려 곳곳에서 작업이 중단되면서 결함투성이의 볼품없는 모습을 띨 수밖에 없다.

그렇다면 유기체의 형태를 관찰하는 의식에서는 오직 이성만이 생명 일반으로서 나타날 뿐인데, 이 생명 일반이 갖가지 구별을 자아내는 곳에서는 결코 이성적인 계열이나 분류가 현실적으로 생겨나지도 않거니와 또한 그의 내부에 확고한 근거를 지닌 형태화의 체계가 이루어질 리도 없다고 해야만 하겠다. 유기체의 형성이 추리형식을 띠는 가운데, 종과 현실화된 종을 개별적 개체로서 지니고 있는 중간항이 만약 내면적인 보편성의 극과 보편적 개체의 극을 다 함께 갖추고 있다고 한다면, 이 매개하는 중간자야말로 현실의 운동 속에서 보편적인 표현과 보편적인 본성을 지니고서 자신을 체계화하는 발전과정을 나타낼 수도 있을 것이다. 여기서 의식은 보편적인 정신과 그의 개별 형태인 감각적 의식 사이에 의식의 형태화라는 체계를 매개적 중간자로서 마련해 놓는다. 이 체계는 정신이 그 스스로 전체적으로 질서지어 주는 생명으로서 존재한다. 이것이야말로 이 책에서 우리가 고찰하고자 하는 체계로서, 이 체계는 곧 세계사로서 대상화되어 나타난다. 그러나 유기체에게 역사란 없다. 유기체는 보편적인 생명으로부터 곧장 개별화된 존재로 전락한다. 이 존재라는 현실 속에서는 단일한 유와 개별적인 생명력이라는 두 요소가 통일되어 있는데 요소들은 저 나름의 활동을 하면서 전체를 유지하고 있기는 하지만, 이렇게 생성되는 과정은 다만 우연한 운동에 지나지 않는다. 그런데 이 자각적 활동은 국부적으로만 한정되어 있다. 왜냐하면 그 부분에 전체가 담겨 있지 않기 때문이며, 또한 이 국부적인 면에 전체가 포함되지 않는 이유는 전체가 전체로서 자각되어 있지 않기 때문이다.

따라서 관찰하는 이성은 유기체 속에서 보편적인 생명 일반으로서의 자기 자신을 직관할 뿐이며, 또한 보편적 생명의 발전과 실현 모습을 순전히 보편적으로 구별된 서로 다른 체계로서 바라보는 경우에도 그 본질은 유기체 자체 내에서가 아닌 지구라는 보편적인 개체 안에서, 그것도 유의 계열을 제약하는 지구의 구별된 생태조건 안에서 발견되게 마련이다.

이리하여 유기적 생명 일반은 생명이 현실로 나타날 때 참으로 자립적인 매개체를 거치지 않기 때문에 그대로 곧장 개별화된 유기체의 극으로 전락해 버린다. 그래서 관찰하는 의식은 눈앞에 있는 사물이라는 형태를 지닌 사념만을 상대할 수밖에 없다. 이때 이성은 이러한 사념을 관찰하는 데에 부질

없는 관심을 기울인다 해도 결국 자연에 대한 사념 또는 착상을 기술하거나 수를 헤아리거나 하는 것이 고작이다. 물론 정신이 결여된 자유로운 사념이 곳곳에서 법칙의 실마리나 필연성의 흔적이나 질서 및 계열의 암시나 그럴싸해 보이는 관계를 지적하기는 할 것이다. 하지만 생활환경, 지대, 기후와 같은 무기적 자연의 존재적인 구별에 대하여 유기체가 가지는 관계라는 점에서 볼 때 이 관찰은 법칙과 필연성을 찾으려 해도 기껏해야 '커다란 영향'만을 찾아낼 뿐이다. 그런가 하면 한편으로 개체는 지구라는 의미가 아니라 유기적 생명에 내재하는 일자(一者)라는 의미를 지닌다. 그런데 이 일자는 자연계 전반에 감도는 생명의 힘과 직접적인 통일을 이루어 유를 형성한다 할지라도, 이 통일은 그 단순함으로 말미암아 수로만 규정되는 데 그치고 질(質)의 문제는 배제될 수밖에 없다. 이 경우 관찰하는 의식은 재치 있는 지적을 하거나 흥미로운 관계를 드러내면서 개념에 호의적으로 접근하는 정도로 만족할 수밖에 없다. 그런데 재치 있는 지적은 필연성의 지(知)는 아니며 흥미로운 관계는 그저 흥미만 불러일으켜서 이성에 대한 사념으로 끝나버린다. 그러므로 결국 개인이 호의적으로 개념에 접근을 한다는 것은 천진난만한 우애(友愛)의 표현이긴 하겠지만, 이것 자체에 절대적인 의미가 있다고 생각한다면 그야말로 철없고 어리석은 짓이리라.

2) 순수한 상태에서 외적 현실과 관계하는 자기의식의 관찰·논리학적 법칙과 심리학적 법칙

자연 관찰은 무기적 자연 속에 실현되어 있는 개념, 곧 법칙을 발견한다. 이때 이 법칙의 구성요소는 사물인 동시에 추상물로 다루어진다. 그러나 이렇게 얻어진 개념은 자기에게 되돌아온 단일한 존재는 아니다. 그리고 이와는 달리 유기체의 생명이란 오직 자기에게 되돌아가는 단일한 존재이다. 보편적인 생명과 개별적인 생명이라는 생명의 대립은 생명 그 자체의 본질에 분열을 초래하지는 않는다. 생명의 본질은 유와는 다르다. 즉 아무 구별도 없는 장 속에서 분열과 운동을 전개하며 온갖 대립을 자아내면서도 동시에 그 자신은 구별되어 있지 않은 유와는 다르다. 보편성을 띠면서도 그 안에 개별적인 존재도 절대적인 요소로서 포함한다는 자유로운 개념은 개념으로서 현존하는 개념 그 자체인 자기의식 속에서만 관찰된다.

이제 관찰하는 의식이 자기에게 돌아와 자유로운 개념으로서 현실적인 개념에 눈을 돌릴 때 맨 먼저 발견하는 것은 '사유의 법칙'이다. 사유를 떠맡고 있는 개별자의 운동은 완전히 단일한 세계로 되돌아가는 추상적인 부정의 운동으로서, 그 법칙은 실재하는 세계의 바깥에 있다. 그 법칙이 아무런 실재성도 갖지 않는다는 것은 곧 법칙에 진리가 없다는 얘기다. 물론 이런 법칙이 완전한 진리는 아닐망정 형식적인 진리이기는 하다고 주장할 수도 있겠지만, 실재성을 띠지 않은 순수한 형식은 머릿속에만 존재하는 공허한 추상물일 뿐이다. 여기에는 바로 내용으로서의 분열이 결여되어 있다. 그러나 한편으로 법칙이 순수한 사유의 법칙이고 사유라는 것이 그 자체로 보편적인 것이며, 따라서 그 스스로 직접 존재를 지니고 그 존재 속에 온갖 실재성을 가지고 있는 지라는 점을 생각한다면, 사유의 법칙이란 절대적인 개념을 나타내면서 형식의 본질과 사물의 본질을 불가분의 형태로 드러내는 것이라고도 할 수 있다. 자기 내부에서 운동하는 보편성은 양분된 단일한 개념이므로 이 점에서 개념은 그 자체로 내용을 갖추고 있다 하겠으며, 더욱이 그 내용이란 감각적 존재는 아닐지언정 어쨌든 온갖 내용을 포함하는 것이다. 그것은 형식과 모순되거나 형식과 분리된 것도 아니며 오히려 그 본질상 형식 그 자체인 내용이다. 왜냐하면 이 경우 형식이란 오직 순수한 요소로 분화되어 나가는 보편자이기 때문이다.

하지만 이 형식 또는 내용은 관찰하는 의식 앞에 나타날 때는 단지 거기 있는 그대로 주어지고 발견된 것이라는 규정을 받는다. 그 내용은 정지해 있는 일정한 관계나 한 덩이로 묶인 여러 가지 특수한 필연성이 되고, 이 필연성은 확정된 내용으로서 규정된 모습 그대로 존재하며 절대적 진리로 받아들여지는 가운데 실제로는 형식이 배제된 것이 된다. 그러나 이렇듯 특정한 여러 규정이나 다종다양한 법칙을 절대적 진리로 간주한다는 것은 자기의식의 통일이나 사유와 형식의 통일과는 어긋난다. 자체적으로 그대로 있는 확고한 법칙이라고 얘기되는 것은 자기에게 되돌아오는 의식의 통일의 한 요소일 뿐이며 소멸되어 가는 크기로만 나타난다. 그런데 이처럼 관찰되는 과정에서 운동의 연관성으로부터 분리된 채 개별적인 법칙으로 정립된 것은 일정한 내용은 가지고 있게 마련이므로 이 법칙에는 내용이 결핍되어 있다기보다는 오히려 그의 본질적인 형식이 결여되어 있다. 법칙이 단지 형식적일 뿐 아무런 내용도 갖추지 않았기 때문이 아니라, 반대로 일정한 내용은 갖추고 있으나 그야말로 형식 없는 내용에 지나지 않는 것이 절대적인 법칙으로 간주되는 상황이기 때문에 이런 법칙은 사유의 진리를 나타낸다고는 할 수 없는 것이다. 그 참된 모습으로 본다면 법칙은 사유의 통일 속으로 소멸되어 가는 요소이다. 따라서 법칙은 지의 법칙이 아니라, 지나 사유의 운동으로 받아들여져야만 하겠다. 그러나 관찰하는 의식은 지 그 자체는 아닐 뿐더러 지를 알지 못하는 까닭에 지의 본성을 존재라는 형태로 뒤바꿔 버리므로, 지의 부정성을 지의 법칙으로밖에 파악하지 못한다. 어쨌든 여기서는 이른바 사유법칙의 부당성을 일반적인 사실에 근거하여 지적해 두는 것만으로 충분하다. 사유법칙의 세부적인 전개는 사변철학(논리학)이 해야 할 일이다. 사변철학에서는 사유법칙이 소멸되어 가는 개개의 요소로 나타나며, 여기서 진리는 오직 사유운동 전체를 떠안고 있는 지 그 자체가 된다.

이러한 사유의 부정적 통일은 독자적으로 존재하는 자각적인 대자존재이고 개체의 원리이기도 한데, 이것이 실현되면 행동하는 의식이 된다. 그리하여 관찰하는 의식은 당연히 법칙의 실재성을 맡아서 보증하는 행동하는 의식 쪽으로 이끌려 간다. 그러나 이러한 연관성을 깨우치지 못하는 관찰하는 의식에게 사유의 법칙은 어디까지나 한쪽 편에 가만히 있고, 그 반대편에 행동하는 의식이 법칙과는 또 다른 존재로서 새로운 대상으로 나타나 있는 것처럼 여겨진다. 결국 이 행동하는 의식은 타자존재를 부정하며 이 부정하는 자기의 힘을 직관하는 가운데 자립적인 현실존재가 되는 것이다.

이렇게 해서 관찰하는 의식 앞에는 '행동하는 현실적 의식'이라는 새로운 분야가 펼쳐진다. 이 분야를 관장하는 심리학은 많은 법칙을 안고 있는데, 이는 자기 눈앞에 현실로 주어진 타자존재의 온갖 모습에 대하여 정신이 다양하게 대응하는 방식을 표현한다. 정신은 한편으로 눈앞에 나타난 현실을 자기 안으로 받아들여 자신이 몸담고 있는 기존의 관습, 풍속, 사고방식에 적응하는 자세로써 현실세계에 확고한 위치를 차지하기도 하고, 다른 한편으로는 현실에 대한 주체적인 자세를 바탕으로 하여 자신의 경향이나 정열에 따라 특별히 값어치 있는 것만을 현실에서 끌어내어 대상을 자기에 적응하도록 하기도 한다. 전자의 경우에는 개별 존재로서의 자기가 부정되며 후자의 경우에는 보편적 존재인 자기의 현실이 부정된다. 전자의 측면에서 보자면 의식의 자립성은 자기 눈앞에 주어진 기존 현실에게 의식된 개체라는 형식만을 부여할 뿐, 내용면에서는 그저 주어진 현실 속에 머물러 있다. 그러나 후자의 측면으로 보자면 자립성은 이 현실을 그 본질적인 내용과 모순되지 않게끔 주의하면서 자기 나름대로 바꿔 버리거나, 아니면 아예 개인이 특수한 현실이자 독특한 내용으로서 그 현실에 대항하도록 현실을 바꿔 버린다. 이때 개인은 현실을 순전히 개별적인 특수한 방식으로 폐기해 버리거나 또는 일반적으로 모든 현실과 대립되도록 폐기해 버림으로써, 기존 현실과는 다른 별도의 세계, 별도의 법, 법률, 습속(習俗)을 독자적으로 정립하여 범죄를 저지르기도 한다.

관찰하는 심리학은 먼저 활동하는 개인이 나타내는 일반적인 행동양식에 대해서 지각한 내용을 이야기한다. 그런데 이때 개인에게서는 다종다양한 능력, 경향, 정열 등이 발견된다. 이와 동시에 그렇게 수집된 요소를 심리학이 골고루 설명할 경우에는 자기의식이 통일돼 있다는 점도 충분히 감지되게 마련이다. 그래서 심리학은 이때 '정신의 보따리' 속에 그토록 다양하고 이질적인 것이 우연히 공존하고 있다는 것, 더욱이 이들이 정지해 있는 죽은 사물로서가 아니라 불안정한 운동으로서 나타나 있다는 것에 대해서는 놀라움을 금치 못한다.

행동하는 의식이 지닌 그토록 다양한 능력을 열거하는 것은 관찰행위의 보편적 측면에 해당하겠지만, 그 다양한 능력을 통일하는 것은 이 보편성과 대립하는 측면인 현실의 개인이다. 그런데 현실로 있는 서로 다른 개인을 파악하고 열거할 때 누구는 여기에 더 마음이 끌리지만 또 누구는 저기에 더 마음이 끌린다느니, 또는 이 사람은 다른 사람보다 이해력이 좋다느니 하는 투로 말하는 것은 곤충이나 이끼의 종류를 열거하는 것보다도 더 하찮은 짓이다. 왜냐하면 곤충이나 이끼는 그 본질상 우연히 여러 종으로 개별화되어 있으므로 관찰하는 의식이 그 하나하나를 개념 없는 형태로 그냥 받아들여서 열거해 나가더라도 별 상관이야 없지만, 이와 달리 의식의 소유자인 개인을 그렇듯 아무런 정신활동도 없이 개별적으로 존재하는 현상으로서 다룬다는 것은 정신의 보편성을 본질로 하는 개인에게 합당한 처사는 아니기 때문이다. 이 범위를 넘어서서 관찰하는 의식이 개인을 보편적인 틀에 맞추어 파악하게 되면 개인의 법칙이라는 것이 눈에 띄게 된다. 그리하여 이 파악활동은 어느덧 이성적인 목적을 지니고 필연적인 과제를 수행하려는 것으로 보인다.

이 법칙의 내용을 이루는 요소로서 한편에는 개인 그 자체가 있고 다른 한편에는 개인의 보편적이고 무기적인 본성, 즉 그가 놓여 있는 환경, 처지, 관습, 풍속, 종교 등등이 있다. 이런 주변 환경을 바탕으로 특정한 개인의 면모가 파악된다. 여기에는 특정한 내용뿐만 아니라 보편적인 내용도 포함되어 동시에 현존하고 있다. 이 현존하는 것은 눈앞에 있는 관찰의 대상도 되고 다른 한편으로는 개인의 형식 속에도 표현된다.

그런데 이 양면 사이의 이러한 관계의 법칙이 내포하고 있는 것은 특정한 환경이 개인에게 어떤 작용과 영향을 미치는가 하는 것이다. 그러나 개인은 한편으로는 아무 반항도 없이 풍속이나 습관같이 눈앞에 현존하는 보편적인 것에 합류하여 순응해 가는 보편적인 존재이면서도, 다른 한편으로는 그런 보편성과 대립하여 오히려 이를 배척하거나 아예 개별자로서의 자기 위치에 머무르면서 그것을 완전히 무시한 채 그로부터 영향을 받아들이지도 않고 또 그에 대항하지도 않는 존재이기도 하다. 따라서 무엇이 개인에게 영향을 끼치며 어떤 영향을 끼치는가는—사실 이 둘은 같은 의미이지만—오직 개인 자신에게 달린 문제이다. 이 개인이 이런 영향 아래에서 이러저러한 특정한 인간이 되었다는 것은 그 개인이 애초부터 그러한 인간이었다는 것이나 마찬가지이다. 한편으로는 사실 그대로 눈앞에 현존하는 것으로, 다른 한편으로는 특정한 개인 속에 받아들여진 것으로 드러나는 환경, 처지, 풍속 등등은 개인의 본질을 그저 모호하게 표현하는 것에 지나지 않는데 이러한 본질은 사실 여기선 별로 중요치 않다. 물론 만약에 이런 환경이나 사고방식이나 풍속 등이 없었더라면 개인은 지금 있는 그런 개인이 되지는 않았을 것이다. 이 경우에는 그러한 세태 속에 존재하는 모든 것이 보편적인 실체가 되기 때문이다. 여기서 개념파악이 되어야 할 대상은 바로 이 개인인데 이 개인 속에 세태가 특수화되어 있다면, 이때는 세태 자신도 스스로 자기를 특수화하여 그렇게 규정된 것으로서 개인에게 영향을 준 것이어야만 한다. 그래야지만 비로소 세태가 개인을 지금 있는 그대로의 특정한 개인으로 만들었다고 할 수 있는 것이다. 만약 외적인 세계가 개인에게 투영되어 나타날 때의 모습 그대로 객관적으로 존재한다면 우리는 외적인 깃을 통해서 개인을 올바르게 이해할 수도 있으리라. 여기서 우리는 한쪽이 다른 한쪽을 반영하는 그림이 전시된 이중의 화랑(畵廊)을 떠올리게 된다. 즉 한쪽은 개인의 내용과 윤곽을 완전히 정하는 외적 환경이라는 화랑이고 다른 한쪽은 그 외적 환경이 개인이라는 의식적 존재 속으로 투영되어 꾸며진 화랑이다. 전자는 구면(球面)에 해당하고 후자는 구면을 자체 내에서 표상하는 중심점이다.

그러나 구면을 이루는 개인의 세계는 본디 그 자체대로 존재하는 세계이면서 동시에 개인이 처해 있는 세계라는 이중의 의미를 지닌다. 다시 말해 개인의 세계는 이 세계에 단지 합류하기만 한 개인이 본디 그 자체로서 존재하는 세계를 자기 내부에 받아들여 세계에 대한 형식적인 의식이라는 태도만 취하고 있다는 의미에서 개인의 세계이든가, 아니면 눈앞에 현존하는 세계가 개인에 의해 전도되어 버렸다는 의미에서 개인의 세계이든가 둘 중 하나다. 이러한 자유가 존재하기에 현실은 이중의 의미를 띠게 된다. 그러므로 개인의 세계란 오직 개인 자신에 의해서밖에는 파악될 수 없다. 그리고 그 자체로서 존재한다는 현실이 개인에게 미치는 영향도, 개인이 자기에게로 흘러 들어오는 현실의 물결을 그대로 받아들이느냐 아니면 가로막고 역류시키느냐에 따라서 완전히 정반대의 의미를 띠게 된다. 이렇게 되면 '심리적 필연성'은 한낱 공허한 낱말에 그쳐 버릴 터이니, 결국 이러이러한 영향을 받았다고 여겨지는 것이 실은 영향을 받지 않았을 수도 있다는 절대적인 가능성도 있는 셈이다.

그렇다면 그 자체로 절대적이면서 법칙의 한쪽 측면, 그것도 보편적인 측면을 이룬다는 존재는 무산되어 버리고 만다. 이제 개인은 세계를 자기 것으로 좌지우지할 수 있는 주인공이다. 세계란 곧 개인의 행위가 만들어 낸 환경(Kreis)이며 이 환경 안에서 개인은 현실의 존재로 나타나는 가운데 이미 주어진 존재와 새삼 형성된 존재를 통일시켜 놓는다. 이러한 통일은 심리학 법칙이 표상하듯 그 자체로 존재하는 세계와 자각적으로 존재하는 개인이라는 양극으로 분열돼 있는 것이 아니다. 만약 통일의 두 측면을 그렇듯 별개의 것으로 간주한다면 이들 사이의 관계의 필연성이나 법칙이라곤 전혀 존재할 수 없게 된다.

3) 자기의식이 자신의 직접적인 현실과 맺는 관계, 인상학과 골상학

심리학적인 관찰은 자기의식과 그것이 대립하는 현실세계의 관계에 대하여 아무런 법칙도 찾아내지 못한 채 양자가 서로 무관한 위치에 있음을 알아차리므로, 결국 객관적인 동시에 주관적으로 즉자대자적으로 존재하면서 대자존재와 즉자존재의 대립을 절대적 관계로 맺어 주어 없애 버리는 실재적 개인의 고유한 특성을 규명하는 데로 되돌아간다. 이제는 그러한 개인이 관찰의 대상이 되기에 이른다.

개인은 자체적으로 자립해 있는 즉자대자적인 존재다. 그는 자립한 존재로서 자유로이 행동할 뿐만 아니라 또한 타고난 그 자체로 존재하는 근원적인 한정된 존재이기도 하다. 이러한 양면에서의 한정된 관계는 개념상으로는 심리학이 개인의 바깥에서 발견하려고 했던 것과 똑같은 성질의 것이다. 따라서 개인 자체에 대립이 나타난다. 즉 개인은 이중 양상을 띠어서 의식의 운동이 되며, 동시에 개인에게 있는 그대로 개인 자신의 것으로서 받아들여지는 현상하는 고정적 현실존재가 된다. 이때 고정된 존재에 해당하는 특정한 개인의 '육체'는 개인에게 근원적으로 갖추어져 있는 것으로서, 개인이 한 행위의 결과로 생겨나는 것은 아니다. 그러나 또한 개인은 오직 자기가 한 행위를 통해 형성된 것이므로 개인의 육체는 개인이 일구어 낸 자기표현이라고도 할 수 있다. 그것은 직접 있는 그대로의 사물에 그치지 않고, 더 나아가 개인이 현재 자신의 근원적인 본성을 어떻게 실현하고 있는가를 보여 주는 기호가 되기도 한다.

여기에 현존하는 요소를 앞서 소개한 심리학적인 관점과 관련지어 보면 이전에 있었던 보편적인 습속이나 문화 등을 대신하여 이제는 일반적인 인체나 아니면 적어도 기후, 지역, 민족 같은 보편적인 형태가 주된 요소로 등장한다. 또 이전에는 보편적인 현실의 내부에 특수한 환경이나 처지가 존재했는데 여기서는 이 특수한 현실이 개인의 특수한 체형으로 나타난다. 그런가 하면 이전의 관찰에서는 개인의 자유로운 행위 및 자기가 소유한 현실이 눈앞에 있는 기존의 현실과 대비되었지만, 여기서는 인간의 체형이 바로 개인 자신에 의해 행해진 자기실현의 표시로서 자기활동적인 개인의 온갖 특징과 생김새를 나타내는 것이 되어 있다. 앞에서 관찰 대상이 되었던 보편적인 현실과 특수한 현실은 모두가 개인의 바깥에 존재하지만 여기서는 그와는 달리 개인의 현실로서 개인이 타고난 육체가 나타나며 개인의 행위가 자아내는 표현도 바로 이 육체 속에 나타나 있다. 심리학적인 관찰에서는 그 자체로 자립하여 즉자대자적으로 존재하는 현실과 특정한 개인이 서로 관계되어 있었지만, 여기서는 특정한 개인 전체가 그대로 관찰 대상이 되고 그 대상의 대립하는 양극이 모두 저마다 개인의 전체에 걸쳐 있다. 그러므로 외면의 전체를 이루는 것은 근원적 존재인 타고난 육체만으로 그치지 않고 내면의 활동에서 비롯된 후천적인 육체의 형태도 여기에 덧붙여진다. 육체는 선천적인 존재와 후천적인 존재의 통일로서 개인의 독자성이 침투된 현실존재이다. 이 전체는 생래적으로 형태화된 고정적인 부분과 행위에 의해서 비로소 생겨난 특징을 함께 내포하여 지금 그 모습대로 존재하는 것인데, 이 존재는 의식과 운동으로 정립된 개인의 내면을 표현한다. 마찬가지로 이 내면은 더 이상 그 내용과 특징을 앞에서와 같이 외부 상황에서 얻어 오는 형식적이고 내용 없는 모호한 자립성이 아니다. 그것은 그 자체가 일정한 근원적 성격을 지니면서 활동의 형태로 나타난 것이다. 그럼 여기서 이 양면 사이의 관계가 어떻게 규정되고 어떻게 내면이 외면으로 표출되는가를 고찰해 보자.

외면은 먼저 한낱 기관으로서 내면을 드러내어 타자에 대한 존재가 되도록 하는 데 그친다. 이때 기관 속에 나타나는 내면은 활동 그 자체이다. 말하는 입이나 노동하는 손 그리고 여기에 발까지 더하면 이 모두가 일을 실현하고 수행하는 기관으로서, 여기에는 행위 그 자체 또는 내면 그 자체가 간직되어 있다. 그러나 기관을 통하여 내면이 얻는 외면적인 결과는 개인으로부터 분리된 현실로서의 결과물이다. 말이나 노동이 외화(外化)되고 나면 개인은 더 이상 자기를 그대로 보존하거나 소유할 수 없으며, 여기서는 내면이 완전히 밖으로 드러내져서 타자의 손안에 넘어가 있다. 따라서 이때 외면적인 결과는 내면을 과도하게 표현한다고 할 수도 있겠고 반대로 표현이 미흡하다고 할 수도 있다. 과도하게 표현한다는 것은 내면이 그대로 외면으로 넘쳐나서 외면과 내면의 대립이 완전히 소멸되어 외면이 단지 내면의 표현인 데 그치지 않고 아예 내면 그 자체가 되어 있기 때문이다. 반대로 표현이 미흡하다는 것은 내면이 말이나 행동으로 표출되고 나면 그 스스로 타자가 되어 버리므로* 결국 내면은 변화의 장으로 내몰리고 이야기된 말이나 실현된 행동이 어떤 식으로든 왜곡되어, 특정한 개인의 행동이 그 자체의 참모습과는 다른 무언가를 낳게 되기 때문이다. 이러한 외면적인 성질로 말미암아 타인의 영향에 의한 작업 결과는 타인의 개성에 대항하여 변함없이 지속되는 성격을 잃어버린다. 게다가 그 작업 결과는 자기 안에 포함되는 내면에 대하여 그와는 아무 상관도 없는 별개의 외면이 되어 있어서, 당사자 개인에 의해서 내면을 그대로 표현하지 않는 것으로 조작된다고도 할 수 있다. 이때 개인은 일부러 작업 결과를 진실과는 어긋나게 만들어 버릴 수도 있고, 또 개인 자신이 본디 바라던 대로 겉모습을 만들어 내거나 타인에 의해서 자기의 작업이 변질될 수 없도록 자기 작업을 잘 확보해 낼 만한 능력이 부족할 수도 있다. 이리하여 작업이 수행된 결과 완성된 행위는 상반되는 이중의 의미를 지니게 된다. 하나는 제대로 표현해 내지 못한 내면의 개성이며 다른 하나는 내면으로부터 벗어나 별개의 것이 되어 있는 현실의 외면이다. 기관으로서의 외면이 갖는 의미가 이렇게 모호한 탓에 우리는 줄곧 눈에 보이는 겉모습을 갖추었으면서도 개인 자체로서 그대로 있는 내면을 어떻게든 찾아 나서야만 한다. 그러나 기관을 통하여 나타나는 내면은 직접적인 행위로서 존재할 뿐이며, 이 행위가 자신의 겉모습을 낳는다 해도 그 행위 결과는 내면을 표현할 수도 표현하지 않을 수도 있다. 따라서 이런 대립을 생각해 볼 때 기관이란 우리가 얻어 내고자 하는 표현을 제공해 주는 것은 아니다.

그리하여 만약 기관도 아니고 행위도 아닌, 정지해 있는 전체적인 겉모습만이 내면의 개성을 표현할 수 있다고 한다면, 이 외적인 형태는 존립하는 사물로서 자기와는 이질적인 내면을 수동적으로 고이 받아들여서 내면의 기호가 되어야 한다. 다만 그것은 내면이 외적으로 우연히 표현된 것일 뿐이므로 이 표현의 현실적인 측면은 그것만으로는 아무런 의미도 없다. 이를테면 외면을 언어라고 할 경우, 그 음과 음의 결합은 내용 자체와는 아무런 관계도 없고 어떤 음이 어떤 내용과 결부되는가는 그야말로 우연에 달려 있다.

---

* 실러의 다음과 같은 말을 참조.

"영혼은 한번 말하고 나면 더 이상 말하지 않는다."

"내 마음속에 있는 동안 내 행위는 아직 내 것이었다. 그러나 그것이 마음속 안전한 한구석의 모태에서 일단 벗어나 낯설기만 한 인생 속으로 옮겨 가면, 이제는 온갖 수단을 나 써도 친숙한 존재로 만들 수 없는 심술궂은 폭력의 포로가 되고 만다."

저마다 외면적인 성질의 것을 이렇게 임의로 결합한다고 해서 거기에 법칙이 생겨날 리는 없다. 그러나 흔히 인상학이란 그토록 졸렬한 술수나 터무니없는 연구와는 분명히 구별되는 것이다. 인상학이 특정한 개인을 내면과 외면, 즉 의식적 존재로서의 성격과 형태를 띠고 존재하는 성격 사이의 필연적인 대립의 결과로 파악하기 때문이며, 나아가서 이러한 두 요소를 개념적인 관계 아래 결합시켜 여기에 법칙에 상응하는 내용을 채워 넣기 때문이다. 이에 비해 점성술이나 수상학(手相學)과 같은 학문은 서로 아무 관계도 없는 외면과 또 다른 외면을 연결하는 데 지나지 않는 것으로 보인다. 이 경우에는 사람이 태어날 때 별자리의 위치라든가, 또 이런 외적인 것이 좀더 육체 가까이에서 찾아질 때는 손금 같은 것이 개인의 수명이나 운명 전체를 가늠하는 외적인 요소가 된다. 이런 요소는 외면적이기 때문에 서로 무관하다. 여기서는 외면과 내면의 관계 속에서 으레 발견돼야 할 필연성이라고는 전혀 눈에 띄지 않는다.

그야 물론 손은 운명에 대한 외적인 것이라기보다는 운명과 내적으로 관계되는 것으로 보인다. 왜냐하면 운명이라는 것도 결국은 특정한 개인이 애초에 내면적인 근원적 성격으로 지니고 있던 것이 겉으로 드러난 것에 지나지 않기 때문이다. 그런데 어떤 개인 본연의 모습을 알아낼 때 수상학과 인상학은 이를테면 솔론의 방식보다 더 쉬운 방법을 택한다. 솔론은 한 인간의 전 생애를 마무리하고 난 다음이 아니고서는 운명을 알아낼 수 없다고 생각했다. 솔론이 현상을 고찰한 데 반하여 수상학이나 인상학 전문가는 그 안에 내재하는 본모습을 고찰한다. 그런데 손이 개인의 운명을 진솔하게 표현하고 있다는 것은 바로 이 손이야말로 언어를 관장하는 기관인 입 다음으로 인간의 자기표현이나 자기실현에서 가장 중요한 역할을 맡는다는 점에서 쉽게 이해가 된다. 손은 인간의 행운을 일구어 내는 혼이 깃든 장인(匠人)이라는 것이다. 어쨌든 손은 인간의 행위를 나타내는 것이다. 왜냐하면 자기실현을 위한 능동적 기관인 손에는 그 자신의 혼이 아로새겨진 살아 있는 인간의 모습이 드러나 있을 뿐만 아니라 근원적으로 자기의 고유한 운명을 헤쳐 나가는 인간 본연의 모습이 표현되어 있다고 할 수 있기 때문이다.

활동 기관은 그 자체로서 존재인 동시에 행위이기도 하다. 바꿔 말해 내면에 깃든 본연의 존재가 기관 속에 그대로 나타나면서 타자에 대해서 존재한다. 이런 규정은 지금까지의 기관에 대한 이해방식과는 다른 이해방식을 낳는다. 즉 기관 속에는 행위가 다만 행위로서 존재하고 있을 뿐 행위의 결과는 기관을 벗어난 바깥에 있으므로, 내면과 외면은 분리되어 서로가 이질화되어 있으니 결국 기관은 본디 내면의 표현으로 간주될 수는 없다는 것이 지금까지 밝혀진 사실이었다. 그런데 이제 새로이 고찰된 규정에 따르면 기관을 통해 나타나는 행위는 외면으로 드러난 행위인데 어디까지나 개인의 소행에서 비롯된 개인 그 자체의 겉모습이라서 단순히 외면화된 행위의 결과와는 별개의 것이므로, 마땅히 기관은 내면과 외면을 이어 주는 중간항으로서 받아들여져야만 한다는 것이다. 내면과 외면을 통일하는 중간항으로서의 기관은 첫째로 그 자체가 외면적인 존재이다. 하지만 동시에 이 외면성은 그대로 내면으로 끌려 들어와 있다. 기관의 외면성은 단순한 외면성이다. 따라서 이는 개인 전체로 놓고 보면 개개의 우연적인 작업이나 상태 또는 많은 작업이나 상태로 분열되어 있는 외면 전체에 걸친 운명 등으로 나타나는 다채로운 외면성과는 대립된다. 그러므로 단순한 수상(手相)이나 언어 표현상의 개인적 특징을 나타내는 음색이나 음량—물론 언어상의 특징은 음성보다도 손을 통해 더욱 뚜렷하게 나타나는데 그런 의미에서 언어나 글, 그중에서도 특히 자필 글씨처럼 특수한 형태의 글 따위도—은 모두 하나같이 내면의 표현이다. 그러므로 이 표현도 단순한 외적 표현이므로 손이니 운명이니 하는 복잡한 겉모습과 대비할 경우 복잡한 겉모습에 대해서는 그 내면을 이루는 것으로 생각할 수도 있다. 따라서 개인의 개성이나 타고난 특성은 교양을 통하여 형성된 내용까지도 포함하여 행동이나 운명의 본질을 이루는 내면으로 간주될 수 있다. 그렇다면 개인의 이러한 내면의 본질이 최초로 현상 및 외면으로 나타난 것이 곧 입과 손과 목소리와 필적과 그 밖에 여러 신체 기관이나 거기에 깃들어 있는 불변의 성질이 된다. 그리고 그 다음에 비로소 내면은 더 나아가 그의 바깥에 있는 세계의 현실을 향하여 자신을 표출하는 것이다.

그런데 이 중간항은 동시에 내면으로 되돌려진 표현이라고 규정되므로 직접 행동하는 기관만으로 한정되는 것은 아니다. 오히려 아무것도 실현하지 않는 얼굴 생김새나 몸체가 움직이는 모습까지도 중간항으로 생각될 수가 있다. 그런 얼굴 표정이나 움직임은 방금 이야기한 개념에 따르면 개인에게

억류된 듯이 밀착되어 있는 행위로서, 개인과 현실적인 행위와의 관계에서 보면 개인이 스스로 자기 행위를 감독하고 관찰하는 것이다. 즉 그것은 현실의 표현에 반성을 가하는 것과 같은 표현이다. 이리하여 개인은 외면을 향해 행동할 경우 동시에 자기에게 되돌아오기도 하지만 그렇다고 침묵을 지키는 것이 아니라 자기에게 되돌아오는 모습마저도 표현한다. 이렇듯 이론적 행위로서 개인이 자기 자신과 대화하는 말은 그 자체가 하나의 표현인 이상 당연히 타인도 알아들을 수 있다.

이처럼 내면은 밖으로 표현되면서도 여전히 내면에 머물러 있으므로 여기서는 현실로부터 자기에게 되돌아오는 개인의 모습이 관찰된다. 그렇다면 이렇게 이루어진 안팎의 통일에 어떠한 필연성이 있는가 생각해 볼 일이다. 자기에게 돌아오는 모습은 먼저 행위의 결과 그 자체와는 구별되는 별개의 것이며 실제로 그렇게 보인다. 예컨대 사람의 표정을 보면 그의 말과 행위가 진실한지 아닌지를 알 수 있다. 그러나 반대로 얼굴 표정처럼 자기에게 되돌아온 모습은 내면의 표현인 동시에 생겨난 모습 그대로 그렇게 있는 것으로서, 이는 어디까지나 육체적인 존재이므로 자기의식을 지닌 개인에게는 어딘가 어울리지 않은 순전히 우연한 것이라고 할 수 있다. 따라서 그것은 표현이라고는 하지만 한낱 기호에 지나지 않는 셈이므로 표현되는 내용과 그것을 기호로 표현하는 당사자의 성질과는 아무 관계도 없다. 내면은 현상할 때 보이지 않는 것을 보이게끔 하듯이 나타나 있기는 하지만 그것이 그 현상과 결합되어 있지는 않다. 내면은 현재 드러나 있는 모습과 다르게 나타날 수도 있으며, 또 다른 내면이 똑같은 모습으로 나타날 수도 있다. 그런 의미에서 리히텐베르크가 "관상가가 인간을 순식간에 낚아채기라도 하듯 단번에 알아냈다고 한다면 바로 그 인간이 영영 자기를 불가해한 인물일 수 있게 하는 데는 단지 과감한 결단을 내리기만 하면 충분하다"*고 한 말은 정곡을 찌른 것이다.

앞에서 본 관계에서 개인은 현존하는 주변 환경으로부터 자기에게 가능하거나 자기가 소망하는 것을 이끌어 내고자 할 때 그 환경에 스스로 순응할 수도 있고 거꾸로 등을 돌릴 수도 있었다. 그러므로 존재하는 환경 속에 개

---

* 〈관상학에 관하여〉(제2판, 괴팅겐, 1778년) 35쪽(1778년판 괴팅겐 수첩(Göttinger Taschen-kalender))

인의 필연성이나 본질이 내포된다고는 할 수 없었다. 여기서도 마찬가지로 개인의 신체로 직접 나타나는 것은 개인이 현실로부터 자기에게 되돌아온 그 내면의 모습을 표현할 수도 있지만, 실은 그렇게 표현된 내면과는 아무런 관계가 없으며 따라서 아무것도 지시하는 바가 없는 한낱 기호일 수도 있다. 요컨대 그 직접적 존재는 개인에게 표정인 동시에 언제라도 벗어던질 수 있는 가면이기도 한 것이다. 개인은 자신의 육체적인 형태에 침투하여 그 안에서 움직이며 말한다. 하지만 한편으로 그러한 몸가짐 전체가 의지나 행동과는 아무 상관이 없는 존재로서 그것들을 뛰어넘어 제 길을 가기도 한다. 이제는 개인이 자기에게 되돌아온 모습이나 개인의 참다운 본질을 자기 안에 간직한다는 기존의 몸가짐이 갖는 의미는 사라지고, 개인의 본질은 오히려 의지나 행위의 결과 속에 담겨 있게 된다.

이제 개인은 자기에게 되돌아온 모습을 표정 같은 여러 형태로 나타내려 하지 않고 자기 본질을 작업 속에 담아내려고 한다. 이 점에서 개인은 개인의 자기의식을 관찰하려는 이성본능이 내면과 외면 사이에 있음직한 것으로 상정하는 관계와는 모순된다. 내면과 외면의 이런 관계에 대한 견해에 따른다면 우리는 인상학—구태여 이를 학문이라고 한다면—의 근저에 놓여 있는 특유의 사상에 눈길을 돌릴 수밖에 없다. 여기서 관찰자가 눈으로 직접 보는 대립은 형식상으로는 실천적인 것의 내부에 나타나는 실천적인 것과 이론적인 것과의 대립이다. 그리고 가장 폭넓은 의미로는 행위를 통해 자기를 실현하는 개인과 그렇게 행동하면서 동시에 그곳을 탈피하여 자기에게 되돌아옴으로써 행동을 대상화하는 개인 사이의 대립이다. 관찰자는 이 대립을 바로 이러한 뒤집어진 관계 그대로 파악하며 이 관계 속에서 대립은 현상으로 규정되는 것이다. 관찰자가 보기에 비본질적인 외면은 행위의 결과 그 자체이며 작업이다. 이 외면이 언어든 확고한 현실이든 그건 아무 상관도 없다. 반면에 본질적인 내면으로 간주되는 것이 개인의 내적 존재이다. 실천적 의식이 지니고 있는 두 측면인 의도와 행위의 결과—즉 자기 행동에 대한 사념과 행동 그 자체—를 놓고 관찰자는 전자를 참다운 내면으로 간주한다. 이 내면이 조금이나마 비본질적인 형태를 띠고 겉으로 표현된 것이 행위의 결과인데 이렇게 참으로 표현된 것이 육체의 형태라는 것이다. 후자의 표현은 개인의 정신이 직접 감각적인 존재가 된 경우인데, 여기서 참다운 내면이란 개인의 독자적인 의도나 자립적인 개성을 뜻한다. 말하자면 둘 다 사념에 의해 정신으로 상정된 것이다. 따라서 관찰의 대상이 되는 것은 상정된 존재인데, 이렇게 상정된 두 존재 사이에서 법칙이 추구된다.

　정신의 현재 상태를 마음 내키는 대로 상정하여 한번 얼핏 보고서는 곧바로 그 형상의 내면적 성질이나 성격을 성급히 판단하는 것은 인상학에서 흔히 볼 수 있는 작태이다. 이렇게 상정되는 대상이란 그의 본질상 직접적인 감각적 존재와는 다른 곳에 참다운 존재가 깃들어 있는 종류의 것이다. 물론 현재 존재하는 것은 감각적인 것 속에 있으면서 거기서 빠져나와 자기에게 되돌아가는 것이며, 관찰 대상이 되는 것은 보이지 않으면서 보이는 듯한 것이다. 그러나 이렇듯 직접 감각적으로 현재 존재하는 것이야말로 한낱 상정된 대로 받아들여진 정신의 현실상이다. 이때 관찰하는 의식은 이런 측면에서 인상, 필적, 목소리 등등 상정된 존재를 실마리로 하여 그 이상의 것을 밝혀내려고 한다. 관찰하는 의식은 이 존재를 나름대로 상정된 내면과 관련짓는다. 이때 인식되어야만 하는 것은 당사자가 살인자인가 또는 도둑인가 하는 것이 아니라 그에게 그럴 능력이 있는가 없는가이다. 이렇게 되면 고정된 추상적인 성질을 넘어서 있는 개개인의 구체적이고 헤아릴 수 없이 많은 성질을 묘사해야 하겠는데, 여기에는 겉모습을 평가하는 것 이상으로 정밀한 묘사가 요구된다. 이렇듯 정밀한 묘사라면 살인자라거나 도둑이라거나 또는 선량하다거나 순진하다거나 하는 단순한 말로 성격을 결정짓는 데 그치지는 않겠지만, 문제는 그 이상 많은 말을 한다 해도 상정된 존재나 개개인의 개성을 묘사한다는 목적을 이루기에는 도저히 불충분하다는 것이다. 이는 이마가 평평하다거나 코가 길다는 것 따위를 열거하는 데 그치는 겉모습에 대한 추상적 묘사와 마찬가지이다. 왜냐하면 개개인의 형태나 자기의식을 상정된 존재로 놓고 말로 표현한다는 것은 불가능한 일이기 때문이다. 따라서 상정된 인간을 표적으로 하는 인간의학이나 그 인간의 상정된 현실을 표적으로 삼아 어설픈 인상학의 무의식적인 판단을 지의 단계로까지 끌어올리려고 하는 인상학은 모두 다 어디까지나 상정하는 데 그칠 뿐이고 내용 또한 상정된 것에 지나지 않는다. 그러므로 발붙일 토대도 없이 끝없는 나락으로 빠져드는 이 학문은 자신이 상정한 것을 도저히 제대로 표현해 내지 못한다.

이러한 학문이 찾아내려고 하는 법칙은 상정된 양면 사이의 관계를 나타내는 것이므로 이는 공허한 상념에 매달리는 일일 뿐이다. 게다가 정신의 현실을 문제 삼으려고 하는 이 상정된 사념의 형태의지가 대상으로 하는 것은, 바로 정신이 감각의 영역을 벗어나서 자기에게 되돌아와 감각적인 존재를 자기와는 전혀 상관없는 우연한 것으로 본다는 점이다. 그러므로 이러한 지는 비록 법칙을 발견하더라도 그것이 무엇인가를 밝혀 주는 게 아니라 다만 자기의 사념을 늘어놓은, 한낱 내용 없는 넋두리에 지나지 않는다는 것을 곧 깨닫고 만다. 이런 표현을 놓고 진리라고 해봤자 그것은 실제로는 자기가 사념한 것을 말로 나타낸 것일 뿐이고 따라서 실상을 밝혀내는 것이 아니라 단지 자기에 관한 사념을 털어놓는 것에 지나지 않는다. 내용상으로 보면 이러한 관찰은 소매상인이 '우리 대목장이 서는 날이면 언제나 비가 내린다'거나 가정주부가 '내가 빨래를 말리려고만 하면 언제나 비가 온다'는 식의 관찰과 아무런 차이가 없다.

리히텐베르크는 인상학적 관찰을 바로 그런 성격의 관찰로 파악하면서 한편으로 이렇게도 표현하고 있다. "만약 누군가가 '자네는 정직한 사람인 양 처신하지만 사실은 억지로 그러는 척할 뿐, 속마음은 악하다는 것이 자네 얼굴에 드러나 있네'라고 한다면, 세상천지에 어디에서나 사나이답게 행동할 줄 아는 사람이라면 그 말을 듣는 순간 당장에 그의 따귀를 후려칠 것이 틀림없다." 그렇게 응수하는 것은 당연하다고 해야겠다. 참으로 이렇게 대응하는 것만이 '인간의 현실성은 그의 얼굴에서 드러난다'는 사념을 지의 으뜸가는 전제로 내세우는 데 대한 반박이 될 터이기 때문이다. 인간의 진실한 존재는 오히려 그의 실행 속에 있다. 실행 속에 개인은 현실로 존재한다. 이런 실행은 상정된 것을 두 가지 측면에서 폐기해 버린다. 먼저 정지해 있는 육체적 존재로서 상정된 것이 폐기된다. 즉 행동하는 와중에 개인은 오직 정지된 존재를 폐기하는 한에서만 존재한다고 할 수 있는 부정적인 존재이다. 다음으로 실행은 자기의식적인 개인에 대해서도 역시 폐기를 행하니, 이때 폐기되는 것은 사념을 말로 표현하는 데 따르는 어려움이다. 개인은 사념에 관해서는 무한한 것으로 규정된다. 그러나 행위가 수행될 때 이런 악무한(惡無限)은 사라진다. 실행은 단순한 내용을 지닌 보편적인 것으로서 추상화를 통해 파악된다. 예컨대 살인, 절도, 선행, 용감한 행위 등등인데, 실행에 관해서는 그것이 어떤 것인지 얘기할 수가 있다. 실행은 더도 덜도 아니고 행해진 그대로의 것으로서 그 존재는 한낱 기호가 아니라 실상 그 자체다. 실행은 실제로 그러한 것이고 거기에 개체적인 인간의 참모습이 그대로 드러난다. 이렇듯 단순한 모습으로 존재하는 개인이 다른 누구에 대해서나 보편적으로 존재하게 될 때 개인은 더 이상 상정된 데 그치는 존재가 아니다. 물론 실행을 하고 있는 개인을 두고 정신이라고는 할 수 없다. 그러나 개인의 존재가 존재로서 문제가 되면서 한편으로 신체의 형태와 실행이라는 이중의 존재가 서로 대치하는 가운데 양쪽 모두가 개인의 현실을 나타낸다고 생각될 경우라면 오히려 실행만을 개인의 참된 존재로 보는 것이 옳다. 바꿔 말하자면 개인이 행하려고 마음먹었던 것이나 그런 일을 할 만하다고 사람들이 짐작하는 것을 표현하는 신체의 형태는 개인의 참다운 존재라고는 할 수 없다. 그런가 하면 또 개인의 작업 결과와 능력이나 의도 같은 개인의 내면적인 가능성이 서로 대치될 경우에도 당연히 작업만을 개인의 참다운 현실로 봐야 한다. 설령 개인 본인은 그 현실에 관하여 오판한 나머지 행동에서 손을 떼고 자기에게 되돌아간 채 내면의 자기는 실행된 행위의 결과로서의 자기와는 별개라고 생각하는 경우가 있다 하더라도 말이다. 개인은 작업을 시작하면서 대상의 장에 몸을 내맡기고 스스로 변화와 왜곡을 겪는다. 그러나 이때 실행의 성격을 판가름하는 것은 바로 이 실행이 지속성이 있는 현실적인 존재인가 아니면 그 스스로 덧없이 사라져 가는 한낱 상정된 작업일 뿐인가 하는 데 있다. 대상의 장으로 옮겨졌다고 해서 실행 자체가 변화되는 것은 아니며 다만 실행이 무엇인가, 다시 말하면 행위가 실재적인가 무실(無實)한가가 분명히 드러날 뿐인 것이다. 개개인의 존재를 분석해서 의도라든가 그 비슷한 세세한 것으로 바꿔 버린다면, 현실의 인간 자체를 나타내는 그의 실행은 설령 그 인간이 자신의 현실에 대해 아무리 특별한 의도를 꾸며 냈다 하더라도 다시금 한낱 상정된 존재로 환원되어 설명될 수밖에 없다. 하지만 이처럼 세세한 짓은 부질없는 사념에 맡겨 버려야 할 것이다. 그 사람이 실행과는 거리가 먼 자기 지혜만을 가지고 작업을 논한다면 그 부질없는 짓 때문에 행위자의 이성적인 성격은 부정돼 버린다. 이어서 실행보다는 오히려 생김새나 얼굴 표정 따위가 행위자의 존재 자체를 나타낸다는 식으로 주장한다면 그는 마땅히 뺨을 맞게 되리라. 그렇게 되면 그는 앞서 이야기한 반박을 경험하게 될 테니, 얼굴이라는 것은 개인 그 자체가 아니라 오히려 개인을 그런 식으로 응징할 때의 취급대상이라는 사실을 깨우치게 될 것이다.

그럼 이제 자기의식을 지닌 개인이 그의 외계에 대해서 맺고 있는 것으로서 관찰되는 관계의 전반적인 범위를 살펴보자. 그러면 관찰이 자기의 대상으로 삼아야 할 것이 아직 하나 남아 있을 터이다. 심리학에서는 사물로 이루어진 외면적인 현실은 정신에 영향을 끼치고 정신에 의식적으로 반영되므로 정신을 이해하는 데 꼭 필요한 것으로 다루어진다. 이와 달리 인상학에서는 정신은 그 자신을 드러내는 신체적인 겉모습을 통하여 인식된다는 처지에서 그의 겉모습이 보이지 않는 정신의 내면적 본질을 나타내는 언어로 간주된다. 이 밖에도 또 한 가지 문제로 남아 있는 것은 개인이 직접적으로 고정되어 있는 순수한 현실존재 속에 자신의 본질을 표현한다는 것이다. 지금 이야기한 관계는 다음과 같은 점에서 인상학적인 관계와 구별된다. 즉 인상학적 관계는 외면을 향하여 행동하는 동시에 자기에게 되돌아와 자기를 성찰하는 개인의 모습을 여실히 나타내는 것이다. 따라서 그런 표현은 운동으로 나타나는 한편 본질적으로 개인에 의해서 매개된 정지해 있는 표정이다. 그러나 앞으로 관찰될 규정에 따른다면 결국 그것은 그 자체가 뭔가를 표현하는 기호가 되는 것이 아니라 자기의식의 운동으로부터 단절되고 독립하여 한낱 사물로 존재하는 것과 같은 완전히 정지해 있는 현실인 것이다.

이러한 외면과 내면의 관계에서 먼저 분명해진 사실은, 자체적으로 존재하는 것들은 서로 필연적인 관계를 이루는 까닭에 외면과 내면의 관계는 곧 인과관계로서 파악되어야만 한다는 것이다.

그런데 정신적인 개인이 육체에 어떤 결과적인 작용을 가하려면 원인이 되는 개인 그 자체가 육체적인 존재여야만 한다. 원인이 되는 정신적 개인이 몸담고 있는 육체는 바로 기관이다. 그러나 이 기관은 외적 현실을 향해 행동하는 기관이 아니라 자기의식적 존재가 자기 내면을 향한 행동을 일으키는 기관으로서, 심지어 외면을 향한다고는 해도 단지 자기의 신체를 상대로 할 뿐이다. 이럴 경우 어느 기관이 거기에 해당하는지는 쉽게 파악할 수 없다. 기관을 일반적으로 놓고 볼 때 예컨대 노동하는 기관으로는 곧바로 손을 생각할 수 있고 성욕의 기관으로는 생식기를 떠올리게 된다. 그런데 이러한 기관은 한쪽 극에 있는 정신이 다른 한쪽 극에 있는 외적인 대상과 마주칠 때 그 중간에 있으면서 매개 역할을 하는 도구 또는 부품으로 간주된다. 그러나 여기서 말하는 기관은 한쪽 극을 이루는 자기의식적인 개인이 자기와 대립되는 그 자신의 현실에 대해 자기의 독자성을 유지하기 위한 기관이므로, 결국 개인은 이때 바깥을 향하는 것이 아니라 자신의 행동 속에서 자기에게 되돌아오는 까닭에 이런 기관에서 그의 존재는 타자에 대한 존재로는 생각할 수가 없다. 물론 인상학적 관계 속에서도 기관은 자기에게 되돌아오는 가운데 행위가 이루어지는 상태를 일러 주는 존재로 간주될 수 있다. 하지만 이때 그의 존재는 대상으로서 거기에 있으므로, 관상학적 관찰의 결과로 얻어진 것이라고는 자기의식이 자기의 이 육체적 현실에 대해 나타나면서도 현실에는 무관심하다는 것이다. 그런데 이 무관심은 자기에게 되돌아가는 자기의식이 상대에 작용을 가하게 되면 사라진다. 이리하여 행동하는 존재인 기관은 자기의식과 필연적인 관계를 맺게 된다. 한데 자기의식이 신체적인 존재에 작용해서 어떤 결과를 낳으려면 본디의 자기와는 다른 대상적인 존재를 지녀야만 하는 바, 바로 이러한 기관으로서 자기의식의 기관은 명시되어야만 한다.

일상적으로는 이를테면 노여움이 그런 종류의 내면적 행위로서 간(肝) 속에 위치해 있다고 한다. 심지어 플라톤*은 간을 그보다 더 고차적인 활동을 하는 것, 아니 사람에 따라서는 최고의 기능을 하는 것이라고 하면서, 예언을 한다거나 또는 신성하고 영원한 것을 비이성적인 방식으로 말로써 표현하는 천부적인 능력이 간에 주어져 있다고 했다. 그러나 개인의 간이나 심장의 활동 같은 것은 전적으로 자기에게 되돌아온 개인의 운동이라고 볼 수는 없다. 오히려 그런 활동은 이미 개인의 신체 속에 뿌리를 내리고 있어서 외면으로 향해 가는 동물적인 것이라고 해야만 하겠다.

이에 비해 신경조직은 운동하는 유기체가 그대로 정지해 있는 모습을 하고 있다. 물론 신경 자체는 이미 바깥으로 향해 있는 의식의 기관이지만 뇌라든가 척수는 자기 내부에 그대로 머무른 채 대상화되지도 않고 밖으로 나가지도 않는 자기의식의 직접적인 현재를 나타내는 것이라고 할 수 있다. 이

---

*《티마이오스》 7쪽.

런 기관이 드러내는 존재양식이 타자에 대해서 존재하는 것으로 간주되는 한 이는 죽은 존재이지 더 이상 자기의식의 현재를 나타내는 것은 아니다. 그러나 이렇게 자기 내부에 있는 자기의식은 그 개념상 유동성을 띤 것이어서, 일단 그 소용돌이에 말려 들어간 것은 모두 곧바로 녹게 되어 여기선 그 어떤 구별도 존재하는 것인 양 표현되는 일은 없다. 그런데 정신 자체는 추상적인 단일체가 아니라 오히려 갖가지 요소로 구별되는 가운데 바로 이런 구별 속에서 어디까지나 자유로운 상태를 유지하는 여러 운동의 체계이다. 또한 정신은 자신의 신체 전체로 하여금 각기 다른 기능을 떠맡도록 하여 신체의 각 부분에 한 가지 기능만 부여하고 있다. 따라서 이렇게 본다면 정신의 내적인 존재라는 유동적 존재가 부분으로 나뉜다고 표상하는 것도 잘못된 생각은 아니다. 왜냐하면 뇌수에서 자기에게 되돌아오는 정신은 다시금 정신의 순수한 본질과 신체적인 분지(分枝)의 중간 위치에서 단지 매개자로서 존재하며 양쪽 성질을 다 갖추고 있고, 더욱이 신체적으로 분지한 면에서 보면 당연히 분지한 기관이 그대로 신체상으로 드러나야만 하기 때문이다.

이 정신적 유기체는 동시에 정지해 있는 독립된 존재라는 측면을 지닌다. 이때 전자인 정신적인 측면은 대자존재의 극으로서 배후에 물러서고 후자인 정지해 있는 존재의 측면이 반대의 극으로서 그와 대립하게 되는데, 이것이 원인으로서의 정신으로부터 영향을 받는 대상이 된다. 뇌와 척수가 정신의 신체적 독자성을 나타내는 존재라고 한다면 머리뼈와 척추는 이 대자존재에서 분리되어 또 하나의 극을 이루는 고정된 부동의 사물이다. 그러나 정신이 존재하는 본디의 장소가 어디인가를 생각할 때 누구나가 떠올리는 것은 등이 아닌 머리다. 그러므로 머리뼈에 관한 지식(머리뼈 이론)을 탐구하는 이 마당에 정신의 존재에 대한 논의를 머리뼈에만 한정하는 것이 그리 잘못된 일은 아닐 듯싶다. 그야 때로는 등을 통해서 지식이나 행위가 드나들기도 하므로 등에 정신이 존재한다고 생각하는 사람도 있겠지만, 그렇다고 뇌수와 더불어 척추를 정신이 내재하는 장소라고 생각한다거나 정신이 반영되어 있는 존재라고 생각한다는 것은 지나친 발상이다. 왜냐하면 그런 식으로 생각한다면 정신의 활동을 야기하거나 억제하거나 하는 신체적인 수단으로는 그밖에도 많은 것을 얼마든지 생각할 수 있을 테니까 말이다. 그러므로 척추를 논외로 하는 것도 당연하다고 하겠다. 머리뼈만이 정신의 기관에 해당하는 것은 아니라는 견해는 그 밖에도 많은 자연철학 이론이 내놓고 있다. 왜냐하면 머리뼈가 정신의 기관이라고 하는 견해는 정신과 신체의 관계 설정에 따라서 이미 배제된 바 있으므로 당연히 머리뼈는 정신의 존재하는 측면으로 간주되어 있기 때문이다. 결국 문제를 개념의 차원으로까지 추구해 들어가지는 않더라도 눈이 사물을 보는 기관이라는 것과 동일한 맥락에서 머리뼈가 살인이나 절도나 시작(詩作)을 하는 기관이라고 할 수는 없다는 것쯤은 경험을 통해서도 알 수 있는 일이다. 따라서 앞으로는 머리뼈의 의미를 논하는 과정에서 되도록 '기관'이라는 표현은 삼가는 것이 좋겠다. 왜냐하면 흔히 이성적인 인간은 말보다도 사실 자체를 중시한다고들 말하지만, 그렇다고 해서 사실을 사실에 들어맞지 않는 말로 나타내도 된다는 뜻은 아닐 것이기 때문이다. 단지 합당한 어휘가 발견되지 않았다는 사념에 사로잡히거나 그런 척을 함으로써 실은 사실이나 개념이 결여되어 있다는 점을 덮어 버린다면 이는 서툰 짓일뿐더러 어처구니없는 자기기만이다. 만약 개념이 바로 잡히기만 한다면 그에 합당한 말도 마땅히 따를 것이다. 아무튼 여기서 한 가지 분명한 점은 뇌수가 살아 있는 머리라고 한다면 머리뼈는 죽어 있는 머리(caput mortuum)임에 틀림없다는 것이다.

따라서 머리뼈라는 이 죽은 존재 속에 뇌의 온갖 정신적인 움직임과 그의 일정한 양태는 바깥에 나타난 현실을, 그러나 틀림없이 개인에게 안겨 있는 현실을 표현해 주고 있을 것이다. 그리하여 그 내부에 정신이라곤 깃들어 있지 않은 죽은 존재인 머리뼈와 살아 있는 뇌의 움직임 및 양태와의 관계는 일단 앞에서 이미 확인된 바대로 외적이고 기계적인 고정된 관계로서 드러난다. 그래서 본디의 기관—뇌에 있는 기관—의 작용에 의해 머리뼈의 이쪽 부분은 둥근 모양을 하고 다른 쪽 부분은 넓고 평평한 모양을 하게 되는 것이다. 그 밖에도 원하는 대로 이런 작용 결과를 나타낼 수 있다. 그러나 머리뼈도 그 자체가 유기체의 일부분이므로 모든 뼈와 마찬가지로 거기에선 생명의 자기형성이 이루어진다고 봐야 하므로, 이런 점에서 보면 오히려 머리뼈가 뇌에 압력을 가하여 밖으로부터 제한한다고도 할 수 있고 더욱이 머리뼈가 뇌보다도 더 견고하므로 그런 능력도 더 세다고 할 수가 있다. 하지만 이 경우에도 방금 이야기한 뇌와 머리뼈의 상호작용하는 양식에 어떤 변화가 생기는 것은 아니다. 머리뼈가 이 관계의 주도권을 쥐건 아니건 간에 이것이 인과관계에는 아무런 변화도 가져오지 않기 때문이다. 다만 머리뼈가 자립적인 원인일 경우에는 뇌가 아닌 머리뼈가 자기의식의 직접적인 기관으로 자리잡게 될 뿐이다. 하지만 더 나아가 자립적인 존재는 유기적 생명을 지니기 때문에 뇌와 머리뼈 모두에 동등하게 귀속되므로 여기서는 사실상 양자간의 인과관계는 소멸된다. 그러나 양자가 이어서 내면적인 연관에 의해 형성된다면 내면에 어떤 유기적인 예정조화가 성립될 것이다. 이렇게 되면 서로 관계하는 양면은 자유롭게 풀려나서 어느 한쪽이 다른 한쪽 형태에 대응할 필요 없이 저마다 독자적인 형태를 이루게 된다. 더욱이 형태와 성질은 서로 아무 관계도 없다. 이는 마치 포도알의 모양과 포도주의 맛이 아무 관계가 없는 경우와 같은 것이다. 그러나 뇌 쪽에 자립적 대자존재라는 규정이 안겨지고 머리뼈 쪽에는 존재하는 물체라는 규정이 안겨진 이상 유기적인 통일 안에는 양자의 인과관계가 역시 성립된다고 할 수 있다. 하지만 이렇게 해서 생겨난 것은 서로가 외적으로 맺어진 필연적인 관계로서, 말하자면 서로의 형태를 결정하는 자기 외부적인 관계이다.

그런데 자기의식의 기관인 뇌는 반대쪽에 있는 머리뼈에 작용하는 원인일 것이다. 다만 그것이 어떻게 원인이 되는가에 대해서는 여러 가지 면에서 이 것저것 이야기될 수 있다. 왜냐하면 여기서 문제가 되는 원인의 성격은 한낱 물체가 갖는 형태나 크기를 통해 고찰되는데, 사실 뇌의 내면적인 독자성은 그렇게 직접 맨눈으로 보이는 존재와는 무관하기 때문이다. 머리뼈의 유기적인 자기형성이 이루어진다면 그것은 첫째로 뇌에서 가해지는 기계적인 인과작용과는 무관하게 행해지며 또한 머리뼈는 오직 스스로 자기와 관계하는 활동이라는 점에서, 이 자기형성과 뇌의 인과관계는 결국 한정되지 않는 모호한 것이 되고 만다. 다음으로 만약 뇌가 정신의 차이를 존재의 차이로 받아들여서 저마다 다른 일정한 공간을 차지하고 있는 내적 기관들의 집합체 형태를 띤다고 한다면 이는 사리에 맞지 않는 해석이라고 하겠다. 왜냐하면 그럴 경우 이와 관련된 개념의 요소 하나하나마다에 독자적인 존재를 부여해서 단일한 유동체인 유기적 생명을 순전히 한쪽 편에 놓고 다른 한쪽 편에는 유기적 생명의 분절 및 구분을 생명의 서로 다른 형태로 두게 될 텐데, 그렇게 되면 그것들은 마땅히 특수한 해부학적인 사물이 되어 나타날 것이기 때문이다. 그런데 설령 뇌와 정신의 관계가 바로 이와 같다고 해도 정신적인 요소는 실제보다 강력해지거나 약해지는데, 이로 말미암아 전자의 경우에는 뇌기관이 팽창하고 후자의 경우에는 뇌기관이 수축될지 아니면 이와는 정반대의 결과가 나타날지 도무지 분명치가 않다. 마찬가지로 정신의 발달 정도에 따라서 뇌기관이 확대되는지 축소되는지, 또는 그것이 못나고 투박한 것이 되는지 섬세한 것이 되는지도 분명하지가 않다. 이렇듯 원인이 어떠한 성질인지가 분명하지 않은 이상 그것이 머리뼈에 미치는 영향도 분명치가 않다. 즉 그것이 머리뼈를 팽창시키는 것인지 수축시키고 통합하는 것인지도 알 수 없는 것이다. 이런 영향을 좀더 의미 있는 자극이라고 상정한다 해도 역시 그것이 대상을 발포고(發泡膏)처럼 팽창시킨다는 것인지 아니면 식초처럼 수축시킨다는 것인지가 가려지지 않는다. 결국 어떤 견해를 취하더라도 우리는 그럴싸한 이유를 내세울 수가 있다. 왜냐하면 그 어떤 경우에도 똑같이 관여하고 있는 유기적 관계는 이런저런 해석 및 이유들을 모두 불문에 부쳐 버리며 그 모두와 무관하게 존재하기 때문이다.

그러나 관찰하는 의식으로서는 뇌와 머리뼈의 그런 관계를 규명하는 일에 관심을 쏟지는 않는다. 왜냐하면 여기서 논의되는 뇌라는 것은 동물적인 부분으로서 한쪽 편에 자리잡고 있는 뇌가 아니라 개인의 자기의식 본거지에 해당하는 뇌이기 때문이다. 개인은 지속적인 성격이나 스스로 활동하는 의식적 행위로서 자립적으로 있는 자체 내 존재이다. 이 자립적인 자체 내 존재의 대극에 있는 것이 자신의 현실 및 타자에 대해서 있는 존재이다. 이 자립적인 자체 내 존재가 본질이며 뇌에 둥지를 틀고 있는 주체다. 이 존재는 뇌에 감싸인 채 바로 여기에 내재해 있는 본질에 힘입어서 가치 있는 것이 된다. 그런데 이 자기의식적인 개인의 또 다른 측면, 즉 그 구체적 존재의 측면은 자립적인 기체(基體)로서 존재하니 그것은 곧 사물이자 뼈이다. 결국 인간의 현실과 존재라는 것은 그의 머리뼈에 있다. 이것이야말로 뇌를 관찰하는 의식에 받아들여지는 양극의 관계이며 그 의미이다.

이제 관찰하는 의식은 이 양극 사이의 관계를 면밀히 살펴봐야만 하겠다. 물론 머리뼈는 일반적으로 정신이 있는 그대로의 현실을 드러낸다는 의미를 갖는다. 그러나 정신이 다면적인 만큼 머리뼈도 온갖 의미를 지니고 있다. 그러므로 여기서 밝혀내야 할 것은 머리뼈를 구성하고 있는 각 부분이 갖는 특정한 의미와 또한 이런 부분이 어떤 식으로 정신을 시사하고 있는가 하는 점이다.

두개골은 활동하는 기관도 아니려니와 무언가를 시사하는 운동을 하는 것도 아니다. 머리뼈를 가지고 절도나 살인을 저지를 수 있는 것도 아니며 또한 그런 행위를 할 때 머리뼈가 마치 얼굴 표정처럼 찌그러져서 무언가를 시사하는 듯한 모습을 띠는 것도 아니다. 게다가 머리뼈라는 존재는 기호로서의 가치도 없다. 얼굴 표정, 몸짓, 목소리, 심지어 외딴 섬에 세워진 기둥이나 말뚝조차도 단지 거기에 직접 있다는 것 말고도 뭔가 다른 의미를 지니고 있음을 그 스스로 드러냈다. 그런 것들이 기호임이 한눈에 파악되는 이유는 본디 그것과 관련이 없는 어떤 다른 것을 시사해 주는 듯한 성질이 거기에 갖추어져 있기 때문이다. 물론 햄릿이 요릭의 머리뼈를 앞에 놓고 그랬듯이* 머리뼈를 보고서 온갖 상념을 떠올릴 수는 있지만 머리뼈 그 자체는 아무 의미도 없이 그저 거기에 있는 것뿐이므로 머리뼈 자체만 두고서 어떤 다른 것을 발견하거나 생각할 수 있는 것은 아니다. 머리뼈를 보고서 뇌나 뇌의 상태 또는 다른 모양의 머리뼈를 연상할 수는 있겠지만, 얼굴 표정이나 몸짓이 머리뼈에 스며 있는 것도 아니고 의식적인 행위와 관련된 그 무언가를 나타내 줄 만한 것이 거기에 각인되어 있는 것도 아니므로 그것이 의식적인 운동을 유발하는 일이라곤 없다. 왜냐하면 머리뼈란 이미 자기에게 되돌아오는 존재가 아니라, 정신의 측면과는 달리 순수한 물체 그대로 거기 직접 있는 개인의 또 다른 측면을 나타내는 현실이기 때문이다.

또한 머리뼈는 스스로 뭔가를 느끼지는 않는데, 이 점에서 생각해 보면 무언가 일정한 감각이 머리뼈와 가까운 곳에 있어서 머리뼈에 의해 어떤 의미가 암시되고 있음을 인식케 한다는 생각도 든다. 그런 형태로 지금까지 말한 것보다 한층 뚜렷한 머리뼈의 의미가 생겨난다는 것이다. 그러면 정신의 의식적인 존재양식은 머리뼈의 일정한 부위에서 그의 감정을 지니는 셈이 되므로 이 부위는 머리뼈의 형태 속에서 정신의 존재양식과 특수성을 암시하게 될 것이다. 예를 들어 많은 사람들은 집중해서 생각을 하면, 아니 단지 무슨 생각을 하기만 하면 머릿속 어딘가에서 고통스러운 압박감이 느껴진다고들 말한다. 그렇다면 마찬가지로 절도나 살인이나 시작(詩作)의 경우에도

---

* 셰익스피어의 〈햄릿〉 5막 1장.

그때마다 독자적인 감정이 뒤따르면서 그 감정을 느끼는 특별한 부위가 어딘가에 정해져 있을 만도 하다. 뇌의 일정 부위는 이런 식으로 활동하고 작용할 때마다 이에 근접해 있는 머리뼈의 일정 부분을 한층 더 개발하고 형성하기도 할 것이다. 그리하여 그런 부분은 공감하거나 동의하는 기분에 따라 가만히 있지 않고 확대되거나 축소되는 등 여러 형태를 띤다고도 생각될 수 있다. 그러나 이런 가설은 그럴싸하긴 해도 받아들여질 수가 없다. 그 이유는 감정이란 애초에 모호한 것으로서, 몸의 중심을 이루는 머릿속에 있는 감정은 온갖 정념이 뒤섞여 있는 일반적인 감정이므로, 이를테면 도적이나 살인자나 시인의 머릿속에 있는 괴로움이나 통증은 다른 감정들과 혼재해 있어서 이들은 한낱 육체적인 괴로움이나 통증과 구별되지 않듯이 그들끼리도 서로 구별되지 않기 때문이다. 이는 마치 순수하게 육체적인 의미의 두통을 놓고 이것이 어떤 병의 징후인지 식별하기가 어려운 경우와도 흡사하다.

사실 이 문제를 어떤 측면에서 고찰하건 머리뼈와 뇌 사이의 필연적인 관계나 자명하다고 할 만한 관계를 시사해 주는 것이라곤 아무것도 없다. 그런데도 여전히 여기서 어떤 관계를 찾아내려고 한다면 필연적으로 남아 있는 가능성이라곤 양측에 주어진 규정이 서로 일치해서 그것이 개념을 빠뜨린 채 제멋대로 예정조화를 이룬다는 정도가 되겠다. 그도 그럴 것이 여기서 한쪽 측면은 정신이 결여된 현실로서 단지 거기에 있는 사물에 지나지 않기 때문이다. 결국 한편에는 고정된 머리뼈의 부위가 여러 개 있고 다른 한편에는 심리상태에 따라 그 종류나 성질이 결정되는 정신의 여러 가지 특성이 있다. 이때 정신에 대한 표상이 빈약하면 빈약할수록 정신에 의한 사태의 처리는 간단해진다. 그런 상태에서 정신의 특성은 수적으로 한정되고 서로가 따로따로 흩어진 채 뼈대처럼 굳어져 버리므로 뼈의 규정과 비슷해져서 서로 비교하기도 쉬워지기 때문이다. 그러나 아무리 정신의 표상이 빈약하여 복잡한 사태가 간결해진다고는 하지만 그래도 양쪽에는 여전히 수많은 요소가 남는다. 그리고 이들의 전적으로 우연한 관계가 관찰 대상이 된다. 이스라엘의 자손들은 흔히 바닷가의 모래알처럼 많다고 하는데,* 이들이 만약 저마다 자기를 표시하는 모래알을 찾고자 한다면 그저 아무런 관계도 따지지 않

---

* 〈창세기〉 22장 23절, 〈이사야서〉 10장 22절, 〈로마서〉 9장 27절, 〈히브리서〉 11장 2절.

고 멋대로 그들 한 사람 한 사람에게 특정한 모래알을 나눠 줄 수밖에 없다. 이와 마찬가지로 인간 각자의 영혼이 지닌 능력이나 정열이나 그 밖에 여기서 아울러 고려되어야 할 만한 특성, 즉 정묘한 심리학이나 인간에 대한 학문이 흔히 언급하는 온갖 성격의 음영 등등은 머리뼈의 부위나 뼈의 형태 따위와는 아무런 관계도 없이 멋대로 존재할 뿐이다. 이를테면 살인자의 머리뼈에는 이것이, 즉 기관도 기호도 아닌 이 혹이 있다고 하자. 그러나 이 살인자는 그 밖에도 여러 가지 성질을 갖고 있고 또 다른 혹도 갖고 있으며 더불어 오목하게 파인 곳도 가지고 있다. 이럴 경우 사람들은 여러 가지 혹과 오목하게 파인 곳 중에서 어떤 것이 살인자의 것인가를 가려내게 된다. 그뿐 아니라 실제로 살인을 저지를 수 있는 기질이 어떤 것이며 또 어떤 파인 곳과 관계하고 있든지, 또한 이 혹이나 파인 곳이 어떤 성질과 관계하고 있든지 간에, 그 기질과 혹 또는 파인 곳은 얼마든지 서로 관계될 수 있다. 왜냐하면 살인자는 살인자라는 추상물로서 존재하는 것만은 아니며, 또한 하나의 혹과 하나의 파인 곳만을 갖는 것은 아니기 때문이다. 따라서 이런 식의 관찰은 마치 대목장이 서는 날 비를 만난 소매상이나 빨래할 때 비를 만난 주부의 관찰이나 다를 바 없다. 상인이나 주부는 이 이웃집 사람이 지나갈 때나 돼지고기를 구워 먹을 때면 언제나 비가 내린다는 식으로 관찰할 수도 있었던 것이다. 비가 온다는 것이 그런 상황과 아무 관계가 없듯이 관찰자에게서 정신의 바로 이 성질과 머리뼈의 이 형태는 서로 아무 상관도 없다. 관찰된 두 가지 대상 가운데 한쪽은 뼈대로 변한 정신의 특성이라는 무미건조한 의식적 대자존재이고 다른 한쪽 역시 한낱 메마른 물건으로서의 존재다. 이렇듯 양쪽 모두 앙상한 뼈로 이루어져 있는 물건은 서로 상대와는 아무 관계도 맺지 않는다. 큰 혹의 처지에서는 살인자라는 성격이 자기 가까이에 있는지 없는지는 아무래도 상관없는 문제다. 이는 살인자 처지에서는 머리뼈가 평평하다는 것이 살인자라는 성격 가까이에 있는지 아닌지가 아무 상관도 없는 것과 마찬가지이다.

물론 어떤 성격이나 정열이 머리뼈의 일정 부위에 있는 혹과 결부될 가능성은 여전히 남아 있다. 이 가능성을 없애기란 거의 불가능하므로 살인자를 두고 그의 머리뼈의 이 부위에 큰 혹이 있다거나 도적은 또 그와 다른 부위에 혹이 있다는 식으로 관계를 맺어 보는 것은 자유이다. 이 측면에서 보자면 머리뼈 이론은 아직도 다분히 확장되고 발전될 여지가 있다. 지금까지의 머리뼈 이론은 어떤 혹이나 어떤 성질을 지닌 한 개인의 경우 이 두 가지가 서로 결부되어 있다는 정도를 넘어서지 못하고 있으니 말이다. 그러나 풋내기 머리뼈 이론—풋내기 인상학이 있듯 풋내기 머리뼈 이론도 분명히 있을 테니—은 이런 한계를 넘어서 있다. 예컨대 풋내기 머리뼈 이론은 교활한 사람은 주먹만 한 혹이 귀 뒤편에 붙어 있다고만 판단하는 것이 아니라 부정한 아내는 그녀 자신이 아닌 남편 되는 사람의 이마에 혹이 달려 있다고까지 생각한다. 이런 식으로 생각의 폭을 넓혀 나간다면 살인자와 동거하는 자나 그의 이웃, 심지어 같은 마을 사람들까지도 머리뼈의 어느 부위엔가 큼직한 혹이 달려 있다고도 할 수 있으리라. 이는 마치 "당나귀 등에 탄 게에게 애무를 받고 달려나간 소가……" 하는 식의 얘기와 다를 바가 없다. 하지만 가능성이라는 말을 그저 생각할 수 있는 가능성이 아닌 사태에 내재하는 가능성이라는 개념적인 의미로 받아들인다면, 머리뼈란 한낱 사물이므로 그런 의미를 지닌 것도 아니려니와 도대체 그럴 수는 없는 현실일 뿐이다. 따라서 거기에 어떤 의미를 부여하려면 표상에 의존하는 수밖에 없다.

이처럼 정신과 머리뼈라는 두 측면이 서로 무관한데도 관찰자는 여전히 이들의 관계를 규정하는 작업에 임한다. 이때 관찰자는 한편으로는 "외면은 내면의 표현이다"라는 보편적인 이성을 근거 삼아 힘을 얻기도 하고 다른 한편으로는 동물의 머리뼈에서 유추된 것에 의지하기도 한다. 물론 동물은 성격면에서 인간보다 단순할지도 모른다. 그만큼 동물이 어떤 성격을 지니고 있는지 이야기하기란 쉽지가 않다. 왜냐하면 동물의 성질 속에 그대로 파고들어서 고찰하는 일은 어떤 인간의 표상을 통해서도 결코 쉽게 할 수 있는 일이 아니기 때문이다. 그런데도 관찰자는 작업에 임하면서 자기가 발견한 것으로 생각되는 법칙을 확실하게 단언하려는 나머지 누구나가 알아볼 수 있는 인간과 동물의 차이를 들먹이면서, 이로부터 특별한 도움을 얻어 내려고 한다. 먼저 정신이라는 존재는 적어도 절대 부동한 불굴의 것은 아니라고 여겨진다. 인간은 자유이며, 본디대로의 인간 존재는 스스로의 힘으로 다양한 것을 이룰 수 있는 소질을 지닌 것뿐인데 그것이 개발되려면 그에 알맞은 환경도 필요하다고 간주된다. 이를 바꿔 말하면 정신의 근원적인 존재는 존재이긴 하나 특정한 것으로 실재하지는 않는다는 것이 된다. 그럼 누군가가 법칙이라고 단언하고자 하는 사태와 관찰된 사실이 모순된다고 하자. 예컨 대 장날이나 빨래하는 날에 이따금 날씨가 좋으면 상인이나 주부는 본디 비가 와야만 하고 또 그럴 만한 소지가 있었다고 둘러댈 수 있다. 이와 마찬가지로 머리뼈의 관찰자는 머리뼈의 법칙에 따르는 것이 본디 개인이 간직하고 있는 성향으로서, 애초에 개인에게는 마땅히 그럴 수 있는 근원적인 소질이 있는데 다만 제대로 개발되지 않았다고 말할 수 있다. 말하자면 머리뼈의 그런 성질은 실제로는 존재하지 않지만 마땅히 실제로 존재했어야만 한다고 하는 셈이다. 법칙이나 당위는 실제로 비가 내리는 것을 관찰한다거나 머리뼈의 형태가 이렇게 당사자의 실제 기질과 결부되어 있음을 관찰하는 데 근거해 있다. 하지만 그러한 현실이 실제로 드러나지 않을 때는 공허한 가능성으로 현실을 대신하게 된다. 결국 내세워진 법칙이 비현실적인 가능성으로 그치고 그와 모순되는 사실이 관찰되는 그런 사태가 야기되는 이유는 자유로운 개인이나 발전하는 환경이 법칙에 짜 맞춰진 존재 일반에 대해서나 근원적인 의미에서의 정신의 내면 또는 외적인 뼈의 존재에 대해서나 똑같이 무관하기 때문이며, 더욱이 개인이라는 내면에 깃들어 있는 본모습이나 하물며 뼈의 형태와는 별개의 모습이 될 수 있기 때문이다.

이제 우리에게 주어진 가능성은 머리뼈의 이 혹이나 이 파인 곳은 뭔가 현실적인 것을 가리킬 수도 있지만 또한 한낱 소질에 지나지 않는 것, 심지어 그것도 막연히 뭔가가 될 수 있는 소질을 나타내는 것으로서 결국 머리뼈는 비현실적인 뭔가를 나타내는 기호일 수도 있다는 것이다. 어설프게 둘러대는 핑계라는 것은 언제나 그러하듯 자신이 보호하려던 것을 오히려 망쳐 놓는 결과를 빚고 만다. 즉 사념에 사로잡힌 사람은 사태의 본성으로 말미암아 자기가 확고히 주장하는 것과는 반대되는 내용을 심지어 아무 생각도 없이 스스로 늘어놓고 만다. 말하자면 이 뼈는 뭔가를 암시할 수도 있지만 동시에 그만큼 아무것도 암시하지 않을 수도 있다고 말해 버리는 것이다.

그러한 말로 둘러대는 사람의 뇌리에 떠오르는 것은 "있는 그대로의 존재 그 자체는 결코 정신의 진리일 수 없다"는 진실한 사상이며 이는 오히려 그 사람 자신의 사념을 말살해 버린다. 마치 소질이라는 것이 정신의 활동과는 전혀 무관한 근원적인 존재이듯이 뼈도 역시 정신의 활동과는 무관한 존재이다. 정신적 활동을 결한 존재란 의식이 보기에는 한낱 사물이므로 의식의 본질을 나타낼 수는 없다. 오히려 의식의 본질은 그와는 정반대되는 것이다. 의식은 그러한 존재를 부정하고 말살함으로써 비로소 현실적이 된다. 이런 점에서 뼈를 의식의 현실적인 존재라고 내세우는 것은 이성을 전적으로 부인하는 것이라고 할 수 있다. 사람들이 그런 주장을 하게 되는 이유는 뼈는 정신의 외면에 해당하는데 이 외면이 곧 존재하는 현실의 모습이라는 생각을 하기 때문이다. 외면은 그와는 별개의 내면을 추론하는 단서가 될 뿐이어서 결코 내면 그 자체가 아니라 내면의 표현에 지나지 않는다고 얘기한들, 이로써 문제가 해결되는 것은 아니다. 왜냐하면 양자의 관계를 놓고 볼 때 내면에는 스스로 사유하고 사유된 현실이 자리잡고 있는 반면에 외면에는 존재하는 그대로의 현실이 자리잡고 있기 때문이다. 따라서 만약 어떤 사람에게 "너의 뼈는 이렇게 생겼으므로 너라는 인간(너의 내면)은 이런 사람이다"라고 한다면 이는 곧 뼈가 너라는 인간의 현실이라고 말하는 것과 다름없다. 인상학에서 그런 판단에는 뺨을 후려치는 것으로 응수할 수밖에 없다는 얘기를 했지만, 그것은 그 위세나 지위를 허물기 위하여 단지 부드러운 얼굴을 가격했을 뿐이고, 그 얼굴이 참된 정신 그 자체도 아니고 정신의 현실도 아니라는 점을 보여 준 것일 뿐이다. 그러나 사실 여기서는 그런 방식으로 응수하는 데 그칠 것이 아니라 그러한 판단을 하는 자의 머리뼈를 박살을 내서 뼈라는 것이 인간에게 그 자체로는 아무런 의미도 없고 하물며 인간의 참된 현실일 수는 없다는 사실을 바로 당사자의 지능에 어울리는 조잡한 방식으로 깨우쳐 주는 수밖에 없다.

자기의식을 지닌 이성이 거친 본능대로 처신을 한다면 머리뼈 이론 따위는 잘 보지도 않고 서슴없이 내던져 버릴 것이다. 인식작용의 예감으로까지 고양되어 이 인식작용을 "외면은 내면의 표현이다"라는 정신이 결여된 방식으로 파악하는 이 머리뼈 이론의 또 다른 관찰적 본능은 이성에게 부인될 것이다. 그런데 실은 변변치 않은 열악한 사상일수록 더욱더 무엇이 잘못된 것인지 알 수 없게 되면서 이 잘못을 분석하기가 힘들어진다. 왜냐하면 사상이란 자기가 본질이라고 생각하는 추상물이 보다 순수하고 공허한 것일수록 더욱더 열악해지기 때문이다. 그러나 이 머리뼈 이론에서 문제가 되고 있는 대립은 양쪽 편에 자기의식을 지닌 개인과 전적으로 사물이 돼 버린 추상적인 겉모습이 자리잡은 형상을 하고 있다. 이때 정신의 내면적 존재인 개인은 정신이 결여된 고정적인 존재이면서 동시에 고정화된 사물에 대립해 있다. 여기서 관찰하는 이성은 실제로 그의 정점에 다다른 듯이 보이지만 오히려 이 지점에서 탈피하여 반전을 이루어야만 할 것이다. 왜냐하면 더할 나위 없이 열악한 상태에 이르렀을 때 비로소 반전을 이루어야 할 직접적인 필요성을 그 스스로 지니게 될 터이기 때문이다. 유대 민족은 구제받을 수 있는 문턱에까지 다다라 있다는 바로 그 사실로 말미암아 신으로부터 가장 저주받은 민족이 되어 지금에 이르렀다고 할 수 있다. 유대 민족은 그 자신이 절대적으로 간직해야만 할 자기의 본질을 자각하지 못하고 이를 다다를 수 없는 피안에 두어 버렸다. 다만 이러한 외화를 거쳐서 자기의 대상을 다시금 자기 안으로 가져올 수 있다면 그들은 그저 주어진 대로의 일상생활에 안주하는 경우에 비해 한층 더 고차적인 생활을 영위할 수 있을 것이다. 이유인즉 정신은 자기에게 되돌아갈 때 겪는 대립이 크면 클수록 한층 위대해지기 때문이다. 정신이 그러한 대립을 조성하기 위해서는 자기가 처해 있는 안일한 직접적인 통일을 폐기하고 자기 위주의 생활에서 벗어나야 한다. 하지만 이 경우 그러한 의식이 자기에게 되돌아오지 않는다면 이 의식이 위치한 중간지점은 구제될 수 없는 공허함에 그칠 뿐이고 이 공허함을 채워야 하는 것이 양극으로 고정된 채로 있을 뿐이다. 관찰하는 이성이 다다른 이 최종 단계는 최악의 상태라고 하겠으니, 그럴수록 이 단계에서의 방향전환은 필요하다고 하겠다.

지금까지 관찰의 대상과 내용으로서 고찰되어 온 일련의 관계를 개괄적으로 살펴보면 첫째로 무기물의 관계를 관찰하는 단계에서 이미 감각적인 존재는 관찰의 시야에서 사라져 버렸음을 알 수 있다. 이때 관계를 만들어 내는 요소는 순수한 추상물이나 단순한 개념으로 표현되는데, 본디 이들은 사물의 존재와 단단히 연결돼 있어야 하겠지만 사물이 사라져 버린 탓에 순수한 운동 또는 보편자로 드러나기에 이르렀다. 이 자기완결된 자유로운 과정은 당연히 대상적인 의미를 지니지만 여기선 의식에 대해 일자로서 등장할 뿐이다. 그런데 무기물의 과정에서는 일자라는 것은 현존하지 않는 내면이므로 어디까지나 유기물로서 존재할 수밖에 없다. 일자란 대자존재 또는 부정적 존재로서 보편자와 대립하여 보편자를 벗어난 자립적이고 자유로운 존재를 유지한다. 이와 같이 질내적인 개별화의 장에서만 실현되는 개념은 유기체에서는 보편자로서 거기에 있다고 하는 그 자신의 참다운 표현에 다다르지 못한 채 유기체의 외면이나 내면—그 어느 쪽이건 마찬가지지만—상태에 머물러 있게 된다. 유기적인 과정은 그 자체로서는 자유롭지만 그러한 자유가 유기체에게 자각되어 있는 것은 아니다. 유기적인 과정의 자유는 목적 속에서 자각되지만 그것은 그 과정과는 별개의 존재, 즉 그 과정의 바깥에 있는 자각적인 지혜로서 존재한다. 이제 관찰하는 이성은 방향을 전환하여 이 지혜가 되고 정신이 되며 보편성으로서 현존하는 개념이 되니, 다시 말해 목적이라는 것을 자각한 목적이 된다. 그리고 이성의 고유한 본질은 마침내 이성의 대상이 된다.

관찰하는 이성은 먼저 정신의 순수한 모습으로 눈을 돌린다. 그런데 여기서 이성이 파악하는 것은 온갖 구별된 정신적 요소 속에서 움직이고 있는 존재로서의 대상이므로 이성에 의한 사유의 법칙은 지속적인 것과 지속적인 것의 관계를 나타낸다. 그러나 이 법칙의 내용은 단지 한 요소에 지나지 않으므로 자기의식이라는 전체적인 일자 속으로 흘러 들어가 버린다. 이 일자라는 새로운 대상은 관찰하는 이성에게도 존재하는 것으로 받아들여지므로 이 대상도 개별적이며 우연적인 자기의식이다. 따라서 관찰은 상정된 정신의 테두리 안이나 또는 의식적인 현실과 무의식적인 현실의 우연한 관계의 범위 안에서 움직이게 된다. 이때 정신은 그 자체 안에서만 관계의 필연성을 지니고 있을 뿐이다. 그러므로 관찰은 정신에 바싹 다가가서 정신이 욕구하고 행위하는 실상과 이 역시 대상화되어 자기에게 되돌아오며 성찰하는 정신의 실상을 서로 비교하게 된다. 이렇게 해서 나타난 외면은 개인 자신이 직접 발하는 언어이기는 하지만 동시에 기호이기도 하다. 따라서 이 언어는 스스로 표기해야 할 내용과 관계를 갖지는 않을뿐더러 또한 마찬가지로 기호를 정립하는 내면적인 것도 기호와는 관계를 갖지 않는다.

이처럼 불확실한 언어에 휘둘림당한 끝에 관찰은 고정된 존재로 되돌아와 그 개념에 따라서 기관도 아니고 언어나 기호도 아닌 생명 없는 물건으로서의 겉모습이 곧 정신이 직접 밖으로 드러난 실상이라고 언명한다. 맨 처음 무기물을 관찰한 결과 개념이 사물로서 존재한다는 관념은 폐기돼 버렸는데도 지금 여기서는 그것이 또 마지막 관념이 되어 정신의 실상이 사물의 모습을 띠게 되었으니, 거꾸로 말하면 생명 없는 존재에 정신적인 의미가 부여되기에 이른다. 이로써 관찰하는 의식은 일찍이 관찰에 대한 우리의 개념이었던 것, 즉 이성의 확신이 자기 자신을 대상적인 현실로서 추구하고 있다는 것을 말로 표현하기에 이르렀다. 그렇다고 머리뼈로 표상되는 정신이 사물이라는 식으로 얘기될 수 있는 것은 아니다. 이른바 유물론이란 지금 이 사상과는 전혀 무관한 것으로서, 정신은 있는 그대로의 머리뼈와는 다른 것이다. 그러나 정신이 "존재한다"고 한다면 이는 "정신은 물건이다"라고 하는 것이나 마찬가지이다. "존재한다" 또는 "물건이다"라는 술어를 정신에다 덧붙일 경우, 이 말의 참뜻은 결국 정신이 뼈와 같은 존재라는 것이다. 따라서 정신에 관하여 순수하게 "정신이 존재한다"고 말할 때의 정확한 표현이 발견되었다는 것은 더없이 중요한 의미가 있다고 하겠다. 본디 우리가 "정신이 존재한다" "정신이 존재를 가진다" "정신은 사물이다" "정신은 개별적인 현실이다"와 같은 말로 정신을 표현할 경우, 정신이 곧 눈에 보이고 손에 잡히고 만져지는 대상이라고 말할 생각은 없었다 하더라도 실제로 얘기되고 있는 것은 그런 내용이다. 여기서 얘기되고 있는 참뜻은 "정신의 존재는 뼈다"라는 형태로 표현되는 셈이다.

그런데 지금까지 얻은 결론은 이중의 의미를 띠고 있다. 하나는 지금까지 행해진 자기의식의 운동 결과를 보충해 주는 올바른 의미이다. 불행한 자기의식은 스스로의 자립성을 방기하여 악전고투한 끝에 자기의 대자존재를 사물로 뒤바꿔 놓아 버렸다. 따라서 이 자기의식은 의식으로, 즉 존재 또는 사물을 대상으로 하는 의식으로 되돌아가기에 이르렀다. 그러나 이 사물로 간주되는 것은 사실 자기의식이다. 그것은 곧 자아와 존재의 통일이며 범주이다. 의식의 대상이 바로 이렇게 규정될 때 의식은 이성을 지닌다. 의식도 자기의식도 본디 그 자체로서는 이성이지만, 대상을 범주로 규정한 의식에 대해서 의식은 이성을 지닌다고 할 수 있다. 그러나 이성을 갖는 것과 이성이 무엇인지를 아는 것은 여전히 구별되어 있다. 존재와 자기와의 직접적 통일인 범주는 이 두 형식을 통과해야만 하는데, 관찰하는 의식은 존재라는 형식으로 나타나는 범주를 대상으로 하는 의식이다. 그리하여 이 의식은 자기가 무의식적으로 확신하고 있는 것을 이성의 개념에 합치되는 명제로 표현한다. 이 명제는 "자기는 사물이다"라는 무한판단(無限判斷)이며 결국 자기 자신을 폐기하는 판단이다. 이제 이 결론을 통하여 범주가 자기를 폐기하는 대립의 운동이라는 것이 명확해진 셈이다. 의식에 대한 직접적인 존재의 형식을 띠고 있는 순수한 범주는 아직 아무런 매개도 거치지 않은 채 다만 거기에 현존하는 대상이며 의식도 또한 전혀 매개되지 않은 상태에 있다. 이때 앞서 말한 무한판단이라는 요소는 직접적인 존재가 매개된 부정의 상태로 이행하는 것이다. 그리하여 눈앞에 현존하는 대상은 부정적인 대상으로 규정되고 의식은 이 대상과 대치하는 자기의식으로 규정된다. 다시 말해서 존재의 형식을 띠고 관찰 대상이 되어 온 범주는 마침내 자각적인 대자존재의 형식을 띤다. 의식은 더 이상 그 자신을 직접적으로 발견하려는 것이 아니라 자기 활동을 통해서 자기 자신을 만들어 내려고 한다. 관찰에서는 오직 사물만을 문제로 삼아 왔던 의식이 마침내 그 자신을 행위의 목적으로 삼게 된 것이다.

앞의 결론이 갖는 두 번째 의미는 이미 고찰된 개념 없는 관찰의 의미이다. 이 관찰에 매몰된 의식은 감각적인 사물로서 존재하며 줄곧 의식의 대상이 되고 있는 뼈를 가리켜 자기의식의 현실적인 모습이라고 일컫는 순진한 태도로밖에 자기를 파악하고 표현할 줄 모른다. 그러나 또한 이 관찰의 의식은 자기가 말하는 것을 조금도 명확히 의식하고 있지 않으며, 또한 자기가 정립해 놓은 명제의 주어와 술어의 성질이나 이 양자의 관계를 제대로 파악하고 있지도 않다. 더욱이 자기해체를 가져오는 무한판단이나 개념으로서 그 명제를 파악하고 있지도 않다. 오히려 이 관찰하는 의식은 천성적인 순수함의 형태로 나타나는 정신의 깊숙한 자기의식에 이끌려서 뼈야말로 자기의식의 현실적인 모습이라는 개념 없는 벌거벗은 사상의 파렴치함을 감추려는 나머지 사상을 무사상으로 덧칠해서 싹 뒤엎어 버린다. 다시 말해 그것은 원인과 결과, 기호나 기관 등과 같은 아무 의미도 없는 온갖 관계를 혼합하여 이로부터 생겨나는 여러 가지 우여곡절을 이용해서 명제의 부조화를 감추려하는 것이다.

뇌섬유 등이 정신의 존재로 간주된다는 것은 한낱 상정된 가설에 지나지 않는 현실이며 실제로 그것은 있지도 않고 느낄 수도 볼 수도 없는 허황된 존재이다. 만약 그것이 실제로 존재하고 눈에 보이는 것이라 하더라도 이는 생명 없는 대상일 뿐이므로 정신의 존재라고 할 수 없다. 그러나 본디 대상이라는 것은 직접 존재하는 감각적인 것이므로 결국 정신은 머리뼈라는 이 생명 없는 대상 속에—왜냐하면 뼈는 생명체에 주어져 있는 생명 없는 존재이므로—현실로 존재하는 것으로 여겨진다. 이러한 표상의 개념으로 볼 때 이성은 온갖 사물에 팽배해 있어서 순수하게 대상적인 것 그 자체라는 얘기가 된다. 그러나 이성이 그러하다는 것은 파악될 수 있으므로 오직 개념만이 이성의 진리인 것이다. 그리하여 개념 그 자체는 내용이 개념에까지 이르지 못한 채 표상의 단계에 머물러 있는 한 순수하면 순수할수록 터무니없는 표상으로 전락하고 만다. 그렇게 되면 자기 자신을 폐기하는 "자기는 판단이 거기에 담겨 있는 무한성이라는 의식을 통해서는 받아들여지지 않고 그저 틀에 박힌 명제로서 받아들여질 때 주어와 술어는 저마다 독립된 존재로 간주되면서 자기는 자기, 사물은 사물로 고정되어 이쪽저쪽 모두가 그것이 그것이라는 투로 받아들여질 것이다.

본질적으로 말하면 이성은 곧바로 자기 자신과 자기의 대립물로 분열되는데 이 대립은 바로 그 때문에 그대로 폐기되어 있기도 하다. 그러나 이성은 자기 자신과 자기의 대립물로 분열되어 따로따로 나타나는 개별적인 요소로 고정되어 버리면 이성적으로 파악되지 않는다. 이 분열의 요소가 순수하면 순수할수록 두 내용은 더욱 예리하게 나타난다. 그래서 한쪽은 의식에 대하여 존재하는 사물이 되고 다른 한쪽은 의식에 의하여 분별 없이 표현되는 자기가 되어 버린다. 여기서 정신의 깊숙한 것은 정신이 내면에서 끌어내는 것이긴 하지만 이를 추구하여 표상하는 의식에 다다라 거기 머무를 뿐이다. 그리고 이 의식은 자기 스스로 말하고 있는 바를 알지 못한다. 이 깊숙한 것과 무지의 결합은 그야말로 수준 높은 것과 낮은 것의 결합이라고 할 수 있으니, 이를테면 자연 본성이 생물의 최고로 완성된 기관인 생식기관과 배뇨기관을 하나로 묶어 놓는 형태로 소박하게 표현하고 있는 결합이 바로 그런 예이다. 무한판단은 무한한 판단인 이상 자기 자신을 파악하는 생명의 완성을 이룰 것이다. 그러나 이때 의식은 표상 속에 그대로 머물러 있다면 배뇨 기능만을 다할 뿐이리라.

2. 이성적인 자기의식의 자기실현

자기의식은 사물이 자기이고 자기가 사물이라는 것을 알아차렸다. 이는 자기가 그 자체로는 본디 대상적인 현실이라는 것을 의식이 자각하게 되었음을 뜻한다. 자기의식은 더 이상 그 자신이 온갖 실재라는 직접적인 확신에 그치지 않고 오히려 직접적인 것 전체를 폐기된 것으로 의식하고 있는 확신에 이르렀다. 그러므로 직접적인 존재가 대상으로 나타나 있는 것은 표면적인 것에 지나지 않으며 그 내면의 본질은 곧 자기의식인 것이다. 따라서 자기의식이 적극적으로 관계하는 대상은 자기의식이다. 대상은 물성의 형식을 띤 자립적인 존재이지만 자기의식은 이 자립적인 대상이 자기와 무관한 이질적인 것은 아니라고 확신한다. 자기의식은 또한 자기가 본디 이 대상에 의해서 인정되어 있다는 것을 알고 있으니, 이때 자기의식은 곧 정신이다. 정신은 그 자기의식이 이중화하여 양자가 각기 자립성을 띠는 가운데 자기 자신과 통일되어 있음을 확신하고 있다. 이 확신이 이제는 자기의식의 진리로 고양되어야만 한다. 자기의식이 본디 자체적으로 존재하며 내적 확신으로 존재한다는 자기의식의 실상이 이제는 의식 속으로 들어와 명확하게 자각되어야만 하는 것이다.

이러한 자기실현의 전반적인 과정이 어떤가는 지금까지 의식이 지나온 길과 비교해 보면 그 윤곽이 드러난다. 말하자면 관찰하는 이성이 범주라는 장에서 '의식'의 운동을, 즉 감각적 확신과 지각과 오성의 운동을 되풀이해 나갔듯이 이성은 '자기의식'의 이중운동을 다시 한 번 되풀이함으로써 자립적인 상태로부터 자유로운 상태로 이행해 간다. 이 활동하는 이성은 먼저 자기를 단순한 개인으로 의식하고 그런 개인으로서의 자기의 현실적인 모습을 타자 속에서 구하고 창출하려 한다. 그렇지만 이어서 개인의 의식이 보편정신으로 고양되면 개인은 보편적인 이성이 되어 자기를 곧 이성으로서, 즉 그의 순수한 의식 속에 모든 사람의 자기의식을 통합하다시피 하는 절대적 인정을 손에 넣은 존재로서 의식하기에 이른다. 개인은 정신적 본질인데 이는 동시에 의식될 때 실재적인 실체가 되며, 지금까지의 온갖 의식 형태는 자신의 근거가 되는 이 실체 속으로 되돌아온다. 이 근거 속에서 이러한 형식들은 근거의 생성과정에 존재하는 개별적인 요소에 지나지 않는다. 이런 요소들은 따로따로 분리돼서 독자적인 형태를 띠고 나타나지만 실은 이 근거에 의해 지탱되어 현실적인 존재가 될 뿐이며, 또한 그 속에 뿌리를 내리는 한에서만 진리를 간직하게 된다.

방관자인 우리에게는 이미 개념으로 나타나 있는 이 목표는 곧 타자의 자유로운 자기의식 속에서 자기를 확신하고 거기서 자기의 진리를 발견하는 인정된 자기의식이다. 여기서 우리가 이 목표를 실재하는 것으로 받아들임으로써 아직 내면에 잠겨 있는 정신을 이미 성장하여 실체가 된 것으로 떠올린다면, 그때 이 개념 속에는 인륜의 왕국이 펼쳐질 것이다. 왜냐하면 인륜의 왕국이란 개개인의 자립적인 현실생활 속에서 그의 본질이 절대적인 정신적 통일을 이루며 나타나는 것이기 때문이다. 그 자체로 보편적인 이 자기의식은 타자의 의식 속에서 스스로 현실이 된다. 그런데 이 현실의 존재양식은 타자의 의식이 사물과 같은 완전한 자립성을 띠면서도 바로 이 점에서 이 사물과의 통일이 의식된다는 형태를 띤다. 이리하여 자기의식은 맞서 있는 대상적 실재와의 통일 속에서 비로소 자기의식일 수가 있게 된다. 이러한 인륜적 실체의 보편성을 추상적으로 나타낸 것이 사유의 산물인 법칙이다. 그러나 또한 인륜적 실체는 직접 현실을 살아가는 자기의식 속에도 스며들어 있으니 이것이 바로 관습이다. 반대로 개인의 의식이 하나의 인간으로서 존재하기 위해서는 개별성을 지니면서 보편적 의식이 자기 것임을 자각하는 가운데 그의 행위나 생활이 보편적인 관습을 벗어나지 않아야만 한다.

어떤 민족의 생활 속에는 실제로 자기의식적인 이성의 실현이란 개념이 완전히 실현되어 있다. 그 개념의 실현이란 타자의 자립성을 인정하고 이 타자와의 완전한 통일을 직관하는 것, 또는 나에게 부정적인 힘을 지닌 타자의 자유로운 존재를 눈앞의 사물로 받아들이면서 이를 나의 독자존재로서 대상화하는 데 있으니, 유동적인 보편적 실체로서의 이성은 불변의 단일한 사물로 존재하면서 동시에 완전히 자립적인 수많은 존재로 분산되는데, 이는 마치 빛이 무수한 독립된 광점(光點)인 별로 분산되는 것과도 흡사하다. 이 무수한 개인은 스스로 절대적인 독자성을 띠고 있으면서도 저마다 단일하고 자립적인 실체 속으로 해체되어 들어가는데 이는 자체적으로 그럴 뿐만 아니라 자각적으로도 그렇다. 개개인은 스스로의 개별성을 희생하여 이 보편적 실체를 자기의 혼이며 본질로 삼는 가운데 자신이 개별적이고 자립적인 삶을 영위한다는 사실을 의식하고 있다. 마찬가지로 이 보편자도 개개인의 행위를 통해서 성립되며 개개인에 의해서 만들어진 작품이다.

　개인의 순전히 개별화된 모든 행위는 저마다가 존재하는 육신을 지닌 자연존재로서의 개인의 욕구와 관계되어 있다. 이 개인의 욕구 충족이라는 가장 속된 기능이 탈 없이 실현되기 위해서는 보편적 공동체를 유지하는 매체로서의 민족 전체의 힘이 뒷받침되어야만 한다. 그런데 개인은 자기 행위 전체를 존립하게 하는 이런 형식을 보편적 실체인 공동체에 의거하고 있을 뿐만 아니라 그 행위의 내용마저도 거기에서 얻는다. 즉 개인이 행하는 행위는 모든 사람이 두루 숙달하고 있는 것이자 공통된 관습에 해당하는 것이다. 행위의 내용은 완전히 개별화되어 있어도 행위가 이루어지는 실상을 보면 그 내용이 모든 사람의 행위와 한데 얽혀 있다. 자기 욕구를 채우기 위한 개인의 노동은 자기 자신의 욕구를 충족시키는 것 못지않게 타자의 욕구도 충족시킨다. 또한 자기의 욕구도 타자의 노동을 통해서만 채워진다. 개인은 자기의 개별적인 노동을 할 때 이미 무의식적으로 공동의 노동을 수행하고 또 공동의 노동을 자기의 의식적인 대상으로 하여 수행한다. 전체는 어디까지나 전체로 이루어진 개인의 작업이고, 이 작업을 위하여 개인은 자기를 희생하며 동시에 바로 이 자기희생을 통하여 오히려 전체에게 뒷받침을 받게 된다. 여기에는 그 어떤 것도 상호적이 아닌 것이라곤 없다. 개인의 자립성이 해체되고 개인 자신이 부정되는 듯이 보이면서도 그 이면에는 반드시 개인이 자립적으로 존재한다는 긍정적인 의미가 담겨 있다. 타자에 대해서 자기를 물화(物化)한다는 것과 자기의 독자성을 지킨다는 것 사이의 이러한 통일이야말로 보편적 실체이며, 이를 보편적인 언어로 표현한 것이 바로 민족의 관습이고 법률이다. 그러나 이 존재적으로 불변한 실재인 관습이나 법률이란 실은 통일에 반대하는 듯이 보이는 개별적인 개인 자체를 표현하고 있을 따름이다. 법률은 개개인이 생활하며 행동하는 것의 내용을 말로 표현한다. 그리고 개인은 그것을 자기에 대상화되어 있는 보편적인 사물로 인식하는 것 못지않게 또한 법률 속에서 자기를 보며, 바로 이 법률이 자기 자신의 개성이나 자기와 함께 사는 시민 개개인 속에 개별적인 형태로 살아 있음을 보는 것이다. 그리하여 개개인은 저마다 보편정신 아래에서 자기 자신을 확신하는 가운데 이제 그 자신이 몸담고 있는 현실 속에 있는 것은 자기 이외의 다른 어떤 것도 아니라는 확신을 갖는다. 여기서 개개인은 또 자기의 존재를 확신하는 만큼 타인의 존재도 확신한다. 그 어디를 둘러봐도 모든 인간이 나와 마찬가지로 스스로를 자각하며 자립적인 생활을 영위하고 있다. 나는 모든 사람이 나와 타인에 힘입어 살아감으로써 타자와 자유로운 통일을 이루고 있음을 간파하기에 이른다. 타인이 곧 나이며, 내가 타인인 것이다.

따라서 자유로운 민족 속에는 이성이 참으로 실현되어 있다. 여기서 이성은 현재 살아 있는 정신이 된다. 이 정신 속에서 개인은 자기의 사명이, 즉 자기의 보편적인 면과 개별적인 면이 표현되어 눈앞에 사물로서 존재하고 있음을 깨달을 뿐만 아니라 실제로 그러한 본질적인 생활을 영위하면서 자기의 사명을 다하고 있다. 그래서 고대의 으뜸가는 현자들은 "인간의 지혜와 덕성은 자기 민족의 관습대로 살아가는 데에 있다"고 했던 것이다.

그러나 자기의식은 자기의 사명을 다하고 그 사명 속에서 살아간다는 행복한 상태에 몸담고 있기는 하지만 처음에는 이제 겨우 개념상 직접적으로 정신이 되어 있을 뿐이다. 즉 자기의식은 이 행복에서 벗어나 있는 셈이니, 다시 말해 자기의식은 아직 행복에 다다르지 못했다. 여기서 자기의식이 행복에서 벗어났다는 것과 아직 자각적으로 행복에 다다르지 못했다는 것은 다 똑같은 표현이다.

이성은 이 행복에서 벗어날 수밖에 없다. 자유로운 민족의 생활이 실재하는 인륜에 바탕을 두었다 해도 이는 결국 자체적으로 직접 존재하는 것일 뿐이니, 그 인륜은 존재적이며 따라서 이 세계의 보편정신 자체도 개별적이기 때문이다. 관습이나 법률 전체는 특정한 인륜적 실체다. 그리고 이 특정한 실체는 좀더 고차적인 단계에 이르러 인륜적 실체의 본질을 의식하게 될 때 비로소 한계를 벗어날 수 있는데, 실로 인륜적인 실체를 단지 직접 존재하는 것이 아닌 참다운 모습으로 인식한 때라야만 비로소 스스로 절대적 진리가 되는 것이다. 단지 존재하기만 하는 인륜적 실체는 한정된 실체일 수밖에 없거니와 그의 절대적인 한계는 바로 정신이 존재의 형식을 띤다는 데 있다.

더 나아가 살아 있는 인륜에 바탕을 둔 민족의 일원으로서 직접 현존하고 있는 개별 의식은 실체에 대한 순수하고 확고한 신뢰감을 안고 있다. 따라서 그의 의식에서는 보편정신이 추상적인 요소로 해체되는 일도 없으려니와 의식이 순수한 개별자로서 자각적으로 존재한다는 것을 깨닫는 일도 없다. 그러나 당연한 귀결로서 순수한 개별 사상이 고개를 들기 시작하면, 보편정신과의 직접적인 통일을 이루어 거기에 안주할 수 있다는 신뢰감은 사라져 버린다. 여기서는 홀로 고립되어 있는 의식만이 본질적인 존재일 뿐, 보편정신은 더 이상 본질이 아니다. 자기의식의 이 개별성이라는 요소는 물론 보편정신 속에 존재하는 것이기는 하지만 결국 사라져 가는 크기(양)로서 나타나면 곧 다시 사라져 버리는 것이다. 그러므로 이는 다만 개별적인 자기에 대한 신뢰로서 의식되는 데 지나지 않는다. 그런데 개별적인 각 요소는 본질적인 존재의 요소이므로 그런 본질적인 것으로서 나타날 수밖에 없다. 개별자의 요소가 그런 식으로 자리잡을 때 개인은 법률이나 관습에 대항하게 된다. 이럴 경우 법률이나 관습은 절대적 현실성이 결여된 사상이며 현실성 없는 추상적인 이론에 그치고, 반대로 이 나라는 개인이야말로 살아 있는 진리가 된다.

달리 말하면 자기의식은 인륜적 실체인 민족정신을 체현한다는 행복에 아직 다다르지 못했다고도 할 수 있다. 왜냐하면 일단 관찰로부터 자기에게 되돌아온 정신은 아직 정신으로서 자기를 실현하는 데는 이르지 않은 채 내면에 숨어 있는 본질적 존재로서 추상적으로 정립돼 있을 뿐이기 때문이다. 다시 말해서 정신은 현재로선 단지 있는 그대로 존재할 뿐이며, 따라서 개별적 정신에 지나지 않는다. 그것은 개별자로서의 자기를 이중화하여 존재적으로 자기와 대조되는 또 하나의 자기를 만들어 낸 다음 자기의 현실과 대상적인 본질적 존재와의 이 통일을 의식한다는 목적 아래 현존하는 세계로 발돋움하려는 실천적인 의식이다. 실천적인 의식은 이 통일을 확신하고 있을 뿐 아니라 또한 이 통일이 본디 자체적으로 이루어져 있어서 자기와 대상 세계의 통일이 이미 현존한다고 알고 있긴 하지만, 그러면서도 이것을 자기 힘으로 이루고 그 가운데 이를 발견해야 한다. 이러한 통일이 행복이라고 불린다는 점에서 개인은 이제 스스로의 행복을 추구하여 자기의 정신에 의해 세계로 내몰리는 것이다.

이리하여 이 이성적인 자기의식의 진리는 방관자인 우리에게는 인륜적 실체라고 할 수 있는데 자기의식으로서는 인륜세계를 이제 막 경험하기 시작한 것이다. 의식이 아직 인륜의 실체에 다다르지 않았다는 면에서 본다면 이 의식의 경험이라는 운동은 인륜적 실체를 지향하는 운동이므로, 이 과정에서 뿔뿔이 흩어져 고립되어 있는 개별적인 요소는 폐기된다. 이들 요소는 직접적으로 솟구치는 의욕이나 자연 충동의 형식을 띠는데 이 충동은 충족되고 나서도 스스로 다시금 새로운 충동의 내용이 된다. 그러나 실체 속에 깃들어 있다는 행복을 자기의식이 상실해 버렸다는 면에서 보면 이 자연 충동은 참다운 사명이나 본분에 해당하는 목적의식과 결부되어 있다. 여기서 인륜적 실체는 자기가 없는 한낱 술어로 전락하고 그 생동하는 주어의 자리는 개개인이 차지하고 있으니, 이 개개인은 인륜적 실체의 보편성을 자기 힘으로 충실하게 하면서 자발적으로 자신의 사명을 찾아 나서야만 하는 것이다. 따라서 첫 번째로 아직 인륜적 실체에 이르지 못했다는 의미에서 개별 의식의 형태는 인륜적 실체의 생성과정이며 실체에 선행한다. 그러나 두 번째로 자기의식이 행복을 잃어버렸다는 의미에서 개별자의 형태는 인륜적 실체를 뒤따르면서 자기의식의 사명이 무엇인가를 자기의식에게 일러 준다. 첫 번째 경우에는 실체의 진리란 무엇인가를 경험하는 운동 속에서 적나라하고 상스러운 충동은 더 수준 높은 충동으로 이행하지만, 두 번째 경우에는 그러한 충동을 곧 자기의 사명이라고 여기는 의식의 잘못된 표상이 자취를 감춘다. 첫 번째 경우에는 직접적인 인륜적 실체를 획득하는 것이 여러 충동의 목표가 된다. 하지만 두 번째 경우에는 인륜적 실체를 의식하면서 더욱이 여기에 자기 본질이 담겨 있다는 것을 아는 것이 목표이므로, 이런 한에서 그의 운동은 인륜보다 더 고차적인 형태의 도덕을 생성하게 된다. 그러나 이 개인의 활동형태는 사실 도덕 생성의 일면을 이루는 데 지나지 않는다. 즉 의식이 독자적인 자기의 목적을 파기하고 도덕성을 스스로 깨우쳐 나가는 측면을 이룰 뿐이므로, 이는 인륜적 실체로부터 도덕성이 생겨나는 면과는 관련이 없다. 도덕의 요소는 상실된 인륜성과 대립하여 목적으로 간주되는 데까지는 이르지 않았으므로 그의 소박한 내용상 옳다고 인정되어 그가 추구하는 목표는 곧 인륜적 실체가 되는 것이다. 의식이 인륜적인 생활을 잃어버리고 이를 추구하면서 첫 번째 형식을 그대로 되풀이하고 있다는 점에서 볼 때 현대에는 이런 도덕의 요소들이 나타나는 형식 자체가 인륜적인 실체에 좀더 가까우므로 이런 요소들은 오히려 그런 모습으로 나타난다고 여겨질지도 모른다.

이제 겨우 정신의 개념에 머물러 있는 자기의식은 개별 정신으로서의 자기가 본질을 이룬다는 확신 아래 도덕의 세계를 구현하는 길에 나선다. 이때 그의 목적은 개별자로서의 자기실현을 꾀하고 그 실현을 통하여 개별자로서 자기만족을 누리는 데 있다.

독자적 대자존재로서의 자기가 본질을 이룬다면 자기의식은 타인을 부정해야만 한다. 따라서 이렇게 의식하고 있을 경우에 자기의식은 실제로 현존하고 있으면서도 자기의식의 처지에서 자체적으로는 존재하지 않는 존재에 대하여 긍정적인 존재로서 대립해 있다. 의식은 눈앞에 있는 현실과, 바로 이 현실의 폐기를 통하여 달성되고 또 이 현실을 대신하는 현실로서 드러나게 될 목적으로 분열되어 있다. 하지만 의식의 최초 목적은 직접적으로 존재하는 자기가 추상적으로 자립해 있는 상태에서 이 개별자로서의 자기를 타자 속에서 직관하거나 타자의 자기의식을 자기로서 직관하는 데 있다. 이 목적의 진리가 무엇인지 경험으로써 알아차리게 되면 자기의식은 좀더 높은 차원으로 올라서고, 그의 목적도 이제는 보편적인 차원에서 법칙을 직접 자기 것으로 체득하는 목적이 된다. 그러나 자기 마음속에 있는 법칙을 실현할 때 자기의식이 경험하는 것은 개별적 인간이란 여기선 더 이상 유지될 수 없고 선(善)은 오직 개인을 희생함으로써만 실현될 수 있다는 것이니, 여기서 자기의식은 덕을 갖춘 의식이 된다. 그리고 덕의 의식이 경험하는 것은, 덕의 목적은 그 자체로서 이미 실현되어 있고 행복은 직접적으로는 바로 행위 그 자체 내에서 발견되므로 행위야말로 곧 선이라는 사실이다. 이러한 이성의 전 영역을 관통하는 개념은 사물의 세계가 곧 정신 그 자체의 독자적인 존재라는 것인데, 이 개념의 본질이 이성의 운동 속에서 자기의식에게 인식된다. 이리하여 이 개념을 알아차렸을 때 자기의식은 자신이 스스로 자기를 직접 말로써 표현하는 개인으로서의 본질적 존재임을 인정한다. 이 개인은 자기와 대립하는 현실과 마주쳐도 이제는 아무런 저항도 느끼지 않고 오로지 자기표현 그 자체만을 대상 겸 목적으로 삼는다.

1) 쾌락과 필연성

자기가 곧 실재하는 세계라고 믿는 자기의식은 자기의 대상을 자기 스스로 지니고 있다. 그러나 이 대상은 이제 겨우 자기의식이 홀로 자각한 것일 뿐 아직 실재하는 대상이 되어 있는 것은 아니다. 여기서 존재는 자기의식이 생각하는 현실과는 다른 현실로 나타나 자기의식과 대립하고 있으니, 이때 자기의식은 자신의 독자적인 대자존재를 실현해 냄으로써 자기를 현실과는 다른 자립적 존재로서 직관하려고 한다. 이 최초의 목적이란 개별 존재로서의 자기를 다른 자기의식 속에서 의식하는 것이며 또한 타자를 자기 자신으로 만드는 것이다. 여기서 자기의식은 이미 이 타자가 본디 자체적으로는 자기 자신임을 확신하고 있다. 자기의식은 인륜적 실체나 평온한 사유의 세계에서 벗어나 독자적인 존재로 고양되는 한 관습이나 생활상의 법칙 또는 관찰을 통한 지식이나 이론 따위를 마치 사라져 가는 회색 그림자와도 같이 뒷전으로 밀어 내버린다. 왜냐하면 그러한 것들은 자기의식의 독자성이나 현실과는 다른 별개의 독자성이나 현실을 내용으로 하는 지이기 때문이다. 개별적인 감각이나 향락은 잠재운 채 보편적인 지와 행위만을 지니는 천상에 빛나는 성령이 아니라 개별 의식에 엉켜 있는 현실존재만을 참다운 현실로 여기는 대지의 영(靈)이 갑자기 자기의식 속으로 파고 들어온 것이다.

> 인간세상에 주어진 최고의 선물인
> 오성과 학문을 멸시하고
> 악마에게 몸을 내맡긴 이상
> 파멸할 수밖에 없느니라. *

이리하여 자기의식은 생의 한복판에 뛰어들어서 그 자신을 나타내는 개성을 실현한다. 행복을 얻기 위하여 노력하기보다는 단숨에 행복을 손에 넣어서 실컷 즐기는 것이다. 자기와 자기의 현실 사이에만 존재하던 학문, 법칙, 원칙과 같은 그림자는 생명이 없는 뿌연 안개 속으로 사라져 버린다. 이 안개는 자기의식의 본질적 존재라는 확신과 전혀 어울리지 않는 것이다. 자기의식은 그에게 손짓하는 무르익은 열매를 낚아채기라도 하듯 생명을 움켜잡는다.

자기의식의 행위가 욕망의 행위라는 것은 단지 일면적인 진리에 지나지 않는다. 자기의식은 대상이 되는 존재 전체를 말살해 버리려는 것이 아니라 자기의 타자존재라는 형식, 즉 한낱 실체 없는 가상(假象)에 지나지 않는 자기의 자립성이라는 형식을 부정하려고 하는 것뿐이다. 왜냐하면 자기의식

---

* 괴테의 《파우스트》(1851~67년)에서 인용한 시구. 이처럼 자유롭게 변형된 인용문은 헤겔의 글에서 자주 등장한다.

은 자기의 대상을 자체적으로는 자신과 동일한 존재이자 자신의 자기성(自己性)이라 생각하기 때문이다. 욕망과 그 대상이 서로 무관하게 자립적으로 존재하게 해주는 장은 바로 생명의 존재이며, 욕망을 만족시키기 위해서는 욕망의 대상이 생명을 지니는 한 그 생명은 폐기될 수밖에 없다. 그러나 여기서 자기의식과 대상 양자를 저마다 현실존재이게끔 해주는 장은 오히려 범주로서의 존재, 곧 본질적으로 표상된 관념적 존재이다. 그러므로 개개인이 저마다 그 자신일 수 있도록 그를 지지해 주는 것은―여기서 그 의식이 본디 있는 그대로의 자연적인 의식이든 아니면 여러 법칙의 체계로 다듬어진 의식이든 간에―아무튼 자립성의 의식이다. 그리고 이런 분리는 타자가 자신의 자기성임을 알고 있는 자기의식에서는 전혀 자체적인 분리가 아니다. 따라서 자기의식이 쾌락을 향유한다는 것은 자립적인 듯이 보이는 의식속에서 자기를 실현했음을 의식하는 것이며, 다시 말해 두 개의 자립적인 자기의식의 통일을 직관하는 것이다. 이렇듯 자기의식이 그의 목적을 이루게되면 바로 그때 목적의 참된 모습이 무엇인지가 경험을 통해 밝혀진다. 자기의식은 자기를 이 개별적인 독자존재로 파악하지만, 목적을 실현한다는 것은 바로 그 목적인 이 개별자로서의 독자성을 폐기하는 것이다. 왜냐하면 자기의식은 더 이상 '이 개별자'로서 자기의 대상이 되는 것이 아니라 오히려 자기와 다른 자기의식과의 통일이나 또는 폐기된 개별자인 '보편자'로서 자기의 대상이 되기 때문이다.

쾌락을 향유한다는 것은 물론 자기 자신이 자기의식으로서 대상화된다는 긍정적인 의미와 함께 자기 자신을 폐기한다는 부정적인 의미도 지니고 있다. 자기의식은 쾌락을 통한 자기실현을 오직 긍정적인 의미로만 보기 때문에 그의 경험은 모순된 것으로 의식된다. 이때 자기의식은 자신의 개별성이 현실성을 획득한다 해도, 결국 자기의식의 현실과 공허하게 대립하면서 자기의식을 먹어 치워 버릴 만한 힘을 지닌 부정적인 본질로 말미암아 해체되어 버린다. 이 부정적인 본질이야말로 이 개인이 무엇인지를 보여 주는 개념이다. 그러나 이때 개인은 더없이 빈약한 형태로 자기실현을 이룬 정신일 뿐이다. 왜냐하면 개인은 아직 추상적인 이성으로서, 또는 자기 안의 자기와 타자 안의 자기가 직접적인 통일을 이룬 상태로 존재하는 데 지나지 않기 때문이다. 따라서 그 본질은 추상적인 범주로밖에는 나타나지 않는다. 그러면서도 범주는 더 이상 관찰하는 정신에 대해서와 같은 직접적이고 단순한 존재의 형식을 띠지는 않는다. 관찰하는 이성은 범주를 추상적인 존재 또는 자기와 이질적인 사물의 세계로서 정립했지만, 지금 여기서는 사물의 세계 속에 독자적인 대자존재와 매개의 과정이 끼어들어 있다. 그리하여 범주는 단순한 본질존재가 순수한 관계를 전개해 나가는 둥근 고리로서 나타난다. 따라서 이 개인이 실현된다는 것은 개인이 단일한 자기의식 내에 유폐되어 있던 상태를 벗어나 자기의식과 맞서면서 자기를 대상 세계에 펼쳐 나가려는 추상적인 여러 둥근 고리 운동을 전개하는 것과 다름없다. 결국 쾌락을 향유하는 자기의식에 대하여 그 자신의 본질로서 대상화되는 것은 앞서 이야기한 순수한 통일과 순수한 구별 및 양자의 관계라는 공허한 본질의 전개이다. 개인이 그의 본질로서 경험하는 대상에는 그 이상의 내용이라고는 없다. 이러한 대상은 이른바 '필연성'이라는 것이다. 필연성이나 '운명' 같은 것은 도대체 그것이 무엇을 성취하는 것이며 그의 일정한 법칙이나 적극적인 내용이 어떤 것인지를 말로는 표현할 수 없는 것이다. 왜냐하면 오직 거기에 그렇게 있는 '존재'로 받아들여진 절대적이고 순수한 개념, 즉 단순하고 공허하면서도 확고하게 자기를 관철시켜 나가는 관계야말로 운명의 본모습으로서, 그 운명의 작용은 곧 개인의 무(無)이기 때문이다. 필연성이란 관련되는 것이 순수한 본질 또는 공허한 추상이기 때문에 방금 이야기한 것과 같은 확고한 관련이라고 할 수 있다. 통일, 구별, 관계는 범주인데 이들 각각은 자체적으로 자립하는 것이 아니라 오직 대립물과의 관계 속에서만 가까스로 존재할 수 있는 것이므로 따로따로 존재할 수는 없다. 또한 그 하나하나마다는 순수한 개념이고 이들을 서로 관련짓는 것은 그들 자신의 개념이다. 결국은 이 개념의 절대적 관계와 추상적 운동이 필연성의 내용을 이룬다. 이제 겨우 이성이라는 순수한 개념을 활동의 내용으로 삼고 있을 뿐인 단순한 개인은 그리하여 죽은 이론의 세계로부터 생명이 넘치는 곳으로 뛰어드는 것이 아니라 오히려 자기의 생명력 없는 모습을 의식하고 거기에 잠겨 있으니, 여기서 자기에게 주어지는 것이라곤 한낱 죽은 현실과도 같이 바깥에서 엄습해 오는 공허하고 낯선 필연성일 뿐이다.

여기서 의식은 일(一)이라는 형식에서 보편성의 형식으로, 한쪽의 절대적 추상에서 다른 한쪽의 절대적 추상으로, 타인과의 협력을 거부하는 순수한 대자존재라는 목적에서 그와 정반대되는 이 또한 추상적인 자체적 존재로 느닷없이 이행한다. 이리하여 개인은 완전히 몰락해 버린 듯하며 개인의 절대적인 공허함 역시 잔혹하게도 빈틈없이 연속되어 있는 현실 앞에 부딪쳐서 산산조각이 나 버린 것처럼 보인다. 그러나 의식으로서의 개인은 곧 자기 자신과 그 대립물인 현실과의 통일이므로 이 몰락은 또한 개인에게 의식되는 가운데 개인의 목적과 그 목적이 실현되는 모습도 의식되며, 더 나아가 자기에게 본질로 여겨졌던 것과 참으로 본질인 것 사이의 모순도 의식되기에 이른다. 여기서 의식은 자기의 생명을 자기 것으로 삼기 위하여 자기가 행한 것 속에 담겨 있는 이중의 의미를 경험한다. 즉 개인은 생명을 자기 것으로 삼기는 했으면서도 그 때문에 오히려 죽음을 거머쥐게 된 것이다.

이때 개인에게는 생명 있는 존재로부터 생명 없는 필연성으로의 이러한 이행은 아무런 매개도 거치지 않은 돌발사태처럼 생각된다. 이 두 측면이 하나로 모아지는 매개작용을 거쳐서 의식은 두 요소의 통일을 인식함과 더불어서 자기의 목적과 행위가 운명과 합일되고 자기 자신의 본질이 운명의 필연성과 합일되는 것을 인식한다고는 하지만, 사실 이러한 통일은 지금 이 의식에게는 쾌락이라는 단순한 개별적인 감정으로밖에는 나타나지 않는다. 따라서 자기의 목적이라는 측면에서 자기의 참다운 본질이라는 측면으로의 이행은 의식이 보기엔 어디까지나 대립물로 순식간에 이행하는 비약에 지나지 않는다. 왜냐하면 이 두 측면이 함께 감정 속에 포함되어 결합되는 일은 있을 수가 없고, 그런 일은 오직 보편적으로 사유하는 순수한 자기만이 할 수 있기 때문이다. 그러므로 의식은 자신이 생각하는 자기의 진실을 드러내 주리라고 믿었던 경험을 통해서 오히려 그 스스로 하나의 수수께끼가 돼 버린 셈이다. 의식이 보기에 자기가 한 행위의 결과는 자신의 행위 그 자체가 아니다. 의식이 보기에 자기는 있는 그대로의 자기 정체를 경험한 것이 아니다. 여기서의 이행은 동일한 내용과 본질이 단지 형식의 변화만을 가져오는 데 그치는 것이 아니다. 즉 처음에는 의식의 내용과 본질로서 표상되고 그 다음에는 자기 자신의 대상이나 눈에 보이는 본질로서 표상되는 것이 아니다. 그야말로 추상적인 필연성이 그저 한없이 부정적이고 불가해한 보편적인 힘을 휘둘러대는 통에 개인은 그만 여지없이 분쇄되어 버리고 마는 것이다.

쾌락이라는 자기의식 형태의 현상은 이제 여기까지 전개해 왔다. 이 형태가 현존하는 마지막 단계에 나타나는 것은 필연적인 운명 속에서 자기상실에 당도하여 결국 자기 자신을 자기에게 절대적으로 낯선 존재라고 여기는 사상이다. 그러나 자체적으로 보자면 자기의식은 사실 이 상실 속에서 지금까지 살아온 것이다. 왜냐하면 운명의 필연이라는 순수한 보편적인 힘은 바로 자기의식의 고유한 본질이기 때문이다. 이렇게 의식이 운명의 필연을 자기의 본질로서 인식하고 자기에게 되돌아올 때 의식은 새로운 형태를 띠게 된다.

2) 마음의 법칙과 자만의 광기(狂氣)

자기의식의 이 새로운 형태는 자기의식에서 참된 운명의 필연이란 무엇인가를 의식하고 있다. 여기서는 자기의식 그 자체가 필연적인 것이 된다. 자기의식은 보편적으로 타당한 법칙이 그대로 자기 안에 깃들어 있음을 인식한다. 이 법칙은 의식이 그것을 바로 자기의 것으로 직접 갖추고 있음을 자각하고 있다는 의미에서 '마음의 법칙'이라고 불린다. 자기의식의 이 형태도 앞에서 본 쾌락의 형태와 마찬가지로 독자적 대자존재인 개별자로서 실재하고 있기는 하지만, 이렇게 자각된 자기는 필연적이고 보편적이라는 점에서 내용상 쾌락의 형태보다도 더 풍부한 데가 있다.

이 경우 자기의식이 직접 자기 것으로 소유하고 있는 법칙이나 자체 내에 법칙을 갖추고 있는 마음은 자기의식이 실현해 나가야만 할 목적이다. 그럼 여기서 자기의식의 실현과정이 목적의 개념에 합치되는지, 그리고 이 실현과정에서 자기의식이 자신의 법칙을 본질로서 경험하는지 여부를 따져 봐야만 하겠다.

마음에는 하나의 현실이 대립해 있다. 왜냐하면 마음속에 있는 법칙은 지금으로선 다만 마음에 의해서 자기의 법칙으로 간주되고 있을 뿐 아직 실현되어 있지는 않으므로 개념의 모습을 갖추었다고는 할 수 없기 때문이다. 이 타자는 실현되어야만 할 것과 대립하면서 법칙과 개인 사이의 모순에 해당하는 현실로서 규정된다. 그러므로 이 현실은 한편으로는 개인의 개성을 억압하는 법칙, 즉 마음의 법칙과 모순되는 세태라는 폭력적인 질서이지만 다른 한편으로는 이 질서 아래에서 괴로워하는 인간이기도 하다. 이때 인간은 마음의 법칙에 따르는 것이 아니라 불가해한 필연성에 종속되어 있다. 이미 밝혀졌듯이 의식의 현재 형태와 대립하는 듯이 보이는 이 현실은 개인과 그의 참된 모습이 분열된 채 개인이 잔혹한 필연의 힘 아래 억압받는 바로 앞에서 본 관계와 다름이 없다. 그러므로 방관자인 우리에게는 앞의 운동이 이 새로운 형태와 좋은 대조를 이루는 모습이 드러나 보인다. 하기야 이 새로운 형태는 본디 이전의 운동으로부터 생겨났으니 그 출발점이 됐던 현실이 새로운 형태에 어우러져 있다는 것은 당연한 이치라고 하겠다. 그러나 새로운 형태 그 자체는 자기의 출발점이 된 근원 따위는 의식하지 않은 채 긍정적인 자체를 부정하여 독자적인 자기를 확립하는 데만 골몰하는 까닭에 그런 현실이 갑자기 눈앞에 나타나기라도 한 듯이 느낀다.

그러므로 마음의 법칙에 모순되는 필연적인 현실을 극복하고 또 이 필연적인 현실로부터 생겨나는 고통을 제거하는 일이 마음의 법칙을 지닌 개인의 목표이다. 따라서 이 개인은 더 이상 이전 의식형태의 개인과 같이 자기만의 개별적인 쾌락을 추구하는 경박함에서 벗어나 진지한 자세로 고매한 목적을 추구한다. 그러면서 그는 자기의 탁월한 본질을 드러내고 인류의 행복을 구현하는 것이 곧 쾌락이라고 생각한다. 이렇게 되면 개인이 실현하는 것 자체가 법칙이고, 그의 쾌락은 동시에 모든 사람의 가슴에 와닿는 공동의 쾌락이다. 이 개인의 경우 양자는 불가분적인 것이니, 여기서 자기의 쾌락은 법칙에 합치되게 마련이고 전 인류의 법칙 실현은 곧 개인의 개별적인 쾌락을 마련하는 것이 된다. 개인의 내면에서는 개체성과 필연성이 직접 일체화되어 필연의 법칙이 곧 마음의 법칙이 되는 것이다. 그러면서도 개인은 여전히 개별자의 위치를 벗어나 있지는 않다. 개인과 필연적인 현실의 통일은 양자를 매개하는 운동에 의해서 성취되는 것도 아닐뿐더러 또한 훈련에 의해서 성취되는 것도 아니다. 오히려 그 무엇에도 개의치 않고 다듬어지지 않은 자기의 본질을 실현하는 것이 마음의 탁월함을 나타내고 인류의 행복을 가져오는 것으로 여겨진다.

그런데 마음의 법칙과 대립되는 법칙은 마음으로부터 분리되어 자기 나름대로 자유로이 존재한다. 이 법칙에 따르는 인류는 법칙과 마음의 행복한 통일 속에서 살아가는 것이 아니라 혹독한 분열과 고통 속에서 살아가거나, 그 정도는 아니라 하더라도 법칙에 따를 때는 적어도 자기만족을 누릴 수 없게 되고 반대로 법칙에 등돌리면 자기가 탁월하다는 의식을 보유하지 못한 채 살아가게 된다. 그런 폭력적인 신의 질서와 인간의 질서는 마음에서 분리되어 있으므로 마음은 그런 질서를 한낱 가상으로 여기면서 거기에 밀착되어 있는 폭력성과 현실성을 제거해야 한다고 생각한다. 물론 그러한 질서가 내용상으로 마음의 법칙과 우연히 일치할 수도 있다. 이렇게 되면 마음이 그 질서를 받아들일지도 모른다. 그러나 이때 마음이 참으로 중요하게 여기는 것은 오로지 순수하게 법칙에 합치되는 데 있는 것이 아니라 법칙을 곧 자기로 의식하여 거기서 자기만족을 얻는 데 있다. 하지만 보편적인 필연성의 내용이 마음과 일치하지 않을 경우 필연성은 내용면에서도 아무런 실재적 의미가 없으므로 마음의 법칙에서 밀려 사라져 버릴 수밖에 없다.

이렇게 해서 개인은 자기 마음의 법칙을 실현하여 그 법칙이 보편적인 질서가 되면서 더없이 합법적인 현실을 기꺼이 맞이하게 된다. 그런데 일단 이렇게 실현되고 난 마음의 법칙은 사실 개인의 손안에서 빠져나가 버리니, 이는 곧 실은 제거했어야 할 바로 그 관계가 되고 만다. 마음의 법칙은 스스로 실현되는 동시에 이로써 더 이상 마음의 법칙은 아닌 것이다. 왜냐하면 이때 법칙은 엄연히 존재하는 보편적인 권력으로 둔갑하여 개인의 마음과는 동떨어진 것이 되므로 개인은 자기 자신의 질서를 내세우면서도 이제는 그것이 자기 것임을 의식하지 못하기 때문이다. 이렇게 되면 자기의 법칙을 실현할 때 개인은 자기 법칙을 마련하지 않는 것이나 마찬가지가 된다. 그렇게 실현된 질서는 애초에 개인 자신의 것이었으나 이제 자각적으로는 자기와 소원한 것이 되어 다만 자기를 현실의 질서 속으로 휘말려 들어가게 했을 뿐이며, 더욱이 그 질서라는 것은 자기에게 낯설 뿐만 아니라 적대적이고 위압적이기까지 한 권력인 것이다. 스스로 행하는 행위를 통해서 개인은 존재하는 현실이라는 보편적인 장 속에 발을 들이거나 오히려 그 스스로 보편적인 장이 된다. 여기서 개인의 행위가 낳는 결과는 그 자체가 개인의 처지에서 보면 보편적인 질서로 평가될 만하다. 그러나 이 때문에 개인은 자기만의 사사로운 상황을 벗어나 보편적인 존재로 성장하면서 개별자로서의 자기로부터 탈피한다. 물론 보편성을 자기의 직접적인 대자존재로만 인식하려 하는 개인으로서는 보편성이 자기 행위에서 생겨난 이상 동시에 그 자신이 보편적인 존재이면서도, 이 개인으로부터 벗어난 보편성 속에 있는 자기 자신을 인정하려 들지 않는다. 따라서 개인의 행위는 보편적인 질서와 모순된다는 정반대의 의미도 갖고 있다. 왜냐하면 개인 행위의 결과란 어디까지나 당사자 개인의 마음 행위가 낳은 결과로서, 이것이 개인과는 무관한 보편적인 현실이 될 리는 없기 때문이다. 게다가 또 이런 가운데서도 개인의 행위는 보편적인 현실을 사실상 인정하고 있기도 하다. 이유인즉 행위한다는 것은 개인이 자기의 본질을 자유로운 현실로서 드러내 놓고 나서 현실을 본질로서 인정한다는 의미를 지니기 때문이다.

개인을 그 자신에게 귀속시키던 현실의 보편성이 개인에게 오히려 대항해 오는 상황에서 개인은 자신의 행위라는 개념으로써 한층 자세히 규정된다. 개인의 행위가 낳는 결과는 현실적으로는 보편적 공동체에 귀속되지만 그 내용으로 본다면 개인 자신의 개별성이라 할 수 있으며, 이 개별성은 보편적 공동체와 대립하는 이 개개인의 개별성으로서 스스로를 유지하려 한다. 여기서 중요한 것은 어떤 일정한 법칙을 수립하는 것이 아니다. 중요한 것은 개개인의 마음과 보편정신이 직접 일체화된 것이 법칙으로 승화되어 어디까지나 타당하리라는 사상, 즉 법칙이라는 것 속에서 개개인의 마음이 마땅히 자기 자신을 발견할 수 있어야만 한다는 사상이다. 그러나 실은 바로 이 개인의 마음이 자신의 행위 결과로써 그 현실을 수립한 것이다. 그러므로 개인이 보기에 그 행위의 결과는 자기의 독자적 대자존재이자 자기의 쾌락인 셈이다. 개인은 그의 행위가 곧바로 보편적인 요소로 받아들여져야 할 것으로 생각하지만, 사실 이 행위의 결과는 형식면에서만 보편성을 띨 뿐 실제로는 특수한 것이다. 그런데도 그는 이 특수한 내용을 고스란히 보편적인 것으로 인정되게 하려고 한다. 이런 까닭에 타인들로서는 이 내용 속에서 자기들 마음의 법칙을 발견하기보다는 오히려 타인의 법칙이 실현되어 있음을 깨닫게 된다. 법칙이라고 하면 누구나가 그 속에서 당연히 자기의 마음을 발견해야 한다는 일반 원칙에 따라서 타인들은 그 개인이 구축해 놓은 현실에 대하여 저항하고, 또 개인은 타인의 현실을 가리켜 현실과 다르다고 말한다. 이렇게 되면 애초에는 완강한 필연의 법칙하고만 대결을 벌여 왔던 개인이 이제는 모든 사람의 마음마저도 자기에게 반대하는 것으로 생각하면서 이와 대립하기에 이른다.

지금까지 설명한 의식은 보편정신이라고는 하지만 아직은 직접 자기 마음에 와닿는 보편성밖에는 알지 못하고 필연성이라고 해도 마음의 필연성밖에는 알지 못한다. 그런 까닭에 이 의식은 그런 보편성과 필연성이 실현되는 모습 및 그 효과의 본성을 알지 못한다. 다시 말해 이때 보편성과 필연성은 현존하는 존재자가 되고 그 참모습은 오히려 자체적인 보편적 질서가 되며, 거기서는 보편성이나 필연성에 신뢰를 품고 의지하고 있는 개별적인 의식이 이 직접적인 개별성을 얻고자 하면 오히려 파멸할 뿐인데, 이 의식은 그 사실을 미처 모르고 있다. 이러한 의식을 지닌 개인은 직접적 개별성이라는 존재 속에서 자기의 존재를 손에 넣기는커녕 오히려 그로부터 스스로가 소외되고 만다. 하지만 개인이 그 안에서 스스로를 인지할 수 없게 된 지금의 이 보편적 질서는 더 이상 예전의 생명 없는 필연성이 아니라 모든 인간의 개성에 의해서 생명이 불어넣어진 필연성이다. 지금껏 의식은 신의 질서와 인간의 질서를 타당하지만 죽은 현실로 간주해 왔다. 의식은 보편적 질서와 대립하는 독자적인 마음으로 스스로를 확립하려 했지만 지금 이야기한 죽은 현실 속에서는 자기 자신도, 그리고 그러한 현실에 동참하는 그 밖의 사람들도 자기의 의식을 지닐 수 없었다. 그러나 이제는 그 질서가 모든 사람의 의식에 의해서 생명이 불어넣어지고, 모든 사람의 마음 법칙으로 존재하는 것이 감지되기에 이르렀다. 그야말로 현실은 생명이 불어넣어진 질서라는 데 대한 의식의 경험은 실제로는 의식이 자기 마음의 법칙을 실현한다는 행위 속에서 생겨난다. 왜냐하면 마음의 법칙을 실현하는 행위란 개인이 스스로를 보편정신으로서 대상화하면서도 그때 그 자신을 인식하지 못한다는 경험이기 때문이다.

이렇게 해서 이 자기의식의 형태가 경험을 통해 얻어 낸 진리는 애당초 이 형태가 자각하고 있던 것과는 모순된다. 그러나 사실 이 형태가 자각하고 있던 것도 그 자체로는 절대적 보편정신이라는 형식을 띠고 나타난 것이므로 여기서 마음의 법칙과 자기의식은 직접 일체화되어 있다. 그와 동시에 현존하는 질서도 자기의식의 본질이자 그 작업의 결과다. 이 질서는 곧 자기의식이 창출한 것이므로, 이 또한 자기의식과 직접 일체화되어 있다. 이처럼 두 개의 대립하는 본질적 질서를 한꺼번에 지닌 자기의식은 스스로 모순에 빠져든 채 극심한 내적 혼란을 겪게 된다. 물론 마음의 법칙은 자기의식으로 하여금 자기 자신을 인식하게 해주지만, 보편적인 타당한 질서도 마음의 법칙을 실현한 결과 자기의식의 본질과 현실성을 구현하고 있다. 결국 의식 속에서는 서로 모순되는 두 개의 질서가 다 함께 자기의식의 본질이며 현실성이라는 형식을 갖추고 있는 것이다.

자기의식은 이처럼 스스로가 의식하는 가운데 몰락해 가는 실태와 이렇게 얻어진 경험의 결과를 이야기한다. 이때 자기의식은 스스로가 자기 자신의 내면적 전도이며 의식의 광란임을 드러낸다. 이 의식에서는 그 자신의 본질이 그대로 비본질이고 현실이 그대로 비현실이다. 그런데 이 광기를 오해하여 비본질적인 것이 본질적인 것이 되고 비현실적인 것이 현실적인 것이 된다고 생각해서 어떤 사람에게는 본질적이고 현실적인 것이 다른 사람에게는 그렇지 않다는 식으로 본다거나, 현실의 의식과 비현실의 의식 또는 본질과 비본질의 의식이 분열되어 있는 것으로 봐서는 안 된다. 무엇인가가 실제로 일반인의 의식에는 현실적이고 본질적인데도 나에게는 그렇지 않다고 할 경우, 나는 일반인의 의식이므로 그 무엇인가를 무의미한 것으로 의식하면서도 동시에 나는 그것의 현실성 역시 의식하고 있다. 여기서 양자가 둘 다 확고하게 고정된 채 통일을 이루려고 할 때 이른바 광기라는 것이 생겨난다. 그런데 이 광기에 휘말려 있는 것은 의식의 저편에 있는 하나의 대상일 뿐이지, 의식 그 자체가 광란에 빠지거나 의식이 의식에 대해서 그러는 것은 아니다. 그러나 여기에 나타난 경험의 결과를 보면 자신의 법칙을 마음속에 간직하고 있는 의식은 이 현실적인 자기를 의식한다. 또 동시에 의식에게는 바로 이 본질과 이 현실이 소외되어 이질적인 것이 되어 있으므로, 마땅히 절대적 현실성을 지녀야 할 자기의식은 자기를 비현실적이라고 의식하게 된다. 다시 말하면 현실성과 비현실성은 서로 모순됨으로써 그 상태 그대로 의식의 본질을 이루므로 이 본질은 극심한 내면적 광란에 빠져드는 것이다.

그러므로 인류의 행복을 바라며 고동치는 마음은 자만의 광기에 사로잡혀 자기파괴로부터 스스로를 지켜 내려는 의식의 광열(狂熱)로 바뀐다. 이렇게 되는 것은 의식이 자기 자신의 전도된 모습을 밖으로 투영하여 자기가 아닌 이 바깥의 타자야말로 전도되어 있다고 보고 또 애써 그렇게 발언하려고도 하기 때문이다. 그리하여 공공의 질서는 마음과 마음의 행복과의 법칙을 뒤엎어 버리는 질서로서, 성직자나 탐욕스러운 폭군 밑에서 일하며 그들로부터 받은 굴욕을 씻기 위해서 자기보다 낮은 사람을 괴롭히고 억압하는 그들의 시종 따위에 의해 날조된 질서이며 인류를 기만하고 더할 나위 없는 불행으로 몰아넣는 것으로서 규탄된다. 이렇듯 광란 상태에 처한 의식은 개인이 광기에 빠져 도착(倒錯)되어 있다고 언명하지만 이 개인은 어쩌다 그런 위치에 있게 된 낯선 개인이다. 그러나 실은 광기에 사로잡혀 도착돼 버린 것은 바로 자기 자신이 그대로 보편적 질서이고자 하는 개별적 의식의 마음이다. 이 마음의 행위는 이렇게 야기되는 모순을 분명하게 의식시켜 주고도 남는다. 왜냐하면 마음에게는 마음의 법칙이 진리이지만 이 법칙은 한낱 사념된 것에 지나지 않으므로 현존하는 질서와는 달리 백일하에 드러나는 일이라곤 없으며 오히려 그렇게 드러나면 붕괴되어 버리기 때문이다. 그런 마음의 법칙이 현실의 법칙이 되어야만 한다고 주장된다. 이 점에서 보자면 마음에게는 이 법칙이 현실에 통용되는 보편적 질서이므로 동시에 그의 목적이며 본질이다. 그러나 또한 마음에게는 현실 그 자체, 즉 타당한 질서인 법칙 그 자체는 오히려 가치 없는 것으로 여겨진다. 이와 마찬가지로 마음 자신의 생생한 현실, 즉 개별 의식으로서의 마음 자신은 그 스스로의 본질인데, 이 생생한 개별자로서의 자기를 현실 속에 자리잡도록 하는 것이 마음의 목적이다. 그리하여 마음에게는 직접적으로는 오히려 개별적인 차원을 넘어선 자기 자신이 곧 본질이자 목적이 되며, 바로 여기서 자기가 보편정신임이 의식되는 것이다. 이러한 마음의 개념은 그의 행위를 통하여 대상화된다. 마음은 오히려 자기라는 존재가 비현실적인 것임을 경험하고 비현실적이라는 데에 그의 현실성이 있음을 경험한다. 그렇다면 어쩌다 우연히 거기에 있는 낯선 개인이 아니라 오히려 자기의 이 마음이 자기 내부에서 전적인 도착 상태에 빠져 있다고 해야겠다.

그러나 직접 공동체에 몸담고 있는 보편적인 개인이 도착 상태에 빠져 있다고 한다면 보편적인 질서마저도 그 자체가 도착 상태에 빠져 있는 셈이다. 왜냐하면 보편적인 질서는 도착돼 버린 모든 사람의 마음 법칙이기 때문이다. 이것이 바로 광기에 사로잡혀 날뛰는 의식이 언명하는 내용이다. 그러면서 한편으로는 어느 마음의 법칙이 다른 개인의 법칙과 마주쳐서 대립하게 될 때 실로 보편적 질서는 곧 모든 사람의 마음 법칙이라는 것이 드러나기도 한다. 개인의 법칙을 물리치고 기존의 보편적 법칙이 수호되는 이유는 이 기존의 법칙이 무의식적인 공허하고 생명 없는 필연성인 것이 아니라 보편정신인 동시에 본질적인 것이기 때문이다. 이러한 본질적인 것 속에서 살고 있는 개인은 보편정신을 현실적으로 체득하고 또 명확하게 의식도 하고 있다.

그러므로 사람들은 보편적 질서가 내면의 법칙에 위배된다고 불평하면서 마음속으로는 이에 저항한다 하더라도, 실제로는 자기들의 본질인 보편적 질서에 완전히 의지하고 있는 나머지 이 질서를 박탈당하거나 스스로 질서를 벗어나거나 하면 삶의 근간을 모조리 상실해 버리고 만다. 바로 이 점에 공공질서의 현실성과 위력이 깃들어 있으니, 실로 공공질서란 모든 사람에 의하여 생명이 불어넣어진 자기동일적인 안정된 본질로서 나타나며 개인은 이러한 질서의 형식으로서 나타나는 것이다. 그런데 이 질서마저도 역시 도착되어 있다.

보편적 질서가 모든 사람의 마음 법칙이며 개개인이 직접 이 질서의 담당자라는 점에서 보면 질서는 분명 현실성을 지니지만, 이 현실성은 저마다 존재하는 개인의 현실성 또는 마음의 현실성일 뿐이다. 이렇게 본다면 자기 마음의 법칙을 수립하려는 의식은 자기 법칙과 모순되는, 이 또한 개별적인 법칙을 마음에 품고 있는 타인의 저항을 받게 되는 셈인데, 이렇게 저항하는 타인은 또 자기 나름의 법칙을 수립하여 보편적으로 인정받으려고 한다. 그렇다면 현존하는 보편적 공동체는 오직 일반적인 저항과 모든 사람의, 모든 사람에 대한 투쟁의 장일 수밖에 없다. 여기서 개개인은 저마다 자기의 개별적인 뜻을 내세우지만 언제나 똑같은 저항에 부딪치면서 타인과 서로 각축을 벌이는 가운데 제 뜻을 이루지 못하고 파멸해 버린다. 공공질서로 보이는 것은 실은 끊임없는 투쟁의 상태이다. 여기서 개인은 저마다 무엇이든 닥치는 대로 독점하면서 자신의 정의를 다른 개인에게 억지로 강요하며 확립하려고 하지만 이런 정의는 타인과의 투쟁 속에서 덧없이 사라지고 만다. 이러한 공공질서가 세상 형편이자 끝없이 이어지는 세계의 행로처럼 보인다. 그러나 이는 단지 사념된 보편정신에 지나지 않고 사실은 개개인의 뜻이 실현되었다가는 곧 다시 스러져 버리는 본질이 결여된 유희에 지나지 않는다.

보편적 질서의 이런 양면을 서로 비교해 보면 그 보편성은 불안정한 개인을 자기의 내용으로 삼는다. 이 개인은 사념이나 개체성을 법칙으로 간주하며 현실을 비현실로 보고 비현실을 현실로 본다. 그러면서도 이 보편성은 질서의 현실성 측면이다. 왜냐하면 독자적인 개인의 존재가 그 보편성을 이루기 때문이다. 보편적 질서가 갖는 또 하나의 측면은 안정된 본질로서의 보편자인데 안정된 것이라면 이는 내면의 질서로서밖에는 존재하지 않는다.

이런 내면적인 질서란 전혀 존재하지 않는 것은 아니지만 현실성을 띠었다고는 할 수 없으니, 자기야말로 곧 현실이라는 사념에 사로잡힌 개인을 폐기할 때라야만 비로소 현실성을 지닌 존재가 된다. 그 자체가 진(眞)과 선(善)을 체현하고 있는 이러한 법칙을 섬기는 가운데 개별자가 아닌 본질적 존재로서 살아가면서 동시에 개인의 도착 상태를 자각하여 개별성으로서의 의식을 희생해야만 한다고 생각하는 의식의 형태가 바로 '덕성'이다.

3) 덕성과 세계행로

행동하는 이성의 첫 번째 형태에서 자기의식은 스스로를 순수한 개체성으로 파악했고 이와 대립하는 것은 공허한 보편성이었다. 두 번째 형태에서는 이 대립되는 부분이 저마다 법칙과 개체성이라는 두 요소를 갖추고 있었다. 다만 여기서 한쪽 부분인 마음에서는 두 요소가 직접적인 통일을 이루고 있었는 데 반해 다른 한쪽에서는 두 요소가 대립하고 있었다. 지금의 이 덕성과 세계행로의 관계에서는 양쪽이 저마다 보편성과 개체성의 통일이자 대립이기도 하면서 법칙과 개체성 사이의 운동으로 나타난다. 그런데 이 운동은 서로 반대 방향으로 일어난다. 덕성의 의식에서는 법칙만이 본질적인 것이고 개체성은 폐기되어야 하는 것이므로 의식에서나 세계행로에서도 개체성은 폐기되어야 하는 것으로 여겨지고 있다. 덕성의 의식 속에서 자기의 개체성은 그 자체로 참답고 선한 보편정신을 체득하기 위해 훈련을 받아야 한다. 그러나 여전히 거기에는 개인의 의식이 남아 있다. 그런데 참다운 훈련은 개인의 인격 전체를 희생하여 사실상 더는 개성에 집착하지 않음을 보증해 주는 것이다. 이렇게 한 사람 한 사람이 희생되면 세계행로 쪽에 있는 개체성도 말소된다. 왜냐하면 개체성이란 덕성과 세계행로 사이에 공통되는 단일한 요소이기 때문이다. 그런데 세계행로에서는 개체성이 덕성의 의식에서와는 정반대의 태도를 취한다. 즉 개체성은 스스로를 본질로 간주하여 자체적인 진과 선으로서의 보편정신을 자기의 지배 아래 두려고 한다. 세계행로란 덕성의 의식에서 보면 역시 개체성에 의해서 전도된 보편적 세계이며 더욱이 절대적인 보편적 질서는 덕성과 세계행로 모두에게 공통된 요소인데도 그것이 세계행로에서는 현실에 존재하는 것으로 의식되지 않고 세계행로의 내면적인 본질로서만 그치고 만다. 따라서 보편적 질서란 덕성을 통해 비로소 창출되는 것은 아니다. 왜냐하면 창출한다는 것은 개체의 의식에서 생겨나는 행위인데 덕성은 오히려 개체성을 폐기하는 데서 성립되기 때문이다. 그리고 이런 개체성의 폐기를 통하여 다름 아닌 세계행로 자체의 참된 모습이 완전히 드러날 수 있는 공간이 마련되기에 이른다.

현실적인 세계행로의 전반적인 내용은 이미 드러나 있지만 더 자세히 살펴보면 이는 바로 앞서 나타난 두 개의 자기의식 운동이다. 그 두 가지 운동으로부터 덕성이라는 의식의 형태가 출현했으므로 말하자면 그 운동은 덕성의 기원으로서 그에 선행하여 행해진 것이다. 그러나 덕성의 의식은 그의 기원에 아랑곳하지 않고 자기를 실현하여 독자적인 위상을 갖추려고 한다. 결국 세계행로란 한편으로는 개개인이 자기의 쾌락과 향락을 추구하며 살아가는 나머지 스스로 몰락하면서 보편정신을 충족시키는 일련의 과정이다. 그런데 이러한 충족 그 자체는 거기까지에 이르는 이 관계의 모든 요소와 마찬가지로 보편정신의 도착된 형태이며 운동이다. 현실로 있는 것은 오직 개별적인 쾌락과 향락일 뿐이고, 이와 대립되는 보편정신은 공허한 형식상의 필연성일 뿐이며, 개별적인 움직임에 대하여 부정적인 반동만 나타내는 내용 없는 행위에 지나지 않는다. 세계행로의 또 하나의 요소는 어떻게 해서라도 법칙이 되려는 나머지 자만에 차서 기존의 질서를 파괴하는 개인이다. 보편적 법칙은 이러한 자만에 항거하여 더 이상 의식에 대립하는 공허한 죽은 필연성으로는 등장하지 않고 의식 자체에 뿌리내린 필연성으로서 나타난다. 그러나 이 보편적 법칙은 절대적 모순을 안고 있는 현실의 관계를 의식화한 것으로서 등장할 때는 광기를 보이지만 현실의 대상으로 제시될 때는 일반적으로 광란 상태라고 불린다. 그러므로 이 두 경우 모두에서 보편정신이 운동을 야기하는 힘으로 나타나기는 하지만, 이 힘의 실상은 보편적인 도착 상태에 지나지 않는다.

따라서 보편정신이 도착의 원리라고도 할 개체성을 폐기해서 참다운 현실성을 띠는 것은 덕성으로부터 비롯된다. 여기서 덕성의 목적은 개체성을 폐기하여 도착된 세계행로를 다시 한 번 뒤집어 놓음으로써 세계행로의 참다운 본질을 창출하는 것이다. 참다운 본질은 세계행로에 본디 갖추어져 있을 뿐 아직은 현실화되지 않았으므로 덕성은 단지 이를 믿는다는 선에 머물러 있다. 덕성은 이러한 믿음을 눈에 보이는 것으로 만들고자 하지만 그것만 가지고는 그 노동과 자기희생의 결실을 얻지는 못한다. 왜냐하면 덕성은 개체성에 머물러 있는 한 세계행로와 투쟁을 벌이는 행위이기 때문이다. 그런데 덕성의 목적과 참된 본질은 세계행로의 현실을 제압하는 일이며, 그 결과 선이 실제로 나타나게 된다면 그때 덕성의 행위와 개체성의 의식은 사라져 버린다. 그렇다면 과연 어떻게 이 투쟁 자체를 견뎌 낼 것인가, 덕성은 여기서 무엇을 경험하는가, 덕성이 감수하는 희생을 통하여 세계행로가 패배하고 덕성이 승리할 것인가. 이런 문제는 오직 전사들의 손에 쥐어진 생생한 무기의 성격에 따라 결정된다. 그런데 여기서 무기라는 것은 서로 대적해 있는 전사들 말고는 그 누구에게도 보이지 않는 그들만의 본질이다. 따라서 그들의 무기는 본디 그 투쟁 속에 무엇이 포함되어 있느냐에 따라 이미 결정돼 있는 셈이다.

유덕(有德)한 의식에서 보편정신은 신념이나 그 자체로 볼 때 참다운 진리로 받아들여지고 있는데 이는 현실로 존재하는 보편성이 아닌 추상적인 보편성이다. 유덕한 의식의 목적이 되는 보편정신은 세계행로의 내면에 깃들어 있는 것으로 여겨진다. 바로 이런 성격 때문에 유덕한 의식에서 보편정신은 세계행로와 대적해 있다. 보편정신을 선으로 여기며 이를 스스로 실행해 나가려는 덕성은 선이 아직 실현되어 있지 않다고 보는 것이다.

그러므로 이 성격은 다음과 같이 해석될 수도 있다. 즉 선은 세계행로와 벌이는 투쟁의 와중에 나타나므로 타자에 대한 존재라는 것이 되고, 그 자체가 절대적으로 존재하지 않는다는 것이 된다. 만약 그렇지 않다면 선은 자기와 대립하는 상대를 제압함으로써 비로소 자기의 진리를 실현하려고 하지는 않을 테니 말이다. 선이란 애당초 타자에 대한 존재에 지나지 않는다. 이는 이전에 이를 반대 측면에서 고찰했을 때 선에 대해 밝혀진 바와 같다. 선은 애초에는 추상적인 존재이고, 그 자체가 절대적인 것이 아니라 어디까지나 관계 속에서 비로소 실질적으로 존재할 뿐이다.

그러므로 여기에 등장하는 보편적 선이란 '천부적 소질' '재능' '능력'이라고 불리는 것이다. 이는 정신적인 것의 한 가지 존재양식이다. 이 존재양식 속에서 정신적인 것은 보편성을 띠고 있지만 이것이 생생히 살아 움직이려면 개체성의 원리가 뒷받침되어야만 하고 또 오직 개인에게서만 현실성을 지닌다. 이러한 원리가 덕성의 의식에 안겨 있는 한은 이 보편적인 힘이 선하게 쓰이지만, 반대로 그 원리가 세계행로에 편승할 경우에는 그것이 악용된다. 그리하여 이 보편적인 능력은 자유로운 개인의 손안에서 제멋대로 활용될 수 있는 수동적인 도구가 되며, 심지어 보편적 질서를 파괴할 만한 현실을 꾸며 내는 데 악용될 수도 있다. 이 수동적인 도구는 자립할 수 없는 생명 없는 소재와도 같아서 어떤 형태로라도 가공될 수 있고, 심지어 그 자체를 망쳐 버릴 수 있는 형식으로까지도 가공된다.

이 보편적인 능력은 덕성의 의식이나 세계행로 모두에 동일하게 임의로 이용될 수 있으므로 아무리 그런 무기를 손에 넣은 덕일지라도 과연 악덕을 물리칠 수 있을는지는 가늠할 수가 없다. 즉 양쪽 모두가 똑같은 재능이나 능력을 무기로서 갖추고 있는 것이다. 물론 덕성은 자기의 목적과 세계행로의 본질이 근원적으로 통일되어 있다는 믿음을 은연중에 품고 이 통일된 양자의 힘이 싸움의 한복판에서 적의 배후를 공략하여 저절로 목적을 이루어 줄 것으로 믿고 있다. 따라서 실제로 덕성의 기사에게 자기의 행위와 싸움은 애초에 진지하게 대처할 만한 것이 못 되는 허울뿐인 싸움이라고 하겠다. 왜냐하면 덕성의 기사가 지닌 참다운 강점은 선이 스스로 자기를 실현하는 즉 자대자적인 절대적 존재라는 데 있으므로 덕성의 기사는 이런 허울뿐인 싸움에 진지하게 임할 수가 없기 때문이다. 결국 덕성의 기사가 적을 겨냥하건 아니면 적이 자기를 겨냥하건, 이럴 경우 자기편에서건 적의 편에서건 어쨌든 소모되고 파손되는 것은 선 그 자체가 아니라 선악과는 관계없는 천부적 소질이나 재능일 뿐이다. 선의 보존과 구현을 위하여 싸움이 벌어지는 이상 선은 소모되거나 파손될 수 없는 것이다. 그러면서도 또 소질이나 재능은 사실 이 싸움을 거치면서도 보존되고 실현되어야 할 개인적 차원을 넘어선 공동의 선이다. 그러나 동시에 싸움의 개념 그 자체로 본다면 공동의 선은 이미 그 자체로 직접 실현되어 있다고 할 수도 있다. 공동의 선은 자체적이고도 보편적인 것으로서, 이를 실현한다는 것은 그것을 곧 타인에 대해서도 존재하게 한다는 것에 지나지 않는다. 앞에서 보았던 덕성의 의식과 세계행로라는 두 측면에서 공동의 선은 추상적으로 나타났지만 이제 이들은 더 이상 분리됨이 없이 싸움의 한복판에서, 이 싸움을 거치면서 다 함께 선을 정립해 나가게끔 되어 있다. 그러나 유덕한 의식은 세계행로를 선과 대립하는 것으로 간주하여 이에 맞서 싸우게 된다. 이때 이 세계행로가 이 의식에게 제공하는 것은 공동의 선이지만, 이는 단지 추상적인 보편적 선에 그치는 것이 아니라 개체적인 생명이 불어넣어지고 타자에 대해서도 존재하는 현실적인 선이다. 이런 까닭에 덕성이 그 어디서 세계행로와 맞닥뜨린다 하더라도 거기서는 언제나 선 자체가 존재하고 있다. 이 선은 세계행로 자체의 생명줄과도 같이 그 도상에 벌어지는 온갖 현상의 구석구석에까지 불가분하게 얽혀든 채 세계행로의 현실 속에 굳건히 뿌리를 내리고 있다. 그러므로 결국 세계행로는 덕성으로서는 해칠 수 없는 불사신이나 마찬가지이다. 그런데 이처럼 선이 현존하고 그로써 해칠 수 없는 것이 돼 버린 이 세상이야말로 덕성이 그 스스로 위험에 빠뜨리고 희생하려 했던 온갖 요소이다. 그리하여 싸움은 어쩔 수 없이 보존과 희생 사이를 오락가락하게 된다. 거기서는 자기 것을 희생할 수도 남의 것을 해칠 수도 없다. 덕성은 마치 싸움을 벌여 나가는 와중에도 오로지 자기 칼날이 피에 젖지 않게 하려고 신경을 곤두세우는 전사와 같다. 아니 그보다도 오히려 무기를 보호하기 위해 싸움을 시작했다고도 할 수 있다. 이 싸움에서 덕성은 자기 무기를 사용하지 않아야 할 뿐만 아니라 자신의 공격이 적의 무기를 손상시키지 않도록 배려도 해야만 한다. 왜냐하면 이 모든 것이 덕성이 싸움에서 얻어 내려고 하는 선의 귀중한 일부이기 때문이다.

그런데 이 적에게서는 자체적인 선이 본질이 아니라 개체성이 본질이 된다. 개체성으로 뒷받침된 적의 힘은 보편자를 부정하는 원리이므로 이 원리 앞에서는 그 무엇도 존속할 수 없고 절대적으로 신성한 것일 수 없다. 이 원리는 모든 것을 사라지게 할 수 있으며 이런 소멸을 견뎌 낼 수도 있다. 그리하여 개체성을 원리로 하는 세계행로는 그 자신이 휘두르는 부정의 힘을 통해서나 그의 적수인 덕성이 처해 있는 모순을 통해서나 자신의 승리를 확신할 수 있다. 덕성에서는 잠재해 있던 자체적인 것이 세계행로에 대해서는 제 모습을 드러낸다. 세계행로는 덕성을 구속하는 고정적인 온갖 요소로부터 벗어나 있다. 세상행로 속에 있는 의식은 그런 요소를 지배하며 마음 내키는 대로 폐기할 수도 존속시킬 수도 있으므로 그런 요소에 구속되어 있는 덕성의 기사마저도 똑같이 손아귀에 넣어 버린다. 둘러진 기사는 그런 요소를 마치 겉에 둘러진 외투처럼 훌훌 벗어던지고 자유로워질 수는 없다. 왜냐하면 그에게는 이런 요소야말로 도저히 버릴 수 없는 자기의 본질이기 때문이다.

끝으로 자체적인 선이 어딘가에 몸을 숨기고는 약삭빠르게 움직여서 세계 행로의 배후를 엄습한다는 생각을 해볼 수도 있지만 그런 희망이란 애초에 부질없는 헛된 희망이다. 세계행로는 자기 자신을 한없이 확신하는 자각적 인 의식이므로 뭔가가 배후에서 닥쳐오게 놓아두지 않고 언제라도 그것을 맞받아칠 수 있도록 사방팔방을 살피고 있다. 그것은 모든 것을 자각하여 자 기 눈앞에 두고 있는 의식인 것이다. 이에 비해 자체적인 선은 적과 대결할 때는 앞에서 보았듯이 싸움에 말려들지만 적과 맞서지 않고 그 자체만으로 있을 때는 소질이나 재능과 같은 수동적인 도구로서 현실성 없는 소재에 지 나지 않는다. 자체적인 선은 구체적인 존재라고 여겨진다 해도 어딘가 알 수 없는 배후에 도사린 채 잠들어 있는 의식이라고 할 만한 것이다.

그리하여 사실상 추상적이고 비현실적인 본질을 자기의 목적으로 하여 현 실에 관해서는 다만 말로만 그치는 구별을 바탕으로 행동하고 있을 뿐인 덕 성은 세계행로에 패배하고 만다. 덕성은 개인을 희생하여 선을 실현하는 데 뜻을 두었지만 현실을 주도하는 것은 다름 아닌 개인이다. 선이란 자체적으 로 있는 것으로서 실제로 존재하는 것과는 대립된다고 하지만, 이 자체적인 것은 그 실재성과 진리로 보건대 오히려 존재 그 자체라고 할 수 있다. 자체 적인 것은 현실과 대립하는 한에서는 추상적인 본질에 지나지 않는다. 그런 데 이 추상적인 본질은 참으로 존재하는 것이 아니라 의식에 대해서 존재할 뿐이다. 그렇다면 오히려 자체적인 것은 본디 현실적이라고 불리는 것이어 야 할 터이다. 왜냐하면 현실적인 것은 본질적으로는 타자에 대해서 존재하 는 것이며, 따라서 현실적인 것이란 존재하는 것이기 때문이다. 그런데 덕성 의 의식은 자체적인 것과 존재하는 것이라는 아무 진리성도 내포하지 않는 구별에 바탕을 두고 있다. 덕성의 의식에 따르면 세계행로는 개인을 원리로 하고 있으므로 선이 전도된 상태라고 한다. 하지만 실은 개인이야말로 현실 의 원리이다. 왜냐하면 개인이야말로 자체적으로 존재하는 것은 동시에 타 자에 대해서 존재하는 것이 되도록 매개하는 의식이기 때문이다. 세계행로 는 불변의 선을 전도시켜 버린다고는 하지만 실은 추상적인 무(無)로서의 선을 실재하는 것으로 전도시켜 놓는 것이다.

이리하여 세계행로는 덕성이 세계행로와 대립하면서 노리는 것을 제압하고 만다. 즉 본질이 결여된 추상물을 본질로 삼고 있는 덕성의 의식을 제압하는 것이다. 그러나 세계행로가 이렇게 거두어들인 승리는 결코 실재적인 상대에 대한 승리가 아니라 아무런 근거도 없이 날조된 구별에 대한 승리이며, 인류의 행복이니 인간성의 억압이니 또는 선을 위한 희생이니 천부적 소질의 악용이니 하는 등등의 미사여구에 대한 승리이다. 이렇듯 이상적인 생각이나 목적은 사람들의 마음을 들뜨게 하지만 이성을 빈껍데기로 만들고 또 교화적이기는 하지만 아무것도 제대로 건설하지 못하는 공허한 말에 지나지 않는다는 것이 뚜렷해지면서 이제는 붕괴되어 사라지고 만다. 덕의 의식이 늘어놓는 이러한 말은 미사여구가 총동원된 웅변이기는 할지언정, 알고 보면 이런 고귀한 목적을 위해 행동한다고 자처하면서 아주 훌륭한 헛소리를 떠벌리는 개인이 실은 자기를 훌륭한 인격자라고 생각하고 있다는 점만을 뚜렷이 보여 주는 실속 없는 웅변일 뿐이다. 이는 자기 머리와 남의 머리를 뜨겁게 달구기는 해도 결국 허황된 호언장담에 지나지 않는다. 고대인의 덕성은 민족의 실체를 내용이 풍부한 토대로 하여 이미 현실에 존재하는 선을 목적으로 삼았으므로 명확하고 확실한 의미를 지니고 있었다. 따라서 고대인의 덕성은 현실과 대립하여 그 현실이 총체적으로 전도되었다고 생각지는 않았고 또한 세계행로와 대립하는 일도 없었다. 그러나 지금까지 보아 온 덕성은 실체를 일탈한 본질 없는 덕성이며, 고대인의 덕성과도 같은 실질적인 내용은 갖추지 않은 한낱 표상과 말잔치로 끝나는 덕성이었다. 세계행로와 말로만 싸우고 있는 덕성의 공허함은 그 미사여구에 담겨 있는 의미가 어떤 것인지 밝히려고 하면 금세 탄로가 나 버린다. 그래서 그런 미사여구는 애초에 잘 알려진 것으로 전제되어 있는 것이다. 이렇듯 잘 알려진 것을 밝혀 보라는 요구 앞에서 덕성은 새로운 미사여구를 또다시 줄줄 읊어대거나, 아니면 마음속으로는 그런 미사여구가 무엇을 의미하는지 이야기하고 있다면서 마음에 호소하는 식으로 대항하거나 둘 중 하나이리라. 말하자면 덕성은 그것을 실제로 말할 능력이 없음을 자백하는 꼴이다. 이런 웅변의 공허함은 무의식적인 형태로나마 교양 있는 현대인들을 통해 확신되기에 이른 듯싶다. 이유인즉 그렇듯 마구 쏟아 내는 미사여구나 이를 자화자찬하는 모습에 사람들은 이미 흥미를 잃어버렸기 때문이다. 한낱 권태로움을 자아내는 미사여구 앞에서 흥미가 사라지는 것은 당연한 일이다.

지금까지 이야기한 덕성과 세계행로의 대립에서 빚어진 결과는 의식이 아직 현실성을 띠지 않은 자체적인 선의 관념을 실속 없는 외투인 양 팽개쳐 버린다는 것이다. 이 싸움의 와중에 의식이 경험한 것은, 세계행로의 현실이 곧 보편정신의 현실인 이상 세계행로도 겉보기만큼 나쁜 것은 아니라는 사실이다. 이와 더불어 개체성이야말로 자체적인 선을 실현하는 힘인 이상 개체성을 희생하여 선을 구현한다는 수단도 폐기된다. 그리하여 세계행로에서 전도된 상태라는 것도 결코 선이 전도된 것이 아니라 단순히 목적으로 정립된 현실적인 선으로 전도된 것이라고 해야겠다. 결국은 개인의 운동이 보편정신을 실재화하는 것이 된다.

그러나 동시에 자체적인 선의 의식에 대립하던 세계행로도 마찬가지로 제압되어 사라져 버린다. 세계행로가 자체적인 선과 대립하는 한, 개인의 독자적인 존재는 본질에 해당하는 보편정신과 대립함으로써 자체적인 선과는 단절되어 있는 현실로 나타났다. 그러나 현실이 보편정신과 불가분하게 통일되어 있음이 밝혀진 마당에 세계행로에서의 개개인의 독자적인 존재도, 덕성의 자체적인 선도 하나의 국면일 뿐이어서 더 이상 존재하지 않게 된다. 물론 세계행로에서 온갖 세파를 헤쳐 나가야 하는 개인으로서는 마치 그가 자기만을 위해서 이기적으로 행동하는 듯이 지레짐작할 수도 있겠지만 사실 그는 스스로 짐작하는 것보다 더 선한 존재여서, 그의 행위는 동시에 자체적인 선을 실현해 나가는 보편적 행위이기도 하다. 개인이 이기적으로 행동할 때는 단지 자기가 무엇을 하고 있는지 모를 뿐이다. 또한 모든 사람이 이기적으로 행동한다고 개인이 단언할 때는 단지 모든 사람이 행위란 무엇인지를 의식하고 있지 못하다고 주장하는 것일 뿐이다. 개인이 자기를 위하여 행동할 때는 아직 자체적으로만 존재하고 있는 선 그 자체를 현실로 이끌어 내고 있는 것이다. 따라서 자체적인 선과 대립하는 것으로 짐작되던 이기적인 목적이나 약삭빠른 행태, 그리고 더 나아가 어디서나 사사로운 이익을 앞세우고 득의양양하며 큰소리치는 작태란 모두가 자체적인 목적이나 웅변과 마찬가지로 사라지고 마는 것이다.

그러므로 이제는 개인이 행동하며 이루는 것이 그대로 목적 그 자체가 된다. 생명 없이 죽어 있는 자체적인 것들에게 생명을 불어넣는 것은 여러 가지 힘을 사용하는 일이며 힘의 발현을 작용시키는 일이다. 즉 자체적인 것은 실행되지 않은 채 잠재되어 있는 추상적인 보편정신이 아니라 그 자체가 그대로 개인이 자기 활동을 전개하는 현재이자 현실이 된다.

3. 절대적으로 실재하는 개인

자기의식은 지금까지 오직 방관자인 우리에게만 알려져 있던 개념, 곧 자기가 온갖 실재라는 데 대한 자기확신을 마침내 자기 것으로 포착했다. 이제 자기의식에게는 천부적 소질이나 재능과 같은 보편적인 요소와 개체성과의 상호침투작용이 목적과 본질이 되어 있다. 양자가 어우러져 통일되기 이전에 개별적인 요소가 충실해지고 침투되어 가는 각 단계가 지금까지 고찰되어 온 의식의 목적이었다. 이러한 목적들은 추상이나 환영으로서 이제는 소멸되어 버렸다. 이들은 정신적인 자기의식이 지녔던 초기의 부실한 형태에 귀속되는 것이며 그 진리는 마음이나 자만이나 미사여구와 같이 멋대로 상정된 존재 속에 있었을 뿐 이성 속에 있었던 것은 아니다. 그런데 지금 여기서 절대적으로 자기의 실재성을 확신하고 있는 이성은 더 이상 직접 존재하는 현실과 대립하는 목적으로서 먼저 자기를 형성하려 하는 것이 아니라 범주 그 자체를 의식의 대상으로 하고 있다. 다시 말하면 이성이 갓 등장했을 때 타자를 부정하고 오직 자기와 맞서 있던 자기의식은 이미 폐기되어 있다. 자기의식은 자기를 부정하는 듯한 현실을 의식하고는 이를 폐기함으로써 비로소 자기의 목적을 이룬 것이다. 그런데 이제 목적과 자체적 존재는 타자에 대해서 있는 눈앞의 현실과 동일한 것으로서 나타난 이상 진리와 확신은 더는 분리될 수 없다. 만약 그렇다면 정립된 목적이 자기의 확신이 되고 목적의 실현은 진리로 간주되거나, 아니면 목적이 진리이고 실현은 확신으로 간주되거나 어느 쪽이든 상관없을 것이다. 그러므로 진리와 확신은 더 이상 분리돼 있는 것이 아니며, 본질과 목적은 절대적으로 눈앞의 현실과 일체화되어 있다는 확신을 지닌다. 여기서 즉자존재와 대자존재, 보편성과 개체성이 상호침투해 있는 것이다. 결국 행위가 그 자체로서 진리이고 현실이며 개인의 표현이나 발언이 행위의 절대적인 목적 그 자체가 된다.

이런 개념을 얻은 자기의식은 한편에 자기와 대립하는 범주가 있고 다른 한편에 관찰이나 행위를 통하여 이 범주와 관계하는 자기가 있다는 식의 규정으로부터 벗어나 자기에게 되돌아와 있다. 자기의식이 순수한 범주 자체를 자기의 대상으로 하는 가운데 마치 범주가 범주를 의식하는 것과 같은 양상을 띤다. 이로써 자기의식은 지금까지 있었던 자기의 온갖 관계를 다 청산했다. 이전의 관계들은 이제 망각되어 더 이상 눈앞의 현실로서 자기의식과 대립하면서 등장하지는 않고 단지 자기의식 내에서 투명한 계기로 전개되는 데 지나지 않는다. 그러나 이런 계기가 의식 속에 나타날 때면 거기에 얽혀 있는 갖가지 요소는 저마다 뿔뿔이 운동하는 모습을 드러낼 뿐, 아직 전체가 실체적인 통일 속에 종합되어 있지는 않다. 하지만 그 모든 요소 속에서 자기의식은 존재와 자기의 단순한 통일을 확보하고 있으니, 이러한 통일은 곧 그 요소들의 유(類)로 나타난다.

이와 더불어 의식은 그의 행위에 뒤따르는 온갖 대립과 제약을 떨쳐 버렸다. 자기를 기준점으로 새로 출발하게 된 자기의식은 타자를 향해 가는 것이 아니라 자기 자신을 향해 간다. 이제는 개인이 그대로 현실인 이상 그가 작용을 가하는 소재와 행위의 목적은 모두 행위 자체에 얽혀 있다. 그러므로 행위는 허공을 자유자재로 맴도는 둥근 고리 운동을 하면서 마음 내키는 대로 커졌다 작아졌다 하며 자기 안에서 자기하고만 유희를 벌이면서 완전한 만족을 누리고 있다. 이때 개인이 스스로의 형태를 드러내는 장(場)은 그의 형태를 순수히 받아들여 주는 장이다. 본디 이 장은 의식이 자기를 드러내 보이려고 하는 밝은 곳이다. 행위는 아무것도 바꾸지 않고 아무것도 거스르지 않는다. 행위는 다만 보이지 않는 것을 보이는 것으로 옮겨 놓는 순수형식일 뿐이다. 이때 밝은 빛 아래 드러내져서 표현되는 내용은 이 행위에 자체적으로 잠재해 있던 것 말고는 아무것도 아니다. 행위에 자체적으로 잠재해 있는 것은 곧 사유된 통일체로서의 행위의 형식으로, 이것이 현실로 옮겨지면 존재하는 통일체의 형식을 띤다. 이때 행위 그 자체의 내용은 그 스스로 이행하고 운동한다는 규정에 반하여 단일한 존재의 규정을 지니는 것이 된다.

1) 정신적인 동물의 왕국과 기만, 또는 '사태 그 자체'

그 자체로 실재적인 개인은 무엇보다 먼저 하나의 특정한 개별자로 존재한다. 따라서 개인이 스스로 획득했다고 알고 있는 절대적 실재성은 개인이 그렇게 의식하고 있는 바에 따르면 내실도 내용도 없는 추상적이고 보편적인 것으로서, 단지 범주에 대한 공허한 사상에 그칠 뿐이다. 따라서 이제부터는 그 자체로 실재하는 개인이라는 개념이 각 요소 속에서 어떻게 규정되고 있으며 또 개인의 자기에 대한 개념이 개인에게 어떻게 의식되는가를 살펴봐야만 하겠다.

개인은 이때 그 자신이 온갖 실재임을 자각하고 있지만 이 개념은 일단 여기서는 하나의 결과물로 주어져 있다. 실재한다는 개인은 아직 그 자신의 운동과 실재성을 표현하지는 않은 채 다만 단순한 자체적 존재로서 매개되지 않고 그대로 있을 뿐이다. 그러나 개인에게는 운동으로 표출되는 부정성이 갖추어져 있어서 이것이 단순히 그 자체로 있는 개인에게 일정한 성질을 안겨 준다. 이렇게 해서 단순히 그 자체로 있는 개인은 일정한 틀을 갖추고, 근원적이면서도 일정한 본성을 지닌 존재로서 등장한다. 이때 근원적인 본성이란 개인이 본디 자체적인 존재이기 때문이며, 근원적으로 일정하게 규정된 존재란 부정적인 요소가 그 자체적인 존재에 속해 있어서 일정한 성질을 이루고 있기 때문이다. 그런데 개인의 존재는 그러한 제한을 받더라도 의식의 행위까지 제한을 받는 것은 아니다. 왜냐하면 여기서 의식의 행위는 전적으로 자기 자신과의 관계 속에서 이루어질 뿐이라서 행위에 제한을 가져올 만한 타자와의 관계는 폐기되어 있기 때문이다. 따라서 근원적으로 규정된 본성이란 단순한 원리라는 데 지나지 않으며, 다시 말해 투명한 보편적 장일 뿐이다. 이 장에서 개인은 자유롭고 자기동일적인 상태를 유지하며 마음 내키는 대로 자기의 구별된 모습을 전개하여 자기를 실현해 나가면서 자기와 순수한 상호작용을 한다. 이는 마치 틀이 잡혀 있지 않은 동물의 생명이 물·공기·흙과 같은 자연 환경으로서의 장이나 거기에 깃들어 있는 한층 특수한 여러 가지 원리에 자기의 숨결을 불어넣고 자기의 존재 일체를 그 속에 침잠시키면서도, 자연환경에 제한을 받지 않고 자신의 존재를 스스로 지배하는 개별적인 생명인 채로 특정한 유기조직을 갖추고서도 보편적인 동물의 생명을 그대로 유지해 나가는 것과 흡사하다.

자유롭고 완전히 안정된 의식과 함께하는 이렇게 규정된 근원적 본성은 곧 개인이 목적으로 삼는 직접적이고 유일한 본디의 내용이다. 이 내용은 일정한 틀을 갖춘 내용이긴 하지만 실은 우리가 그 자체로 있는 개인을 따로 떼어 놓고 볼 때에만 내용으로 나타난다. 사실 이 내용은 개성이 침투되어 있는 실재이며 개별적인 의식이 스스로 간직하고 있는 현실이다. 이때 개인은 존재하고는 있지만 아직 행위에 임하는 것으로 정립되어 있지는 않다. 이렇게 한정돼 있는 개인의 성질은 행위의 측면에서 본다면 한편으로는 존재하는 성질로 간주되기 때문에, 행위가 일어나는 장에 깔린 단일한 색조와 같으므로 행위가 뛰어넘을 만한 제약이 되진 않는다. 그런데 또 한편으로는 부정성은 존재에 규정을 가할 따름인데 행위는 그 자체가 부정성을 띠므로 행동하는 개인 속에서 그런 규정은 부정성 일반으로 해체된다. 다시 말해 모든 규정된 성질의 총체로 해체되는 것이다.

단순한 근원적인 본성은 행위나 행위의 의식이 될 때마다 그 행위에 따르는 구별을 나타낸다. 처음에 행위는 대상으로서, 더욱이 아직은 의식 쪽에 있는 대상이자 목적으로서 현존하기에 눈앞에 있는 현실과는 대립된다. 그 다음으로 정지된 것으로 표상된 목적이 발동하면서, 오직 형식적인 현실과 목적을 관련짓는 실현의 행위가 나타나는데 여기선 현실로 이행하기 위한 표상의 수단이 강구된다. 마지막 세 번째 단계에서는 행위자가 직접 자기 것으로 의식하는 주관적 목적으로서의 대상이 아니라 행위자 밖으로 벗어나 행위자에 대하여 타자로서 있는 대상이 나타난다. 그런데 이렇듯 실재하는 개체성과 관련된 여러 가지 국면은 그 분야의 내용으로 볼 때 다음과 같이 규정돼야 한다. 즉 이런 구별이 나타나도 내용은 어떤 국면에서나 여전히 동일하며 거기에 어떠한 구별도 생겨나지 않는다. 개체성과 세계의 구별, 목적과 근원적인 본성으로서의 개체성 또는 눈앞의 현실과의 구별, 그리고 수단과 절대적 목적인 현실과의 구별도 없고, 더 나아가서는 실현된 현실과 목적이나 근원적인 자연이나 수단과의 구별도 생겨나지 않는 것이다.

그러므로 무엇보다 먼저 개인의 근원적으로 규정된 본성, 그 타고난 직접적인 본질은 아직 행동할 태세를 갖춘 것이라고는 할 수 없다. 따라서 이는 특수한 능력, 재능, 성격 등으로 불린다. 이러한 정신의 독특한 경향은 목적 자체의 유일한 내용을 이루며 오직 이것만이 실재성을 띠는 것으로 간주된다. 만약에 의식이 이 내용을 뛰어넘어서 별개의 내용을 실현하려는 것이라고 생각한다면 이는 마치 의식이 무에서 무를 낳는다고 생각하는 것과도 같다. 더 나아가 근원적인 본질은 단지 목적의 내용이 되는 것만이 아니라 그 자체가 현실이기도 하다. 보통 이 현실은 행위를 위해 주어진 소재이거나 행위를 통해 가공되어야 할 눈앞에 있는 현실이라고 생각된다. 말하자면 지금의 이 행위는 아직 드러나지 않은 형식으로부터 명확히 드러난 존재라는 형식으로 그저 순전히 이행하는 것일 뿐이다. 이에 의식과 대립하여 그 자체로서 존재하는 현실이라는 것은 한낱 공허한 가상(假象)으로 전락해 버린다. 그리하여 이 의식은 행동으로 나아가려고 하면서 결코 허깨비와도 같은 눈앞의 현실에 현혹되어서는 안 되며 또한 공허한 사상이나 목적에 휘둘리지 않고 자기의 본질을 이루는 근원적인 내용을 중시해야만 한다. 물론 이 근원적인 내용은 의식이 그의 내용을 실현하고 난 뒤에라야만 비로소 의식에 깨우쳐질 수 있지만, 이렇게 되면 의식의 내부에만 깃들어 있다는 내용과 의식의 외부에 그 자체로 존재하는 현실과의 구별은 제거되어 버린다. 다만 본디 그 자체로 있는 것을 의식에 자각된 상태로 존재하게 하려면 의식은 행동을 해야 한다. 결국 행동이란 바로 정신이 의식으로서 생성하는 것이다. 의식은 스스로 즉자적으로 있는 것의 정체를 그 자신의 현실로부터 알아내게 된다. 따라서 개인은 행위를 통하여 현실로 인도되기 이전에는 자기가 누구이며 무엇인지 알지 못한다. 그렇다면 개인이 행위를 하지 않는 동안은 행위의 목적을 결정할 수 없다고도 생각된다. 그러나 동시에 개인의 의식 자체이므로 사전에 자신의 행위를 완전히 머릿속에 짜 놓고 있어야만 한다고, 즉 행동하기 전에 미리 목적을 설정해 놓아야만 한다고도 생각된다. 이렇게 되면 행위를 시작하려는 개인은 행위와 의식이라는 두 요소가 저마다 다른 요소를 미리 전제하고 있는 이상 악순환에 빠져들어서 출발점을 찾을 수가 없게 되어 버린다. 왜냐하면 개인의 목적이 되어야 할 근원적인 본질은 행위의 결과를 통해서만 비로소 파악될 수 있는데, 개인이 행동을 하려면 또 사전에 목적을 설정할 필요가 있기 때문이다. 그러나 바로 이런 까닭에 개인은 단도직입적으로 시작해야만 하고 그 어떤 상황에서도 시작이나 수단이나 종말에 대해 더 이상 신경 쓸 것 없이 행동해야만 한다. 왜냐하면 개인의 본질과 자체적으로 타고난 본성은 그야말로 시작과 수단과 끝이 모두 하나로 응어리져 있는 것이기 때문이다. 행위의 시작이 되는 본성은 행위의 온갖 상황 속에 나타나 있다. 개인이 뭔가에 관심을 품을 때면 이미 행위를 할 것인가 안 할 것인가, 한다면 무엇을 할 것인가 하는 물음에 대한 답이 주어져 있다. 왜냐하면 눈앞의 현실로 보이는 것은 실은 그 자체가 개인의 타고난 본성이며, 그런 본성이 존재한다는 가상의 형태를 띠고 나타난 것일 뿐이기 때문이다. 이 가상은 자기분열을 일으키는 행위의 개념에서 비롯되는데, 개인이 실제로 지니는 관심 속에 그의 타고난 본성으로서 표명되어 있다. 또한 마찬가지로 어떻게 할 것인가라는 수단의 문제도 완전히 결정이 나 있다. 실로 재능이라는 것도 타고난 일정한 개성이며 이는 목적을 이루는 단계에서 활용하게 될 내적인 수단이라고 간주된다. 그런데 실제로 목적에서 현실로의 이행을 실현하기 위한 수단이 되는 것은 그러한 재능과 관심 속에 현존하는 사태의 본성과의 통일이다. 재능이 행위의 수단으로 활용되는 측면을 나타낸다고 한다면 관심은 내용의 측면을 나타낸다. 양자는 다 함께 존재와 행위의 상호침투된 개체성 그 자체를 이룬다. 그러므로 현존하는 것은 먼저 자체적으로 개인의 타고난 본성이 그대로 모습을 드러내고 있는 주어진 상황이다. 그 다음에 오는 것이 관심인데, 이는 주어진 상황을 바로 자기의 목적으로서 정립하는 것이다. 상황과 목적 사이의 대립을 결합하고 폐기하는 것이다. 다만 이 결합은 그 자체가 역시 의식의 내부에 있으므로, 지금 살펴본 전체도 대립의 한쪽 측면을 이룬다. 이처럼 아직 남아 있는 듯이 보이던 대립은 또 현실로의 이행이라는 수단을 통하여 폐기된다. 이것이야말로 내적 수단이 갖는 한계를 넘어서 외면과 내면을 통일하는 것이다. 이리하여 수단은 이런 규정을 폐기하고 행위와 존재의 통일인 그 자신을 외면적인 것으로, 즉 실현된 개성 그 자체로 정립한다. 이 개성은 존재하는 것으로서 자기 자신에 대해 정립된 것이다. 이렇게 되면 행동 전체는 상황·목적·수단·작업이라는 그 어떤 면에서 보더라도 자기를 벗어나는 일이라고는 없다.

그런데 작업이 이루어지면 여기에는 근원적인 본성의 차이가 드러나는 듯이 보인다. 작업은 그 속에 표현되는 근원적인 본성과 마찬가지로 또한 일정한 성질로 규정되기 마련이다. 왜냐하면 행위로부터 해방되어 존재하는 현실이 된 작업은 독자적인 성질로서의 부정성을 갖추고 있기 때문이다. 그러나 의식은 부정성을 지닌 행위로서의 규정을 자기 스스로 지니고 있는 까닭에 작업과 대립하는 것으로 규정된다. 그러므로 의식은 작업이 일정한 성질로 규정돼 있는 데 비해 보편자의 처지에서 작업 결과를 서로 비교할 수 있고, 이 점에서 개인 그 자체를 서로 다른 것으로서 이해할 수 있다. 말하자면 영향력이 강한 작업 결과를 낳는 개인은 보다 강한 의지력을 지녔거나 아니면 타고난 기질이 덜 한정돼 있어서 보다 가능성이 풍부한 본성을 지닌 것으로 파악되고, 반면에 이와는 다른 본성을 가진 개인은 보다 약하고 빈약한 본성을 지닌 것으로 파악될 수 있다.

크기(양)에 관한 이런 비본질적인 구별과는 달리 선과 악의 구별은 절대적인 차이를 나타낼지도 모르지만 여기서는 아직 그 구별은 나타나지 않는다. 이런 경우 선이건 악이건 어차피 동일한 개인의 활동이며 자기표현이자 자기표명이라는 점에서는 모두가 선이다. 무엇을 악이라고 해야 할지 도대체 분명하지 않은 것이다. 열악한 작업 결과라고 불리는 것에는 일정한 본성을 지닌 개인의 생명이 불어넣어져 있으니, 이를 열악한 작업 결과라고 깎아내리는 것은 그런 작업 결과들을 서로 비교하는 사상의 탓일 뿐이다. 이러한 사상은 개성의 자기표현이라고 할 작업 결과의 본질과는 동떨어진 정체불명의 무언가를 거기서 찾아내려는 헛된 놀음에 지나지 않는다. 이 사상은 앞에서 얘기된 구별만을 비교 기준으로 삼는 셈인데 본디 이런 구별은 크기와 같은 비본질적인 구별로서, 갖가지 작품이나 개인을 서로 비교하는 데서나 생길 법한 구별이다. 그러나 그런 여러 가지 개인이나 작품은 서로 무관하여 저마다 오직 자기 자신과 관계할 뿐이다. 여기서는 타고난 본성만이 문제 그 자체를 이룬다. 이는 작품을 평가할 때의 기준이 되지만 반대로 작품이 근원적인 본성의 평가 기준이 될 수도 있다. 결국 양자는 서로 상응한다. 개인에 대해서 존재하는 것치고 개인에 의해 산출되지 않은 것은 아무것도 없으며, 개인의 본성도 행위도 아닌 현실은 존재하지 않는다. 다시 말하면 현실적이지 않은 개인의 행위나 개인 자체는 존재하지 않으며 여기서는 오직 개인과 현실이라는 두 요소만이 비교 대상이 된다.

그러므로 애초에 감정의 고조도 비탄도 후회도 생겨날 여지라곤 없다. 왜냐하면 그런 감정은 모두가 개인의 타고난 본성 또는 이 본성의 실현과는 별개의 내용이나 별개의 그 자체를 상정하는 데서 생겨나는 것이기 때문이다. 개인이 무엇을 하거나 어떤 일을 당하거나 간에 이는 오직 개인의 소치이며 바로 그 개인 자체이다. 여기서 개인은 자기 자신이 가능성의 밤에서 빠져나와 대낮 같은 현실 속으로 고스란히 옮겨져 추상적이며 자체적인 존재에서 현실적인 존재로 탈바꿈했다는 것을 의식하고 있을 뿐이다. 이때 개인은 대낮 같은 현실 속에서 자기에게 나타나고 있는 것은 바로 가능성의 밤에 잠들어 있던 것임을 확신한다. 물론 이러한 통일에 대한 의식도 가능성과 현실성의 비교라고 할 수 있지만, 이때 비교되는 것은 단지 외관상 서로 대립하는 듯이 보이는 것에 지나지 않는다. 개인 자신이 곧 현실존재임을 확신하는 이성의 자기의식에게 그런 대립은 단지 외관상 그렇게 보일 뿐이다. 그리하여 개인은 자기의 현실 속에서는 현실과 자기와의 통일 말고는 아무것도 찾아내지 못한 채 자기확신이 곧 진리이고 그의 목적은 언제나 이루어지게 마련이라는 사실을 알게 된다. 이런 깨달음 속에서 개인은 오직 희열만을 맛볼 뿐이다.

스스로가 개체와 존재의 절대적 상호침투임을 확신하는 의식은 이상과 같이 자기의 개념을 파악한다. 이제 우리는 이러한 개념이 경험에 의해서도 의식에게 확증되고 의식의 실재성이 이 개념과 일치하는지 살펴볼 것이다. 작업의 결과란 의식이 자기에게 실재성을 부여한 것으로서 본디 자체적으로 있던 개인이 자각적으로 드러난 것이다. 따라서 작업 결과 속에 있는 자기와 마주하고 있는 의식은 특수한 의식이 아닌 보편적인 의식으로서, 개인은 작품 속에서 보편적인 세계의 장(場)으로, 무한정한 존재의 장으로 퍼져 나간다. 작업 결과로부터 자기에게로 되돌아오는 의식은 대립 속에서 절대적 부정성을 발휘하는 행위의 주체인 이상, 한정돼 있는 자신의 작업 결과에 비해 실은 보편적인 존재이다. 따라서 의식은 작업 결과로서 존재하는 자기를 넘어서는 차원에서 그 자신의 작업만 가지고는 채워질 수 없는 무한의 공간이 된다. 앞에서는 개념 속에서 의식과 작업 결과가 서로 통일되어 있었지만 그렇듯 통일이 가능했던 이유는 작업 결과가 단지 그렇게 존재한다는 상태가 폐기되기에 이르렀기 때문이다. 그러나 작업 결과는 어쩔 수 없이 그것대로 존재하게 마련이므로, 이제는 작품이라는 존재 속에서 개인이 어떻게 자신의 보편성을 유지하면서 자기만족을 누릴 수 있는가 하는 점을 살펴봐야 할 것이다. 먼저 완성된 작업 결과만을 따로 놓고 고찰해야만 하겠다. 작업 결과는 개인의 본성 전체를 받아들인 것이므로 그 존재란 모든 구별된 요소가 전체 속에 침투되고 해소되는 가운데 성립된 행위이다. 이리하여 작업 결과는 존립하게 되는데 이때 근원적인 본성의 일정한 성질은 그 밖의 다른 일정한 본성과 대립하면서 외면으로 드러나고, 이 다른 본성이 근원적인 본성에 침투하듯이 후자도 전자에 침투하는 가운데 일정한 성질은 이 보편적인 운동 속에서 사라지는 요소가 되어 소멸하고 만다. 참으로 실재적인 개인의 개념에는 상황, 목적, 수단, 실현 등등 모든 요소가 서로 동등하게 포함되어 있고 일정한 근본적 본성은 모든 요소를 아우르는 보편적인 장으로서만 파악된다. 하지만 이와는 달리 이 장이 작업 결과로서 대상화할 경우에는 그 일정한 성질 자체가 작업 결과 속에서 현실로 나타나 그 진리를 유지하지만 곧 스스로 결과물 속으로 해체되어 버린다. 이렇게 해체되는 과정은 구체적으로는 일정한 성질의 당사자인 개인이 바로 이 특수한 개인으로서 현실화하는 모습을 띤다. 그러나 이 규정된 성질은 현실의 내용일 뿐만 아니라 형식이기도 하다. 다시 말해 애초에 규정된 성질이 스며들어 있는 현실 그 자체가 자기의식과 대립하는 것으로 있게 된다. 이런 측면에서 보면 현실은 개념의 테두리를 벗어난, 한낱 눈앞에 놓여 있는 낯선 현실로서 나타난다. 작업 결과물이 이렇게 존재한다는 것은 다른 개인에 대해서도 존재한다는 것인데 이는 다른 개인에게 낯선 현실로 나타난다. 그래서 다른 개인은 낯설게 다가오는 이 작업 결과를 떠밀어 내고는 대신 자기의 작업 결과를 정립함으로써 비로소 자기 행위를 통한 자기와 현실과의 통일을 의식하게 된다. 서로 다른 개인이 저마다 타고난 본성에 따라서 품게 되는 타인의 작업 결과에 대한 관심은 그 결과물을 이루어 낸 당사자의 고유한 관심과는 별개의 것이다. 그리하여 작업 결과물의 의미가 변색되어 버린다. 그러므로 보통 작업 결과는 유동하면서 타인의 능력이나 관심과 맞부딪쳐 말살되어 버리고 마는 덧없는 것으로서, 이는 개인의 실재성을 완성된 것으로 드러낸다기보다는 오히려 스러져 가는 것으로 표현한다.

이로써 작업하는 의식 속에는 행위와 존재의 대립이 생겨난다. 이 대립은 이전의 몇 가지 의식 형태에서는 행위의 맨 처음에 나타났지만, 행위와 존재와의 통일로부터 출발한 이 의식형태에서는 결과에만 나타난다. 그러나 사실은 의식이 자체적으로 실재적인 개인으로서 행동에 나설 때 이미 이 대립은 그 근저에 깔려 있었던 것이다. 왜냐하면 행동에는 일정한 근본적 본성이 타고난 자체적 요소로서 전제되어 있고 이 본성의 내용이 되는 것은 오직 순수한 실현이기 때문이다. 다만 순수행위는 자기동일적인 형식을 지니므로 일정한 근본적 본성은 이 형식에는 합치될 수가 없다. 이 경우에도 행위와 본성이라는 두 요소를 놓고 어느 쪽을 개념이라고 부르고 어느 쪽을 실재라고 부르는가는 문제가 되지 않는다. 근본적 본성은 처음부터 행위에 대해 생각되어 머릿속에 자체적으로 잠재해 있어서 이것이 행위를 통하여 비로소 실재성을 획득한다. 다시 말해 근본적 본성은 개인 그 자체나 작업 결과로서 이루어진 개인의 존재이며 행위는 절대적 이행이나 생성을 나타내는 근본개념이다. 이로써 의식은 그의 개념과 개념의 본질 속에 있는 실재와의 불일치를 그의 작업 결과 속에서 경험하여 알아차린다. 그리하여 의식은 마침내 그의 작업 결과 속에서 참다운 자기 모습을 드러낸다고 하겠으니, 의식이 지녀왔던 자기에 관한 공허한 개념은 이제 말끔히 떨쳐져 없어진다.

개인의 작업 결과는 자체적으로 실재하고 있음을 자각한 개인의 진리이기는 하지만 근본적인 모순을 안고 있다. 여기서는 개인적인 온갖 측면이 역시 모순을 지닌 것으로 나타난다. 개인의 행위는 부정에 의한 통일성을 바탕으로 온갖 요소를 포괄하고 있다. 하지만 개체성 전체를 내용으로 하는 작업 결과는 일단 그 행위에서 생겨나 존재하게 되면 그런 온갖 요소를 해방해 버린다. 그리하여 존립의 장(場)으로 옮겨진 요소는 서로 무관하게 그 안에 공존하게 된다. 이렇게 해서 개념과 실재는 저마다 목적과 근원적인 본질이라는 양면으로 분열된다. 이로써 목적이 참다운 본질에 들어맞는지, 아니면 타고난 자체적인 개체성이 목적에 들어맞는지는 우연한 문제가 된다. 마찬가지로 개념과 실재의 분열은 현실로의 이행과 목적 사이의 분열로서 나타나기도 하므로, 선택된 수단이 목적을 제대로 표현하고 있는지도 불확실하다. 끝으로 목적과 수단이라는 내면적인 요소들을 한데 묶어서 보면 이것이 서로 통일을 이루고 있는지 아닌지와는 상관없이 개인의 행위와 현실과의 관계 또한 우연한 관계가 되고 만다. 행운만 따라 준다면 잘못 설정된 목적이나 잘못 선택된 수단이라도 훌륭한 결과를 낳을 수 있겠지만 그와 반대되는 일도 일어날 수 있다.

이로써 의식은 그의 작업 결과물에서 의욕과 실행, 목적과 수단 그리고 다시 이들 내면의 요소 전체와 현실 사이의 대립을 깨닫는데, 이는 본디 의식 행위의 우연성에 내포돼 있는 것이다. 다만 여기서는 이와 더불어 행위의 통일성과 필연성도 현존하고 있다. 그런데 이 필연성의 측면이 우연성의 측면을 훨씬 넘어서는 까닭에 행위가 우연에 좌우된다는 경험은 그 자체가 한낱 우연한 경험에 지나지 않는 듯이 여겨진다. 행위의 필연성이란 목적이 그대로 현실과 결부되는 데에서 성립되는데 이 통일이 바로 행위의 개념이다. 행위가 이루어지는 것은 행위가 현실의 본질과 완벽하게 일치하고 있기 때문이다. 물론 작업 결과물 속에는 의욕 및 실행과 이로써 달성된 결과를 서로 대립시키는 것과 같은 우연성이 끼어들면서, 사태의 참된 모습을 나타내는 것으로 생각되는 이 경험이 행위의 개념과 모순될 수도 있다. 그러나 이 경험의 내용을 자세히 들여다보면 우리는 모순되는 내용이야말로 소멸되어 가는 결과물임을 알 수 있다. 소멸되는 사태는 지속되는 것이 아니라 결과물과 결부되어 현실화로서 나타나는 것이므로 결과물이 소멸되면 그 자신도 사라져 간다. 부정적인 요소는 자신이 부정하는 긍정적인 요소와 더불어 스스로 몰락하는 것이다.

이렇듯 소멸되는 사태가 소멸되는 것은 그 자체로 실재하는 개인 자신의 개념에 들어맞는 것이다. 왜냐하면 결과물을 소멸시키는 것이나 결과물에게서 소멸되어 가는 것 또는 경험이라고 불리는 것에 개인 자신의 개념을 뛰어넘는 위력을 부여하는 것은 바로 대상적인 현실이지만, 이 현실은 더 이상 진리로서 의식되지 않는 요소이기 때문이다. 진리는 오직 이 요소와 행위의 통일 속에만 깃들어 있을 뿐이고, 참다운 작업 결과물이란 행위와 존재, 의욕과 실행을 통일한 것이다. 따라서 의식의 근저에 놓여 있는 확신으로 말미암아 이 확신과 대립되는 현실은 다만 의식에 대해서 있을 뿐이다. 자기에게 되돌아와 일체의 대립을 소멸시키는 자기의식으로서의 의식 속에서는 더 이상 의식이 현실과 대립하는 독자적인 존재의 형식을 띠는 일이라곤 없다. 오히려 작업 결과물에서 나타나는 대립이나 부정성은 이제 결과물 또는 의식의 내용에만 관련되는 것이 아니라 현실 그 자체에도 관련되고, 그럼으로써 또 현실을 통하여 현실에서만 나타나는 대립이나 결과물의 소멸에도 관련되어 있다. 이리하여 마침내 의식은 그 자신이 이루어 낸 유동적인 덧없는 결과물을 떠나 자기에게 돌아옴으로써 자기가 지닌 개념이나 확신을 행위의 우연성에 대한 경험과 비교해서 그 개념과 확신이야말로 존재하고 지속되는 것이라고 주장하게 된다. 이제 의식은 실제로 자기의 개념을 경험하기에 이르렀으니, 곧 현실이란 그 자체로서 자존하는 존재가 아니라 단지 의식에 대해서 존재하는 하나의 요소에 지나지 않는다는 것이다. 의식은 현실을 소멸되는 요소로서 경험한다. 따라서 의식에게 현실은 다만 행위와 같은 보편성을 지니고 존재하는 것에 지나지 않는다. 결국은 존재와 행위를 통일한 것이 참다운 작업 결과물이다. 이것이야말로 오직 자기를 관철시켜 나가는 지속적인 것으로 경험되는 '사태 자체'다. 이는 어떤 개인적인 행위 그 자체, 상황, 수단, 현실과 같은 우연한 요소에 좌우되는 사태가 아니다.

'사태 자체'는 이런 우연적인 요소가 저마다 따로 떨어져 있다고 여겨질 경우에는 이들과 대립하는 관계에 있지만, 본질적으로 그것은 현실과 개인이 상호침투된 데에 성립되는 것이므로 그러한 요소의 통일체라고 할 수 있다. 그것은 보편적인 순수한 행위이면서 동시에 바로 이 개인의 행위이기도 하고, 이 행위는 또 현실과 대립하는 특정한 개인의 행위이며 목적이기도 하다. 게다가 그것은 이 일정한 것의 편에서 반대편으로 이행하는 것이기도 하고 결국 의식과 대치해 있는 하나의 현실이 된다. 그러므로 '사태 자체'란 정신적 본질성을 나타내고 있으며 여기서는 그 모든 요소가 독자성을 상실하고 보편적인 것이 된다. 또 여기서 의식의 자기확신이 대상적인 본질인 하나의 사태로 나타난다. 그것은 자기의식의 고유한 것으로서 자기의식으로부터 생겨난 대상이면서도 대상 특유의 자유로운 모습을 잃지 않고 있다. 감각적 확신이나 지각의 대상이었던 '사물'은 지금 여기에 이르러서 자기의식에 대해 자기의식에 의해서만 비로소 그 의미를 얻은 것이다. 이 점에서 '사물'과 '사태'는 서로 구별된다. 이리하여 감각적 확신 또는 지각에서 일어났던 운동과 대응하는 하나의 운동이 지금 여기에서도 펼쳐지게 된다.

그러므로 '사태 자체'는 개인과 대상 세계가 서로 침투해 있는 모습으로 대상화되어 있는데 자기의식은 여기에서 그 자신의 참다운 개념을 발견하고 자기의 실체를 의식하기에 이른다. 동시에 여기서는 자기의식이 이제 비로소 실체의 의식이 되어 아직 실체를 직접적으로 의식하고 있을 뿐이다. 이것이 이 경우의 한계이며, 여기서 정신적 본질은 현존하고 있을망정 아직은 참으로 실재적인 실체에까지 이르러 있지는 않다. 이렇듯 실체에 대한 직접적인 의식에 의해서 포착된 '사태 자체'는 단순한 본질적 존재의 형식을 띤다. 이 본질적 존재는 보편자로서 서로 다른 온갖 요소를 포함하고 그런 요소에 귀속되어 있긴 하지만, 한편으로는 그런 특정한 요소와는 무관하게 독자적으로 존재하는 자유롭고 단순한 추상적인 것으로서 본질적인 의미를 지닌다. 개인의 타고난 자질이나 특정한 개인의 가치를 구성하는 목적, 수단, 행위 그 자체, 현실세계 등과 같은 갖가지 요소는 실체를 자각하는 의식 속에서는 한편으로 '사태 자체'와는 무관한 개별적 요소로서 폐기되거나 무시될 수도 있다. 하지만 이 요소들은 모두 합쳐져서 '사태 자체'를 본질적으로 가치 있는 존재로 만들어 주고 있으니, 이는 사태 자체가 그런 요소들의 추상적 보편자로서 여러 요소들 하나하나에 대응하여 존재하면서 이들의 술어(述語)가 되는 형태에서만 가능한 일이다. 여기서 사태 자체는 아직 주어나 주체가 될 수 없으며 그 대신 그런 요소들이 주어 자리를 차지한다. 왜냐하면 이 요소들은 개별성의 측면에 속하는데 사태 자체는 아직 단순한 보편자에 지나지 않기 때문이다. 이 사태 자체는 유에 해당한다. 그리고 이 유는 그 종에 속하는 이 모든 요소 속에 존재하면서 또 그것들과 관계없이 자유롭기도 하다.

한편으로 '사태 자체'가 표현하는 이상주의 관념에 다다르고 다른 한편으로는 이 형식적인 보편성에 사태 자체의 진리가 있다고 생각하는 의식은 '성실한' 의식이라고 불린다. 이 의식은 언제나 사태 자체에만 골몰하여 사태 그 자체의 서로 다른 요소나 종속에서 이리저리 움직이고 있다. 만약 어떤 요소나 어떤 의미 속에서 사태 자체를 끝내 발견하지 못할 경우라도 또 다른 요소 속에서 사태 자체를 손에 넣을 것으로 생각하므로 결국 이 의식은 개념상 손에 넣을 수밖에 없는 만족을 실제로 늘 누리게 된다. 이때 의식은 어떻게든지 사태 자체를 실현하고 성취하게 된다. 왜냐하면 사태 자체라는 것은 어떤 요소라도 전폭적으로 수용하는 보편적인 유라는 점에서 모든 것의 술어에 해당하기 때문이다.

성실한 의식은 어떤 목적을 실현하지 않았을 경우라도 목적을 추구하기는 했으므로 목적 그 자체를, 즉 아무것도 이루지 않는 순수한 행위를 가치 있는 사태 자체로 여긴 셈이다. 그러므로 의식은 어쨌든 뭔가가 행해졌고 추구되었다는 것을 위안으로 삼을 수 있다. 사태 자체라는 보편자는 부정적인 소멸의 요소조차 포함하고 있으므로 작업 결과가 무위로 끝난 것도 자기의 행위인 것이다. 이 의식은 타인으로 하여금 그렇게 하도록 부채질한 것은 자기라고 하면서 자기의 현실이 소멸되어 버렸는데도 여전히 만족감을 느끼는 것이다. 이는 말썽꾸러기 아이가 뺨을 얻어맞고도 상대로 하여금 그렇게 뺨을 치도록 한 사람은 자기 자신이라는 점에서 우쭐거리는 것이나 마찬가지이다. 이번에는 또 이 의식이 가치 있는 사태 자체를 실현하려는 시도조차 없이 아무 일도 하지 않았을 경우, 그것은 누가 원한 바 없는 일이라는 것이 된다. 결국 사태 자체는 자기의 결심과 실재세계의 통일로서, 자기가 하고자 하는 일밖에는 할 수 없는 것이 현실이라고 이 의식은 주장한다. 끝으로 뭔가 자기의 관심을 끄는 것이 자기가 거들지 않았는데도 성사되었을 경우, 그러한 현실은 자기가 이루진 않았다 하더라도 자기가 거기에 관심을 갖는다는 이유만으로 가치 있는 사태 자체라고 할 수 있다. 그렇게 성사된 것이 운 좋게 그와 개인적으로 연관될 경우에는 이를 자기 행위의 결과이자 자기의 공으로 돌릴 수 있다. 또 그것이 자기와는 관련되지 않은 세계적인 일이라도 자기와 관련이 있는 것으로 간주할 수 있다. 이렇게 해서 행위가 따르지 않는 관심이라도 당사자로 하여금 그것을 반대하고 공격하는 반대파로 만들거나 그것을 옹호하고 지지하는 찬성파로 만들기도 한다.

그런데 사실 이 의식의 성실함과 이 의식이 언제 어디서나 체험하는 만족감은 보는 바와 같이 가치 있는 사태 자체란 무엇인가에 대해 의식이 자기 사상을 제대로 종합하지 못한 데서 생겨났다고 할 수 있다. 가치 있는 사태 자체라는 것은 이 의식이 스스로 한 일이지만 아무런 결과물도 얻지 못한 것일 수도 있고, 순수한 행위와 공허한 목적일 경우도 있는가 하면 또한 행위 없는 현실인 경우도 있다. 의식은 그때마다 어떤 의미를 찾아서 이 술어의 주어로 삼고는 또 차례로 잊어버리고 만다. 단지 하고자 하는 의욕만 있거나 또는 하려고 하지 않았을 경우, 사태 자체는 공허한 목적이 되거나 생각으로만 그치는 의욕과 실행의 통일이 되고 만다. 목적이 이루어지지는 않았더라도 그럴 의욕만은 있었고 순수한 행동만큼은 했다고 스스로 위안을 얻는 경우, 또는 타인에게 어떤 행동을 하도록 부채질했다고 스스로 만족하는 경우에는 결국 아무 소득 없는 순수한 행위나 졸렬한 작업 결과물을 가치 있는 본질적인 것으로 여기는 셈이 되는데, 아무튼 그러한 것은 아무 성과도 없는 졸렬한 결과물이라고나 하겠다. 끝으로 운 좋게도 눈앞에 있는 뭔가 현실적인 것을 발견했을 경우에는 소행이 따르지 않은 그 존재가 그대로 가치 있는 사태 자체가 된다.

그러나 이러한 성실함이란 실은 겉보기만큼 성실한 것은 아니다. 왜냐하면 이 성실함을 지닌 의식은 서로 다른 요소들을 실제로 그런 식으로 뿔뿔이 흩어 놓을 만큼 무사상적이지는 않고 오히려 그러한 요소들이 서로 절대적으로 관계되어 있기에 그 사이에 대립이 존재하고 있음을 곧바로 의식할 수밖에 없기 때문이다. 순수한 행위는 본질적으로 그 당사자 개인의 행위로서, 이러한 구체적인 행위는 본질적으로 현실적인 내용을 지닌 사태다. 반대로 현실은 본질적으로 이 개인의 행위이면서 동시에 전체의 행위가 아닐 수 없다. 따라서 이 개인의 행위는 동시에 전체의 행위이기도 하며, 이는 현실의 경우에도 마찬가지이다. 말하자면 이 개인은 사태 자체의 추상적인 현실만을 문제 삼고 있는 듯이 보이지만 그와 동시에 실은 그 자신의 행위가 곧 사태 자체에 해당되는 것으로서 문제가 되고 있기도 하다. 그런데 또한 이 개인에게는 뭔가를 행하고 이루는 것 전부가 문제 되고 있으므로 여기서 이 개인은 그 일에만 열중해 있는 것이 아니라 어떤 사태가, 자기와 관련이 있는 사태가 관심의 대상이 되어 있다. 결국 개인은 자기의 이해관계나 자기의 행위만을 마음속에 두고 있는 듯이 보여도 역시 사태 일반과 영원불변의 현실을 문제로 삼고 있는 것이다.

사태 자체와 그 요소가 여기서는 내용으로 나타나 있지만 그것은 또한 당연히 의식의 형식으로도 나타난다. 사태 자체는 내용으로 등장하지만 어차피 소멸될 수밖에 없고 그렇게 소멸되고 나면 다음에 또 다른 사태가 등장한다. 따라서 그 어떤 사태라도 폐기되는 것이라는 성질을 안고 존재할 수밖에 없다. 그러나 이때 사태 자체에는 또한 의식과 관련되는 측면이 있다. 이 경우에 사태 자체는 자기 내면으로 되돌아가는 자체적인 것으로 존재한다. 그런데 사태 자체를 구성하는 여러 요소가 의식 속에서 서로를 뿌리치려는 모습은 이들이 그것 자체로는 정립되어 있지 않고 어디까지나 어떤 타자를 위해서만 정립되어 있음을 드러내 준다. 내용을 구성하는 하나의 요소는 의식에 의해 밝은 데로 내보내져서 타인의 눈에 띄게 표상되지만, 의식은 동시에 그 자리를 떠나 자기에게 되돌아와 그와 대립되는 요소를 내면에 간직한 채 자기의 독자적인 몫으로 대자적으로 보존하고 있다. 그러면서도 동시에 어떤 하나의 요소가 단지 밖으로 내몰리고 다른 하나의 요소는 안에 온전하게 보존되기만 한다는 뜻은 아니다. 의식은 그 어느 쪽과도 골고루 교류한다. 왜냐하면 의식에서는 양사 모두가 자기나 타자에 대해서 본질적인 가치를 지닌 것이기 때문이다. 전체를 놓고 보면 결국은 개체와 보편자와의 상호침투하는 운동이 있을 뿐이다. 그러나 이 전체는 이 의식에게는 단순한 본질적 존재로서, 즉 사태 자체라는 추상물로서 현존하는 데 지나지 않으므로 의식의 두 요소는 사태에서 분리되어 나온 채 뿔뿔이 흩어져 있게 된다. 이런 전체 모습을 놓고 보면 여기에는 오직 밖으로 나가는 작용과 자기를 보존하는 작용이 서로 단절된 채 교대로 등장하는 모습이 드러나 있을 뿐이다. 이처럼 전체를 위한 측면과 개인을 위한 측면이 교대로 나타나는 가운데 의식은 한쪽을 독자적인 본질적 요소로서 반성적으로 받아들이고 다른 한쪽은 단지 외적인 타자를 향해 있는 것으로 다룬다. 이로 말미암아 개인과 개인 사이에 유희가 벌어지면서 그야말로 양자가 자기 자신에 대해서나 타인에 대해서도 속고 속이는 상태에 처하게 된다.

어떤 개인이 뭔가를 완수하려고 마음먹었다고 하자. 그는 그 뭔가를 가치 있는 사태로 만들어 놓는 듯이 보인다. 이때 그의 행동은 타인의 눈에도 비치게 되고 그는 현실에 관여하고 있는 듯이 보인다. 그리하여 타인들은 그 개인의 행위를 가치 있는 사태에 대한 하나의 관심으로 받아들이며, 또 가치 있는 사태를 완수한다는 목적에 비춰 볼 때 그렇게 완수하는 당사자가 자기이건 타인이건 아무 상관이 없다고 여긴다. 그리하여 그들은 자기들이 이미 그 사태를 완수해 놓았음을 당사자인 개인에게 알려 주고 또 완수해 놓지 않았을 경우에는 협조할 것을 자청하여 일을 실행하게 된다. 이렇게 되면 최초의 당사자는 오히려 그가 당연히 차지하리라고 생각했던 위치에서 밀려나 버린다. 본디 일을 시작할 때의 그의 관심은 바로 자기가 그 일을 실천하고 이루는 데 있으므로 이제 타인들은 가치 있는 사태란 그런 것이었구나 하고 알아차리게 될 때 속았다는 느낌을 받는다. 그러나 사실은 주변 사람들이 그 일을 돕겠다고 나섰던 이유도 사태 자체 때문이 아니라 자기들의 행위를 스스로 눈여겨보면서 남들에게도 이를 보여 주기를 원했기 때문이다. 결국 주변 사람들 또한 자기들이 속았다고 투덜대던 경우와 똑같은 방식으로 타인을 속이려고 한 셈이다. 그런데 이렇게 해서 자기의 행위나 목표 달성, 즉 자기 힘의 유희가 가치 있는 사태라는 사실이 분명해지면 의식은 자기의 본질을 타인을 위해서가 아니라 자기를 위해서 추구하는 것이 된다. 이 경우에는 타인의 행위가 아니라 자기의 행위만이 문제가 될 뿐이다. 따라서 타인들은 자기들의 일을 처리하는 데 최초의 당사자는 아예 개의할 바가 못 된다고 생각하게 된다. 그러나 타인들은 여기서 다시 한 번 오해를 하고 있으니, 그들은 스스로 그렇게 생각하고 있던 상황에서 이미 빠져나와 있는 것이다. 다시 말해 그는 결코 이 개별적인 자기와 관련된 사안으로서가 아닌 모든 사람과 관련되는 보편적인 사안으로서의 그 일에 관심을 쏟고 있는 것이다. 의식은 타인의 행위나 작업 결과물에 끼어들고서도 이를 타인의 손에서 결코 빼앗아 올 수 없을 경우에는 적어도 그에 대해 일정한 판단을 내림으로써 관심을 나타낸다. 이를테면 개인의 의식이 타인의 행위와 결과물에 대해 보란 듯이 동의와 찬사를 보내는 경우 그는 그 작업 결과물 자체만을 칭찬하는 것이 아니라 동시에 그 결과물을 자기가 폄하하거나 비난하지 않는다는 점을 내세움으로써 자기의 관대함과 자제심을 뽐내고 있는 것이다. 개인의 의식은 결과물에 관심을 표시할 때 자기 자신에 대해 만족을 누리게 된다. 또 자신이 비난하는 결과물도 그는 기꺼이 받아들이는데, 이유인즉 그 덕분에 비난한다는 자기 자신의 행위를 즐길 수 있기 때문이다. 그런데 이런 타인의 간섭 때문에 자기가 기만당했다고 생각하고 그렇게 떠벌리는 사람들은 자기들도 똑같은 방식으로 타인을 기만하려고 든다. 그들은 스스로의 행위나 작업은 오직 자기를 위한 것이고 자기 자신과 자기의 본질을 실현하는 것만을 목표로 한다고 말한다. 그러나 그들이 무언가를 행하고 그로써 자기를 표현하여 백일하에 드러낼 경우, 그 행위의 결과는 보편적인 의식이나 모든 사람의 관여를 배제하려는 그 자신의 의지 표명과는 완전히 모순되고 만다. 그야말로 무언가를 실현한다는 것은 자기 것을 보편적인 장에 내놓음으로써 모든 사람의 것이 되도록 하는 것이기 때문이다.

이렇게 볼 때 오직 순수한 사태에만 관심을 쏟는다느니 하는 것은 자기와 타인을 모두 다 기만하는 일이다. 한 개인의 의식이 어떤 일을 시작할 때 우리가 경험하는 것은 마치 갓 짠 우유에 몰려드는 파리 떼처럼 타인들이 쏜살같이 달려와서 자기들도 그 일에 관심이 있다며 이런저런 참견을 하려 드는 상황이다. 이때 타인은 또 그들대로 처음 일을 시작한 당사자가 그의 작업 대상이 되는 사태에 마음을 쓰는 것이 아니라 오히려 자기의 것이라는 관점에서 일에 시작하고 있다는 사실을 경험하고 알아차린다. 이와는 반대로 오직 행위 그 자체로서의 힘이나 능력의 활용 또는 개성의 표현만이 본질적으로 중요하다고 할 경우에도 개인과 타인들이 여기서 실제로 겪게 되는 것은 양자가 모두 서로 감응하는 가운데 다같이 참여하도록 요청되는 사태로서, 결국은 순수한 행위나 한 개인의 특유한 행위가 아니라 타인에게도 열려 있는 사태 자체가 여기서는 핵심적인 사안이 되어 있다. 둘 중 어느 경우에나 생겨나는 것은 동일하지만 단지 그때 받아들여지고 인정되는 것이 서로 다른 의미를 지닐 뿐이다. 의식은 이 두 측면을 다 같이 본질적인 요소로서 경험하는 가운데 사태 자체의 본성이 어떤 것인가를 깨우치게 된다. 그것은 결코 공공의 행위나 개인의 행위와 대립되는 것도 아니려니와 또한 기존의 체제와 대립하여 거기에 깃들어 있는 온갖 요소로부터 벗어나 독립해 있는 유와 같은 행위도 아니다. 오히려 이때 의식이 경험하는 것은 바로 개개인과 모든 사람의 행위를 존재로 삼고 있는 본질, 행위를 그대로 타인을 위한 사회적 사태로 만들고 있는 본질, 사태를 모든 사람 각자의 행위로 만들고 있는 본질이다. 이러한 본질은 모든 본질의 본질이며 곧 정신적인 본질이다. 의식은 지금까지 논의된 행위의 그 어떤 요소도 결코 주어 노릇을 하지 못하고 오히려 보편적인 '사태 자체' 속으로 해소되어 가는 것을 경험한다. 이 무사상적인 의식 속에서 연달아 주어로 간주되던 개인의 온갖 요소는 개체이면서 또한 보편적이기도 한 단일한 개체성 속으로 흡수되어 버린다. 이제 사태 자체는 개인을 개인 자신이나 이 특유한 개인이면서 동시에 모든 개인이 되게끔 하는 주체적인 주어이다. 또한 그것은 모든 사람 각자의 행위로서만 존재하는 보편적 존재일 뿐만 아니라 개개의 의식이 자기만의 개별적인 현실이면서 동시에 모든 사람의 현실이기도 하다는 것을 인식하는 현실이다. 순수한 사태 자체란 앞에서 범주로 규정됐던 것이다. 즉 자아와 같은 존재이고 존재와 같은 자아이다. 그것은 아직 현실의 자기의식과는 구별되는 사유였지만 여기서는 현실적인 자기의식의 온갖 요소가 자기의식의 내용, 목적, 행위, 현실이라 불리고 또 자기의식의 형식인 대자존재 및 대타존재라고 불리는 한 단순한 범주로서의 사태 자체와 일체화되어 있으니, 이제는 '사태 자체'라는 범주가 동시에 내용 전체를 포괄하고 있다.

2) 법칙을 제정하는 이성

정신적인 본질이 단일한 형태로 존재하는 것이 순수한 의식이며 개개의 자기의식이다. 이제 개인의 근원적으로 규정된 본성은 자체적으로는 개인적인 활동의 장이며 목적이라는 적극적인 의미를 상실하고 단지 폐기된 요소가 된다. 이때 개인은 보편적 존재로서의 자기가 되어 있다. 반대로 형식적인 사태 자체는 자기 내부에서 자기를 여러 가지 모습으로 구별하는 행동적인 개인에게서 풍부한 내용을 받아들인다. 왜냐하면 개인에게 갖추어진 갖가지 구별된 요소가 바로 사태 자체라는 보편자의 내용을 이루기 때문이다. 범주는 순수의식이라는 보편적 원리일 때는 자체적이지만 한편으로 대자적이기도 하다. 왜냐하면 의식의 핵심적인 자기란 것은 또한 범주의 요소이기도 하기 때문이다. 예의 보편적 원리는 존재의 단일한 자기동일성을 나타내므로 범주는 절대적 존재이다.

그리하여 여기서 의식의 대상이 되는 것은 진리라는 의미를 띠게 된다. 그것은 그 자체로서 스스로 절대적으로 존재하며 가치가 있다는 의미에서 그렇게 존재하고 그러한 가치를 지닌다. 이것은 더 이상 확신과 진리, 보편자와 개별자, 목적과 실재성이라는 대립에 시달리는 일 없이 그 구체적 존재가 곧 자기의식의 현실이자 행위인 절대적인 존재이다. 따라서 가치 있는 사태라는 것은 인륜적 실체로서, 여기에 바탕을 둔 의식은 인륜적 의식이다. 이 의식의 대상은 진리로 의식되는데 이유인즉 의식이 자기의식과 존재를 하나로 통일하고 있기 때문이다. 이때 대상이 되는 진리는 여기에 자족하는 자기의식이 더 이상 이 대상을 초탈할 수 없으며 초탈하려고도 하지 않으므로 절대적인 가치를 지닌다. 여기서 대상을 초탈할 수 없는 것은 대상이 일체의 것을 포괄하는 존재이고 위력이기 때문이며, 초탈하려고 하지 않는 것은 대상이 핵심적인 자기이며 또한 자기의 의지이기 때문이다. 인륜적 실체는 개별 의식의 차이를 자기의 내용으로 포함하는 가운데 실재적인 대상으로서 존재한다. 이 대상은 절대적인 실재의 특정한 법칙과 같은 몇 가지 집단으로 구분된다. 그러나 이렇게 분화된 영역이 전체적인 개념을 흐트러뜨리는 일은 없다. 거기에는 존재와 순수의식과 자기의 요소가 모두 다 내포되어 있기 때문이다. 결국 이 통일이 몇 갈래로 분화된 영역의 본질을 이루고 있으므로 이렇게 구별된 상태에서도 각 요소는 더 이상 뿔뿔이 흩어지지 않는다.

인륜적 실체를 이처럼 몇몇 영역으로 나누어서 제시하는 법칙은 그대로 인정된다. 법칙의 기원이나 권한이 의문시되는 일은 없으며 그 밖에 다른 법칙이 추구되는 일도 없다. 이 법칙이라는 실재적 질서 말고 이토록 절대적으로 존재하는 것은 자기의식 그 자체일 뿐인데, 이 자기의식 자체는 바로 이 질서의 대자존재이므로 결국 이 질서일 따름이다. 이 절대적 질서가 진리인 까닭은 그것이 의식의 핵심적인 자기이며 또한 의식 그 자체인 순수한 의식이기 때문이다.

자기의식은 자기가 곧 이러한 실체의 대자존재라는 요소임을 알고 있으므로 자기 안에 현존하는 법칙의 존재를 표현하여, 건전한 이성은 무엇이 정의롭고 선한지를 직접 알고 있다는 식으로 말한다. 이성이 직감하는 법칙은 그대로 이성에게 옳다고 인정됨으로써 이성은 단도직입적으로 "이것이 정의이며 선이다"라고 설파한다. 더욱이 '이것'이란 표현을 써서 이성은 특정한 법칙이 존재하고 충실한 내용으로 채워진 사태 자체가 존재함을 드러내는 것이다.

이렇듯 직접 주어지는 사안은 역시 직접 받아들여지고 고찰되어야만 한다. 우리는 감각적 확신이 존재하는 것으로 직접 언명하는 것에 대하여 그랬던 것처럼 이 인륜적 정신이 직접적인 확신 아래 언명하는 존재에 대해서도, 즉 인륜적 질서를 직접 눈앞에 존재하는 영역권으로 제시하는 법칙에 대해서도 이를 솔직히 받아들이고 그 성질을 살펴봐야 한다. 이제 그와 같은 법칙을 몇 가지 실례를 통해 고찰해 보면 그 성질이 밝혀질 것이다. 여기서 우리는 건전한 이성이 스스로 알고 있는 바대로 표현하는 법칙을 그대로 받아들일 것이므로, 그 법칙들이 직접적인 인륜의 법칙이라고 생각되는 이상 이 법칙에서 타당하다고 여겨지는 요소를 처음부터 밖에서 끌어들일 필요는 없다.

"사람은 누구나 진실을 말해야만 한다." 이는 무조건적인 의무로 표현된다. 그런데 이 의무에는 곧바로 '만약 그가 진실을 알고 있다면'이라는 조건이 붙는다. 이 경우 명령은 "사람은 누구나 그때마다 자기의 지식과 확신에 따라서 진실을 말해야 한다"라고 바뀐다. 이 건전한 이성, 즉 무엇이 정의이고 선인가를 직접 알고 있는 이 인륜적인 의식은 자기가 애초부터 그런 조건을 마음속에 두고 말했으므로 그 보편적인 언명에는 이미 그 조건이 붙어 있었다고 설명한다. 그러나 이렇게 되면 이성 자신이 이미 첫 번째 명령을 말할 때 그 명령을 위반하고 있었음을 시인하는 것이 된다. 이성은 "사람은 누구나 진실을 말해야 한다"고 말하면서도 동시에 "사람은 누구나 자기의 지식과 확신에 따라서 진실을 말해야 한다"는 생각을 하고 있었으므로 자기 생각과 일치하지 않는 말을 한 셈이다. 자기 생각과 다른 말을 했다면 그는 진실을 이야기하지 않는 셈이 된다. 이 진실에 어긋나는 부당한 면을 바로잡아 말한다면 "사람은 누구나 자기가 그때마다 갖고 있는 지식과 확신에 따라서 진실을 말해야 한다"가 된다. 하지만 이렇게 되면 애초에 명제가 표현하려 했던 보편적이고 필연적인 그 자체로 타당한 법칙은 오히려 전적으로 우연에 좌우되는 것이 되고 만다. 왜냐하면 진실을 말할 수 있느냐 없느냐는 내가 진실을 일거에 확신할 수 있느냐 없느냐 하는 우연한 조건에 달려 있기 때문이다. 이 명제에 따른다면 사람은 누구나 자기가 알고 생각하고 이해하고 있는 그대로 참과 거짓을 뒤섞어 가며 말해야 한다. 이렇듯 내용이 우연성을 띠게 되면 보편성은 그저 그 우연한 내용을 표현하는 명제의 형식으로만 존재할 뿐이다. 그러나 인륜적 명제는 보편적이고 필연적인 내용을 기약하는 것이므로 내용이 우연에 맡겨져 버린다면 명제는 자기모순에 빠질 수밖에 없다. 끝으로 명제가 개선되어 "진리에 관한 지식이나 확신의 우연성을 배제하여 진실이 알려져야만 한다"는 형태로 바뀐다면 이 명제는 최초에 제시됐던 명제와 정면으로 대립하게 된다. 처음에는 건전한 이성이 직접 진실을 언명할 만한 능력을 갖는다고 했는데 이제는 이성이 "진실을 알아야만 한다"고 하는 것이다. 즉 이성이 직접 진실을 언명할 능력을 갖고 있지는 않다는 뜻이다. 내용상으로 보면 "진실을 알아야만 한다"는 요구에서 내용은 배제되어 있다. 왜냐하면 이 요구는 사람들이 진리를 알아야 한다는 지(知) 일반에 관련된 것이므로 여기서 실제로 요구되는 것은 모든 특정한 내용을 벗어나 있는 것이기 때문이다. 그러나 이 경우 문제가 되어 있던 것은 인륜적 실체를 구성하는 어떤 구별이자 특정한 내용이었다. 그런데 지금 이 인륜적 실체를 직접적으로 규정하는 내용이 되는 것은 순전히 우연에 좌우되는 명제로서, 이를 보편적이며 필연적인 차원으로 끌어올려 지를 법칙으로서 표명하게 되면 그 내용은 오히려 사라져 버린다.

또 하나의 유명한 명령으로는 "네 이웃을 너 자신과 같이 사랑하라"는 명제가 있다. 이 명제는 개인 대 개인의 관계에 초점을 맞춰서 그 관계가 개인과 개인 사이의 감정적인 관계임을 주장하고 있다. 이는 행위로서 나타나는 사랑이다. 행위가 따르지 않는 사랑이란 아무런 의미도 없으며 따라서 여기서는 고려할 여지도 없다. 이 사랑은 인간에게서 악을 제거하고 그에게 선을 안겨 주려고 한다. 이를 위해서는 인간에게 악이란 무엇이고 악과 대립되는 합목적적인 선이란 무엇인가, 도대체 인간의 행복이란 무엇인가가 밝혀져야만 한다. 말하자면 나는 지성을 발휘해서 상대를 사랑해야 한다. 지성이 뒤따르지 않는 사랑은 상대에게 자칫 증오보다 더 큰 폐를 끼칠 수도 있다. 그런데 지성을 수반하는 본질적인 선행이라 하면 그중 가장 풍요롭고 가장 중요한 형태로는 국가의 지적인 공동행위를 들 수 있는데, 이에 비하면 어디까지나 사적인 개인의 행위란 너무나 보잘것없고 언급할 가치조차 없는 것이라고 해야만 하겠다. 국가의 행위란 커다란 힘을 지니고 있으므로 만약 개인의 행위가 이에 대항하기라도 한다면 이미 그 자체가 범죄에 해당되거나 아니면 어떤 타인에 대한 사랑으로 말미암아 공동체가 그에 대해서 지닌 권리에 등 돌리는 것이 되므로, 개인의 행위는 애초에 아무 의미도 없을뿐더러 가차없이 짓밟혀 버리고 말 것이다. 그렇다면 감정에서 비롯되는 선행에는 전적으로 개인적인 행위, 즉 어쩌다 우연히 일시적으로 행해지는 구제조치라는 의미만이 있을 뿐이다. 그런 상태에서는 선행이 베풀어질 기회가 있을지 없을지는 우연에 달려 있다. 뿐만 아니라 그런 선행이 과연 제대로 작업 성과로서 완성될 수 있을는지, 아니면 금세 사라져서 심지어 악으로 변질되어 버릴는지도 역시 우연에 달려 있다. 그러므로 타인의 행복을 위한 사랑의 행동은 반드시 필요한 것이라고들 얘기는 하지만, 이 행위는 어쩌면 존재할 수도 있고 또 그렇지 않을 수도 있다. 또한 우연히 그런 행동이 이루어진다 하더라도 어쩌면 선이 실현될 수도 있고 또 그렇지 않을 수도 있다. 따라서 이 법칙도 앞에서 본 첫 번째 법칙과 마찬가지로 보편적인 내용을 지니는 것은 아니며, 절대적인 인류의 법칙에 요구되는 절대적인 내용을 표현하는 것도 아니다. 다시 말해 이 법칙은 당위적인 차원에 머물러 있을 뿐 아직 현실성을 띠고 있지 않다. 이는 법칙이 아니라 단지 명령에 지나지 않는다.

　여기서 밝혀진 당연한 사실은 보편적이고 절대적인 내용은 포기되어야만 한다는 것이다. 왜냐하면 단일한 실체, 더욱이 단일함을 그 본질로 하는 실체에서 어떤 구체적인 내용을 이끌어 낸들 그것은 이 실체에 합당치 않기 때문이다. 단순한 절대성에 기초한 명령은 단적으로 인류적인 존재가 있다는 것을 언명할 뿐이다. 이 명령에서 생겨나는 갖가지 구별은 규정된 내용으로 다루어지긴 하지만 이 내용은 결국 단일한 인륜적 질서가 지니는 절대적 보편성에 귀속되어 버리고 만다. 따라서 우리는 절대적인 내용은 포기할 수밖에 없고 그 명령에 관해서는 다만 형식적인 보편성, 즉 형식상의 모순이 있는지 없는지를 묻는 선에서 그칠 수밖에 없다. 왜냐하면 내용이 결여된 보편성이란 형식적인 보편성에 지나지 않으며, 절대적인 내용이라는 것은 구별되지 않는 구별이며 내용 아닌 내용이기 때문이다. 그리하여 법칙을 제정하는 이성에 남겨진 과업은 보편성의 순수한 형식을 확보하는 일인데, 사실 이는 의식의 동어반복을 의미할 뿐이다. 이 동어반복적 의식은 내용과 대립한 채 존재하는 본디의 내용에 대한 지가 아니라 본질의 자기동일성을 확인하는 지에 지나지 않는다.

그러므로 인륜적 본질이란 직접 그 자체가 내용인 것이 아니라 내용이 자기모순을 빚지 않을 때 과연 법칙일 수 있는가 없는가를 판가름하는 기준에 지나지 않는다. 이렇게 해서 법칙을 제정하는 이성은 한낱 법칙을 음미하는 이성으로 격하되고 만다.

3) 법칙을 음미하는 이성

단순한 인륜적 실체에 존재하는 구별은 이 실체에 대해서 우연성을 띠게 되고 이 우연성이 특정한 명령에서 지식과 현실과 행위 모두의 우연성으로 나타나는 것은 앞에서 본 바와 같다. 인륜적인 단순한 존재와 이에 들어맞지 않는 특정한 내용을 비교하는 것이 우리가 맡은 일이었다. 이 비교에서 단순한 실체는 형식적인 보편성을 지닌 순수한 의식, 즉 내용으로부터 벗어나 자유로운 가운데 내용과 대립하고 또한 특정한 내용에 대해 알고 있는 의식으로 나타났다. 따라서 이 보편성은 앞에서 가치 있는 사태 자체라고 불렸던 것과 같은 것이 되지만 음미하는 의식 속에서는 또 그것과는 다른 것으로 나타난다. 인륜적 실체는 더 이상 활동성 없는 무사상적인 유 개념이 아니라 특수한 내용과 관계하면서 그에 들어맞는 위력 또는 진리로 간주되는 것이다. 이 의식은 일단 앞에서 본 음미와 똑같은 일을 하고 있는 듯이 보인다. 즉 이 음미 행위는 앞에서와 마찬가지로 보편적인 것과 특수적인 것을 비교하는 것이며, 이번에도 이로부터 양자의 불일치가 생겨나는 것처럼 보인다.

그러나 여기서는 보편자가 이전과는 다른 의미를 띠고 있는 까닭에 특수한 내용과 보편자와의 관계도 이전과 같지는 않다. 이 보편자는 특정한 내용에도 적용될 수 있는 형식적 보편성이어서, 그 속에 담긴 특정한 내용은 오직 자기와의 관계를 통해서만 고찰된다. 이전의 음미에서는 보편적인 충실한 실체와, 실체를 받아들인 우연의 의식 속에 전개되는 특정한 내용이 서로 대립하고 있었다. 그러나 여기서는 비교의 한쪽 항(項)이 소멸되어 있어서 보편자는 더 이상 현실에 존재하는 타당한 실체 또는 절대적인 정의가 아니라 특정한 내용을 오로지 자기 자신과 비교하여 이 내용이 동어반복인가 아닌가를 고찰하는 단순한 지의 형식이다. 이제 법칙은 제정되는 것이 아니라 음미되는 것이다. 이 음미하는 의식에게 법칙은 사전에 부여되어 있다. 이 의식은 법칙의 내용을 단순히 있는 그대로 받아들일 뿐, 우리가 앞에서 행했듯이 현실의 내용에 붙어다니는 개별성이나 우연성을 고찰하는 데까지 나아가지는 않고 그저 명령을 명령으로 간주하고 이것과 단순히 관계하면서 이 명령을 기준으로 내용을 음미한다.

이런 이유에서 음미는 넓은 범위에서 행해지지는 않는다. 여기서 기준이 되는 것은 형식적인 동어반복으로서 내용과는 관계가 없으니 이 특정한 내용뿐만 아니라 정반대의 내용도 거리낌 없이 받아들여진다. 예컨대 사유재산을 인정하는 것이 절대적으로 타당한 법칙인지 아닌지가 문제가 된다고 하자. 여기서는 다른 목적에 유용하므로 사유재산을 인정한다는 것이 아니라 사유재산 그 자체를 절대적으로 인정할 것인지 아닌지가 문제이다. 인륜적 본질에 따르면 법칙은 자기 자신하고만 동일하고, 이 자기동일성에 의해 자기 자신의 본질에 바탕을 두고 있으며 어떤 제약도 받지 않아야 한다. 사유재산은 그 자체로서는 모순되어 있지 않다. 그것은 다른 것들로부터 떨어져 있는 자기동일적인 내용의 법칙이다. 그러나 마찬가지로 사물에 소유자가 없고 재물이 공동재산이 되는 경우, 즉 사유재산이 부정되는 경우에도 내부적인 모순은 전혀 없다. 어떤 사물이 누구에게도 소유되지 않거나 그것을 최초로 점유한 당사자의 것이 되거나 또는 모두에게 공유되는 가운데 각자의 필요에 따라 평등하게 분배되거나 하는 그런 상태는, 사유재산이 인정되는 상태와 마찬가지로 역시 단순한 내용의 형식적인 사상을 나타낸다. 물론 주인이 없는 물건이라도 그것이 꼭 필요한 욕구의 대상으로 간주된다면 어떤 개인의 소유물이 될 수밖에 없다. 그렇다면 물건의 무소유를 법칙으로 삼는다는 것은 이치에 맞지 않는다. 그러나 사물에 소유주가 없다는 것은 소유주가 절대로 없다는 것이 아니라 사물이 개인의 욕구에 따라서 누군가의 소유물이 된다는 것을 뜻한다. 더욱이 이때 사물은 보존되기 위해서가 아니라 곧바로 쓰이기 위해 소유된다. 그러나 이렇듯 순전히 우연적으로 욕구에 따라서 사물이 소유된다고 하는 것은 지금과 같이 의식적인 생활을 하는 사람이 문제가 되고 있는 경우와는 어울리지 않는다. 왜냐하면 의식적인 생활을 영위하는 자라면 자신의 욕구를 보편적인 형식으로 생각하고 자신의 생활 전체를 고려해 가면서 자기에게 도움이 되는 항구적인 재물을 확보해야만 할 것이기 때문이다. 따라서 물건이란 그것을 가장 먼저 필요로 하는 자기의 식적인 생명에게 우연히 주어진다는 사상은 이치에 맞지 않는다. 재산을 공유하는 사회에서는 보편적이고 항구적인 방식으로 생명에 대한 배려가 행해져서 각자가 필요로 하는 만큼의 물건이 배당된다. 그런데 여기서 빚어지는 불평등은 개개인의 평등을 원리로 하는 의식의 본질에 배치된다. 또 반대로 평등의 원리에 따라 분배도 평등하게 이루어진다면, 여기서는 필요한 만큼의 물건을 각자에게 분배한다는 유일한 원칙이 무너져 버린다.

지금까지 살펴본 바에 따르면 사유재산의 부정은 모순을 야기하는 듯이 보이지만, 그렇게 보이는 이유는 사유재산의 부정을 우리가 단순히 그 규정대로 받아들이지 않는 데 있다. 그렇듯 구체적인 요소로 분석해 들어간다면 사유재산 역시 모순을 드러낼 수밖에 없다. 즉 내 재산이 된 개별적인 사물은 모두에게 확고하고 지속적인 내 소유물로서 인정되지만, 사실 이는 사용되고 나면 사라져 버리는 사물의 본성과 모순된다. 또 동시에 사물은 내 재산으로 간주될 때 다른 누구의 것도 아닌 내 것으로 모두에게 인정받은 것이다. 그런데 이렇게 내가 인정받고 있다는 것은 내가 다른 모든 사람과 대등한 관계에 있음을 뜻하는데, 이는 그 물건이 자기 말고 다른 누구의 것도 아니라는 배타적인 논리와는 정면으로 배치된다. 여기서 내가 소유하는 것은 하나의 물건이다. 그것은 다른 누구에 대해서도 존재하고 전적으로 보편적인 것이지, 특정한 개인인 나에 대해서만 존재하는 것은 아니다. 그러므로 내가 물건을 내 것으로 소유한다는 것은 모두의 것이기도 한 사물의 본성에 위배된다. 따라서 사유재산을 인정한다는 것은 사유재산을 인정하지 않는 것과 마찬가지로 여러모로 자기모순을 빚을 수밖에 없다. 둘 중 어느 경우에나 개별성과 보편성이라는 대립되고 모순되는 두 요소가 존재하는 것이다. 그런데 어느 경우든 간에 문제를 단순히 사유재산 또는 사유재산의 부정 문제로 한정하여 더 이상 논의를 전개하지 않는다면 어느 쪽에서도 단순한 표상만 나타나고 모순에 빠지지도 않는다. 이렇게 되면 이성이 지니고 있는 법칙의 기준은 양쪽 모두를 똑같이 허용하게 될 터이므로 사실상 기준이 될 수가 없다. 동어반복의 모순율은 이론적 진리의 인식에서 내용상의 참, 거짓과는 아무런 관계도 없는 형식적인 진위의 기준에 지나지 않는다. 그러므로 모순율이 실천적 진리의 인식에서 그 이상의 역할을 한다고 한다면 오히려 해괴한 노릇이라고 해야겠다.

앞에서 공허한 정신적 본질을 충만하게 채워 줄 두 가지 요소를 살펴본 결과, 이제는 인륜적 실체에 직접적인 내용을 부여하려는 시도나 그런 내용이 과연 법칙이 될 수 있는지 없는지를 판가름하는 일은 모두 아무런 성과 없이 폐기되었다. 결론적으로 말한다면, 특정한 법칙도 이 법칙에 관한 지(知)도 모두가 성립될 수 없는 것이다. 그러나 실체란 스스로를 절대적 존재로 의식하는 것이므로 이 의식은 자기 내부에서 생겨나는 구별이나 그 구별에 대한 지를 버릴 수가 없다. 법칙의 제정과 법칙의 음미 모두가 실속 없는 것으로 드러났다는 것은 양자가 개별적으로 다루어질 때는 인륜적인 의식의 근거 없는 두 요소에 지나지 않는다는 것을 뜻한다. 그러므로 양자가 나타날 때 보이는 운동은 인륜적인 실체가 의식으로 표현된다는 형식적인 의미를 지닌다.

이 법칙의 제정과 음미라는 두 요소는 '사태 자체'를 의식하는 구체적인 규정을 나타내는 것인 이상 성실성의 형식으로 간주될 수 있다. 앞에서는 성실성이 형식적으로 성실한가 불성실한가가 문제였지만, 여기서는 선과 정의의 당위적인 내용과 관계하면서 그 내용이 확고한 진리인지를 음미하고 건전한 이성과 지적 통찰력을 활용하여 명령에 힘과 타당성을 실어 주려는 것이 된다.

이러한 성실성이 없다면 법칙은 의식의 본질이라고 할 수 없으며 또한 음미도 의식의 내면적 행위라고는 할 수 없다. 오히려 이 두 요소가 저마다 직접 독자적인 현실로 나타나는 모습을 보면 한편으로는 현실의 법칙을 부당하게 제정해서 존재하게 만드는가 하면 다른 한편으로는 그 법칙으로부터 마찬가지로 부당하게 이탈을 한다. 법칙은 특정한 법칙일 때 우연한 내용을 갖는다. 이 경우 법칙은 자의적인 내용에 대한 개별적인 의식의 법칙이 된다. 그것을 법칙으로 제정해 버리는 예의 직접적인 입법 행위는 자의를 법칙으로 삼아 이에 복종하는 것이 인륜에 합당하다고 주장하는 전제군주의 폭정과 다름없다. 이렇게 내세워진 법칙이란 단지 포고령과도 같은 것으로서, 결코 인륜적 명령이라고는 할 수가 없다. 이와 마찬가지로 두 번째 요소인 법칙의 음미도 따로 분리돼 있을 때에는 움직일 수 없는 것을 기어이 움직여 보려는 지의 횡포를 나타내는 것이 된다. 이것은 절대적 법칙에서 벗어나 억지 이론만 늘어놓으면서 법칙을 결코 음미의 대상이 될 수 없는 자의로 간주해 버리고 만다.

이러한 두 형식을 띨 때 두 요소는 실재하는 정신적 본질인 실체를 부정하는 자세를 취한다. 다시 말해 여기서는 실체가 아직 스스로 실재하지 못하고 있다. 의식은 아직 자신의 직접적인 형태 속에 실체를 품고 있을 뿐이다. 그러므로 실체는 아직 특정한 개인의 의지나 지(知) 또는 비현실적인 명령으로서의 당위이며 형식적 보편성의 지로 머무르고 있다. 그러나 이러한 상태가 폐기되고 나면 의식은 보편적 세계로 되돌아옴으로써 개별과 보편의 대립은 소멸된다. 이처럼 대립하는 법칙들이 저마다 개별적으로 성립되는 것이 아니라 단지 폐기되어 보편타당한 것으로 발돋움할 때 정신적 본질은 현실적인 실체가 되는 것이다. 서로 다른 요소를 통일하는 힘은 의식의 핵심적인 자기가 걸머쥐고 있으니, 바로 이 자기가 정신적 본질 속에 정립되면서 이 본질은 현실적이며 충만된 자각적인 것이 된다.

이리하여 정신적 본질은 먼저 자기의식에게 자체적으로 존재하는 법칙이 된다. 즉 자체적이라고는 할 수 없었던 형식적 음미의 보편성은 폐기된다. 이렇게 나타나는 정신적 본질은 영원한 법칙이기도 한데, 이 법칙은 특정한 개인의 의지에 근거해 있는 것이 아니라 자체적이며 절대적인 모든 사람의 순수의지가 직접 존재하는 모습을 띠고 나타난 법칙이다. 이 순수의지는 단지 존재해야 한다고만 주장하는 당위적 명령이 아니라 실제로 존재하고 실제로 타당한 것이다. 이 정신적 본질은 범주의 보편적인 자아이고 이 자아는 곧 그대로 현실이며, 이 현실이 바로 세계이다. 그런데 이렇듯 현존하는 법칙이 단적으로 타당할 경우, 자기의식이 법칙에 복종하는 것은 자신이 이해할 수 없는 자의적인 명령을 하달하는 주인에 대한 복종과는 전혀 다르다. 그 법칙은 자기의식이 스스로 직접적으로 갖추고 있는 자기 자신의 절대적 의식의 사상이다. 자기의식은 이 법칙을 믿는 것은 아니다. 왜냐하면 믿음이란 어디까지나 자기와는 이질적인 존재를 직관하는 것이기 때문이다. 인륜적인 자기의식은 자기 자신의 보편성을 통해서 실재와 곧바로 하나가 되어 있다. 이에 반하여 믿음이란 개별 의식에서 출발하여 끊임없이 이 통일을 향해 나아가지만 의식의 실재의 현재에 다다르지 못하는 의식의 운동이다. 그러나 이와는 달리 인륜적인 의식은 개별적인 모습을 버리고 실재와의 매개를 실현했으니, 이것을 실현하고 있음으로 하여 그 의식은 비로소 인륜적 실체를 직접 자기로서 의식하는 것이다.

그리하여 자기의식과 본질(실재)과의 구별은 더없이 투명하다. 따라서 본질 속에 존재하는 갖가지 법칙상의 구별은 우연히 생겨난 것이 아니다. 불평등이 존재한다면 이는 오직 자기의식에서만 생겨날 수 있는데, 지금 본질과 자기의식은 통일되어 있으므로 갖가지 구별들은 자신의 생명이 침투된 수많은 부분을 이루면서 제 스스로 명료하고도 분열 없는 정신으로서 더없이 깨끗한 천상의 형태를 띠고 있다. 이런 형태들은 구별을 지니긴 했어도 성스러운 순수함을 유지하면서 자기 본질과 조화를 이루고 있다. 마찬가지로 자기의식도 이런 구별들과 단순하고 명료한 관계를 맺고 있다. 법칙상의 갖가지 구별에 대한 자기의식의 관계도 마찬가지로 또한 단순하고 명석하다. 법칙상의 구별이 실제로 있긴 하지만 그 이상은 아니라는 것이 의식이 받아들이는 구별이다. 소포클레스의 〈안티고네〉*에서 이러한 법칙의 구별은 글로 쓰이진 않았으나 틀림이 없는 신들의 법이라 불리고 있다.

이 법은 어제오늘이 아닌 영원히 살아 있는 것이니
이것이 언제 세상에 태어났는지는 아는 이가 없도다.

갖가지 법칙은 엄연히 있는 것이다. 내가 만약 그 발생 과정을 더듬어 시

---

* 소포클레스의 〈안티고네〉 456, 457행.

작점까지 추적해 간다면 나는 법칙을 초월해 버릴 것이다. 이때 나는 보편자이고 법칙은 제약과 제한을 받는 것이 되어 버린다. 만약 법칙의 정당성이 나에게 통찰되어야만 한다면 이때 이미 나는 그 한 치의 흔들림도 없는 자체적인 존재에 흠집을 내서, 어쩌면 참일 수도 있고 참이 아닐 수도 있는 것으로서 법칙을 받아들이는 것이 된다. 그러나 인륜적인 마음가짐이란 올바른 것을 한 치의 흔들림 없이 확고히 부둥켜안고 어떠한 동요나 흔들림이나 뒷걸음질도 뿌리쳐 버리는 마음이다. 말하자면 나는 이 올바른 것을 공탁받은 셈이다. 따라서 그것은 타인의 소유물이며 나는 그것을 사실 그대로 인정하고 이 공탁 관계 속에서 흔들림 없이 지키려고 한다. 이렇게 맡겨진 물품을 내가 그대로 보관하고 있다 해도 법칙 음미의 동어반복적인 원리에 따르면 나는 전혀 모순을 범하는 것이 되지 않는다. 왜냐하면 이때 나는 그 물품을 더 이상 타인의 소유물로는 보고 있지 않은데, 이렇듯 타인의 소유물로는 보지 않는 것을 내가 보관한다는 것은 지극히 이치에 맞는 일이기 때문이다. 관점이 바뀐다는 것은 전혀 모순을 야기하는 것이 아니다. 왜냐하면 이때 문제가 되는 것은 관점 그 자체가 아니라 내용이 되는 대상 쪽에 있는데, 여기에는 아무런 모순도 생겨나 있지 않기 때문이다. 예컨대 내가 뭔가를 남에게 넘겨줄 때 그것을 내 소유물로 보던 관점이 타인의 소유물로 보는 관점으로 바뀌더라도 여기에는 아무런 모순도 생기지 않는다. 이와 마찬가지로 이번에는 그것이 타인으로부터 나에게로 이행하더라도 모순은 생겨나지 않는다. 그러므로 내가 어떤 것에서 아무런 모순도 찾아내지 못한다고 해서 그것이 정의인 것은 아니며, 정의는 어디까지나 그것이 정의이기 때문에 정의인 것이다. 여기서 문제의 근간을 이루는 것은 뭔가가 타인의 소유물이라고 하는 사실이다. 이에 대해서 이치를 따질 필요도 없고 이런저런 생각에 골몰하거나 관계를 추리하거나 관점을 따지거나 할 필요도 없으며 사적인 발상에 매달릴 필요도 없다. 또 이에 대해 법의 제정이나 음미를 생각할 필요도 없다. 그러한 사고를 일삼으면 사상이 흔들리고 정의의 참모습이 전도될 뿐이다. 왜냐하면 나는 내 마음대로 정반대되는 사상을 나의 모호한 동어반복적인 지식에 잘 끼워 맞춰서 법칙으로 치장해 놓을 수도 있기 때문이다. 이 규정이 옳은지 아니면 정반대의 규정이 옳은지는 굳이 따질 필요도 없이 이미 절대적으로 결정되어 있다. 나는 나를 위해서 내가 원하는 대로 법칙을 정하거나 또한 아무것도 법칙으로 삼지 않을 수도 있지만, 사실 이렇게 법칙을 음미하는 순간에 이미 나는 인륜의 길을 벗어난 셈이다. 정의가 나에게 절대적인 것으로 의식되는 가운데 비로소 나는 인륜적인 실체 속에 몸담게 되고, 이때 인륜적인 실체는 자기의식의 본질이 되어 있다. 그리고 이때 자기의식은 인륜적 실체의 실재하는 현실이며 그의 핵심을 이루는 의지이다.

정신

Ⅵ 정신

이성은 온갖 실재라는 그의 확신이 진리로 북돋워지고 자기 자신을 세계로, 그리고 세계를 자기 자신으로 의식하기에 이르렀을 때, 이성은 곧 정신이 된다. 바로 앞에서 살펴본 정신의 생성 운동에서는 의식의 대상인 순수한 범주가 이성의 개념으로 고양되었다. 관찰하는 이성에서는 자아와 존재, 자기를 자각하는 대자존재와 그 자체로 있는 즉자존재의 순수한 통일체가 자체적인 존재로 규정되었는데, 여기서 이성의 의식은 자기를 발견하는 형태로 존재한다. 그런데 관찰은 직접적이며 자기를 발견하려는 본능을 지니고 있지만, 이성의 무의식적인 존재인 이 본능은 관찰 과정에서 오히려 폐기되고 만다. 직관된 범주나 발견된 사물은 자아의 독자적 대자존재로 나타나서 의식 속에 들어온다. 이때 이 자아는 대상적인 것 속에서 자기를 자기로서 인식한다. 하지만 범주를 자체적인 즉자존재와 대립되는 독자적인 대자존재로 규정하는 것 또한 한 방면으로 치우치므로 스스로 폐기되는 요소가 된다. 따라서 범주는 즉자와 대자를 포괄하는 보편적 진리의 모습을 한 존재로서 규정되기에 이른다. '사태 자체'를 이루면서도 여전히 추상적인 이 규정은 이제 겨우 '정신적 존재'가 됐을 뿐이다. 그래서 이 의식은 자기에 대한 형식적인 지(知)로서 자기의 온갖 내용 사이를 이리저리 헤매고 다닌다. 의식은 사실 아직도 실체로부터 분리된 개별체이다. 그래서 자의적인 법칙을 제정하거나, 자기가 절대적인 법칙을 알고 있다고 여기는 나머지 스스로 법칙의 평가를 도맡으려고 한다. 실체의 편에서 본다면 이는 즉자대자적으로 존재하는 정신적 본질이지만 여전히 자기 자신을 의식하고 있지는 못하다. 그러나 완전한 이 본질이 동시에 현실적인 의식으로 존재하면서 자기 자신을 구체적인 형상으로 드리낸다면 그것이 바로 성신이다.

이 정신적 본질이 인륜적 실체라는 것은 이미 밝혀진 바인데 현재 정신은 인륜적인 현실 그대로이다. 정신은 현실적인 의식의 핵심을 이루면서 이 의식과 대립한다. 아니, 오히려 이 의식이 현실적 세계로서 의식의 대상이 되는 자기 자신과 대립한다. 하지만 이 세계는 의식의 핵심에 다다라 있다는 점에서 결코 자기와 소원한 것은 아니다. 또한 의식의 핵심도 세계로부터 분리되어 독립적으로 존재하지는 않는다. 실체이자 보편적이고 자기동일적인 불변의 본질인 정신은 모든 사람의 행위를 받쳐 주는 확고부동한 토대이자 출발점이며 동시에 모든 자기의식의 사유 속에 자체적으로 깃들어 있는 모든 사람의 목적이자 목표이다. 이러한 실체는 또한 모든 사람 각자의 행위에 의해서 산출된, 모든 사람의 통일과 평등을 나타내는 공동의 작업 결과이다. 왜냐하면 실체는 자각적인 의식이며 의식의 핵심을 이루는 행위의 결과물이기 때문이다. 이러한 실체로서의 정신은 흔들림 없이 자기동일성을 유지하는 정의로서 나타나지만, 또 독자적 존재라는 점에서 이 실체는 자기희생을 감수하는 자비로운 해체된 존재로서 이때 개개인은 저마다 자기의 작업을 수행하여 보편적 존재를 유린하면서까지 자기 몫을 차지하려고 든다. 이렇듯 실재가 해체와 개별화를 일삼는 것이야말로 모든 사람이 행동하고 자기의 핵심이 되는 계기이다. 이 계기는 실체의 운동이자 혼이며 활동으로부터 생겨난 보편적 본질이다. 실체는 바로 자기 안에서 해체됨으로써 죽어 있는 존재가 아닌 현실에 살아 움직이는 존재가 되는 것이다.

이렇게 해서 정신은 스스로가 자기를 짊어지는 절대적인 실재적 본질이 된다. 지금까지의 의식형태는 모두가 이 정신의 추상화된 모습으로서, 정신이 스스로를 분해하여 갖가지 요소로 구분하면서 그 요소 하나하나마다에 머무를 때 생겨난 것이다. 그렇듯 요소 하나하나를 분리하려면 정신 그 자체를 전제하고 또 존립시켜야 한다. 즉 각 요소는 현존하는 정신 속에서만 현존할 수 있는 것이다. 각 요소를 떼어 놓고 보면 저마다 따로 존재하는 듯이 보이지만 실은 어차피 소멸되어 버릴 크기(양)에 지나지 않는데, 이 점은 각 요소가 스스로의 근저와 본질로 전진하면서 또 되돌아오는 모습을 보면 알 수가 있다. 결국 정신의 본질이란 이들 요소가 운동하며 해체되는 데서 나타나는 것이다. 이처럼 정신의 요소가 자기에게 되돌아오는 것으로 정립돼 있는 이 시점에서 우리는 반성을 통해 이들 요소를 쉽게 떠올릴 수 있다.

정신 291

그것은 바로 의식, 자기의식 그리고 이성이다. 이리하여 정신은 자기 자신을 분석할 때 자기가 대상적인 현실로서 존재한다는 점을 강조하긴 하지만 이 현실이 정신 자체의 대자존재라는 점은 그저 추상적으로만 받아들이고 있다. 이럴 때 정신은 감각적 확신, 지각 그리고 오성을 포괄하는 의식 일반이다. 그런데 반대로 분석의 또 다른 요소, 즉 정신 자신이 마주하고 있는 대상이 자신의 대자존재라는 요소가 강조될 때에는 정신은 자기의식이 된다. 나아가 의식과 자기의식의 통일체로서 자체적으로 홀로 자존한다는 직접적인 의식이 되었을 때 정신은 이성을 가진 의식이 된다. 그런데 이 이성은 '갖는다'라는 표현에서 보듯이 대상을 가지고 있다. 이 대상은 그 자체가 이성적이며 범주로서의 가치를 가진다고 하지만 대상의 의식에 대해서는 아직 범주의 자격을 갖추지 못하고 있다. 정신은 우리가 바로 앞 장(章)에서 고찰한 모습에서 이제 막 벗어난 의식이다. 정신이 갖는 이성이 최후에 실제 이성으로서의 이성이 되고 정신 속에 정신의 세계로서 현실화된 이성이 되어서 정신이 그러한 이성을 직관하기에 이를 때, 정신은 참다운 정신이 된다. 결국 참다운 정신이란 현실적이며 인륜적인 본질을 갖춘 정신을 뜻하는 것이다.

정신은 직접적인 진리로 현존하고 있는 한은 한 민족의 인륜적 생활로서, 즉 개체 속에 응집된 하나의 세계로서 나타난다. 그런데 정신은 직접적인 그의 실상을 의식하면서 아름다운 인륜적 생활을 폐기하고 갖가지 형태를 두루 경과하여 자기를 아는 데까지 이르러야만 한다. 이러한 형태들은 참다운 현실에 뿌리내린 실재적 정신으로서 단순한 의식의 형태를 넘어선 세계의 형태라는 점에서 지금까지의 형태들과는 전혀 다르다.

생동하는 인륜적 세계는 정신의 참다운 모습이다. 정신이 먼저 자기의 본질을 추상적으로 알게 되면 인륜이 몰락하면서 형식적이고 보편적인 법이 나타난다. 이렇게 해서 자기분열을 일으킨 정신은 가혹한 현실을 드러내는 자기의 대상적인 장 속에서 '교양의 세계'를 자신의 한쪽 세계로서 구축하고 또 이와 대립되는 사상(思想)의 장 속에서 '신앙의 세계' 또는 '본질의 세계'를 일구어 낸다. 그런데 이 두 세계는 자기상실의 상태에서 자기를 향해 나아가는 정신에 의하여 개념적으로 파악될 때 '통찰'과 통찰의 보급에 따른

'계몽'으로 말미암아 혼란에 빠지고 혁명에 휘말린다. 그리하여 차안과 피안으로 분할되어 펼쳐진 세계는 자기의식으로 돌아간다. 이 자기의식은 이제 도덕성이 되어 자기 자신을 신성한 본질로 여기고 신으로서의 본질을 현실적인 자기로 파악하기에 이르러서 자신의 세계와 그 근거를 더 이상 자기 바깥에서 찾지 않게 된다. 오히려 모든 것을 자기 안에 녹아들게 하면서 양심으로서 자기 자신을 확신하는 정신이 된다.

인륜적 세계, 피안과 차안으로 분열된 세계, 도덕적 세계는 모두 정신이다. 정신이 이러한 단계의 운동을 펼치면서 단일한 독자존재인 자기 핵심으로 돌아올 때, 그의 목표이자 결과인 절대정신의 현실적 자기의식(종교)이 나타난다.

1. 참다운 정신, 인륜

정신은 단일한 진리일 때는 의식으로 나타나서 자신의 각 요소를 분해한다. 의식의 행위는 정신을 실체와 실체의 의식으로 분열시키고는 다시 실체와 의식 모두를 분열시킨다. 실체는 보편적인 본질 및 목적으로서 개별화된 현실로서의 자기와 대립한다. 이 대립하는 양자를 무한히 매개하는 것이 자기의식이다. 이 자기의식은 자체적으로 자기와 실체의 통일이면서 이를 자각하기에 이르러 보편적인 본질과 개개의 현실을 통일한다. 그리고 현실을 보편적인 본질로 고양시켜 인륜적으로 행동하면서 또 한편으로는 본질을 현실로 끌어내림으로써 단지 생각으로만 그쳤던 실체적인 목적을 실행에 옮긴다. 이렇듯 자기의식이 스스로의 핵심과 실체의 통일을 자기의 작업 결과로서 창출해 낼 때 이것이 곧 현실이 된다.

의식이 저마다 다른 형태로 등장할 때면 단일한 실체는 한편으로는 자기의식과 대립하고 다른 한편으로는 자기 내부에서 자기를 구별하는 의식의 본성을 두 집단으로 분열된 세계의 형태로서 드러낸다. 이리하여 실체는 두 개의 인륜적 실재인 인간의 법칙과 신의 법칙으로 분열된다. 마찬가지로 실체와 대립하는 자기의식도 그 본질상 두 위력 가운데 어느 한쪽에 가담하게 되면서 그것이 구사하는 지(知)의 모습도 자기 행위에 대한 지와 무지로 나뉜다. 그런 의미에서 이러한 지는 기만적인 지일 뿐이다. 이로써 행위의 결과 자기의식은 실체를 분열시키는 두 위력 사이의 모순과 이들 상호간의 붕괴를 경험하고, 또 자기의 행위가 인륜성을 띤 것으로 아는 지와 절대적 가치를 지닌 인륜적인 것과의 모순도 경험하면서 스스로 몰락해 간다. 그러나 사실 인륜적 실체는 이러한 운동을 통하여 현실적인 자기의식이 된다. 즉 이 자기의식의 핵심은 절대적으로 존재하게 되며 바로 여기서 인륜의 세계는 몰락해 가는 것이다.

1)인륜의 세계, 인간의 법칙과 신의 법칙, 남성과 여성

정신의 단일한 실체는 분열되어 의식이 된다. 달리 말하면 추상적이고 감각적인 존재의 의식이 지각으로 이행했듯이, 이제 실재하는 인륜적 존재에 대한 직접적인 확신도 지각하는 의식으로 이행한다. 또한 감각적인 지각에서는 단순한 존재가 다양한 성질을 포함하는 사물로 나타나듯이, 인륜적 지각에서는 하나하나의 행동이 온갖 인륜적 관계를 지닌 현실성을 띠고 나타난다. 그런데 감각적인 지각에서는 아무 의미없는 수많은 성질이 개별성과 보편성이라는 본질적인 대립의 틀에 맞추어져 있듯이, 순화된 실체적 의식인 인륜적 지각에서는 더 나아가 온갖 인륜적 요소가 개별법칙과 보편법칙으로 양분된다. 그런데 실체를 구성하는 이 두 집단은 저마다 하나의 정신적인 전체를 이룬다. 감각적 지각에서 사물은 개별성과 보편성이라는 두 개의 규정 말고는 아무런 실체를 지니지 않았는데 이제 인륜적 의식에서 개별성과 보편성은 한낱 표면상의 대립을 나타내는 데 지나지 않는다.

지금 우리가 고찰하고 있는 존재자의 경우에 개별성이란 자기의식 일반이지 우연에 좌우되는 개별적인 의식은 아니다. 이렇게 규정될 때 인륜적 실체는 현실의 실체가 되고 또 현존하는 수많은 의식 속에 실현된 절대적인 정신이 된다. 이 절대정신이란 공동체의 정신이다. 이 공동체는 방관자인 우리에게는 앞서 이성의 실천적 형태를 다룰 때 이미 절대적인 본질로 나타났는데, 그것이 여기서는 자각된 의식적인 인륜의 본질이자 우리가 대상으로 하는 의식에 대한 본질로서 참모습을 드러내고 있다. 이 공동체는 정신이다. 이는 개개인이 서로를 반영하는 것 속에 자기를 보유하고 있으므로 자각적이며, 또한 개개인을 자기 속에 보유하고 있으므로 자체적이니 곧 실체인 셈이다. 이 정신은 현실의 실체로 보면 '민족'이고 현실적인 의식으로 본다면 민족의 '시민'이다. 시민으로서의 의식은 단일한 민족정신을 본질로 하여 이 정신의 현실인 민족 전체 속에서 자기 자신을 확신한다. 그리고 더 나아가 이 민족 전체 속에 자기의 진리가 직접적으로 안겨 있다고 생각한다. 여기서 민족은 더 이상 비현실적인 정신이 아니라 실제로 존재하는 타당한 정신이다.

이 정신은 본질적으로는 자기를 의식한 현실이라는 모습을 띠는 까닭에 인간의 법칙이라고 불릴 만하다. 이는 보편적인 형식을 띨 때는 잘 알려진 법률이고 관습이지만, 개별적인 형식을 띨 때는 개인 일반이 지니는 현실적인 자기확신이고 또 정부의 통치 형식을 띨 때는 단일한 개체로 확립된 자기확신이다. 이 정신의 참모습은 공개적으로 분명히 드러나 타당한 것으로서 현실적으로 존재하는 것인데, 이는 직접적 확신에 대해서는 자유롭게 해방된 구체적 존재의 형태를 띤다.

그런데 이렇듯 공개적인 인륜적 위력은 신의 법칙이라는 또 하나의 위력과 대립한다. 인륜에 기초한 국가권력은 의식적인 행위를 펼치는 운동으로서는 인륜의 단일한 직접적 존재자와 대립되는 면이 있고, 현실적 보편성을 지닌 권력으로서는 개인의 독자성과 맞서는 강제력을 발휘하며, 현실 일반으로서는 자기와 다른 별개의 것을 내적 본질 속에 지니고 있는 것이다.

이미 살펴봤듯이 인륜적 실체가 지니는 보편성과 개별성으로 대립되는 양면은 저마다 따로 실체의 전체와 그 내용의 모든 요소를 포함하고 있다. 그러므로 국가라는 공동체가 인륜의 실체를 자각적인 현실의 행위로 나타내고 있다면 실체의 또 다른 측면은 직접 있는 그대로의 모습으로 나타난다. 그리하여 후자의 실체는 한편으로 인륜적 실체 일반의 내적 개념 또는 보편적 가능성이지만, 다른 한편으로 자기의식의 요소도 갖추고 있다. 이 요소는 직접 존재하는 그대로 인륜을 표현할 때, 다시 말하면 자기의 본질과 핵심이 타자 속에 있음을 직접 의식할 때 '자연적인 인륜 공동체'로서 가족의 형태를 띤다. 가족은 무의식적이며 아직 내면에 머무르는 개념으로서는 국가라는 의식적인 현실과 대립하고 민족의 현실성을 육성하는 장으로서는 민족 그 자체와 대립하며, 또한 자연적인 인륜적 존재로서는 전체를 위한 노동에 의하여 스스로 형성되고 유지되는 인륜세계와 대립한다. 즉 가정의 수호신 (Penaten)이 국가의 신과 대립하는 것이다.

그런데 비록 가족이라는 인륜적 존재가 자연적인 것으로 규정된다 하더라도 가족구성원이 태어나서 가족관계를 이루고 이 관계가 현실적인 개개인의 혈연관계를 이루는 한에서 가족의 내부에 인륜적인 본질이 깃들어 있다고는 할 수 없다. 왜냐하면 인륜적인 것은 본디 보편성을 띤 것으로서 혈연상의 이 자연적인 관계도 본질적으로는 정신적인 것이며, 이렇듯 정신적인 한에서 가족의 관계는 인륜적이기 때문이다. 그러면 가족이라는 이 자연적 관계의 고유한 인륜이란 과연 어떤 것인가 살펴보도록 하자. 첫째, 인륜적인 것은 본디 전체와 어우러지는 보편적인 것이므로 가족구성원 사이의 인륜적인 관계는 감정적인 관계나 사랑의 관계라고는 할 수 없다. 인륜적인 것은 가족 전체에 대해 개개의 가족구성원이 맺는 관계 속에 자리하고 있으니, 이 경우 가족구성원의 현실적인 행위는 오직 가족 전체를 목적이며 내용으로 하는 것이어야만 하리라. 그런데 이 전체적인 행위가 지닌 의식적인 목적도 결국 전체 그 자체에 대한 것인 한 목적 자체는 어디까지나 개별적이다. 권력과 부의 획득이나 유지는 한편으로는 단지 욕구를 충족하기 위한 욕망에서 비롯된 행위에 지나지 않는 경우도 있지만 다른 한편으로는 간접적인 형태로 좀더 고차원적인 사명을 안고 있는 경우도 있다. 이때 사명이라는 것은 가족 그 자체에 합당하기보다는 참다운 보편적 존재인 국가 공동체에 꼭 알맞은 것이다. 그 사명은 오히려 가족을 부정하는 경향이 있어서, 가족으로부터 개인을 축출하여 그의 자연적인 개성을 억압하고 개인으로 하여금 전체 속에서 전체를 위하여 살아가는 유덕자(有德者)가 되게 하려고 한다. 가족 고유의 적극적인 목적이란 개별적인 것이다. 가족과 개별자의 관계가 인륜적인 것이 되기 위해서는 행위자든 행위의 수혜자든 간에 모든 개인이 어떤 구조활동이나 봉사행위에서와 같이 우연히 거기에 관여해서는 안 된다. 인륜적인 행위의 내용은 실체로서 전체적이고 보편적이어야만 한다. 따라서 그러한 행위는 오직 개개인 전체와, 즉 보편자로서의 개인과 관련된 것일 수밖에 없다. 그렇다고 또 그것은 봉사행위가 직접적인 현실적 행위로서 나타나 오직 개별적인 일을 개개인이 수행하고 있을 뿐인데도 그런 봉사행위가 개개인의 행복 전체를 촉진하는 것처럼 여겨진다는 뜻은 아니다. 또 수많은 노력을 통해 현실적인 교육행위가 개인 전체를 대상으로 이루어지는 가운데 개개인의 교육적 성과를 낳는다는 것도 아니니, 이 경우 목적이 가족에 대해 부정적일 뿐만 아니라 실제 행위도 단지 제한된 내용만 갖게 된다는 것도 아니다. 그리고 끝으로 이 행위는 비상시의 구조활동이며 이를 통해 개인 전체가 참으로 구조된다고 할 수도 없다. 왜냐하면 이 구조활동은 그 자체가 순전히 우연한 행동이므로 어쩌다가 비속한 의미로 구조활동이 실현된다 해도 결국 존재할 수도 있고 존재하지 않을 수도 있는 우연적인 일에 지나지 않기 때문이다. 따라서 이 행위는 혈연으로 맺어진 현실존재 전체를 포괄하고 있으며 이 혈연관계에 있는 가족의 일원을—즉 가족과는 차원이 다른 시민도 아니고 또 시민일지라도 특정한 개인의 위치에서 벗어나고자 하는 시민도 아닌 가족의 일원으로서의 특정한 개인을—행위의 대상이자 내용으로 삼는데, 이때 행위는 이 개인을 감각적이고 개별적인 현실을 탈피한 공동존재로 간주한다. 그런 행위는 더 이상 살아 있는 자를 상대로 하는 것이 아니라 죽은 삶을 상대로 하는 행위라고 해야만 하겠다. 오랜 기간에 걸쳐 존재가 해체되는 온갖 삶의 굴곡을 거쳐서 하나의 완결된 형태로 자신을 마무리한 죽은 자는 우연에 휘둘려 온 불안한 삶에서 벗어나 단순하고 안정된 보편적인 경지에 오른 것이다. 개인은 시민이 되어서만 비로소 현실적이고 실체적인 존재가 되므로 시민이 아닌 가족구성원으로서의 개인은 한낱 비현실적인 힘없는 그림자에 지나지 않는다.

개인 스스로가 끝내 다다르는 이 보편적인 모습은 바로 '죽음'이라는 순수한 존재이다. 이는 절로 그렇게 되어 가는 자연의 결과로서, 의식적 행위의 결과는 아니다. 그리하여 가족구성원의 의무는 개인의 최후에 나타나는 보편적인 존재인 죽음에 의식적인 행위의 측면을 더해서, 그것이 단지 자연에 내맡겨진 비이성적인 것에 그치지 않고 오히려 그 행위를 통하여 다듬어진 것이 되어서 이에 대해 의식의 권리가 주장될 수 있도록 하는 데 있다. 다시 말하면 자신 자신을 의식한 존재자로서의 인간이 얻는 최후의 안식과 그 공동세계는 실은 자연에 속하는 것이 아니므로, 이러한 행위의 의미는 오히려 이 죽음의 절대적인 주인으로 행세하는 자연의 교만함을 불식하고 인륜적인 진실을 되살아나게 하는 것이라고 할 수 있다. 죽음에 어른거리는 자연의 힘이란 죽은 자가 공동세계로 승화하는 과정을 존재적인 육신의 운동으로 나타내는 데서 드러난다. 물론 이 운동은 인륜 공동체 내에서 생겨나고 또 공동세계를 목적으로 하는 것이기도 하므로 결국 죽음은 개인 스스로가 공동세계를 위하여 떠맡는 궁극적인 최고의 노동이다. 그러나 개인이 본질적으로 개별적인 삶의 영위자인 이상 그의 죽음이 공동세계를 위한 노동과 직접 합일되어 바로 이 노동의 결과로 나타날지 아닐지는 우연에 달린 문제다. 그렇다면 한편으로는 죽음은 자연적인 부정성이며 개별 존재의 운동이므로 거기서는 의식이 자기에게 되돌아와 자기의식으로 바뀌는 경우는 없다. 그리고 또 한편으로는 존재의 운동이란 존재가 폐기되어 대자존재가 되는 것이므로 죽음은 대상화된 대자존재와 운동의 출발점이 되는 존재가 별개의 것으로 드러나는 분열의 측면을 이룬다. 인류란 정신이 직접 있는 그대로 진리의 모습을 하고 나타난 것이어서 그 의식의 분열된 두 측면도 직접적인 형식을 띤다. 그리하여 개별성으로서의 육신은 죽음에 의해 추상적으로 부정된다. 이 죽음의 부정성은 자체적으로는 위안이나 화해의 요소라곤 전혀 없으므로, 본질적인 그런 요소를 외면적인 현실의 행동을 통해 받아들여야만 한다. 그러므로 혈족으로서 할 일은 의식적인 운동을 죽음에 더해서 자연의 작업을 중단시키고 사별한 혈족의 일원을 파괴에서 도로 구출해 오는 것, 더 분명히 말하면 그 개인이 파괴되어 순수한 존재로 바뀌는 것이 필연적인 일일 바에는 차라리 자기가 나서서 그 파괴의 결과를 스스로 떠맡는다는 데 있다. 이렇게 함으로써 혈족은 추상적인 자연의 운동을 보완한다. 그 결과 죽어 간 보편적 존재가 자기에게 되돌아와 독자적인 존재가 되면서 한낱 개체에 지나지 않는 무력한 시신은 모두가 공유하는 개인의 위치로 올라선다. 죽은 자는 그의 존재가 자기의 행위나 부정적 일자로부터 방면되어 공허한 개체가 되면서 어쩔 수 없이 타자에 대한 수동적인 존재가 되어 버리니, 이제는 이성을 지니지 않는 갖가지 하등생물이나 추상적인 소재들의 힘 앞에 맥없이 노출된 먹이가 되고 만다. 이때 이성 없는 생물은 그가 지닌 생명 덕분에, 추상적인 소재는 그 부정적인 자연의 힘 덕분에 죽은 자보다도 억센 힘을 지니게 된다. 여기서 가족은 의식 없이 치닫는 욕망이나 추상적인 자연력이 죽은 자를 능멸하는 이 행위를 막고 자기들의 행위를 죽은 자에게 가함으로써 자기 혈족으로 하여금 대지의 품에 안겨 불멸의 원초적인 개체로 돌아가게 해준다. 이로써 가족은 죽은 자를 공동세계의 일원이 되도록 한다. 즉 이 공동세계는 죽은 자를 마음 내키는 대로 파괴하려는 개별적인 소재의 자연력이나 하등동물을 제압하고 구속하는 것이다.

죽은 자의 매장이라는 이 최후의 의무야말로 궁극적인 신의 법칙이며 개인에 대한 적극적인 인륜적 행동이다. 개개인에 대한 관계에서 사랑을 초월한 인륜적 토대 위에 있는 그 밖의 모든 행위는 인간의 법칙에 속한다. 이는 개인으로 하여금 그가 현실적으로 소속되어 있는 자연적인 가족 공동체의 테두리를 벗어나 그 안에 갇히지 않도록 하는 부정적인 의미를 지닌다. 그런데 인간적인 정의는 자기를 의식한 현실의 인륜적 실체인 민족 전체를 자신의 내용과 위력으로 삼는데, 신의 정의와 법칙은 현실의 피안에 있는 개인 즉 죽은 자를 내용으로 삼는다. 한데 이 죽은 자에게 위력이 없는 것은 아니다. 죽은 자의 힘은 그가 순수하게 추상적이고 보편적인, 원소화된 개체라는 데에 있다. 다시 말해 일찍이 원소적인 상태를 벗어나 민족의 현실적인 일원임을 자각하고 있던 개인이 자기의 본질인 순수하게 추상적인 원소로 되돌아와 자신의 근원적 상태가 된 것이다. 그러면 이러한 죽은 자의 위력이 민족 자체에서 어떤 모습으로 나타나는가를 자세히 살펴보자.

그런데 이 두 법칙에는 양쪽 다 갖가지 구별과 단계가 있다. 왜냐하면 국가와 가족 모두가 저마다 의식이란 요소를 지니고 있어서 스스로 내부적인 구별을 전개해 나가기 때문이다. 이로부터 저마다의 터전 위에서 운동과 독자적인 생활이 형성된다. 이러한 구별을 고찰하면 인륜세계를 지탱하는 두 개의 보편적인 본질이 펼치는 활동과 이 세계의 자기의식 양상이 분명해지면서 동시에 양자 사이의 연관성과 상호이행의 모습도 분명히 드러난다.

국가 공동체는 확실히 백일하에 드러난 공명정대한 상위법칙이며 정부의 통치라는 것을 통해서 현실적인 생명력을 지닌다. 통치란 자기에게 돌아와 있는 현실의 정신이며 인륜적 실체 전체의 단일한 핵심이다. 물론 이 단일한 권력은 국가 공동체가 그 부분들로 퍼져 나가서 각 부분이 저마다 존립하고 스스로 자기의 대자존재가 되는 것을 허락한다. 이때 공동체 정신은 구체적인 존재로서의 실재성을 지니고 가족은 이 실재성의 장이 된다. 그러나 동시에 공동체 정신은 전체의 힘이기도 하다. 이 힘은 각 부분을 부정적인 하나로 통합해 총괄하므로 각 부분은 스스로 자립적이지 못하다는 느낌을 받아 오로지 전체 속에서만 자기들의 생명력을 발휘할 수 있다는 의식을 지니게 된다. 따라서 이 공동체는 한편으로는 인격적 독립과 사유재산 그리고 사적인 물적 권리를 여러 체계로 조직화하고, 나아가서는 영리와 소비라는 일단은 개인적인 목적을 위한 노동 양식을 전체의 여러 분야로 나눠서 독립시키기도 한다. 그런데 보편적 집단의 정신은 단일하므로 이렇듯 자립해서 분산되어 있는 여러 체계를 부정하기도 한다. 서로 고립되어 있는 체계가 그대로 고착돼서 전체성이 약해지고 공동체 정신이 무산되는 일이 없도록 하기 위하여 정부는 전쟁의 위협을 내세워 때때로 내부적인 충격을 가할 수밖에 없다. 이리하여 권리로서 정립된 자립성이라는 질서와 정의를 훼손하고 교란시키는 것이다. 그런데 개인은 자립성 속에 안주하여 전체에서 이탈한 채 개인이 누릴 수 있는 불가침의 독자성과 안전만을 얻기 위해 노력하니, 정부는 그런 개인에게 예의 노동(전쟁)을 부과함으로써 자신의 죽음을 실감하도록 해야만 한다. 공동체 정신은 이러한 개인의 존립 형식을 해체하여 개인이 인류생활에서 벗어나 자연의 흐름에 내맡겨지는 것을 방지하고, 정신의 의식적인 자기 핵심을 유지하고 북돋워서 자유를 얻고 힘을 발휘하도록 한다. 결국 죽음도 마다하지 않는 부정적 존재자의 힘이야말로 고유한 국가 권력의 실태이며 이것이 또한 국가의 자기보존을 위한 힘이 된다. 그러므로 이 권력의 진가가 드러나고 확증되는 것은 신의 법칙 또는 지하세계라는 실재와 부딪치는 때이다.

가족을 다스리는 신의 법칙도 그 나름대로 구별되는 갖가지 요소를 간직하고 있는데, 이들의 관계로부터 법칙의 현실을 반영하는 활발한 운동이 벌어진다. 남편과 아내, 부모와 자녀, 형제와 자매라는 세 가지 가족관계 가운데 먼저 남편과 아내의 관계는 한쪽의 의식이 직접 상대의 의식 안에서 자기를 인식하는 상호인정의 관계다. 이때 서로를 인식하는 것은 자연적인 것이지 인류적인 인식은 아니므로, 이 관계는 현실정신 그 자체가 아닌 정신의 표상이나 형상으로 그칠 뿐이다. 이는 정신을 떠올리고 그 형상을 나타내지만 그런 관계는 자기가 아닌 다른 곳에서 현실이 된다. 따라서 남편과 아내의 관계는 그 자체가 아닌 다른 곳, 즉 자녀에게서 현실성을 띤다. 남편과 아내의 관계는 자녀로부터 출발해 또 거기로 사라져 가는 것이다. 그리고 세대에서 세대로 이어지는 이런 교체는 민족 속에 존립해 있다. 남편과 아내 사이의 서로 경애하는 관계에는 자연적인 성적 관계나 감정이 뒤섞여 있기 때문에 이 관계가 자기의 내면으로 되돌아오는 일은 없다. 또한 부모와 자녀 사이의 경애라는 두 번째 관계도 이와 마찬가지다. 부모가 자식에게 헌신하는 경우, 부모 자신의 현실이 자식이라는 타자 속에서 의식되고 또한 타자 속에서 자립적인 존재가 생성되어 오는 것을 보기는 하지만 이를 다시금 자기 품 안으로 되돌려올 수는 없으며, 결국은 자식이 자기와는 다른 독립된 현실존재라는 데 대한 감회가 뒤따르게 된다. 또 반대로 자식이 부모에게 헌신하는 경우에도 자식은 나고 자라서 어엿한 개인으로 성장하는 자기 자신을 사라져 가는 부모에게서 발견한다. 이 관계에서 자식은 그 자신의 자립적 존재나 독자적인 자기의식이 그의 수원(水源)인 부모로부터 갈라져 나올 때에만 비로소 획득될 수 있다는 감정을 필연적으로 느끼는데, 이런 분리가 행해지는 가운데 수원은 차츰 말라붙어 가는 것이다.

남편과 아내, 부모와 자식의 관계는 양자에 나뉘어 있는 두 측면 사이의 감정적인 이행과 부조화 속에 머물러 있다. 이에 반하여 티 없이 맑은 관계를 유지하는 것이 형제와 자매 사이이다. 형제와 자매는 같은 핏줄을 타고나서 이 동일한 핏줄이 그들 사이에 안정과 균형을 이루어 놓는다. 따라서 이들은 서로 욕정을 품는 일도 없고 저마다 자립성을 상대에게 안겨 주거나 상대에게서 받아들이는 일도 없이 각기 자유로운 개인으로서 존재하고 있다. 그러므로 여성은 자매일 때 인륜적인 본질을 가장 예민하게 느낀다. 그렇다고 여성이 인륜적 본질을 의식하고 체현하고 있는 것은 아니다. 왜냐하면 가족의 법칙은 의식의 표면에 드러나지 않는 잠재적이며 내면적인 것이라서 내적인 감정인 채로 현실과 동떨어진 신성한 경지에 머물러 있기 때문이다. 여성은 이러한 가신(家神)과 연결되어 있으므로 한편으로는 여기서 스스로가 보편적 실체임을 직관하고 다른 한편으로는 자기가 개별자임을 직관한다. 그러나 이 개별자로서의 관계가 본능적인 쾌락의 관계로 이어지지는 않는다. 그런데 여성은 딸의 처지에서는 부모가 사라져 갈 때 자연스레 어떤 감정을 느끼지만 인륜적으로는 포기하고서 차분한 마음가짐으로 바라볼 수밖에 없다. 왜냐하면 딸은 부모와 자식 간의 관계를 뛰어넘을 때라야만 자립적인 존재가 될 수 있기 때문이다. 그렇다고 부모에게서 적극적인 방식으로 스스로의 자립성을 얻으려 들지는 않는다. 어머니나 아내로서의 관계는 개별성에 바탕을 두고 있지만 한편으로 이것은 쾌락과 관계되는 자연적인 것이기도 하고 다른 한편으로는 이 관계 속에서 자기가 단지 스러져 갈 뿐임을 인식하는 부정적인 것이기도 하다. 이 점에서 그것은 다른 개인으로도 대체할 수 있는 우연한 관계이다. 인륜에 기초한 가정에서 여성의 이런 관계의 기본 바탕이 되는 것은 정으로 묶여 있는 '이' 남편도 '이' 아이도 아닌, 사회적인 존재로서의 남편 일반 또는 아이 일반이다. 여성의 인륜이 남성의 인륜과 구별되는 것은 여성이 개별성에 치중하여 쾌락을 누리면서도 또한 그대로 보편성을 띠고 개별적인 욕망에는 휘말리지 않는 데 반하여, 남성의 경우는 개별성과 보편성이 분리되어 남성이 시민의 위치에서는 보편성에 바탕을 둔 자각적인 힘의 소유자이면서도 또한 욕망에 대한 권리를 쥐고서 이를 자유로이 구사하는 데 있다. 아내의 이러한 관계에는 개별성이 뒤섞여 있어서 그 인륜은 순수하지 않다. 그러나 그녀가 인륜적인 존재인 한은 개별성이야 아무래도 상관이 없으므로 결국 아내에게는 '이' 자기라는 존재를 타인 속에서 인식하는 요소가 결핍되어 있다. 그러나 형제는 자매에 대하여 애초에 안정적인 대등한 존재이므로 양자가 서로에게 자기 모습을 발견하는 상호인정관계는 순수하며, 여기에 자연적인 관계라곤 섞여 들지 않는다. 따라서 이 관계 속에서는 개별자야 아무래도 상관없다든가 개별자의 인륜적인 가치가 우연에 좌우된다든가 하는 것은 있을 수 없다. 도리어 여기서 타자를 인정하거나 타자에게 인정되는 개별적인 자기의 요소는 이 관계에서 혈연상의 균형이 유지되고 욕망이 배제되어 있다는 점에서 자기의 권리를 주장하기에 부족함이 없다고 해야겠다. 그리하여 자매에게는 형제를 잃는다는 것이 더할 수 없는 손실이 되고, 형제에 대한 자매의 의무야말로 가장 고귀한 의무가 된다.

이러한 형제와 자매의 관계는 동시에 내적으로 결집된 폐쇄적인 가족이 해체되어 밖으로 나가게 되는 경계선상에 있다. 형제는 가족의 정신이 바깥세상으로 향하며 보편성을 의식하게 되는 개인성의 측면을 나타낸다. 형제는 직접적이고 원초적이며 따라서 본디 부정성을 띠는 가족이란 인륜을 버리고 떠나서 의식적이고 현실적인 인륜을 획득하고 발휘하는 존재인 것이다.

형제는 지금껏 안주해 왔던 생활권인 신의 법칙에서 일탈하여 인간의 법칙으로 이행한다. 이와 달리 자매의 경우는 가정을 꾸리고 신의 법칙을 수호하는 존재가 되며 아내가 되고 나서도 그러한 상태에 머무른다. 이런 방식으로 남성과 여성은 각기 타고난 자연적 존재를 뛰어넘어 인륜적 실체를 구성하는 두 개의 부분을 분담함으로써 마침내 인륜적 의미를 지닌 남성 또는 여성이 된다. 인륜적인 세계의 이러한 두 보편자가 저마다 타고난 개체성에 따른 성별상의 남녀로 구별되는 이유는 인륜적인 정신이 실체와 자기의식의 직접적인 통일, 즉 현실상의 구별이라는 면에서 동시에 자연적인 차이에 근거한 구체적 존재로서 나타나는 직접적인 것이기 때문이다. 남자와 여자란 그 자신에게 실재적인 개체성이라는 형태를 띠고, 정신적 존재자라는 개념에 따라 근원적으로 규정된 자연적 본성으로서 나타난 측면이다. 이 요소는 이제 애매모호한 모습을 버리고 소질이니 능력이니 하는 우연한 차이와는 별개의 것이 된다. 여기서 남녀 양성은 확연히 대립하기에 이르고 양자의 자연적인 모습은 동시에 인륜적 사명이라는 의미를 지니게 되었다.

그러면서도 양성의 구별과 이들이 지니는 인륜적인 내용상의 차이는 여전히 실체 속에 통일되어 있어서 이제는 이 차이에서 비롯된 운동이 끊임없이 통일을 산출하는 운동으로 작용하게 된다. 남성은 가족의 정신으로부터 국가공동체로 내보내지는데, 그는 여기서 그의 자기의식적인 본질을 발견한다. 이로써 가족은 공동체 내에서 자기의 보편적인 실체를 얻어 존립하게 되지만, 반대로 공동체는 가족으로부터 자기의 현실을 담보하는 형식적인 장을 얻고 또 신의 법칙으로부터 자기의 힘을 얻고 확증을 받는다. 결국 가족과 공동체 그 어느 쪽도 혼자서는 완전하지 못한 것이다. 지상에 군림하는 의식적이며 간접적인 인간의 법칙은 지하에 군림하는 무의식적이며 직접적인 신의 법칙에서 출발하여 생동하는 운동을 거치고 나서 다시금 출발점으로 되돌아간다. 이에 반해 지하의 위력은 지상으로 나와서 현실성을 띠는 가운데 의식에 의하여 존재하고 활동하게 된다.

보편적인 인륜의 본질은 보편적인 의식으로서의 실체이고 또한 개별적인 의식으로서의 실체이다. 여기서 보편적인 현실체로는 민족과 가족이 있고, 자연적인 자기이며 활동하는 개인으로는 남성과 여성이 있다. 이런 내용이 갖추어져 있는 인륜세계 속에서 우리는 앞에서 본 실체 없는 의식의 형태들이 표방했던 목적이 이루어져 있음을 깨닫는다. 일찍이 이성이 한낱 대상으로밖에는 파악하지 않았던 것이 이제는 자기의식이 되고, 의식이 자기 내부에 그저 간직하고만 있던 것이 참다운 현실로 존재하는 것이다. 관찰하는 이성이 자기와는 무관하게 눈앞에 현존하는 것으로 여겼던 것이 여기서는 눈앞에 있으면서도 동시에 관찰자 행위의 결과물이기도 한 현실의 습속으로 나타나는 것이다. 또한 자신의 개별성만을 즐기는 쾌락을 추구하던 개인이 이제는 가족 안에서 그 쾌락을 찾는다. 그리고 이 쾌락을 버릴 수밖에 없다는 필연성은 개인이 민족의 한 시민으로서 지니는 그 자신의 작가의식이다. 달리 말하면 그것은 마음의 법칙이 곧 모든 사람의 마음 법칙이며 자기를 의식하는 것이 곧 보편적 질서를 인정하는 것이라는 인식을 뜻한다. 더 나아가 그것은 자기희생을 통하여 얻어진 결실을 향유하는 덕성이다. 덕성은 스스로 지향하는 바를 실현하여 그의 본질이 실제로 현실 속에 드러나게 하고 있다. 덕성을 향유한다는 것은 이처럼 보편적으로 살아가는 것이다.

끝으로 '사태 자체'를 추구해 왔던 의식은 과거에 형식적인 공허한 범주에 안겨 있던 추상적인 요소를 적극적인 형태로 내포하고 있는 실재적인 인륜의 실체 속에서 만족감에 젖게 된다. 이제 '사태 자체'는 두 가지 인륜의 위력을 통해 참된 내용을 얻었다. 이 내용은 건전한 이성이 부여하고 또 인식하려 했던 실체 없는 명령 대신에 나타난 것이다. 이로써 사태 자체는 이성에 의한 법칙의 음미라는 척도, 즉 자체적으로 규정되어 풍부한 내용을 지니고 있는 척도를 얻었다. 이는 더 이상 법칙 자체를 음미하는 것이 아니라 실제 행위를 음미하는 것이다.

전체란 모든 부분이 균형을 이루고 안정돼 있는 것이며 각 부분이란 고유한 자기만의 정신을 간직한 것인데, 각 부분은 전체와의 균형을 유지하고 있으니 이제는 자기의 피안에서 만족을 구하는 것이 아니라 자기 안에서 만족을 누리게 된다. 이러한 균형은 균형 속에서 불균형이 발생하고 이어서 정의의 힘에 의해 균형이 회복되는 운동을 통해서만 살아 있는 것이 될 수 있다. 그런데 이러한 정의는 인륜세계의 피안에 자리잡고 있는 소원한 존재도 아니려니와 또한 서로가 책략을 꾸미고 배반과 배은망덕을 일삼는 등 인륜세계에는 어울리지 않는 현실, 즉 사상이라곤 깃들어 있지 않은 우연한 착상에 의하여 무의식중에 맥락도 없는 행위가 이루어지거나 중단되거나 하는 현실을 드러내지도 않는다. 그보다도 오히려 이 힘은 균형을 상실한 채 자기 위주의 독자적인 존재가 된 계층이나 개인을 보편자 속으로 도로 데려오려는 인간적인 법의 정의에 바탕을 둔 것으로서, 이는 보편적 본질이 개인성을 얻어 스스로 실현된 것이면서 동시에 모든 사람의 자각적인 의지인 민족의 통치로서 나타나게 된다. 그런데 정의는 또 개개인에게 월권을 행사하는 공권력으로 하여금 균형감각을 되찾게 해주므로 불의에 시달리는 개인의 단순한 정신이기도 하다. 이 정신은 불의를 당한 당사자와 정의를 구사하는 피안의 존재로 분열되는 일 없이 그 스스로 지하의 권력으로서 복수의 신 에리니에스가 되어 행동을 한다. 왜냐하면 그의 개성과 그의 핏줄은 집안 대대로 생생하게 이어져 내려가기 때문이다. 즉 그의 실체는 현실 속에 계속 살아남는다. 인류의 왕국에서 개개인에게 가해지는 불의는 어떤 일이 순전히 갑자기 생겨난다는 모양새를 띠고 나타날 뿐이다. 의식에게 이러한 불의를 저질러서 의식을 순수한 사물로 만들어 버리는 위력은 바로 자연의 힘이다. 곧 국가 공동체 일반이 아니라 존재 자체라는 추상적인 일반이다. 이때 자기에게 가해진 부정을 타파하기 위해 개인은 자기를 가해하지 않은 공권력에 맞서는 것이 아니라 자연에 대항한다. 이미 보았듯이 여기서 혈연관계에 대한 개인의 의식이 이런 부정을 타파하는 것은, 갑자기 생겨난 것을 하나의 작업 결과로 만들어서 궁극적 존재인 죽음을 바라던 대로 기꺼이 맞이할 수 있는 존재가 되게 하기 위함이다.

이렇게 하여 인류의 왕국은 어떤 분열에 의해서도 혼탁해지지 않는 티 없이 맑은 세계로 존속된다. 동시에 이 세계의 움직임도 하나의 권력이 또 다른 권력으로 조용히 이행하는 형태로 일어나므로, 양자는 서로가 서로를 보존하고 산출해 나간다. 물론 우리는 그 위력이 두 가지 존재와 현실로 분열되는 것을 보았다. 하지만 이 대립은 오히려 한쪽이 다른 한쪽을 확증해 주는 대립으로서, 양자가 현실의 권력으로 직접 마주치는 중간 지점에서는 양자가 직접 상호침투되어 있다. 한쪽 극을 이루는 보편적인 의식적 정신은 남성의 개체성을 통하여, 그 정신에 힘과 장을 제공하는 반대쪽 극인 무의식의 정신과 추론적으로 관련되어 있다. 이와 반대로 신의 법칙을 따르는 개개인의 무의식적인 정신은 여성을 통하여 개체성을 갖춘 존재로 탈바꿈한다. 개개인은 바로 이 여성을 매개로 하여 비현실에서 현실로, 무지와 무의식의 영역에서 의식의 영역으로 발돋움한다. 남성과 여성의 통일(결혼)은 전체가 활동을 펼치는 매개적 중간 지점이다. 이는 신의 법칙과 인간의 법칙이라는 양극으로 분열되지만 또한 양자를 직접 관련지어 주기도 한다. 이 관련은 앞서 이야기한 남성과 여성의 두 추론적 관련을 같은 관련으로 만들어 놓는다. 이리하여 현실의 자립적인 구성원으로 조직된 인간의 법칙에서 벗어나 비현실의 죽음의 위험과 시련에 다다르는 운동, 또 반대로 지하의 법칙에서 나와서 백일하의 현실 및 의식적인 존재에까지 올라오는 운동, 요컨대 남성의 역할과 여성의 역할이라는 이 두 가지 대립되는 운동은 이 직접적인 통일 속에서 하나로 통일된다.

2) 인륜적 행위, 인간의 지와 신의 지, 죄책과 운명

그러나 이 인륜의 왕국에서 대립은 위와 같이 벌어지고 있지만 자기의식은 아직 참다운 권리를 얻어 개별적인 개인으로 등장하고 있지는 않다. 인륜의 왕국에는 다만 한편에 보편적 의지가 있고, 다른 한편에 가족의 혈연이 있을 뿐이다. 이때 이 개인은 비현실적인 그림자에 지나지 않는다. 아직은 아무런 행위도 취해지지 않은 상태이지만 실행되기만 한다면 행위야말로 현실의 핵심이 된다. 실행된 행위는 인륜세계의 안정된 조직과 운동을 교란시킨다. 인륜세계에서는 두 존재자가 질서를 얻어 일치되고 있으며 이들은 한쪽이 다른 한쪽을 보증하고 보충하는 관계를 이루고 있는데, 이것이 실제 행위로 나타날 때에는 대립되는 것으로 이행한다. 이때 양자는 서로 자기와 다른 쪽을 보증해 준다기보다는 오히려 서로의 공허함을 증명하게 된다. 이는 가공할 운명의 부정적인 운동이자 영원한 필연이 되고, 이 필연은 신의 법칙과 인간의 법칙을 비롯하여 이들의 위력을 구체화하는 두 가지 자기의식까지 전부 다 바닥없는 단일성의 심연 속으로 내던져 버린다. 게다가 방관자인 우리 처지에서 보자면 양자는 순수하게 개별적인 자기의식이라는 절대적 대자존재로 이행하게 된다.

이러한 운동의 출발점이자 토대가 되는 것은 인륜의 왕국이지만, 이 운동을 일으키는 동력은 자기의식이다. 인륜적 의식으로서의 자기의식은 인륜의 본질만을 오직 하나의 목표로서 순수하게 추구한다. 즉 이것은 곧 의무다. 이제 법칙의 제정이나 음미는 포기된 상태이니 자기의식의 내면에 그 어떤 자의나 투쟁이나 우유부단함이 끼어들 틈도 없으며, 여기서 인륜적 본질은 추호의 동요나 모순도 없이 직접 나타나 있다. 그리하여 여기서는 정열과 의무 사이의 충돌로 인한 볼썽사나운 장면도 벌어지지 않거니와 또한 의무와 의무 사이의 충돌로 인한 희극적인 장면도 펼쳐지지 않는다. 사실 의무와 의무 사이의 충돌이란 내용상으로는 정열과 의무의 충돌이나 다름없다. 왜냐하면 의식이 직접 현존하는 실체적인 본질에서 벗어나 자기에게 되돌아오게 되면 앞에서도 보았듯이 의무는 어떤 내용이라도 받아들일 수 있는 형식적인 보편자가 되므로 정열마저도 의무로 생각될 수 있기 때문이다. 그런데 이 의무와 의무 사이의 충돌은 희극적이다. 왜냐하면 이 충돌은 대립하는 절대적인 것이 모순되어 있다는 절대적인 모순을 나타내고 있으며, 또 그대로 이른바 절대적인 의무라는 것의 공허함을 드러내고 있기 때문이다. 그러나 인륜적 의식은 자기 할 일을 알고 있으며, 또 그것이 신의 법칙에 귀속될지 인간의 법칙에 귀속될지도 이미 결정해 놓고 있다. 이처럼 이 의식은 그 자체로 결정되어 있으므로 자체적 즉자존재이고, 따라서 우리가 이미 보아 온 자연적 존재라는 의미도 지닌다. 이 자연은 관찰의 경우와 같이 우연한 상황이나 선택에 좌우되는 일 없이 그대로 두 가지 성(性) 가운데 하나에는 이 법칙을, 다른 하나에는 저 법칙을 할당한다. 바꾸어 말하면 두 법칙의 인륜적인 위력은 남녀 양성에게서 개체로서의 존재를 얻어 실현되는 것이다.

한편으로 인륜은 본질적으로 이런 단호한 결단의 모습을 드러내므로 의식에게는 한편의 법칙만이 본질로 여겨지는데, 다른 한편으로는 두 가지 인륜적인 위력이 둘 다 의식의 핵심으로 뿌리내림으로써 현실적으로 존재한다. 따라서 인륜적인 두 개의 위력은 서로를 배척하며 대립할 수밖에 없다. 두 위력은 인륜의 왕국에서는 자체적으로 잠재해 있다가 의식되기에 이르면 자각적인 존재가 되는 셈이다. 두 위력 중 한쪽만을 따르도록 결단을 내린 인륜적 의식은 본질적으로 일정한 성격을 나타내므로 두 개의 위력이 동등한 가치를 지닌 본질로서 이 의식에게 주어지지는 않는다. 그러므로 대립이 나타날 때 의무는 불의(不義)의 현실하고만 충돌하여 불행에 빠지게 된다. 인륜적 의식은 자기의식의 처지에서 이러한 대립에 휘말린다. 이때 인륜적 의식은 자기가 받아들인 법칙 아래 대립되는 현실을 강제로 복종시키거나, 아니면 현실을 기만해서라도 법칙을 관철시키려고 한다. 인륜적 의식은 한쪽만이 정의이고 다른 한쪽에는 불의가 있다고 여기므로, 둘 중에서 신의 법칙에 따르는 의식은 반대쪽에서 인간의 우연한 폭력행위를 발견한다. 그러나 인간의 법칙에 귀속된 의식은 반대쪽에는 내면화된 대자존재의 아집과 불복종이 있다고 생각한다. 즉 정부의 명령은 백일하에 공개된 보편적인 것으로 간주되는데, 신의 법칙에 따르는 의지는 지하의 내면에 갇혀 있는 생각이므로 개인의 의지로서만 겉으로 드러나고 이것이 정부의 명령과 모순될 경우에는 불법행위가 될 수밖에 없다.

그리하여 실체 속에 의식된 요소와 의식되지 않은 요소의 대립이 있는 것과 마찬가지로 의식에는 인지된 것과 인지되지 않은 것의 대립이 발생한다. 이에 인륜적인 자기의식의 절대적 정의가 본질적인 신의 정의와 알력을 빚게 된다. 인륜적 의식을 체현한 자기의식에게는 대상적인 현실 그 자체가 본질이지만, 존재하는 실체의 면에서 본다면 이 자기의식은 자기와 대립적인 본질과의 통일이며 결국 인륜적 자기의식이란 이 실체의 의식이 된다. 따라서 자기의식과 대립되는 대상은 그것 자체로 본질을 이룬다는 의미를 완전히 잃어버린다. 대상이 단지 하나의 사물이라고 하는 차원은 이미 훨씬 전에 자취를 감추었지만, 마찬가지로 의식이 무언가를 자주적으로 고정하여 개별적인 요소를 본질로 삼는다는 차원도 자취를 감춘 지 오래이다. 한 방면에 치우친 그런 생각에 대해 현실은 능히 반격할 힘을 가지고 있어서 진리와 손잡고 의식에 대항함으로써 무엇이 진리인지를 새삼 의식에게 드러내 보인다. 그러나 인륜적 의식은 절대적 실체의 술잔을 다 비운 나머지 대자존재나 그 목적이나 그것 고유의 개념 같은 것의 일면성을 잊고 있으므로, 이 저승에 흐르는 스틱스 강물 속에 대상적 현실이 지니는 일체의 본질적인 가치와 독자적인 의의를 밀어 넣어 익사시켜 버린다. 그리하여 인륜적 의식의 절대적 정의라는 것은 인륜의 법칙에 따라 행동할 때 실현되는 것이 오직 이 법칙의 성취일 뿐이며 그 행위 결과가 오직 인륜적 행위만을 나타낸다는 데 대한 신념이다. 인륜적인 것은 절대적 본질인 동시에 절대적 권력이기도 하므로 자신의 내용이 변경되는 일은 도저히 감내하지 못한다. 그것은 오직 권력이 없는 절대적 본질일 경우에 한해서 개인에 의해 변경될 수 있다. 그런데 인륜적 의식을 지닌 개인은 일면적인 독자성을 방기한 채 이런 변경을 아예 포기하고 있다. 또 반대로 인륜적인 것이 절대적인 본질 없이 권력만 지니고서 아직 대자존재 수준에 머무르고 있다면, 인륜적 본질에 의해 변경될 것이다. 하지만 이와는 달리 통일이 존재한다면 이 통일로 말미암아 개인은 그 내용을 이루는 실체의 순수한 형식이며, 행위는 사상에서 현실로의 이행이 된다. 그런데 이 이행은 대립의 두 요소가 서로 다른 특수한 내용이나 본질을 가지고 있지 않은 허울뿐인 대립의 운동에 지나지 않는다. 따라서 인륜적 의식이 지니는 절대적인 정의는 행위의 결과로서 나타난 현실의 형태가 스스로 인식하고 있는 것과 정확히 일치한다는 데 대한 확신 속에 깃들어 있다.

그러나 인륜적 존재는 그 자체가 두 개의 법칙으로 분열되어 있어서 오로지 일편단심 법칙에 따르는 의식은 어느 한쪽 법칙에만 치우치게 마련이다. 이 단일한 의식이 인륜에 충실한 자기에게는 인륜의 본질 그 자체가 여실히 드러나 보인다면서 절대적인 정의를 단호히 주장할 경우, 이번에는 인륜적 존재 쪽에서 그의 실상이 이중화되어 있다는 것을 단호히 주장한다. 더욱이 인륜적 존재의 이 정의는 자기의식과 무관한 다른 어딘가에 있는 것으로서 자기의식과 대립하는 것이 아니라 바로 자기의식의 고유한 본질이다. 이 인륜적인 것의 존재와 권력은 오직 자기의식 안에만 깃들어 있을 뿐이어서 거기에 대립이 생겨나더라도 이는 자기의식이 행한 행위의 결과이다. 왜냐하면 자기의식은 실로 자기를 의식하면서 실행에 나서는 바로 그 순간에 단순히 있는 그대로의 상태에서 벗어나 스스로 분열을 야기하기 때문이다. 자기의식은 행위를 통하여 직접적인 진리를 단순히 확신한다는 인륜의 모습을 잃어버리고, 자기 자신을 행위자로서의 자기와 대립적 현실로 분열시킨다. 이로써 자기의식은 행위로 말미암아 죄책을 짊어지게 된다. 그도 그럴 것이 행위는 자기의식의 행위이며, 이 행위는 자기의식의 가장 고유한 본질을 드러내는 것이기 때문이다. 게다가 이 죄책은 '범죄'의 의미도 지닌다. 왜냐하면 단순한 인륜적 의식인 이 자기의식은 한쪽 법칙에만 가담하고 다른 한쪽 법칙에는 등을 돌림으로써 결국 법칙을 침해하는 행위를 저지르기 때문이다. 이때 발생하는 죄책은 실제로 백일하에 드러나 있는 행위가 죄책의 행위일 수도 있고 그렇지 않을 수도 있다는 식의 애매한 것이 아니다. 또한 여기서는 행위가 행위에 속하지 않는 외적인 것이나 우연한 것과 결부되어 있으므로 그 점에서 죄책의 행위가 아닐지도 모른다고 할 수도 없다. 그게 아니라 행위는 그 자신을 정립하고 또 이와 대립하는 낯선 외적 현실을 정립한다는 이 분열 속에 스스로 자리하고 있는 것이다. 결국 이런 현실의 사태는 행위 자체의 탓으로, 행위에 의해서 일어난다. 따라서 아무런 죄책도 없는 경우라고는 단지 돌덩이가 덜렁 거기에 놓여 있는 것과 같은 무위(無爲)의 상태에서나 가능할 뿐, 심지어 아이가 거기에 있다는 것조차도 죄책을 피할 길이 없다. 그런데 인륜적 행위는 그 내용상 범죄의 요소를 갖추고 있다. 행위자로서는 두 개의 법칙이 자연적으로 남녀 양성에 나뉘어 할당되는 것을 피할 수가 없으며, 오히려 자연적인 있는 그대로의 상태에 따라 일편단심 한쪽 법칙에 집착하여 행위를 일삼음으로써 인륜적인 존재자의 한쪽 편에만 치우치고 다른 쪽은 부정적으로 대하면서 이를 침해하는 일면성을 띤다는 점에서 이는 죄책을 짊어지게 되기 때문이다. 그런데 보편적인 인륜적 생활에서 죄책과 범죄, 행위와 행동이 어디로 귀착되는가는 뒤에 가서 명확히 밝혀지겠지만, 당장에 분명한 사실은 행위를 해서 죄책을 짊어지는 것이 이 특정한 개인의 문제로 끝나지는 않는다는 점이다. 왜냐하면 특정한 자기로서의 이 개인은 현실이 아닌 그림자와 같은 존재이기 때문이다. 즉 어디까지나 보편적 존재로서의 자기만이 개인이라고 할 수 있다. 개인이란 다만 행위 일반의 형식적인 요소에 지나지 않는다. 내용을 이루는 것은 법칙과 관습이며, 특히 개개인의 신분에 알맞은 법칙과 관습이다. 개인은 유(類)로서의 실체이고 이 유는 종으로 규정되는데, 이 종은 동시에 그대로 유라는 보편자이기도 하다. 민족의 내부에서는 자기의식이 보편적 존재로부터 특수한 존재로 이행하긴 하지만, 자기를 부정하는 현실에 대하여 행위로 대결하는 배타적인 한 개인으로까지 이행하진 않는다. 그보다도 자기의식의 행동 근저에 있는 것은 전체에 대한 확고한 신뢰로서, 여기에 이질적인 요소는 전혀 없고 공포도 적대관계도 뒤섞여 있지는 않은 것이다.

인륜적인 자기의식은 신의 법칙과 인간의 법칙 중 어느 쪽에 따르건 간에 스스로 행동함으로써 현실적 행위의 본성이 전개되는 데서 드러나는 진솔한 모습을 비로소 받아들인다. 이 자기의식에게 현시되는 법칙은 본질적으로는 그와 대립되는 법칙과 결부되어 있다. 이 양자가 통일된 것이 곧 인륜세계의 본질이기는 하지만 이때 행위는 한쪽을 다른 한쪽과 대립되게 실현해 놓는다. 그러면서도 양자는 본질적으로는 결합되어 있어서 한쪽이 실현되고 나면 다른 한쪽도 실현되도록 불려 나올 수밖에 없다. 그리고 행위의 결과 다른 한쪽 법칙은 침해를 받아 상대에게 대적하고 복수를 꾀하는 것이 된다. 행위에서는 본디 결단의 일면만이 드러나 보이지만 이 결단은 사실 자체적으로 부정성을 띠므로 지로서의 자기와 무관한 낯선 타자와 대립하고 있다. 따라서 현실은 지가 미치지 못하는 다른 쪽 측면을 내면에 숨기고 있어서 의식은 현실 자체의 전체 모습을 알지 못한다. 이를테면 아들 오이디푸스는 모욕을 당해서 자기가 죽여 버린 상대가 자기 친아버지라는 것을 모르고 또한 아내로 맞이한 여왕이 자기 친어머니라는 것을 알지 못한다. 인륜적인 자기 의식에는 이렇듯 어둠 속에 숨어 있는 권력이 들러붙어 있다. 이 권력은 행위가 치러지는 순간 잽싸게 모습을 드러내며 자기의식의 행위를 휘어잡는다. 행위가 치러지는 바로 그 순간이면 지로서의 자기와 이에 반대되는 현실의 대립이 폐기되어 버리는 것이다. 어쨌든 행위자는 범죄와 자기의 죄책을 부정할 수는 없다. 행위는 움직이지 않는 것을 움직이게 하고 겨우 가능성에 머물러 있는 것을 밖으로 드러냄으로써 의식되지 않은 것과 의식된 것, 비존재와 존재를 결합하는 것이다. 이렇게 되면 행위의 진실한 의미가 백일하에 드러난다. 즉 의식된 것과 의식되지 않은 것, 자기 자신의 것과 이질적인 것이 결합한 형태로서, 또 의식이 다른 한쪽을 동시에 자기 것으로 경험하는 가운데 이 다른 한쪽이 의식에게 침해되어 적대적으로 발현된 위력으로서 나타나는 분열의 형태로서 백일하에 드러나는 것이다.

배후에 도사리고 있는 정의가 행동하는 의식 앞에 독자적인 형태를 띠고 나타나지는 않고 결단과 행동의 내면적인 죄책의 형태로 잠재적으로만 나타나는 경우도 생각할 수는 있다. 그러나 인륜적 의식이 자기와 대립하는 법칙과 권력의 참된 모습을 미리 알아차려서 이 권력을 폭력과 불법으로, 우연히 인륜의 형태를 띠었을 뿐인 권력으로 간주하여 마치 안티고네처럼 범죄임을 알면서 범죄를 저지르는 경우, 그 인륜적 의식은 훨씬 더 완벽하며 그가 걸머지는 죄책도 훨씬 더 순수한 데가 있다. 그런데 행위가 실현되면 관점이 뒤바뀌게 마련이다. 즉 행위를 완수하는 것은 인륜적인 것이 현실적이어야만 한다는 사실을 스스로 언명한다. 왜냐하면 목적의 실현이 곧 행위의 목적이기 때문이다. 행위는 실제로 현실과 인륜적인 실체의 통일을 언명하고 있으며, 이때 현실은 결코 인륜적인 본질에 대하여 우연적인 것이 아니라 오히려 본질과 일체화함으로써 참다운 정의 말고는 어떤 것도 현실성을 얻지 못하는 사태를 이루어 놓는다. 바로 이러한 현실과 또 그 자신의 행위로 말미암아 인륜적 의식은 자기와 대립되는 존재를 자기의 현실로서 인정하고 그것이 자기의 죄책임을 인정할 수밖에 없다.

우리에게 잘못의 책임이 있기에 가책이 있음을 인정한다. *

이러한 인정은 인륜적인 목적과 현실의 분열이 극복되었음을 나타내고, 또한 정의 말고는 그 어떤 것도 인정될 수 없다는 것을 아는 인륜적인 심정이 회복되었음을 나타낸다. 그런데 이렇게 되면 행위자는 자기의 성격과 자기의 현실성을 포기하고 몰락할 수밖에 없다. 그의 존재는 자기의 실체인 인륜적인 법칙에 귀속되어 있다. 그런데 이처럼 대립되는 법칙을 인정하게 된다면 그의 존재는 더 이상 실체 노릇을 할 수 없게 된다. 그리하여 행위자는 스스로 현실성을 지닌 존재가 아니라 심정에만 그치는 비현실적인 존재가 된다. 물론 실체는 개인에게서 그의 정열(파토스)로 나타나며, 이로써 개인은 실체에 생명을 불어넣어 이를 뛰어넘는 것으로 나타나기는 한다. 하지만 실체는 동시에 그의 성격을 이루는 정열이기도 하다. 인륜적 개인은 본디 직접적으로 자신의 이 보편자와 일체화되어 오직 이 보편적인 장 속에서만 현실존재로서 살아갈 수 있으므로, 인륜적인 힘을 갖춘 개인으로서 그와 대립되는 권력에 의해 강요당하는 몰락을 극복하고 살아갈 수는 없다.

이 와중에 인륜적인 개인은 자기와 대립되는 권력을 자신의 정열로 삼고 있는 개인이 피해자이기보다는 오히려 가해자라고 확신하게 된다. 인륜적인 두 권력 상호간의 운동과 여기에 생명을 불어넣으며 행동에 나서도록 하는 개인 상호간의 운동은 결국 양자가 다 함께 몰락을 경험하는 순간에 비로소 참다운 마지막을 맞이한다. 왜냐하면 두 개의 권력 가운데 어느 쪽도 다른 쪽보다 더 실체의 본질적 요소가 될 만한 우월한 점을 지니고 있지 않기 때문이다. 그런데 두 개의 위력이 동일하게 본질적이면서도 서로 무관하게 공존한다면 양쪽의 개인은 모두 자기의 주체성이 결여된 존재인 셈이다. 즉 행위를 할 때는 둘 다 주체적이면서 상대와는 구별되는 존재이므로 이들 개인 사이에서는 자기의 통일이 이루어질 수 없고, 그들은 정의를 잃어버리고서 필연적인 몰락에 맞닥뜨리게 된다. 또 개인의 성격도 한편으로 그의 정열이나 실체의 측면에서 보면 한쪽 편의 위력에만 속하지만, 다른 한편으로 지의 측면에서 보면 양쪽 모두 의식된 부분과 의식되지 않은 부분으로 분열되어 있다. 이들은 저마다 스스로 이 대립을 일으키며 또 무지의 부분도 역시 행위를 거치면서 그 자신이 일구어 낸 성과 속에 병합되어 있는 이상, 스스로

---

* 소포클레스 〈안티고네〉 926. *παθόντες ἐν ξυγγνοιμεν ἢ μαρτηχότες·*

파멸을 자초하는 데 대한 죄책을 면할 수 없다. 여기서 어느 한쪽의 권력과 그에 속하는 성격이 승리를 거두고 다른 한쪽이 패배한다는 것은 작업의 일부분일 뿐이지 완성된 결과물은 아니다. 작업은 이에 그치지 않고 두 측면이 균형을 이룰 때까지 끊임없이 진행된다. 양자가 다 함께 굴복할 때 비로소 절대적인 정의가 실현되고 인륜적 실체가 두 측면을 모두 삼켜 버리는 부정적인 권력으로, 다시 말하면 전능하고 공정한 운명으로 등장하게 된다.

두 개의 권력은 그 특정한 내용과 그것을 떠맡고 있는 개인에 비추어서 본다면 형태를 얻어 대항하는 형상을 띠게 된다. 이 형상은 형식면에서는 인륜적인 자기의식과 무의식적인 자연이나 거기서 생겨나는 우연의 요소가 서로 대립하는 형태로 나타난다. 이때 무의식적인 자연이 자기의식에 대항하여 권리를 주장할 수 있는 것은 이 자기의식이 내용면에서는 신의 법칙과 인간의 법칙의 분열로 나타난다. 젊은이는 무의식의 세계인 가족의 정신에서 빠져나와 국가 공동체의 일원이 된다. 하지만 그가 스스로 박차고 나온 자연에 여전히 속해 있다는 것은 두 형제(에테오클레스와 폴리네이케스)가 우연히 함께 나서 서로가 왕위에 오를 수 있는 동등한 권리를 주장하는 일을 통해 증명된다. 오이디푸스의 두 아들의 경우처럼 인륜의 세계로 들어와 있는 참에 둘 중에 누가 먼저 태어났는가 하는 자연적인 차이는 아무런 의미도 없다. 그러나 민족정신의 단일한 혼이며 핵심을 이루는 정부는 두 개인 모두를 받아들일 수 없다. 그리하여 한 개인만을 필요로 하는 정부의 인륜적인 필연성에 대항하여 우연히 하나 이상의 자식이 태어났다는 자연적인 결과가 대립적으로 나타난다. 따라서 두 형제는 불화를 빚는다. 국가권력에 대한 동등한 두 권리로 말미암아 두 사람은 다 같이 부정(不正)을 저지르고 모두가 파멸에 이르고 만다. 인간의 법칙에 비추어 본다면 권력을 소유하지 못한 채 이미 상대가 지배하고 있는 국가 공동체를 공격한 폴리네이케스 쪽이 범죄를 저지른 것이 되는데, 이에 반하여 이렇게 공격을 가해 온 상대를 한낱 공동체에서 이탈한 한 개인으로 간주하여 그런 무력한 상태로 추방해 버린 에테오클레스 쪽은 정당한 것으로 여겨진다. 즉 이쪽은 개인에게 상처를 입혔을 뿐, 인간적인 권리를 지닌 존재에 상처를 낸 것은 아니다. 국가 공동체는 힘없는 개인으로부터 공격을 받고 보호되는 가운데 그 스스로는 존속되고, 반면에 두 형제만이 서로 상대를 파멸시키게 된다. 왜냐하면 스스로 왕이 되어 전체의 위기를 초래하게 된 개인은 국가 공동체에서 쫓겨나 자멸하는 꼴이 되었으니 말이다. 그래도 국가 공동체 편에 가담한 에테오클레스에게는 명예로운 죽음이 주어진다. 이와 반대로 성벽 위에 올라서서 국가를 파괴하겠다고 공언한 폴리네이케스에게는 국가 공동체라는 자기를 회복한 통일 정부가 명예로운 죽음을 금지하고 이를 어긴 자에게는 벌칙을 부과한다. 최고의 정신적 존재인 공동체에 대해 감히 폭력을 휘두른 자는 그의 존재를 깨끗이 매듭지을 때 따르는 명예, 즉 죽음을 맞이한 영혼에게 바쳐지는 명예를 박탈당할 수밖에 없는 것이다.

그러나 비록 보편자의 힘이 공동체 피라미드의 정점을 이루는 왕을 단숨에 쫓아내고 가족이라는 개별자의 반항 원리를 제압하는 듯이 보여도, 실은 여기서 공동체의 법칙은 신의 법칙과 싸움을 벌이며 또한 자기의식을 지닌 정신은 무의식적인 정신과 싸움을 벌이고 있다. 왜냐하면 신의 법칙에 따르는 무의식적인 정신도 결국 상대편인 공동체의 본질을 이루는 위력이므로, 이는 의식적인 정신에 의하여 파괴되는 것이 아니라 다만 모욕을 당하는 것뿐이기 때문이다. 이 정신이 백일하에 권력을 행사하는 인간의 법칙에 대항하여 신의 법칙을 현실적으로 수행하는 데 도움이 되는 것이라고는 한낱 핏기 없는 망령밖에 없다. 이렇듯 신의 법칙은 어둠에 가려 있는 무력한 법칙이므로 일단은 백일하에 드러난 힘 있는 법칙에 복종할 수밖에 없다. 신의 법칙의 권력은 지상의 권력이 아닌 지하의 권력인 것이다. 하지만 인간의 내면세계에서 그의 명예와 권력을 박탈해 버린 현실의 권력은 이로 말미암아 자기의 본체를 먹어 치우고 만다. 공공정신의 힘은 지하의 세계에 뿌리를 두고 있다. 그리고 자기를 확신하며 단언을 일삼는 민족정신은 모든 사람을 하나로 결집하는 맹세의 진실을 지니고는 있으나, 이 진실은 모든 사람의 무의식 속에 침묵하고 있는 지하의 실체인 망각의 강 속에 있을 뿐이다. 그리하여 공공정신을 완전히 실현하고자 하는 것이 오히려 정반대의 결말을 가져옴으로써 이제 자신의 최고 정의는 최고의 불의이며 자기의 승리는 오히려 자기 자신의 패망이라는 사실을 정신은 깨닫게 된다. 이렇듯 그 자신의 정의를 짓밟혀 버린 죽은 자는 자기를 침해한 권력과 대등한 현실적 권력을 갖춘 복수의 수단을 찾게 된다. 그런 권력을 가진 것은 지하의 또 다른 국가 공동체이다. 이 나라의 제단에 바쳐진 시체는 개나 새들에 의해서 더럽혀지면서 자신에 어울리게끔 원초적인 개체의 품으로 돌아가 무의식의 보편성을 획득하지는 못하고 지상의 현실계에 머무른 채 이제는 신의 법칙의 위력이 되어 자각적인 현실의 보편성을 지니게 된다. 이때 시체는 자신의 국가 공동체에 반항하여 이를 파괴하는데, 이로써 가족의 공경심이라는 공동체의 힘을 스스로 파괴해 버린 국가 공동체는 자멸하기에 이른다.

이와 같이 표상되는 사태 속에서 인간의 법칙과 신의 법칙이 보이는 운동의 필연적인 모습은 개인들을 통해서 나타난다. 이 개인들에게서 보편성은 파토스(정열)로 나타나고 그 운동은 개인적 행위로 나타나는데, 이 개인적 행위 때문에 운동의 필연성은 마치 우연성처럼 비춰진다. 그러나 개인성과 행동이란 본디 개별성이라는 원리를 이루고 있지만 이 원리가 순수하게 보편적인 형태를 띨 때는 내면적인 신의 법칙이라고 불린다. 그 원리는 공적으로 드러난 국가 공동체의 요소이기도 하므로 단지 지하의 세계에서만 활동하는, 실효를 거두기 힘든 존재인 것만이 아니라 현실의 민족 속에 실제로 나타나는 공공연한 존재이며 그런 형태의 운동이기도 하다. 이러한 형태로 받아들인다면 개성화된 파토스의 단순한 운동으로 여겨지던 것이 또 다른 면모를 드러내면서 범죄와 범죄를 통한 국가 공동체의 파괴가 곧 그 존재의 본디 형식이 된다. 그러므로 인간의 법칙은 보편적인 모습을 띠고 있을 때는 국가 공동체가 되고, 활동할 때는 남성이 되며 현실적인 힘을 행사할 때는 통치가 된다. 하지만 이 법칙이 실제로 존재하고 운동하고 유지될 수 있는 것은 가신(家神)들을 분리하여 여성이 주관하는 가족을 자립적으로 개별화하는 가운데 이를 흡수해 버려서, 이 법칙의 유동적인 연속성 속으로 가족을 용해시킴으로써 유지하기 때문이다. 그러나 동시에 가족은 본디 국가 공동체의 터전이며 개별적인 의식은 국가를 활성화하는 보편적인 근거이다. 그런데 국가 공동체는 가족의 행복을 파괴하고 자기의식을 해체하여 보편적 정신에 동화시킴으로써만 존속할 수 있다. 따라서 국가 공동체는 자기가 억압하는 대상이면서도 또 자기에게 본질적인 것이기도 한 여성을 스스로 내면의 적으로 삼는 것이다. 국가 공동체의 영원한 역설이라고 할 수 있는 이 여성은 음모를 꾸며 통치의 보편적인 목적을 사적인 목적으로 변질시키고 그 보편적인 활동을 특정한 개인의 작업으로 전환하여 국가의 공유재산을 가족의 사유물이나 장식품이 되게 한다. 이리하여 쾌락의 추구 및 향유나 현실적인 여러 활동과 같은 개별적인 일에는 무관심한 채로 단지 보편적인 일만을 생각하고 배려하는 노련한 연장자의 충실한 지혜는 여성의 농간으로 말미암아 방자하고도 미숙한 젊은이들 앞에서 조롱거리가 되고 또 젊은이의 격정에 어울리지 않는 것으로서 비웃음을 받게 된다. 그리고 여성은 젊은이의 힘이야말로 참으로 가치 있는 것이라면서 이를 한껏 칭찬한다. 어머니는 가정의 주인으로서 낳은 아들을 치켜세우고, 자매는 자기와 대등한 남성인 형제를 치켜세우고, 딸은 의존상태에서 벗어나 아내가 되는 기쁨과 권위를 자기에게 선물하는 청년을 치켜세우는 것이다. 그러나 국가 공동체는 어디까지나 개별적인 이 정신을 억압함으로써만 자기를 보존할 수 있다. 그런데 또한 이 개별적 정신은 국가 공동체를 이루는 본질적인 요소이기도 하므로 공동체가 이를 낳기도 한다. 즉 공동체는 개별 정신을 적대적인 원리로 삼고 이를 억압해 가면서 유지하는 것이다. 그런데 이 원리는 보편적인 목적과 동떨어져 버린다면 그저 부실한 악의 원리에 지나지 않으므로, 만약 젊은이의 힘이 아직 개별적인 영역에 머물러 있는 미숙한 남성이라는 점에서 국가 공동체 전체를 좌우하는 힘으로서 공동체에 인정받지 못한다면 아무 일도 해낼 수가 없다. 왜냐하면 국가 공동체는 하나의 민족인 동시에 개체이기도 하며 본질적으로는 자립해서 존재하는데, 이는 그 스스로의 개체성을 바탕으로 하여 다른 개체와 대치하는 가운데 타자를 배제하며 이들과는 독립된 존재라는 것을 지각하게 될 때라야 비로소 가능하기 때문이다. 국가 공동체가 갖는 부정의 힘은 안으로는 개개인이 뿔뿔이 흩어져 존재하는 것을 억제하고 밖으로는 자발적인 활동을 펼치는데, 개인은 이때 무기의 역할을 한다. 전쟁이란 인륜적 실체의 본질적인 요소, 즉 인륜적인 자기존재가 자기의 모든 것을 내던지는 데서 누리는 자유를 실현시키고 보증해 주는 정신이요 형식이다. 전쟁은 한편으로는 사유재산 및 개인적인 자립의 개별적인 체계나 나아가 개개인의 인격 자체에게 부정적인 힘을 실감하게 하는데, 다른 한편으로는 바로 이 부정의 힘이 전쟁 속에서 전체를 유지하는 작용을 한다. 이때 여성의 애욕의 표적이 되는, 따라서 억압되어 있는 파멸의 원리라고도 할 용감한 젊은이가 표면에 나서면서 중요한 의미를 지니게 된다. 이렇게 되면 인륜세계의 존망(存亡)과 정신의 필연성을 결정짓는 것은 자연적인 육체의 힘과 우연에 따른 행운의 문제로 귀착되기에 이른다. 그리하여 인륜세계의 존재가 강한 힘과 행운에 의존하고 있는 이상 그것의 몰락은 처음부터 정해져 있었던 셈이다. 앞에서는 민족정신 속에서 단지 가신들이 자취를 감출 뿐이었지만 이제는 살아 있는 민족정신이 국가 공동체 전반에 걸쳐 개인의 힘에 눌려서 몰락하고, 단일한 보편성은 정신이 결여된 죽은 원리가 되며 그 생명은 뿔뿔이 흩어진 개개인이 된다. 정신의 인륜적인 형태는 사라지고 그 자리에 또 다른 형태가 등장하게 된다.

인륜적 실체가 이렇듯 몰락하여 다른 형태로 이행하게 된 것은 인륜적인 의식이 본디 있는 그대로 법칙을 따르도록 정해져 있었기 때문이다. 직접적인 기본 자세가 그렇게 정해져 있으므로 인륜적인 행동에는 자연의 요소가 끼어들게 마련이다. 그리하여 인륜의 현실은 그대로 모순과 파멸의 싹을 드러낸다. 인륜적 정신이 빚어내는 아름다운 조화와 안정된 균형은 바로 그 안정과 아름다움 자체에 그런 파멸을 잉태하고 있는 것이다. 왜냐하면 그 직접적인 모습은 모순된 의미를 품고 있어서 자연 그대로의 무의식적인 안정임과 동시에 정신의 자각에 따른 불안정한 안정이기 때문이다. 이런 자연성 때문에 결국 인륜성을 토대로 한 민족은 자연적인 조건에 좌우되는 한정된 개체성을 띤 가운데 또 다른 개체성과 마주치면 소멸될 수밖에 없는 것이다. 이렇게 공동체를 제한하면서 그 정신마저도 부정하는 개체적 핵심이라고도 할 자연적 규정이 소멸될 경우에는 정신의 생명력도 사라지고 모든 구성원에게 와닿아 있던 의식적인 실체 또한 없어지고 만다. 이제 실체는 형식적 보편성을 띤 원리가 되어 더 이상 생동하는 정신으로서 모든 사람의 마음속에 깃들어 있지 않으며, 개별적인 사람들이 서로 유지하고 있던 단일한 개체로서의 긴밀함은 다수의 점으로 뿔뿔이 흩어져 버리고 만다.

3) 법적인 상태

개체성과 실체의 생동하는 직접적 통일은 보편적인 통일로 되돌아간다. 그러나 이 보편적인 통일은 정신이 결여된 공동체로서 나타나며, 여기서는 개개인이 무의식중에 인륜적인 실체를 체현해 나가는 일이라고는 없이 저마다 독자적인 개체로서 자기야말로 곧 실체라고 생각하고 있다. 이때 보편자는 헤아릴 수 없이 많은 개인이라는 원자 상태로 흩어져 있다. 이 죽은 정신은 '평등'이며 여기서는 모든 사람이 저마다 개인이자 인격으로 인정받는다.

인륜세계에서는 은폐된 신의 법칙이라고 불리던 것이 이제 내밀한 상태를 벗어나 현실로 드러나 있다. 일찍이 인륜의 세계에서는 개개인이 가족의 보편적 혈족으로만 현실존재로 인정되고 또 실제로 그런 존재여서 특정한 개인으로서는 죽어 버린 절대적 정신일 뿐이었다. 그런데 이제 개인은 그런 비현실적인 상태에서 벗어나 현실의 존재가 된다. 인륜적 실체란 한낱 참다운 정신에 지나지 않으므로 개인은 스스로 자기의 존재를 확신하는 경지로 되돌아갈 수밖에 없다. 개인은 긍정적 보편자로서는 인륜적 실체이긴 하지만 이를 현실적으로 뒷받침해 주는 것은 공동체를 부정하는 보편적인 자기존재이다. 앞에서 우리는 인륜세계의 위력과 형태가 공허한 운명의 단순한 필연성 속으로 함몰되는 것을 보았다. 인륜적인 세계의 이 위력은 그 단순한 상태로 돌아가는 실체인데 이렇듯 자기에게 복귀하는 절대적인 것, 공허한 운명의 저 필연성이야말로 자기의식의 '자아'이다.

이렇게 해서 이 자아는 절대적으로 존재하는 본질로 인정되기에 이르렀다. 즉 이처럼 인정되는 것이 바로 자아의 실체성이다. 다만 이는 내용상 실체 속으로 해소되지 않는 완고한 자기이므로 결국 추상적인 보편성에 지나지 않는다.

그리하여 여기서는 각자의 인격이 인륜적인 실체라는 삶에서 일탈하여 실제로 정당한 의식의 자립성이 되어 있다. 현실을 방기함으로써 얻어지는 비현실적인 이 자립성의 사상은 이전에 스토아적인 자기의식으로 나타난 바 있다. 이 스토아적인 자기의식은 지배와 예속이라는 자기의식의 직접적인 초기 상태에서 발현되었는데 지금의 이 인격성은 모든 사람을 보편적으로 지배하는 의지와 모든 사람이 봉사하는 예속 의지라는 직접적인 초기 정신으로부터 발현된다. 스토아주의에서는 단지 추상적으로 머릿속에 떠올라 있던 것이 이제는 현실세계가 되어 나타나 있다. 스토아주의란 정신이 결여된 자립성이라는 법적인 상태의 원리를 추상적인 형식으로 바꾸는 의식이다. 결국 이 의식은 현실로부터 도피하여 비로소 자립성에 다다랐을 뿐이다. 이것이 절대적 자립 상태에 이른 것은 자기의 본질을 구체적인 존재와 관련짓지 않고 모든 존재를 포기하고서 자기의 본질을 오직 순수사유와 통일하기 때문이다. 마찬가지로 이 경우 인격의 권리란 개인 그 자체의 생활상의 빈부나 신분의 고하와 연관된 것도 아니고 생동하는 보편적 정신과 결부된 것도 아니며, 오히려 자기의 추상적인 현실에 바탕을 둔 순수한 일자로서의 자기의식과 연관되어 있다.

그런데 스토아주의의 추상적인 자립성이 실현될 때와 같은 운동이 지금 이 자립성의 실현과정에서도 되풀이된다. 전자는 부정적인 허튼소리만 일삼는 의식의 회의적인 혼란상태로 이행하고, 이 허튼소리는 형태를 잃고서 존재와 사상의 한쪽 우연에서 다른 쪽 우연으로 이리저리 왔다 갔다 할 뿐이었다. 그것은 절대적인 자립성 속에서 해체되긴 하면서도 또다시 생겨나기도 해서 실제로는 자립성과 비자립성의 모순만을 보였다. 이와 마찬가지로 법의 인격적 자립성은 똑같은 전반적 혼란상태와 상호해체를 나타낸다. 왜냐하면 여기서 절대적 본질로 간주되는 것은 인격이라는 순수하고 공허한 일자로서의 자기의식이기 때문이다. 이 공허한 보편성에 비하면 인륜적 실체는 충족된 내용이 따르는 형식을 지니고 있지만 현재 이 내용은 완전히 해방되어 무질서한 상태를 드러내고 있다. 왜냐하면 이 내용을 틀어쥐고 하나로 통일시키던 정신이 더 이상 존재하지 않기 때문이다. 그리하여 이 인격이라는 공허한 일자는 실재할 때 우연에 내맡겨진 채로 본질을 잃고 움직이며 행동할 뿐, 존립상태에는 이르지 못한다. 그러므로 회의주의와 마찬가지로 법의 형식주의는 그 개념상 독자적인 내용이라고는 없이 다양한 소유물과 마주칠 때면 회의주의와 마찬가지로 여기에 추상적인 보편적 규정을 내리는데, 그 결과 소유물은 재산으로 불린다. 그런데 그렇게 규정된 현실은 회의주의에서는 보통 가상이라고 불리면서 소극적인 가치만을 지녔지만 법에서는 적극적인 가치를 지닌다. 회의주의에서 규정된 현실이 소극적인 가치만 지니는 이유는 사유하는 자기만이 그 자체로 보편적이고 현실적이라는 의미가 주어지기 때문이다. 이에 반하여 법에서는 그것이 적극적인 가치를 지니는 이유는 '내 것'이라는 규정된 현실이 범주로 받아들여지면서 인정되어 현실적으로 유용한 것으로 정당화되기 때문이다. 그러나 실은 둘 다 추상적인 보편자일 뿐이다. 즉 '내 것' 가운데 이 모두가 추상적인 일반적 차원에 머물러 있으니, '내 것'이라는 현실적인 내용이나 세부적인 성질은―그것이 비록 외형적인 소유물이건 아니면 정신이나 성격상의 내면적인 빈부에 관한 것이건―이 공허한 형식 속에 포함되어 있지 않을뿐더러, 이 형식과는 아무런 상관이 없다. 현실의 내용은 형식적이고 보편적인 사유나 이념과는 별개의 것이며 오히려 우연이나 자의에 이끌리는 독자적인 권력에 귀속된다. 그리하여 법의 의식은 실제로 그 자신이 타당하다고 인정될 때에도 아무런 실재성을 지니지 않음으로써 본질적인 기능을 할 수 없다는 사실을 알아차리기에 이른다. 따라서 어떤 개인을 인격이라고 부르는 것은 경멸의 표현이 된다.

내용을 지배하는 자유로운 권력은 다음과 같이 규정된다. 이 규정의 본성으로 말미암아 인격은 헤아릴 수 없이 많은 원자로 분산되는데, 이와 동시에 그 원자들은 자기들과는 무관하지만 또한 똑같이 정신이 결여된 하나의 인격적인 점(로마 황제)으로 집약되어 있다. 이 점으로서의 권력은 한편으로는 그런 인격들이 완고한 것과 마찬가지로 순수한 개별적 존재이지만 다른 한편으로는 그런 인격들이 공허한 개체인 것과는 달리 이쪽은 개개의 원자화된 인격들이 보기엔 개별적이면서도 온갖 내용을 장악하고 있는 본질적 존재이다. 그리고 원자화된 인격들이 자기를 절대적 현실이라고 여기면서도 실은 본질이 결여된 현실인 데 비해서 이 하나의 점은 보편적인 권력이자 절대적 현실이다. 이러한 이 세계의 지배자인 황제는 모든 존재를 자기 슬하에 거느린 절대적 인격으로서 그보다 더 고차적인 정신은 그의 의식에는 존재하지 않는다. 지배자는 인격이긴 하지만 모든 사람과 대립해 있는 고독한 인격이다. 그런데 여기서 모든 사람이 인격이라는 보편성으로서 그 타당성을 인정받고 있는 것은 개별자 그 자체가 개별성이라는 보편적 다수로서만 비로소 진실성을 지니기 때문이다. 이러한 다수로부터 분리될 때 이 고독한 자기는 실제로는 비현실적이고 무력한 자기에 지나지 않는다. 또 이와 동시에 이 자기는 보편적인 인격성과 대립되는 내용의 의식이기도 하다. 그런데 이 내용이란 부정적 권력으로부터 해방되는 순간 고삐 풀린 원초적인 본질의 힘이 되어 자제력을 잃고 야성적으로 마구 날뛰며 미친 듯이 파괴를 일으키면서, 온갖 정신적인 힘이 뒤섞여서 요동치는 혼돈상태를 초래해 버린다. 이때 힘없는 인격으로서의 자기의식은 여러 권력을 포괄하고는 있으나 제압할 능력은 없으므로 그저 폭동이 일어나는 토대가 되고 있다. 이런 가운데 일체의 현실적 권력을 장악하고 있다고 자부하는 이 세계의 지배자는 자기야말로 현실의 신이라고 여기는 어처구니없는 자기의식에 젖어든다. 그러나 실제로 이 지배자는 현실의 온갖 권력을 통제하기에는 너무나 미흡한 형식적인 자기에 지나지 않으므로 그가 행동하고 향락할 때에도 다만 터무니없는 탈선을 일삼을 뿐이다.

이 세계의 지배자는 자기와 대치하는 신하의 자기를 짓밟고 파괴적인 폭력을 휘두를 때 현실 전체를 장악하고 있는 지배자로서의 자기를 현실로 인식한다. 지배자의 권력은 그가 거느리는 각 인격이 스스로 자기의식을 인식할 수 있게끔 하는 정신의 단결은 아니며, 오히려 여기서 각 인격은 저마다가 자립적으로 존재하는 완고한 점이므로 다른 인격과 연계되기를 거부한다. 지배자가 아무리 각 인격과 인격을 서로 관계되도록 맺어 주려고 해도 그들은 서로를 부정하고 지배자 역시 부정하기만 한다. 결국 각 인격을 연계시키려는 지배자는 인격들의 형식적인 본질이자 내용이지만 이것이 그 모든 인격에게는 낯선 내용이고 적대적인 본질로 여겨질 뿐이다. 그런데 이 지배자의 본질은 각 인격이 자기의 본질이라고 인정하는 내용 없는 독자성을 오히려 폐기할 뿐 아니라 인격들을 연계시켜 준다는 명목 아래 바로 그 연계 자체를 파괴한다. 이리하여 법적인 인격은 이렇듯 자기에게 소원한 내용이 자기 내면에 파고들어서 효력을 발휘하게 되면—이 내용이야말로 그 자신의 실재이므로 자기 내면에 효력을 발휘하는 것인데—오히려 스스로의 실체성이 박탈되어 있음을 경험하게 된다. 그런가 하면 또 지배자는 이처럼 본질을 잃은 토대 위에서 파괴활동을 벌여 자기가 모든 것을 지배하고 있다는 의식을 갖기는 하지만, 이러한 자기는 단지 세계를 황폐화하는 가운데 스스로도 자기를 잃고 자기의식을 내던져 버리는 꼴이 되고 만다.

절대적 본질로서의 자기의식이 현실에 군림하는 모습은 이상과 같다. 그런데 이 현실에서 쫓겨나 자기에게 돌려보내진 의식은 자기가 본질이 아니라는 생각을 하게 된다. 앞서 우리는 순수사유의 스토아적인 자립성이 회의주의를 거쳐 불행한 의식에서 자신의 진리, 즉 사유의 절대적인 대자존재란 무엇인가 하는 진리를 발견하는 것을 살펴봤다. 그때 이러한 지는 다만 의식 그 자체의 일면적인 견해로서 나타났을 뿐이지만, 지금 여기서는 이 견해의 현실적인 진리가 드러나 있다. 이 진리란 이처럼 자기의식이 보편적으로 타당하다고는 하지만 이 실재가 자기를 소외시키는 사태를 빚는다는 것이다. 즉 이렇듯 타당하다고 인정받는다는 것이 자기를 보편적인 현실존재로 만들어 주기는 하지만 이 현실은 그 자체가 전도된 것이므로, 이런 현실에서 자기의식은 그의 본질을 상실하고 마는 것이다. 인륜의 세계에서는 아직 존재하지 않았던 자기의 이러한 현실성은 인륜의 세계로부터 인격으로 되돌아가는 가운데 획득되었다. 인륜세계에서는 일체화되어 있던 것이 여기서는 전개되기에 이르지만, 이는 자기소외의 형태로 나타나고 있는 것이다.

2. 자기에게서 소외된 정신, 교양

인륜적인 실체는 대립을 자기의 단일한 의식 속에 내포하고 있지만 이 의식은 그 본질과 직접 일체화되어 있다. 따라서 인륜세계의 본질은 의식에 대하여 단순히 존재해 있는 것으로 인식되어, 의식은 직접 이 본질을 향해 있으면서 거기서 그의 관습을 받아들이고 있다. 여기서는 의식이 배타적인 특정한 자기로 간주되는 일도 없고 실체가 의식 밖으로 밀려나 있는 존재로 받아들여지는 일도 없다. 후자의 경우에 의식은 자기소외를 통하여 비로소 밖으로 밀려난 실체와 일체화되고 동시에 자기소외를 겪게 된다. 그러나 자기가 완전히 홀로 유리되어 있는 상황에서는 정신이 그 내용을 마찬가지로 견고한 현실로서의 자기와 대립하게 하므로 여기서 세계는 자기의식의 바깥에 있으면서 자기의식을 부정하는 것으로 규정된다. 하지만 이 세계 또한 정신적인 존재로서, 자체적으로는 존재와 개체가 상호침투되어 이루어진 것이다. 즉 이 세계의 존재는 자기의식의 작업 결과인데도 눈앞의 현실은 자기의식에게 낯설기만 한 독자적인 것이 되어 있으니, 의식은 거기서 자기 모습을 알아차리지 못한다. 이 세계는 외면적인 것으로서 법이 활개치는 세계이다. 그러나 이 외적 현실은 법의 세계를 지배하는 자의 손아귀에 있으므로 그저 자기 앞에 우연히 나타난 원초적인 어떤 본질로 그치는 것만이 아니라 자기의 노동에 의해서, 그것도 긍정적인 노동이 아닌 부정적인 노동에 의해서 창출된 것이다. 이 세계가 실재성을 지니는 것은 자기의식이 스스로를 외화(外化)하여 자기 본질을 상실하고 있기 때문이다. 이런 외화는 법의 세계를 지배하는 황폐화 속에 있는 자기의식에게 고삐 풀린 온갖 요소의 외부적인 폭력을 가하는 것처럼 보인다. 이 요소들은 그것만 따로 떼어 놓고 보면 오직 황폐화와 자기해체의 모습을 드러낼 뿐이지만 실은 이러한 해체 속에서 그 요소들을 부정해 나가는 힘이 바로 자기라는 것이다. 즉 그것은 이런 요소들의 주체로서 행위와 생성을 자아내는 것이다. 그런데 이 행위와 생성이 실체에 현실성을 부여하면서 이때 인격의 소외가 발생한다. 왜냐하면 소외가 없는 자연적인 상태에서 즉자대자적으로 존재하는 자기는 실체를 벗어난 채 예의 요소들의 광란에 휘말려 있을 뿐이기 때문이다. 그러므로 자기의 실체는 곧 자기의 외화 그 자체이며 외화가 바로 실체이다. 다시 말해 질서를 얻어 하나의 세계가 됨으로써 자기를 유지하는 정신적 권력인 것이다.

이렇게 해서 실체는 정신이 되고 자기와 본질의 자각적인 통일체가 되지만, 또한 이 둘은 서로가 소외된 관계에 있기도 하다. 정신은 자립적이며 자유로운 대상적 현실을 의식하고는 있지만 자기와 본질과의 통일체는 그 의식과 대립한다. 즉 현실의식과 순수의식이 서로 대립하는 것이다. 한편에서는 현실의 자기의식이 자기소외를 통해서 현실세계로 이행하고 반대로 현실세계는 자기의식으로 되돌아가는가 하면, 다른 한편에서는 인격과 대상 세계 모두를 포용하는 이 현실이 폐기되어 양자는 순수하게 보편적인 존재가 된다. 이렇듯 순수한 보편성으로 향하는 소외가 순수의식 또는 실재이다. 현재는 자기의 사유이며 또한 사유된 것이기도 한 자기의 피안과 정면으로 대립하고 피안은 피안대로 자기를 소외한 자기의 현실인 차안과 대립한다.

따라서 이 정신은 단 하나의 세계를 형성하는 것이 아니라 서로 분리되고 대립하는 이중의 세계를 형성한다. 인륜적인 정신의 세계는 정신 자체의 현재이므로 이 세계의 어떠한 권력도 현재 속에 통일되어 있으니, 권력이 양분되는 상태에서도 전체적인 균형이 유지되어 있다. 그곳에는 자기의식을 부정하는 것이라곤 하나도 없다. 심지어 죽은 정신마저도 가족의 핵심인 그의 혈통 속에 살아 있고 통치자는 보편적인 권력도 민족의 핵심인 의지로 나타나 있다. 그러나 이제 자기소외된 정신은 다만 대상적 현실로 현존할 뿐이며 그의 의식은 피안에 자리하고 있다. 개개의 요소는 모두 본질로서는 이 현존하는 것을 받아들이고 그로 말미암아 다른 쪽에서 그 현실을 받아들이는데, 그것이 저마다 현실로 있는 한 본질은 현실과는 별개의 것이 된다. 자기 내면에 근간을 둔 내재적인 정신을 지닌 것이라고는 아무것도 없으며 모두가 자기 밖으로 나와서 낯선 것 속에 있다. 전체의 균형도 자기안정을 유지하는 통일이 아니라 오히려 대립물의 소외에 바탕을 두고 있다. 그러므로 여기서 전체는 각 요소와 마찬가지로 자기에게서 소외된 현실이다. 전체는 자기의식이 현실의 자기인 동시에 자기의 대상이 되어 있는 세계와 이 세계의 피안에 있는, 현실일 수 없는 신앙 속에 있는 순수한 의식의 세계로 분열되어 있다. 그런데 앞서 살펴본 인륜적 세계는 신의 법칙과 인간의 법칙 및 남성과 여성의 분열로부터 벗어나고 또 그 세계의 의식은 지와 무의식의 분열로부터 벗어나서 그의 운명으로, 즉 그런 대립을 부정하는 위력으로서의 자기 자신에게로 돌아간다. 이와 같이 자기에게서 소외된 정신의 두 세계도 자기에게 돌아간다. 그러나 첫 번째 세계가 직접 타당하다고 인정된 최초의 자기, 곧 개별적인 인격이었는 데 반하여 외화를 거쳐서 자기에게 되돌아가는 두 번째 세계는 보편적인 자기, 즉 개념을 파악하는 의식이라고 하겠다. 이러한 두 정신적 세계의 요소들은 모두 다 자기의 고정된 현실과 정신이 결여된 존립을 주장하는데, 이런 두 세계는 '순수한 통찰'의 힘 앞에서 해체되기에 이른다. 자기 자신을 파악하는 정신의 핵심인 이 통찰이야말로 교양의 완성된 형태이나. 통찰이 파악하는 것은 오직 정신의 핵심일 뿐이니, 모든 것을 자기로 파악하여 개념화함으로써 모든 대상성을 말살하는 가운데 모든 자체존재를 자각된 대자존재로 바꿔 놓는다. 피안에 있는 낯선 본질로서의 신을 받들려고 하는 신앙과 대결할 때 통찰은 '계몽' 형태로 나타난다. 자기에게서 소외된 정신이 자기동일적인 안정된 의식을 체현한다고 여겨지는 신앙의 나라에서 구원을 얻으려 하건만 계몽은 이 나라에서도 소외를 완성한다. 계몽은 신앙의 세계에서 정신이 반듯하게 꾸려 나가고 있는 피안의 살림에 차안의 가재도구를 도입해서 혼란을 일으킨다. 이때 신앙의 정신은 자기의 의식이 차안의 세계에 속하는 이상 그런 가재도구가 자신의 재산임을 부정할 수 없다. 이러한 부정의 작업을 펴 나가는 가운데 순수한 통찰은 자기실현에 힘쓰면서 인식 불가능한 '절대신'과 '유용성'이라는 자기 자신의 대상을 마련하게 된다. 이렇게 해서 일체의 본질적인 의미를 모두 상실하고 이제는 더 이상 자체적으로 가치 있는 것이라고는 현실에 전혀 존재하지 않게 되면서 신앙의 왕국만이 아니라 실재적인 세계도 무너지고 만다. 이때 일어나는 혁명은 '절대적 자유'를 낳는다. 이 자유와 함께 지금껏 소외되어 있던 정신은 완전히 자기에게 되돌아와 교양의 나라를 떠나서 별도의 토대 위에 있는 도덕적 의식의 나라로 옮겨 간다.

1) 자기에게서 소외된 정신의 세계

이 정신의 세계는 이중의 세계로 분열된다. 하나는 현실의 세계 또는 정신소외 그 자체의 세계이고, 다른 하나는 정신이 첫 번째 세계를 넘어서서 순수의식의 경지로 들어선 곳에 건설되는 세계이다. 첫 번째 세계의 소외와 대립하는 이 두 번째 세계는 바로 그렇기에 소외에서 벗어나 자유로운 것이 아니라 오히려 소외의 또 다른 형식에 지나지 않는다. 이 형식은 의식이 두 개의 세계에 걸쳐 있으면서 이 두 세계를 모두 다 끌어안으려는 데서 비롯된다. 이제 여기서 고찰되어야 할 것은 절대신을 즉자대자적인 완전한 형태로 받아들이는 자기의식인 종교가 아니라, 그 자신이 완전한 형태를 띠지 못한 채 현실세계에서 도피하는 '신앙'의 모습이다. 그리하여 현재의 왕국으로부터 멀어지는 이러한 도피는 그 자체가 곧 이중의 세계를 이룬다. 정신은 순수의식의 경지를 향해 고양되어 나가는데 이 경지는 결코 신앙의 장으로만 그치는 것이 아니라 개념의 장이기도 하다. 이렇듯 신앙과 개념은 함께 나타난다. 그러므로 신앙은 언제나 개념과의 대립 속에 고찰되게 마련이다.

(1) 교양과 현실의 교양세계

교양세계의 정신은 자기의식이 스며든 정신적 실재이다. 이 실재는 자기가 특정한 독자적 존재로서 그대로 현존함과 동시에 확고한 현실이 자기와 대치해 있음을 알고 있다. 그러나 이 세계의 존재와 자기의식의 현실은 이 자기의식이 자기의 개인적인 인격을 외화하여 자기의 세계를 산출하면서도 또한 이 세계를 낯선 외부의 것으로 간주하여 이를 제압하여 자기 깃으로 만들려는 운동에 기반을 두고 있다. 그런데 자기의 독자성을 단념하는 것은 곧 현실을 산출하는 것이며, 이로써 의식은 직접 이 현실을 자기 것으로 만들 수 있다. 다시 말하면 자기의식은 자기를 소외시키는 한에서만 무언가 실재하는 것이 될 수 있는 것이다. 이렇게 해서 자기의식은 자기를 보편자로 정립하고 자기의 이 보편성을 타당한 것으로 인정되게 하여 자신의 현실로 삼는다. 그리하여 여기에 등장하는 모든 사람의 평등이란 예의 법적인 평등과 같이 단지 자기의식이 존재한다는 이유만으로 그대로 인정되고 타당하게 여겨지는 평등이 아니라 어디까지나 스스로 보편자에 합치되는 존재가 되는, 소외가 뒤따르는 매개작용을 통하여 자기의식의 타당성이 인정되는 평등이다. 정신이 결여된 법의 보편성은 성격이나 생활에서의 그 어떤 자연적인 양식도 받아들이고 이에 권리를 부여한다. 그러나 여기서 타당하다고 인정되는 보편성은 정신의 소외를 통하여 비로소 생성된 보편성이며, 따라서 현실성을 띤다.

이때 개인에게 타당성과 현실성을 부여하는 것이 바로 '교양'이다. 개인의 참다운 근원적 본성과 실체는 자연적인 존재를 소외시켜 나가는 정신이다. 그러므로 이 외화는 개인의 목적이면서 또한 목적이 실현된 모습이기도 하다. 동시에 소외는 수단이며, 사유된 실체가 현실적인 것으로 이행하는 과정이기도 하고, 또 반대로 특정한 개인이 본질로 이행하는 과정이기도 하다. 이처럼 특정한 개인은 교양을 통하여 본디의 자기가 되고 또 그리하여 비로소 본디의 자기로서 현실에 존재하게 된다. 결국 개인이 교양을 쌓으면 쌓을수록 개인의 현실성과 힘도 증대하는 것이다. 자기는 바로 이 자기로서 현실세계에 존재하고 있음을 자각하고는 있지만 이 현실성은 오직 타고난 자연적인 자기를 폐기하는 가운데 성립된다. 그러므로 날 때부터 규정된 본성은 크기라는 비본질적인 구별에 따라서 의지력의 강약과 같은 차이로 귀착된다. 그러나 의지의 목적과 내용은 오직 보편적인 실체에만 귀속되는 보편적인 것이어야만 한다. 목적이나 내용이 되는 타고난 특성이란 것은 무력하고 비현실적인 목적이며 내용에 지나지 않는다. 이런 특성을 가지고 작업하려고 애쓰는 것은 헛수고에 그치고 마는 가소로운 짓이다. 직접적으로 보편적인 장을 이루는 현실계를 특수자에게 내맡긴다는 것은 이치에 맞지 않는 일이다. 따라서 만약 잘못된 생각으로 특수한 천성이 개성으로 여겨지게 된다면 현실세계에는 개성도 성격도 존재하지 못하고 개인은 모두가 동등한 존재가 되고 말 것이다. 개성이라는 이름으로 잘못 알려진 것은 단지 그런 존재라고 짐작된 데 지나지 않는다. 오직 자기를 단념하고 외화하여 보편성을 획득한 것만이 현실존재가 될 수 있는 세계에서 그러한 개성은 살아남을 수가 없다. 결국 그런 정도로 짐작된 데 지나지 않는 개성은 '종(種)'이라고 부르기에나 알맞다. 다만 독일어의 '종(Art)'은 프랑스어의 '에스페스(Espèce)'와 똑같은 말은 아니다. 에스페스는 "온갖 별명 중에서도 가장 가슴 아픈 것이다. 왜냐하면 그것은 어중간하다는 뜻이며 가장 심한 경멸을 나타내는 말이기 때문이다."* 그러나 '일종'이나 '나름대로(in seiner Art) 좋다'

고 할 때 쓰이는 독일어는 나쁜 의미만을 지니는 것은 아니며 그저 그 나름의 상황을 나타내는 표현이다. 즉 종이란 무엇이며 교양이나 현실은 또 무엇인가 하는 의식이 실제로 깊이 뿌리내리고 있지는 않은 표현이다.

개개인과 관련하여 그 교양으로서 나타나는 것은 실체 그 자체의 본질적 요소이니, 말하자면 머릿속에서 생각되던 보편성이 직접 현실로 이행하는 것이다. 곧 그것은 자체적인 존재를 승인된 존재 및 현존하는 것으로 만드는 단일한 혼이다. 따라서 개인이 교양을 쌓아 가는 운동은 보편적인 대상적 존재인 개인이 생성되어 가는 운동이며 현실세계가 생성되어 가는 운동이다. 현실세계는 개인을 통해 생성되는 것이지만 이것이 자기의식에게는 단적으로 소외된 상태에서 한 치의 흔들림 없는 현실이라는 형식으로 나타난다. 그러나 이와 동시에 자기의식은 이 흔들림 없는 현실이 곧 자기의 현실이라고 확신하면서 이를 제압하려고 한다. 이때 자기의식은 교양을 통해 현실을 지배하려 한다. 이런 면으로 보면 교양이란 타고난 성격이나 재능의 힘이 허용하는 한도 내에서 자기의식이 자기를 현실에 맞춰 나가는 것이라고 하겠다. 여기서 실체를 지배하고 또 폐기하는 듯이 보이는 개인의 힘은 사실 실체를 실현하는 것과 같은 것이다. 왜냐하면 개인의 위력이란 자기를 실체에 합치되도록 하는 것, 다시 말하면 자기의 핵심을 외화하여 대상적인 존재적 실체로 정립하는 데 있기 때문이다. 따라서 개인이 교양을 쌓음으로써 현실성을 획득한다는 것은 실체 그 자체를 실현하는 일이다.

자기는 오직 스스로 폐기되었을 때에만 그 자신에게 현실로 나타난다. 이런 까닭에 자기는 자기의 의식과 대상의 통일을 자각하지 못하고 대상은 자기를 부정하는 것으로서 자기와 대치해 있다. 혼으로서 작용하는 자기에 의해 실체는 몇 개의 요소로 분화되어 나간다. 여기서는 대립해 있는 것이 서로 타자에게 정신을 부여하고 저마다 자기를 소외시킴으로써 오히려 타자를 존립하게 하며, 또 타자로 인하여 자기의 존립이 지탱되기도 한다. 하지만 그와 동시에 각 요소는 자기의 규정된 가치를 극복할 수 없는 것으로 인식하면서 타자와 대립하는 확고한 현실성을 지닌다. 사유는 '선과 악'을 절대적으로 대립시키는 가장 보편적인 방식으로 이 구별을 확고하게 나타낸다. 즉

---

* 디드로 《라모의 조카》에서 인용. 괴테가 번역한 자필 원고(1805년)를 참고.

선과 악은 서로를 회피할 뿐 결코 통할 수 없다는 것이다. 그러나 이 고정된 존재의 혼을 이루는 것은 바로 자기와 대립하는 존재로 직접 이행하는 운동이다. 여기에 존재하는 것은 오히려 '선과 악'이라는 각 규정이 저마다 자기의 대립물로 전도되는 것이며, 이 소외야말로 전체의 본질로서 전체를 유지한다. 그럼 이제 갖가지 요소가 실현되어 가는 운동과 그 정신화(精神化) 과정을 살펴봐야만 하겠다. 여기서 소외는 다시 한 번 자기소외를 일으키고 이로써 전체가 그의 개념으로 환원된다.

먼저 단일한 실체 자체가 아직 정신화되지 않은 채로 존재하고 있는 갖가지 요소의 직접적인 조직 속에 있는 상태로 고찰돼야만 하겠다. 먼저 자연은 보편적인 원소로 나뉜다. 그중 '공기'는 영속적이고 순수하게 보편적인 투명한 원소이고, '물'은 언제나 희생물로 바쳐지는 원소이며, '불'은 공기와 물의 통일체로서 끊임없이 그들의 대립을 해소함과 더불어 또 통일체를 분열시키는 원소이고, 끝으로 '흙'은 위의 세 원소를 하나로 단단히 묶어 세 원소의 존재와 과정을 떠받쳐 주는, 그들의 출발점이며 귀착점도 되는 원소이다. 그리고 지각적인 현실의 내면적인 본질이라고 할 단일한 정신도 자연과 마찬가지로 보편적이면서도 정신적인 영역으로 나뉘어 하나의 세계로서 펼쳐진다. 첫 번째 영역은 그 자체로 보편적이며 자기동일성을 지닌 정신적인 것이고, 두 번째 영역은 저마다 자립적으로 존재하며 자체 내에 불평등이 조성되어 있고 자기희생과 헌신을 나타내는 것이며, 세 번째 영역은 자기의식의 주체성을 통하여 불같은 힘을 직접 지니고 있는 것이다. 첫 번째 영역에서 자기의식은 자기가 그 자체로 존재하고 있음을 의식하고 두 번째 영역에서는 보편정신을 희생시켜 자기의 독자성을 이루어 낸다. 그러나 정신 그 자체는 전체로서 완전한 모습을 한 존재이다. 이 전체는 지속적인 실체와 자기희생적인 실체로 양분되고 다시금 이를 자기통일상태로 되돌려 놓고 나서 또다시 그 통일을 파괴하고 그것들을 먹어 치우는 불길이며, 또한 그것들을 지속시키는 형태이기도 하다. 우리가 보기에 위의 두 영역은 인륜세계의 국가 공동체와 가족에 대응하는 셈이지만, 다만 여기에는 그런 국가 공동체나 가족과는 달리 고유한 정신은 존재하지 않는다. 한편으로 인륜적 정신에게 운명이란 외부적인 낯선 것이었지만 여기서는 자기의식이 세계를 지배하는 현실적인 위력으로 등장하며 이를 자각하고 있기도 하다.

이렇게 분열된 두 영역이 먼저 순수한 의식 내부에서 사상이나 자체적 존재로서 어떻게 표상되고 또 현실의식에서 대상적인 존재로서 어떻게 표상되는가를 고찰해야만 하겠다. 단순한 형식의 사고에서는 모든 의식이 자기동일성을 지닌 첫 번째 직접적인 불변의 실재가 '선'으로 여겨진다. 이는 정신 자체가 독립적인 힘으로 작용하므로 자립적인 의식의 운동은 그 힘에 딸린 유희밖에 되지 못하는 실재이다. 이와 대립하는 또 하나의 영역은 보편정신이 수동적인 위치에 머물러 있는 실재인데, 여기서는 보편정신이 자기를 희생한 결과 각 개인이 자기를 개별적인 존재로 의식하게 된다. 그것은 실재성 없는 '악'이다. 이렇듯 실재가 절대적으로 해체되어 가는 것이 그 자체로 지속된다. 첫 번째 실재가 개개인의 기초이자 출발점인 동시에 귀착점이며 여기서 개인이 순수하게 보편적으로 존재하는 데 반하여 두 번째 실재는 한편으로는 타자를 위해 자기를 희생하면서도 다른 한편으로는 또 그럴수록 한 개인으로서의 자기 자신에게 끊임없이 되돌아와 끝까지 독자성을 유지해 나가려는 개별자의 실재이다.

그런데 이 선악이라는 단순한 사상도 곧바로 자기소외에 맞닥뜨리게 된다. 그것들은 현실적인 것으로 현실의식 속에서 대상의 모습을 한 요소로서 나타난다. 그 첫 번째 실재가 '국가권력'이고 두 번째 실재가 '부(富)'이다. 국가권력이란 단일한 실체이면서 동시에 모든 사람의 작업 결과이기도 하다. 이는 개개인에게 그의 본질을 언명하면서 개개인의 개별성이 곧 보편성임을 의식하게 하는 절대적인 '사태 자체'이다. 국가권력은 또한 모든 사람의 작업이 낳은 단일한 결과이지만 이 결과물에서는 그것이 개개인의 행위에서 비롯된 것이라는 사실은 드러나 보이지 않는다. 그 결과물은 늘 개개인의 모든 행위를 위한 절대적인 토대가 되어 행위를 존립시킨다. 개인의 삶을 받쳐 주는 단일한 정기(精氣)와도 같은 이 실체는 불변한 자기동일성이라는 규정을 통해 '존재'하고 있으며 그러므로 '타자를 위해 존재'하고 있을 뿐이다. 이렇게 상대적인 관계가 빚어지면서 이는 그 자체로 곧 자기 자신과 반대되는 '부'가 된다. 부라는 것은 물론 수동적이고 허망하긴 해도 또한 보편적인 정신적 실재이며 모든 사람의 노동과 행위로부터 부단히 생성되는 결과물이고, 이것이 또한 모든 사람의 향락으로 해체되어 간다. 향락하는 개인은 비록 자기만을 위주로 하는 개별자임에 틀림없지만 이 향락 자체는 모든 사람의 행위의 결과이며 이것이 모든 사람의 노동과 향락을 번갈아 가며 창출해 낸다. 여기서 현실적인 노동과 소비는 그대로 보편성을 띤다는 정신적 의의를 단적으로 지닌다. 아마 이런 현실적인 계기에서 개개인은 누구나 그 자신이 이기적으로 행동한다고 생각할 것이다. 왜냐하면 이 계기에서 개개인은 저마다 자기를 위해 움직이고 있다는 의식을 할 뿐 자기가 정신적인 활동을 하고 있다고는 생각지 않기 때문이다. 그러나 겉으로만 봐도 각자의 소비는 모든 사람의 소비를 낳고 각자의 노동은 자기를 위한 노동인 동시에 모든 사람을 위한 노동이기도 하며, 모든 사람은 각자를 위해 행동하고 있음을 알 수 있다. 따라서 개개인의 '자기를 위하여'라는 것은 자체적으로는 보편성을 띠고 있어서 이것이 이기심의 발로인 듯이 보이는 것도 단지 그렇게 짐작될 뿐이다. 즉 모든 사람을 위한 것이라고 단언할 수 없는 일을 한다고 생각하더라도 실제로 그런 일을 할 수는 없을 것이다.

결국 자기의식은 국가권력과 부라는 두 개의 정신적인 위력 속에 그 자신의 실체와 내용과 목적이 깃들어 있음을 인식한다. 이때 자기의식은 한쪽에서는 본디의 자체존재를 발견하고 다른 한쪽에서는 독자적 대자존재를 발견하여 자기의 이중적 본질을 직관한다. 그러나 또 동시에 정신으로서의 자기의식은 두 개의 위력이 양립하는 것을 부정하고 개인과 보편자, 현실과 자기의 분리를 부정하며 통일을 이루어 낸다. 따라서 국가의 지배와 부라는 것은 개인에게 두 개의 대상으로 현존하고 있는 셈이다. 그런데 개인은 자신이 두 대상 중 어느 쪽에도 얽매이지 않는 자유로운 상황임을 알며, 둘 중 어느 쪽이든 고를 수도 또 고르지 않을 수도 있다고 짐작한다. 이처럼 의식은 자유롭고 순수한 의식으로서, 오직 그 의식에 대해서만 존재하는 본질적인 존재와 대치한다. 이때 본질적인 존재는 의식 자체 내에 깃들어 있는 것이 된다. 이렇듯 순수한 의식에서 개인이 보기에 실체를 이루는 두 요소는 국가권력과 부가 아니라 '선과 악'이라는 사상이다. 더 나아가 자기의식은 순수의식과 현실의식, 그리고 사상과 대상 세계를 서로 관계시켜 본질적으로 판단을 내리려고 한다. 물론 두 개의 현실적인 위력의 직접적인 규정을 보면 어느 쪽이 선이고 어느 쪽이 악인가는 뻔하다. 즉 국가권력이 선이고, 부가 악이다. 하지만 이 최초의 판단은 정신적 판단으로는 인정될 수 없다. 왜냐하면 이는 다만 한쪽이 자체적으로 긍정적인 성격을 지니는 것이고 다른 한쪽은 독자적인 관점에서 부정적인 성격을 지니는 것으로 규정했을 뿐이기 때문이다. 그러나 정신적 존재로서의 이 두 위력에는 저마다 선과 악이라는 요소가 서로 침투되어 있어서 양쪽을 각각 선과 악이라는 규정만으로 표현할 순 없다. 이 양쪽 규정에 관계하는 자기의식은 자체적인 동시에 독자적이기도 하다. 그래서 자기의식은 이 위력들에 이중으로 관계하며, 따라서 서로 소외를 하고 있는 규정이라는 두 위력의 본성은 뒤집어지기에 이른다.

결국 자기의식에게 선한 자체적인 대상이란 그 안에서 자기의식이 자기를 실제로 알아볼 수 있는 것이고, 반대로 악한 대상이란 그 안에서 자기의식이 실제로 자기와 정반대되는 것을 알아보는 것이다. 즉 선한 것은 실재적 대상 세계와 자기의식이 동일한 것이며 악한 것은 서로가 동일하지 않은 것이다. 동시에 자기의식에게 선하고 악한 것은 그 자체로도 선하고 악한 것이다. 왜냐하면 자기의식은 그 자체로 존재하는 것과 자기의식에 대해서 존재하는 것이라는 이 두 계기를 동일한 것으로 하기 때문이다. 자기의식은 대상적 존재인 국가권력과 부의 현실적인 정신이고, 이것이 양자에 대해서 내리는 선악의 판단은 자기의식이 양자의 자체적인 본성을 드러내 놓는 힘을 가지고 있음을 증명한다. 결국 국가권력과 부가 이 자기의식의 매개를 통하지 않고 그 자체로 서로 동일한지 동일하지 않은지, 또 추상적인 자체존재인지 독립된 대자존재인지가 여기서 문제시되는 것이 아니라, 정신이 관여할 때 양자가 정신과 동일한지 동일하지 않은지야말로 양자의 판단 기준이자 진실이 된다. 처음에 대상으로 정립되고 다음으로 정신에 의해 자체적 존재가 되는 이 두 실재에게 정신이 관여할 때는 양자가 동시에 자기에게 되돌아간다. 이리하여 양자는 현실적인 정신적 존재를 지니게 되며 양자의 정신이 출현하기에 이른다. 그런데 처음에 매개 없이 직접적으로 규정된 모습이 양자와 정신과의 관계로부터 구별된다면, 양자 자체의 정신인 세 번째 모습도 두 번째 모습과 구별된다. 그리고 정신이 양자에 관계한 결과 나타나는 양자의 두 번째 자체적인 모습은 직접적인 자체의 모습과는 이미 다를 수밖에 없다. 왜냐하면 이처럼 정신이 매개체가 될 때에는 매개되지 않은 직접적인 모습이 오히려 동요를 일으켜서 별개의 것이 되기 때문이다.

그 결과 즉자대자적으로 존재하는 의식은 국가권력 속에서 단일한 본질과 존립 기반을 발견하게 되지만 개체로서의 자기를 찾아내지는 못한다. 또한 자체적인 자기를 발견할지언정 자립적인 존재는 찾아내지 못한다. 여기서 의식은 오히려 개별자로서의 행위가 부정되고 억압받아 복종을 강요당하는 것을 깨닫는다. 그리하여 개인은 이 권력을 두려워하여 자기에게 되돌아가 버린다. 이때 국가권력이란 개인을 억압하려 드는 악한 것으로 여겨진다. 국가권력은 개인과 동등한 것이 아니라 뚜렷하게 서로 다른 것이기 때문이다. 이와 반대로 이제는 부가 선한 것이 된다. 부는 모든 사람의 향락을 위하여 스스로를 희생하면서 모든 사람에게 자기의 존재를 의식하게 한다. 이때 부는 그 자체가 공동의 복지가 된다. 부가 특정한 자선을 베풀길 거부하고 모두의 욕구에 응해 주지 않는다 하더라도 이는 우연의 소치이며, 이 우연은 모든 개인에게 분배되고 온 누리에 은혜를 베푼다는 부의 보편적이고 필연적인 본질에는 아무런 해도 입히지 않는다.

그런데 이렇게 내려진 두 판단은 '선과 악'이라는 사상에 관하여 우리가 생각하던 내용과는 반대되는 내용을 드러내 보인다. 자기의식과 대상의 관계는 아직 불완전한 상태여서 자기의식은 다만 자기 위주의 척도에 따라서만 대상을 판단하고 있을 뿐이다. 그러나 의식이란 자체적인 존재이기도 하므로 이 측면마저 척도로 삼을 때라야만 비로소 정신적 판단은 완성된다. 이 측면에서 보면 국가권력은 의식의 본질을 의식에게 나타낸다. 즉 국가권력은 안정된 법률인 한편 통치이기도 해서 전체 행위의 개개인의 움직임을 조정하는 정치적 명령으로 나타난다. 말하자면 국가권력의 한쪽에 있는 것이 헌법이라는 단일한 실체이고 다른 한쪽에 있는 것이 실체와 모든 사람을 활성화하여 보존하는 국가의 행위이다. 그리하여 개인은 이 국가권력 속에서 자기의 토대와 본질이 표현되고 조직되며 활동한다는 것을 깨닫는다. 반대로 부를 향락하는 행위에 의해서는 개인은 그의 보편적 본질을 경험하지 못한 채 그저 홀로 고립된 채 존재하는 자기를 경험할 뿐이어서 결국 자기의 본질과 동등하지 않은 자기 자신을 순간적으로 의식하여 즐기는 데 그친다. 이렇게 해서 '선과 악'에 대한 개념은 앞의 경우와는 정반대의 내용이 된다.

이 두 가지 판단양식은 저마다 따로 동등성과 부등성에 맞닥뜨려 있다. 첫 번째 판단에서는 의식은 국가권력을 자기와 부등하다고 보고 부의 향락을 자기와 동등하다고 본다. 이에 반하여 두 번째 의식의 판단에서는 국가권력이 자기와 동등하고 부의 향락이 자기와 부등한 것이 된다. 여기에는 동등성과 부등성이 저마다 이중의 방식으로 성립되어 있다. 즉 국가권력과 부라는 두 개의 실재적인 본질에 대한 의식의 관계가 서로 정반대되는 이중의 관계로 되어 있는 것이다. 이제 우리는 이 두 종류의 판단 자체를 평가해야겠는데, 이를 위해서는 앞에 제시됐던 척도를 해석해 봐야 한다. 이 척도에 따르면 의식과 동등한 관계에 있다고 여겨지는 것은 '선'이며 부등한 관계에 있다고 여겨지는 것은 '악'이다. 그런데 이렇게 두 종류로 관계하는 양식은 이제 의식의 서로 다른 두 형태로 파악되어야만 한다. 의식이 대상 세계에 서로 다른 태도로 관계하기 때문에 의식에서 선과 악의 구별이 생겨나는 것이지, 그것이 대자존재나 순수한 자체존재 중 어느 한쪽을 원리로 삼고 있어서 구별이 생기는 것은 아니다. 왜냐하면 이들 두 존재는 똑같이 본질적인 요소이기 때문이다. 지금까지 고찰된 이중의 판단은 두 원리를 분열된 것으로 생각했으므로 추상적인 판단양식일 수밖에 없었다. 그러나 현실적인 의식은 이 두 원리를 모두 자기 것으로 지니고 있으니, 결국 구별이라는 것은 의식의 본질, 곧 의식과 실재하는 대상과의 관계에서 비롯된 것이다.

이렇게 의식이 대상에 관계하는 양식에는 상반되는 두 종류가 있다. 즉 의식이 국가권력과 부를 다 같이 자기와 동등하게 보는 경우와 부등하게 보는 경우이다. 국가권력과 부를 자기와 동등하게 보며 이와 관계하는 의식은 '고귀한' 의식이다. 이 의식은 공권력 속에서 자기와 동등한 것을 보며 그 안에 자기의 단일한 본질이 있고 또 그 활동이 있다고 보면서, 이 본질에 현실적으로 복종하기도 하고 내면적으로 존경을 표하기도 한다. 또한 이 고귀한 의식은 부에서도 자기와 동등한 것을 보고, 자기를 위한 독자적 존재라는 또 하나의 본질적인 측면을 의식시켜 주는 것으로서 부를 받아들인다. 따라서 부와 자기의 관계에서 부를 본질로 여기게 된 의식은 부를 향락하고 이를 베풀어 주는 사람을 은인으로 생각하면서 감사해 마지않는다.

이와 반대로 또 다른 의식은 두 개의 본질과 부등한 관계만을 고집스레 맺는 '비천한' 의식이다. 이 의식은 지배자의 권력을 자기의 독자성을 구속하고 억압하는 것으로 보고 지배자를 증오하는 가운데 반항적인 속내를 감추고 복종하는 척하면서 언제라도 반란을 일으킬 태세를 갖추고 있다. 또 이 의식은 그 자신에게 독자적인 향락을 선사하는 부에 대해서도 부등한 면만을 찾아낸다. 즉 지속적 본질과 일치하지 않는 면만 찾아내는 것이다. 의식은 부가 안겨 주는 것은 다만 개별적인 의식과 부질없는 향락에 지나지 않는다고 하면서 부를 사랑하는 동시에 경멸한다. 본디 사라질 수밖에 없는 부가 사라지면서 자기와 부의 관계 또한 사라져 버린다고 여기는 것이다.

그런데 이 관계들은 이제 겨우 판단을 표현하는 데 그치고 있다. 이것은 국가권력과 부라는 두 가지 실재가 의식에 대한 대상으로서 어떤 의미를 지니는지 규정하고 있을 뿐, 그것이 즉자대자적으로 어떤 것인지를 규정하고 있지는 않다. 한편으로는 판단 속에 표상되는 복귀작용은 한쪽 또는 다른 한쪽 규정을 정립하여 양자를 폐기하고 있긴 하지만, 이는 방관자인 우리에게만 나타나는 작용이므로 양자가 의식 자체에 대해서 되돌아오는 것은 아니다. 또 한편으로는 국가권력도 부도 아직은 매개를 거치지 않은 직접적인 존재일 뿐, 그런 존재가 된 것도 아니고 거기에 자기의식이 담겨 있는 것노 아니다. 양자가 대상으로 삼고 있는 의식이 아직 거기에 생명을 불어넣는 데까지는 이르지 못한 상황에서 양자는 아직 그 자체로서는 주어 구실을 못하는 술어로 존재할 뿐이다. 이렇듯 '동등'과 '부등'의 양면이 분리되어 있는 탓에 정신적인 판단 전체도 두 개의 의식으로 분할된 채 저마다 '동등'과 '부등'이라는 어느 한쪽 규정에만 따르고 있다. 그런데 둘로 갈라진 채 소외되어 있는 양면, 즉 순수한 의식 자체에서 우러나온 선과 악이라는 사상의 측면과 국가권력과 부라는 현실 측면은 처음엔 무관했으나 이제는 서로 관계하여 판단이 성립되기에 이르렀다. 그리고 이와 더불어 이 외면적인 관계가 내면적으로 통일되어 사유와 현실의 관계로 발전하는 가운데 판단의 두 가지 형태의 정신이 출현할 수밖에 없게 된다. 이를 위해서는 판단이 추리가 되고 매개운동이 되어 거기서 판단의 두 측면의 필연성과 매개적 중간항이 나타나야 한다.

그러므로 고귀한 의식은 판단할 때 그 자신이 국가권력과 대립하고 있음을 깨닫는다. 이때 국가권력은 아직 의식화된 자기가 아닌 보편적 실체이고 더욱이 의식은 이 실체를 자기의 본질이자 목적이며 절대적 내용이라고 의식한다. 이렇듯 긍정적으로 국가권력에 관계하는 고귀한 의식은 자기의 독자적인 목적이나 특수한 내용, 또는 일상적인 생활에는 부정적인 태도를 취하며 이를 도외시해 버리려고 한다. 이 의식은 '봉공'하는 영웅주의이다. 즉 전체를 위하여 개별 존재를 희생함으로써 보편자를 구현하려는 덕행과, 소유나 향락을 스스로 거부하고 기존 권력을 위해 행동하며 현실의 힘을 발휘하는 인격이 이 의식을 이룬다.

이러한 봉공 운동을 통하여 보편자가 일상세계와 추론적으로 연결되는 가운데 외화된 일상적 의식이 본질적인 존재로 고양되어 간다. 의식이 이렇게 봉공하면서 스스로 소외시키는 것은 일상 속에 매몰되다시피 한 자기의 의식이다. 이렇듯 자기에게서 소외되는 것은 본디 있는 그대로의 자기이다. 의식은 이런 도야과정을 통하여 자기 자신을 존경하고 타인으로부터 존경받게 된다. 그런데 최초에는 다만 생각에만 머무르는 보편적이고 잠재적인 것이었던 국가권력은 바로 이 운동을 통하여 실재하는 보편자로서 현실의 권력이 된다. 국가권력이 이처럼 현실화되는 것은 자기의식이 국가권력을 본질로 판단하여 자발적으로 자기희생을 감수하는 가운데 현실적으로 복종하기 때문이다. 본질과 자기를 추론적으로 관련짓는 이 행위는 참다운 현실성을 획득한 자기와 참으로 타당한 가치를 지닌 국가권력이라는 이중의 현실을 이루어 낸다.

그러나 국가권력은 이러한 소외를 통하여 스스로가 국가권력임을 알고 있는 자기의식이 되는 것은 아니다. 이때 타당성을 지닌다고 인정되는 것은 다만 국가의 법률이나 체제일 뿐, 국가권력은 아직 특정한 의지를 지닌 것은 아니다. 왜냐하면 봉공하는 자기의식은 아직 스스로의 순수한 자기마저도 외화함으로써 국가권력에 정신을 부여하는 데까지 이르지는 않고, 단지 개별 존재로서의 자기를 외화한 데 지나지 않기 때문이다. 즉 자기의식은 국가권력을 위하여 자기의 일상적인 존재양식을 희생했을 뿐이지 그의 존재 자체를 희생한 것은 아니다. 이 자기의식은 본질에 합당한 존재로 간주된다. 이는 그의 존재 자체로 말미암아 가치 있는 것으로 인정된다. 타인들은 이 자기의식 속에서 자기들의 본질이 활동하는 모습을 발견하지만 자기들의 독자적인 존재를 찾아내진 못한다. 그들의 사유나 순수의식은 충족될망정 그들의 개인성은 채워지지 않는 것이다. 그리하여 이 자기의식은 타인들의 사상 속에서 가치 있는 것으로 인정되어 명예를 누린다. 이 의식은 국가권력이 개인의 의지를 넘어선 본질적인 의지를 지니는 한에서 국가권력을 위해 일하는 '긍지 높은' 신하이다. 이 신하는 전체적 여론이라는 본질적인 표상 속에서만 영예를 누릴 뿐 개인으로서 감사히 받아들여진다는 사실을 영예롭게 생각지는 않는다. 왜냐하면 신하는 개인을 독자적 대자존재가 되게 하려고 힘쓰는 것은 아니기 때문이다. 이 자기의식의 발언은 아직 성립되어 있지 않은 국가권력의 고유한 의지에 관계할 경우 공공복지를 위하여 내놓는 충언이라고나 하겠다.

이러한 충언에 대하여 아직 뚜렷한 의지를 표명할 수 없는 국가권력은 공공복지에 대한 다양한 의견을 듣고 거기서 무엇을 취해야 할지 결정을 못 내리고 있다. 이 국가권력은 아직 통치는 아니며, 따라서 참으로 현실적인 국가권력이 되어 있지는 않다. 의지로서 아직 희생되지 않은 독자적인 의지는 몇몇 계층을 대표하는 내면적으로 고립된 정신으로서 나타난다. 이 정신은 공공복지를 위한다고 하면서도 자기만의 특수한 복지를 앞세우는 나머지 행동하는 대신 입으로만 계속 공공복지를 떠들 뿐이다. 봉공하는 가운데 생겨나는 일상생활의 희생은 죽음마저 무릅쓸 때 완성되겠지만, 죽음의 위험마저 이겨 내고 살아남은 자에게는 일정한 생활상의 여건과 특수한 독자성이 주어지게 마련이다. 그러므로 공공복지를 위한 충언은 모호하고 의심스러운 것이 되어 실제로는 자기의 사사로운 생각이나 특수한 의지를 국가권력에 대치시키는 꼴이 되고 만다. 따라서 일상존재와 국가권력의 관계는 역시 부등할 수밖에 없고 언제라도 반란으로 치달을 수 있는 비천한 의식의 규정에 포함되어 버린다.

독자적 대자존재가 당연히 폐기해야 할 이 모순은 국가권력의 보편성과 의식의 독자성과의 불일치라는 형식 속에 또 다음과 같은 형식을 아울러 지니고 있다. 즉 앞서 이야기한 일상적 존재의 소외는 죽음에 이르러서 완결되긴 하지만 그 자체가 그저 존재적인 소외일 뿐 의식으로 되돌아가는 소외는 아니며, 일상적 존재는 소외를 견뎌 내고 살아남은 것도 아니고 즉자대자적으로 있는 것도 아니라 단지 화해 불가능한 대립으로 이행했을 뿐이라는 형식도 아울러 지니고 있는 것이다. 따라서 자기의 독자성을 참으로 희생하는 행위는 죽음과 같이 완전히 헌신하여 자기외화를 행하면서도 여전히 자기를 유지하는 것이어야만 한다. 이렇게 해서 독자적인 존재는 있는 그대로의 자체적인 자기를 실현하고, 자기 자신과 이에 대치되는 자기를 동일하게 통일시킨다. 고립된 내면적 정신인 자기 자체가 표면에 드러나 자기소외됨으로써 동시에 국가권력도 그 자체의 자기로 고양되는 것이다. 참으로 이러한 자기소외가 없다면 고귀한 의식의 명예로운 행동과 통찰력 있는 충언은 특수한 의도나 이기적인 생각을 숨기고 있는 듯한 모호함을 떨쳐 낼 수 없으리라.

　이 자기소외는 오직 언어를 통해서만 생겨나는데, 언어는 여기서 특수한 의미를 띠고 등장한다. 언어는 인륜세계에서는 '법칙'이나 '명령'으로 나타났고 이 현실세계에서는 '충언'으로 나타나 있는데, 이들은 모두 본질을 내용으로 삼는 내용의 형식이었다. 그런데 여기서는 언어가 있는 그대로의 형식 자체를 내용으로 하여 언어로서 가치를 인정받는다. 실현되어야 하는 것을 실현하는 것이 언표 그 자체가 지니는 힘이다. 왜냐하면 언어란 순수한 자기가 그대로 나타난 것으로서, 언어에서는 독자적인 개체로서의 자기의식 그 자체가 현실존재가 되고 그로써 언어가 타자를 위한 것이 되기 때문이다. 언어 이외의 방식으로 이 자아가 그토록 순수한 자아로서 실제로 존재하는 일은 없다. 언어적 표현이 아닌 다른 모든 경우에 자아는 현실 속에 잠겨 일정한 형태를 띠게 되는데, 자아는 그러한 형태에서 몸을 뺄 수도 있다. 자아는 자신의 행동이나 인상학적 표현에서 벗어나 자기에게 되돌아간다. 이때 자아는 언제라도 표현상 지나치거나 모자랄 수밖에 없는 불완전한 행동이나 표현을 혼이 빠져나간 것으로서 내버려 두게 된다. 그러나 언어는 자아를 순수하게 있는 그대로 간직하고 있다. 참으로 언어만이 자아 그 자체를 표현하고 있는 것이다. 자아라는 이 존재는 존재로서 자아의 참된 본성을 지닌 하나의 대상으로 나타난다. 여기서 자아는 바로 이 자아이면서 또한 보편적인 자아이기도 하다. 그러므로 이렇듯 언어를 통해 나타나는 자아는 그 자체가 곧 이 자아의 외화이면서 소멸이기도 하다. 이를 통해 자아는 보편자의 경지에 놓이게 된다. 언어로 자기를 표현하는 자아의 소리는 누군가가 듣고서 남에게 옮긴다. 이로써 자아는 자기의 소리를 듣는 사람과 직접적인 통일을 이루면서 보편적인 자기의식이 된다. 남이 자아를 듣는다는 것은 자아의 존재 자체가 그대로 스러져 버린다는 것을 뜻한다. 이 타재(他在)는 자기 내면으로 되돌려진다. 이렇듯 자기의식화된 '지금'의 위치에 실제로 있는 자아가 동시에 그곳으로부터 소멸되는 이 모습이야말로 자아가 존재하는 모습이다. 자아는 이렇게 소멸됨으로써 그대로 존속한다. 자아는 자신이 그러하다는 것을 알고 있다. 즉 자아는 자기가 다른 자기 속으로 들어가 남에게 들리게 되면서 보편적인 존재가 되는 사실을 알고 있다.

여기서 정신이 언어를 통하여 현실성을 띠게 되는 것은 정신에 의해서 통일되는 양극, 곧 국가권력과 고귀한 의식이 규정상 저마다 독자적인 현실성을 띠고 그대로 존재하기 때문이다. 이런 양극의 통일은 상통할 수 없는 두 측면으로 분열되는데 이들은 저마다 상대에게 배척당하면서 현실에 존재하는 대상이 된다. 따라서 통일은 두 측면으로 분열된 현실로부터 배제되어 양극과는 구별되는 중간항으로서 나타난다. 이 통일의 중간항이란 양극과는 별개의 현실적인 대상성을 지니고 양극에 대치해 있는 존재자로서의 군주이다. 정신의 실체가 그대로 군주라는 현실존재가 되는 것은 이 순수한 자기존재가 직접 타당한 현실존재임을 인식하면서 더욱이 그의 타당성이 오직 자기를 소외하는 매개작용에 의한 것임을 직접 인식하는 두 가지 자기의식을 양극이 획득하는 순간 비로소 가능해진다. 순수한 자기로 말미암아 현실의 두 요소는 자각적인 범주가 되어 정신의 요소가 되는 데까지 순화되는데, 이로써 정신은 정신성을 지니고 현실의 존재가 된다. 이때 정신은 양극을 전제로 하고 양극의 존재로 인해 산출되는 매개적 중간항이 된다. 그런데 정신은 또한 양자 사이에서 분출되는 정신적인 전체이다. 이는 양자로 분열되어 가면서 양자를 저마다 전체와 접하게 함으로써 비로소 양자가 각각 정신적 원리의 형태를 띠고 산출되게끔 한다. 양극이 이미 그 자체로 폐기되고 분해되어 있음으로써 양자의 통일은 조성된다. 이 통일은 양극을 추론적으로 관련짓고 그 내용을 맞바꾸면서 양극을 각기 극으로 둔 채 추론적으로 연결하는 운동이다. 이러한 매개의 운동을 통해 양극에 각각 갖추어져 있는 개념이 실현되고 양극의 자체적인 참된 모습이 정신의 모습으로 드러나게 된다.

두 개의 극을 이루는 국가권력과 고귀한 의식은 의식에 의해서 새삼 분열된다. 먼저 아직도 이런 보편자 자체에는 이르지 못한 독자적인 군주의 의지로 분열된다. 그리고 고귀한 의식은 일상적인 삶마저 포기하고 복종하여 자긍심과 명예를 획득하는 자체존재와, 아직 폐기되지 않은 채 배후에 여전히 자기의지를 간직하고 있는 순수한 독자적 대자존재로 분열된다. 이렇게 양극으로 갈라져 생겨난 두 요소를 순화해 나가면 결국 언어의 두 요소에 이르게 된다. 이 두 요소란 공공복지라고 일컬어지는 추상적인 보편자와, 국가에 봉사하는 가운데 잡다한 일상생활에 매몰되는 의식을 폐기해 버리는 순수한 자기를 말한다. 이 두 가지는 개념상 동일한 것이다. 왜냐하면 순수한 자기란 바로 추상적인 보편자이므로 결국은 양자의 통일이 이들을 매개하는 중심으로서 정립되기 때문이다. 그러나 자기는 이제 겨우 한쪽 극을 이루는 의식 쪽에만 모습을 드러내는가 하면 자체는 또 자체대로 국가권력 쪽에만 모습을 드러낼 뿐이다. 따라서 고귀한 의식 쪽에 결여되어 있는 것은 국가권력을 단지 명예로운 것으로만 받아들이지 않고 현실적으로 거기에 동참하는 자세이다. 또한 국가권력에 결여되어 있는 것은 이른바 '공공복지'라는 관점에서만 복종의 대상이 되는 게 아니라 결정권을 행사하는 주체적 의지로서 복종의 대상이 된다는 상황이다. 국가권력이 아직 개념적인 차원에 머물러 있는 가운데 의식이 자기를 순화해 나가면서 이루어지는 개념의 통일은 이 매개적 운동에서 현실로 나타난다. 이 운동의 단일한 존재양식이 바로 중간항으로서의 언어이다. 그런데 이 통일은 주체적 자기로서 현존하는 두 개의 자기를 아직 양극으로 갖추고 있지는 않다. 왜냐하면 국가권력은 이제 겨우 정신적인 자기가 되었을 뿐이므로, 이 언어는 완전히 자기를 알고 자기를 언어로 표현하는 정신에는 아직 이르지 못했기 때문이다.

고귀한 의식은 자기라는 한쪽 극을 이루고 있으므로 언어를 말하는 것으로서 나타난다. 그리고 이 언어를 통하여 관계의 두 측면이 형성되고 혼이 깃든 전체가 이루어진다. 이리하여 묵묵히 봉공하는 영웅주의가 '아첨'하는 영웅주의로 전환된다. 이렇듯 봉공이 언어적인 반성을 거치면 분열된 정신을 가다듬는 매개적 중간항이 형성되어, 여기서 반성하는 의식의 극이 자기에게 되돌아올 뿐만 아니라 보편적인 권력의 극도 자기에게 돌아간다. 그리고 지금껏 잠재해 있던 권력이 개별적인 자기의식의 독자적 대자존재로 되돌아간다. 이로써 국가권력의 정신은 무제한의 권력을 행사하는 독재적인 '군주'의 모습으로 등장한다. 여기서 '무제한'이라고 하는 이유는 아첨하는 언어가 권력을 순수한 보편성으로 치켜세우는 가운데 순수한 정신적 존재로 승화된 언어가 산출한 요소는 순수한 자기동일성을 지니기 때문이다. 또한 그것이 독재적인 '군주'의 모습을 띠는 까닭은 아첨하는 언어가 개인을 정점으로 치켜세우기 때문이다. 이때 고귀한 의식이 단순한 정신적 통일체로서 스스로 외화한 것은 순수한 사유 자체이며 그의 자아 자체이다. 더 명확히 말해서 아첨하는 언어는 본디 사념된 데 지나지 않는 개별자를 치켜세우고 군주에게 고유의 이름을 부여해서 이를 순수한 존재자로 만든 것이다. 왜냐하면 어떤 개인이 그 밖의 다른 모든 개인으로부터 구별된다고 그저 짐작되는 것이 아니라 현실적으로도 구별되려면 고유한 이름을 가지는 수밖에 없기 때문이다. 이름이 주어진 개인은 순수한 개인으로서 자신의 의식 속에서만이 아니라 모든 사람의 의식 속에서 타당한 존재로 인정을 받는다. 따라서 군주는 이름을 통하여 모든 사람에게서 확연히 구별되어 예외적으로 고립된 존재가 된다. 이렇듯 이름이 주어진 군주는 자기의 본질을 결코 타인에게 전달할 수 없고 자기와 동일한 존재를 어디에서도 찾을 수 없는 원자와 같은 존재이다. 그리하여 이 고유의 이름이야말로 군주로 하여금 자기에게 되돌아가게 하는 것으로서, 이는 보편적인 권력을 스스로 거머쥔 현실존재이다. 참으로 이름을 통하여 권력은 군주의 모습을 띠는 것이다. 한 개인으로서의 군주는 이름을 통하여 오히려 개인으로서의 자기가 보편적인 권력을 거머쥐고 있음을 자각한다. 이때 귀족들은 국가권력에 봉공하려고 마음먹고 있기도 하지만, 또한 마치 장식품처럼 왕좌를 에워싸고 거기에 앉아 있는 군주를 향하여 끊임없이 그가 누구인지를 되풀이해서 말해 주고 있는 것이다. 군주를 예찬하는 귀족의 언어는 이런 식으로 국가권력 그 자체 내에서 양극을 추론적으로 연결하는 정신이다. 언어는 추상적인 권력을 자기에게 돌려보내서 이 권력으로 하여금 다른 한쪽 끝에 있는 의지력과 결단력을 지닌 독자적 존재, 즉 자기의식을 지닌 현실존재가 되게 한다. 다시 말하면 군주라는 현실로 존재하는 개별자의 자기의식은 언어를 통해서 자기가 곧 권력임을 확신하는 것이다. 이 권력이란 많은 점을 이루고 있는 고귀한 의식이 내면적인 확신을 외화함으로써 하나로 결집된 점으로서의 자기이다. 그런데 국가권력을 장악한 이 정신은 고귀한 의식의 행위와 사유를 희생 삼아서 자기의 현실성과 자양분을 얻어 존재하므로 자기에게서 소외된 자립성을 띠게 된다. 그리하여 독자적 존재라는 극을 이루는 고귀한 의식은 의식의 자기외화가 낳은 사유의 보편성 대신에 보편적인 현실이라는 극을 되찾는다. 이로써 국가권력은 고귀한 의식으로 이행하고 이 고귀한 의식에 의하여 국가권력은 비로소 진정으로 행사되기에 이른다. 고귀한 의식이 국가권력을 자각적으로 행사할 때, 추상적 자체존재라는 한쪽 극에 머물러 있는 듯이 보이던 국가권력은 나태한 본질에서 벗어나는 것이다. 그 자체로 보면 국가권력이 자기에게 되돌아와서 정신이 된다는 것은 곧 국가권력으로서는 폐기된 채 자기의식의 한 요소로 자리잡는다는 것이나 다름없다. 이리하여 국가권력은 희생되고 유기될 수밖에 없는 정신적 본질을 지닌 존재로서 실제로는 '부'로 존재하기에 이른다. 물론 국가권력은 그 개념상 언제나 부와 통하면서도 동시에 부와 여전히 대립하는 현실적인 존재이다. 그런데 이러한 현실존재의 개념은 국가권력을 생성하는 고귀한 의식의 봉공과 존경으로 말미암아 그와 반대되는 권력의 외화로 이행하는 운동이다. 따라서 권력의 의지를 지닌 고유한 자기는 고귀한 의식이 자기를 내던져 버리는 까닭에 결국 소외된 보편자가 되고 전적으로 고립된 우연의 존재가 된다. 그리고 이 존재는 조금이나마 자기를 넘어서는 모든 의지에 희생되고 만다. 보편적으로 인정은 받을지언정 누구와도 상통할 수 없는 자립성을 지닌 이 의지에게 남아 있는 것이라곤 공허한 이름뿐이다.

이처럼 고귀한 의식은 보편적인 권력과 대등한 관계를 맺게끔 되어 있더라도, 고귀한 의식의 진실은 그것이 오히려 봉공을 하면서도 의식 자신의 자립성을 보존하고 또 아첨하는 말로써 본디 자기의 인격성을 단념하면서도 현실적으로는 보편적 실체를 폐기하고 파괴해 버린다는 데 있다. 고귀한 의식을 지닌 정신은 완전한 불평등 상태에 놓여 있다. 즉 한편으로는 봉공의 명예를 누리며 자기의 의지를 지켜 나가는가 하면 다른 한편으로는 자기의 의지를 폐기하면서도 때로는 자기 내면을 소외시켜서 자기 자신과 완전히 대등해지지 않게 되고 또 때로는 보편적 실체를 지배하에 두어서 자기 자신과 완전히 대등하지 못하게 만들어 버리는 것이다. 이리하여 고귀한 의식을 비천한 의식과 대조적으로 구별해 주던 판단상의 규정 차이와 더불어 비천한 의식도 사라지고 만다. 말하자면 비천한 의식은 보편적인 권력을 자기의 독자적인 존재의 지배하에 두려던 목적을 이룬 셈이다.

이렇듯 보편적 권력을 통하여 부를 취득한 자기의식은 보편적인 자선의 형태로 현존한다. 즉 보편적인 권력이 부를 상징하는 것으로서 다시 한 번 의식의 대상이 된다. 왜냐하면 부라는 것은 물론 이 의식의 지배 아래 있는 보편자이지만, 이것은 최초의 폐기에 의해 자기에게 되돌아와 있을망정 아직 전적으로 귀속되어 버린 것은 아니기 때문이다. 군주의 자기는 아직도 자기로서 대상이 되는 것이 아니라 폐기된 보편적 실재인 부로서 대상이 된다.

이 대상은 이제 막 생겨났을 뿐이므로 의식은 대상과 직접 관계하게 되지만 아직 대상과 자기의 부등함을 드러내고 있지는 않다. 비본질적인 것이 된 보편자야말로 스스로의 독자적 존재를 보존해 주는 것이라고 여기면서 자신을 부리는 대상을 인정하고 부를 베풀어 주는 군주에게 감사하는 것이 고귀한 의식이다.

부는 그 자체로 이미 독자적 대자존재의 요소를 갖추고 있다. 부는 국가권력이라는 자기를 결한 보편자도, 정신의 소박하고 무기적인 본성도 아니다. 부는 국가권력을 장악하여 자기의 향락을 추구하려는 사람들과 맞서 싸우면서 의지를 통해 자기 자신을 고집하는 국가권력이다. 그런데 부는 형식상의 본질에 지나지 않으므로 자체적이지는 않고 오히려 자체가 폐기된 존재로서, 개인이 향락할 때 본질을 잃고 자기에게 돌아간다. 따라서 바깥으로부터 부에 생명을 부여할 필요가 있다. 이렇게 생명을 얻은 부가 자기에게 되돌아가는 운동은 자기 혼자 고립되어 존재하는 부가 모든 사람에게 인정받는 절대적 존재가 되고, 폐기되었던 본질이 본질로 되는 운동이다. 이리하여 부는 그 자신만의 특유한 정신을 스스로 지니기에 이른다. 그런데 이 복귀운동의 형식은 앞에서 다룬 바 있으므로 여기서는 그 내용만 지적해도 충분하리라.

여기서 고귀한 의식은 본질적인 대상에 관계하는 것이 아니다. 이 의식은 독자적으로 존립하는 대상은 자기와는 상관없다고 생각한다. 고귀한 의식은 스스로의 자기 그 자체가 확고한 현실적 대상의 형태로 소외되어 있음을 깨닫는데, 이때 그는 자기 그 자체를 독자적인 타자로부터 받아들여야만 한다. 이렇듯 의식의 대상인 부는 독자적인 존재로서 의식 자체에 속해 있는 것이면서도, 또한 대상으로서 존재하는 이상 그 자신의 독자적 의지를 지닌 하나의 소원한 현실존재이기도 하다. 즉 이 의식은 자기의 핵심이 타인 의지의 지배 아래 있음을 깨닫는다. 결국 부를 자기에게 양도해 줄 것인지 아닌지는 타인의 의지에 달린 것이다.

자기의식은 개별적인 측면을 모두 도외시할 수 있으므로 개별적인 것에 관해서 구속되는 경우에도 독자적으로 존재하는 실재로서 언제나 승인되어 있으며 그 자체로 타당한 가치를 지닌다. 그러나 이 경우에도 자기의식은 자기의 순수하고 가장 고유한 현실인 자아의 측면에서 본다면 자기가 자기 밖으로 벗어나 타인에게 의존하고 있음을 발견한다. 즉 자기 개인의 인격 자체가 어쩌다 우연히 마주친 타인의 인격에 좌우되거나, 또는 그 순간이나 자의나 그 밖에 아무래도 상관없는 주변 사정 따위에 좌우되고 있는 것이다. 그런데 법적인 상태의 세계에서는 대상적인 실재의 권력 안에 존재하는 것은 그냥 폐기되어도 상관없는 우연한 내용으로서 나타났으며, 권력은 자기 그 자체에 관계하지는 못하고 오히려 자기 그 자체가 그대로 인정되고 있었다. 그러나 여기서 자기는 자기확신 자체가 가장 비본질적인 것이며 순수한 인격이 절대적 비인격임을 깨닫는다. 그러므로 자기 스스로 감사하는 정신이라는 것은 가장 비열한 감정인 동시에 가장 반항적인 감정이기도 하다. 이제 순수한 자아 자체는 자기 밖으로 소외되어 갈기갈기 찢겨 있는 자신을 바라보게 되었으니, 이런 상태에 놓인 의식에서는 연속성과 보편성을 지닌 것, 즉 법이니 선이니 정의니 하는 것들은 모두 산산이 부서져 파괴되어 버린다. 이제 동등한 것이라곤 모두가 산산이 해체되어 버렸다. 왜냐하면 더없이 순수한 불균형, 절대적 본질의 절대적 비본질성과 독자적 존재의 자기소외가 참으로 현존하고 있기 때문이다. 이때 순수자아는 완전히 분열되어 있다.

그리하여 이 의식이 아무리 부로부터 대자존재로서의 대상성을 찾아와서 자기를 폐기한다 하더라도 이는 앞에서 살펴본 군주의 자기복귀와 마찬가지로 이 의식의 개념상 결코 완전한 것일 수 없을뿐더러 의식 자신으로서도 만족할 만한 것이 못 된다. 오히려 자기가 자기를 대상으로 받아들이다시피 하는 자기복귀는 순수한 자아 속에 직접적인 모순을 정립할 뿐이다. 그러나 의식은 현재 자기이므로 동시에 이러한 모순을 그대로 뛰어넘어 버린다. 이리하여 자기는 자기가 이렇게 폐기되어 있다는 것을 다시금 폐기하는 절대적 유연성을 지닌다. 즉 자기의 독자적 대자존재가 자기에게 낯선 타자로 나타난다는 주어진 상태를 거부하고 자기 자신을 받아들이기를 거절하면서, 받아들이는 행위 자체 속에서 자기와 대립하는 것이다.

지금까지 살펴봤듯이 이 의식의 상태는 절대적인 분열과 결부되어 있으므로, 고귀한 의식이 비천한 의식과 대립하고 있다는 의식의 구별은 그 정신 속에서 붕괴되고 두 가지 의식은 동일한 것이 된다. 더 나아가 은혜를 베푸는 부의 정신은 은혜를 받는 의식의 정신과 구별된다는 점에서 이는 특별한 고찰을 요한다. 부자(富者)의 정신은 본질이 결여된 독자적 대자존재이자 희생된 본질이었다. 그러나 부의 분배를 통하여 부자의 정신은 자기 자체로 되돌아온다. 즉 부자의 정신은 자기희생이라는 사명을 다하게 되면 자기 혼자 향락한다는 개별성을 버리고 널리 인정받는 보편적인 본질로 바뀐다. 부자가 분배해서 타인에게 주는 것은 바로 자기의 독자적인 부이다. 그러나 여기서 타인에게 양도되는 것은 자기가 결여된 자연물이나 거리낌없이 건넬 수 있는 생활수단으로서의 부가 아니라 자기의식 아래 스스로 자기를 유지해 나가는 존재로서의 부이다. 부는 이 부를 받아들이는 의식에 의하여 어차피 탕진되어 버릴 것으로 알려져 있는 무기적인 힘을 지닌 생활필수품이 아니라 자기를 제어할 수 있는 힘이다. 이 힘은 스스로가 독립적이며 자의적이라는 사실을 충분히 알고 있으며 동시에 베풀어 주는 것 속에 타인의 자기가 담겨 있다는 사실을 알고 있다. 따라서 부자는 그의 보호 아래 있는 빈자와 마찬가지로 비천한 존재이다. 그런데 이때 그는 빈자처럼 반항하기보다는 교만해진다. 왜냐하면 한편으로 그는 빈자와 마찬가지로 그 자신의 독자적인 존재가 우연의 소치임을 알고는 있지만 동시에 그 자신이 상대의 인격을 지배하는 우연의 힘 그 자체이기도 하기 때문이다. 이렇게 부자는 한 끼 식사를 베풀 때마다 이를 받아들이는 타인의 자아 그 자체를 휘어잡고 그의 가장 깊은 속마음까지 자신의 지배 아래 두고 있다는 교만한 생각을 하면서도 상대의 내면에 꿈틀대는 반항심은 간과하고 만다. 즉 상대가 온갖 사슬을 다 떨쳐 내고 완전히 분열된 상태에 빠져 있다는 점을 대강 보아 넘기는 것이다. 이 분열된 상대의 경우 독자적 존재의 자기동일성은 완전한 불일치성으로 바뀌어 있으며 모든 존립은 허물어져 있으므로, 여기서는 부를 베푸는 은인의 생각이나 짐작 따위도 철저히 허물어져 있다. 이리하여 의지하고 지켜 낼 실체가 전부 사라져 버린 상황에서 부자는 더할 나위 없이 깊은 나락, 바닥없는 심연에 맞닥뜨려 있다. 이 깊은 심연 속에서 그는 자기의 변덕스런 유희나 자의적인 우연 같은 하찮은 것들 말고는 아무것도 찾아내지 못한다. 부자의 정신은 정신을 잃어버린 껍데기로서 본질이 결여된 상념과도 같다.

자기의식은 국가권력과 대립하면서 이를 찬양하는 언어를 구사했고 정신은 자기의식과 국가권력 사이에 현실적인 매개적 중심으로 등장했다. 그와 마찬가지로 여기서는 자기의식이 부에 대항하는 언어를 구사하게 되면서 더욱이 빈자의 반항도 그에 못지않게 언어로 뿜어져 나온다. 부자로 하여금 그 자신이야말로 부를 지배하는 당사자임을 의식케 하려는 언어는 또한 아첨하는 언어이지만 고귀한 의식이 쓰는 언어는 아니다. 왜냐하면 이때 말하는 사람은 가치 있는 본질이라고 언명되는 부가 그 자체로서는 존재하지 못하고 남의 의지에 좌우되는 것임을 알고 있기 때문이다. 그러나 이미 본 바와 같이 아첨하는 언어는 아직도 일면적인 정신에 속하는 것이다. 왜냐하면 이 정신의 구성요소는 봉공을 통한 도야 속에서 순화되어 순수한 현실존재가 된 자기와 그 자체로 군림하는 권력이기 때문이다. 그런데 이 단순한 자기와 권력 자체가, 즉 순수한 자아와 순수한 존재 또는 사유 양자를 동일한 것으로서 내포하고 있는 순수개념 속에서 서로 교체되는 이 양자의 통일은 이 아첨하는 언어의 의식 속에는 존재하지 않는다. 이 의식에 대해 대상은 본디 그 자체로 있으면서 자기와 대립하고 있는데, 이때 대상이 자기의 핵심을 이루는 것이라는 사실이 의식되어 있지는 않은 것이다. 이에 비해 분열을 안고 있는 언어야말로 교양세계 전체를 나타내는 완전한 언어이며 그 전체가 참으로 현존하는 정신이라고 할 수 있다. 자기의 비천한 상태를 내팽개치는 반항적인 자기의식은 그 자체로 절대적 분열 상태에서 완전한 자기동일성을 유지하면서 자기 자신과의 순수한 상호매개를 펴 나가는 순수한 자기의식이다. 여기에는 동일판단이 성립되어 있어서 동일한 인격이 주어도 되고 술어도 되어 있다. 그러나 이 동일판단은 동시에 무한판단이기도 하다. 왜냐하면 이때 인격은 단적으로 분열되어 있고 주어와 술어는 서로 무관하게 존재하므로, 그들 사이에는 아무런 관계도 통일의 필연성도 없으며, 더구나 그들은 저마다 고유한 인격의 힘을 갖추고 있기 때문이다. 대자존재는 자기의 자립성을 대상으로 하는데 이 대상은 단적으로 타자이면서 곧바로 자기 자신이기도 하다. 그것은 자기에 대해 타자로 나타나지만 이 타자가 다른 내용을 갖는 게 아니라 어디까지나 동일한 자기를 내용으로 하므로 양자는 절대적인 대립 형태를 띠면서 완전히 서로 무관한 관계를 이룰 뿐이다. 이리하여 마침내 여기에 자기의 진리와 개념을 의식하며 현실의 교양세계를 이끌어 가는 정신이 현존하기에 이르는 것이다.

이 정신은 이처럼 현실과 사상이 완전히 보편적으로 전도되고 소외된 상태이며, 이것이야말로 순수한 교양이다. 교양세계에서 경험되는 것은 권력과 부의 현실적인 본질도, 이 권력과 부의 특정한 개념인 '선과 악'도, 나아가서는 이 선악의 의식인 고귀한 의식과 비천한 의식도 모두 다 진리를 소유하지 않으며, 도리어 이 모든 요소가 한쪽에서 다른 한쪽으로 맞바뀌듯 상호전도되어 저마다 자기 자신의 대립물이 된다는 사실이다. 먼저 실체를 이루는 보편적 권력은 개체성의 원리를 통해 자기의 고유한 정신성을 획득하므로 본디의 자기를 군주라는 이름으로만 받아들일 수밖에 없고, 한편으로는 부라는 현실의 권력으로 나타나므로 오히려 그 무언가를 위해 스스로 희생되는 무력한 존재가 되고 만다. 그러나 이렇게 자기를 유기해서 상실해 버린 존재, 즉 사물이 되어 버린 자기야말로 존재가 자기 자신에게 되돌아온 것이다. 이것은 독자적으로 존재하는 대자존재이며 정신의 현실존재이다. 다음으로 '선과 악'이라는 두 실재에 대한 사상도 또한 이 운동 속에서 서로 전도된다. 선으로 규정됐던 것이 악이 되고 악으로 규정됐던 것이 선이 된다. 이러한 두 요소의 의식은 저마다 고귀한 의식과 비천한 의식이라 평가받지만 그 참된 모습은 규정된 내용과 오히려 정반대된다. 즉 고귀한 의식은 곧 비천하고 사악한 의식이다. 마찬가지로 자기의식의 비천함도 가장 교양 있는 자유로운 기품으로 바뀌게 된다. 그리고 형식적으로 보면 모든 것은 자기의 자체적 존재와는 맞지 않는 반대의 모습을 하고 있으며 또한 그것은 사실 있는 그대로의 그 자체가 아니라 스스로 그렇게 있고자 마음먹은 것과는 별개의 것이니, 독자적 대자존재는 오히려 자기 자신을 잃어버린 존재가 되고 자기소외는 오히려 자기를 유지하는 일이 되는 것이다. 이리하여 모든 요소가 보편적인 권리를 저마다 행사하면서 각각 그 자체로 자기소외를 일으킴과 동시에 자기를 대립물에 침투시켜서 자기전도를 되풀이하는 상황이 현실세계에 나타나게 된다. 그러나 참다운 정신은 바로 이와 같이 절대적으로 분열된 요소의 통일체이다. 더욱이 이 정신은 이처럼 자기를 상실한 양극 사이에 놓인 자유로운 현실이 이 양극의 매개적 중심이 됨으로써 비로소 현존하게 된다. 정신의 존재는 보편적인 언어 표현 및 분열을 조성하는 판단으로 나타나는데, 전체의 본질이자 현실적인 분지로서 타당한 가치를 지닌다고 할 온갖 요소는 이 판단작용에 의해 해체되어 버린다. 그리고 이 판단작용은 그 자신마저도 해체해 나가는 자기 자신과의 유희이다. 그러므로 이처럼 판단하여 언어로 표현하는 것은 일체를 압도하여 그 위에 군림하는 진리이며 이 현실세계에서 유일하게 참으로 중요한 것이다. 이 세계를 이루는 각 부분은 이런 판단과 언어를 통해 그의 정신을 표현한다. 다시 말하면 정신의 참모습이 정신의 언어로 표현되는 것이다. 성실한 의식은 모든 요소를 영속적인 본질이라고 여기는 가운데 자기 스스로도 전도를 일으키면서 그 사실을 모르고 있으므로 교양 없는 무사상한 의식이라 할 수 있다. 그러나 분열된 의식은 사태가 전도되어 있음을 알며, 더 나아가 절대적으로 전도되어 있음을 안다. 개념의 지배를 받는 분열된 의식은 성실한 의식이 뿔뿔이 흩어 놓았던 사상들을 통합한다. 따라서 이 의식의 언어에는 풍부한 정신이 담겨 있다.

이리하여 정신이 스스로 이야기되고 스스로를 이야기할 때의 내용은 모든 개념과 실재를 전도하여 자기와 타자 모두를 기만하는 것이 된다. 이렇게 되면 파렴치한 거짓말을 일삼는 것이야말로 최고의 진실이 된다. 이러한 언어 표현의 한 예로서 착란에 빠진 어느 음악가의 이야기를 들 수 있다.*

"그 음악가는 이탈리아와 프랑스, 비극과 희극 등등 온갖 종류의 아리아를 30곡이나 한데 엮어 뒤범벅을 만들어서, 때로는 저음으로 지옥에라도 가라앉을 듯이 노래하는가 하면 때로는 목청을 높여서 쥐어짜듯 쇳소리를 내며 하늘을 찌를 듯이 노래한다. 이렇게 미친 듯이 소리를 내다가도 차분하게, 고압적으로 조롱하듯이 변화를 거듭하며 노래하는 것이었다." 바르고 참된 선율이란 여러 가지 음이 조화를 이루게끔 하나로 통일되어 작곡된 것이라고 진심으로 생각하는 차분한 의식에게 이 음악가의 이야기는 "지혜로우면서도 어리석은 넋두리이고 노련함과 서투름이 뒤섞인 것, 올바른 관념과 그릇된 관념, 완전히 도착된 감각 또는 더없는 추악함과 몹시도 솔직하고 진실 어린 모습이 혼합된 것이다. 그런데 이 의식은 이 모든 선율에 말려들어, 전적으로 경멸하고 거부하고픈 기분에서부터 극도로 감탄하고 감동한 기분에 이르기까지 오르락내리락하며 감정의 온갖 단계를 거칠 수밖에 없다. 이 감탄과 감동에는 왠지 우스꽝스런 구석이 있어서 애초의 감탄과 감동은 사라져 버린다." 경멸하고 거부하는 감정을 일으키는 표현은 그의 솔직한 태도로 말미암아 화해를 빚고, 그의 마음을 흔드는 심오함으로 말미암아 모든 것을 압도할 힘을 갖추고 있으니, 이것이 그 자신에게 정신을 부여하는 셈이다.

이렇듯 혼란하기 그지없는 이야기를 진실과 선의가 담긴 단순한 의식의 이야기와 서로 비교한다면, 교양 있는 정신의 솔직하고도 자신감 넘치는 이

---

* 디드로 《라모의 조카》. 여기서부터 전개되는 자세한 이론은 《라모의 조카》를 마음속에 둔 것인데, 그와 더불어 '통 속의 디오게네스'와 같은 예도 시사하고 있다.

야기에 비해 후자는 아무래도 단조로울 수밖에 없다. 성실한 의식으로서는 교양의 정신이 모르거나 애기하지 않는 것에 대해서는 전혀 애기할 수가 없으니 말이다. 그러므로 단순한 의식이 단조로움을 극복하려면 결국 교양의 정신과 같은 발언을 해야 하는데, 이때 이 의식은 뭔가 색다른 애기를 하는 듯이 자부하는 어리석은 짓마저 저지르기도 한다. 추악하다느니 비천하다느니 하는 이 의식의 언어 자체도 이미 어리석음을 드러내고 있는데, 왜냐하면 교양 있는 정신은 애초에 자기를 가리켜 어리석다고 비난하는 투로 애기하고 있기 때문이다. 교양 있는 정신은 이 자기동일적인 의식의 단조로운 말이 추상적인 것에 지나지 않고 또 현실적으로도 그 의미가 전도되어 있다는 사실을 알고 있는 까닭에 스스로 이야기할 때 단조로운 말투를 모두 다 전도시켜 버린다. 그리고 이에 대항하여 정직한 의식은 자기동일성을 지니는 것으로 표현되는 선하고 고귀한 것을 끝까지 지키면서 그에게 남아 있는 유일한 방법으로 변호한다. 즉 이 의식은 그것이 비록 악한 것과 결부되거나 뒤섞이더라도 그의 가치가 상실되는 일은 없으리라 생각한다. 왜냐하면 오히려 그 악한 것이 선하고 고귀한 것의 조건이자 요건이며 바로 이 점에서 자연의 지혜로움이 드러나기 때문이라는 것이다. 만약 양자의 이야기가 이와 같다면 이 정직한 의식은 스스로 항의하고 있다고 자부할망정 그로써 정신이 이야기하는 내용을 진부한 방식으로 총괄해 버린 데 지나지 않는다. 이런 방식으로 그는 고귀하고 선한 것의 반대물이 고귀하고 선한 것의 조건이자 요건이라고 주장하고 있으므로, 고귀하거나 선하다고 일컬어지는 것이 그 본질상 자기 자신과 정반대되는 것이며 따라서 악한 것은 반대로 탁월한 것이 된다는 이야기와는 다른 이야기를 하고 있다고 스스로 생각할진 모르나 이는 참으로 생각 없는 짓이다.

　단순한 의식은 꾸며낸 사례나 실제 일화를 실례로 들어 탁월한 것에 대해 이야기하면서, 탁월한 것이 이름뿐인 공허한 존재가 아니라 실제로 있는 현실존재로서 정신이 결여된 무사상을 대신한다고 주장한다. 이 경우에는 실세계 전체가 전도된 사태를 빚고 있다는 보편적인 현실이 이에 맞서게 된다. 결국 그렇게 제시된 실례란 이 세상에선 순전히 고립된 개별적이고 하찮은 것에 지나지 않는다. 허구든 진실이든 간에 선하고 고귀한 것의 존재를 단지 개별적인 일화 정도로 다룬다는 것은 그 존재에 대한 가장 안 좋은 설명이리

라. 이제 마지막으로 단순한 의식은 이 도착된 세계 전체의 해체를 요구하지만, 개인에 대해서 이 세계를 멀리하도록 요구하지는 못한다. 통 속에 칩거하던 디오게네스조차도 이 세계의 제약을 받고 있었으니 그런 개인에게 그렇게 요구한다는 것은 참으로 사악한 일, 즉 개인사에 끼어드는 일이기 때문이다. 그런데 세계로부터 멀리 떨어져 있도록 요구하는 것이 모든 개인을 향한 보편적인 요구라고 한다면, 이는 이성이 스스로 다다른 정신적 교양으로 충만한 의식을 다시금 버리고서, 풍요롭게 펼쳐진 개인성의 요소들을 또다시 단순하기 그지없는 자연적인 심정 형태로 되돌리고 자연적인 무구함이라고도 할 야성적이고 좁디 좁은 동물적 의식으로 후퇴해야 한다는 것은 아니다. 교양 자체의 정신에게만 주어질 수 있는 이러한 해체 요구는 정신이 그런 혼란상태에서 탈피하여 정신으로서 자기에게 되돌아와 보다 고귀한 의식을 획득하도록 요구하는 것뿐이다.

그러나 사실상 정신은 자체적으로는 이미 이 요구를 실현하고 있다. 스스로 분열되어 있음을 의식하는 가운데 이 분열을 언어로 표현하는 의식은 존재와 세계 전체의 혼란함을 비웃고 나아가서는 자기 자신마저도 비웃지만, 동시에 이 혼란함 전체에서 울려오는 소리를 엿들을 수가 있다. 이렇듯 온갖 현실과 모든 고정관념의 허망함을 스스로 듣게 될 때 현실세계에는 이중의 반성이 생겨난다. 하나는 의식이 이 하나의 자기로서 행하는 반성이고, 다른 하나는 의식이 순수한 보편성 또는 사유 속에서 행하는 반성이다. 첫 번째 반성에서는 자기에게 다다른 정신이 현실세계를 직시하면서 바로 이 세계를 자기의 목적이나 직접적인 내용으로 삼지만, 두 번째 반성에서는 정신의 시선이 한편으로는 오직 자기를 향하여 현실세계를 부정하기도 하고 다른 한편으로는 현실을 떠나 천상(天上)을 향함으로써 이 세계의 피안을 대상으로 삼기도 한다.

자기에게 되돌아오는 첫 번째 반성에서 세상만사의 허망함은 곧 자기 자신의 허망함이다. 즉 자기는 허망한 존재인 것이다. 대자존재로서의 자기는 모든 것을 평가하여 이야기를 줄줄 늘어놓을 뿐만 아니라, 현실의 고정적인 실재(국가권력과 부)나 판단이 만들어 낸 고정된 규정(선악과 귀천)이 모순되어 있음을 정신적인 태도로 이야기할 줄 안다. 그리고 이 모순이야말로 그런 실재와 규정의 참된 모습이다. 형식면에서 보면 이 자기는 모든 것이 자기로부터 소외되어 있음을 안다. 다시 말해 대자존재는 자체존재에서 분리되고 사념이나 목적은 진리와 분리되며, 더 나아가 대타존재가 사념이나 목적에서 분리되고 겉으로 드러난 말이 마음속 생각이나 진정한 사태 및 의도에서 분리돼 있는 것이다. 이리하여 이 자기는 모든 요소가 다른 요소와 대립하고 일체의 것이 전도되어 있는 이치를 깨우치고 이를 정확하게 말로 표현한다. 자기는 어떤 것이 어떻게 규정되어 있든지 간에 그의 참모습을 더욱 깊이 이해한다. 그런데 자기는 실체적인 것에 대하여 거기에 깃들어 있는 불일치와 대항의 측면은 알고 있지만 통일의 측면은 모르고 있으므로, 실체적인 것을 더없이 잘 평가할 줄은 알아도 그 전체를 파악할 능력은 상실해 버린 상태이다. 이처럼 허망한 자기는 세상만사에서 벗어나 자기의 의식을 스스로 지니기 위해 세상만사의 허망함을 필요로 한다. 그렇기에 이 허망함은 이 허망함을 스스로 산출함과 동시에 이를 지탱해 주기도 한다. 사실 권력과 부는 자기가 노력해서 추구하는 최고의 목적이다. 자기는 단념과 희생을 통해 공동세계의 보편자로서 자기를 형성하고 보편자를 소유하기에 이르며 이때 보편적으로 인정받게 된다는 것을 알고 있다. 이리하여 국가권력과 부는 현실적으로 인정된 권력이 된다. 그러나 이렇게 자기가 인정된다는 것 자체가 허망한 것이다. 즉 권력과 부를 손안에 넣는다고 할 때 이 두 요소는 자기 본질을 지니지 않은 허망한 것이고, 오히려 이들을 지배하는 자기야말로 참다운 위력을 지닌 것으로 밝혀진다. 이처럼 권력과 부를 손에 넣었을 때 자기는 부와 권력에서 벗어나 있게 된다는 것이 재치 있는 자기의 언어로 표현되는데, 바로 이 언어야말로 자기의 최고 관심사인 세계 전체의 진리이다. 이렇게 발언하는 이 자기는 현실적인 규정이나 관념적인 규정 어느 쪽에도 귀속되지 않은 순수한 자기이며, 이것이 참으로 보편타당한 정신적인 자기가 된다. 이 자기는 온갖 관계의 분열을 스스로 일으키는 본성이며 의식적으로 자기분열을 조성하는 것이다. 이 자기는 반항하는 자기의식으로서만 스스로의 분열을 실감할 수 있지만 이를 알아차릴 때면 어느덧 분열을 초탈한 경지에 이르러 있다. 앞서 이야기한 공허함 속에서는 그 어떤 내용도 더 이상 긍정적으로 파악될 수는 없는 부정적인 것이 된다. 긍정적인 대상이라면 오직 순수한 자아만이 있을 뿐이다. 이때 분열된 의식은 그 자체로서는 자기로 되돌아온 자기의식의 순수한 자기동일성을 지닌 것이다.

(2) 신앙과 순수한 통찰

자기를 소외하는 정신은 교양세계 안에 존재하지만, 이 세계 전체가 소외된 세계인 까닭에 세계의 피안에는 순수한 의식 또는 사유의 대상인 비현실적인 세계가 존재하게 된다. 이 피안 세계의 내용은 순수히 관념적인 것으로서, 사유가 그의 절대적인 장(場)을 이룬다. 그러나 현재로선 사유는 이 세계의 장이므로 의식은 이 관념을 그저 지니고 있을 뿐, 그것이 바로 사상이라는 데에는 아직 생각이 미치지 못하며 이를 알지도 못한다. 이런 사상은 표상의 형식으로 의식되는 데 지나지 않는다. 왜냐하면 의식은 현실을 벗어난 순수한 의식이기는 하지만 전반적으로 그 자체는 아직 현실의 영역과 조건에 얽매여 있기 때문이다. 분열된 의식은 이제 겨우 자체적으로 순수의식의 자기동일성을 유지하고 있어서 방관자인 우리는 그 사실을 알지만 의식 스스로가 이를 자각하고 있지는 않다. 따라서 이 의식이 높은 경지에 올랐다 해도 아직은 직접적인 상태일 뿐이지 스스로 이를 완성한 것은 아니며, 여전히 자체 내에 대립적인 원리를 안고 이에 제약되어 있으므로 아직 매개의 운동을 통해 대립을 지배하는 데까지는 이르지 못하고 있다. 그러므로 이 의식에게는 그 사상의 본질이 단지 추상적인 자체의 틀을 갖춘 본질로서가 아니라 보편적인 의미에서 현실적인 것의 틀을 갖춘 본질로서 타당성을 인정받는 것이다. 이 현실이란 그저 다른 장의 위치로 고양되었을 뿐이므로 여기선 아직 사유되지 않은 현실이라는 규정이 사라지지 않은 상태이다.

이 의식은 스토아적인 의식의 본질인 자체와는 본질적으로 구별되어야 한다. 스토아적 의식에서는 현실에서 얻어진 자기와는 낯선 내용을 지닌 사상의 형식 그 자체가 자체로서 인식되었지만, 지금의 이 소외된 의식에서는 사상의 형식이 자체로 인식되지는 않는다. 또한 이 의식은 유덕한 의식 그 자체와도 본질적으로 구별된다. 유덕한 의식의 본질은 현실의 본질에 관계하면서 현실 그 자체의 본질을 나타내면서도 아직은 비현실적인 본질일 뿐이다. 그러나 현재의 이 의식이 인식하는 본질은 비록 현실의 피안에 있다 해도 역시 현실적인 본질로 여겨지는 것이다. 마찬가지로 법칙을 제정하는 이성이 내세우는 자체적으로 정의롭고 선한 것 또는 법칙을 음미하는 의식이 내세우는 보편자 역시 현실성을 띤 것으로 규정되지는 않는다. 따라서 교양세계의 내부에서 순수한 사유는 소외의 일면을 이루면서 추상적인 선악의 판단기준으로서 등장했다. 이 경우 순수사유는 교양세계 전체의 운동에 가세하여 그 현실의 요소만큼 풍요로워진다. 그러나 본질의 이러한 현실성은 동시에 순수한 의식이 지니는 현실성일 뿐, 현실적인 의식이 지니는 현실성은 아니다. 비록 이 의식은 사유의 경지로 고양되긴 했지만 현실을 인식한다 해도 아직은 사상으로서 의식하지는 않는다. 이때 현실은 오히려 의식 자신이 속해 있는 현실의 피안에 있는 것으로 여겨진다. 왜냐하면 본질의 현실성은 자신의 현실에서 도피하는 데서 성립되는 것이기 때문이다.

그런데 여기서는 종교가—물론 지금 문제가 되는 것은 종교임에 틀림없다—교양세계의 신앙으로서 등장하고 있지만 이 종교도 아직은 즉자대자적인 완전한 모습으로 존재하는 종교는 아니다. 앞에서도 종교는 다른 규정 아래 나타난 바 있는데, 예컨대 그것은 실체를 상실한 의식의 운동형태인 '불행한 의식'으로 나타났다. 또 인륜적 실체의 세계에도 지하의 세계에 대한 신앙으로서 종교가 나타났다. 그러나 죽어 버린 정신을 의식한다는 것은 본디 신앙이 아니다. 즉 그 실재는 순수의식의 경지에서 현실의 피안에 성립된 것은 아니다. 이 정신은 그 자체로 직접 현존하고 있으며 가족을 터전으로 삼는다. 그러나 지금 여기에 등장하는 종교는 실체에서 생겨나 실체를 순수하게 의식하고는 있으나 다른 한편으로 이 순수의식은 현실의식과는 소원한 것으로서 그의 본체도 현실세계에서 소외되어 있다. 따라서 이 종교는 더 이상 실체 없는 의식의 운동은 아니면서도 여전히 눈앞에 있는 이 현실과 대립할 뿐더러 더욱이 자기의식의 현실과 대립해 있다. 그러므로 여기에 등장하는 종교는 본질적으로 신앙에 지나지 않는다.

절대신을 받드는 이 순수한 의식은 소외된 의식이다. 그러면 이 의식에 대해서 존재하는 타자가 어떤 성질로 규정되어 있는지 구체적으로 살펴볼 필요가 있겠다. 그 의식은 이 타자와의 관계를 통해서만 고찰되어야 할 것이다. 일단 순수한 의식은 현실세계와 대립하고 있다고만 여겨진다. 그러나 순수의식은 현실에서 도피한 것으로서 대립 상태에 놓인 것이니 이 현실을 스스로 내포하고 있다. 따라서 순수의식은 본질적으로 그 스스로 소외를 일으킨다고 할 수 있으며, 신앙은 다만 그 소외의 한 측면을 이루는 것이 된다. 동시에 방관자인 우리 눈앞에는 소외의 또 다른 일면도 이미 생겨나 있다. 순수한 의식은 교양세계에서 자기에게로 되돌아온 것이므로 이 세계의 실체나 이 실체의 각 부분을 형성하는 여러 집단도 그 자체의 모습인 정신적 본질로서, 즉 그대로 곧장 폐기되어 그의 반대물로 바뀌는 순전히 불안정한 운동 및 규정으로서 나타난 것이다. 여기서 세계의 본질을 이루는 단순한 의식은 절대적 구별이 그대로 구별이 없는 것으로 나타나는 그런 단순함을 나타낸다. 따라서 이 의식은 순수한 자기 위주의 대자존재이긴 하지만 특정한 개인으로서 존재하는 것이 아니라 스스로 보편적인 자기로서 존재하면서, 쉼 없는 운동을 되풀이하며 안정된 사태의 본질을 공격하여 그 속으로 침투하려고 한다. 그러므로 이 의식 속에는 자기 자신이 곧 진리임을 굳게 믿는 확신이 자리하고 있으며 이 순수사유가 절대개념으로서 부정의 힘을 발휘하면서 현존한다. 이 힘은 의식과 대립하는 대상적인 실재를 말살하여 이를 의식에 의해 마련된 존재로 만들어 버린다. 이 순수한 의식은 부정적인 것이면서 동시에 그의 구별이 실은 아무런 구별도 아닌 까닭에 단순한 존재이기도 하다. 이처럼 단순한 자기복귀라는 형식을 지닌 존재로서 이 의식은 신앙의 장을 이루고 있는데, 여기서 정신은 독자적 자기의식과 대립하는 자체적 존재로서의 긍정적 보편성(신)으로 규정된다. 자기를 해체하기만 하는 본질 없는 세계에서 자기에게로 떠밀려 돌아간 정신은 이제 그 현상의 절대적인 부정의 운동으로 나타나면서도 또한 자족적인 부정의 본질이자 부정의 긍정적 안정 상태로 나타나기도 해서, 양자의 불가분의 통일 속에 그 참모습을 드러내 놓는다. 그러나 소외 상태에 얽매어 있는 위의 두 요소는 이중의 의식으로 분열된다. 먼저 절대적인 부정의 의식은 자기의식 속으로 통합되는 정신적 과정을 나타내는 '순수한 통찰'인데, 이 과정은 긍정적인 것의 의식이나 대상적인 표상의 형식을 자기와 대립하게 만들고 스스로 이와 맞서는 것이다. 그런데 이 통찰 자체의 대상은 바로 순수한 자아이다. 이에 반하여 안정된 자기동일성을 유지하는 긍정적인 단순한 의식은 신으로서의 내적 본질을 대상으로 삼고 있다. 결국 순수한 통찰은 부정적인 대자존재이므로 현재 자기 스스로는 아무런 내용도 갖추지 못하고, 이와 달리 신앙은 통찰 없는 내용을 지닌다. 통찰은 자기의식에서 벗어나지 않는데 신앙 역시 순수한 자기의식을 바탕으로 내용을 지니고는 있으나, 이는 사유를 통한 것이지 개념파악을 통한 것은 아니며 순수한 의식에서의 일이지 순수한 자기의식에서의 일은 아니다. 따라서 신앙은 본질적인 신, 즉 단순한 내면 존재에 대한 순수의식이자 사유임에 틀림없다. 흔히 간과되고 있는 이 점이 바로 신앙의 본성을 나타내는 중요한 요소인 것이다. 신앙 속에 신(본질)이 직접 나타난다는 것은 곧 신앙의 대상이 순수한 사상으로서의 신이라는 것을 의미한다. 그러나 사유가 의식 속에 파고들거나 순수한 의식이 자기의식 속에 파고드는 한, 신이 직접 모습을 드러내는 사태라는 것은 신이 자기의식의 피안에 있는 대상적인 존재로 바뀐다는 의미를 띤다. 이렇듯 순수한 사유의 직접적인 나타남과 단순한 모습이 의식 속에서 지니는 의미로 인해, 신앙의 대상인 신은 사유의 영역에서 표상의 영역으로 전락하여 본질적으로는 자기의식의 타자라고 할 만한 초감각적인 존재가 되고 만다. 이에 반하여 순수한 통찰에서는 순수사유로부터 의식으로의 이행이 신앙과는 정반대로 규정된다. 여기서 대상이 된다는 것은 단지 부정되고 스스로 폐기되어 자기로 되돌아가는 내용이라는 의미를 지닐 뿐이다. 다시 말하면 오직 자기만이 본디의 대상이고 대상은 오직 자기라는 형식을 지니는 한에서만 진리성을 지닌다.

신앙과 순수한 통찰은 다 같이 순수한 의식의 장에서 성립된다는 공통점을 지닌다. 이와 마찬가지로 이들은 모두가 현실의 교양세계에서 자기에게로 되돌아온 것이다. 그리하여 신앙과 순수한 통찰에서는 세 가지 측면이 드러난다. 첫째는 이들이 둘 다 온갖 관계에서 벗어난 채 그 자체로 독자적으로 존재하는 측면이고, 둘째는 순수한 의식과 대립되는 현실세계에 관계하는 측면, 셋째는 양자가 순수의식의 내부에서 서로 관계하는 측면이다.

신앙의 의식 속에 그 자체로 독자적으로 있는 절대존재의 측면은 앞에서 이미 그 내용과 성질이 명시된 절대적인 대상이다. 왜냐하면 신앙의 개념상 이 절대적인 대상은 곧 순수의식을 통하여 보편적인 원리로 고양된 실재적 세계이기 때문이다. 따라서 이 세계의 부분들의 구성이 신앙의 내용 및 성질의 구성을 이룬다. 다만 이렇게 구성된 각 부분은 정신화되었을 때 자기소외를 일으키지 않는 즉자대자적 절대존재인 본질이며, 자기에게 되돌아온 안정된 정신이다. 그리하여 이런 정신이 하나의 위격(位格)에서 또 다른 위격으로 이행하는 움직임이 그 위격들의 구별을 드러내는 규정된 모습의 소외운동으로 나타나서 필연적인 계열을 이루는 것은 단지 방관자인 우리에게만 일어나는 일일 뿐, 신앙인에게 위격의 차이는 고정적인 것이어서 위격의 운동은 실제로 발생하는 사건과 다름없다.

이러한 부분들의 명칭을 외적 규정에 따라 간단히 살펴볼 경우 교양의 세계에서는 국가권력이나 선이 으뜸가는 것이었다면 신앙의 세계에서는 절대적 실재인 단일한 영원의 실체, 즉 즉자대자적인 절대신이라는 완전한 정신(성부)이 으뜸가는 존재이다. 그러나 이 실체는 정신적 존재라는 자기개념을 실제로 드러낼 때 '대자존재'로 이행하여 자기동일적인 천상의 세계를 벗어나 현세에 출현해서 자기를 희생하는 절대자(성자), 곧 예수 그리스도가 된다. 이렇게 해서 신은 자기가 되지만 이 자기는 끊임없이 변화하는 덧없는 자기이다. 그리하여 셋째로 이 소외된 자기이며 모욕당한 신은 최초의 단일한 존재(성령)로 돌아오며, 이때 비로소 신은 정신으로 표상되기에 이른다.

이처럼 구별되는 세 존재는 현실세계를 전전하고 난 다음 사유를 통해서 자기에게 돌아와 안정된 영원의 정신성을 갖추게 된다. 이 세 존재가 존재하는 것은 곧 그들의 통일을 사유한다는 뜻이다. 이 세 존재는 모두가 이처럼 자기의식에서 떨어져 있는 상태에서 자기의식 속으로 파고 들어온다. 이때 만약 존재가 첫 번째 단일한 실체인 성부의 모습을 하고 미동도 하지 않는다면 자기의식과는 어디까지나 소원한 상태에 있을 뿐이다. 그러나 이 실체가 외화하여 성자로 변신하고 난 뒤에 그 정신은 스스로 현실성을 지니게 되어 이제는 신앙인의 자기의식과 연계되고, 이로써 신앙인의 의식과 현실세계와의 연계도 생겨난다.

이 두 번째 관계에 따라서 신앙인의 의식은 한편으로 자기의 현실인 교양세계에 현실적으로 존재하면서 이미 보았던 대로 교양을 갖춘 정신과 생활을 이루게 되지만, 다른 한편으로 이런 자기의 현실을 허망한 것으로 보고 이에 맞서서 그것을 극복하려는 운동도 전개한다. 그런데 이 운동은 신앙인의 의식이 현실의 도착에 대하여 재치 있는 의식으로 대처한다는 것은 아니다. 왜냐하면 신앙인의 단순한 의식은 재치 넘치는 의식 또한 현실세계를 목적으로 하고 있다는 점에서 허망한 것일 뿐이라고 여기기 때문이다. 신앙인이 생각하는 평온한 세계는 정신이 결여된 현실의 삶과 대립하고 있으므로, 이 현실의 삶은 역시 외면적인 방식으로 극복되게 마련이다. 결국 신에게 봉사하고 그를 찬미하는 순종적인 신앙인의 자세는 감각적인 지나 행위를 폐기하여 그 자신과 절대존재와의 의식적인 통일을 일구어 내기는 하지만, 이는 직관에 의한 현실적인 통일은 아니다. 오히려 신에 대한 봉사는 현세에서 목표하는 바를 완전히 실현하지 못한 채 불완전한 결과물만 만들어 나갈 뿐이다. 물론 신앙인의 보편적 자기의식인 교단은 목표를 이루지만 개개의 자기의식에서 순수한 사유의 왕국인 신의 나라는 언제까지나 현실의 피안에 머물러 있을 수밖에 없다. 다시 말하면 영원한 신이 육화함으로써 신의 나라가 현실로 도래했으니 거기서 얻어지는 현실은 개념파악이 되지 않은 감각적인 현실에 지나지 않는다. 그런데 이렇게 주어진 감각적인 현실의 요소들은 서로 무관하게 흩어져 있을 뿐이며 더 나아가 피안은 공간적으로나 시간적으로나 멀리 떨어져 있는 존재로 규정되는 데 그친다. 그리고 정신이 자기 자신을 현실 속에 생생히 드러내 준다는 신성한 개념은 신앙인의 의식 내면에 깃들어 있어서 만물을 충만하고 생동하게 하지만, 그것이 표면에 나타나지는 않는다.

그러나 순수한 통찰에서는 개념만이 현실적인 것이다. 이제 순수한 통찰의 대상이 된다는 신앙의 이 세 번째 측면이 신앙의 본모습을 띤 것으로 등장하기에 이른다. 그리고 여기서 순수한 통찰은 역시 그 자체로 독립적으로 있는 그대로의 측면과 그 다음 현실세계와의 관계 속에서 허망한 의식으로 현존하는 측면, 그리고 끝으로 지금 말했듯이 신앙과 관계되는 측면에서 고찰되어야만 하겠다.

순수한 통찰이 그 자체로 어떠한 것인가는 이미 보아 온 대로이다. 신앙이 정신을 신으로 받아들이는 평온하고 순수한 의식인 데 반하여 순수한 통찰은 정신의 자기의식이다. 결국 순수한 통찰은 세계의 본질을 신으로서가 아니라 절대적인 자기로 인식하는 것이다. 따라서 순수한 통찰은 그것이 현실존재이건 자체존재이건 간에 자기의식과 별도로 존재하는 자립적인 모든 것을 폐기하여 개념으로 바꾸어 나간다. 순수한 통찰은 자기를 의식하는 이성이 곧 모든 것의 진리임을 확신할 뿐만 아니라 자신이 그런 것임을 알고 있기도 하다.

그런데 순수한 통찰의 개념은 이제 막 등장했을 뿐 아직 실현된 것은 아니다. 그러므로 그의 의식은 아직 개인이 우연히 지니는 의식으로 나타나 있을 뿐, 그의 본질은 새삼 이루어야 할 목적으로 남아 있다. 이 의식은 먼저 순수통찰이라는 그 의도를 보편화해야 한다. 즉 현실적인 것 일체를 개념화하여 그 개념을 모든 의식 속에 존재하는 하나의 개념으로 만들어야 한다. 이러한 의도는 순수한 통찰을 내용으로 하는 이상 순수하다. 또한 그 내용이 대상과 대립하지도 않고 스스로 무언가에 제약받지도 않는 절대적 개념인 이상 이 통찰 또한 순수하다. 개념이 그 무엇에도 제약받지 않는다는 것은 그대로 두 가지 면에서 얘기될 수 있다. 하나는 모든 대상적인 것이 자기의식을 지닌 대자존재라는 의미를 지닌다는 것이고, 다른 하나는 이 자기의식이 보편적인 자기의식이라는 점에서 순수한 통찰은 모든 자기의식의 소유물이라는 것이다. 이 의도의 두 번째 측면은 교양세계에서 얻어진 결과인데, 이는 대상적인 정신의 온갖 차이나 정신세계의 여러 부분 또는 판단규정과 마찬가지로, 근원적인 천성을 지닌 자연으로서 나타나는 온갖 차이 역시 거기서 하찮은 것으로 몰락해 있는 한에서 그러하다. 흔히 천부적인 자질이나 재능이나 특수한 능력이라 불리는 것은 현실세계가 정신적인 동물의 나라라는 측면을 아직 스스로 간직하고 있는 한 현실세계에서 의미를 지니는데, 이때 정신적인 동물의 나라라는 것은 사람들이 현실적 세계의 본질을 둘러싸고 권력을 차지하려고 서로 싸우고 속이면서 혼란을 빚는 세상을 뜻한다. 물론 그런 능력상의 차이는 교양세계에서 존경할 만한 것으로서 자리를 차지하고 있지는 않다. 개인은 그런 비현실적인 '사태 자체'에 만족할 리도 없으려니와 또한 이 세계가 특수한 내용이나 고유의 목적을 지니고 있는 것도 아니다. 오히려 이 세계는 교양을 익힌 보편타당한 존재가 되었을 때 비로소 인정을 받으며, 이 경우 개인들 사이에 나타나는 갖가지 차이는 힘의 크고 작음과 같은 비본질적인 크기의 차이로 환원된다. 그러나 마지막까지 남아 있는 이 차이도 의식의 완전한 분열 속에서 절대적인 질적 차이로 전환되는 가운데 해소되어 버린다. 이 경우에는 자아와 대립하는 타자가 바로 자아 그 자체인 것이다. 타자가 곧 자아라는 이 무한판단에서는 근원적으로 타고난 독자적 대자존재의 일면성이나 고유성은 모조리 없어지고 자기는 순수한 자기를 자기의 대상으로 하고 있음을 자각하고 있다. 결국 자기와 대상 사이에 이처럼 절대적 동일성이 마련되는 장에서 순수한 통찰은 성립되는 것이다. 따라서 순수한 통찰이란 내부적인 구별이 전혀 없는 단순한 실재이며 공동의 작업으로서 모든 사람이 공유하는 것이다. 이 단순한 정신적 실체 속에서 자기의식은 모든 대상에 걸쳐서 자기가 바로 이 개별자의 위치에서 개별자로서 행위를 한다는 의식을 획득하고 또 유지한다. 또한 반대로 이런 자기의식을 지닌 개인은 자기동일성을 유지하면서 모든 사람과 상통하는 보편적 존재이기도 하다. 이 순수한 통찰은 모든 의식에게 호소하는 정신으로서 이렇게 부르짖는다. "그대들 모두 자각적으로, 본디 있는 모습 그대로 대자적인 '이성적 존재'가 되어라."

2) 계몽사상

순수한 통찰이 개념의 힘을 기울이는 독자적인 대상은 순수한 통찰과 같은 장에 위치하면서 그와 대립하는 순수의식의 형식인 신앙이다. 그러나 순수한 통찰은 신앙과 마찬가지로 현실세계에서 출발해 순수한 의식으로 돌아온 것이므로 역시 현실세계와도 관계를 맺는다. 그럼 먼저 현실세계의 불순한 의도나 전도된 통찰에 순수한 통찰이 어떻게 적응하는가를 살펴봐야겠다.

앞에서 언급했듯이 자기 내부에서 해소되고 재생되기를 되풀이하는 현실의 소용돌이에 맞서 대항하는 평온한 의식이라는 것이 있는데, 이것이 순수한 통찰과 의도의 측면을 이룬다. 그러나 이미 보았듯이 이 평온한 의식은 교양세계에 대해 특별한 견해를 지니지는 않는다. 오히려 교양세계 자체가 자신에 관하여 더없는 비통함을 느끼며 가장 참된 통찰을 하고 있으니, 여기서 움트는 감정은 견고한 것이 모두 다 허물어지고 이 세상 존재의 모든 요소가 갈기갈기 찢기고 마디마디 산산조각이 나 버린 듯한 감정이다. 또한 교양세계는 이러한 감정을 언어로 표현해서 자기가 처해 있는 상황의 온갖 측면에 대하여 기지 넘치는 비평을 한다. 따라서 순수한 통찰은 교양세계에서는 독지적인 활동이나 내용을 갖는 일은 없으며 다만 이 세계와 그 언어를 기지 넘치는 통찰로서 형식적으로 충실하게 파악하는 데 그친다. 이 언어는 지리멸렬하고 그 비평은 곧바로 사라져 버릴 순간의 넋두리에 그침으로써 상황 전체는 제3자에게 의식될 뿐인데, 이 전체가 그 지리멸렬한 순간적인 모습들을 보편적인 상(像)으로 통합해서 모든 사람의 통찰이 되도록 할 때 순수한 통찰이 성립되어 다른 것들로부터 구별되기에 이른다.

순수한 통찰은 이처럼 단순한 방법으로 교양세계의 혼란을 해소해 간다. 왜냐하면 이미 보았듯이 현실의 본질을 이루는 것은 국가권력과 부라는 특수한 집단이나 선악 같은 특정한 개념 또는 개인이 아니라, 오직 판단하고 비평하는 정신 속에만 현실의 실체와 이를 지탱하는 힘이 깃들어 있으며 또한 이렇듯 이치를 따지고 비평을 할 만한 내용을 마련하고자 하는 관심만이 곧 전체와 개개의 집단을 유지하는 힘이 되기 때문이다. 통찰이 깃든 이 언어를 발하는 자기의식은 여전히 스스로 고립된 특정한 개인이지만 얘기되는 내용의 공허함은 동시에 이 공허함을 의식하는 자기의 공허함이기도 하다. 그런데 기지 넘치는 방식으로 공허한 이야기를 늘어놓는 모든 것을 파악하는 평온한 의식이 가장 적절한 방법으로 사태를 파악해서 이를 하나로 종합한다면, 여전히 전체를 지탱하는 중심인 기지 넘치는 비평정신의 공허함은 몰락하여 존재의 그 밖의 공허함에 휩쓸리고 만다. 이처럼 파악한 것을 종합할 경우 많은 사람들에게는 그들 자신이 떠올린 기지보다 더 훌륭한 기지가 제시되고, 또 모든 사람에게는 적어도 한층 다양한 기지가 제시된다. 그러므로 많은 지식이 동원된 비평은 보편적인 것이며 또 누구에게나 알려진 것이기도 하다. 이리하여 교양세계에 남아 있던 유일한 관심이 제거되면서 개인의 통찰은 모든 사람의 통찰이 된다.

그러나 현실의 공허한 지를 초월하는 것으로서 신의 지가 아직 굳건히 자리잡고 있으므로, 순수한 통찰은 신앙에 대항할 때 비로소 본디의 힘을 발휘한다.

(1) 계몽과 미신의 싸움

의식이 취하는 부정적인 태도로는 회의주의나 이론적 관념론, 실천적 관념론 등 다양한 형태가 있지만, 이들은 순수한 통찰과 그것의 보급을 뜻하는 계몽보다는 모두 하위에 속한다. 왜냐하면 순수한 통찰은 인륜적 실체의 한 복판에서 움튼 것으로서, 의식의 순수한 자기야말로 절대적 존재라는 인식 아래 모든 현실을 아우르는 절대신의 순수의식과 맞먹으려 하기 때문이다. 신앙과 통찰은 다 같이 순수한 의식이면서도 형식상 서로 대립한다. 신앙의 본질을 이루는 신은 하나의 사상일 뿐 개념에까지는 다다르지 않았으므로 자기의식과 단적으로 대립한다. 그런데 이에 반하여 순수한 통찰의 본질을 이루는 것은 자기이다. 그러므로 양자는 서로가 다른 쪽을 단적으로 부정하는 관계에 놓인다. 이렇듯 양자가 대립하여 등장할 경우 내용은 모두 신앙에게 주어진다. 왜냐하면 평온한 사유의 경지인 신앙에서는 온갖 요소가 존립하게 되기 때문이다. 그런데 순수한 통찰은 처음에는 아무런 내용 없이 오히려 내용을 소멸시켜 버리는 순수한 경지로서 나타난다. 그런데 자기를 부정하는 신앙에 대해 부정의 운동을 펴 나감으로써 마침내 순수한 통찰은 스스로 실현되어 내용을 획득한다.

　순수한 통찰은 신앙이 자신과, 즉 이성 또는 진리와 대립하는 것임을 알고 있다. 순수한 통찰에게는 신앙이란 보통 미신과 편견과 오류로 구성된 것이며 더 나아가 이 내용의 의식은 오류의 왕국에 휘말려 들어가 있는 상태이다. 여기서 잘못된 통찰은 한편으로는 일반 대중의 의식으로서 직접적이고 순진하며 자기반성을 하지 않는 것이 되지만, 다른 한편으로는 그런 순진한 태도와는 거리가 먼 자기반성과 자기의식의 요소를 지니고 있는 자기 나름의 편협한 통찰이자 대중을 속이려는 악한 의도가 되기도 한다. 이때 대중은 성직자계급의 농간에 말려든 희생자라 하겠는데, 성직자들은 자기들만이 세계를 통찰하고 있다는 이기적인 허영심에 젖은 채 여러 방면으로 사리사욕을 채우며 전제군주와 한통속이 되기도 한다. 이 전제군주는 현실세계와 이상의 왕국을 개념 없는 형태로 종합하고 통일하는데, 이 통일자는 그야말로 모순 덩어리이다. 전제군주는 대중의 그릇된 통찰과 성직자의 사악한 의도 위에 서서 이 모두를 자기 품속에 끌어안고는 기만적인 성직자들의 농간을 앞세워 대중의 우매함과 혼란을 이용하면서 성직자와 대중 모두를 경멸하는 가운데 안정된 지배를 꾀하고 자기의 탐욕이나 자의를 마음껏 충족시켜 이익을 얻는다. 그러나 동시에 이러한 전제군주의 통찰이란 성직자나 대중과 마찬가지로 우매한 미신이자 오류 덩어리이다.

　이렇듯 대중, 성직자, 전제군주라는 세 측면에 걸친 적에 대해서 계몽은 똑같은 방식으로 대항하지는 않는다. 계몽의 본질은 절대적 보편성을 지닌 순수한 통찰에 있으므로 서로 대치하고 있는 자신과 신앙과의 참다운 관계는 모두의 공통성과 동일성을 지향하는 것이어야만 한다. 따라서 일반 대중의 순박한 의식과 분리되어 있는 개별자도 계몽의 적이기는 하지만 계몽의 직접적인 상대일 수는 없다. 그러므로 기만적인 성직자계급이나 억압적인 전제군주의 의지가 계몽활동의 대상이 되지는 않는다. 오히려 의지가 결여돼서 개별적인 대자존재가 되지도 못하고 있는 통찰, 즉 대중 사이에 존재하면서도 아직 개념의 형태로 대중 속에 현존하는 데는 이르지 못한 이성적인 자기의식의 개념이야말로 계몽활동의 대상이 된다. 순수한 통찰은 대중의 성실한 견해와 순진한 본질을 편견이나 오류에서 구해 냄으로써 사악한 의도로부터 힘을 빼앗고 그 존립 기반을 무너뜨려 버리려고 한다. 이유인즉 이 사악한 의도의 왕국은 일반 대중의 개념 없는 의식에 기반을 둔 채 그 의식을 갉아먹고 있으며, 성직자나 전제군주 같은 독자적 대자존재는 본디 단순하고 소박한 의식에 근거하여 존립하기 때문이다.

그런데 순수한 통찰과 절대신을 섬기는 소박한 의식 사이의 관계에는 이중적인 면이 있다. 한편으로 순수한 통찰은 절대신에 대한 소박한 의식과 자체적으로는 동일하지만, 다른 한편으로는 그 단순한 사상의 장에서 절대신이나 그 분신(分身)의 존재를 인정하여 그들의 존립 기반을 마련하는 소박한 의식은 신이나 그 분신을 단지 자기 그 자체로서 대상적으로 타당성을 지니게끔 설정하므로 의식의 독자성은 이 자체 속에 빨려 들어가서 부정되고 만다. 전자의 경우 신앙은 순수한 통찰의 관점에서 볼 때 그 자체로는 순수한 자기의식으로서 단지 이를 자각하기만 하면 된다. 이 점에서 순수한 통찰은 신앙의 이 개념 속에 그릇된 통찰 대신 그 자신이 실현될 장을 마련해 두고 있는 셈이다.

순수한 통찰과 소박한 의식의 신앙은 본질적으로 동일한 것이고 양자의 관계도 동일한 장에 의해 동일한 장에서 생겨난다는 이 측면에서 본다면, 순수한 통찰의 전달은 직접적인 전달이며 통찰을 주고받는 것은 상호간의 막힘없는 교류 형태로 나타난다. 더 나아가 의식 속에 그 어떤 말뚝이 박힌다 하더라도 의식이란 자체적으로는 단일한 것이므로 그 안에서는 모든 것이 해체되고 망각되며 자유로워진다. 그래서 의식은 개념을 온전히 받아들일 수 있는 것이다. 따라서 순수한 통찰의 전달은 아무런 저항이 없는 대기(大氣) 속으로 안개가 고요히 퍼져 나가는 정경에 비길 만하다. 이는 마치 전염병이 침입해서 퍼지는 것과도 같아서, 그것이 자기와 무관한 장에 몰래 숨어 들어가더라도 그 장의 의식은 이제껏 그것이 자기에게 유해한 대립물임을 의식한 적이 없으므로 막지도 못하는 것이다. 전염병에는 신경도 안 쓰고 있던 의식은 그것이 퍼지고 나서야 비로소 사태를 깨닫는다. 왜냐하면 이때 의식이 받아들인 것은 물론 그 자체로서나 의식에 대해서나 똑같이 단순한 것이긴 하지만 동시에 이 단순함 속에는 자기에게 돌아온 부정성이 깃들어 있기 때문이다. 이것은 이윽고 부정의 본성에 따라서 자기와 반대되는 대립물로도 전개되어 가므로 의식은 이전에 그가 처해 있던 상태를 돌이켜 보게 된다. 이 단순한 것은 단순한 지로 나타난 개념인데, 이러한 지는 자기 자신과 더불어 자기의 대립물을 알고 있으며, 그것도 자기의 내부에서 폐기된 대립물로서 알고 있다. 이리하여 순수한 통찰이 의식의 대상이 될 때에는, 통찰은 이미 널리 퍼진 상태이므로 순수한 통찰과의 싸움이란 전염된 사실을 뒤늦게 밝혀내는 것이나 마찬가지이다. 싸우기에는 이미 때가 늦었다. 어떤 수단을 쓰더라도 병은 악화될 뿐이다. 병은 정신적 생명의 뼛속까지 침범하여 의식의 핵심을 이루는 순수한 본질 자체에마저 파고 들어와 버렸으니, 의식에겐 더 이상 이 병을 이겨 낼 힘이라곤 남아 있지 않다. 병은 의식의 본질 자체를 잠식해 버린 것이다. 그러므로 의식은 산발적으로 나타나는 증상을 억제한다거나 표면적인 징후를 가라앉힐 수는 있겠지만 이는 오히려 순수통찰이라는 병에 유리한 상황을 마련해 줄 뿐이다. 왜냐하면 순수통찰은 괜히 힘을 낭비하는 일도 없고 자기의 본질에 어울리지 않는 태도를 취하는 일도 없기 때문이다. 즉 통찰은 신앙의 내용이나 신앙의 외부적인 현실과의 관계에 대해서, 마치 병의 징후로서 신체 곳곳에 나는 발진(發疹)과도 같이 산발적으로 공격을 가하지는 않는다는 것이다. 그러기보다는 오히려 눈에 띄지도 감지되지도 않는 정신과 같이 온 곳에 스며드는 순수통찰은 우상(偶像)의 급소를 구석구석까지 전부 공략해서 우상이 눈치채기 전에 그의 오장 육부와 팔다리를 철저히 점령해 버린다. 그리하여 "어느 맑은 날 아침, 순수통찰이 그의 동료를 팔꿈치로 툭 치자 우상은 우당탕 소리를 내며 바닥에 쓰러져 나뒹군다."* 이때 맑은 날 아침이라 한 것은 한낮에는 이미 전염병이 정신적 생명의 모든 기관을 잠식해서 거기에 더 이상 피가 흐르지 않기 때문이다. 그때는 추억만이 이미 죽어 버린 정신의 지난날의 형태를 사라진 역사로서 기억 속에 간직할 뿐이다. 이런 식으로 지혜의 뱀은 쭈글쭈글해진 허물을 아무 고통도 없이 벗어던지고는 새로운 숭배의 대상으로 떠오르게 된다.

---

* 디드로 《라모의 조카》 참조. "자연의 왕국은 평온한 가운데 삼위일체의 왕국을 확립한다. 이 삼위일체 앞에서는 지옥의 문도 모든 힘을 잃는다. 참된 것은 성부이며 성부가 선(善)을 낳는다. 이 선이 곧 성자이며 그로부터 미(美)가 탄생한다. 미는 바로 성령이다. 이 이국의 신이 제단 위에 모셔진 이 나라의 우상 옆에 자리를 잡는다. 이 신이 점점 설쳐대더니 어느 맑은 날 아침, 그의 동료를 팔꿈치로 툭 치자 우상은 우당탕 소리를 내며 바닥에 쓰러져 니뒹군다."

그러나 정신이 이처럼 신앙 실체의 단순한 내면으로 파고 들어가서 자신의 활동을 숨긴 채로 소리 없이 베를 계속 짠다는 것은 순수한 통찰을 실현하는 한 측면에 지나지 않는다. 순수한 통찰의 보급은 서로 동일한 것이 끼리끼리 합쳐진다는 데만 그치는 것이 아니며, 이를 실현한다는 것은 대립 없는 확대로만 그치는 것이 아니다. 부정적인 정신의 행위는 본질적으로 자기 안에서 자기를 구별하는 발전적인 운동으로서, 이 운동은 의식적인 행위이므로 그 운동의 여러 요소를 명시적인 특정한 존재의 모습으로 나타내서 그의 대립자와 요란하고도 폭력적인 싸움을 벌이게 된다.

　그러므로 이제 순수한 통찰과 의도가 직접 자기와 대치하고 있는 타자에게 어떤 부정적 태도를 취하는지 살펴봐야만 하겠다. 그런데 순수한 통찰이나 의도는 그의 개념이 곧 온갖 실재이며 그 밖에는 다른 어떤 것도 있을 수 없으므로 그의 부정도 바로 자기 자신의 부정이 될 수밖에 없다. 그렇다면 이는 통찰로서는 순수통찰을 부정하는 것이 되어 끝내 비(非)진리와 비이성에 다다르게 되고, 의도로서는 순수한 의도를 부정하는 것이 되어 기만적이고 불순한 목적에 다다르게 된다.

　순수한 통찰이 이러한 모순에 빠지는 것은 자신이 싸움에 휘말려서 자기와는 별개인 어떤 타자와 싸움을 벌이는 것으로 짐작하기 때문이다. 순수한 통찰은 절대적 부정성을 본질로 하는 이상 부정되어야 할 타자를 자기 곁에 거느릴 수밖에 없는 까닭에 그런 짐작을 하는 것이다. 그런데 절대 개념이란 범주이므로 거기서는 지와 지의 대상이 동일할 수밖에 없다. 따라서 순수한 통찰이 자기와는 별개인 타자라고 하면서 오류나 기만이라고 언명하는 것은 자기 이외의 다른 것일 수가 없고, 결국 순수한 통찰은 있는 그대로의 자기 자신만을 규탄할 뿐이다. 이성적이지 않은 것은 진리일 수 없으며 개념파악이 되지 않은 것은 존재하지 않는다. 그러므로 이성이 자기 이외의 타자에 관하여 이야기할 때는 사실 자기 자신에 관해 이야기하고 있을 뿐이다. 이때 이성은 자기 밖으로 벗어나지 않는 것이다. 대립물과의 이러한 싸움은 바로 통찰의 자기실현이라는 의미를 담고 있다. 요컨대 자기실현이란 온갖 요소를 전개하고 나서 이를 다시 자기 내부로 가져오는 운동이다. 이런 운동 가운데 하나로 구별이 생겨나는데, 이 구별은 개념적인 통찰이 자기 자신을 대상으로 삼아 자기와 대립하면서 생겨난다. 통찰은 이 단계에 머물러 있는 한 스스로 소외되어 있다. 순수한 통찰이란 본디 아무런 내용이 없는 것이므로 이 통찰의 자기실현 운동이란 곧 통찰 자체를 내용으로 하는 운동이다. 왜냐하면 통찰은 범주의 자기의식이므로 그 밖에 어떤 것도 여기서는 내용이 될 수 없기 때문이다. 그러나 통찰은 애초에는 대립물의 내용을 다만 내용으로 알고 있을 뿐, 그것이 곧 자기 자신임을 알지 못하므로 그 내용 속에서 자기를 상실하고 있다. 따라서 순수통찰의 완성이란 처음에 대상으로 삼았던 내용이 바로 자기 것임을 인식하는 데 있다. 그러나 이렇게 해서 순수한 통찰이 얻어 내는 성과는 통찰의 공격 대상이었던 오류의 회복도 아니려니와 최초의 개념으로 되돌아가는 것도 아니며, 오히려 자기 자신의 절대부정이 자기의 현실이며 자기 자신이라는 사실을 인식하는 통찰이 되는 것이다. 이때 통찰은 자기를 인식하는 개념의 단계에 이른다. 계몽이 오류를 상대로 벌이는 싸움의 본성이란 이 오류 속에서 계몽이 스스로의 오류와 싸우며 스스로의 주장을 규탄한다는 것인데, 이 본성은 통찰과 그 싸움을 있는 그대로 자체적으로 받아들이는 우리에게 비로소 깨우쳐지는 것이다. 그런데 이 싸움의 첫 번째 측면, 즉 계몽이 그 자신의 자기동일적인 통찰의 순수성 속에 부정의 태도를 받아들임으로써 스스로 불순해진다는 측면에서 계몽은 신앙에게도 문제 대상이 된다. 이리하여 신앙은 계몽의 허위와 비이성과 악한 의도를 경험하게 되면서 이제는 신앙이 계몽에게 오류이며 편견으로 보이던 것과 맞먹는 상황이 벌어진다. 내용으로 본다면 계몽은 처음엔 공허한 통찰일 뿐이며 그 내용은 그와는 별개인 타자에 지나지 않는다. 결국 계몽의 내용이라는 것은 아직 계몽 자체의 소유물이 되어 있지 않으며 그와는 전혀 다른 독립된 것으로서 신앙 속에 발견된다.

이리하여 계몽이 처음으로 대상을 파악하는 일반적인 양식은 순수한 통찰의 힘으로 대상을 다루되, 그 대상이 곧 자기 자신임을 깨닫지 못하고서 이를 가리켜 오류라고 선언해 버리는 것이다. 통찰 속에서 의식이 대상을 포착하게 되면 대상은 곧 의식의 본질이자 대상이 된다. 이때 의식은 대상을 두루 관통하고 그 안에서 자기 자신을 유지하며 자기에 머무르면서 생생하게 현존하고 있으니, 이런 운동 속에서 대상을 창출하는 것이 된다. 바로 이러한 의식을 앞세워 계몽은 신앙인이 절대신으로 여기는 것이 실은 신앙의 의식 그 자체에 속하는 존재이며 그 자신의 사상으로서 의식에 의해서 창출된 것이라고 신앙을 비판하는데, 이때 계몽은 신앙을 올바르게 표현하고 있는 것이다. 이런 논지에 따라서 계몽은 신앙이 오류에 지나지 않으며 그것이 계몽의 본질에 대하여 왈가왈부하는 것은 날조된 이야기라고 선언한다. 그런데 계몽은 신앙에게 새로운 지혜를 가르쳐 주기라도 하듯 행세하지만 이는 전혀 새롭게 와닿는 얘기가 아니다. 왜냐하면 신앙의 대상이라는 것도 그야말로 자기 자신의 의식 그 자체의 순수한 본질이기 때문이다. 따라서 의식은 결코 이 대상 속에서 자기를 상실하거나 부정당하는 일이 없으며 오히려 그것을 신뢰하고, 그 대상 속에서 바로 이 의식 또는 자기의식으로서의 자기를 발견한다. 이렇게 되면 내가 신뢰하는 것이 확실히 있다고 하는 것은 곧 내가 확실히 있다는 것과 마찬가지가 된다. 내가 신뢰하는 신 안에서 나의 대자존재를 인식한다는 것은 신이 나의 대자존재를 인정하고 그 존재가 신의 목적이며 본질이라는 것과 마찬가지이다. 그런데 신뢰라는 것은 곧 믿음이다. 신뢰하는 의식은 대상에 직접 관계하며 바로 이 대상 속에 있으면서 대상과 일체화되어 있기 때문이다. 더 나아가 내가 내 존재를 대상 속에서 인식한다는 것은 내가 동시에 다른 자기의식으로서 존재한다는 뜻이 된다. 이다른 자기의식이란 타고난 본성이나 우연한 성질과 같은 특수한 개별성을 떨쳐 버린 상태에서 한편으로는 자기의식을 보유하면서도 다른 한편으로는 순수통찰과 같이 본질적인 의식을 보유한 것이다. 통찰의 개념 속에 있는 것은 의식이 통찰하는 대상 속에서 자기를 인식하고 있다는 것이며, 또한 사유된 것을 버리지도 않고 사유된 것으로부터 일단 자기에게 돌아오지도 않고서 대상 속에서 그대로 직접 자기를 발견한다는 것이다. 그뿐만 아니라 의식은 이때 자기가 매개의 운동이고 대상을 창출하는 행위임을 의식하며 그로써 마침내 사상의 형태로나마 자기 자신으로서의 자기와 대상의 통일까지도 자각하기에 이르는데, 바로 이 의식은 신앙의 모습을 나타내는 것이기도 하다. 복종과 신앙행위란 절대신 속에 자기가 있음을 확신하기 위해 반드시 필요한 요소이다. 물론 신앙행위가 절대신을 산출하는 형태로 이루어지는 것은 아니다. 그런데 신앙의 대상이 되는 절대신은 본질적으로 신앙의 의식의 피안에 있는 추상적인 신이 아니라 추상적인 신과 자기의식과의 통일체인 교단의 정신이다. 그리하여 절대신이 교단의 정신이라고 한다면 여기서 교단의 행위는 하나의 본질적인 요소가 된다. 절대신이 교단의 정신이 되는 것은 바로 의식이 이를 산출했기 때문인데, 더 정확히 말하자면 이 신은 의식에 의해 산출되지 않은 것은 아니라고 할 수 있다. 왜냐하면 산출한다는 것은 본질적인 요소이지만 그렇다 해도 그것이 절대신의 유일한 근거는 아니며 다만 하나의 요소에 지나지 않기 때문이다. 절대신은 자체적인 동시에 대자적인 완벽한 존재인 것이다.

또 다른 면에서 볼 때 순수한 통찰의 개념은 그의 대상과는 별개의 것이다. 이유인즉 별개의 것이라는 이 소극적인 규정이 그 대상을 형성하고 있기 때문이다. 그리하여 또 다른 면에서 순수한 통찰의 규정은 신앙의 본질이 자기의식과는 이질적인 것임을 말로써 나타낸다. 이 이질적인 것은 자기의식의 본질이 아니며, 마치 뒤바뀐 자식과도 같이 밖으로부터 자기의식에게 슬며시 주어진 것이다. 그러나 이 경우 계몽은 참으로 어리석다고 할 수밖에 없다. 신앙의 관점에서 볼 때 계몽은 걸핏하면 성직자가 어리석은 민중을 속인다고 비판하는데, 이는 사태를 제대로 이해하지 못한 계몽이 스스로도 무슨 말을 하는지 모르면서 멋대로 지껄이는 것에 지나지 않는다. 이 점에 관해서 계몽은 성직자가 마치 마술사처럼 주문을 외면서 참으로 낯선 타자를 신으로 내세워 의식에게 밀어붙인다는 식으로 이야기하는데, 그러면서도 다른 한편으로는 그것이야말로 의식의 신이며 의식이 이를 믿고 신뢰하면서 그와 친해지려고 애쓴다고 이야기한다. 즉 의식은 그 신의 내부에서 자기의 순수한 본질과 자기의 개별적이면서도 보편적인 개체성을 직관하고, 자기의 행위를 통하여 신과의 통일을 이루고자 한다는 것이다. 말하자면 계몽은 신을 가리켜 의식에겐 참으로 낯설기만 한 타자라고 얘기해 놓고는 곧이어 그것이 의식의 가장 고유한 핵심을 이룬다고 얘기하고 있는 것이다. 이러니 계몽이 기만이니 거짓이니 하고 이러쿵저러쿵할 자격이 있겠는가. 계몽은 스스로 신앙에 관해 주장하던 내용과 정반대되는 것을 또 서슴없이 주장하고 있으니, 오히려 계몽이 신앙에 대해 의도적인 거짓말을 하고 있는 셈이다. 의식이 진심으로 순수한 자기확신을 가지고 대상 속에 자기를 발견하여 거기서 자기를 창출해 낸다는 식으로 자기 자신을 소유하는 상황에서 어찌 속임수나 거짓이 생겨날 수 있겠는가. 이 경우 본질과 자기 사이의 균열은 언어상에서조차 더 이상 존재하지 않는다. "민중을 속이는 일은 용인될 수 있는가"라는 일반적인 문제가 일찍이 제기된 적이 있는데,* 이에 대해서는 사실 이런 문제 제기 자체가 무의미하다고 답할 수밖에 없겠다. 왜냐하면 애초에 민중을 기만한다는 것은 불가능한 일이기 때문이다. 아마도 황금 대신 놋쇠를, 또는 진짜 어음 대신 위조어음을 개개인에게 팔아 치우는 일은 가능할 테고 또 싸움에서 패하고도 몇몇 사람들 앞에서 승리한 척하는 일도 가능할 것이다. 그 밖에도 감각적인 사물이나 개별적인 사건을 놓고 거짓말을 해서 남들에게 잠시 동안은 이를 믿게 할 수 있으리라. 그러나 의식의 직접적인 자기확신과 같은 신에 대한 지에 관해서는 거짓된 사상은 결코 성립될 수 없다.

지금까지 이야기한 견해는 신앙의 의식을 그저 일반적으로 다루는 데 그친 것이다. 그럼 이제는 신앙이 그 의식의 갖가지 요소와 관련하여 계몽의 비판을 어떻게 받아들이는가 살펴보자. 그런데 이들 요소는 첫째로 순수한 사유이며 대상의 측면에서는 그 자체로 완전한 '절대신'이다. 다음으로 이 요소는 신과 신앙을 연계하는 지의 요소로서 신상의 근거이며, 마지막으로 그것은 신앙이 행위를 통하여 신에 관계하는 봉사의 요소이다. 그런데 신앙 일반을 대할 때 자기를 상실하고 부정해 버렸던 순수한 통찰은 이 세 요소를 대할 때도 도착된 태도를 취하고 만다.

순수한 통찰은 신앙의식이 받드는 절대신에 대하여 부정적인 태도를 취한다. 절대신이란 순수한 사유이다. 즉 순수한 사유가 자기 자신의 내면에서 대상적인 실재로서 정립된 것이다. 신앙의식 속에서 이렇게 나타나는 사유 자체는 동시에 자립적으로 존재하는 의식에 대해 그의 형식을 드러내지만, 사실 이 형식은 또한 대상이라는 공허한 형식에 지나지 않는다. 따라서 사유 자체는 표상된 것이라는 성질을 지닌다. 그러나 통찰은 스스로 존재하는 자기란 점에서 순수의식이므로 여기서 타자는 자기의식을 부정하는 것처럼 보인다. 나아가 이 타자는 사유 그 자체로서의 순수한 존재로 여겨지거나 아니면 감각적으로 확신된 존재로 간주되거나 둘 중 하나이다. 그러나 동시에 이 타자는 자기와 대치하고 있으며 자기는 대상을 지니는 현실의 의식이므로, 통찰이 고유한 대상으로 삼는 것은 감각적 확신에 근거한다고 여겨지는 실재하는 사물이다. 통찰의 눈앞에는 바로 이러한 대상이 신앙의 표상이란 형태로 나타난다. 통찰은 이런 신앙의 표상과 표상으로 떠오르는 사물로서의

* 1778년 프리드리히 대왕의 명령으로 베를린 과학 아카데미가 내걸었던 현상 공모 주제.

대상을 모두 다 규탄한다. 그러나 통찰은 신앙의 대상을 자기의 감각적인 사물로 이해한다는 점에서 이미 신앙에 대해 부정(不正)을 저지르고 있는 셈이다. 그리하여 통찰의 말에 따르면 신앙이 받드는 절대신은 눈은 있되 볼수는 없는 석상이나 목상(木像)이며 또한 밭에서 자란 밀이 인간에 의해 가공된 뒤에 다시금 흙으로 돌려보내지는 빵가루이다. 그리고 이 밖에도 통찰은 신앙이 온갖 방법을 써서 그 실재를 의인화하여 신적인 대상으로 표상한다고 한다.

스스로 순수함을 자처하는 계몽은 정신에게 영원의 생명이며 신성한 정신인 것을 덧없이 사라져 가는 실재물로 다루면서, 감각적 확신이라는 그 자체로 공허한 견해를 끌어들여서 신앙을 더럽히고 만다. 실제로 신을 숭배하는 신앙은 감각적 확신 따위와는 전혀 무관하므로 어쩌면 계몽은, 그저 신앙을 근거 없이 중상하고 있을 뿐이다. 신앙이 스스로 숭배하는 것은 결코 돌도 나무도 빵가루도 아니며, 그 밖에 덧없이 사라져 가는 그 어떤 감각적인 사물도 아니다. 계몽은 신앙의 대상은 역시 그런 것이기도 하다느니 그 자체로서는 사실 바로 그러한 것이라느니 하면서 자기 생각을 늘어놓을지도 모른다. 그러나 이때 신앙은 한편으로는 계몽의 말대로 역시 그런 것이기도 하다는 것을 받아들일지는 몰라도 이는 신을 숭배하는 것과는 무관하다는 사실을 스스로 알고 있으며, 다른 한편으로는 애초에 돌이나 나무 따위가 그 자체로 가치 있는 것일 수는 없고, 그 자체로서 가치 있는 것이라면 오직 순수 사유의 대상인 신밖에 없다는 사실을 알고 있는 것이다.

두 번째 요소는 지적인 의식으로서의 신앙이 이 신과 맺는 관계이다. 사유하는 순수한 의식으로서의 신앙에게 이 신은 직접 존재하는 것이지만 이와 동시에 순수한 의식은 이 확신과 진리를 매개하는 간접적 관계이기도 하다. 바로 이 관계가 신앙의 근거를 마련한다. 이 근거란 계몽에게는 우연히 일어난 사건에 관한 우연한 지에 지나지 않는 것으로 여겨진다. 그러나 지의 근거란 지의 보편자이며 그 참모습은 절대정신으로, 이 정신은 추상적인 순수의식 또는 사유 그 자체 내에서는 절대신으로 나타나고 자기의식 속에서는 자기에 관한 지로 나타난다. 그런데 순수한 통찰은 이러한 지의 보편자나 또는 자기 자신을 아는 단순한 정신마저도 자기의식을 부정하는 것으로 여긴다. 순수한 통찰은 그 자체로서는 자기와 자기를 매개하는 순수히 매개된 사유이며 순수한 지이지만, 아직 자기를 알지 못하고 그 자신이 순수한 매개운동임을 알지 못하는 순수한 통찰이며 순수한 지이다. 그래서 이 매개운동은 통찰 자체에 속하는 모든 것과 마찬가지로 통찰의 눈에는 자기와는 별개의 타자로 보인다. 따라서 순수한 통찰을 실현하는 점에서 볼 때 통찰은 그 자신에게 본질적인 이 요소를 전개해 나가는 셈이지만, 그래도 이 요소는 순수한 통찰에게는 신앙에 속하는 것으로 보이고 자기 바깥에서 현실적인 것에 대해 그저 일반적으로 나타나는 우연한 지로 보이는 것이다. 순수한 통찰이 신앙에 대해서 날조한 이야기에 따르면 신앙의 확신은 몇 가지 개별적인 역사적 증언에 의거한 것인데, 이 증언은 역사적 증언이라고 해도 물론 그 내용의 신빙성은 어떤 사건을 다룬 신문기사만도 못하다. 또한 그 확신이란 그런 증언이 우연히 쓰여서 종이를 통해 보존되고 또 이 종이에서 저 종이로 베껴 쓰일 때의 꼼꼼함과 성실함을 통해 보존된 데 의거한 것이고, 결국은 이미 죽어 버린 단어나 문자의 의미를 올바르게 해독해 내는 능력에 의거한 것이라고 계몽은 이야기한다. 그러나 실제로 신앙은 그러한 증언이나 우연한 일에 자기의 확신을 결부시킬 생각은 하지 않는다. 신앙은 오직 스스로 확신하는 바에 따라 절대적 대상과 티 없는 관계를 유지하며 대상을 순수하게 지적으로 받아들인다. 따라서 절대신에 대한 자기의 의식 속에 문자나 종이나 필경(筆耕)이 끼어들 여지라고는 없으며 그런 것을 통하여 절대신과 의식이 매개되지도 않는다. 오히려 신앙의 의식은 자기의 지를 자기 스스로 매개하는 근거가 된다. 이 의식은 정신 자체이며 이 정신은 개별적인 의식의 내면에서도 자기의 증거가 되고, 또한 정신에 대한 모든 사람의 신앙이 보편적으로 현존하는 데서도 자기의 증거가 된다. 만약 계몽이 주장하듯이 신앙이 역사적인 것으로부터 자기 내용의 근거를 얻으려 하거나 적어도 그 내용을 확인하려 들거나 한다면, 또 진지하게 그런 것이 중요하다고 생각하면서 행동하거나 한다면 그 신앙은 이미 계몽의 유혹에 넘어가 버렸다고 해야 할 것이다. 그런 방식으로 자기의 근거를 마련하고 스스로를 확인하려고 애쓴다는 것 자체가 이미 신앙이 계몽에 오염되어 있음을 스스로 입증하는 셈이다.

이제 세 번째 측면으로는 '행위를 통한 의식과 절대신과의 관계'가 남아 있다. 이때 의식의 행위는 개인의 특수성이나 자기 위주의 자연적인 존재양식을 폐기하는 것이다. 이런 행위가 이루어지면 독자적으로 존재하는 개별적인 의식이 신과 하나가 되었다는 순수한 자기의식의 확신이 생겨난다. 행위에서는 합목적성과 목적이 구별되는데, 순수한 통찰은 이 행위에 관해서도 부정적인 태도를 취하면서 다른 신앙의 요소들을 대할 때와 마찬가지로 거기서 자기 자신을 부정한다. 따라서 통찰은 합목적성에 관해서는 그것이 몰이해한다고 비판한다. 즉 통찰은 통찰과 목적이 결합되고 목적과 수단이 일치하는 것을 그 자신과는 별개의 것으로, 오히려 정반대되는 것으로 간주하는 것이다. 그런가 하면 또 행위의 목적에 관해서는 악, 향락, 소유가 목적이 되어 있다고 보고 참으로 불순하기 짝이 없는 목적이라고 비판한다. 이유인즉 순수한 의도의 타자는 곧 불순한 의도이기 때문이다.

이리하여 합목적성이란 점에서는 신앙을 지닌 개인은 자연적 향락이나 만족을 실제로 거부함으로써 그런 것에 얽매이지 않는 한층 높은 의식을 지니고, 또 그런 것을 경멸하는 태도가 거짓이 아닌 진실임을 행동으로 증명해 보인다는 것이 통찰에 의해 밝혀진다. 마찬가지로 개인이 모든 타인을 배척하며 사유물을 소유한다는 절대적인 개인의 양상에서 벗어나 자신의 사유물을 스스로 버리는 일이 어리석은 짓임이 드러난다. 그 결과 정말로 밝혀지는 것은 개인이 자기가 고립되는 것을 중대한 일로 받아들이지 않는다는 것이며, 오히려 그가 자연적 필연성을 초월해 있다는 것이다. 이때 자연적 필연성이란 자기를 고립시키고 독자적 대자존재라는 이 절대적 고립상태에 있으면서 타자를 자기와 같은 존재로서 부정한다는 것이다. 순수한 통찰은 이러한 금욕과 희사(喜捨)라는 신앙의 두 가지 태도를 합목적적이지도 않고 옳지도 않다고 간주한다. 즉 자신이 만족이나 소유로부터 해방되어 있음을 증명하기 위해 만족을 거부하고 소유를 포기한다는 점에서 그것은 합목적적이지 않다는 것이다. 하지만 그렇다면 통찰은 반대로 먹고살기 위해 실제로 밥줄을 꽉 움켜쥐는 사람을 어리석은 자라고 말하고 있는 셈이다. 게다가 스스로 식사를 거부하며, 돈을 얻으려고 버터나 계란을 포기하는 것도 또 버터나 계란을 얻으려고 돈을 포기하는 것도 아닌 그저 아무 소득도 없이 그런 소유물들을 막무가내로 포기해 버린다는 점에서 그것은 옳지 않다고도 한다. 그러나 이런 식으로 주장하는 통찰은 식사를 한다든가 물건을 소유하는 일을 자기목적이라고 하면서 실은 그런 향락이나 소유를 매우 중시하는 셈이니 무척 불순한 의도를 품고 있는 것이라고 스스로 말하는 꼴이다. 통찰은 순수의도이므로 자연적인 생존이나 그 생존수단을 확보하려는 욕구를 초탈할 필요가 있다고 주장하지만, 이 초탈함을 행위로 증명한다는 것은 어리석고 옳지 않은 짓이라고 생각하는 것이다. 그러나 사실 이 순수의도는 거짓을 내포하고 있다. 이유인즉 한편으로는 내면적으로 초탈할 것을 요구하면서, 다른 한편으로는 이를 실제로 실행하려 하고 그 진실함을 진지하게 증명하려 하는 것은 쓸데없고 어리석으며 그 자체로 옳지 않은 짓이라고 간주하고 있기 때문이다. 결국 통찰은 뻔한 합목적적 행위를 부정하므로 순수한 통찰로서의 자기를 부정하고 있는 것이며, 또한 그 자신이 개인적인 목적에 얽매이지 않고 해방되어 있음을 증명하려는 의도를 부정하는 것이니 순수한 의도로서의 자기마저 부정하고 있는 셈이다.

　신앙의 관점에서 볼 때 계몽은 이상과 같은 모습을 보인다. 계몽이 이토록 그릇된 모습을 띠게 되는 이유는 그것이 타자와의 관계에서 부정적인 실재로서 나타나고 자기와 대립하는 듯한 행태를 보이기 때문이다. 그런데 순수한 통찰과 의도는 이런 관계를 보일 수밖에 없다. 왜냐하면 그렇게 하는 것이 바로 자기를 실현하는 일이기 때문이다. 이 자기실현도 처음에는 부정적인 실재로서 나타났지만 어쩌면 계몽의 긍정적 실재는 좀더 좋은 성질을 지니고 있을지도 모르니, 이제 이 점을 살펴보도록 하자. 온갖 편견이나 미신이 추방되었다고 할 때 곧바로 제기되는 물음은 "그 뒤에 남는 것은 무엇인가. 편견이나 미신 대신 계몽이 널리 보급한 진리란 어떠한 것인가?"이다. 그런데 계몽사상은 오류를 뿌리째 없애 버릴 때 이미 긍정적인 내용을 분명하게 드러냈으니 계몽의 자기소외가 바로 그 긍정적인 내용에 해당된다고 하겠다. 신앙이 절대정신으로 간주하는 것을 놓고 순수한 통찰은 거기에 드러나는 성질을 나무나 돌과 같은 개개의 실물로 파악한다. 계몽은 이런 식으로 온갖 존재의 규정된 특성이나 온갖 내용 및 실질을 유한한 것, 인간적인 것으로 이해한다. 그러므로 계몽의 관점에서 절대신이라는 것은 그 어떤 규정이나 술어도 부여할 수 없는 참으로 공허한 존재가 되고 만다. 즉 절대신이 뭔가를 부여한다는 것은 그 자체로 허용될 수 없는 일이니, 바로 이것이 기괴한 미신을 낳는 것이다. 물론 순수한 통찰을 하는 이성은 자기와 맞서 있는 부정적인 것을 자기 내용으로 삼는 까닭에 공허하기보다는 도리어 내용이 풍부하다고 해야겠지만, 이는 개별적이고 제한적인 풍부함에 지나지 않는다. 이렇듯 절대신에게 그런 개별성이나 제한 따위를 귀속시키거나 부여하지 않는 자세야말로 통찰의 식견이 있는 생활태도라고 하겠다. 이리하여 통찰과 유한함의 풍요로움은 적절한 장소에 놓이고 절대신은 그의 위상에 걸맞은 취급을 받게 된다.

계몽의 긍정적 진리의 두 번째 요소로서 이 공허한 신과 대립하는 것은 바로 절대신에게서 배제된 일체의 개별적인 의식과 온갖 존재인데, 이 또한 절대적인 즉자대자적 존재이다. 맨 처음에 현실화될 때 '감각적 확신'이나 '사념'으로 나타났던 의식이 이제는 경험의 전 과정을 거치고 나서 다시금 원점으로 돌아와 다시 한 번 자기 자신을 송두리째 부정하는 감각적 사물의 지, 즉 의식의 독자성과는 무관하게 그와 대치해 있는 존재의 지가 되었다. 그러나 여기서 의식은 그저 있는 그대로의 자연적인 의식이 아니라 의식의 모든 과정을 거치고서 스스로 그렇게 된 의식이다. 스스로를 전개해 나가는 가운데 온갖 것이 뒤섞여 엉클어진 상태에 휩쓸려 희생될 수밖에 없었던 의식은 이제 마침내 순수한 통찰에 이끌려 최초의 형태로 되돌아와서는 바로 이 형태를 결론으로 받아들인다. 그 밖의 다른 모든 의식의 형태가 무실하고 또 감각적 확신의 피안에 있는 일체의 것이 무실하다는 통찰에는 충분한 근거가 있다는 사실에 의해서 이제 감각적 확신은 더 이상 한낱 사념이 아니라 절대적 진리가 되어 있는 것이다. 감각적 확신을 초탈하는 일체의 것이 무실하다는 것은 이 확신의 진리를 소극적으로 증명할 뿐이지만 이것 말고는 이 진리를 증명할 방법은 없다. 왜냐하면 감각적 확신의 긍정적인 진리란 바로 대상으로서의 개념 그 자체가 아무런 매개도 없이 독자적 대자존재로서 엄연히 존재하며, 더욱이 타자존재의 형식 속에 있는 대자존재라는 데 있기 때문이다. 모든 의식이 실제로 있다는 것, 의식의 바깥에는 또 다른 현실적인 사물이 있다는 것, 그리고 이렇게 있는 그대로의 자연적인 존재 속에 있는 의식과 또 다른 현실적인 사물이 즉자대자적인 절대적 존재라는 것, 이런 것들을 모든 의식이 단적으로 확신한다는 것이 바로 감각적 확신의 적극적인 진리이다.

끝으로 계몽의 진리 세 번째 요소는 위에서 본 두 요소의 관계, 즉 개별 존재와 절대신의 관계이다. 자기동일적인 무제약자를 순수하게 통찰하는 이성은 자기동일적이지 않은 유한한 현실을 초탈하는 가운데 타자존재로 있는 자기마저도 초탈해 밖으로 나간다. 이때 이 타자존재의 피안에 있는 것은 공허함이므로 통찰은 감각적 현실을 이 공허함과 관련짓는다. 이 관계의 규정 속에는 두 측면 모두가 내용으로 포함돼 있는 것은 아니다. 한쪽은 단지 공허할 뿐이므로 내용은 다른 한쪽의 감각적인 현실에만 현존하고 있다. 그러나 관계의 형식을 규정할 때에는 그 공허함 자체의 측면도 협력을 하게 되는데 이 형식은 제멋대로 만들어질 수 있다. 왜냐하면 형식은 그 자체로는 부정적이므로 자기와 대립하는 것이기 때문이다. 즉 존재인가 하면 무(無)이기도 하고 자체인가 하면 그 반대이기도 하다. 마찬가지로 피안으로서의 자체를 현실과 관련짓는 일은 현실을 부정하는 것이기도 하고 긍정하는 것이기도 하다. 따라서 유한한 현실은 본디 사람들이 원하는 대로 해석될 수 있다. 감각적인 사물은 이제 자체로서의 절대적 신과 긍정적으로 관계되고, 감각적 현실이 그 스스로 자체적인 것으로서 신을 창출하고 기르며 돌보게 된다. 그러나 현실은 자기와 반대되며 자기의 비존재로서의 절대자와 관계된다. 이 관계로 보자면 현실은 자체적인 존재가 아니라 타자를 위한 대타존재일 뿐이다. 지금까지 살펴본 의식형태(교양)에서 대립의 개념은 '선과 악'이라는 형태로 규정됐지만, 이와 달리 순수한 통찰에서는 대립의 개념이 '자체존재와 대타존재'라는 보다 순수한 추상적 형태로 규정된다.

유한한 것과 신 자체의 관계가 긍정적이기도 하고 부정적이기도 하다고 보는 이 두 가지 사고방식은 사실 둘 다 똑같이 필연적이다. 따라서 존재하는 모든 것은 그 자체로 있으면서 마찬가지로 타자를 위해서 있으니 결국은 모든 것이 '유용'하다고 할 수 있다. 모든 것은 타자에게 자기를 내맡긴 채 이용되고 타자를 위해서 존재하는 것처럼 보이지만, 이번에는 또 마각을 드러내어 타자에게 저항하면서 냉엄한 태도를 취하고 오로지 독자적으로 존재하며 자기를 위해 타자를 이용하기도 한다. 이때 이러한 관계를 물적으로 의식하는 인간은 이런 관계로부터 자기의 본질과 위치를 저절로 발견하게 된다. 애당초 인간은 있는 그대로 자연적 의식을 지닌 그 자체로 선한 존재이며 개인으로서 절대적인 존재여서 타인은 그를 위해 존재한다. 더욱이 자기를 의식하는 동물인 인간은 온갖 요소를 보편화하여 받아들이므로 모든 것이 자기의 만족과 쾌락을 위하여 존재한다는 생각을 안고, 신의 손길을 벗어난 곳에서 자기를 위해 가꾸어진 정원이기라도 하다는 듯이 세계를 활보한다. 그는 또한 선악을 인식하는 나무의 열매를 틀림없이 따먹게 된다. 그 결과 그는 다른 일체의 것과 구별되는 존재가 된다. 이렇게 얘기하는 이유는 본디 선한 인간의 본성이 또 역시 어쩌다 과도한 쾌락에 빠져들어 해를 입는다는 성질도 지니며, 또는 오히려 인간의 개성에는 또 역시 그 피안도 갖춰져 있어서 그는 자기 자신을 초월해 벗어날 수도 있고 스스로를 파괴할 수도 있기 때문이다. 이에 반해 인간은 그렇듯 도를 넘는 행위를 적절히 제한할 수 있는, 아니 오히려 일정한 범위를 초월해 벗어나는 가운데서도 자기보존을 꾀할 수 있는 유용한 수단인 이성을 갖추고 있다. 이것이야말로 의식의 힘이다. 그런데 그 자체로 보편적인 존재의 향락은 다양하고 지속적이므로 그 자체에 아무런 한정이 없으며 그저 보편적으로 퍼져 나갈 수밖에 없다. 그러므로 이를 규제할 척도라는 것은 역시 만족이 나양하게 지속되는 것을 중단시키지는 말아야 한다는 사명을 지닌다. 즉 척도의 사명이란 그 척도의 기준을 지키지 않는 것이다. 그런데 인간에게 일체의 것이 유용하다고 한다면 마찬가지로 인간 또한 모든 것에 유용한 존재이다. 따라서 그는 공동이익에 기여하기 위하여 보편적으로 이용되는 집단의 일원이 되도록 노력해야만 한다. 자기를 위하여 공을 들이는 것 못지않게 타인을 위해 힘을 빌려 줘야 하고, 또 타인에게 힘을 빌려 주는 것만큼 자기를 위해 애써야만 한다. 세상 모두가 서로 주거니 받거니 하는 것이다. 인간은 어디에 있든지 그 위치에 어울리는 존재이다. 그는 타인을 이용하고 또 타인에게 이용당한다.

서로 다른 것은 다른 방식으로 서로에게 유용한데, 모든 것은 절대신과 이중의 관계를 맺고 있다는 그의 본질로 말미암아 서로에게 유용한 것이다. 이 이중의 관계란 그 자체로 절대적으로 있다는 긍정적인 관계와 타자에 대해서 있다는 부정적인 관계를 말한다. 이 경우 절대신과의 관계를 바탕으로 한 종교야말로 온갖 유용한 것 중에서도 가장 유용한 것이 된다. 이유인즉 종교는 그야말로 순수한 유용성 그 자체이며 만물을 '그 자체로 절대적으로 있는 존재'로 존립하도록 하면서 동시에 만물을 타락시켜 '타자에 대해서 있는 존재'로 만들기 때문이다.

물론 신앙의 관점에서는 계몽이 가져오는 이러한 긍정적인 결과는 그의 부정적인 태도 못지않게 실로 경악할 만한 것이다. 신앙 속에서 오직 절대신이라는 지고의 존재 또는 공허함만을 보는 데 그치는 절대신에 대한 통찰, 그리고 만물이 직접 있는 그대로 선한 존재라고 하면서 결국 개개의 의식적 존재와 절대신의 관계를 논하는 종교는 유용성이라는 개념으로 충분히 표현된다고 보는 계몽의 의도, 이 두 가지는 신앙이 볼 때는 둘 다 그저 어처구니없는 발상이다. 또한 계몽이 스스로 지혜라며 내세우는 것은 신앙의 관점에서는 당연히 어리석기 이를 데 없는 것이며 다만 자신의 어리석음을 고백하는 것으로만 여겨질 뿐이다. 왜냐하면 절대신에 대하여 아무것도 모르는 것, 다시 말해서 오직 절대신이라는 아주 당연한 진리를 알 뿐이고 또 반대로 세상의 유한함만을 알면서 이 유한함이야말로 진리이며 이 참된 유한함에 대한 지야말로 최고의 지라고 아는 것, 그것이 계몽의 본질이기 때문이다.

신앙은 신의 정의, 즉 절대적 자기동일성을 지닌 절대적 사유의 권리를 앞세워 계몽에 대항하는데 이때 신앙은 계몽으로부터 참으로 부당한 대우를 받는다. 계몽은 신앙의 모든 요소를 왜곡하여 신앙 속에 있는 것과는 전혀 다른 것으로 변질시켜 버린다. 계몽은 신앙에 맞서서 인간의 정의만을 앞세우며 이를 그 자신이 진리라고 주장한다. 이렇게 계몽이 저지르는 부정(不正)은 불평등한 권리로서 사태를 전도하고 변화시켜 버린다. 이 권리는 단일한 신 또는 사유와 대립하는 자기의식의 본성에 속하는 것이다. 그러나 계몽의 정의는 자기의식의 정의이므로 계몽은 정신의 두 가지 동등한 정의가 서로 대립하는 가운데 둘 중 어느 쪽도 다른 쪽을 만족시킬 수 없는 상황에서 단지 자기의 권리 역시 옳다고 주장하는 데 그치는 것이 아니라, 절대적인 정의를 주장하게 된다. 까닭인즉 자기의식은 개념의 부정성이며 이는 단지 독자적으로 존재하는 것이 아니라 자기와 대립하는 상대를 침해하기까지 하기 때문이다. 그리고 신앙 자체도 의식인 이상 계몽의 정의를 거부할 수는 없는 노릇이다.

그 이유는 계몽이 신앙의 의식에 대항할 때 계몽 자신의 독자적인 원리를 이용하지 않고서 신앙의 의식 고유의 원리를 가져다 쓰기 때문이다. 계몽은 무의식중에 분산되어 있는 신앙의 고유한 사상을 하나로 총괄할 뿐이다. 계몽은 신앙에 대항할 때 신앙 자신이 지닌 여러 사항 가운데 하나의 사항에 또 하나의 사항을 덧붙여 놓을 뿐인데, 이때 신앙은 이 두 가지 사항을 모두 손안에 쥐고 있지만 어느 한쪽에 매달릴 때면 다른 한쪽은 그만 잊어버리고 만다. 바로 이런 점에서 신앙의 의식에 대한 계몽의 순수한 통찰력이 돋보인다고도 하겠다. 즉 계몽은 특정한 요소를 놓고 전체를 투시하므로 또 그 요소와 관련된 반대되는 요소를 이끌어 내 한쪽을 다른 한쪽으로 전도시킴으로써 두 사상에 다 같이 함유된 부정적 본질인 개념을 뚜렷이 드러내 놓는 것이다. 결국 계몽은 신앙이 보기에는 신앙의 여러 요소의 타자존재를 뚜렷이 드러내 놓는 셈이므로 진실을 왜곡하고 거짓을 말하는 듯이 보인다. 그러므로 신앙의 관점에서 계몽은 실제로 있는 그런 요소들 하나하나와는 다른 별개의 것을 그대로 그 요소들로부터 만들어 내고 있는 것이다. 그러나 이 별개의 것도 역시 본질적인 것이며 실은 신앙의 의식 자체에 속해 있는 것이지만 이 의식은 거기까진 생각이 미치지 못하여 그것을 자기 이외의 다른 어딘가에 속하는 것처럼 여겨 버린다. 따라서 신앙의 의식은 이 별개의 것과 무관하지 않으며 이를 거부할 수도 없다.

그런데 계몽 자체는 그렇게 분산된 요소들을 끌어안은 채 한쪽에만 매달리고 있는 신앙으로 하여금 그와 반대되는 요소에 눈을 돌리도록 촉구하기는 하지만, 정작 그 자신에 대해 계몽되어 있지 않다는 점에서는 신앙과 마찬가지다. 계몽은 자기의 내용을 자기의 순수한 모습에서 따로 분리하여 이 내용이 계몽 자신을 부정한다고 여기는 한 신앙을 그저 정면으로 부정하려 든다. 따라서 계몽은 이렇게 부정적인 대상으로 낙인찍힌 신앙의 내용 속에서 자기 자신의 모습을 인지하려고 하지 않을뿐더러 또한 이런 이유에서 자기가 신앙에서 이끌어 온 사상과 이에 대항하려고 그가 이끌어 온 반대되는 사상을 통합하려고도 하지 않는다. 계몽은 자기가 신앙에 대항해서 규탄하고 있는 것이 자기 자신의 사상임을 인식하지 못하므로 두 요소가 대립할 경우 언제나 신앙과 대립되는 한쪽 요소만을 인정하며 다른 쪽 요소는 마치 신앙이 그러듯이 그것과는 별개의 것으로 취급해 버린다. 따라서 계몽은 양자의 통일을 이루지 못하며 이를 개념으로 파악할 수도 없다. 그러나 이런 가운데서도 개념은 스스로 계몽 앞에 제 모습을 드러낸다. 이때 계몽은 눈앞에 존재하는 개념을 그저 깨달을 뿐이다. 그도 그럴 것이 본디 순수한 통찰의 실현은 개념적인 작업으로서, 즉 개념을 본질로 하는 순수한 통찰은 먼저 스스로 절대적 타자가 되어 자기를 부정하지만, 그러면서도 이 개념상의 대립은 절대적이므로 결국 순수한 통찰은 이 타자존재로부터 자기 자신인 자기의 개념으로 돌아가는 것이기 때문이다. 그러나 계몽은 단지 이러한 운동으로 있을 뿐이므로 아직 순수 개념의 무의식적인 활동에 지나지 않으며, 대상으로서의 자기 자신에게 돌아오긴 하면서도 이 대상을 타자로 받아들이는 까닭에 그것이 개념의 본성임을 깨닫지 못한다. 다시 말해 절대적으로 분할되는 것은 구별된 것이 아니란 점을 깨우치지 못하고 있는 것이다. 따라서 통찰이 신앙에 대해서 개념의 위력을 발휘할 수 있는 것은 통찰이 신앙의 의식 속에 뿔뿔이 흩어져 있는 요소들을 움직여서 서로 관계시키고 이 관계를 통해 그 요소들 사이의 모순이 표면에 드러나는 한에서의 일일 뿐이다. 이 개념의 위력은 통찰이 신앙에 대해 행사하는 권력에 절대적 정당성을 부여한다. 그러나 통찰이 이 권력을 행사한 결과 나타나는 현실은 신앙의 의식 자체도 개념이며 따라서 통찰이 신앙에게 가져다준 대립물을 신앙 스스로가 인정하게 되는 사태이다. 따라서 통찰이 신앙에 대해 정당성을 지니는 이유는 통찰이 신앙의 의식 자체에 내포된 필연적인 것을 신앙으로 하여금 시인하게 만들기 때문이다.

무엇보다 먼저 계몽은 그 자신이 개념의 한 요소를 이루는 '의식의 행위'임을 강조한다. 즉 신앙이 받드는 절대신은 신앙의 자기의식의 본질이며 신앙의 의식에 의해 창출된 것이라는 점이야말로 신앙에 반대하는 통찰이 강조하는 것이다. 신앙의 의식에게 절대신은 그 자체로 있는 것이면서도 동시에 어디에서 어떻게 왔는지 모르지만 아무튼 의식 속에 자리잡고 있는 그런 것은 아니다. 오히려 신앙의 의식이 지닌 신뢰라는 것은 바로 이 개인의 의식으로서의 자기가 신 안에 있음을 알아차리는 데에 깃들어 있다. 그러므로 신에 대한 의식의 복종과 봉사는 신을 자기의 절대신으로서 자기 행위에 의하여 창출해 내는 데 있다. 신앙이 절대신 그 자체가 의식 행위의 피안에 있다고 주장한다면 계몽은 그저 신앙에게 이상과 같은 사실을 일깨워 줄 뿐이다. 그러나 신앙의 일면성에 대해서 계몽은 오직 신의 존재에만 매달리는 신앙에게 그 존재와 대립하는 신앙 행위의 요소를 끄집어내서 제시하지만, 역시 그런 사상을 하나로 통합하진 않는다. 말하자면 계몽은 행위의 순수한 요소만을 따로 떼어 내서 신앙 자체에 대해 이야기하면서, 그것이 의식에 의해 창출된 것에 불과하다고 말하는 것이다. 그러나 이처럼 신앙 자체와 대립하여 그와 단절되어 있는 고립된 행위는 우연한 행위에 지나지 않으며 표상을 낳는 행위로서 허구를 꾸며 내는 행위이다. 그것은 자체적으로는 존재하지 않는 표상이다. 계몽은 신앙의 내용을 대체로 이렇게 생각하고 있다. 그런데 순수한 통찰은 이와 정반대되는 말도 한다. 계몽은 개념이 '타자존재'라는 요소를 스스로 지니고 있다고 주장하므로 신앙에서의 신도 그와 같으면, 이 신이 의식과는 아무런 관계도 없이 의식의 피안에 있어서 의식에는 인식되지 않는다고 언명하는 것이다. 이때 신앙은 한편으로 신을 신뢰하여 그의 품속에서 자기의 존재를 확신하면서도 다른 한편으로는 신에 다다르는 길은 험난하여 신의 존재에 다다르기란 불가능하다고 느끼기도 한다.

또한 계몽은 신앙의 의식에 대항하여 그 의식이 숭배하는 대상은 돌이나 나무나 그 밖의 의인화한 일개 사물 따위라고 말하는데, 이는 옳은 말이며 신앙의 의식 스스로도 그러한 면이 있다는 점은 인정한다. 왜냐하면 신앙의 의식은 현실의 피안과 그 피안의 순수한 차안을 거느린 분열된 의식이므로 실제로 그의 의식 속에는 감각적 사물이 즉자대자적인 절대적 가치를 지닌다는 견해 역시 존재하고 있기 때문이다. 신앙의 의식에게 즉자대자적인 절대적 존재란 한편으로는 순수한 신이고 다른 한편으로는 감각적인 보통 사물이며, 신앙은 이 두 가지 사상을 하나로 통합하지 못한다. 이 견해는 심지어 신앙의 순수한 의식조차 침해하고 있다. 왜냐하면 그 의식이 받드는 초감각적 세계의 구별된 요소들(삼위일체의 삼위)도 의식에 개념이 결여된 탓에 수많은 자립적인 형태를 띠고 나타나므로 그들의 운동도 우연히 일어난 사건으로만 받아들여져서, 그런 요소들은 단지 표상된 채 감각적 존재의 모습을 스스로 지니고 있기 때문이다. 그런데 계몽은 또 계몽대로 현실을 정신으로부터 버림받은 세계로 고립시켜 놓고 그 참모습을 신의 정신적인 운동 가운데 하나가 될 수 없는 부동의 유한한 존재로, 즉 무는 아니지만 즉자대자적인 절대적 존재도 아닌 한낱 무상(無常)한 것으로 규정하고 있다.

물론 지의 근거에 관해서도 위와 같은 이야기를 할 수 있다. 신앙의 의식은 스스로 우연의 지를 인정하기도 한다. 이 의식은 우연적인 것과 관계하면서 심지어 절대신마저도 표상된 일상적인 현실의 형식을 띤다고 생각하기 때문이다. 따라서 신앙의 의식은 스스로 진리를 갖추고 있지 않다는 확신을 하는 일도 있다. 이때 의식은 자기 자신을 확신하고 그 진리성을 확증해 주는 정신의 반대편에 놓인 차안에 위치한 비본질적인 의식임을 스스로 고백한다. 그러나 이 의식은 절대신을 정신적으로 직접 알게 되어 맞이하는 단계에 이르면 그런 우연적인 요소는 완전히 잊어버리고 만다. 그리고 이 점을 신앙의 의식에게 환기시키는 계몽은 역시 우연적인 지에 대해서만 생각할 뿐, 또 다른 영원의 지에 대해서는 잊고 만다. 즉 낯선 제3자를 통해서 생기는 매개만을 생각할 뿐 직접 나타나 있는 것 자체를 제3자로 삼는 매개, 자기를 자기 자신으로서의 타자와 이어 주는 매개에 대해서는 생각하지 않는 것이다.

끝으로 신앙의 행위를 고찰하는 가운데 계몽은 향락이나 소유를 방기하는 것이 옳지 않으며 합목적적이지 않다는 사실을 깨닫는다. 이것이 옳지 않다는 측면에서 보자면 신앙의 의식이 재산을 소유하고 이에 집착하여 만족을 누리는 이 현실을 인정한다는 점에서 계몽과 신앙의 의식의 견해는 일치한다. 소유와 향락을 단념하는 종교적인 행위는 이 현실의 피안에 속하며 현실에서의 자유를 대가로 삼는 것이므로 신앙의 의식은 한층 배타적으로 고집스레 재산 소유를 주장하고 한층 난잡하게 향락에 몸을 맡긴다. 자연스러운 생활이나 향락을 희생 삼아 이루어지는 이 봉사는 이러한 대립 때문에 실제로는 전혀 진실성을 지니지 못한다. 소유나 향락을 포기하지 않는 행위와 이들을 포기하고 희생하는 행위는 나란히 이루어진다. 그리고 이 희생에서 실질적인 희생은 더할 나위 없이 부분적으로 이루어질 뿐이므로 실제로 희생 행위란 것은 단지 표상되어 있는 하나의 상징적 행위에 그친다.

합목적성이란 측면에서 보자면 계몽은 의식이 소유 그 자체로부터 해방되어 있음을 알고 또 증명하기 위해 어떤 하나의 소유물을 방기한다거나 향락으로부터 해방되어 있음을 알고 또 증명하기 위해 어떤 한 가지 향락을 단념하는 것은 이치에 맞지 않는다고 생각한다. 신앙의 의식 자신은 절대적인 행위를 보편적인 행위로 이해한다. 이 의식은 신앙의 대상인 절대신의 행위가 자기에게는 보편적인 행위라고 생각할 뿐만 아니라 개개인의 의식도 그 자신의 감각적인 존재에서 벗어나 완전한 보편성을 드러내야 한다고 생각한다. 그러나 개개의 소유물을 방기한다거나 개개의 향락을 단념한다거나 하는 것은 결코 보편적인 행동은 아니다. 그렇다면 행동에서 보편적인 목적과 개별적인 실행은 본질적으로 서로 일치하지 않는 것으로 의식될 수밖에 없으니, 결국 이 경우 의식은 행동에 전혀 관여하지 않는다고 봐야 하리라. 따라서 그런 행동은 그 자체가 행동이라고 부르기에는 너무나 단순한 것으로 생각된다. 이를테면 식사의 즐거움에 대한 초연함을 입증하기 위하여 단식을 한다는 것은 너무 단순한 짓이다. 이와 마찬가지로 오리게네스가 쾌락을 멀리한다는 것을 입증하기 위하여 육체적으로 그런 쾌락을 아예 단념해 버린 것도 너무 단순한 행동이다. 행동 그 자체는 외면적이고 개별적인 행위로 나타나지만 욕망은 내면에 뿌리박힌 보편적인 것이므로 쾌락은 그렇듯 쾌락의 도구를 없애거나 개별적인 쾌락을 단념한다고 해서 사라지는 것이 아니다.

그런데 이 점에 관해서 계몽은 내면의 비현실적인 세계와 현실을 서로 분리하고, 직관이나 기도를 위주로 하는 신앙의 내면성에 반대하면서 외면적인 사물의 세계를 강하게 내세운다. 이때 계몽은 의도나 사상이야말로 본질적인 것이라고 하면서 정작 자연적인 목적으로부터의 해방을 실현하는 일에는 힘을 쏟지 않는다. 반대로 내면성 그 자체는 형식적인 것으로서 자연적인 충동의 작용에 의해 실현되는데, 여기서는 오히려 자연적인 충동이 자연이라는 보편적 존재에 깃들어 있는 내면적인 것이라는 점에서 정당하다고 인정을 받는다.

이렇듯 계몽은 신앙에 대하여 불가항력적인 군력을 휘두르는데 이는 계몽에 타당성을 부여하는 요소가 신앙의 의식 속에서 발견되기 때문이다. 이 힘의 영향을 좀더 자세히 보면 신앙에 대한 계몽의 태도는 신뢰와 직접적인 확신의 아름다운 통일을 파괴하고 신앙이 간직한 정신적인 의식을 감각적인 현실의 저속한 사상으로 더럽히며, 신앙에 귀의해서 평화와 안정을 얻은 심정에 공허한 지성이나 이기적인 의지나 실행 욕구를 불어넣음으로써 그 심정을 뒤흔들어 놓는 것으로 보인다. 그러나 실제로 계몽이 추구하는 것은 신앙 속에 현존하고 있는 사상이 결여된 분열, 아니 그보다도 개념이 결여된 분열을 해소하는 일이다. 신앙의 의식은 이중의 잣대와 저울을 가지고 있으며 또 두 개의 눈, 두 개의 귀, 두 개의 혀와 언어를 가지고 온갖 표상된 관념에 이중의 의미를 부여하면서도 이 의미들을 서로 비교하려고는 하지 않는다. 다시 말해 신앙은 이중의 지각 속에서 살아가는 셈인데, 하나는 개념이 완전히 결여된 사상 속에 파묻혀 잠들어 있는 의식의 지각이며 다른 하나는 감각적 현실 속에서만 숨 쉬고 깨어 있는 의식의 지각이다. 신앙은 둘 중 어느 쪽에서나 나름대로 독자적인 삶을 꾸려 나가고 있다. 계몽은 감각적 세계의 표상을 이용해서 천상계에 빛을 비추어 신앙으로서도 부정할 수 없는 이 지상의 유한함을 천상계에 드러내 보인다. 신앙은 자기의식을 간직한 채 이 두 세계에 대한 표상을 저마다 따로 분리해 두는 것이 아니라 그 나름으로 통일하는 것이어서 이를 부정할 수 없다. 왜냐하면 이 두 개의 세계는 모두 불가분의 단일한 자기에 귀속되어 있어서 결국 신앙은 그 단일한 자기 속으로 옮아간 것이 되기 때문이다.

이리하여 신앙은 자기의 장에 가득 차 있던 내용을 상실한 채 정신 자체의 몽롱한 활동을 펴 나가는 상태로 퇴락해 버린다. 신앙은 천국에서 추방되고 천국은 약탈당하게 된다. 깨어 있는 의식 자체가 천국의 온갖 구별된 내용과 그 폭넓은 확산을 모조리 강탈해서 천국의 모든 부분을 지상의 소유로 만들어 지상을 위해 요구하고 지상으로 되돌려 놓은 것이다. 그러나 신앙은 만족할 리가 없다. 왜냐하면 그렇듯 계몽의 빛이 세상을 밝게 비추면 이르는 곳마다 고개를 드는 것은 개개의 존재일 뿐이며 그 결과 정신에게 호소하는 것이라곤 본질적인 신이 떠나 있는 현실과 정신에게 버림받은 유일한 일상세계일 뿐이기 때문이다. 신앙은 이제 내용을 잃었으나 이런 공허함 속에 머물러 있을 수만도 없어서 유일한 내용인 유한한 일상세계를 뛰어넘어 그 바깥으로 나가지만 그곳엔 한낱 허무함밖에 없다. 이리하여 신앙은 단순한 동경이 되고 그 진리는 공허한 피안이 되는데 이 피안에 어울리는 내용은 도저히 찾을 수가 없다. 왜냐하면 모든 것은 그와는 다른 것이 되어 있기 때문이다. 그 결과 신앙은 사실상 계몽과 똑같은 것이 되고 만다. 즉 신앙도 역시 그 자체로 존재하는 유한한 일상세계와, 술어 없이 인식되지도 않고 인식될 수도 없는 절대신과의 관계에 대한 의식이 되어 버린다. 다만 계몽은 스스로 만족하고 있는 계몽이지만 신앙은 스스로 만족하지 못하고 있는 계몽일 뿐이다. 그런데 계몽이 계속 그 상태에 만족할 수 있을지 없을지는 머잖아 저절로 밝혀질 것이다. 자신의 세계를 잃고서 슬퍼하는 암담한 정신의 동경이 계몽의 배후를 엄습하려 하고 있는 것이다. 계몽 자체는 충족되지 않는 동경을 지닌다는 결함을 안고 있다. 이는 순수한 대상이라는 면에서 보면 계몽의 절대신이 공허하다는 결함이며, 행위와 운동이라는 면에서 보면 개별 존재를 넘어서 내용 없는 피안으로 나아간다는 결함이고, 대상의 충만함이라는 면에서 보면 그 충만함을 이루는 것이 자기가 결여된 유용성에 지나지 않는다는 결함이다. 이제 계몽은 이러한 결함을 극복하는 쪽으로 나아간다. 그런데 계몽의 진리인 긍정적인 결과를 좀더 자세히 고찰한다면 이 과정에서 그런 결함은 벌써 자체적으로 극복되어 있다는 사실이 밝혀질 것이다.

(2) 계몽의 진리

더 이상 자기 내면에 아무런 구별도 지니지 못하게 된 정신의 몽롱한 움직임은 의식의 피안에 있는 자기 자신 속으로 잠겨 들어가지만 반대로 의식 자체는 명석해진다. 이런 명석함의 첫 번째 요소는 순수한 통찰 또는 자체적으로는 개념인 순수한 통찰이 자기를 실현함으로써 필연적인 모습을 띠고 조건을 얻어 규정되는 것이다. 즉 순수한 통찰은 자기와는 다른 타자존재를 스스로 명확히 정립할 때 자기를 실현하는 것이다. 이로써 순수한 통찰은 부정성을 지닌 순수한 통찰, 다시 말하면 개념의 부정이 된다. 그런데 이 부정 또한 순수하다. 이리하여 여기에는 사물이라는 것 이상의 그 어떤 규정도 지니지 않는 순수한 사물이라는 절대존재가 생성되기에 이른다. 더 자세히 말하면 절대개념으로서의 순수한 통찰은 더 이상 아무 구별도 아닌 것을 구별하는 것이며, 더 이상 자기 자신을 감당하지 못하고 오직 전체적인 운동에 뒷받침됨으로써 가까스로 구별되어 별개로 존립하는 추상개념 또는 순수개념을 구별하는 것이 된다. 이와 같이 구별이라곤 없는 것을 구별하는 이 작용은 결국 절대개념이 스스로를 대상으로 하여 예의 전체적인 운동에 맞서서 본질적인 존재의 모습을 띠는 것이다. 따라서 이 본질적 존재에는 서로 다른 추상개념이 저마다 분리된 채로 공존하는 측면은 없고 개념은 순수한 사물과 순수한 사유의 일체화로 나타난다. 이 순수한 사유와 순수한 사물의 일체화야말로 서로 구별되는 온갖 내용을 상실한 신앙이 빠져드는 곳, 즉 자기 자신의 내부에서 정신이 무의식적으로 펼치는 몽롱한 움직임이 다다르는 귀착점이다. 동시에 그러한 작용은 순수한 자기의식을 그와 전혀 무관한 피안으로 삼고 있는 예의 순수한 자기의식의 운동이기도 하다. 왜냐하면 이 순수한 자기의식은 구별 없는 구별인 순수한 개념을 바탕으로 운동하는 까닭에 실제로는 무의식적인 정신의 움직임 또는 순수한 감정이나 순수한 사물의 움직임으로 전락해 가기 때문이다. 그러나 여기선 아직 소외 단계에 머물러 있기에 자기에게서 소외되어 있는 개념은 자기의식의 운동과 절대존재라는 두 측면이 동일한 본질의 것임을 인식하지 못한다. 또한 그것은 이 동일한 본질로 말미암아 양자가 존립을 확보한다는 것을 인식하지 못한다. 이 소외된 개념은 양자의 통일을 인식하지 못하므로 신을 단지 피안에 있는 대상의 형식으로만 인식하는데, 이처럼 자기 바깥에 자체를 지닌 채 구별 작용을 하는 의식을 유일한 의식으로만 인식하고 있는 것이다.

앞서 신앙과 싸웠던 계몽은 이제 피안의 절대신을 둘러싸고 자기 자신과 싸우면서 두 개의 당파로 갈라진다. 하나의 당파는 이렇게 둘로 갈라짐으로써 비로소 승리한 당파로서 확인을 받는다. 이유인즉 이 분열로 인해서 당파는 자신이 적으로 삼고 있던 원리를 자기 손안에 넣고, 그 결과 이전에 자신이 사로잡혀 있던 일면적인 모습을 극복했음을 스스로 입증하게 되기 때문이다. 이로써 자파와 반대파로 분열되어 있던 관심이 모두 다 자파의 관심거리가 된다. 이제 서로간의 대립도 자기 내부에서 일어나는 대립으로 받아들여지므로 상대에 대해서는 잊어버리고 만다. 이런 가운데 대립은 더욱 고차적인 승리의 장(場)으로 고양되어 순화된 모습으로 나타난다. 그러므로 하나의 당파에서 생겨난 분열은 언뜻 불행한 일로 보이지만, 실은 그 당파에게는 오히려 행운이라고 할 수 있다.

순수한 존재는 스스로 아무런 구별도 지니지 않으므로 거기에 구별이 나타난다는 것은 의식에게 두 개의 순수한 존재가 생겨나거나 아니면 순수한 존재가 이중의 의식으로 나타난다는 의미이다. 그런데 순수한 절대신은 오직 순수한 사유 속에만 존재한다. 다시 말해 그것은 오히려 순수한 사유 그 자체이므로 단지 유한한 자기의식의 피안에 있는 부정적인 존재일 뿐이다. 하지만 바로 이런 형태로 절대신은 실제로 존재하면서 자기의식을 부정하고 있는 것이다. 이처럼 자기의식을 부정하는 존재로서 그것은 또한 자기의식과 관계를 맺고 있기도 하다. 즉 외적인 존재로서 구별이나 내용을 갖춘 자기의식에 관계하면서 순수한 절대신도 그 스스로 미각이나 시각 등의 대상이 되는 갖가지 구별된 내용을 갖추게 되는데, 여기에 나타나는 관계는 감각적 확신과 지각의 관계이다.

예의 부정적인 피안은 당연히 감각적 존재로 이행할 수밖에 없는데, 일단 감각적 존재에서 출발하여 이 일정한 형태의 의식관계를 사상(捨象)하고 나면 그곳에 남는 것은 자기 자신의 내부에서 몽롱한 움직임을 나타내는 '순수한 물질'이다. 여기서 중요한 점은 순수한 물질이란 것이 시각이나 촉각이나 미각을 사상하고 나서 마지막에 남아 있는 것이라는 사실을 주목해야 한다는 것이다. 즉 순수한 물질은 보이지도, 만져지지도 않고 또 맛이 나지도 않는다. 보이거나 만져지거나 맛이 나는 것은 물질이 아니라 색채, 돌, 소금 같은 것들이다. 그에 비해 물질이라는 것은 오히려 순수한 추상체이다. 그러므로 실제로 있는 것은 사유의 대상인 순수존재나 순수사유 그 자체이다. 이는 자체 내에 아무런 구별이나 특정한 성질도 없으며 술어도 지니지 않은 절대존재이다.

두 파로 갈라진 계몽 가운데 한쪽에서는 이렇게 술어가 결여된 절대존재가 바로 절대신이라 하고, 이는 현실적 의식의 피안에 있는 순수한 사유 속에 있으며 여기서 비롯된다고 한다. 그리고 다른 한쪽에서는 물질이 바로 절대신이라고 한다. 만약 물질을 자연으로 보고 술어가 결여된 절대존재는 정신이나 신이라고 하면서 이를 구별할 경우, 의식이 없는 물질의 움직임은 자연이라고 하기에는 거기에 생명의 풍요로운 전개가 결여되어 있고, 반대로 정신 또는 신에게는 자기를 구별하는 의식이 결여되어 있을 것이다. 이미 보았듯이 양자는 분명히 동일한 개념이다. 차이가 있다면 사태 그 자체에 있는 것이 아니라 그저 두 개념이 형성되는 출발점이 다를 뿐이다. 그들은 저마다 사유운동을 할 때 자신의 위치에 머물러 있을 뿐인 것이다. 양자는 이 차이를 넘어설 때 비로소 일치하여, 한쪽이 어처구니없다고 하고 다른 한쪽이 참으로 어리석다고 욕하는 대상이 실은 동일한 것임을 인식하게 될 터이다. 곧 한쪽 편에서는 절대신이 순수한 사유 속에 나타나 순수의식의 직접적인 대상이 되며 유한한 일상적인 의식 바깥에 존재하면서 이를 부정하는 피안에 있다고 한다. 그런데 만약 한편으로는 단일한 직접적 사유란 바로 순수한 존재이고 다른 한편으로는 의식을 부정하는 것이 동시에 의식과 관계를 맺음으로써 부정판단(不定判斷)에서의 '이다'라는 계사(繫辭)가 두 개의 분리된 것을 통합하기도 한다는 데에 한쪽의 생각이 미치게 되면, 외적인 존재를 규정할 때 피안은 의식과 관계를 맺는다는 것이 밝혀진다. 그리하여 절대신은 순수한 물질이라고 불리는 것과 동일하다는 결론이 나온다. 이렇게 해서 결여되어 있던 '현재'라는 요소가 주어지게 된다. 계몽의 또 다른 쪽은 감각적인 존재에서 출발하여 미각이나 시각과 같은 감각적인 관계를 사상하고, 감각적 존재를 만지거나 맛을 보거나 할 수도 없는 순수한 자체인 절대물질로 만들어 버린다. 이리하여 이 존재는 순수한 의식의 본질인 술어 없는 단일체가 되는데, 이는 자체적으로 존재하는 순수한 개념이며 다시 말해 자신의 내면에 있는 순수한 사유 그 자체이다. 이 통찰은 순수한 존재에서 이 순수한 존재와 다를 바 없는 사유된 관념으로, 또는 긍정적인 것에서 부정적인 것으로 나아가면서 의식적으로 대립을 뛰어넘지는 않는다. 왜냐하면 긍정적인 것은 오직 부정에 의해서 순화되지만 순수하게 부정적인 것은 그 자체의 순수함으로 말미암아 자기동일적인 존재이며 바로 그 이유로 긍정적이기 때문이다. 결국 둘로 갈라진 계몽 양측의 사상은 '자체존재'와 '사유'가 동일하다고 하는 데카르트 형이상학의 개념에 이르지는 않았고 또한 '순수존재'가 '구체적인 현실'이 아니라 '순수한 추상체'라고 하는 사상에는 다다르지 않은 셈이다. 반대로 자기동일성을 지닌 본질인 순수한 사유는 한편으로는 자기의식을 부정하는 존재인데 다른 한편으로는 직접적 단일체로서 이 또한 하나의 존재일 뿐이다. 말하자면 사유는 사물이고 사물은 사유인 것이다.

여기서 절대적 존재는 존재를 고찰하는 두 가지 방식에 귀속되면서 비로소 스스로 분열된다. 이 존재는 한편으로는 그 스스로 구별을 지닐 수밖에 없지만 다른 한편으로는 바로 이 점에서 두 가지 고찰방식이 하나로 모아진다. 이때 순수한 존재와 부정적인 존재라는 서로 구별된 추상적 요소는 두 가지 방식으로 고찰된 대상 속에서는 하나로 통일된다. 자기 내부에서 순수하게 진동하는 순수한 자체 내 진동(振動) 또는 순수한 자기사유라는 추상작용이다. 자신의 축을 중심으로 회전하는 이 단순한 운동은 오직 두 요소를 구별함으로써 스스로 운동하는 데 지나지 않으므로 그 자신을 분배할 수밖에 없다. 이렇게 두 요소를 구별하는 것은 부동의 존재를 이젠 현실적인 사유도 아니고 현실적인 생명도 없는 순수한 존재라는 빈껍데기로 만들어서 폐기하는 것이다. 왜냐하면 이때 구별한다는 것은 구별인 이상 내용의 전부이기 때문이다. 구별한다는 것은 예의 통일에서 벗어난다는 것인데, 그 때문에 이 구별운동은 자체존재와 대타존재와 대자존재라는 여러 요소가 서로 교대로 나타나기만 할 뿐 자기 자신에게는 되돌아가지 않는 운동이 된다. 이는 곧 현실이며, 다시 말해 순수한 통찰의 현실의식이 인식하는 대상인 '유용성'이다. 유용성이라는 것은 신앙이나 감상주의, 또는 스스로 사변을 자칭하면서 자체를 자기를 위해 고정해 놓는 추상적 사유에게는 그야말로 열악한 것으로 보일지도 모른다. 그러나 사실 유용성은 순수한 통찰이 자기를 완전히 실현해서 자기 자신의 대상으로 삼는 것인데, 이 대상이란 순수한 통찰에게 더 이상 부정되지도 않고 내용이 공허하다거나 순수한 피안에나 존재할 법하다는 성질도 지니지 않은 현실의 대상이다. 왜냐하면 이미 보았듯이 순수한 통찰이란 존재하는 개념 그 자체이며, 자기동일적인 순수한 인격이 내부적으로 구별되면서도 그 구별된 것 하나하나가 순수한 개념으로서 직접 구별되어 있지 않은 형태로 존재하는 것이기 때문이다. 순수한 통찰이란 단일하고 순수한 자기의식이며 이것은 자각적으로나 자체적으로나 직접 통일되어 있다. 따라서 이 자기의식의 자체존재는 지속적인 존재는 아니므로 그 구별된 내용들 중 어떤 것을 지닌 존재라는 상태는 곧 끝나 버린다. 그런데 이렇듯 스스로를 지탱할 수 없는 존재는 그 자체로 있다기보다는 본질적으로 그를 흡수해 버릴 만한 위력을 지닌 타자에 대해서 있다고 해야겠다. 그러나 자체적 존재라는 첫 번째 요소와 대립되는 이 두 번째 요소 또한 첫 번째 요소와 마찬가지로 곧 없어져 버린다. 다시 말하면 그것은 오직 타자에 대해서만 있는 존재로서 오히려 소실 그 자체이다. 그리하여 자기에게 돌아온 존재, 오직 자기에 대해서 있는 대자존재가 정립되기에 이른다. 그러나 이 단순한 대자존재는 자기동일적인 존재이므로 또한 타자에 대한 존재이기도 하다. 순수한 통찰의 이 본성은 이런 세 요소를 전개해 나갈 때 대상화하여 '유용한 것'으로 나타난다. 유용한 것이란 그 자체로 존립하는 사물이긴 하지만 이 자체존재는 단지 하나의 순수한 요소이자 계기에 지나지 않으므로, 이는 타자에 대한 것이어야 하며 결국 자체적으로 존재함과 동시에 타자에 대해서 존재하는 것이어야만 한다. 그리하여 이 대립되는 두 요소는 독자적인 대자존재 속에서 불가분의 통일을 이루게 된다. 그런데 유용한 것은 순수한 통찰의 개념을 표현하기는 하지만 통찰 그 자체는 아니고, 순수한 통찰을 표상 또는 표상의 대상으로 나타낸 것이다. 유용한 것은 세 요소가 끊임없이 교체를 거듭해 나가는 것이다. 그중 하나의 요소는 자기에게 되돌아온 존재 그 자체이지만 단지 대자존재로서 그러할 뿐이어서 전체적으로 보면 다른 요소와 대립해서 나타나는 추상적인 요소에 지나지 않는다. 유용한 것 그 자체는 부정적인 것은 아니다. 즉 유용한 것은 서로 대립하는 이 요소들을 동시에 순전히 동일한 관점으로 불가분하게 통합하거나, 또는 그런 요소들이 순수한 통찰로서 존재할 경우에 사유로서 그들을 자체적으로 내포하는 부정적인 것은 아니다. 유용한 것에도 대자존재라는 요소가 있긴 하지만 이 대자존재가 자체존재나 대타존재라는 다른 쪽 요소를 다 끌어안으면서 '자기'의 위치를 차지하지는 않는다. 따라서 유용한 것에서 순수한 통찰은 자신의 순수한 요소에서의 자기 개념을 대상으로 삼는 것은 아니다. 순수한 통찰은 대상의 형이상학을 의식하고는 있으나 아직 그 개념은 아니다. 그 의식은 아직 존재와 개념 자체의 통일에는 이르지 못하고 있다. 유용한 것은 순수한 통찰에게는 아직 대상인 데 지나지 않으므로 거기에 절대적인 세계가 있다고는 할 수 없지만 순수한 통찰과 구별되는 하나의 세계가 성립되어 있기는 하다. 더욱이 대립은 여기서 개념의 정점에 다다라 있으므로 다음 단계에서는 그 요소들의 대립이 해소되고 마침내 계몽은 활동의 결실을 거두게 될 것이다.

이렇게 획득된 유용성이라는 대상을 지금까지의 전체 영역과 관련지어 보면 현실의 교양세계가 결국 자기의식의 공허함에 감싸여 있음이 드러난다. 즉 이 세계의 독자적인 대자존재라는 것도 그 내용은 아직 혼란스럽고 그 개념은 개별적이어서 스스로 보편성을 띠고 있지 않다. 이 개념이 자기에게 돌아온 것이 순수한 통찰이다. 이것은 순수한 자기로서 부정성을 띤 순수한 의식인 데 반하여 신앙은 순수한 사유로서 긍정성을 지닌 순수한 의식이다. 신앙은 그런 순수한 자기에게서 자기를 완성시켜 줄 요소를 얻지만 이렇게 보완됨으로써 몰락하고 만다. 그러므로 거기에 있던 두 개의 요소, 즉 순수하게 사유된 부정적 존재인 절대신과 긍정적 존재인 물질이라는 두 요소는 순수한 통찰에서 우리에게 발견된다. 이렇게 해서 순수한 통찰이 완성되긴 하지만 아직도 여기에는 자기의식에게 공허함을 의식하게 하는 현실, 곧 사유가 자기로 도약할 때 출발점이 되는 세계가 결여되어 있다. 순수한 통찰이 유용성에서 긍정적인 대상을 얻었을 때에 한해서 이 결여된 면은 보완된다. 이리하여 통찰은 충족된 현실의 의식이 된다. 이 유용성이란 대상이야말로 순수한 통찰의 세계를 이루며 지금까지 등장했던 관념적인 세계와 현실적인 세계 모두의 진리가 되는 것이다. 최초로 나타난 정신의 세계는 정신이 일상에 어지럽게 흩어져 나가면서 개별화된 자기를 확신하고 있는 것과 같은 광범한 세계이다. 이는 자연계와 마찬가지로 무한히 다양한 생명의 형태로 분산된 채 유로서의 응집된 모습을 갖추지 못한다. 두 번째 세계는 신앙의 세계로서, 이는 유를 내포하고 있는 자체존재 또는 진리의 세계이며 이전 세계의 확신과 대립한다. 그리고 세 번째 세계인 유용성의 세계는 자기 자신을 확신하는 진리의 세계이다. 신앙이 섬기는 진리의 세계에는 현실성의 원리 또는 특정한 개별자가 자기를 확신한다는 원리가 결여되어 있다. 그런가 하면 현실의 세계 또는 개별자가 자기를 확신하는 세계에는 자체가 결여되어 있다. 이러한 두 세계가 순수한 통찰의 대상 속에 통일되는 것이다. 여기서 유용한 것이 대상이 되는 것은 자기의식이 이 대상을 투시함으로써 개별자의 자기확신이 자기만족(자기의 독자성)을 획득하기 때문이다. 자기의식은 이런 식으로 대상을 투시한다. 이때 통찰은 대상의 참다운 본질(타자에 대해 있으면서 투시된다는 본질)을 내포하고 있다. 따라서 순수한 통찰은 그 자체가 참다운 지가 되고 자기의식은 자기 자신을 그대로 보편적인 형태로 확신하면서 이러한 관계 속에서 자기에 대한 순수한 의식을 지니게 된다. 그러므로 이 관계 속에서도 역시 진리와 현재 및 현실이 통일되어 있다. 이제 두 세계는 서로 화해하고 천상은 지상에 이식된다.

3) 절대적 자유와 공포

의식은 유용성 속에서 스스로의 개념을 발견했다. 그러나 이 개념은 아직 한편으로는 대상으로 있으며 따라서 다른 한편으로는 목적으로 있을 뿐이어서 의식은 이 목적을 직접 손안에 넣고 있는 것은 아니다. 유용성은 아직 대상을 형용하는 술어이지 주어 자체가 되어 있진 않으며, 직접 주체로서의 유일한 현실성을 획득하지는 못하고 있다. 이는 유용성에 눈을 뜬 대자존재가 아직 그 밖의 요소를 지탱하는 실체로서 나타나 있지는 않으며 따라서 유용한 것이 직접 의식의 자기가 되어 의식이 이 자기를 소유하는 데까지는 이르지 못한 것과 마찬가지다. 그러나 이처럼 유용성이 대상성의 형식을 의식 속으로 되돌려 온다는 사태는 자체적으로는 이미 발생하고 있다. 그리고 이 내적인 변혁이 현실계의 현실적인 변혁을 초래하면서 '절대적 자유'라는 의식의 새로운 형태가 등장한다.

결국 현존하고 있는 것은 사실 대상성을 띠므로 자기의식과 그의 소유물을 분리해 놓는 공허한 가상이다. 왜냐하면 한편으로 현실세계와 신앙세계를 구성하는 각 부분이 존립하면서 타당한 가치를 지닌 경우 그 모든 것은 유용성이라는 단순한 규정을 그의 근거이자 정신으로 삼고 있으며, 다른 한 편으로 이 규정은 홀로 독자적으로 존재하는 것이 아니라 오히려 순수한 형 이상학이자 순수한 개념 또는 자기의식의 지가 되어 있기 때문이다. 그런데 절대적 존재인 유용한 것이라는 대상을 놓고 의식은 유용한 것의 자체존재 가 본질적으로는 대타존재라는 인식을 한다. 자기가 결여된 자체존재란 실 은 수동적인 존재이고 다른 자기를 위해서 있을 뿐이다. 그러나 대상은 의식 에 대해서 그렇듯 순수한 자체존재라는 추상적 형식을 띠고 있다. 왜냐하면 의식의 순수한 통찰은 갖가지 구별된 내용을 순수한 개념의 형식으로 파악 하기 때문이다. 그러나 대타존재가 대자존재인 자기로 되돌아오게 되면 이 자기는 자아와는 달리 이른바 대상이라는 것에만 귀속되는 자기는 아니다. 왜냐하면 순수한 통찰로서의 의식은 대상과 자신의 자기 모두와 대립하는 개별적인 자기가 아니라 자기가 자기를 관조하는 순수한 개념이며, 자기 자 신을 이중으로 하여 바라보는 절대적 통찰이기 때문이다. 여기서 의식의 자 기확신은 보편적인 주체이고 그것이 아는 개념은 모든 현실의 본질이다. 따 라서 유용한 것이 갖가지 요소의 교체운동을 벌이며 자기 자신의 통일로 되 돌아가지 않은 채 여전히 지의 대상으로서 존재한다면 그 대상은 더 이상 유 용한 것일 수 없다. 지는 그 자체가 추상적인 요소의 운동으로서 지의 자기 이며 동시에 대상의 자기이기도 한 보편적 자기이므로, 그 속에서 요소의 운 동은 자기에게 되돌아가 통일될 수밖에 없는 것이다.

　이로써 정신은 절대적 자유를 실제로 획득한다. 정신은 이제 스스로의 자 기확신이 현실세계와 초감각적 세계의 온갖 정신적인 집단의 본질을 이루 며, 반대로 신도 현실도 자기에 관한 의식의 지라는 것을 스스로 파악하는 자기의식이다. 이 의식은 자신이 순수한 인격임을 의식하면서 더불어 정신 계의 모든 것을 의식한다. 모든 존재는 이제 순전히 정신적인 것이 되기에 이른다. 이 의식에게 세계란 곧 그 자신의 의지가 발현된 것이고 이 의지는 바로 보편적 의지이다. 더욱이 이 의지는 암묵적 동의 또는 대표자의 동의로 성립되는 의지에 대한 공허한 사상이 아니라 현실성을 띤 보편적 의지, 즉 모든 개인 자체의 의지이다. 의지란 자체적으로는 개인이 저마다 지니는 인 격적 의식이며 이렇듯 참으로 현실적인 의지로서 모든 개개 인격의 자각적인 본질이어야 한다. 그리하여 각 개인은 언제나 분업하는 일 없이 모든 일을 하며, 이렇게 해서 전체의 행위로 등장하는 것은 각자가 직접 실행하는 의식적인 행위이다.

절대적 자유를 체현하는 미분(未分)의 실체가 세계의 왕좌에 올라서게 되면 그 어떤 권력도 여기에 대항하지는 못한다. 왜냐하면 정신적인 세계나 권력의 실질적인 토대가 되는 유일한 장은 사실 개개인의 의식뿐이므로 집단으로 분할되어 조직되고 유지되어 오던 정신적 세계의 실체 전체는 붕괴되어 버리는데, 그리하여 개개인의 의식은 대상이 되는 세계의 본질을 오직 자기의식 그 자체로 파악하고 그 대상을 절대적 개념으로 이해하기 때문이다. 지금까지 개념을 존재하는 대상으로 만들었던 것은 그 개념을 분리되어 존립하는 집단들로 구별한 결과였다. 그런데 이제 대상이 개념이 되니 그 대상 속에 존립하는 것이라곤 하나도 없게 된다. 즉 대상의 온갖 부분에 부정의 힘이 침투되기에 이른 것이다. 이때 대상은 현존하게 되는데, 모든 개개의 의식이 자신에게 할당되어 있는 영역을 벗어나 고개를 쳐들고 나오면서 더 이상 특정한 집단 속에서 자기의 본질과 업무를 찾으려 하지 않고 자기 자신의 의지를 개념으로 삼아 모든 집단은 이 의지를 본질로 삼아야 한다고 여김으로써, 오직 전체를 위한 작업 속에서만 자기실현을 하게 된다. 이 절대적 자유 아래에서는 사회 전체를 나누어 조직하는 정신적 존재인 신분은 모두 사라져 버린다. 그리하여 이 사회의 한 부분에 소속된 채 의욕적으로 행동해 왔던 개개의 의식은 자기에게 가해진 제약을 떨쳐 버린다. 이제 개인의 목적은 공동의 목적이 되고 개인의 언어는 공동의 법칙이 되며 개인의 작업은 공동의 작업이 된다.

유용성은 실재하는 모든 것의 술어였으나 이제 여기서 대상과 구별된 내용은 그 유용성이라는 의미를 상실하고 만다. 의식은 자기와는 이질적인 자기에게 출발해 운동을 하여 새삼 자기에게 돌아오는 것이 아니라 의식 그 자체를 대상으로 한다. 따라서 대립은 오직 개별의식과 공동의식의 차이 속에만 존재한다. 그러나 개별의식은 자신이 가상의 대립을 지니고 있을 뿐임을 스스로 인식하고 있다. 즉 개별의식은 그대로 공동의식이며 공동의지이다. 이런 의식의 현실을 뛰어넘은 피안은 독립성을 잃어버린 현실존재 또는 시체가 된 신앙의 존재 위에 떠돌고 있을 뿐인데, 이는 마치 공허한 '지고의 존재'가 희멀건 가스가 되어 증발하는 것과 같은 광경이다.

이리하여 온갖 구별을 지닌 정신적 집단이나 개인의 제한된 일상생활, 그리고 양쪽에 걸친 이 세계 모두가 폐기되고 난 뒤에는 오직 보편적인 자기의식의 자기 내부적 운동만이 남아 있을 뿐이니, 자기의식의 이 운동은 공동체와 개별의식 사이의 상호작용으로 나타난다. 공동의지는 자기 내부로 들어가서 보편적 법칙이나 작업과 대립하는 개인적인 의지가 된다. 그러나 이 개별의식은 바로 그 자신이 그대로 공동의지임을 의식하고 있다. 개별의식은 자기가 대상으로 하는 것이 자기에 의해서 제정된 법칙이며 자기에 의해서 수행된 작업임을 자각하고 있다. 그러므로 개별의식은 행동에 나서서 대상을 만들어 낼 때 개별적인 일을 하는 게 아니라 어디까지나 법칙을 만들고 나랏일에 참여하는 것이다.

따라서 이 운동은 의식이 자기 자신과 상호작용하는 운동으로 나타나는데, 이때 무언가가 의식과 대치되는 자유로운 대상의 형태로 나타나는 것은 받아들여지지 않는다. 그 결과 의식은 적극적인 일을 도무지 할 수가 없으니, 다시 말해 언어상의 공동작업이나 현실에 바탕을 둔 공동작업도 할 수 없다. 또한 의식적인 자유의 법칙이나 보편적인 제도도 마련할 수 없고 자유의지에 따른 행위나 작업도 할 수가 없다. 스스로 자유로워진 의식이 행하는 작업이 달성된다고 한다면 이는 보편적 실체로서의 자유가 지속적으로 존재하는 대상이 되는 경우일 것이다. 이렇게 나타나는 타자존재는 자유의 구별이라 할 수 있는데, 이 구별로 말미암아 자유는 온갖 권력을 나눠 가진 채 존립하는 여러 집단으로 분열된다. 이러한 집단은 한편으로는 사상적으로 구별되어 입법, 사법, 행정이라는 권력으로 갈라진다. 그리고 다른 한편으로 이는 현실의 교양세계에서 나타나는 현실적인 집단이 되기도 하고, 또한 보편적인 행위의 내용을 좀더 자세히 살펴본다면 특별한 노동 집단으로 분류되어 더욱 특수한 신분의 구별을 나타내기에 이른다. 보편적인 자유는 이처럼 여럿으로 분화되면서 존재하는 실체를 이루게 되는데, 이 때문에 그 자유는 개개인의 손을 떠나서 다수의 개인으로 구성된 집단적인 단위를 중심으로 하여 여러 갈래로 나뉠 것이다. 그런데 이로 인해 개별적인 한 인격의 행위와 존재는 전체의 한 부분을 담당하게 되어 결국은 부분적인 행위이자 존재로 한정되고 말 것이다. 존재라는 장에서 각 인격은 특정한 인격이란 의미를 띠게 되면서 실제로는 더 이상 보편적인 자기의식일 수는 없게 된다. 이 때 자기의식은 자기가 부분적으로나마 참여해서 제정한 법칙에 복종한다고 표상할 수 있고 아니면 자기들의 대표를 통하여 보편적인 입법 행위가 성립된 것으로 생각할 수는 있겠지만, 그런다고 현실을 흐지부지 덮어 버릴 수는 없다. 자기 스스로 법률을 제정하여 개별작업이 아닌 공동작업을 스스로 수행한다고 하더라도 결국 현실은 변하지 않는다. 왜냐하면 이때 자기는 누군가에 의해 대표되거나 대행되고 있을 뿐이므로 결코 현실로 존재하는 자기라고는 할 수 없으며, 또한 자기를 대신하는 대리인이 있다 해도 그 대리인이 자기로서 있는 존재는 아니기 때문이다.

개별적인 자기의식은 존재하는 실체로서의 절대적 자유가 이루어 낸 공동작업 속에서도, 또 이런 자유의지 본연의 행위 속에서도, 그 개인적인 행위 속에서도 자기를 알아볼 수가 없다. 보편자는 하나의 행위로 승화되기 위해서는 단일한 개인 속에 집약되어 개별적인 자기의식을 정점으로 끌어올려야만 한다. 왜냐하면 공동의지는 오직 단일자로서의 자기의지일 때만 현실적인 의지가 되기 때문이다. 그러나 이렇게 되면 그 단일자를 제외한 모든 개인은 전체적인 행위에서 배제된 채 제한된 범위 안에서만 거기에 참여하게 될 뿐이므로 그런 행위는 현실의 보편적인 자기의식의 행위라고는 할 수 없다. 그러므로 보편적 자유란 아무런 적극적인 작업 성과나 행동도 창출하지 못한다. 이 자유에게 주어진 것이라고는 부정의 행위일 뿐이다. 그래서 절대적 자유는 파괴의 광란을 낳는 것이다.

하지만 보편적 자유와 대립하는 최고의 현실, 아니 오히려 보편적 자유가 인정하는 유일한 대상은 현실적인 자기의식 자체의 개별적 자유이다. 왜냐하면 유기적 조직으로서 실재성을 띠지 않은 채 불가분의 연속성 속에 머무르려 하는 보편적 자유는 본디 운동이며 의식이므로 결국 내부 분열을 조성하게 되기 때문이다. 더욱이 이 보편적 자유는 그 자체가 추상적이므로 분열될 때도 추상적인 양극으로, 즉 단일하고 빈틈없는 냉혹한 보편성과 뿔뿔이 흩어진 채 저마다 절대성을 지니고서 확고하게 존재하는 이기적인 점으로서의 현실적 자기의식으로 분열된다. 보편적 자유는 실재하는 조직을 해체하여 이제 자기 스스로 존립하고 있으므로 이 현실적인 자기의식이야말로 그 유일한 대상이 된다. 하지만 이 대상은 소유, 존재, 외적인 확장과 같은 자기 이외의 내용은 전혀 지니지 않은 채 자기가 절대로 순수하며 자유롭고 개별적인 자기임을 알고 있는 지에 지나지 않는다. 이 대상이 포착되는 곳에는 언제나 다만 그 추상적인 보편적 존재만이 있을 뿐이다. 그러므로 개체와 보편자 양자가 저마다 불가분의 절대적 독자성을 띠는 가운데 서로를 결합하는 어떤 매개에도 동참하는 일이라곤 없으니, 양자의 관계는 서로 매개될 수 없는 순수한 부정이고 더 나아가서는 보편자 속에 현존하는 개인을 부정하는 관계일 뿐이다. 이렇게 되면 보편적인 자유가 수행하는 유일한 작업과 행위란 '죽음'밖에 없다. 더욱이 그것은 어떠한 내면의 넓이도 내실도 지니지 않는 죽음이다. 이때 부정되는 것은 절대적으로 자유로운 자기라는 내실 없는 점이기 때문이다. 따라서 그의 죽음이란 배추 꽁다리를 잘라 내거나 물 한 모금 꿀꺽 들이켜는 정도의 의미밖에 없는 더없이 냉혹하고 단순한 죽음이다.

이 경우 '죽음'이라는 단순한 한마디 속에 통치의 지혜와 자기를 실현하려는 공동의지의 분별이 엿보인다. 통치란 공동의지가 바로 하나의 점 또는 개체로서 고정되어 있는 것이다. 일개 점에서 발동하는 의욕이자 그것의 실현인 통치는 또한 동시에 특정한 지시와 행위를 바라고 실현한다. 그러므로 통치란 한편으로는 자기 이외의 개인을 그의 행위에서 배제하는가 하면 다른 한편으로는 그럼으로써 특정한 의지에 기초하여 공동의지와 대립하는 것으로서 확립된다. 따라서 통치는 아무래도 하나의 당파로 나타날 수밖에 없다. 이때 승리를 거둔 당파가 정부라고 불리는 것뿐인데, 이 정부는 바로 당파이기 때문에 당연히 몰락하게 된다. 또 반대로 이는 정부이기 때문에 당파성을 띨 수밖에 없는데 이로 말미암아 죄를 추궁당하게 된다. 공동의지가 정부의 현실적인 행동을 자기에 반항하는 범죄로 간주하고 공격할 때 정부 쪽에서는 자기와 대립하는 공동의지에 죄를 씌울 만한 특정한 외적 증거를 전혀 집어낼 수가 없다. 정부란 공동의지가 현실로 실현된 것인 데 비해서 이에 대항하는 것은 비현실적인 순수의지, 즉 의도에 지나지 않기 때문이다. 이렇게 되면 '죄가 있다'는 것 대신 '혐의가 있다'가 중시되고 심지어 '혐의가 있다'는 것이 '죄가 있다'는 것과 같은 의미의 효과를 발휘하게 된다. 그리하여 단순한 내면적 의도를 뜻하는 '혐의가 있다'는 정도의 현실에 대하여 정부가 보일 수 있는 외면적인 반응은 바로 그 개인을 가차없이 말살하는 행위뿐이다. 참으로 개인에게서 박탈할 만한 것이라곤 그의 존재 자체밖에는 없으니 말이다.

이렇듯 독특한 직업에서 절대적 자유의 대상이 되는 것은 그 자신이다. 자기의식은 절대적 자유가 어떠한 것인가를 경험하게 된다. 절대적 자유란 그 자체로는 온갖 구별과 그 구별 위에 존립하는 체계를 말살하는 바로 이 추상적인 자기의식이다. 절대적 자유가 그런 자기의식으로 대상화되면 자유의 이 같은 부정적인 본질을 직관하는 자는 죽음의 공포에 떨게 된다. 그런데 절대적으로 자유로운 자기의식은 자신의 이러한 현실이 그 자신의 개념, 즉 공동의지란 인격의 긍정적인 본질이며 개인의 인격은 공동의지 속에서 긍정되고 유지된다는 개념과는 전혀 다르다는 사실을 깨닫는다. 자기의식은 순수통찰로서 그 긍정적인 본질과 부정적인 본질, 곧 술어가 결여된 절대신으로서 서로 대칭을 이루는 순수한 '사유'와 순수한 '물질'로 완전히 분열돼 있었는데, 이제는 이 자기의식의 눈앞에서 한쪽으로부터 다른 한쪽으로의 절대적 이행이 생생하게 펼쳐지고 있다. 공동의지는 절대로 긍정적인 현실의 자기의식이다. 이 자기의식은 순수한 사유나 추상적인 물질로 승화된 자각적인 현실이므로 공동의지는 부정적인 본질로 바뀌어서 자기 자신을 사유하고 자기의식을 폐기하는 것으로 나타난다.

이렇게 해서 공동의지의 순수한 자기동일성을 뜻하는 절대적 자유는 부정의 요소를 지니게 되고 거기에 갖가지 구별이 생기면서 다시금 이는 현실의 구별로서 전개된다. 이유인즉 순수한 부정성은 자기동일성을 지니고 있는 공동의지에서 존립할 장을 얻게 되니, 다시 말해 부정성의 온갖 요소를 실현되게 하는 실체를 거기서 얻기 때문이다. 순수한 부정성이 스스로 그 규정된 성질을 지향하기 위해 필요한 물질은 이미 바로 앞에 주어져 있다. 그리고 이 실체가 개별의식에 대하여 부정성을 발휘하는 한 여기에는 다시금 정신적 집단이 조직되고 많은 개인적 의지들은 그중 어딘가에 배속된다. 이들 개인은 절대적인 지배자로부터 다가오는 죽음의 공포를 느끼고 있으므로 또다시 부정(否定)과 차별을 받아들이고 집단 조직에 들어가서 부분적인 한정된 작업으로 되돌아가는 바, 이로써 실체적인 현실로 돌아가게 된다.

정신은 이와 같은 혁명의 세계에서 인륜적 세계 및 현실적인 교양의 세계라는 출발점으로 되돌려졌다고 할 수도 있을 것이다. 이 세계는 사람들의 마음에 되살아난 주인에 대한 공포심으로 말미암아 원기(元氣)와 젊음을 회복한 세계이다. 자기의식과 실체의 완전한 상호침투가 최종 결과라고 한다면 정신은 이 필연적인 순환과정을 새삼 거쳐 나가면서 이를 끊임없이 되풀이해야만 할지도 모른다. 결국 이러한 상호침투를 통하여 자기를 부정하는 보편적인 본질의 힘을 경험한 자기의식은 스스로를 특수하지 않은 보편적인 존재로 알고 이를 의식하려 함으로써, 보편적 정신이 이루어 놓는 대상적 현실이 자신을 특수한 존재로서 배제하는 것마저도 감내할 수 있을지도 모른다. 그러나 절대적 자유 아래에서는 그런 일은 일어나지 않는다. 즉 다양한 일상생활에 잠겨 일정한 목적 및 사상을 확립해 놓는 의식과, 현실적인 것이든 사유된 것이든 간에 외적으로 타당한 가치를 지닌 하나의 세계는 서로 상호작용을 하지 않는다. 오히려 공동의지로서 순전히 의식의 형태를 띠는 세계와 확장된 온 생활, 또는 다양한 목적 및 판단으로부터 떨어져 모두 단일한 자기에게 거두어들여진 자기의식이 서로 교호(交互)작용을 일으키는 것이다. 그러므로 자기의식이 바깥의 실재세계와 상호작용을 해서 얻는 교양은 가장 숭고한 궁극의 교양이며, 여기선 자기의식의 순수하고 단일한 현실이 그대로 사라져서 공허한 무(無)로 변해 가는 것을 볼 수 있다. 교양 자신의 세계에서 자기의식은 자기의 부정이나 소외를 이렇듯 순수하게 추상적인 형식으로 직관하지는 않았다. 도리어 자기의식의 부정에도 내실이 있었다. 말하자면 부정을 통해서 자기의식은 소외된 자기 대신 명예나 부를 얻거나 아니면 분열된 의식 대신 정신적 영(靈)과 통찰의 언어를 획득했다. 즉 부정이란 곧 신앙인이 받드는 천상계이며, 계몽사상이 말하는 '유용한 것'이다. 그러나 이처럼 규정된 내용은 절대적 자유 아래 자기가 경험하는 상실 속에서 모두 사라져 버리고 만다. 여기서 자기의식이 행하는 부정은 무의미한 죽음으로서, 긍정적인 내실이라곤 전혀 없는 부정에 대한 순수한 공포일 따름이다. 그러나 동시에 이 부정은 그 실상을 보면 낯선 것은 아니다. 그것은 인륜적 세계를 파멸시킨 저 피안에 있는 보편적인 필연성(운명)도 아니거니와 또한 분열된 의식이 떨쳐 버리지 못하는, 어쩌다 우연히 뭔가를 소유하게 된 개별적인 우연 같은 것도 아니다. 그 부정은 오히려 공동의지이다. 공동의지는 궁극의 추상으로 내몰릴 때 긍정적인 것이라곤 아무것도 지니지 않게 되며, 따라서 희생자에게 아무것도 돌려줄 수 없게 되는 것이다. 하지만 바로 이런 까닭에 공동의지는 자기의식과 직접 일체화되고 순수히 부정적임으로 하여 순수히 긍정적이기도 하다. 이렇게 해서 내실 없는 자기의 부정인 무의미한 죽음은 그 내면적인 개념에 따라 절대적 긍정으로 전화(轉化)한다. 이제 의식에게서 그 자신과 공동의지의 직접적인 통일, 다시 말하면 스스로를 공동의지 속에 존재하는 특정한 점으로서 파악하려는 요구는 그와는 정반대의 경험으로 전화되기에 이른다. 이때 의식에게서 소멸되어 가는 것은 실체 없는 점이라고 할 추상적이고 직접적인 존재로서, 이러한 직접성의 소멸이 공동의지 그 자체를 나타낸다. 여기서 의식은 스스로 직접성이 폐기된 존재로서 순수한 지 또는 순수한 의지가 되는 한은 스스로가 공동의지임을 자각하는 것이다. 이로써 의식은 공동의지가 그대로 자기 자신이며 그 자신이 본질임을 알아차리게 되는데, 그렇다고 해서 자기가 직접 존재하는 본질임을 자각하는 것은 아니다. 이때 의식은 공동의지를 혁명정부로 알거나 무정부 상태를 조장하려는 무정부주의 집단으로 아는 것은 아니며, 또한 자기가 이 당파나 그 반대파의 중심인물이라고 알고 있는 것도 아니다. 오히려 의식의 순수한 지와 순수한 의지야말로 공동의지이며, 의식은 순수한 지와 의지로서 공동의지가 된다. 이 경우 의식은 원자와 같은 점으로서의 의식이 아니라 오히려 이 순수한 지와 의지이므로 자기 자신을 상실하지 않는다. 따라서 의식은 순수한 지와 자기 자신과의 교호작용이다. 본질로서의 순수한 지는 공동의지인데 이 본질은 단적으로 순수한 지이다. 결국 자기의식은 순수한 지야말로 본질임을 아는 순수한 지가 된다. 더 나아가 개별적인 자기로서의 자기의식은 주체 또는 현실적 행위의 형식에 지나지 않으며 더욱이 이것이 형식이란 점은 자각되어 있다. 또한 자기의식의 대상적 현실로 거기에 있는 존재는 자기가 완전히 결여된 형식이다. 즉 대상적 현실은 알려져 있지 않은 것이다. 그러나 이때 지는 지야말로 본질임을 알고 있다.

이렇게 해서 절대적 자유는 공동의지와 개별의지의 대립을 조정하여 화해를 이끌어 낸다. 자기소외된 정신은 순수한 의지와 순수한 의지의 주체가 아직 구별되어 있는 대립의 정점으로 밀어 올려졌을 때 대립을 투명한 형식으로 이끌어 나가고 거기서 자기의 모습을 알아본다. 현실세계가 신앙과 통찰의 왕국으로 이행했듯이 이제 절대적 자유는 자기 자신을 파괴하는 현실을 벗어나 그와는 또 다른 자각적 정신의 세계로 옮아간다. 이 나라에서 절대적 자유는 비현실적인 상태에 있으면서 참다운 자유로 인정받게 된다. 이 참다운 자유를 사상으로 하여 정신은 이제 사상이 되고, 사상으로서 기운을 되찾아 자기의식으로 둘러싸여 있는 사유된 존재야말로 완전하고 충분한 본질임을 인식하기에 이른다. 여기에 '도덕적 정신'이라는 새로운 형태가 등장한다.

3. 자기를 확신하는 정신, 도덕성

인륜세계는 거기서 죽어 버린 정신, 즉 '개별적 자기'가 이 세계의 운명과 진리임을 보여 주었다. 그러나 법의 나라에서 인격은 그것을 충만하게 하는 실체를 자기의 바깥에 지니고 있었다. 교양과 신앙의 세계의 운동은 이 추상적인 인격을 폐기하고 소외를 완성하여 추상성을 극도로 끌어올렸으니, 정신의 자기 앞에 실체가 애초에는 공동의지가 되고 마지막에는 자기의 소유물이 되어 나타난 바 있다. 이리하여 마침내 지는 자신의 진리와 완전히 일치한 듯이 보인다. 곧 진리가 지 그 자체인 것이다. 이로써 진리와 지라는 두 측면의 대립이 전적으로 소멸되는 가운데 더욱이 이 소멸을 방관자인 우리가 인식하는 것이 아니라 자기의식 그 자체가 자각하고 있는 것이다. 이제 자기의식은 의식 자체의 대립을 뛰어넘어 그 지배자가 되었다. 의식은 의식의 자기확신과 대상과의 대립에 바탕을 두고 있지만, 이제는 자기확신으로서의 지가 의식의 대상이 되어 있다. 또한 자기확신 그 자체는 더 이상 독자적인 목적도 지니지 않으며 어떤 규정도 받지 않는 순수한 지가 되어 있다.

그리하여 자기의식의 지는 자기의식에서 실체 그 자체이다. 여기서 실체는 직접적으로도 또 서로가 절대적으로 매개된 형태로도 자기의식과 불가분의 통일을 이루고 있다. 직접적이라는 것은 인륜적 의식과 같이 도덕적 자기의식이 직접 의무를 알고 실행도 하는 가운데 의무가 스스로의 본성이 되어 있다는 것이다. 다만 직접적인 인륜적 의식은 특정한 정신적 존재로서 인륜적 본질의 한쪽 편에만 귀속되어 다른 편에 대해서는 알지 못하지만, 지금의 이 도덕적 자기의식은 그런 성격의 것은 아니다. 또한 자기의식이 절대적으로 매개된다는 것은 교양세계의 의식이나 신앙의 의식과 마찬가지로 이 경우 자기의식이 직접적인 존재라는 추상성을 버리고 스스로 보편적인 것이 되려고 하는 자기의 운동이기 때문이다. 이 운동은 자기와 현실을 단지 소외하고 분열시키기만 해서 일어나는 것도 아니려니와 신앙의 현실도피로 일어나는 것도 아니다. 이 자기의식은 다만 스스로 직접 그 실체 속에 현존하고 있다. 왜냐하면 실체란 자기의식의 지이며 자기의식이 자기 자신을 직관적으로 순수하게 확신하는 것이기 때문이다. 그리고 자기의식 자체의 현실인 이 직접적인 것이야말로 모든 현실이다. 이유인즉 직접적인 것은 존재 그 자체이기 때문이며, 더구나 절대적 부정성에 의해 순화된 순수한 직접적인 것으로서 순수한 존재이고 또한 존재 일반이면서 모든 존재이기도 하기 때문이다.

따라서 절대신은 사유의 단일한 본질적 존재로 규정되는 데만 그치지 않고 그야말로 모든 현실을 떠안는 것이 되는데, 이 현실은 오로지 지로서 존재할 뿐이다. 의식이 알지 못하는 것은 의식에게 아무런 의미도 없고 아무런 영향력도 행사하지 못한다. 자기의식이 품고 있는 지의 의지 속에 모든 대상과 세계가 끌려 들어온 것이다. 이제 자기의식은 자기의 자유를 아는 데서 절대적인 자유를 누리며, 이처럼 자기의 자유를 아는 것이야말로 자기의식의 실체이자 목적이며 유일한 내용이다.

1) 도덕적 세계관

자기의식은 의무를 절대적인 실재로 인식하고 있다. 자기의식은 의무에 의해서만 구속을 받는데, 이 의무의 실체는 곧 자기의식 자신의 순수한 의식이다. 의무는 자기의식에게 낯선 모습으로 다가오는 것은 아니다. 그러나 이렇듯 자기 내부에 틀어박혀 있는 도덕적 자기의식은 아직 의식으로 정립된 것은 아니고 의식으로서 고찰되지도 않는다. 또한 여기서는 직접적인 지가 대상이 되지만 이 대상은 자기에 의해 속속들이 침투되어 있으므로 대상이라고는 할 수 없다. 그러나 자기는 매개와 부정을 본질로 하는 것이므로 그 개념상 타자존재와 관계를 지니는 의식이다. 이 타자존재는 한편으로는 의무야말로 자기의식의 유일한 본질적인 목적이며 대상인 까닭에 자기의식에게는 전혀 무의미한 현실로 다가온다. 그런데 이 의식은 그처럼 완전히 자기 내부에 틀어박혀 있어서 타자존재와는 완전히 무관한 자유로운 상태에 놓여 있다. 따라서 다른 한편으로 현실존재는 자기의식으로부터는 완전히 해방되어 이 역시 오직 자기에게만 관계하는 존재가 된다. 결국 자기의식이 자유로워질수록 그만큼 의식에 맞서 있는 부정적 대상도 자유로워진다. 그러므로 대상은 자기 내부에서 완성돼 자기만의 고유한 개성을 지니게 된 세계이며, 자기의 고유한 법칙이 지배하는 자립적인 전체인 동시에 법칙이 자립적으로 진행되고 자유로이 실현되는 세계이다. 곧 그것은 '자연' 일반이다. 자연의 고유한 법칙과 활동은 도덕적 자기의식에는 전혀 개의치 않고 또 반대로 자기의식도 자연에 개의치 않는다.

이러한 규정에 입각하여 절대적인 도덕세계와 절대적인 자연계의 관계를 둘러싸고 하나의 도덕적 세계관이 형성된다. 이 관계의 근저에 있는 것은 자연과 도덕적 목적 및 활동이 서로 전적으로 무관하게 저마다 자립적으로 존재한다는 사실인데, 이와 더불어 또 다른 측면에선 의무만이 본질적이고 자연은 전적으로 비자립적이며 비본질적인 것이라는 의식이 있다. 도덕적 세계관이란 이렇듯 서로 순전히 배치되는 전제 아래 자연과 도덕의 관계 속에 있는 갖가지 요소가 전개되어 나가는 데에 성립된다.

처음에는 도덕의식이라는 것이 전제된다. 이 의식에게는 의무야말로 본질이다. 이 의식은 현실로 활동하며 그 현실과 행위 속에서 의무를 이행한다. 그러나 동시에 도덕의식에게는 자연은 자유롭다는 전제가 주어져 있다. 다시 말해 도덕의식에게 자연과 도덕의 현실적인 통일이 의식되느냐 마느냐 하는 것은 자연에게는 전혀 관심 밖의 일이고, 따라서 의식은 행복해질 수도 있고 그렇지 않을 수도 있다는 것을 이 의식은 경험한다. 이에 반하여 비도덕적 의식은 우연하게나마 자기가 실현되어 있음을 깨닫는데, 이때 도덕의식은 다만 행위의 동기가 될 뿐이지 행위 결과 실현된 행복이나 성취감을 얻지는 못한다는 사실을 깨닫는다. 따라서 도덕의식은 오히려 그런 식으로 자기와 존재와의 불일치 상태에 대해 불평할 수 있고, 또 순수한 의무만이 자신의 대상이 될 뿐 대상의 실현도 자기의 실현도 깨달을 수 없다는 불공평한 처지에 대해 불평할 수 있는 셈이다.

도덕의식은 행복을 단념할 수도, 또 행복이라는 요소를 자기의 절대적인 목적에서 배제해 버릴 수도 없다. 순수한 의무로 표명되는 목적은 그 본질상 이 개별적인 자기의식을 내포하게 마련이다. 개인의 신념과 이 신념에 대한 지는 도덕성의 절대적 요소이다. 대상화된 목적 및 실현된 의무와 관련되는 이 요소는 자기실현을 직관적으로 깨닫는 개별의식에 만족을 안겨 주는 것인데, 이는 심정적인 차원의 도덕 개념 속에 직접 포함되는 것은 아니며 오직 도덕의 실현이라는 개념 속에 포함되어 있다. 그러나 도덕의 실현을 통하여 만족을 얻는 것은 심정으로서의 도덕성 속에 포함되게 마련이다. 왜냐하면 심정은 행동과 계속 대립만 하는 것이 아니라 오히려 행동을 해서 자기를 실현하려 하고 있기 때문이다. 목적이라는 것은 그 요소들의 의식을 동반한 전체라고 말할 수 있다면 의무의 이행이란 순수하게 도덕적인 행동인 동시에 또한 개체성의 실현이기도 하므로, 추상적인 목적에 대해서는 개별성의 측면을 나타내는 자연과 이 목적은 서로 일치한다고 할 수 있다. 자연이 자유로운 것인 이상 자연과 도덕이 부조화를 이루는 경험은 당연히 생겨날 수밖에 없지만, 마찬가지로 오직 의무만이 본질적이고 이에 비해 자연은 자기가 결여된 무력한 존재라는 것 또한 사실이다. 양자의 조화를 지향한다는 예의 목적 전체는 현실 자체를 내포한다. 목적은 동시에 현실의 사상이다. 도덕과 자연의 조화, 또는 의식이 자기와 자연의 통일을 경험하는 한에서만 자연의 고찰이 가능하다는 점에서 달리 말하면 도덕과 행복의 조화는 필연적으로 있어야만 하는 것으로 생각되며, 또 그러도록 요청되고 있다. 요청된다는 것은 아직 현실화되어 있지 않은 무언가를 실제로 있다고 생각한다는 것인데, 이는 개념 그 자체의 필연성이 아닌 존재의 필연성을 나타내는 말이다. 그러나 필연성이란 동시에 그 본질상 개념에 의한 관계를 나타낸다. 그러므로 요청된 존재는 우연히 의식 속에 떠오른 표상이 아니라 도덕의 개념 그 자체에 깃들어 있는 것으로서, 이 개념의 참다운 내용은 순수의식과 개별의식의 통일이다. 개별의식에서는 이 통일이 하나의 현실로 나타나야만 하는데, 이는 목적의 내용에 따르면 행복이고 형식에 따르면 현존해 있다는 것이다. 따라서 요청된 존재 또는 도덕과 자연과의 통일은 하나의 소망이 아니다. 다시 말해 목적으로 여겨지는 것은 그 성취 여부가 아직 불확실한 것이 아니라, 오히려 이성이 요청하는 것이며 이성의 직접적인 확신이자 전제이다.

도덕과 자연의 부조화라는 첫 번째 경험과 이 양자의 조화 요청이 여기서 문제시되는 유일한 사안인 것은 아니다. 그 밖에도 온갖 범위에 걸친 다양한 요청이 나타난다. 의식이 이를 순수한 대상으로 간주하여 자기의 목적을 이루고자 할 때의 완전히 자유로운 외적 자연으로만 나타나는 것은 아니다. 의식도 그 자체는 본질적으로 다른 또 하나의 자유로운 현실과 대치해 있는 존재이므로, 이 경우에는 의식 자체가 우연한 자연직 존재라고 할 수 있다. 이렇듯 의식 그 자체에 안겨 있는 자연이 '감성'이라 불리며, 이는 '충동'이나 '경향' 같은 의지의 형태를 띠고 나타난다. 이 감성은 자기만의 특정한 본성이나 개별적인 목적을 지닌 것이므로 결국 순수한 의지나 의지의 순수한 목적과 대립한다. 그러나 순수한 도덕의지로서는 이 대립을 뿌리치고 감성과 의식의 관계를, 더 나아가서는 양자의 절대적 통일을 이루는 것이 본질적으로 중요한 일이다. 순수한 사유와 의식의 감성이란 자체적으로는 하나의 의식에 포괄되는 것으로서, 순수한 사유는 이 순수한 통일을 자각하고 끌어안고 있는 것이다. 하지만 의식으로서의 순수한 사유 속에서는 사유 자체와 충동은 서로 대립한다. 이처럼 이성과 감성이 충돌할 때 이성이 본질적으로 취해야 할 태도는 이 대립을 해소하여 그 결과로서 양자의 통일을 이끌어 내는 것이다. 이렇게 생겨난 통일은 양자가 똑같은 하나의 개체 속에 있는 본원적인 통일이 아니라 양자의 대립을 인식하는 가운데 이를 넘어서는 데서 생겨나는 통일이다. 이러한 통일이야말로 현실적인 도덕이다. 이 통일에는 자기를 비로소 현실적 자기로 의식하는 자기와 자기임에는 틀림없는 보편자로서의 자기와의 대립이 포함되어 있다. 다시 말해 거기에는 보는 바와 같이 도덕의 본질에 깃들어 있는 매개작용이 표현되어 있는 것이다. 그런데 대립하는 두 요소 가운데 감성은 단적으로 타재존재이며 부정적인 것인 데 반하여 의무라는 순수사유는 버릴 것 하나 없는 본질인 까닭에 양자의 통일을 완전히 이루려면 감성을 폐기할 수밖에 없을 듯이 보인다. 그러나 감성 역시 통일을 이루어 나가는 과정에 있는 현실의 요소이므로 일단은 양자의 통일을 논할 땐 감성이 도덕에 합치된다는 표현으로 만족해야만 하겠다. 그런데 이 통일 또한 요청된 존재이지 실제로 거기에 있는 것은 아니다. 실제로 있는 것은 의식, 즉 감성과 순수한 도덕의식의 대립 의식이기 때문이다. 그러나 동시에 이 통일은 첫 번째 요청 같은 하나의 그 자체는 아니다. 다시 말해서 자유로운 자연이 한쪽 편에 있고 이 자연과 도덕의식의 조화는 의식의 바깥에 자체적으로 이루어져 있는 것은 아니다. 여기서 자연은 의식 그 자체와 함께하는 것이므로 도덕성 그 자체가 문제 되며, 또 행동하는 자기의 소치인 조화가 문제가 된다. 따라서 의식은 스스로 조화를 실현하여 도덕성을 더욱더 진전시켜 나가야 한다. 그러나 조화의 완성은 무한의 저편으로 미뤄질 수밖에 없으니, 만약 조화가 실제로 이루어진다면 도덕의식은 폐기되고 말 것

이기 때문이다. 이유인즉 도덕성은 부정성을 띤 도덕의식이며 또한 도덕의
식이 내세우는 순수한 의무에 대해서 감성은 다만 부정적인 의미를 지니면
서 거기에 들어맞지 않는 것으로 존재하기 때문이다. 그런데 조화가 이루어
지면 도덕성은 의식으로서도 또 의식의 현실로서도 소멸되고 말 터이니, 이
는 도덕의식과 도덕적 현실 속에서는 조화가 소멸되는 것과 마찬가지이다.
조화의 완성이란 현실로 달성될 수 있는 것이 아니라 어디까지나 해결되지
않는 과제로 그치는 절대적 과제로 간주되어야 한다. 그러나 동시에 이 과제
가 안고 있는 내용은 단적으로 존재해야만 하고, 결코 미해결된 과제로 그치
는 것으로 생각되어서는 안 된다. 이 목표가 이루어지는 경우 도덕의식이 완
전히 사라져 버리리라고 생각하건 아니건 그런 것은 문제가 아니다. 사실 그
것이 어떻게 될지는 무한히 머나먼 저편에선 더 이상 분명하게 판별할 수 있
는 것도 아니니까 말이다. 그렇기에 목표 달성이 무한히 먼 저편으로 미뤄져
버린 것이다. 여기서 짚고 넘어갈 것은 이 점에 대해 명확한 생각을 가질 필
요는 없으며 이를 탐구할 이유도 없다는 것이다. 왜냐하면 그에 대한 명확한
생각을 이끌어 내려고 한다면 모순에 빠질 터이기 때문이다. 즉 그것은 어디
까지나 과제로 남을 수밖에 없으면서도 또한 달성되어야만 할 과제라는 점
에서, 그리고 의식도 아니고 더 이상 현실에 존재할 수도 없는 도덕성이라는
점에서 모순에 빠지게 된다. 그러나 어쨌든 도덕의 완성이 모순을 내포할 수
밖에 없다는 사실이 분명해질 경우에는 도덕 본질의 신성함이 훼손되고 절
대의무가 비현실적인 것으로 보이게 마련이다.

첫 번째 요청은 도덕과 대상적 자연의 조화인데 이는 세계의 궁극목적이
다. 두 번째 요청은 도덕과 감성적 의지의 조화인데 이는 자기의식 그 자체
의 궁극목적이다. 결국 첫 번째가 자체적으로 성립되는 즉자적인 조화라고
한다면 두 번째는 의식적으로 추구되는 대자적인 조화이다. 그러나 양극을
이루는 이 관념적인 궁극목적의 중간에서 양자를 매개하는 것은 현실적인
행동 그 자체의 작용이다. 두 궁극목적은 둘 다 조화이긴 하지만 그 요소는
추상적으로 구별되어 있는 채로 아직 대상화되어 있지는 않다. 그런데 현실
행동이 취해질 때는 두 측면이 본디의 의식 속에 서로 대립하는 것으로 나타
난다. 이제까지 요청은 단지 자체적으로 성립되어 있는 조화와 대자적인 조
화라는 두 조화를 별도로 포함하고 있었을 뿐이지만 지금 여기서 생겨난 요

청은 둘이 합쳐진 완벽한 즉자대자적 조화를 포함한다.

도덕의식이란 순수한 의무만을 단순히 알고 욕구하는 것이지만 일단 행동에 나서면 그의 단순성과는 정반대의 대상, 즉 다양한 현실 국면과 관계함으로써 다양한 도덕적 관계를 낳는다. 그리하여 내용면에서는 다수의 법칙이 생겨나고, 형식면에서는 지적인 의식과 무의식이라는 서로 모순되는 힘이 생겨난다. 먼저 다수의 의무와 관련해서 본다면 도덕의식에서는 본디 수많은 의무 가운데 순수한 의무만이 가치 있는 것일 뿐, 그 밖에 많은 한정적인 의무는 도덕의식에게는 결코 신성한 것은 아니다. 그러나 동시에 행동이라는 것은 다양한 현실을, 따라서 또 다양한 도덕적 관계를 내포하고 있으므로 이런 행동의 개념으로 본다면 다수의 의무도 당연히 저마다 절대적인 가치를 지니는 즉자대자적 존재로 간주되어야만 한다. 더욱이 다수의 의무는 오직 도덕의식 속에만 존재하므로, 이는 순수한 의무만을 절대적으로 신성한 의무로 간주하는 도덕의식과는 별개의 의식 속에 존재할 수밖에 없다.

따라서 이제 다수의 의무를 신성시하며 이를 의무로 알고 욕구하는 또 다른 의식이 요청되기에 이른다. 첫 번째 의식은 한정된 내용 따위는 아랑곳하지 않으므로 결국 순수한 의무만을 그 내용과 상관없이 지켜 나가려고 한다. 그러나 두 번째 의식은 본질적으로 행동과 관계된다는 점에서 특정한 내용을 필연적인 것으로 삼는다. 이때 의무는 한정된 의무로서 그 가치를 인정받는 까닭에 내용 그 자체도 내용을 의무이게끔 하는 형식과 마찬가지로 본질적인 의미를 지니게 된다. 그러므로 이 의식은 보편적인 것과 특수한 것을 단적으로 통일하다시피 하는 의식이며, 따라서 그 개념은 도덕과 행복의 조화의 개념과 같다. 왜냐하면 도덕과 행복의 대립도 역시 자기동일성을 지닌 도덕의식과, 다양한 존재인 탓에 의무라는 단일한 실재와 대립할 수밖에 없는 현실이 서로 분열되어 있음을 표현하는 것이기 때문이다. 그러나 첫 번째 요청에서는 자연이 자기의식에 대해 부정적 존재라는 의미를 띠는 까닭에 그 요청도 단지 도덕과 자연의 조화가 이루어져 '있다'는 식으로만 표현되었지만, 이와 달리 두 번째 요청에서는 조화 그 자체가 본질적으로는 의식으로 정립되어 있다. 여기서는 존재가 그대로 의무의 내용이라는 형식을 띠면서 특정한 의무의 성질을 명확히 나타내고 있는 셈이다. 따라서 이 조화 자체는 사유의 단일한 본질이라는 틀 안에서 성립되는 통일이며 의식 속에 존재하는 통일이다. 이리하여 이 의식은 이제 세계의 주인이며 지배자로서 도덕과 행복의 조화를 마련함과 동시에 많은 의무를 신성한 의무로 드높인다. 지금 이야기한 내용은 순수한 의무만을 중시하는 의식에게는 특정한 의무가 그대로 신성시될 수 없다는 것과 같은 말이다. 하지만 특정한 의무는 특정한 현실의 행위이므로 역시 필연적이다. 따라서 그 필연성은 순수한 의무의 의식 이외의 또 다른 의식에 귀속된다. 이 또 다른 의식은 특정한 의무와 순수한 의무를 매개하면서 특정한 의무에도 그 나름의 타당성을 부여하는 근거를 마련한다.

그런데 현실의 행동에서는 의식은 이 자기로서, 또 완전한 개별자로서 처신하면서 현실 그 자체를 지향하고 이를 목적으로 삼는다. 이유인즉 이 의식은 실현하려는 의지를 지녔기 때문이다. 이리하여 의무 일반은 이 의식의 바깥에 있는 또 다른 실재, 즉 순수한 의무를 의식하며 이를 신성한 것으로 제정하는 입법자에게 맡겨진다. 그런데 행위자는 행위자이기에 직접적으로는 순수한 의무와는 다른 타자로 여겨진다. 여기서 순수한 의무는 어떤 다른 의식의 내용이 되고 이 의식을 매개로 하여 행위자에게 간접적으로 신성시되는 데 지나지 않는다.

따라서 의무를 절대적으로 신성시하는 것이 현실의식에는 합당치 않은 것이 되므로 현실의식은 불완전한 도덕의식으로서 한쪽 극에 위치하게 된다. 이 현실의식은 지의 측면에서 보더라도 자신의 지와 신념이 불완전하고 우연한 것임을 자각할 수밖에 없으며, 마찬가지로 의지의 측면에서 보더라도 자기의 목적이 감성적으로 촉발된다는 것을 자각하지 않을 수 없다. 그래서 현실의식은 자신이 행복에 어울리지 않는다고 여기므로 행복이 필연적으로 다가온다고는 생각할 수 없으며 단지 우연히 행복이 찾아오기를 바라면서 은총에 기대를 걸 수밖에 없게 된다.

그런데 의식의 현실이 그토록 불완전하다 하더라도 그 순수한 의지와 지에서는 의무가 본질에 해당된다. 그러므로 현실과 대립하는 개념이나 사유에서는 의식은 완전한 것이 된다. 그런데 절대신이란 바로 사고의 결실로서, 현실의 피안에서 요청되는 것이다. 따라서 절대신 사상은 도덕적으로 불완전한 지와 의지를 완전한 것으로 간주하는 사상이며, 불완전한 것을 참으로 가치 있는 것으로 간주하는 한 이 불완전한 것의 공적에 따라서 그에 걸맞은 행복을 나누어 주게 된다.

　여기서 도덕적 세계관은 완성된다. 도덕적 자기의식의 개념 아래 순수한 의무와 현실이라는 두 측면이 하나로 통일되면서 이제는 양쪽 다 즉자대자적인 절대적 존재가 아니라 폐기된 계기로 있게 된다. 도덕적 세계관의 최종 단계에서 이것이 의식되기에 이른다. 이때 도덕의식은 순수한 의무를 자기가 아닌 다른 존재가 관장하는 것으로 생각한다. 다시 말해 의식은 한편으로는 의무를 표상된 것으로 여기면서 다른 한편으로는 절대적으로 가치 있는 것이 아니라 오히려 비도덕적인 것을 완전히 타당하고 가치 있다고 생각한다. 같은 맥락에서 도덕의식은 의무에 어울리지 않는 자기의 현실을 폐기된 것으로 생각하고 이 폐기된 터전 위에서 절대신을 표상하면서 이미 자기는 도덕성과 대립되지 않는 존재라고 생각한다.

　그러나 도덕의식 그 자체로서는 도덕적 세계관을 지닌다고 해서 자기의 개념을 발전시키거나 대상화할 수 있는 것은 아니다. 도덕의식은 형식면으로도 내용면으로도 의무와 현실의 대립을 의식하는 일이 없고 대립하는 부분을 서로 관련짓거나 비교하지도 않으면서 그저 스스로 전진을 거듭해 나갈 뿐, 그 요소들을 개념으로 종합하지 못한다. 왜냐하면 도덕의식이 아는 것이라곤 단지 순수한 신이, 바꿔 말해 순수한 의식이 포착하는 추상적인 의무라는 대상이 순수한 지이며 곧 자기 자신이라는 사실뿐이기 때문이다. 이때 도덕의식은 단지 사유작용을 할 뿐이지 개념파악은 하지 않는다. 따라서 이 현실의식의 대상은 투명하게 드러나지는 않는다. 이 의식은 타자존재 그 자체, 즉 자기의 절대적 대립물을 자기 자신으로 파악하는 절대적 개념은 아니다. 자기 자신이 처해 있는 현실이건 대상적 현실이건 그 모두가 비본질적이라고 여기는 이 의식의 자유는 순수사유의 자유이므로 여기서는 이와 대립되는 자유로운 자연도 등장하게 된다. 존재의 자유와 그 존재가 의식에 안겨 있는 것이라는 이 양자는 모두가 이 의식 내에서 생겨나는 것이므로 의식의 대상은 존재하는 것이면서 동시에 한낱 사유된 것에 지나지 않는다. 결국 도덕의식의 직관 최종 단계에서 본질적으로 정의되는 내용은 바로 그의 존재가 표상된 존재란 것이며, 존재와 사유의 결합이 실제로 그런 '표상작용'으로 표현되고 있다.

　우리는 도덕적 세계관을 고찰해 온 결과 대상 세계의 모습이란 바로 의식이 자기 대상으로 삼은 도덕적 자기의식 자체의 개념이라고 했는데, 그렇다면 이 세계관의 발생형식이 의식됨으로써 이에 대한 또 다른 서술형태도 생겨나게 된다. 이 경우 출발점이 되는 첫 번째 의식은 현실의 도덕적 자기의식이며 말하자면 '그런 것이 있다'고 하는 것이다. 즉 개념상으로 도덕의식을 규정할 경우 온갖 현실은 의무에 들어맞는 것인 한에서 본질적인 실재가 된다. 개념은 이 실재를 현실적 자기와 직접 통일된 지(知)로서 정립한다. 따라서 이 통일은 그 자체가 현실적이며 실제로 하나의 현실적인 도덕의식이다. 그런데 이 의식은 그의 내용을 대상화하여 도덕과 현실 전체의 조화라는 세계의 궁극목적으로 표상한다. 그러나 의식은 이 통일을 대상으로 표상은 하지만 아직 대상 그 자체를 지배할 만한 힘을 지닌 개념으로 나타나 있지는 않으므로, 이 통일은 자기의식을 부정하는 것으로 의식된다. 다시 말해서 통일은 의식의 현실 피안에 있는 것으로서, 동시에 존재하는 것이면서도 또한 한낱 사유된 것으로서 의식 밖에 나타나게 된다.

결국 대상과는 별개인 자기의식에게 남겨져 있는 것은 의무 의식과 현실과의, 더욱이 의식 자신의 현실과의 부조화이다. 이를 명제 형식으로 나타내면 이렇다. "도덕적으로 완성된 현실적 의식은 존재하지 않는다." 하지만 도덕이란 애초에 완성된 것으로밖에는 존재하지 않는다. 왜냐하면 의무는 순수하고 맑은 의무 자체로서 있고 도덕이란 이 순수함과 일치할 때만 성립되기 때문이다. 그러므로 여기서 두 번째 명제가 제시된다. "도덕적인 현실은 존재하지 않는다."

그러나 세 번째로 의식은 하나의 자기이므로 자체적으로는 의무와 현실과의 통일이다. 따라서 이 통일은 완성된 도덕으로서 의식의 대상이 되지만, 이는 현실의 피안에 있는 대상이면서 어디까지나 현실화되어야만 하는 것이다.

앞의 두 명제의 종합적 통일이라는 목표 속에서는 자각된 현실과 의무는 모두가 폐기된 요소가 되어 있다. 즉 어느 쪽도 단독으로 있지 않으면서도 타자로부터 자유롭다는 본질적인 규정을 지니지만, 하나의 통일 속에서는 현실도 의무도 더 이상 타자로부터 자유롭지 않은 채 폐기되어 있다. 그리하여 양자는 내용상으로는 서로 타자에게 가치를 인정받는 대상이 되고 형식상으로는 이러한 교류가 동시에 표상된 데 지나지 않는 존재가 된다. 또는 현실로는 도덕적이지 않은 것이 그 자체는 현실에 초연한 순수한 사유인 까닭에 도덕적인 것으로 표상되고 완전한 가치를 지닌 것으로 받아들여지는 것이다. 이로써 "도덕적인 자기의식이 존재한다"는 첫 번째 명제가 성립되지만 여기에는 또 "도덕적인 자기의식은 존재하지 않는다"는 두 번째 명제가 결부된다. 즉 도덕적 자기의식은 존재하긴 하지만 단지 표상으로서 존재하는 데 지나지 않는다. 달리 말하면 도덕적 자기의식은 존재하지 않지만 또 다른 의식의 관점에서는 존재하는 것으로 보이는 것이다.

2) 치환

도덕적 세계관에서 우리가 발견한 것은 한편으로 의식 스스로가 자기의 대상을 의식적으로 산출한다는 점이었다. 우리가 보기에 대상은 낯선 존재도, 의식에 대해서 무의식적으로 생겨나는 것도 아니다. 어디까지나 의식은 대상을 정립할 이유가 있어서 그렇게 하고 있을 것이다. 의식은 자기가 대상을 산출한 당사자임을 알고 있으므로 대상이 자기 자신에게 속한다는 사실도 알고 있다. 이제 대상은 더 이상 의식을 초탈할 일이 없는 만큼 의식도 대상을 초탈할 필요가 없어지므로 여기서 의식은 안정과 만족을 누리는 듯이 보인다. 그러나 다른 한편으로 의식은 그의 대상을 오히려 자기의 피안에 있는 것으로서 자기 바깥에 정립한다. 그러나 이렇듯 피안에 정립된 절대적 존재라는 것도 결코 자기의식에서 해방된 자유로운 존재가 아니라 자기의식을 위하여, 그리고 자기의식으로 말미암아 존재하는 것이다.

그러므로 도덕적 세계관이란 실은 도덕의 근저에 깔려 있는 이 모순을 다양한 측면에서 형성해 나가는 것에 지나지 않는다. 이 경우 가장 적절한 칸트의 표현을 빌린다면 도덕적 세계관이란 사상 없는 모순의 '소굴'이다.* 이 모순이 펼쳐지는 가운데 의식은 어떤 하나의 요소를 확정지었다 싶으면 여기에서 금방 다른 요소로 이행하여 첫 번째 요소를 폐기해 버린다. 그러나 의식은 또 두 번째 요소를 내세우는가 싶으면 이 역시 곧바로 그 다음 것으로 치환해서 아까와는 정반대되는 것이야말로 실재라고 한다. 그런데 이와 동시에 의식은 그 자신이 모순을 저지르며 치환하고 있다는 것을 자각하고도 있다. 의식은 하나의 요소 자체에 관계하면서 그대로 그 요소를 떠나 대

---

* 《순수이성비판》에서 칸트는 우주론적 신 존재의 증명을 비판하여 '변증법적 오만의 소굴'이라고 했다.

립되는 요소로 이행하고 있는 것이다. 그야말로 의식으로서는 한 요소가 실재하지 않는다고 생각하면서 바로 그런 까닭에 그것은 실재한다고 생각하는 격이 된다. 또는 같은 의미에서 한 요소가 그 자체로 존재한다고 주장하기 위하여 그와 반대되는 것 역시 그 자체로 존재한다고 주장하는 식이다. 이러면서 의식은 실제로는 자기가 그중 어떤 요소도 진지하게 다루고 있지 않다는 것을 고백하는 셈이 된다. 이제 이런 일이 어지럽게 움직이는 여러 요소 사이에서 어떻게 벌어지는지 좀더 구체적으로 살펴보자.

현실적인 도덕의식이 존재한다는 전제는 직접적인 것이지 지금 논의된 것과 연관된 사항은 아니므로 일단 그대로 두고, 먼저 첫 번째 요청인 도덕과 자연의 조화 문제로 눈길을 돌려 보자. 이 조화는 그 자체로 당연히 존재해야 하는 것이지만, 현실적인 의식에 대해서 현재 존재하는 것은 아니다. 오히려 현재에 존재하는 것은 도덕과 자연의 모순일 뿐이다. 즉 도덕은 현재 속에 현존한다고 상정되어 있지만, 그러면서도 또 현실은 도덕과 조화되지 않는 것으로 여겨진다. 그러나 현실적 도덕의식은 행동하는 의식이므로 바로 거기에 이 의식의 도덕 현실성이 성립되는 것이다. 그런데 문제는 행동하는 데서 방금 설정한 위치들이 곧장 치환되어 버린다는 점이다. 행동이란 내면적인 도덕목적의 실현일 뿐이며 또한 목적에 의해 규정된 현실, 다시 말하면 도덕목적과 현실 자체의 조화를 실현하는 것이기 때문이다. 동시에 이 실현에서는 행동이 성취한 것도 의식되는 까닭에 현실과 목적의 통일이 현재화되어 있다. 이제 행동이 성취된다면 의식은 자기를 이 개별적인 의식으로서 실현하게 되니, 다시 말해 구체적인 존재가 의식에 귀속되어 있는 것을 직관하여 만족을 누리게 된다. 따라서 도덕적 목적이 이루어진 현실 속에는 또한 만족과 행복이라고 불리는 현실의 형식도 포함되는 셈이다. 그렇다면 행동이라는 것은 실제로는 생겨날 리가 없는 한낱 요청으로서 그저 피안에 놓여 있을 수밖에 없는 것을 그대로 실현하는 것이 된다. 그렇다면 사실상 의식은 그의 행위를 통해 의식의 요청을 진지하게 받아들일 뜻이 없음을 언명하는 셈이다. 왜냐하면 행동이 의미하는 것은 현재 속에는 있을 수 없는 것을 현재에 있도록 하려는 것이기 때문이다. 그런데 또 행동에는 조화가 요청된다. 즉 행동에 의해서 실현돼야만 하는 것은 그 자체로 존재해야만 한다. 만약 그렇지 않다면 현실의 실현 자체가 불가능해지리라. 그렇다면 행동과 요청의 관계는 행동을 위하여, 다시 말하면 목적과 현실의 실제적인 조화를 위하여 이 조화가 비현실적인, 피안에 있는 조화로 정립된다는 모양새를 띨 것이다.

그러므로 행동할 때에는 목적과 현실의 불일치라는 문제는 전혀 진지하게 고려되지 않고 다만 행동 그 자체가 진지하게 다루어지는 듯이 보인다. 그런데 사실 현실의 행동이란 어디까지나 개별적인 의식의 행동이며 따라서 개별적인 행동에 그치는 것이므로 그 결과물도 우연에 좌우되게 마련이다. 그러나 이성의 목적은 일체를 포괄하는 보편적인 목적이므로 전 세계보다 작을 리 없는 궁극의 목적인데, 이 궁극목적이란 개별적인 행동 내용을 훨씬 넘어서서 모든 현실적인 행동 위에 올라서 있어야만 한다. 그리하여 공공복지가 실현되어야 한다고 할 때 개별적인 선행이 이루어질 여지라곤 아예 없어져 버린다. 하지만 또 실제로는 현실의 개별적인 행동이란 무의미하고 지금 내세워진 전체적인 목적만이 실질적이라는 생각은 온갖 측면에서 다시금 반대로 치환된다. 도덕적 행동은 순수한 의무를 본질로 하는 이상 우연적인 것도, 한정적인 것도 아니다. 순수한 의무만이 유일한 전체 목적을 이룬다. 따라서 이 목적을 이루려는 행동은 그 밖에 어떠한 내용상의 제한이 가해진다 하더라도 전체적인 절대적 목적을 실현한다. 아니면 또 현실이 독자적인 법칙을 지닌 채 순수한 의무와 대립하는 자연으로 간주되어 의무의 법칙이 현실의 자연 속에서 실현되기 불가능하다고 한다면, 의무를 본질로 하는 행동에서 사실상 문제가 되는 것은 이성의 전체적 목적인 순수의무의 실현은 아니라는 얘기가 된다. 왜냐하면 그럴 경우 행동이 이루려고 하는 목적은 순수의무가 아니라 오히려 그와 대립하는 현실이기 때문이다. 그런데 현실만이 관심의 대상이라는 생각도 다시금 치환된다. 왜냐하면 도덕적 행동의 개념에 따르면 순수의무라는 것은 본질적으로 행동하는 의식이기 때문이다. 따라서 행동이란 당연히 이루어져야 하며, 절대적 의무는 자연 전체에 해당하는 것으로 표현되고 또한 도덕법칙이 자연법칙이 되어야만 하는 것이다.

그런데 이렇게 우리가 자연과 도덕의 일치라는 '최고선'을 세계의 본질로 여긴다고 한다면 의식은 더 이상 도덕 전체를 진지하게 생각할 필요가 없어져 버린다. 왜냐하면 최고선의 경지에서는 자연의 법칙도 도덕의 법칙과 다를 바가 없기 때문이다. 그런데 행동이란 바로 이 행동을 통해서 폐기되어야 할 부정적인 요소를 전제로 할 때만 비로소 존재할 수 있으므로, 그처럼 도덕과 자연이 일치하는 상태에서는 도덕적 행동 자체가 사라져 버린다. 하지만 만약 자연이 도덕법칙과 일치한다면 현존하는 것을 폐기하는 행동에 의해서 도덕법칙은 훼손되고 말 것이다. 따라서 최고선의 존재를 인정한다면 도덕적 행위가 불필요하며 아예 생겨날 여지가 없는 상태가 근본적인 상태로 보증되게 된다. 그러므로 도덕과 현실의 조화의 요청, 다시 말해서 도덕과 현실을 일치시키고자 하는 도덕적 행동의 개념에 따라서 정립되는 조화의 요청은 이상과 같은 관점에서는 이렇게 표현될 수도 있겠다. 즉 도덕적 행동이 절대적 목적이라면 도덕적 행동이 전혀 존재하지 않도록 하는 것이야말로 절대적 목적인 것이다.

의식은 이와 같은 단계적 요소들을 거치면서 그 자신의 도덕적 표상 속을 헤치고 나아간다. 여기서 우리가 그 요소들을 총괄해 보면 각 요소들이 저마다 폐기돼서 그와 반대되는 요소로 바뀌는 것을 알 수 있다. 의식은 도덕과 현실이 조화를 이루지 않는다는 의식에서 출발하지만 이 점을 진지하게 받아들이지 않는다. 왜냐하면 행동 속에는 도덕과 현실의 조화가 현존하고 있음을 의식은 알고 있기 때문이다. 그런데 행동은 또 개별적인 것이므로, '최고선'이라는 매우 고차원적인 목적을 지닌 의식은 행위 역시 진지하게 받아들이지 않는다. 그런데 또 최고선에서는 모든 행동과 도덕이 사라져 버리므로 사태는 또다시 치환될 뿐이다. 결국 의식은 본디 도덕적 행동을 진지하게 생각하고 있는 것은 아니며, 가장 바람직스러운 절대적 경지라면 최고선이 실현되어 도덕적 행동이 불필요해지는 것이라고 해야만 하겠다.

그 결과 의식은 여전히 모순되는 운동을 되풀이해 나가면서 도덕적 행동의 폐기를 또다시 뭔가 다른 것으로 치환할 수밖에 없다. 도덕은 본원적인 그 자체이다. 즉 도덕이 실현되려면 세계의 궁극목적이 달성돼 있어선 안 되며, 오히려 도덕의식은 홀로 대자적으로 존재하면서 자기와 대립해 있는 자연을 마주하고 있어야만 한다. 그러면서도 도덕의식은 스스로 완성의 경지에 이르러야만 한다. 이리하여 직접 이 의식에 안겨 있는 자연, 곧 감성과 도덕의식과의 조화라는 두 번째 요청이 제기되기에 이른다. 도덕적 자기의식은 그의 목적을 자기의 경향이나 충동과 상관없이 독립되어 있는 순수한 목적으로 내세우는 까닭에 여기서 감성적인 목직은 당연히 말살되어 있어야만 한다. 그런데 감성적인 것을 폐기하겠다고 하자마자 의식은 또 치환행위를 하게 된다. 의식은 행동을 통해서 목적을 이루는데, 여기서 폐기되어야만 하는 것으로 의식되는 감성이야말로 순수한 의식과 현실 사이를 매개하는 중심이 된다. 이는 순수한 의식의 자기실현을 위한 도구로서 기관에 해당하며 충동이나 경향이라고 불리기도 한다. 그래서 의식은 경향이나 충동을 폐기하는 데 열을 올리지 않는다. 왜냐하면 그것이야말로 자기를 실현하는 자기의식이기 때문이다. 또한 그것은 억제되어야 하는 것도 아니고 다만 이성에 합당하기만 하면 되는 것이다. 그런데 실제로 경향이나 충동은 이성에 합당한 것이기도 하다. 왜냐하면 도덕적 행동이란 자기를 실현하는 의식이며 따라서 스스로 충동의 형태를 띠는 의식이기 때문이다. 즉 그것은 그 자체로 현존하는 충동과 도덕의 조화인 것이다. 그러나 사실 충동이란 자기 자신과는 다른 동기를 내포하고 있어서 그로 말미암아 작동되는 한낱 공허한 형식이라고는 할 수 없다. 감성은 독자적인 법칙과 동기를 갖춘 자연의 존재이기도 한 것이다. 그렇다면 충동을 일으키는 동기가 된다거나 경향을 심화한다거나 하는 것은 도덕이 진지하게 다루어야 할 과제는 아닌 셈이다. 왜냐하면 충동이나 경향은 그 자체로 확고한 성질과 고유한 내용을 가지고 있으므로 이들을 의식에 적합하게 하기는커녕 오히려 의식이 충동이나 경향에 뜻이 맞아야 할 판인데, 이는 도덕의식으로서 취할 태도는 아니기 때문이다. 이렇게 본다면 도덕과 감각의 조화란 자체적인 것이며 그저 요청된 데 지나지 않는 것이 되고 만다. 도덕적 행동에서 도덕과 감성의 생생한 조화가 바로 앞에서 제시되었는데 지금은 이미 치환이 이루어져 있다. 조화는 이제 명확히 식별되거나 파악될 수 있는 것이라곤 아무것도 없는 의식 저 너머 피안의 안개 속에 숨어 버렸다. 우리가 지금 막 손에 넣으려던 양자간의 통일은 더 이상 파악될 수 있는 성질의 것이 아니다. 그런데 이 자체적인 조화 속에서 의식은 본디 스스로 체념하고 만다. 이 자체적인 조화는 본원적인 도덕의식의 완성으로서 여기서는 도덕과 감성의 싸움이 끝나고, 어찌된 영문인지 알 수 없지만 감성이 도덕에 일치하는 것이 되어 있다. 그러나 바로 이렇듯 영문을 알 수 없는 탓에 이러한 완성도 다시금 사태를 치환해 놓을 뿐이다. 왜냐하면 도덕이란 절대적 목적을 다른 모든 목적과는 대립되는 순수한 것으로서 의식하는 것이므로 도덕이 완성된다면 오히려 도덕 그 자체가 사라져 버릴 것이기 때문이다. 도덕이란 이 순수한 목적을 지향하는 활동이면서 동시에 감성을 초탈하려는 와중에 오히려 감성 및 그와의 대립에 말려들어 감성과 벌이는 싸움의 한복판에 있음을 의식하는 것이기도 하다. 이리하여 의식은 도덕적 완성을 진지하게 생각하고 있지 않으며 스스로 이 사실을 직접 언명하여, 그 완성을 무한한 저 너머에 있는 것과 치환함으로써 완성은 결코 이루어질 수 없다고 주장하게 된다.

그러므로 오히려 타당하다고 의식되는 것은 이 미완성의 중간상태인 셈인데, 적어도 이것은 완성을 향해 전진해야 할 상태이기는 하다. 그러나 또 이 중간상태는 그런 의미를 지닐 수는 없다. 왜냐하면 도덕에서 진보라는 것은 오히려 도덕이 몰락을 향해 나아가는 것이기 때문이다. 즉 여기서 목표가 되는 것은 앞에서도 보았듯이 무(無), 곧 도덕과 의식의 폐기인데 이러한 무를 향해 더욱더 접근해 간다는 것은 도덕이 퇴보한다는 것과 마찬가지이다. 그뿐 아니라 진보나 퇴보라고 하면 이는 도덕성의 크기 차이를 전제한 것인데, 도덕에서 이런 차이는 전혀 문제가 되지 않는다. 도덕이란 도덕적 목적을 순수한 의무로 보는 의식이므로 여기서 어떤 차이가 나타날 수 없으며, 더욱이 크고 작음이라는 표면적인 차이라면 더더욱 있을 수 없다. 여기에는 오직 하나의 덕, 하나의 순수의무, 하나의 도덕만이 존재할 뿐이다.

이처럼 도덕의 완성이 아니라 그를 향해 가는 중간상태, 즉 방금 얘기한 비도덕적 상태가 도덕의 핵심을 이룬다고 한다면 우리는 또 다른 측면에서 첫 번째 요청의 내용으로 되돌아가는 셈이 된다. 말하자면 이 도덕의식에서는 행복을 그 자신에게 어울리는 것으로서 요구할 권리가 있다고는 생각되지 않는 것이다. 도덕의식은 자신이 미완성에 그쳐 있음을 의식하고 있으므로 사실상 자기가 쌓은 공덕에 상응하는 대가로서 행복을 요구하지는 않는다. 오히려 그는 행복을 아무런 조건 없이 베풀어지는 은총으로서, 곧 오직 행복 자체로서 요구한다. 다시 말하면 절대적인 근거에 힘입어 행복을 기대하는 게 아니라 우연과 자의(恣意)에 의한 것으로서 행복을 기대할 뿐이다. 바로 이 점에서 비도덕이란 무엇인가 드러난다. 즉 이 의식에선 도덕이 문제가 아니라, 도덕과는 무관한 행복 그 자체가 관심사가 되고 있는 것이다.

도덕적 세계관의 이런 두 번째 측면이 등장하면서 도덕과 행복의 부조화를 전제로 했던 첫 번째 측면의 또 다른 주장도 폐기된다. 흔히 경험상 현세에서는 도덕적인 사람이 불행해지고 반대로 비도덕적인 사람이 행복해지는 일이 있다고들 한다. 그러나 도덕이 미완성으로 남아 있는 중간 상태가 도덕의 본질을 이루고 있는 이상 그러한 지각과 경험은 사태의 치환을 나타낼 뿐이다. 도덕이 미완성이니 사실상 도덕은 존재하지 않을진대 도대체 도덕적인 인간이 불행해진다는 경험이 무슨 의미가 있겠는가? 또한 행복 그 자체만이 관심사가 되어 있는 터에 부도덕한 사람이 행복해진다고 판단한들 그것이 부당하다고 할 수는 없는 것이다. 일반적으로 말해 도덕이란 완성되어 있지 않으니 어떤 개인을 두고 비도덕적이라고 하는 것 자체는 아무런 의미도 없으며 그저 자의적인 근거에 따른 것에 지나지 않는다. 따라서 이렇게 내리는 경험적인 판단의 의미와 내용을 따져 본다면 그것은 단지 누군가에게 절대적인 행복이 주어질리 없다는 것일 뿐이다. 즉 이는 도덕이라는 허울 아래 감춰진 질투심의 표현이라고나 하겠다. 그리고 그 밖의 사람에게는 이른바 행운이 찾아올 것이라고 생각하는 근거도 따지고 보면 거기에는 호의적인 우정이 깃들어 있을 뿐이고, 우정을 빌미로 그와 같은 타인이나 자기에게도 그런 우연한 은총이 주어지기를 기대하며 소망하고 있는 것이다.

이로써 도덕의식 속에 있는 도덕성은 미완성으로 그친다는 것이 이제 분명히 제기된 셈이다. 그러나 애초에 도덕성의 본질은 완전히 실현된 순수한 것이어야만 한다는 점에서 불완전한 도덕은 불순하고 부도덕한 것이다. 그렇다면 도덕성 그 자체는 현실의 의식과는 다른 실재 속에서 성립되어야 할 터이다. 이 실재는 바로 신성하고 도덕적인 입법자이다. 의식 속에 있는 불완전한 도덕성은 이 실재를 요청할 수밖에 없다. 이 도덕성의 의미는 먼저 도덕성이 현실의식 속에 정립되면 자기의 타자존재인 일상생활에 관계하고, 이에 도덕성이 자기 내부에 낯선 구별을 지니게 되면서 다양한 많은 도덕률이 생겨남을 뜻한다. 그러나 동시에 도덕적 자기의식은 이들 다수의 의무를 본질적인 것으로 받아들이지는 않는다. 왜냐하면 중요한 것은 오직 순수한 의무일 뿐, 특정한 다수의 의무란 도덕의식에겐 결코 진정한 의무로 생각되지는 않기 때문이다. 그러므로 다수의 의무는 그의 진리를 오직 도덕의식이 아닌 다른 타자 속에서만 지닐 수 있으니, 결국 하나의 신성한 입법자에 의해 신성화되기에 이른다. 그러나 이것 자체도 사태의 치환에 지나지 않는다. 왜냐하면 도덕적 자기의식도 그 스스로는 절대적이라는 자각을 갖고 있어서, 이 자기의식이 의무라고 인식하는 것만이 그에게는 의무이기 때문이다. 그런데 자기의식은 순수한 의무만을 의무로 인식한다. 이 자기의식에게서 신성시되지 않는 것은 그 자체가 신성하지 않으며, 그 자체가 신성하지 않은 것은 신성한 존재에 의해서도 신성화될 수가 없는 것이다. 도덕의식으로서는 애초에 자기가 아닌 다른 의식에 의해서 무언가가 신성화된다는 것을 생각할 수도 없다. 도덕의식에게는 자기에 의해 자기 안에서 신성화되는 것만이 단적으로 신성한 것이다. 따라서 이 도덕의식은 자기와 다른 실재가 신성하다는 사실을 진지하게 받아들일 수가 없다. 왜냐하면 도덕의식이 이런 실재를 인정한다면 이 의식에게 그 자체로 실재적이지 않은 것이 실재성을 지니는 꼴이 되기 때문이다.

앞에서 신성한 실재가 요청되고 그에 따라서 의무가 순수한 의무가 아닌 다수의 특정한 의무로서 타당한 가치를 지니게 됐다 해도, 역시 이는 또다시 치환될 수밖에 없다. 그리하여 도덕의식과는 다른 존재인 신성한 입법자도 그의 내부에서 순수한 의무만이 타당한 가치를 지니는 한에서 신성시될 수밖에 없다. 이렇게 되면 순수한 의무는 실제로도 다른 존재 속에서만 타당하고 도덕의식 속에선 타당하지 않은 것이 된다. 도덕의식에서는 오직 순수한 도덕성만이 타당한 가치가 있는 것으로 보이지만, 도덕의식은 동시에 자연적인 의식이므로 이것 또한 다른 형태를 띠지 않을 수가 없다. 도덕의식 속에 있는 도덕성은 감성의 영향 및 제약을 받고 있으므로 결코 즉자대자적인 절대적 도덕은 아니고 자유의지에 따른 우연적인 것이어서, 비록 순수한 의지라 해도 지의 우연성을 지닐 수밖에 없다. 따라서 즉자대자적인 완전한 도덕성은 의식 이외의 존재 속에 있는 셈이 된다.

신성한 입법자라는 이 존재는 자연이나 감성과는 무관하므로 순수하게 완성된 도덕성을 보유하게 된다. 그런데 또 순수의무가 실재하는 것은 그것이 자연과 감성 속에서 실현되기 때문이다. 흔히 도덕의식이 스스로 불완전하다고 하는 것은 그 의식 속에서 도덕성이 자연이나 감성과 긍정적인 관계를 맺기 때문인데, 이 도덕의식이 자연이나 감성과 부정적인 관계를 맺는 것이야말로 도덕성의 본질적 요소라고 생각하기 때문이다. 이에 반하여 신과 같이 순수하게 도덕적인 존재는 아예 자연이나 감성과의 싸움을 초탈한 숭고한 존재이므로 자연이나 감성에 대하여 부정적인 관계에 있지는 않다. 이렇게 되면 그들 사이에 실제로 남는 것은 긍정적인 관계일 뿐인데, 이는 곧 앞에서 불완전한 비도덕적 관계라고 했던 바로 그것이다. 그러나 순수한 도덕이 현실에서 완전히 유리된 채 현실과 긍정적인 관계를 맺지도 않는다면 이는 무의식적이고 비현실적인 추상물이 될 수밖에 없으니, 여기서는 순수한 의무의 사유이자 의지이며 행위라는 도덕의 개념은 완전히 폐기되고 만다. 따라서 이 순수한 도덕적 존재마저도 다시금 사태의 치환으로 말미암아 폐기될 처지가 된다.

종합적인 표상은 이렇게 복잡한 모순에 사로잡힌 채 서로 대립하는 여러 가지를 줄줄이 나타나게 하는데, 이런 자신의 사상들을 종합하진 못하고 그대로 놔두고선 반대되는 것을 늘 다른 것으로 바꿔 놓을 뿐이다. 그러나 이 순수한 도덕적 존재 속에서는 그처럼 모순된 여러 가지 요소도, 상호간에 치환되는 대립적인 것들도 서로 가까이 다가서게 된다. 그 결과 의식은 이제 자기의 도덕적 세계관을 포기하고 자기 내부로 도피할 수밖에 없는 지경에 이른다.

의식이 스스로 도덕성의 불완전함을 인식하는 것은 그 자신이 도덕성과 대립되는 감성이나 자연의 영향 아래 있기 때문이다. 자연은 한편으로는 도덕성 그 자체를 훼손하고 다른 한편으로는 다수의 의무를 낳기도 하는데, 이 다수의 의무 때문에 현실적 행동이 취해져야 할 구체적인 상황에서 의식이 당황하여 우왕좌왕하는 일이 벌어진다. 왜냐하면 지각의 대상이 대체로 수많은 성질을 수반하는 사물의 경우에서처럼, 이 경우에는 수많은 도덕적 관계가 구체화되어 있기 때문이다. 여기선 특정한 의무가 목적이 되어 있으므로 이 의무에는 일정한 내용이 뒤따르고 그 내용이 목적의 일부가 되면서 도덕이 순수성을 잃어버리고 마는 것이다. 이렇게 되면 도덕은 신성한 입법자, 즉 신이라는 또 다른 존재 속에서만 실재하게 된다. 그런데 여기서 실재한다는 것은 도덕이 즉자대자적으로 완전하게 존재한다는 것을 의미한다. 즉 도덕은 의식된 도덕이라는 의미에서 대자적이고, 현실로 있다는 의미에서 즉자적이기도 한 것이다. 애당초 미완성의 의식 속에서는 도덕은 실현되지 않은 채 관념적인 것에 머물러 있다는 의미에서 잠재적인 자체존재에 지나지 않는다. 왜냐하면 도덕은 자연 또는 감성과 관련되어 있으며 또 도덕의 내용이 되는 현실존재 또는 현실의식과 관련되어 있는데, 이 자연이나 감성은 도덕적으로는 무가치한 것이기 때문이다. 그런데 두 번째 의식에서 도덕은 더 이상 실현되지 않은 관념적인 존재에 머무르지 않고 완성의 경지에 이른다. 그러나 여기서 완성이란 도덕이 의식 속에서 현실성을, 그것도 자유로운 현실성을 띠고 공허한 것이 아닌 내용 있는 충실한 것이 된다는 것이다. 결국 도덕의 완성이란 바로 앞에서 도덕적으로 무가치한 것으로 규정됐던 것이 바로 그 도덕성 속에, 도덕성과 함께 현존하는 것을 의미한다. 도덕은 한편으로는 순수하게 추상적인 비현실적 관념체로서만 가치 있는 것이지만 다른 한편으로는 또 그런 형태로는 아무런 가치도 없는 것이 된다. 다시 말하면 도덕의 진리는 현실과 대립하여 그와 무관하게 완전히 자유로운 가운데 아무런 내용도 지니지 않는 데 있으면서도, 다른 한편으로는 현실성을 지니는 데에 있는 것이다.

도덕적 세계관 속에는 여러 가지 모순이 흩어져 있는데 이런 모순의 혼합 상태는 이윽고 사라지고 만다. 왜냐하면 그런 혼합에 바탕을 둔 구별은 필연적이라고 여겨지며 또 그렇게 정립될 수밖에 없지만, 그와 동시에 본질적이지 않다고 생각되는 구별에서 더 이상 말로 표현될 수 없는 구별로 옮아가기 때문이다. 그리하여 결국 구별은 공허한 것과 실재적인 것이라는 형태로 각각 정립되지만 사실 이 둘은 동일한 현실의 존재이다. 그리고 오직 현실의 존재이면서 의식의 피안에 있는 한에서 절대적이 되고 또한 오직 의식 속에만 있고 피안에 있는 한에서 무실하다고 하는 것이 곧 순수한 의무이며, 실재적인 의무에 대한 지이다. 의식은 이렇듯 구별이 아닌 구별을 지으면서 현실을 공허라고도 하고 실재라고도 하며, 더 나아가서는 순수한 도덕을 참다운 실재라고도 하고 또 실재가 아니라고도 언명한다. 그렇게 의식은 예전에 분리해 놓았던 것들을 하나로 종합하는 듯한 사상을 말로 표현하는데, 이때 의식이 언명하고 있는 것은 자기와 자체의 여러 요소를 규정짓거나 따로따로 흩어 놓거나 하는 것이 중요한 일은 아니라는 것이다. 오히려 여기서 의식이 언명하는 것은 의식의 바깥에 절대적으로 존재한다고 스스로 말하는 것을 도리어 자기의식의 자기라는 핵심 속에 끌어안고서, 절대적인 사유의 결과물이며 절대적인 자체라고 스스로 말하는 것을 바로 이런 이유에서 진리 없는 존재로 받아들이고 있다는 것이다. 의식은 그러한 요소들을 각기 별개의 것으로 취급하는 것이 사태를 치환하는 일임을 자각하는데, 그런데도 여전히 거기에 집착하는 것은 위선이라고 할 수밖에 없다. 그러나 여기서 순수한 도덕적 자기의식은 자기의 본질과 표상이 이처럼 일치하지 않는 상태, 즉 스스로 참이 아니라고 여기는 것을 참이라고 언명하는 부정직한 상태를 역겨워하며 자기 안으로 되돌아간다. 이때 의식은 위선에 젖어 있는 도덕적 세계관을 경멸하는 순수한 양심으로 거듭난다. 의식은 자기 내부에서 자기를 확신하는 단일한 정신으로서, 더 이상 도덕적 표상을 매개로 하지 않고 곧바로 양심에 따라 행동하면서 이런 직접적인 상태 속에서 자신의 진리를 찾는다. 그러나 이 치환의 세계는 바로 도덕적 자기의식이 그 계기에 머무르던 때의 궁극목적이므로 자기의식의 실재적 모습이라 할 수 있다. 따라서 의식이 자기에게 되돌아간다고 한들 의식에 본질적인 변화가 생기는 것은 아니다. 오히려 의식이 자기에게 되돌아간다는 것은, 자기의 진리란 한낱 명목상의 진리일 뿐이라는 의식에 다다른 것과 다름없다. 자기의식은 역시 이 진리가 자기의 진리라고 계속 주장할 수밖에 없다. 자기의식은 자기를 대상적으로 표상해서 언명하고 서술해야만 하는데, 이것이 단순한 치환일 뿐임을 스스로 알고 있다. 따라서 자기의식은 사실상 위선에 젖어 있으며, 예의 치환을 그렇게 경멸하는 것 자체가 이미 첫 번째 위선을 나타내는 것이라 할 수 있다.

3) 양심, 아름다운 혼, 악과 악의 사면

도덕의식은 존재하는 동시에 존재하지 않는다느니, 또는 의무가 의식의 피안에서 타당함과 동시에 반대로 의식 안에서만 존재한다느니 하는 도덕적 세계관의 이율배반은 하나의 표상 속에서 종합되었다. 그런데 이 표상에선 비도덕적인 의식이 도덕적이라고 보이거나 의식의 우연적인 지나 의지가 참으로 중요한 것이라고 여겨지기도 하며 행복은 은총에 의해서 의식에게 베풀어진 것이라고 여겨지기도 했다. 도덕적 자기의식은 이렇듯 자기모순에 빠져 있는 표상을 스스로 떠맡으려 하지 않고 자기가 아닌 다른 존재에게로 떠넘겨 버렸다. 스스로 필연적이라고 여길 수밖에 없는 것을 이렇게 자기 밖으로 내놓는 것은 형식상 모순을 범하는 것인데, 이는 방금 이야기한 표상이 내용상 모순을 빚는 것과 마찬가지이다. 그런데 도덕적 세계관이 분리했다가는 다시 통합하려 하는 이 모순된 요소들은 본디 동일한 것이다. 즉 순수한 지로서의 순수의무는 의식의 자기일 수밖에 없고 이 자기는 현실의 존재이다. 또 마찬가지로 현실의식의 피안에 있다는 것은 바로 순수한 사유이므로 실제로는 자기인 것이다. 따라서 사태의 참모습을 관찰하는 우리가 보기에는 자기의식은 자기에게 되돌아와서 현실적인 것인 동시에 순수한 지와 순수한 의무이기도 한 존재야말로 자기 자신이라고 인식하는 것이 된다. 자기의식 자체는 자신이 우연한 모습 속에서도 완전히 타당한 가치가 있는 존재이며, 이렇게 나타나는 그의 직접적인 개별성이 곧 순수한 지이자 행동이며 참다운 현실이자 조화임을 알고 있는 것이다.

　직접 있는 그대로의 자기가 절대의 진리이며 존재임을 확신하는 정신인 이 양심의 자기는 정신의 제3의 세계에서 생성된 제3의 자기이다. 그러면 이 자기를 전에 등장했던 세계들의 자기와 간단히 비교해 보자. 먼저 인류세계의 진리로 나타나는 현실의 총체는 '인격'으로서의 자기이다. 즉 그 존재는 인정되어 있다. 이 인격은 실체 없는 자기이므로 그의 존재 또한 추상적인 현실로 있다. 인격은 타당한 가치를 지니며 더욱이 직접적으로 그렇게 존재한다. 이때 자기는 그 존재의 장(場)에 그대로 안주해 있는 점이다. 이 점은 보편성에서 분리될 수가 없으므로 양자 사이에는 운동이나 관계도 생겨나지 않는다. 보편자는 내부적으로 구별되지 않으며, 자기의 내용을 이루지도 않을뿐더러 또한 자기가 스스로 충실해지는 것도 아니다. 한편 제2의 자기는 자신의 진리에 다다른 교양세계가 분열된 상태에서 자기를 회복한 정신, 즉 절대적 자유이다. 제1의 세계에서 이루어졌던 개별성과 보편성의 직접적인 통일은 이 새로운 자기에서는 완전히 분열돼 버린다. 이전에 보편자는 순수히 정신적인 실재로서 모두에게 인정되는 공동의 의지이며 지로서 존재하고 있었으나, 이제는 자기의 대상이자 내용이 되어 자기의 보편적인 현실로 나타난다. 그러나 이 보편자는 자기와 분리된 자유로운 존재의 형태를 띠지 않고 있으므로 이 자기 속에서 충실해지지도 않고, 적극적인 내용이나 하나의 세계를 얻지도 않는다. 그리고 세 번째로 도덕적 자기의식은 그 보편자를 자유로이 방임하여 그것이 자기의 독자적인 본성을 띠도록 하면서 또 그 보편자를 자기 안에서 폐기한 형태로 확보하려고도 했다. 그러나 그것은 이 두 규정 사이를 그때마다 오가며 치환의 유희를 벌였을 뿐이다. 이제 양심의 경지에 이르러 비로소 자기의식은 지금까지의 공허한 의무나 공허한 권리나 공허한 공동의지 대신에 그 내용을 자신의 자기의식 내부에 지니게 되었다. 더욱이 이 자기확신은 직접적인 것이므로 구체적인 존재 자체이기도 하다.

이렇게 자신의 진리에 다다른 도덕적 자기의식은 마침내 사태의 치환을 일으키는 근원이 되었던 내적 분열을 떨쳐 내고 폐기한다. 그리하여 자체와 자기의 분열 또는 순수한 목적으로서의 순수의무와 순수한 목적에 대립하는 자연 및 감성으로서의 현실 사이의 분열은 소멸된다. 이렇듯 자기에게 돌아온 도덕적 자기의식은 구체적인 도덕적 정신이 되어 있다. 이 정신은 순수의무의 의식에서와 같이 현실의식과 대립되는 공허한 기준을 제시하지는 않고 도리어 순수의무도, 이와 대치하는 자연도 모두 폐기된 요소로 삼는다. 이 정신은 직접적인 통일 속에서 자기를 실현하는 도덕적 실재가 되고 행동은 그대로 구체적인 도덕적 형태를 띠게 된다.

어떤 행동이 실제로 이루어지는 '경우'가 있다고 하자. 이 행동은 의식에 알려지는 대상적 현실이다. 양심을 지닌 의식은 이 '경우'를 직접 구체적으로 알며, 이 '경우'는 또 의식에 알려져 있는 그대로의 모습으로만 존재한다. 물론 지는 대상과는 별개인 한 우연한 것이다. 그러나 자기를 확신하는 정신은 더 이상 그런 우연한 지가 아니며, 현실과는 다른 사상을 자기 내부에서 창출하지 않고 자체와 자기와의 분열을 폐기하고 있다. 따라서 이 행동의 '경우.'는 자체적으로 있는 그대로 지의 감각적 확신 속에 존재하며, 오직 이러한 지 속에 존재하고 있는 그대로만 자체적일 수 있다. 그러므로 뭔가를 실현하는 행위란 의지의 순수한 형식이며, 즉 실제로 존재하는 '경우'로서의 현실을 이미 실현된 현실로 바꾸어 놓는 것이다. 다시 말해 대상적인 지라는 단순한 존재형태를, 의식에 의해 창출된 현실에 대한 지라는 존재형태로 바꾸는 것이다. 여기서 감각적 확신은 그대로 정신 자체에 받아들여져 있거나 또는 그렇게 변형돼 있는데, 이 변형도 단일하고 직접적이다. 말하자면 순수개념에 의한 이행은 내용을 바꿔 놓지 않는다. 내용이 그에 대해서 알고 있는 의식의 관심에 의해 규정되어 있는데도 그런 것이다. 또한 양심은 행동의 '경우'에 딸린 여러 가지 상태를 갖가지 의무로 분류하지도 않는다. 양심은 긍정적인 보편적 매체는 아니기 때문에 저마다 독자적으로 존재하는 수많은 의무에 부동의 실체적 성질을 부여하진 않는다. 따라서 구체적인 개별 행동의 '경우'가 대립 일반을 포함하게 되고 도덕적인 '경우'는 여러 의무의 대립을 내포하게 된다. 그러므로 행위를 규정할 때는 한쪽 측면 즉 하나의 의무가 늘 침해를 당하여 행위가 아예 이루어질 수 없거나, 또는 행위가 이루어지더라도 결국 대립적인 의무 가운데 하나를 실제로 침해하게 되거나 둘 중 하나이다. 양심은 오히려 다양한 도덕적 실체를 없애 버리는 부정적인 통일체이거나 절대적인 자기이다. 그것은 이런저런 의무를 다하는 것이 아니라 구체적인 정의를 알고서 행동하는 행위, 곧 의무를 충실하게 수행하는 단일한 행위이다. 결국 이것이야말로 양심에 따른 행위다운 도덕적 행위로서, 앞에서 본 행위를 수반하지 않는 도덕의식은 이 행위 속으로 옮겨 간다. 행위의 구체적인 형태는 저마다 다른 의식에 의해서 온갖 성질로, 여기서는 온갖 도덕적 관계로 분해되고 그것들이 각각 의무에 합당한지 그렇지 않은지에 따라서 절대적으로 타당하게 여겨지거나 비교되어 음미되거나 한다. 그러나 양심에 기초한 단일한 도덕적 행위에서는 그러한 갖가지 의무는 깊숙이 묻혀 버리고 그 의무들의 개별적인 실재는 곧바로 여지없이 제압되어, 더 이상 의무를 검사하면서 의식이 갈피를 못 잡고 헤매는 일은 양심에 따른 부동의 확신 속에서는 전혀 일어나지 않게 된다.

또한 이 양심 속에서는 확신을 잃고 허둥대는 의식의 동요도 눈에 띄지 않는다. 이 의식은 때로는 이른바 순수도덕을 자기 바깥에 있는 별개의 신성한 존재에게 떠넘긴 채 자기 자신을 신성하지 않은 존재로 간주하다가도 또 때로는 도덕적 순수성이 자기 것이라고 하면서 감성과 도덕의 결합을 다른 실재에게 떠넘기곤 했던 것이다.

양심은 의무와 현실을 모순된 것으로 파악하는 의식을 떨쳐 냄으로써 도덕적 세계관의 위치 지정 및 치환에서 완전히 손을 떼게 된다. 이런 도덕의식에 따른다면 내가 도덕적으로 행동하는 것은 스스로 순수한 의무만을 수행하고 그 밖에 다른 것은 하지 않겠다고 의식하고 있기 때문인데, 사실 이는 내가 아무런 행동도 하지 않는다는 것이나 마찬가지이다. 하지만 나는 실제로 행동할 때는 순수의무 말고도 당장 눈앞에 있는 현실이나 내가 실현하고자 하는 현실까지도 의식하면서, 특정한 목적에 따라 특정한 의무를 다하게 된다. 결국 여기에는 본디 유일한 목적이었던 순수의무와는 다른 어떤 것이 끼어드는 셈이다. 이에 반하여 양심은 도덕의식이 순수한 의무야말로 자기 행동의 본질이라고 언명할 때 그 순수한 목적이 곧 사태의 치환에 지나지 않는다는 것을 의식하고 있다. 왜냐하면 이 경우 사태 그 자체는 순수한 의무라는 것이 순수한 사유에 의한 공허한 추상물에 지나지 않으며 그 실재성과 내용을 특정한 현실 속에서만 지닌다는 것인데, 이 현실이란 관념적인 의식이 아닌 개별체로서의 의식 자체가 맞닥뜨리고 있는 특정한 현실이기 때문이다. 양심은 직접적인 자기확신에 따라 스스로 진리를 지닌다. 이렇듯 직접적이고 구체적인 자기확신이 바로 양심의 본질이다. 이 확신을 의식의 대립이라는 측면에서 보면 자기의 직접적인 개별성이 도덕적 행위의 내용을 이루게 된다. 그리고 행위의 형식을 이루는 것은 다름 아닌 순수한 운동으로서의 이 자기, 다시 말하면 지와 확고한 자기의 신념으로 뒷받침된 이 자기이다.

이 점을 그의 통일체와 구성요소의 측면에서 좀더 자세히 살펴보면 도덕의식은 자신을 자체 또는 실재(신)로 파악했을 뿐이지만 이제 양심의 차원에서는 자신의 독자적 대자존재 또는 자신의 자기를 파악하고 있다. 이제 도덕적 세계관의 모순은 저절로 해소되고 모순의 근저에 있는 구별은 더 이상 구별이 아닌 것으로 밝혀지면서 모든 구별이 순수한 부정성 속으로 흘러들게 된다. 그런데 이 부정성이야말로 자기이다. 이 단일한 자기는 순수한 지인 동시에 특정한 이 개별의식으로서의 자기에 대한 지이기도 하다. 따라서 이 자기는 지금까지 공허했던 순수의무의 실재에 내용을 부여한다. 왜냐하면 이 자기는 자기의 고유한 법칙에 따라 자립한 채 실재와는 무관하게 존재하는 자연으로서의 의미를 이제는 잃어버린 현실적인 자기이기 때문이다. 이 자기는 부정성을 띤다는 점에서 순수한 본질의 구별이자 내용인데, 더구나 이 내용은 절대적으로 타당하다.

더 나아가서 이 자기는 자기동일성을 지닌 순수한 지이므로 단적으로 보편적인 존재이며, 이 지야말로 자기 자신에 대한 지이자 신념이고 의무이다. 의무는 더 이상 자기와 대립하는 보편자가 아닐뿐더러 자기와 분리된 상태에서는 의무로서 타당한 가치를 지닐 수 없다는 것이 이미 밝혀져 있다. 이제는 법칙이 자기를 위하여 있는 것이지 자기가 법칙을 위하여 있는 것이 아니다. 그러나 이렇게 되면 법칙이나 의무는 대자존재라는 의미만을 지니는 게 아니라 자체존재라는 의미도 지니게 된다. 법칙이나 의무에 대한 이 지는 자기동일성으로 말미암아 법칙이나 의무 바로 그 자체에 대한 지가 되기 때문이다. 그런가 하면 이 자체는 의식 속에서 독자적인 자기와 직접 통일되어 있는 것이 아니라 오히려 대립하고 있으므로 결국 타자에 대한 대타존재가 된다. 바로 이 때문에 의무는 자기에게서 버림받은 의무가 되어 도덕의 일개 요소가 되어 버린다. 의무는 절대적 실재라는 의미를 상실하고 대자적으로 존립하는 자기가 아닌 존재, 즉 대타존재로 격하된다. 하지만 이 대타존재는 여전히 본질적인 요소로서 존재한다. 이유인즉 의식으로서의 자기는 자기 위주의 대자존재와 대타존재의 대립을 본질로 하며, 의무 그 자체도 이제는 한낱 추상적인 순수의식에 그치지 않고 직접 현실적인 내용을 지니고 있기 때문이다.

이렇게 해서 이 대타존재는 자기와 구별되면서 그 자체로 있는 실체가 된다. 여기서 양심은 추상적 자체인 순수한 의무를 내던진 것이 아니며, 오히려 그것을 보편적으로 타자에 관계하는 본질적인 요소로 삼고 있다. 양심이란 모든 자기의식에 공통된 장(場)이고, 이 장이야말로 행위로 하여금 현실적인 토대 위에서 존립하게 하는 실체이자 타인에게 인정받는 요소이다. 도덕의식에는 그의 순수한 의식이 실제로 존재하고 타인에게 인정된다는 요소가 없으며, 따라서 행동을 하거나 무언가를 실현하는 일도 없다. 이 의식 자체는 의식에게는 추상적이고 비현실적인 신이거나 또는 정신성이 결여된 현실존재이거나 둘 중 하나로 나타난다. 그러나 양심이 존재하는 현실은 자기가 그대로 몸담고 있는 현실로서, 자기를 의식하고 타인에게도 인정되는 정신적인 존재의 장을 이룬다. 따라서 행동이란 개별적인 내용을 대상의 장으로 옮겨 놓음으로써 보편적으로 인정되도록 하는 것이다. 그리고 내용이 인정된다는 바로 이 점이 행동에 현실성을 부여한다. 행동이 인정되어 현실성을 얻는 것은 눈앞에 있는 현실이 직접 양심에 따른 신념 또는 지와 결합하여, 행동하는 목적에 관한 지가 그대로 존재의 장이 되고 보편적으로 인정되는 것이 되기 때문이다. 행동의 본질을 이루는 의무는 이 의무를 의무로 확신하는 양심의 신념에 의해 성립되는 바, 이 신념이야말로 의무의 핵심을 이루는 자체이다. 이 자체는 그 자체로 보편적인 자기의식 또는 승인되어 있는 것으로서 현실성을 띠게 된다. 따라서 의무라는 확신 속에 이루어지는 행위는 그대로 현실로서 존립하는 행위이다. 그러므로 선한 의도가 실현되지 않앉다거나 선한 사람이 불행해진다거나 하는 것은 더 이상 문제가 되지 않는다. 오히려 주목할 점은 의무에 합당한 것만이 모든 자기의식에 공통되게 인정되고 실제로 존재하므로, 의무로 인식된 것은 스스로 이루어져서 현실화된다는 점이다. 그런데 이 의무라는 것이 자기의 내용 없이 따로 분리된 채 인식된다면 이는 한낱 대타존재가 되어 단지 본질적인 원칙만이 있고 내용은 없는 투명한 존재가 되고 만다.

정신의 실재성이 드러나는 영역을 되돌아보면 거기서는 개인의 발언이 그대로 절대적인 가치를 지닌다는 것이 하나의 개념이었다. 그러나 이 개념을 직접 표현하는 의식형태는 '성실한 의식'이라는 형태로서, 이는 추상적인 '사태 자체'에 관여할 뿐이고 사태 자체는 술어 구실을 할 뿐이었다. 그러나 이제 양심의 단계에 와서 비로소 사태 자체는 의식의 모든 요소를 갖춘 주어(주체)가 된다. 이 주어는 실체적 세계와 외적인 사물과 사유의 본질 등 모든 요소를 그의 자기확신 속에 끌어들여 포괄한다. 사태 자체는 실체적 세계를 인륜 속에, 외적 사물은 교양 속에 그리고 자각적인 사유의 본질은 도덕성 속에 담아 놓고 있었지만 이제 양심의 단계에서는 사태 자체가 주어가 되어 이들 요소를 자기 것으로 인식하게 된다. 성실한 의식이 언제나 공허한 사태 자체만을 손에 넣고 있었던 데 반하여 양심은 그 내용을 스스로 가득 채워 가면서 사태 자체를 획득하는 것이다. 양심이 이만한 위력을 지니는 것은 의식의 온갖 요소를 제대로 알고서 이를 부정하며 지배하고 있기 때문이다.

행동에서 나타나는 개개의 대립적인 규정과 양심의 관계, 그리고 이런 규정의 본성에 대해 양심이 지니는 의식을 살펴보면 먼저 양심은 행동이 이루어지는 현실적인 '경우'를 알고자 한다고 할 수 있다. 양심이 보편적으로 인정받는 요소는 지에 힘입은 것이라고 할 때, 양심적으로 행동하는 지는 눈앞에 있는 현실을 무조건적으로 포괄하여 이 '경우'의 온갖 사정을 정확히 알고 고려해야만 한다. 그러나 이러한 지는 보편자를 하나의 요소로서 알고 있을 뿐이므로 자기가 의식하는 사정을 알고 있다고는 하지만 모든 것을 포괄하는 것은 아니며, 따라서 완전히 양심적인 태도를 취하지는 못한다. 참으로 보편적이며 순수한 지의 관계는 대립자가 아닌 자기 자신과의 관계일 테지만, 행동은 본질적인 대립을 통해서 의식에 부정적인 있는 그대로의 현실에 관계할 수밖에 없다. 단일한 순수의식에 비하면 절대적인 타자존재나 다양성 그 자체인 현실이라는 것은 헤아릴 수 없이 많은 사정으로 이루어져 있어서 배후에는 갖가지 조건이, 옆에는 나란히 늘어서 있는 상황이, 그리고 앞에는 잇따라 일어나는 현상들이 무한한 부분으로 나뉘어 넓혀져 있다. 양심적인 의식은 사태의 이러한 성격과 이에 관계하는 자신의 태도를 자각하고 있으면서도 의식이 행동하는 '경우'를 완전히 보편적으로 알고 있는 것은 아니며, 모든 사정을 양심적으로 고려한다고 스스로 칭찬해 봤자 빈말에 지나지 않음을 충분히 알고 있다. 그렇다고 모든 사정을 알고 고려한다는 것이 전혀 있을 수 없는 일인 건 아니다. 다만 그것은 타인에 대해 존재하는 요소로 그칠 뿐이다. 이때 양심의 지는 불완전하기는 하지만 양심의 지임에는 틀림없으므로 양심에게는 충분하고 완전한 지로 인식된다.

양심은 같은 방식으로 순수한 의식을 통해서 보편적인 본질 또는 내용의 규정에 관계한다. 행위에 임하면서 양심은 '경우'의 수많은 측면과 관계를 맺는다. '경우'는 수많은 측면으로 분열되고, 순수한 의식이 '경우'에 관계할 때와 마찬가지로 이 다양한 '경우'는 다양한 의무가 된다. 양심은 그 가운데 뭔가를 선택하고 결단해야만 한다는 사실을 알고 있다. 참으로 그중 어떤 것도 절대적인 성질이나 내용을 갖는 것은 없으며 순수의무만이 절대적인 것이기 때문이다. 그러나 순수의무라는 추상물은 실체적인 세계에서 자각적인 자아의 경지에 다다라 있다. 자기를 확신하는 정신은 양심으로서 안정을 유지하고 있으며, 그의 실재적인 보편성 또는 그 의무는 양심이 바로 그것을 의무라고 순수하게 확신하는 신념 속에 존재한다. 하지만 이 순수한 신념은 그 자체로는 순수한 의무나 마찬가지로 공허하다. 그것은 의무로서 아무런 특정한 내용도 지니지 않는 한에서만 순수하다. 하지만 이런 상황에서도 행동은 취해져야 하므로 개인이 결정을 내려야만 한다. 이때 순수의무 그 자체가 자각적인 자아의 의미를 지닌다는 것을 스스로 확신하고 있는 정신으로서는 그 규정과 내용이 자신의 직접적인 확신 속에 존재하고 있음을 알고 있다. 그런데 규정 및 내용을 지닌 이 자기확신은 곧 충동이나 경향으로서의 자연적인 의식이다. 양심은 규정된 모든 것을 절대적으로 부정하므로 자기 앞에서는 어떠한 내용도 절대적일 수 없음을 꿰뚫어 보고 있다. 양심은 스스로 규정하고 결정한다. 그런데 자기는 이른바 감성의 영역에서 활동하며, 이 활동영역 속으로 규정된 내용 자체가 빠져 들어가는 것이다. 즉 직접적인 자기확신에서 내용을 얻는다 해도 그 손안에는 감성 말고는 아무것도 없다. 앞서 언급한 의식형태로 말하자면 선과 악, 법칙과 정의로 표현됐던 그 모든 것은 직접적인 자기확신과는 다른 것으로서, 그러한 보편적 원리는 지금 여기서는 대타존재가 되어 있다. 다른 관점에서 보면 그것은 대상인데, 이 대상은 의식이 자기 자신과 매개 관계를 맺고 있으므로 의식과 대상 자체의 진리 사이에 나타난다. 이때 대상은 의식의 직접성을 나타내기보다는 오히려 의식을 대상에서 분리해 놓는다. 그러나 양심의 관점에서는 자기확신이야말로 순수하고 직접적인 진리이다. 그러므로 이 진리는 양심에 따라서 의무의 내용으로 표상된 직접적인 자기확신이며, 결국은 개인의 자의이거나 개인이 무의식적인 자연스런 상태에 있을 때 우연히 드러내는 모습일 뿐이다.

이렇듯 자의적이고 우연적이라 해도 이 내용은 동시에 도덕적인 본질이자 의무로 간주된다. 왜냐하면 이미 법칙의 음미에서 살펴봤듯이 순수한 의무는 내용에는 전혀 무관심해서 어떠한 내용과도 상통할 수 있기 때문이다. 지금 여기서는 순수한 의무는 대자존재라는 본질적인 형식을 지니고, 개인적인 신념이라는 형식은 그대로 순수한 의무의 공허함을 의식하는 것이 되어 있다. 이 의식에서 의무는 단지 하나의 요소에 지나지 않으며 이 요소의 실체는 술어가 되고 이에 대한 주어 역할은 개인에게 떠맡겨진다. 결국 여기서 개인의 자의는 순수한 의무의 내용을 이루면서 그 어떤 내용이라도 이 형식과 결부시킴으로써 개인이 양심적이란 것을 이 내용과 관련지을 수 있게 된다. 이를테면 어떤 개인이 어떤 방법으로 그의 재산을 불린다고 하자. 이때 개개인이 짊어지는 의무란 자기와 자기 가족의 생계를 도모하고, 또 이에 못지않게 이웃 사람에게 도움이 되고 어려운 이에게 친절을 베풀려고 노력하는 것이다. 개인은 그 내용이 직접 개인의 자기확신 속에 담겨 있기 때문에 이를 의무로 인식한다. 더욱이 개인은 이 경우에 자기가 의무를 다하고 있음을 분명히 알고 있다. 그러나 타인들은 어쩌면 그런 특정한 행태를 기만이라고 생각할 수도 있다. 그들은 이 구체적인 경우의 다른 측면만을 보고 있는 것이다. 하지만 당사자는 재산을 불리는 것이 순수한 의무라고 믿으면서 이 측면에만 매달린다. 이렇게 되면 타인이 폭력행위라느니 불법이라느니 하는 것은 타인에 대한 자기의 독립성을 주장한다는 점에서 의무의 이행이라고도 할 수 있겠고, 비겁한 행위라고 불리는 것은 자기 생계를 유지하고 이웃에

도움이 될 능력을 보유한다는 점에서 역시 의무의 이행이 된다. 반대로 타인이 용감하다고 부르는 것은 오히려 이러한 두 의무를 침해하게 된다. 그러나 아무리 비겁한 사람일지라도 생계를 유지한다거나 타인에게 도움이 될 능력을 보유하는 일이 의무라는 것을 알지 못할 만큼 어리석을 리는 없으며, 또한 자기 행동이 의무에 합치되지 않는다는 것에 대해 신념을 가지지 못하고 또 지의 활동이 의무에 합당한지 아닌지를 결정하는 것도 모를 만큼 어리석을 리는 없다. 그렇지 않을 경우 그는 부도덕한 처신을 하게 될 터이다. 아무튼 도덕성이라는 것은 의무를 달성했다는 의식 속에서 성립되므로 비겁하다고 얘기되는 행위에도 용감하다는 행위 못지않게 그러한 의식은 따를 수 있다. 의무로 일컬어지는 추상체는 그 어떤 내용이라도 받아들이므로 비겁한 내용도 얼마든지 받아들일 수 있는 것이다. 그리하여 비겁한 행위를 하는 의식도 자기 행위가 의무임을 알게 된다. 그리고 이 사실을 알면서 또 의무에 대한 신념이 그대로 의무에 합치된다는 것을 알게 됨으로써 그의 행위는 타인에게도 인정을 받게 된다. 이렇게 해서 행동은 가치 있는 것으로 인정되고 현실적인 존재가 되는 것이다.

이 자유는 임의의 어떤 내용이라도 다른 내용과 마찬가지로 순수한 의무나 순수한 지라는 보편적이고 수동적인 매체 속에 집어넣어 버린다. 이 자유로움에 저항하여 그와는 다른 내용을 집어넣어야 한다고 주장한들 아무런 소용도 없다. 왜냐하면 어떠한 내용이건 일정한 한계를 지니는 흠이 있어서, 이런 한계를 넘어선 순수한 지의 관점에서 보면 그 어떤 내용이라도 받아들일 수 있고 그저 깔보며 외면할 수도 있는 것이다. 모든 내용은 특정한 내용이라는 점에서 동일선상에 있다. 설령 그 내용이 특수성을 폐기하는 성격을 지니는 듯이 보이더라도 말이다. 물론 현실의 '경우'에는 의무가 대립을 일으켜 개인의 의무와 공공의 의무로 양분되는 가운데 공공성을 내용으로 하는 의무가 그대로 순수한 의무의 본성을 지니고 또 이런 점에서 형식과 내용이 완전히 일치하는 듯이 보이기도 하므로, 예컨대 공공복지를 도모하는 행동이 개인의 행복을 위한 행동보다 우선하는 것으로 생각될지도 모른다. 그러나 여기서 말하는 공공의 의무란 절대적인 본질로서의 법률이나 법칙으로 현존하면서, 개인의 직접적인 관심에 대해서와 같이 지나 신념에 대해서도 전혀 무관하게 독립해 있는 것이다. 그러므로 이것은 도덕이 규탄해 마지않는 형식이다. 또한 그 내용으로 보자면 공공복지와 개인의 행복이 대립하는 한은 그 내용에도 일정한 한계가 있음이 분명하다. 따라서 그 법칙은 양심이 그로부터 자유로이 해방되어 있음을 알고 있으며, 양심이 거기에 뭔가를 더 하든 빼든 또 그것을 이행하든 안 하든 간에 절대적인 권능을 지니고 있는 것이다. 더 나아가 개인에 대한 의무와 공동체에 대한 의무의 구별은 그 대립의 성질상 확고한 구별은 아니다. 예컨대 개인이 오직 자기를 위해서 한 일이 공공의 이익이 될 수도 있다. 개인이 자기를 위해서 애를 쓰면 쓸수록 타인에게 도움이 될 가능성이 커질 뿐 아니라, 아예 개인의 현실 자체가 타인과 관련되어 있으며 타인과 더불어 살아가는 것일 수밖에 없으니 말이다. 개인의 만족이란 본질적으로 타인이 자기의 것을 처리하게 하여 타인 스스로가 만족을 누리도록 도와준다는 의미를 지닌다. 결국 의무를 이행할 때 개인을 저버리고 또 자기를 저버리는 일은 공동체 전체를 저버리는 것이기도 하다. 물론 여기서 나타나는 갖가지 의무를 비교하고 고찰하여 어떤 행동이 전체에 어느 정도 이익을 안겨 주는가를 계산해 볼 수도 있겠다. 그러나 이 경우 도덕성 그 자체는 어쩔 수 없이 당사자가 우연히 그런 통찰력을 지녔는지 아닌지에 좌우될 텐데, 사실 그런 식의 계산이나 고찰은 그만두고 이러저러한 이유 따위엔 아랑곳없이 스스로 결단을 내리는 것이 바로 양심의 본질이다.

이렇게 해서 양심은 자체존재와 대자존재의 통일 또는 순수사유와 개체성의 통일 속에서 행동하고 스스로를 보전하며 자기를 확신하는 정신이 되고, 그 진리는 그의 정신과 함께하면서 정신의 자기와 지와 의무에 대한 깨달음 속에 깃들어 있다. 바로 그렇기에 정신은 행동 속에 긍정적으로 구현되는 의무의 형식이나 내용도 또 의무의 지도 모두 자기 것으로서 스스로 확신하면서 그로써 자기를 유지한다. 그런데 이때 자기의 자체로서 자기와 대립하는 것은 결코 진리라고는 할 수 없는 폐기된 요소에 지나지 않는다고 인식된다. 그러므로 여기서 가치 있는 것은 의무를 보편적으로 아는 것이 아니라 이런저런 사정을 구체적으로 아는 것이다. 보편적인 자체존재인 의무 속에 양심은 그의 자연적인 개성으로부터 가져온 내용을 집어넣는다. 이 내용이란 본디 양심이 스스로 갖추고 있던 것이다. 이것이 순수의무라는 보편적인 매체 속에 넣어질 때 양심이 수행하는 의무가 된다. 그런데 이렇게 내용이 투입되면 공허하고 순수한 의무는 이제 폐기된 요소로 제시되기에 이르는 바, 그 내용은 공허함을 폐기하고 의무가 이행되게 한다. 그러나 양심은 또한 그 어떤 내용에도 구속되는 법이 없으므로 타당한 법칙으로 통용되는 그 어떤 특정한 의무에도 구속되지 않는다. 자기를 확신하는 힘을 지닌 양심은 구속이나 해방에 관해 절대적인 지고의 독재권을 과시한다. 따라서 이처럼 자기를 스스로 규정하는 것이야말로 단적으로 의무에 합치되는 것이다. 의무란 지 그 자체이다. 이 단순한 자기성(自己性)이 바로 의무 자체를 이룬다. 그 자체는 순수한 자기동일성으로서 이 의식 속에 깃들어 있는 것이다.

이 순수한 지는 그대로 대타존재가 된다. 왜냐하면 그것은 순수한 자기동일성으로서 직접 그대로 존재하는 것이기 때문이다. 그런데 이 존재는 동시에 순수한 보편적 존재로서, 모든 사람과 함께하는 자기이다. 다시 말하면 행동은 모두에게 인정되고 따라서 현실적인 것이 된다. 이 존재는 양심을 그대로 모든 의식과 동등한 관계에 놓아두는 장이 된다. 그리고 이 관계는 자기가 결여된 법칙이 아니라 양심의 자기를 의미한다.

그러나 양심이 행하는 결단이라는 이 올바른 행위가 동시에 대타존재라는 점에서 양심에는 불균형이 일어날 듯이 보인다. 양심이 수행하는 의무는 특정한 내용을 가진다. 물론 그 내용은 의식의 자기이며 이 점에서 자기에 대한 양심의 지로서 양심의 자기동일성을 지닌다고 하겠다. 하지만 그 내용이 존재라는 보편적인 매체 속에 집어넣어져 실현될 때는 이 자기동일성은 더 이상 지로서 유지되지 않으며, 자기의 구별을 동시에 그대로 폐기해 버리는 구별작용으로서 유지될 수도 없게 된다. 오히려 존재의 장에서는 구별이 존립하고 행동은 특정한 행동이 되면서 이제는 모든 사람의 의식과 어긋나게 되고, 결국 타자로부터 필연적으로 인정받지 못한다. 행동하는 양심과 이 행동을 의무로 인정하는 보편적인 의식이라는 두 측면은 모두가 이 행위의 특정한 내용에는 얽매이지 않는다. 이러한 자유 때문에 의무라는 공통의 매체를 바탕으로 한 관계는 오히려 전적으로 부등한 관계가 된다. 그리하여 행동과 마주하고 있는 의식은 자기확신을 안고 행동하는 정신에 관하여 전혀 확신할 수 없음을 깨닫는다. 자기확신을 품고 행동하는 정신인 양심은 일정한 내용을 존재하는 것으로 정립한다. 타인은 이 존재를 정신의 진리로 간주하고 거기서 그 정신을 확신한다. 이 점에서 정신은 자기가 무엇을 의무로 인정하는지 언명한다. 그러나 정신은 또한 특정한 의무에 매여 있지 않다. 그것은 타인들이 정말로 그런 정신이 존재한다고 생각하는 장소에서 밖으로 벗어나 있다. 존재 그 자체라는 이 매체, 그 자체로 있는 의무는 정신의 한 요소에 지나지 않는다. 정신은 타인에게 제시한 것을 재빨리 다른 것으로 바꿔 놓기도 하고 심지어는 그 순간 이미 바꿔 놓은 것을 제시하고 있기도 하다. 왜냐하면 정신의 현실은 이렇게 밖으로 제시된 의무나 특정한 내용이 아니라 절대적인 자기확신 속에 간직되어 있는 현실이기 때문이다.

그리하여 타인은 이 양심이 도덕적으로 선인가 악인가 알 수 없게 된다. 아니 심지어 알 수 없는 정도가 아니라 아예 양심을 악한 것으로 생각할 수밖에 없다. 앞에서 밝혀졌듯이 양심이 특정한 의무나 의무 그 자체로부터 자유롭게 해방되어 있듯이 타인도 그로부터 해방돼 있기 때문이다. 양심이 타인에게 제시하는 것을 타인은 자기 임의로 치환할 줄 안다. 이렇게 양심이 제시한 것은 어느 타인의 자기만을 표현한 것일 뿐, 그 타인 자신의 자기를 표현하는 것은 아니다. 타인들은 그런 양심에 얽매이지 않을 뿐 아니라 스스로의 의식 속에서 양심을 해체하고 판단과 설명을 가해 그것을 무화시킴으로써 스스로의 자기를 유지한다.

그러면서도 양심의 행동은 순수한 자기에게서 버림받은 존재로 규정되는 것만은 아니다. 무엇이 의무로 간주되고 인정되어야만 하는지는 지와 의무를 의무로 아는 신념, 즉 행위 속에서의 자기에 대한 지에 의하여 비로소 결정된다. 만약 행위가 이러한 자기를 포함하지 않게 된다면 행위의 유일한 본질이라 할 만한 것도 더불어 사라지고 만다. 행위라는 구체적인 존재는 이 의식에게 버림받을 경우 하나의 평범한 현실이 될 것이다. 그리고 행동은 우리 눈에는 그 존재가 자기의 쾌락이나 욕망을 실현하는 것으로 보이리라. 구체적 행동으로서 존재해야만 하는 것은 여기선 오직 자기를 표현하는 개체로 인식되는 한해서만 본질을 드러낼 뿐이다. 이렇게 인식되어 있는 것이 타인에게서 인정되고 또 그대로 구체적으로 존재해야만 하는 것이다.

자기는 자기로서 존재의 장으로 들어가고 자기를 확신하는 정신은 정신으로서 타인에 대해서 현존한다. 자기의 직접적인 행동이 그대로 가치 있는 현실존재는 아니며 특정한 내용이나 의무 자체가 인정받는 것도 아니다. 여기서는 오직 스스로를 아는 자기 그 자체만이 인정된다. 존립하는 장을 이루는 것은 공동의 자기의식인데, 이 장에 들어서는 것은 행동의 결과는 아니다. 그런 행동은 이 장에서는 이윽고 사라져 버리고 존속할 수도 없다. 여기선 오직 자기의식만이 인정되고 현실성을 획득한다.

이리하여 우리는 다시금 언어가 정신을 체현하는 것임을 알게 된다. 언어는 타인에 대해서 존재하는 자기의식이다. 즉 이 자기의식이 직접 자기의식으로 눈앞에 현존하고 있는 개별적이고도 보편적인 것이다. 언어는 자기로부터 단절되어 있는 자기이며, 순수한 자아=자아의 형태로 자신의 대상이 되고 이렇듯 대상화된 가운데 여전히 개별적인 자기를 지켜 나가는가 하면 직접 타자와 합류하여 타자의 자기의식이 되기도 한다. 언어를 통해 자기는 타인에게 들리듯이 자기를 듣는다. 듣는다는 것은 곧 존재가 자기가 되는 것이다.

이렇게 언어가 획득한 내용은 더 이상 전도되거나 스스로 전도하는 분열된 교양세계의 자기가 아니라 자기에게 되돌아와 자기와 자기 내면의 진리와 자기의 인정을 확신하며 또 이렇게 확신하고 있는 지로서도 인정된 정신이다. 인륜적 정신의 언어는 법칙이자 단순한 명령으로서 필연의 운명 앞에 눈물짓는 한탄이었다. 이에 반하여 도덕의식은 여전히 침묵한 채 자기 내면에 틀어박혀 있다. 이 의식에서는 자기가 아직 스스로 존재를 지니지 않은 채 이제 겨우 외면적으로 존재와 관계를 맺고 있는 것이다. 그러나 언어는 어디까지나 자립적인 자기의식과 인정된 자기의식을 매개하는 매체로 등장한다. 그리고 언어로서 존재하는 자기는 있는 그대로 보편적이고 다양한 형태로 나타나면서도 또한 단일한 모습을 하고 있는 인정된 존재이다. 양심의 언어에 담긴 내용이란 자기가 바로 실재(본질)임을 아는 자기이다. 오직 이러한 자기만이 언어로 표현되고, 이 표현이야말로 행위의 진정한 현실이며 행위에 타당한 가치를 부여하는 것이다. 의식은 자기의 신념을 표명한다. 이 신념이 있어야만 비로소 행동은 의무가 된다. 또 행동이 의무로서 가치를 인정받기 위해서는 신념이 표명되어야만 한다. 보편적인 자기의식은 단지 어쩌다 있는 특정한 행동 따위와는 아무 관계도 없기 때문이다. 그저 존재하는 데 지나지 않는 행동은 자기의식에겐 아무런 가치가 없다. 그보다도 행동을 의무라고 확신하는 신념이야말로 가치 있는 것으로서, 이 신념은 언어 속에 현실화된다. 행동을 실현하는 것은 여기서는 목적이나 독자적인 내용을 추상적 현실의 모습으로 바꿔 놓는 것이 아니라, 의식이 행동을 위한 지나 그 독자성을 본질로 하는 직접적인 자기확신의 형식에서 단언의 형식으로 옮겨 가는 것을 뜻한다. 이 단언은 의식이 의무를 확신하고 그 의무가 자발적인 양심임을 알고 있다는 것을 나타낸다. 즉 이 단언은 자신의 신념이 곧 본질 이라는 사실을 양심이 확신하고 있음을 단언하는 것이다.

의무에 대한 신념에 따라 행동하고 있다는 단언이 참인지 거짓인지, 또는 행해진 것이 실제로 의무인지 아닌지 등에 관한 물음이나 의심은 양심에게 는 아무런 의미도 없다. 단언이 참인지 거짓인지 가려내기 위해서는 내면의 의도와 밖으로 드러난 의도가 구별되는 것, 다시 말하면 개별자로서의 자기 의 의지가 순수한 보편의식의 의지인 의무와 서로 분리될 수 있다는 것이 전 제로서 인정되어야만 한다. 이 경우 밖으로 드러난 의도가 언어로 표현되긴 하지만 실은 내면의 의도야말로 행동의 참다운 동기라는 식으로 구별이 설 정된다. 그러나 사실 보편의식과 개별자로서의 자기의 이러한 구별은 여기 서 이미 폐기되어 있으니, 이를 폐기하는 것이 바로 양심이다. 자기를 확신 하는 자기의 직접적인 지가 법칙이고 의무이다. 그리고 그 의도는 바로 자기 의 의도이기 때문에 곧 정의이다. 이때 필요한 것은 자기가 그것을 알고 또 자기의 지와 의지가 곧 정의라는 신념을 언명하는 것, 오직 이것뿐이다. 이 신념이 언명될 때 그 자체로 개별적인 특수성은 폐기되고 자기의 필연적인 보편성이 인정된다. 자기를 가리켜 양심이라고 부르는 것은 스스로를 순수 한 자기지(自己知) 또는 순수한 추상의지라고 일컫는 것과 같다. 다시 말해 그것은 자기가 타인에게 인정받고 타인과 동등한 보편적인 지이며 의지라고 말하는 것이다. 이유인즉 타인도 순수한 자기의 지이자 의욕이기 때문이며, 바로 그렇기에 그는 타인에게도 인정받게 되는 것이다. 결국 정의의 본질은 스스로를 확신하는 자기의 의지와 자기가 본질적 실재임을 아는 지 속에 깃 들어 있는 것이다. 그러므로 양심에 따라 행동한다고 말하는 사람은 누구나 진실을 말하고 있는 셈이다. 왜냐하면 양심이란 지와 의지를 지닌 자기이기 때문이다. 하지만 그 사람은 이 점을 본질적으로 말로 표현해야 한다. 왜냐 하면 이 자기는 동시에 보편적인 자기가 되어야 하기 때문이다. 자기는 행동 의 내용 속에서 보편적인 자기가 되지는 않는다. 행동의 내용이란 그의 한정 성으로 말미암아 그 자체는 아무래도 상관없는 것이기 때문이다. 그보다도 보편성은 행동의 형식에 깃들어 있으니, 이 형식이 현실적인 것으로 정립돼야만 한다. 이 형식은 그대로 언어 속에 현실화되는 자기이며 스스로를 참된 것이라고 언명하는 자기이다. 바로 이 점에서 자기는 모든 자기를 인정하고 또 모든 자기로부터 인정된다.

이로써 양심은 특정한 법칙이나 온갖 의무 내용을 초월한 지고의 권리를 손에 넣어 이제는 어떠한 내용이라도 마음대로 자기의 지와 의지 속에 끌어들이게 되었다. 양심은 직접 지에서 우러나는 내면의 소리를 신의 목소리로 알아듣는 도덕적 천분이다. 그것은 또한 이 직접적인 지에 그대로 존재가 깃들어 있음을 알고 있으므로 그 개념에 생명을 불어넣는 신적인 창조력이기도 하다. 게다가 이 천분은 자기 내면에서 신에게 봉사한다. 말하자면 양심이 행하는 행동은 곧 자기 자신의 신성(神性)을 직관하는 것이기도 하다.

이 고독한 신에 대한 봉사는 동시에 본질적으로는 교단에서 이루어지는 예배로 나타나며, 여기서 순수하고 내면적인 자기지와 자기청취는 의식의 한 계기로 나아간다. 자기를 직관한다는 것은 자기가 대상으로서 존재한다는 뜻인데, 그 대상적인 장을 마련하는 것이 자기의 지와 의지를 보편적인 것으로 언명하는 행위이다. 이렇게 언명함으로써 자기는 가치 있는 존재가 되고 행동은 실제로 무언가를 이루어 내는 것이 된다. 자기의 행위를 현실의 행위로서 확립하는 것은 보편적인 자기의식이다. 그런데 자기의 양심에 따른 발언은 자기확신을 순수하고 보편적인 자기로 정립하는 것이다. 이때 타인들은 자기가 본질적인 존재로서 표현되고 인정되는 이 말에 따라 행동을 가치 있는 것으로 받아들인다. 그러므로 타인들을 하나로 이어주는 정신과 실체는 서로가 자기들의 양심과 선의를 단언하여 확인하고 서로의 순수함을 기꺼워하면서, 그토록 훌륭한 것을 알고 또 표현하며 그 탁월함을 보호·육성하는 작업에 매진하는 데서 발현된다. 그런데 양심은 그의 추상적인 의식과 자기의식을 여전히 구별하고 있는 한 자신의 생명력을 신 안에 숨겨 놓고 있을 뿐이다. 물론 신은 양심적인 정신과 심정과 자기 앞에 직접 현존하고 있긴 하지만, 백일하에 드러나 있는 그의 현실의식과 그것을 매개하는 운동은 양심에 대해서는 은폐된 내면이나 직접 현존하는 신과는 다른 별개의 존재로 나타난다. 그러나 양심이 완성의 경지에 다다르면 추상적인 자기의식과 양심의 자기의식의 구별은 사라진다. 이때 양심은 추상적인 의식이 바로 이 자기이고 자기를 확신하는 이 대자존재임을 알게 되면서 자기 바깥에 놓여 있는 은폐된 추상적 존재인 자체적인 신과 자기가 직접 관계하는 가운데 위의 구별이 사라져 버린다는 것까지도 알고 있다. 왜냐하면 서로 관계하고 있는 것이 동일한 존재가 아닌 서로 다른 존재로서 오직 제3자 속에서만 하나가 될 수 있는 관계란 결국 매개된 간접적인 관계이며, 여기서 직접적인 관계란 단지 통일일 뿐 다른 무엇도 아니기 때문이다. 이제 의식은 구별 아닌 구별을 여전히 구별이라고 여기는 무사상적인 상태에서 벗어나 그의 내면에 자체적인 신이 직접 현존하는 것을 곧 신과 자기의 통일로 이해함으로써 결국은 자기를 살아 있는 자체로 알게 되고, 이러한 지가 곧 종교임을 깨닫는다. 종교란 직관적으로 받아들여지는 존재하는 지로서, 교단이 자기의 정신에 관하여 얘기하는 말과 다름이 없다.

이리하여 우리는 여기서 자기의식이 가장 깊숙한 내면으로 되돌아가서 모든 외적인 것이 소멸되고 끝내 자아=자아라는 직관 속에서 이 자기가 모든 본질 및 존재가 되어 있음을 알게 된다. 자기의식은 이러한 자기 자신의 개념 속에 잠겨 있다. 이때 자기의식은 자기의 극단적인 양극으로 쫓겨나고, 심지어 그 때문에 자기의식을 실재적인 의식으로 삼는 의식의 서로 다른 계기들이 우리에겐 더 이상 순수한 양극으로 여겨지지 않을 뿐만 아니라, 나아가서 자체적으로 의식 자신에 대해 존재하는 것도 이제는 발산되어 추상화되면서 지지 기반을 잃고 의식 자신에 대해서도 실체적 성격을 띠고 나타나지 않게 된 것이다. 이제껏 의식이 실재라고 여기던 모든 것은 이러한 추상물로 퇴락해 버린다. 이렇게 말끔히 순화된 의식은 가장 빈곤한 형태를 띠게된다. 그리고 이 의식의 유일한 소유물인 이 빈곤함마저도 사라지고 만다. 실체를 완전히 해체해 버린 이 절대적 확신은 자체 내에서 무너지는 절대적 비진리가 된다. 이는 의식을 침몰시키는 절대적 자기의식이다.

이러한 침몰을 그 자체의 내부에서 고찰해 보면 의식에서는 그의 지라는 것이 그대로 자체적인 실체를 이루고 있다. 의식으로서의 이 지는 자기와 자기의 본질이 되는 대상의 대립으로 분리되어 있다. 그런데 바로 이 대상이 완전히 투명한 지의 자기로서, 여기서는 무언가를 의식한다는 것이 곧 자기를 아는 것이나 다름없다. 모든 생명과 정신적인 본질성은 이제 자기 속으로 환원되어 자아 그 자체와 전혀 구별될 수 없게 된다. 의식의 요소는 극한의 양극으로 추상화되어 어느 것 하나도 존립하지 못하고 타자 속으로 휩쓸려 들어가 소멸되고 또 타자를 생성한다. 이리하여 의식은 스스로 교체를 일으키는 '불행한 의식'이 된다. 그러나 여기서는 교체운동이 의식 내부에서 자각적으로 행해지면서 이성의 개념에 들어맞는다는 사실이 의식되어 있다. 따라서 이러한 사태가 자체적으로 잠재해 있을 뿐이었던 '불행한 의식'과는 사정이 다르다. 이성에 대해서 이 절대적 자기확신은 의식으로서 그대로 음향을 내기를 멈추고는 대상화된 대자존재로 전도돼 버린다. 그런데 이렇게 조성되는 세계는 의식이 이야기하는 세계로서, 이 이야기 또한 그대로 듣게 되지만 그의 반향은 의식에게로 돌아올 뿐이다. 따라서 이러한 복귀도 완전한 절대적 의미의 복귀라고 할 수는 없다. 왜냐하면 여기서 실재는 의식 이외의 독립된 자체적 존재가 아닌 의식 자신이기 때문이다. 또한 의식은 구체적으로 존재하는 세계와 어울리는 일도 없다. 즉 대상이 현실의 자기를 부정하는 일도 없거니와 자기가 현실이 되는 일도 없는 것이다. 이 의식에게는 스스로를 외화하는 힘, 곧 스스로를 물화(物化)하여 그의 존재를 감내할 만한 힘이 결여되어 있다. 의식은 자기 내면의 영광이 행위와 생활로 말미암아 더럽혀지지나 않을까 하는 불안 속에 살고 있다. 자기 마음의 순수함을 보존하기 위해서 현실과의 접촉을 피하는 이 의식은 이기적인 무력한 상태에 빠져 있으므로, 극단적인 추상으로 치닫는 자기를 떨쳐 버리고 그 자신에게 실체적 성질을 부여함으로써 사유를 존재로 바꾸거나 절대적 구별을 받아들이거나 하지를 못한다. 따라서 의식이 산출해 낸 속이 텅 빈 대상은 공허한 의식을 가지고 의식을 가득 채울 뿐이다. 이 의식의 행위는 동경의 표시이지만 이는 스스로 생성하는 사이에 본질이 결여된 대상이 되어 상실되고 만다. 그리고 이 상실을 넘어 자기에게 되돌아오더라도 결국 자기상실을 깨달을 뿐이다. 이 의식은 투명한 순수함을 안고 살아가는 불행하고도 아름다운 혼이 되는데, 그 내면의 빛나는 불꽃은 차츰 사그라지면서 어느덧 대기 속에 녹아 들어가는 수증기가 되어 형체를 잃고 사라져 버린다.

생명이 휘발되어 힘을 잃어버린 이 본질의 모습들은 조용히 하나로 합류하는데 이는 양심의 현실이 지닌 또 다른 의미로, 양심이 운동하는 현상으로도 받아들여져야 하며 이때 양심은 행동하는 양심으로 고찰되어야 한다. 이 의식 속에 자리잡은 대상적 요소는 앞서 보편의식으로 규정되었다. 여기서 자기를 아는 지는 이 자기로서 다른 자기와 구별된다. 언어 속에서는 모든 자기가 양심에 따라 행동하는 자기로서 서로에게 인정받았지만, 이제는 누구나가 동등하다는 이 보편적 관계가 개인의 독자성으로 말미암아 부등한 관계로 분열되고 의식은 저마다 보편성을 벗어나 곧장 자기에게 되돌아온다. 여기서 개인과 개인의 대립 그리고 개인과 보편자의 대립이 필연적으로 일어나므로, 이제 이 관계와 운동이 고찰되어야만 하겠다. 달리 말하면 보편성을 띤 의무가 이제는 보편성을 일탈한 특정한 개인과 관계되면서 보편성과 정반대되는 의미를 지니게 된다. 이 개인에게서 순수한 의무는 표면상으로 나타나 바깥으로만 향해 있는 공동의무가 된다. 이제 의무는 말로만 그치는 대타존재로서 인정을 받을 뿐이다. 맨 처음에 양심은 그저 눈앞에 현존하는 이 특정한 의무로서의 의무에는 부정적인 태도를 취하면서 자기가 이에 얽매이지 않는다는 것을 알고 있을 뿐이었다. 그러나 이제 양심은 스스로 공허한 의무를 일정한 내용으로 채우기에 이르러, 자기가 이 특정한 자기로서 자신의 내용을 이루고 있다는 점에 관하여 긍정적인 의식을 지니게 되었다. 하지만 양심의 순수한 자기는 공허한 지이므로 아무런 내용도 규정도 지니지 않는다. 양심이 이 자기에게 부여하는 내용은 특정한 개별자로서의 자기, 즉 자연적인 개체성으로서의 자기에게서 얻어 가지고 온 것이다. 양심은 자기의 행위가 양심적이라고 말할 때는 스스로를 순수한 자기로서 의식한다. 그러나 현실적인 내용에 바탕을 둔 자기 행동의 목적에 관해서는 스스로를 이 특정한 개인으로서 의식하는 동시에 자립적 대자존재인 자기와 대외적 대타존재인 자기의 대립, 즉 보편자 및 의무와 이로부터 자기에게 돌아와 있는 것 사이의 대립을 의식하고 있다.

　양심이 행동에 나설 때의 대립은 의식의 내면에서는 이상과 같이 나타난다. 그와 동시에 이는 일상생활의 장에서는 바깥에 대한 불일치로, 곧 특수한 개인 대 개인 사이의 불일치로 나타난다. 개인의 특수성은 양심의 의식을 구성하는 두 요소인 자기와 자체가 서로 부등한 가치를 지닌다고 간주됨으로써 성립된다. 더구나 이때 양자는 양심 속에서는 하나의 요소에 지나지 않는 자체 또는 보편자와는 달리, 자기확신이 곧 실재라는 규정을 지닌 것으로 간주된다. 따라서 이 내면적인 규정에 대하여 일상적인 존재의 장 또는 보편의식이 대립하게 된다. 여기서는 오히려 보편성에 기초한 의무가 곧 실재이며 반대로 보편자에 반하는 독자적인 개별자는 폐기되어야 할 일개 요소로 여겨질 뿐이다. 이렇게 의무를 고수하는 보편의식의 편에서 본다면 자기 내부적인 존재라서 보편자와는 일치하지 않는 개별의식은 '악'이 된다. 그런데도 이 개별의식은 자기의 행위가 자기 자신과 일치하고 의무와 양심에도 어긋남이 없다고 언명하고 있으니 이는 '위선'이라고 간주되기에 이른다.

개별의식과 보편의식이 벌이는 이 대립의 운동은 일단 악의 의식과 악의 발언 사이의 형식적인 일치를 회복하는 것이다. 즉 악은 악이라는 것과 악의 존재와 본질이 일치한다는 것이 밝혀져야 한다. 그 위선은 폭로되지 않으면 안 된다. 위선은 겉으로는 의무와 덕성에 따르는 듯한 모습을 나타내면서 자기와 타인 모두를 기만하므로, 흔히들 말하듯이 위선도 의무와 덕성에 경의를 표한다는 점이 증명되어 있으며 그렇게 반대되는 것을 인정하는 행태 자체 속에 이미 동일성과 일치가 내포되어 있다고 말할 수 있을지도 모른다. 그러나 이것만 가지고선 위선의 불일치가 이미 일치된 상태에 실제로 돌아와 있다고는 할 수 없다. 그러나 이와 동시에 역시 위선은 이처럼 언어로만 승인하는 상태에서 빠져나와 자기에게 돌아와 있다. 그리고 자체존재인 의무와 덕성을 대타존재로 활용하기만 하는데, 이는 오히려 스스로 그런 자체존재를 경멸하고 그것이 본질 없는 것임을 모든 사람에게 알리는 형국이다. 그도 그럴 것이 외적인 뭔가를 위한 도구로 활용되는 것은 그 자체로는 아무 무게도 없는 한낱 물건에 지나지 않음이 분명하기 때문이다.

또한 악의 의식이 일방적으로 자기를 고수한다고 해서, 또는 보편적인 입장에서 판단을 내린다고 해서 그러한 위선의 자기일치가 이루어지지는 않는다. 악의 의식은 의무의 의식을 부인하면서 의무의 의식이 보편성과 절대로 합치될 수 없는 악한 것으로 간주하는 것을 그 스스로는 내면의 법칙과 양심에 따른 행동이라고 주장한다. 그러나 타인은 그런 말을 믿지도 인정하지도 않는 까닭에 악의 의식이 일방적으로 자기와의 일치를 단언하고 나서도 타자와의 불일치는 사라지지 않는다. 그런데 또 한쪽 극에만 치우쳐서 고집해 봐야 그것은 스스로 해체되어 버리므로 악은 스스로 악임을 고백할 수밖에 없겠는데, 이때는 악 그 자체가 곧바로 폐기되기 때문에 위선이랄 것도 없고 위선으로서 폭로될 것도 없다. 실제로 악이 스스로 악임을 고백하는 것은 그 자신이 공인된 규범에는 따르지 않고 자기 내면의 법칙과 양심에 의거하여 행동한다고 주장하는 데 기인한다. 왜냐하면 내면의 법칙이나 양심이 개별자의 자의적인 법칙이 아니라고 한다면 그것은 어떤 내면적이고 독자적인 것이 아닌 공인된 규범일 것이기 때문이다. 이런 점에서 자기는 독자적인 법칙과 양심에 기초하여 타인과 대립하는 행동을 하고 있다고 말하는 사람은 사실 타인을 부당하게 취급하고 있는 셈이다. 그러나 현실의 양심은 보편자와 대립하는 지나 의지를 고집하는 것이 아니라 보편자를 구체적인 자기 삶의 터전으로 삼으면서 말로는 자기의 행위는 공인된 의무에 따르는 것이라고 언명한다.

　그런가 하면 보편의식이 자기의 판단을 고집하는 것으로도 역시 위선이 폭로되거나 해체되지는 않는다. 보편의식이 위선을 사악하고 비열하다고 욕할 때 그의 판단은 자기의 법칙에 의거한 것이다. 그런데 이는 악의 의식이 자기의 법칙에 의거해서 주장을 펼치는 것과 마찬가지이다. 말하자면 악의 의식과 대립하는 과정에서 보편의식도 스스로 특수한 법칙이 될 수밖에 없는 것이다. 따라서 보편의식의 법칙은 상대의 법칙에 우선하기는커녕 오히려 상대를 정당화하게 된다. 그가 열심히 상대를 비난하는 것은 실제로 노리는 것과는 반대의 효과를 낳을 뿐이다. 즉 자기가 참된 의무이며 공인된 규범이라고 내세우는 것이 오히려 아직껏 인정받지 못하고 있음을 스스로 드러내는 꼴이 되며, 결국 악의 의식의 법칙에 대해서도 동등한 독자적 존재가치를 인정하는 결과를 낳게 된다.

　그러나 동시에 이 판단은 현존하는 대립을 해소할 실마리를 제공하는 또 하나의 측면을 갖추고 있다. 보편의식은 악의 의식에 대하여 현실의 행위자로서 대결하지는 않는다. 왜냐하면 악의 의식이 오히려 현실적인 의식이기 때문이다. 그보다도 보편의식은 행동 속에서 빚어지는 개별성과 보편성의 대립에는 얽매이지 않는 의식으로서 악의 의식과 대결한다. 즉 그것은 사상의 보편성 속에 머무른 채 사태를 파악하는 데만 주력하여 오직 판단 행위만 할 뿐이다. 그런데 이 판단에 의하여 보편의식은 방금 얘기했듯이 악의 의식과 같은 위치에 놓이게 되고 이런 동일성으로 말미암아 악의 의식은 보편의식 속에 자기의 모습을 직관하기에 이른다. 왜냐하면 의무의 의식이 사태를 파악하는 데 그치는 수동적인 것이 된다면 이는 자신의 참모습인 의무라는 절대적 의지 또는 단적인 자기결정성과 모순되기 때문이다. 결국 이 의식이 순수한 모습을 유지할 수 있다면 이는 오직 행동을 하지 않기 때문이다. 이렇게 되면 보편의식이야말로 판단을 현실의 행위인 양 받아들이고 또 행동 대신 고결한 의향을 말로 표현하여 그의 올바름을 증명하려는 것과 같은 위선에 사로잡혀 있는 것이 된다. 즉 보편의식도 단지 말로만 의무를 내세운다고 비난받아 왔던 악의 의식과 전혀 다를 바 없는 것이다. 어느 의식에서나 현실적 측면은 언어에서 분리되어 있다. 한쪽은 이기적인 행동의 목적 탓이고 다른 한쪽은 행동이 결여된 탓이다. 본디 의무란 행위 없이는 아무 의미도 지니지 못하므로 의무에 관하여 얘기한다는 것 자체가 행동의 필연성을 나타내는 셈이다.

그런데 판단은 사상에서 비롯되는 적극적인 행동으로도 간주될 수 있고 실제로 적극적인 내용을 담고 있기도 하다. 이런 측면에서 볼 때 사태를 파악하는 의식에 내포된 모순은 더욱 완전해지고 이 의식과 악의 의식 사이의 동질성도 더욱 분명히 드러난다. 행동하는 의식이 그의 특정한 행위를 의무라고 언명할 때 평가하는 의식은 이를 부인하지는 못한다. 왜냐하면 의무 자체는 어떤 내용이라도 받아들일 수 있는 내용 없는 형식이기 때문이다. 다시 말해 구체적인 행동은 다면적이라서 스스로 다양한 모습을 보이므로 의무로 간주될 수 있는 보편적인 측면과 더불어서 개인이 관심을 갖고 관여하는 특수한 측면을 다 함께 지니고 있는 것이다. 그런데 또 평가하는 의식은 그런 의무의 측면만 중시한다고 할 수는 없으며, 또한 이러저러한 것이 그의 의무이고 그가 처해 있는 현실의 상황이며 처지라는 것에 대한 행위자의 지로서 그치지도 않는다. 이 의식은 동시에 다른 면에도 주목하여 행위의 내면에 파고들어서 행위의 의도가 행위 그 자체와는 일치하지 않으며 이기적인 동기에서 발단된 것이라고 설명한다. 어떠한 행동이라도 행동인 이상 곧 개인의 현실이므로 의무에 들어맞는다고 고찰될 수 있으며 또 다른 형태로 특수성의 관점에서 고찰될 수도 있다. 그러므로 평가는 행동을 그의 존재 밖으로 이끌어 내서 개인의 특수성의 형식인 내면으로 되돌려 놓게 된다. 행동에 명성이 따르게 되면 내면에 명예욕이 꿈틀거린다고 평가된다. 또 행동이 개인의 신상에 맞게 분수를 넘지 않을 뿐 아니라 개인이 자기의 그런 처지를 어떤 외적인 규정으로만 받아들이지 않고 그 보편성을 스스로 충족시키면서 이로써 자기의 뜻을 높이 드러내는 경우에는 속마음에 명예욕이 있는 것으로 판단된다. 대체로 행동하는 데서 행위자는 대상화된 자기 자신을 직관하면서 현재 실재하는 자기를 실감하고 여기서 만족을 누리는 것이므로 판단자는 행동의 내면에 자신의 행복을 추구하고자 하는 충동이 깃들어 있다고 보게 된다. 그리고 이때 그 행복은 내면의 도덕적 자부심의 발로이든 자기의 우월함을 의식하는 데 따른 만족감이든 또는 미래의 행복에 대한 희망적인 예감이든지 아무 상관이 없다. 의무를 위한 의무라는 순수한 목적이 비현실적인 이상 어떠한 행동이라도 위와 같은 평가를 피할 수는 없다. 목적은 개인의 행위를 통해 실현되므로 행동에는 개인의 특수성이 따를 수밖에 없다. "시종에게 영웅이란 존재하지 않는다"*¹는 말이 있지만, 그것은 시종의 주인이 영웅이 아니어서가 아니라 시종이 시종이기 때문이다. *² 시종의 눈에 비친 주인은 영웅으로 행세하기보다는 먹고 마시고 입는 따위의 개별적인 욕구나 생각을 안고 살아가는 사람인 것이다. 이처럼 행동을 평가할 경우 개별적인 측면을 일반적인 측면에 비교하여 그 행위자에 대해 시종이 주인의 도덕성을 빈정대듯 하는 평가를 모면할 수 있는 행동은 있을 수가 없다.

　평가하는 의식은 이렇듯 행동을 분할하여 자기 자신과의 불일치를 두드러지게 해서 고정하는 것이므로 그 자체가 비천한 의식이다. 뿐만 아니라 이 의식은 그렇게 평가하는 것이 악에 버금가는 수법이라고는 보지 않고 도리어 행동을 올바르게 의식하는 것이라고 내세운다는 점에서 위선적인 의식이다. 이 의식은 스스로 아는 체하며 내보이는 지가 실은 비현실적인 텅 빈 것임에도 행위를 깎아내리고는 자기는 그보다 우위에 있다면서 행위로 뒷받침되지 않은 언설(言說)이 뛰어난 현실로 받아들여지기를 바라고 있는 것이다. 이렇게 해서 평가하는 의식이 평가당하는 행위자와 유사해지면 이제는 행위자도 평가하는 의식을 자기와 같은 부류로 인식하게 된다. 이런 가운데 행위자는 상대가 자기를 이질적이고 그 자신과 서로 어긋나는 것으로 파악하기만 하는 의식이 아니라, 실은 오히려 상대가 그 자체의 성질상 자기와 같은 부류임을 깨닫기에 이른다. 행위자의 의식은 이렇듯 서로가 같은 부류임을 직관하고 말로 표현하면서 평가하는 의식에게 마음을 열고 고백하며, 상대가 사실상 자기와 같은 위치에서 자기 말에 응답함으로써 서로가 동일

＊1 프랑스의 유명한 속담. "Il n'y a pas de héros pour le valet de chambre."
＊2 괴테는 1809년에 이 사상을 《친화력》(제2부 제5장, Ottilliens Tagebuch)에서 받아들였다.

한 존재임을 표명하여 상호간의 인정관계가 맺어지기를 기대한다. 그런데 행위자가 이렇게 상대에게 고백한다고 해서 스스로를 비하하거나 모욕하거나 자포자기하는 것은 아니다. 왜냐하면 행위자의 이러한 발언은 자기가 상대와 같지 않음을 밝히는 일방적인 발언이 아니라 상대가 자기와 같은 부류임을 직관하는 가운데 상대와 함께하는 발언이기 때문이다. 즉 행위자는 그들이 서로 같은 부류임을 자기 편에서 고백하는 셈이다. 여기서는 언어가 정신의 존재양상을 그대로 드러내 준다는 뜻의 발언이 행해진다. 이때 행위자는 상대도 자기의 정신을 말로 나타내 주길 기대한다.

그러나 악의 의식이 "나는 악하다"고 고백하더라도 이에 대해 동일한 고백이 되돌아오지는 않는다. 판단하는 의식에게는 그럴 마음이 전혀 없다. 오히려 그는 공통성 따윈 배제하고 화합을 거부하며 상대와의 연결고리를 끊어 버림으로써 자기만의 독자성을 지켜 나가려 한다. 그리하여 여기서 상황은 크게 바뀐다. 고백하는 의식은 자기가 배척당하고 상대가 부당한 짓을 저지르는 것을 목격한다. 이때 상대는 자기의 내면을 말로 나타내기를 거부하면서 악에 대하여 자기 혼의 아름다움을 대치시키는데, 그러면서 고백에 대해서는 완강한 성격을 고수하며 오로지 침묵으로 맞대응하면서 자기 내부에 머무를 뿐 상대에게 속을 내보이지 않는다. 여기서 자기를 확신하는 정신은 극도로 분개한다. 왜냐하면 정신은 자기의 단순한 지가 상대에게도 주어져 있음을 직관하고, 더욱이 상대가 겉으로 취한 형태가 부의 경우와 달리 본질 없는 사물이 아니라 자기에게 맞서는 사상이자 지이며 거기에 순수한 지의 완전히 유동적인 연속성이 이루어져 있는데도 그러한 지가 자기 생각을 그에게 전하지 않기 때문이다. 즉 이 정신은 여기서 이미 그의 고백을 통하여 자기만의 특수한 존재가 되길 거부하고 특수성을 버림으로써 보편적 존재가 되어 타자와의 연속성을 확립했건만 상대는 상호교류를 마다하고 자기를 위해 독자성을 고수하고 있는 것이다. 상대는 고백하는 의식이 포기한 바로 그 독자성을 그대로 지켜 나간다. 그 결과 상대는 신적인 정신에 등을 돌리고 또 그 신을 부인하는 의식으로 나타난다. 왜냐하면 이 의식은 신이 절대적 자기확신 속에서 온갖 행위와 현실을 지배하면서 그 모두를 팽개쳐 버리고 아예 없었던 것으로 해 버릴 수도 있다는 사실을 인식하고 있지 않기 때문이다. 동시에 이 의식은 자기가 저지르고 있는 모순도 인식하지 못한다. 즉 자기 스스로는 이러한 신의 확신을 특정한 현실의 행위 속에 놓아두는 대신 자기 내면에 간직하고서는 이 내면의 존재양상을 자신의 판단이라는 언설 형태로 나타내면서도, 이 언설 속에서 일어나는 거부를 진정한 거부라고는 의식하지 않는 것이다. 그런 까닭에 행위자가 행위를 한 결과 언설로 표현되는 존재로, 즉 정신의 동등성으로 돌아가려는 것을 굳이 방해하면서 완강한 태도를 고수하며 여전히 사라지지 않는 정신의 불일치를 만들어 내는 것은 바로 이 의식 자신이다.

여기서 아름다운 혼이라는 형태를 띤 자기확신의 정신은 자기가 굳게 지키고 있는 자신의 지를 외화할 만한 힘을 가지고 있지 않다. 이 점에서 아름다운 혼은 배제돼 버린 의식과 동일화하는 데까지 다다르진 못하고, 따라서 타자 속에서 자기의 통일을 직관하며 안정된 상태에 다다르는 일도 없다. 그리하여 동일화는 단지 부정적으로만 이루어져 정신이 결여된 형태로 존재할 뿐이다. 현실성을 잃어버린 아름다운 혼은 스스로 자기외화를 통하여 현실 존재로 바뀌어야 한다는 필연성과 그의 순수한 자기가 서로 모순되는 가운데 이 확고하고 직접적인 대립 속에 놓인다. 그런데 이 직접적인 상태야말로 자기의 순수한 추상에 다다라 있는 대립을 매개하고 화해하는 중간항인데 이것은 곧 순수한 존재이며 공허한 무이다. 그리하여 아름다운 혼은 이런 모순에 빠진 의식으로서 화해가 불가능한 직접적 상태 속에서 착란을 일으키고 광기에 젖어, 하염없는 동경을 품은 채 폐결핵을 앓으며 극도로 괴로워하게 된다. 그 결과 의식은 지금까지 완강하게 지켜 온 독자성을 사실상 포기하게 되지만, 여기에 생겨나는 것은 정신을 잃어버린 존재의 통일에 지나지 않는다.

자각적으로 현실화되는 양자의 진정한 화해는 그 필연성으로 보아 지금까지 서술해 놓은 데에 이미 포함되어 있다. 평가하는 의식의 완고한 마음을 무너뜨려서 보편성의 차원으로 고양시키는 운동은 자신에 대해 고백하는 의식에서 나타났던 그 운동과 동일한 것이다. 이제 정신의 상처는 흔적도 없이 치유된다. 행위는 불멸하는 것은 아니며, 정신에 의하여 자기 내면으로 되돌려지는 것이다. 그리하여 행위의 개별적인 측면은 의도이건 그 의도를 부정하는 존재이건 또는 한계이건 모두 다 그대로 사라져 버린다. 실현에 나서는 자기나 그 행동의 형식은 전체의 한 요소에 지나지 않으며, 마찬가지로 판단을 통하여 사태를 규정하면서 행동의 개별적인 측면과 보편적인 측면의 구별을 확정짓는 지(知)도 전체의 한 요소에 지나지 않는다. 앞서 자기 자신을 타자 속에서 직관함으로써 밖으로 끌려나온 존재로서 스스로 고백을 하던 악의 의식은 그런 형태로 자기외화를 이루어 하나의 요소로 정립된다. 그러나 악이 스스로 인정받지 못한 일면적인 특수한 독자성을 깨뜨려야만 했던 것처럼 이제 이 타자의 인정받지 못한 일면적인 판단도 깨뜨려야만 한다. 그리고 행동하는 악이 자신의 현실을 지배하는 의식의 위력을 드러냈듯이 이 판단하는 타자도 자신의 특정한 개념을 지배해야만 한다.

그런데 이 타자는 분별하는 사상과 자신에게 집착하여 대자존재로 남아 있으려고 하는 완고함을 단념하게 된다. 그 이유는 사실 상대 속에 존재하는 자기 자신의 모습을 직관하기 때문이다. 자기의 현실성을 포기하고 개별존재를 부정하고 난 상대는 보편자로서 현실에 모습을 드러낸다. 그는 외적인 현실로부터 본질로서의 자기에게로 되돌아온다. 그렇기에 평가하는 의식은 거기에서 바로 자기 자신의 모습을 인지하는 것이다. 결국 평가하는 의식이 악을 용서하는 것은 자기를, 즉 자기의 비현실적인 본질을 단념하는 것이다. 이 본질은 현실로 행동하는 의식이었던 상대를 자기와 동일화해서 행동이 사상 속에서 지니는 규정에 따라 악이라고 불리던 것을 이제 선으로 인정한다. 다시 말해 오히려 선악이라는 정해진 사상 속의 구별과 스스로 내린 판단을 모두 폐기해 버리는 것이다. 그것은 악한 의식이 행동이라는 독자적인 규정을 폐기하는 것과 마찬가지이다. 화해의 말은 참으로 존재하게 된 정신을 일컫는다. 여기서 자기 자신을 보편적인 본질로 여기는 순수한 지는 역전하여, 스스로를 절대적 개별존재로 여기는 순수한 지 속에 있는 자신을 직관한다. 이리하여 서로 인정하는 관계가 이루어진 절대정신의 세계가 성립된다.

절대정신은 자기에 관한 순수한 지가 자기와 반대되는 것으로서 스스로 교체를 일으키는 지의 정점에 이르러서야 비로소 모습을 드러낸다. 자신의 순수한 지가 추상적인 본질임을 알고 있는 절대정신은 의무를 그런 것으로 알면서 절대적 개별자인 자기를 본질로 하는 지와 절대적으로 대립하고 있다. 보편자의 순수한 연속성을 바탕으로 성립된 순수한 지는 자기를 본질로 아는 개별자를 그 자체로 무가치한 악으로 알고 있다. 반면에 이 악이라는 개별자는 절대적 불연속성을 바탕으로 순수한 일자로서 자기를 절대화하는 가운데 보편자를 한낱 타자를 위해서만 존재하는 비현실적인 존재로 인식한다. 여기서 개별과 보편의 두 측면은 다 함께 순화된다. 양자는 더 이상 자기를 상실한 존재도 아니고 의식에 부정적이지도 않다. 예의 의무는 자기를 알고 계속해서 동일한 성격을 유지하며, 악이라는 개별자는 개별자대로 자기의 내면에 목적을 지니고 자기의 언설 속에 그의 현실을 드러내고 있다. 이 언설의 내용은 이제 악의 존립을 위해서 필요한 실체가 되면서 언설은 정신이 자기를 확신하고 있다고 단언한다. 자기를 확신하는 두 정신인 보편정신과 개별정신은 오직 순수한 자기 말고는 어떠한 목적도 지니지 않으며 순수한 자기 말고는 어떠한 실재나 존재도 지니지 않는다. 그러나 이 양자는 여전히 서로 구별되어 있다. 더욱이 이 구별은 순수한 개념 차원의 구별인 이상 절대적인 구별이다. 이러한 구별은 방관자인 우리에게만 보이는 것이 아니라 이 대립의 개념 자체에 드러나 있다. 이유인즉 이 개념들은 서로 다른 특정한 개념이면서 동시에 그 자체로 보편성을 지닌 것이기 때문이다. 그러므로 개념은 내부적으로 빈틈없이 꽉 차 있는 자기이다. 이 자기는 규정된 자신의 내용 말고는 어떤 내용도 품고 있지 않으며 자기 이상도 이하도 아닌 완성체를 이룬다. 여기서는 절대적인 보편자도 절대적으로 단절된 개별자와 마찬가지로 순수한 자기지로서, 이때 양자는 오직 순수하게 자기를 인식하고 있다. 따라서 양자의 규정 모두가 지의 활동에 의한 순수개념으로서, 이 개념은 그 자체로 직접 아는 것이다. 다시 말해 양자의 관계 및 대립이 곧 자아이다. 그리하여 양자는 서로가 단적으로 대립해 있음을 자각한다. 여기서는 완전한 내면적 존재가 이처럼 자기 자신과 대립하여 밖으로 모습을 드러내고 있는 것이다. 이제 개별과 보편이라는 양자는 순수한 지가 되는데, 이것이 바로 양자간의 대립을 통하여 의식이라는 모습을 띠게 된다. 그러나 이 의식은 아직 자기의식이 아니다. 의식이 자기의식이 되어 실현되려면 바로 양자 사이의 대립운동이 있어야만 한다. 이때 대립은 오히려 자아=자아라는 동일성이며 불연속의 연속이다. 여기서 자아는 저마다 순수한 보편적 존재이면서 동시에 타자와 자기의 동일성에 반발하여 거기서 자기를 분리해내는 독자적 존재라는 모순으로 말미암아 자기 안에서 스스로 자기를 폐기하기에 이른다. 두 존재로 분열돼 있던 지는 이런 외화를 통해서 통일된 자기로 되돌아간다. 이렇게 나타난 현실적인 자아는 자신과 절대적으로 대립하는 가운데 자기 내면에 존재하는 지 속에서 자기 자신을 보편적으로 깨닫게 된다. 이러한 지는 자기 내면의 존재가 순수하게 고립되어 있는 까닭에 스스로 완전히 보편적인 존재가 된다. 두 개의 자아가 대립적인 존재양식을 버리고 서로 화해할 때 '인정(認定)'의 모습은 바로 둘로 나뉘어 전개됐던 자아의 현현으로서 나타나는데, 이때 그것은 자기동일성을 유지하며 그 완전한 자기외화와 대립 속에서 자기확신을 지닌다. 이것이야말로 스스로 순수지의 경지에 이른 두 자아 사이에 나타나는 신(神)이다.

Ⅶ 종교

대략 '의식' '자기의식' '이성' '정신'으로 구별되는 지금까지의 의식형태에서 종교는 절대신의 의식으로서 몇 차례 나타난 바 있다. 그러나 그것은 어디까지나 절대신을 의식하는 의식의 관점에서 드러난 모습이지 절대신이 즉자대자적인 궁극의 존재로서, 즉 정신의 자기의식으로서 나타났던 것은 아니다.

'의식'은 이미 '오성'의 단계로 접어들어 대상적 존재의 내면으로 파고드는 초감각적인 의식이 되었다. 그러나 거기서 초감각적인 것, 영원한 것 따위로 불렸던 것은 아직 자기를 갖고 있지 않다. 그것은 현재로선 그저 모든 사람이 숭상할 만한 보편자일 뿐, 자신이 곧 정신임을 아는 정신의 경지에 이르려면 아직 갈 길이 멀다. 그 다음 '자기의식'은 '불행한 의식'으로 완성되었는데, 이 자기의식은 대상성을 획득하기 위하여 애쓰지만 끝내 목적을 이루지 못한 채 정신의 고뇌에 사로잡힐 뿐이었다. 이 자기의식은 개별적인 자기의식과 불변자인 신의 통일을 애타게 갈구하지만 이는 다다를 수 없는 피안에 머물고 말았다. 이러한 고뇌에서 태어난 '이성'의 직접적인 존재와 그 고유한 형태는 종교를 지니지 않았다. 왜냐하면 이 자기의식은 직접적인 현재 속에서 자기를 인식하고 추구했기 때문이다.

이에 반하여 우리는 인륜세계에서는 종교가, 그것도 저승의 종교가 등장하는 것을 보았다. 이는 '운명'이라는 가공할 미지의 암야(暗夜)에 대한 신앙이며 죽은 자의 영혼이라는 복수의 신 에우메니데스에 대한 신앙이다. 여기서 운명의 암야는 보편적 형식을 띤 순수한 부정성인 데 반하여 에우메니데스는 개별적인 형식을 띤 순수한 부정이다. 물론 개별자의 형식을 띤 절대신은 눈앞에 현존하는 자기이다. 자기란 그렇게 있을 수밖에 없는 것이다. 다만 이 개별자로서의 자기는 바로 이 개별자의 그림자와 같은 존재로서 운명이라는 보편성과는 단절되어 있다. 확실히 그림자라는 것은 개별자가 폐기되어 보편적인 자기가 되었음을 나타내지만, 이 부정적인 의미는 아직 긍정적인 의미로 바뀌어 있진 않다. 따라서 개별자로서의 자기가 폐기된 존재는 여전히 본질이 결여된 특정한 개별자의 의미를 지니고 있다. 그런가 하면 또 자기가 결여된 운명은 무의식의 암야에 머물러 있어서 스스로 구별을 지니지 않으며, 아직 자기 자신을 아는 명석한 지에 이르지 못했다.

이러한 무(無)의 필연성과 저승에 대한 신앙은 이윽고 천상의 신앙이 된다. 왜냐하면 세상을 떠난 자기는 세계의 보편성과 일체화되어 그 속에서 자기가 품고 있는 내용을 분해하여 자기에 대한 의식을 명확히 해야만 하기 때문이다. 그러나 우리가 이미 보았듯이 이 '신앙의 왕국'은 단지 사유의 장에서 개념 없는 내용을 전개할 뿐이므로 그의 운명적 적대자인 '계몽의 종교'와 싸운 끝에 몰락하고 만다. 이 종교에서는 오성의 초감각적인 피안이 부활하기는 하지만 계몽의 자기의식은 차안에서 만족을 누리고 있으므로, 인식하거나 두려워할 일이 없는 공허한 초감각적 피안을 핵심적인 자기 또는 위력으로 알고 있지는 않다.

마지막으로 도덕종교에서 다시 한 번 절대신이 적극적인 내용을 지니는 것으로 나타나긴 하지만, 그 내용은 계몽의 부정성과 일체화되어 있다. 그것은 자기 안으로 되돌려져 거기에 그대로 잠겨 있는 존재이며 구별된 내용이다. 그 내용의 갖가지 부분은 정립되기도 하지만 곧바로 부정되기도 한다. 그러나 이 모순된 운동은 마침내 운명 속으로 가라앉아 버리고 이제는 스스로가 모든 본질과 현실의 운명을 떠맡고 있음을 의식하는 자기가 나타난다.

자기를 알고 있는 정신은 종교에서는 직접 자기와 마주하고 있는 순수한 자기의식이다. 지금까지 고찰된 세 가지 정신의 형태, 즉 '참다운 정신' '자기소외된 정신' 그리고 '자기를 확신하는 정신'은 그 의식 속에서 하나같이 정신을 형성하는데, 이 의식은 세계와 대립하는 가운데 세계 속에 자기를 인식하지 않는 의식이었다. 그런데 '양심'의 단계에 와서 정신은 대상 세계 전반과 자기의 표상이나 특정한 개념을 모두 다 지배하여 마침내 자존하는 자기의식이 되었다. 이 자기의식을 안고 대상으로 표상된 정신은 온갖 실재와 현실을 자체 내에 포함하는 보편정신이라는 의미를 자각적으로 지닌다. 그러나 그것은 자유로운 현실의 형식이나 자립으로 현상하는 자연의 형식을 띤 것은 아니다. 이 정신은 의식의 대상인 한 존재의 형태 또는 형식을 띠기는 하지만, 이 의식은 종교에서는 자기의식으로 규정되어 있으므로 그의 형태는 완전히 투명한 것이다. 여기서 정신이 떠안고 있는 현실은 정신 속에 갇힌 채 폐기되어 있다. 이는 우리가 '모든 현실'을 논할 때와 같은 형국이니, 이 현실은 사유된 보편적인 현실이다.

이리하여 종교에서 정신의 본디 의식에 대한 정의는 어떤 타자존재의 형식이든지 자유로이 띨 수 있는 것은 아니므로 정신의 존재와 정신의 자기의식은 서로 구별되고 그 본디의 현실은 종교 바깥에 놓이는 셈이 된다. 물론 그 의식은 현실과 자기의식을 하나로 묶어 주는 정신이기도 하지만 양자를 한꺼번에 포괄하지는 않는다. 이때 종교는 모든 생활의 영위의 일부분으로 나타나지만 동시에 또 다른 부분은 의식의 현실세계에 나타나는 일상생활이 된다. 이로써 우리는 현실세계의 정신과 스스로가 정신임을 의식하는 정신 즉 종교적인 정신이 동일하다는 것을 알게 된다. 그런데 이와 마찬가지로 정신의 현실이 종교에 의해 포착될 뿐만 아니라 반대로 자기를 의식한 정신이 현실의 정신으로서 의식의 대상이 되면서 종교와 현실이 서로 동일해질 때 비로소 종교가 완성되는 것이다. 그런데 종교에서 정신은 자기를 자기 눈앞에서 표상하고 있는 한 확실히 하나의 의식이다. 그리고 종교 속에 포함된 현실은 정신의 표상이라는 형태를 취한 채 그 옷을 두르고 있다. 그러나 이런 표상 속에 드러난 현실에는 완전한 권리가 주어져 있진 않다. 다시 말해 그것은 겉에다 옷만 두르고 있을 뿐이며 실제로 자유로운 자립적 존재가 되어 있지는 않다. 또한 반대로 현실은 내부적으로 완성된 경지에 이르지 못했으므로 특정한 형태를 띠게 되는데, 이는 현실이 본디 표현해야 할 자각적인 정신을 표현하는 데까지 이르지는 못한 상태이다. 정신의 형태가 정신 자체를 표현한다면 현실 자체는 정신 말고 다른 어떤 것이어서도 안 되고 정신은 오직 본질적인 모습 그대로 현실에 등장해야만 한다. 그렇게 되어야만 성신의 의식 대상이 동시에 자유로운 현실의 형식을 띤다는, 그와는 정반대되는 듯이 보이는 요구도 비로소 성취될 수 있다. 그리고 여기서 스스로를 절대정신으로 대상화하는 정신만이 그 자신의 의식을 그대로 간직하며 자유로운 현실을 이루게 된다.

먼저 자기의식과 본디의 의식, 종교와 현실세계에 일상적으로 있는 정신은 서로 구별된다. 이 경우 후자는 정신의 요소들이 저마다 따로따로 스스로 나타나는 한 정신의 전체 속에 존재한다. 그 요소란 '의식' '자기의식' '이성' '정신'으로서, 이때 정신은 아직 정신임을 자각하고 있지 않은 직접적인 정신이다. 그런 요소들을 총괄하는 전체가 세속적인 정신을 구성하게 되는데, 결국 정신 그 자체는 지금까지 등장했던 모든 형태를 방금 제시된 네 요소의 보편적인 규정 속에 포함하고 있다. 종교는 이런 요소의 전 과정을 전제로 하여 그 모든 것의 단일한 총화 또는 절대적인 핵심으로 등장한다. 그런데 이처럼 종교와 관계된 정신의 과정을 시간적인 것으로 생각해서는 안 된다. 시간에는 오로지 전체적인 정신만이 깃들어 있으며 이 전체적인.정신 그 자체의 형태처럼 보이는 형태도 흐르는 시간 속에 나타난다. 왜냐하면 오직 전체만이 본디의 현실성을 지니므로 타자에 전혀 얽매이지 않는 순수하게 자유로운 형식을 취하는데, 이 형식이 곧 시간으로 나타나기 때문이다. 그런데 정신의 요소인 의식, 자기의식, 이성, 정신은 결국 하나의 요소이므로 서로 구별되는 존재를 갖지는 않는다. 그리고 세 번째로 정신이 그의 요소로부터 구별되었듯이 이들 요소와 이 요소에 포함되는 개별적인 규정도 서로 구별되어야만 한다. 이미 보았듯이 네 개의 요소는 저마다 세분화되어 그 자체의 일정한 과정에 따라 서로 다른 형태를 띠게 된다. 이를테면 의식 속에서 감각적 확신과 지각이 구별되어 나타난 것이 그런 예이다. 이런 감각적 확신이나 지각은 하나의 특수한 전체 가운데 일부를 이루는 것으로서 시간 속에 잇따라 나타난다. 그렇게 정신은 보편적인 형태에서 세부적인 규정을 통해 개별자가 되는 것이다. 여기서 규정 또는 매개가 되는 것은 '의식'과 '자기의식' 등등이다. 그리고 이 요소들이 세분된 형태가 그의 개별적인 부분이 된다. 그러므로 이 형태들은 개별적인 현실이 된 정신을 표현한다. 이러한 형태는 시간 속에서 구별되어 나타나며, 이때 뒤를 잇는 형태는 앞서 나타난 형태를 그대로 보존하고 있다.

따라서 종교는 정신의 완성이고 의식, 자기의식, 이성, 정신이라는 정신의 네 요소는 스스로의 근원인 이 완성으로 되돌아가거나 이미 돌아와 있다. 이 경우 네 요소는 다 함께 정신 전체의 모습이 담긴 현실을 이룬다고 하겠으니 결국 정신의 전체란 이런 측면들이 서로 구별되면서도 끝내 하나로 귀착되어 가는 운동으로서 현존할 수밖에 없다. 또한 종교 일반의 생성은 보편적인 요소의 운동 속에 포함되게 된다. 그러나 정신의 네 가지 속성은 저마다 단지 보편적으로 규정될 뿐만 아니라 어디까지나 독자적으로 존재하면서 스스로 하나의 전체적인 과정을 이루는 것으로 표현되었는데, 이와 더불어 여기서도 종교 일반의 생성만이 실현되는 것이 아니라 개개의 측면에 걸친 예의 세부적인 완전한 형성과정이 특정한 종교의 모습을 드러내게 마련이다. 즉 전체적 정신인 종교의 정신은 다시금 직접 있는 그대로의 상태로부터 벗어나 자체적인 정신의 모습을 알고자 하는 종교로서의 운동을 행하게 되는데, 이를 통해 정신은 마침내 그 의식에 나타난 정신의 형태가 그의 본질과 완전히 일치하고 정신이 있는 그대로의 자기 모습을 직관하는 경지에 다다르는 것이다. 이러한 생성과정 속에서 정신은 이 운동의 각 단계에 상응하는 특정한 형태를 띠며, 이와 함께 특정한 현실적 정신에 어울리는 특정한 종교가 나타난다. 그러므로 자기를 아는 정신에게 의식, 자기의식, 이성, 정신이 귀속된다면 이 정신의 특정한 형태에는 특정한 형식이 귀속된다. 즉 의식, 자기의식, 이성, 정신 속에서 또다시 세분된 형식이 전개되는데, 이에 맞추어 특정한 종교형태는 현실적인 정신에 부응하는 여러 요소의 형태 가운데 자기에게 알맞은 것을 끌어낸다. 이때 종교 일반의 하나의 특징은 현실의 종교 생활 전반에 침투함으로써 전체에 공통된 기억을 새겨 넣게 된다.

그런데 지금까지 출현했던 정신의 형태는 앞서 나타난 계열과는 달리 순서가 바뀌어 있으므로 이에 대해 간략하게나마 미리 언급해 둘 필요가 있겠다. 지금까지 고찰한 계열을 보면 각 요소가 저마다 자기 내면으로 심화하여 독자적인 원리에 따라 하나의 전체를 형성하고 있었다. 그리고 인식작용은 독자적으로 존립할 수 없는 요소에 실체를 제공하는 심오한 정신이었다. 그런데 이제는 마침내 이 실체가 표면으로 떠오른 것이다. 자기를 확신하는 정신의 심층부가 실체로서 표면에 나타난 이상 어떠한 개별적인 원리도 자기 내부에서 독자적으로 전체를 이룰 수는 없다. 이 실체는 보는 요소를 자기 내부로 끌어들여 총괄하는 가운데 현실적인 정신이 풍요롭게 펼쳐진 전체적 세계 속에서 앞으로 나아간다. 이때 모든 특수한 요소는 전체 속에 스며들어 있는 동일한 정신성을 공통되게 받아들인다. 자기를 확신하는 이 정신과 그의 운동은 모든 요소의 참된 현실이며, 모든 개인에게 되돌아오는 즉자대자적인 절대존재이다. 지금까지 이어지던 하나의 계열이 앞으로 나아가면서 여러 가지 매듭을 통과할 적에 멈칫거리며 후진하는 모습을 보이면서도 여전히 하나의 길을 나아갔던 데 반해, 이제는 그 계열이 이렇게 매듭지어진 보편적 요소에 부딪쳐서 많은 갈래로 나뉘게 된다. 그리고 이 갈래들이 하나의 전체가 된다. 여기에 상정된 보편적인 방향에서의 병렬을 어떻게 이해하는가는 위에 서술된 전체를 통해 저절로 밝혀질 것이다. 그러므로 거기에 나타난 여러 구별이 본질적으로는 생성의 단계이자 요소일 뿐 생성의 부분으로 여겨져선 안 된다고 굳이 주의를 덧붙일 필요는 없겠다. 그런 구별은 현실적인 정신에서는 실체의 속성을 나타내지만 종교에서는 주어에 대한 술어를 나타내는 데 지나지 않는다. 또한 사태 그 자체를 파악하는 우리에게는 일반적으로 모든 형식이 정신 속에, 그것도 저마다의 정신 속에 포함되어 있는 것이 눈에 보이지만, 현실적으로 문제가 되는 것은 정신에서 어떠한 특성이 유난히 의식되고 어떠한 특성에 정신의 핵심이 표현되며 또 어떠한 형태에 정신의 본질이 표현된다고 인식되는가 하는 점일 뿐이다.

현실적인 정신과 정신임을 자각하고 있는 정신의 구별, 다시 말하면 의식으로서의 정신과 자기의식으로서의 정신의 구별은 자기 자신을 참되게 알고 있는 정신 속에서는 폐기되어 버린다. 정신의 의식과 자기의식은 알맞게 조정되어 있다. 그러나 종교가 직접적으로 갓 등장한 지금 단계에서 이 구별은 아직 정신으로 환원되어 있지는 않다. 지금은 종교의 개념만이 정립되어 있을 뿐이며, 여기서 본질을 이루고 있는 것은 자신의 모든 진리를 눈앞에 두고 그 진리 속에 모든 현실을 포괄하는 자기의식이다. 이 자기의식은 의식으로서 스스로를 대상으로 삼고 있다. 아직은 이렇듯 스스로를 직접 알고만 있는 정신은 직접적인 형식을 띤 정신으로서, 그러한 정신이 나타나는 형태의 특성은 존재로서의 특성을 띤다. 이 존재를 가득 차게 하는 것은 감각이나 다양한 소재도, 그 밖에 일면적인 요소인 목적이나 규정도 아닌 정신이다. 이때 정신은 그 자신이 온갖 진리이며 현실임을 알고 있다. 그러므로 이렇게 정신이 충만해질 경우 그 형태와의 균형이 상실되고 정신의 본질과 그의 의식은 일치하지 않게 된다. 정신은 자기확신의 모습 그대로 진리의 모습으로 나타날 때, 다시 말해 정신이 의식이 될 적에 둘로 분열된 양극이 둘 다 정신의 형태를 취하면서 서로 관계할 때 비로소 현실적인 절대정신이 된다. 정신이 그 의식의 대상으로서 취하는 형태는 실체로서의 정신이 지닌 확신에 의해 가득 채워진 상태이다. 이렇게 내용이 들어찬 덕분에 대상은 자기의식을 부정하는 것과 같은 순수한 대상성으로 전락하는 것을 모면하게 된다. 정신과 자기 자신과의 직접적인 통일이 정신의 기반을 이루는 순수한 의식이며 그 안에서 의식의 온갖 구별도 생겨난다. 정신이 이렇게 순수한 자기의식 속에 갇혀 있는 한은 종교 속에 현존한다 한들 아직은 자연의 창조주로서 존재하지는 못한다. 오히려 정신이 이 운동 속에서 창출하는 것은 갖가지 정신으로서의 형태인데, 이들이 하나로 모여서 결국 정신의 현상을 완성하기에 이른다. 즉 이 운동 자체는 정신이 그의 개별적인 측면을 거쳐 완전한 현실을 획득하는 과정이라 할 수 있으니, 이 운동은 곧 정신의 불완전한 현실이다.

정신의 첫 번째 현실은 종교 자체의 개념, 다시 말하면 직접적이고 자연적인 종교이다. 여기서는 정신이 자연 그대로의 직접적인 형태를 띤 자신의 대상을 자기라고 여긴다. 그러나 두 번째 현실은 자연적인 요소를 탈피한 자기의 형태 속에서 자기를 인지하는 것이 될 수밖에 없다. 이것이 곧 예술종교이다. 여기서 형태는 의식을 창출함으로써 자기라는 형식으로 북돋워져 있으며, 그로 말미암아 의식은 대상 속에서 자신의 행위와 자기를 직관하는 것이다. 마지막 세 번째 현실은 앞의 두 현실의 일면성을 폐기한 것으로서, 여기서는 자기가 하나의 직접적 자기인 동시에 그 직접성이 그대로 자기가 되어 있다. 정신이 첫 번째 현실에서 의식의 모습을 띠고 두 번째 현실에서 자기의식의 모습을 띤다고 한다면 세 번째 현실에서는 이들 양자를 통일한 것, 즉 즉자대자적인 절대존재의 형태를 띠게 된다. 이렇듯 정신이 즉자대자적으로 있는 그대로 표상될 때 드디어 정신은 계시종교가 된다. 그러나 이 종교의 단계에서 정신이 그의 참다운 형태에 이르렀다고는 하지만 바로 이렇듯 형태를 띤 것으로 표상된다는 점에서 아직 불충분한 데가 있다고 하겠다. 다시 말해 정신은 개념으로 이행하여 대립물조차도 자체 내에 포용하는 개념의 힘으로 대상성의 형식을 완전히 해체해 버려야 한다. 이렇게 됐을 때 개념으로서의 정신은 일찍이 방관자인 우리에게만 파악되던 자신의 개념을 스스로 파악한다. 그리고 이 정신의 형태와 존재의 장은 개념이므로 정신 자체와 완전히 일치한다.

1. 자연종교

정신을 아는 정신은 자기를 의식하면서 스스로 대상의 형식을 띠고 있다. 정신은 현실로 존재하는 것과 함께 스스로를 자각하고 있다. 정신이 스스로를 자각한다는 것은 자기의식의 측면에 해당되는데, 이는 대상으로서의 자기와 관계하는 의식의 측면과 대립한다. 이 정신의 의식 속에는 대립이 존재하므로 거기서는 의식이 스스로 현상하여 자기를 알게 되는 형태가 규정되어 있다. 이 규정된 형태야말로 이렇게 종교를 고찰할 때 주목해야 할 대상이다. 왜냐하면 정신이 형태화하기 이전의 본질이나 그의 순수한 개념은 이미 밝혀진 바 있기 때문이다. 그러나 의식과 자기의식의 구별은 동시에 자기의식의 내부에서도 일어나는 것이므로, 종교의 형태는 사상에 얽매이지 않는 자유로운 자연 또는 존재로부터 벗어난 자유로운 사상에서의 정신의 존재를 내포하지는 않는다. 오히려 형태로 나타나는 것은 사상 속에서 획득된 존재이고 눈앞에 현존하는 관념체이다. 정신이 자기를 아는 형태의 특성에 따라 종교들 사이에 구별이 생겨난다. 그런데 여기서 우리는 그 개개의 특성에 따른 정신의 이러한 자기지의 표현이 실제로는 현실의 일개 종교의 전체를 빈틈없이 드러내지 않는다는 점에 주의해야 한다. 앞으로 나올 일련의 종교도 하나의 종교가 지니는 갖가지 측면을 표현하고 나아가서는 하나하나의 개별적 종교의 갖가지 측면을 표현하는 것일 뿐이며, 또 어떤 현실의 종교를 유난히 돋보이게 한다고 생각되는 표상조차도 어느 종교에나 나타나는 것이다. 그러나 이처럼 서로 다른 종교가 있는 것은 역시 종교에 차이가 있기 때문이라고 봐야 할 것이다. 정신이 스스로 의식과 자기의식의 차이를 드러내고 있는 이상 그 운동은 이 기본적인 차이를 극복하여 의식의 대상이 되는 형태에 자기의식의 형식을 부여하는 것을 목표로 삼기 때문이다. 그런데 이 차이는 의식의 여러 형태가 자기의 요소마저도 갖춤으로써 신이 자기의식으로 표상된다는 것만으로는 극복되지 않는다. 표상된 자기는 현실의 자기는 아닌 것이다. 이 자기가 형태를 이루는 좀더 구체적인 다른 성질들과 마찬가지로 진정한 형태가 되기 위해서는 한편으로 자기의식의 활동에 의하여 형태 속에 정착되어야 하고 다른 한편으로는 하위의 성질이 상위의 성질에 의하여 폐기되고 개념파악이 이루어졌음이 명시되어야만 한다. 왜냐하면 표상된 것이 더 이상 자기의 지에게 낯설기만 한 표상으로 남아 있지 않기 위해서는 자기가 그 표상을 창출했다는 사실, 따라서 대상의 규정된 성질이 자기의 성질임을 직관하고 대상 속에서 자기를 직관하는 길밖에는 없기 때문이다. 이 활동에 의해서 하위의 성질은 동시에 소멸되어 버린다. 행위라는 것은 타자를 희생하여 수행되는 부정적인 것이기 때문이다. 이제 하위의 성질은 여전히 나타난다 하더라도 이미 비본질적인 것이 되어 후퇴해 버린 상태이다. 그런데 하위의 성질이 아직 우세한 참에 상위의 성질이 나타날 경우 상위의 성질은 미처 자기가 되지 못한 채 타자와 나란히 자리를 잡게 된다. 따라서 만약 갖가지 표상이 어느 개별적인 종교 내부에서 그 종교의 일정한 형식 아래 전체적인 운동을 전개한다고 해도 각 종교의 성격은 의식과 자기의식의 특수한 통일 양식에 따라 규정된다고 할 수 있다. 여기서 자기의식은 의식의 대상이 지닌 성질을 자기 내부에서 파악하여 자기의 활동을 통해 그 성질을 완전히 자기 것으로 삼고 그것을 다른 성질보다도 본질적인 것으로 인식하는 것이다. 종교적인 정신의 어떤 한 가지 성질에 대한 믿음이 진리로 밝혀지는 것은 현실적인 정신이 스스로 종교 속에서 직관되는 형태와 동일한 성질을 지니는 경우에 한해서이다. 이를테면 동양의 종교에 신의 인간화 현상이 나타난다고는 하지만 이를 진리라고 할 수 없는 이유는 그 종교의 현실적인 정신에서는 신과 인간 정신의 화해가 이루어져 있지 않기 때문이다. 그런데 온갖 성질 전체에서 개별적인 성질로 돌아가서 그 특수한 종교 속에 다른 모든 종교의 완전한 모습이 어떤 형태로 포함되는가를 밝혀내는 일은 지금 여기서 해결할 과제는 아니다. 하위 형식으로 밀려난 상위 형식은 자각적인 정신에 관한 의미가 결여된 채 이 정신과 표상에 표면적으로 귀속되는 데 지나지 않는다. 상위 형식은 그것이 특수한 종교의 원리가 되고 그의 진리성이 현실적인 정신에 의해 보증되는 장을 토대 삼아서 그 나름의 고유한 의미가 고찰되어야만 한다.

1) 빛

정신은 자기를 의식하는 실재이다. 다시 말하면 그 자신이 모든 진리이고 모든 현실이 자기 자신임을 아는 자각적 실재이다. 이러한 정신은 스스로 의식의 운동을 통하여 실재성을 띠기 이전에는 아직 정신의 개념에 지나지 않는다. 이 개념은 실재세계가 전개되는 대낮에 비한다면 본질 상태에 머물러 있는 밤이며, 또한 그의 요소가 자립적인 형태를 띠고 존재한다는 점에서 보면 창조적인 탄생의 비밀이다. 이 비밀은 내부적으로 자기의 계시를 지니고 있다. 개념은 스스로를 아는 정신이고 그 본질상 스스로를 대상으로 표상하는 의식이라는 요소를 지니므로, 이 개념은 존재의 필연성을 내포하는 것이다. 그것은 순수한 자아이며 이 자아는 스스로를 보편적인 대상으로 외화하는 가운데 자기확신을 지닌다. 바꾸어 말하면 순수한 자아에게 이 대상은 온갖 사유와 온갖 현실이 상호침투되는 사태이다.

자기를 아는 절대정신이 맨 처음 직접적인 분열을 일으키면서 나타나는 이 정신의 형태는 '직접적 의식' 또는 '감각적 확신'에 해당하는 것으로 규정된다. 이때 정신은 자기를 존재의 형식으로 직관하지만, 이것은 우연한 감각적 성질로 가득 찬 채 정신이 결여되어 있는 감각적 확신에 따른 존재가 아니라 오히려 정신으로 충만되어 있는 존재이다. 이 존재는 또한 초기의 직접적인 '자기의식' 단계에서 출현했던 형식, 즉 대상과 거리를 두고 있는 정신의 자기의식에 대해 '주인'으로 나타났던 형식도 포함하고 있다. 그러므로 정신의 개념으로 들어찬 이 존재는 정신이 그 자신과 맺는 단순한 관계를 형태로 나타낸 것이다. 다시 말하면 이는 형태 없는 형태이다. 이 형태는 그렇게 규정됨으로써 만물을 내포하고 충만하게 하면서, 형체 없는 실체성을 띠고 유지되어 나가는 동방의 빛의 신이다. 그런가 하면 이 빛의 신의 타자존재는 단적으로 만물을 부정하는 암흑이다. 빛이 자기를 외화하여 타자존재의 저항이 없는 장에서 만물을 창조하는 운동은 빛의 방사(放射)이다. 이렇게 퍼진 빛이 만물로부터 자기에게로 되돌아와 단일한 형태로 자기 자신이 될 때는 형태를 자취도 없이 삼켜 버리는 불꽃이 된다. 빛이 만들어 내는 갖가지 성질은 만물의 실체를 풍부하게 하고 자연의 갖가지 형식을 띠게 되는데, 빛이 자아내는 사유는 본질적으로 단순한 것이어서 정처 없이 이해할 수 없는 형태로 그런 형식들 사이를 누비면서 끝도 모르고 뻗어 나가다가 마침내 한껏 고양된 아름다운 자연의 광경을 초월하여 숭고한 신의 세계로 향한다.

그러므로 빛이라는 순수한 존재가 전개해 나가는 내용과 그의 지각은 실체 곁에서 본질도 없이 그저 유희를 벌일 뿐이며, 이 빛의 신이라는 실체는 상승만 할 뿐 하강하는 일이라곤 없어서 주체가 되거나 주체가 된 자기의 힘으로 갖가지 존재를 확정해 나가는 일도 없다. 빛에 의해 규정된 만물은 자립성을 얻지 못하고 어디까지나 수많은 이름을 지닌 하나의 신의 속성으로 머무른다. 이 하나의 신은 자연 만물의 다양한 힘과 더불어서 자기가 결여된 현실의 온갖 형태를 장신구처럼 몸에 걸친다. 그러나 이런 힘과 형태는 자신의 의지를 갖지 못한 채 하나의 신이라는 위력을 따르는 신의 사자(使者)에 지나지 않는다. 이 사자들은 하나의 신의 영광을 직관하며 소리 높여 칭송할 뿐이다.

그러나 이렇게 흔들리는 빛의 생명은 스스로 규정된 자립적인 대자존재가 되고, 사라져 가는 그 자연의 형태가 존립되어야 한다. 이 생명을 자신의 의식과 대치시키는 직접적인 존재는 이때 스스로 자연의 갖가지 존재를 해체하는 부정적인 위력이 된다. 따라서 이 존재는 실은 '자기'이다. 이리하여 정신은 스스로를 자기의 형식으로 아는 단계로 이행한다. 순수한 빛은 이제 그의 단순함을 깨뜨리고 무한히 많은 형식으로 분열되어 자기를 희생함으로써 형태에 자립성을 부여한다. 그리하여 많은 개개의 존재가 빛의 신이라는 실체 속에서 존립하게 된다.

2) 식물과 동물

형태 없는 실재로부터 자기로 되돌아와 직접적인 존재를 자기를 갖춘 존재로 고양시킨 자각적 정신은 이제 그의 단일성에서 다양한 대자존재를 이끌어 내면서 정신적인 지각의 종교가 된다. 여기서 정신은 강약과 빈부의 차이를 드러내는 헤아릴 수 없이 많은 정신으로 분열된다. 이처럼 원자화(原子化)한 정신이 일단은 정지된 상태로 존립해 있는 범신론의 세계는 이윽고 내부적으로 자신을 적대하는 운동을 일으킨다. 자기 없이 자기를 표상하는 데 지나지 않는 순박한 '꽃의 종교'는 그렇게 목숨을 걸고 싸우는 얄궂은 '동물의 종교'로 옮겨 가고, 더불어 사태를 직관하면서 안정을 유지하던 무기력한 개체는 파괴적인 대자존재로 이행한다. 이때 지각 있는 사물로부터 죽음이라는 추상물을 빼앗아 이를 정신적인 지각의 존재로 고양시키려 한들 그러한 이행은 결코 막을 수 없다. 이 정신의 나라에 생기를 부여하더라도 그것은 규정상 만물의 순박한 무관심을 뒤덮는 부정의 힘으로 말미암아 죽음을 맞이할 수밖에 없다. 이러한 부정성에 의하여 수많은 평온한 식물 형태로 확산되던 세계가 적대적인 운동을 하게 되고, 그리하여 저마다 독자성을 고수하는 대자존재들의 증오가 그런 형태들을 마멸시키고 만다. 이처럼 혼란에 빠진 정신의 현실적 자기의식은 고립되어 친구를 잃어버린 다수의 민족정신으로 나타난다. 이 정신은 증오에 불타는 나머지 죽음을 무릅쓰면서까지 싸움에 임하면서 특정한 동물 형태를 자기들의 본질(신)로 의식하게 된다. 이러한 민족정신은 그 자체가 동물적 정신이며, 자신에게 보편성이 결여되어 있음을 자각하고 타자로부터 고립되어 있는 동물적 생명이다.

그러나 이러한 증오 속에서 순수히 부정적인 대자존재의 모습은 마멸되고 개념의 이 운동을 통하여 정신은 또 다른 형태로 옮겨 간다. 대자존재가 폐기되고 나서 성립되는 대상의 형식은 자기에 의해서 창출된 형식, 아니 오히려 대자존재가 마멸되는 가운데 사물의 모습으로 창출된 자기 그 자체이다. 이리하여 단지 파괴하기만 하는 동물적 정신을 넘어서서 그 위에 공작인(工作人)이 나타난다. 그의 행위는 한낱 부정적인 행위에 그치지 않고 오히려 안정되고 긍정적인 것이기도 하다. 따라서 정신의 의식은 이제 직접 있는 그대로의 자체존재와 추상적인 대자존재 모두를 초탈하는 운동이 된다. 여기서 자체존재는 타자와 대립함으로써 하나의 한정된 존재로 격하되었으니 더이상 절대정신의 고유한 형식이 아니라 하나의 현실이 된다. 절대정신의 의식은 이 현실을 자기와 대치하는 평범한 존재라고 인식하여 이를 폐기한다. 그리고 이 의식은 자체존재를 폐기해서 스스로를 대자존재로 끌어올릴 뿐만 아니라 대상의 형식을 띤 대자존재라는 의식의 표상도 창출한다. 그러나 이러한 창작 활동은 아직 완전한 것은 아니고 단지 눈앞에 현존하는 것을 가공하는 한정된 활동이다.

3) 공작인

여기서 정신은 공작인으로서 모습을 나타낸다. 이때 정신은 스스로 활동해서 자기 자신을 정신적인 대상으로 창출해 내면서도 아직 자신의 사상을 포착하는 때에는 이르지 못했으므로, 이 행위는 마치 꿀벌이 둥지를 트는 것과도 같은 본능적인 노동이다.

공작인이 만들어 내는 최초의 형식은 직접 마음 가는 대로 제작된 것이므로 오성에 기초한 추상적인 형식이며 그 작품도 아직 정신으로 가득 차 있지는 않다. 피라미드나 오벨리스크의 결정체(結晶體), 직선과 평면의 단순한 결합, 약분 불가능한 원형을 배제한 각 부분의 균형적 관계, 이런 것들은 공작인이 엄격한 형식을 지키면서 만들어 낸 작품이다. 단지 오성을 통해 이해하기 쉬운 형식만을 추구하는 이러한 작품은 그 자체로는 의미가 없으며 정신적인 자기를 드러내는 것도 아니다. 따라서 작품이 정신을 얻을 때는 낯선 죽은 자의 혼으로, 즉 현실과의 생생한 소통이 단절된 채 생명 없는 결정체 속으로 돌아오는 죽은 자의 혼으로 정신을 얻거나 아니면 거기에는 없고 바깥 어딘가에 있는 정신, 곧 작품에 의미를 던져 주는 떠오르는 태양의 빛과 외면적인 관계를 맺어 정신을 얻을 수밖에 없다.

노동하는 정신은 자기가 가공할 재료인 자체존재(자연물)와 노동하는 정신의 자기의식에 해당하는 독자존재로 분열된 상태에서 출발하는데 이러한 분열은 노동하는 정신의 작품 속에 대상화된다. 이 정신은 이제 더 나아가서 혼과 육체의 이러한 분열을 폐기하여 혼에는 어울리는 의상과 형태를 부여하고 육체에는 혼을 불어넣기 위해 노력해야 한다. 이 양면은 서로 가까워지지만 그때 양측은 표상된 정신의 모습과 이 정신을 감싸고 있는 겉껍질의 모습을 여전히 지니고 있다. 그리하여 이 정신의 자기 자신과의 통일은 개별과 보편의 대립을 포함한다. 이렇듯 작품의 두 측면이 서로 접근하면 이와 동시에 작품이 노동하는 자기의식에 접근하고 자기의식이 즉자대자적으로 존재하는 자기를 작품 속에서 인식하기에 이르는 또 다른 접근이 행해진다. 그러나 이때 작품은 아직 정신적인 활동의 추상적인 측면을 지니고 있을 뿐이다. 따라서 활동하는 정신은 자기 자신 속에서 활동의 내용을 알아내는 것이 아니라 한낱 사물인 작품 속에서 알아낸다. 결국 전체적인 정신으로서의 공작인은 아직 등장하지 못하고 여전히 내면에 감추어져 있다. 이는 활동하는 자기의식과 이 의식에 의해 창출된 대상으로 분열된 상태에서 전체로서 존재하고 있을 뿐이다.

둘레가 있는 주거라는 외적 현실은 이제 겨우 오성의 추상적인 형식으로 고양된 것에 지나지 않는다. 공작인은 이를 얼마간 혼이 담긴 형식으로 다듬기도 한다. 이를 위하여 공작인은 식물의 생명을 이용한다. 그런데 이 생명은 앞에서 본 무력한 범신론에 의해 신성시되던 것이 아니라 이제는 자립적 대자존재인 공작인에게 임의로 이용되어 한낱 겉모습을 꾸미는 장식품이 되어 있다. 이때 식물의 생명은 전혀 손질되지 않은 채로 이용되는 것이 아니다. 자각된 형식을 꾸며 내려는 공작인은 이 생명이 직접 현존하는 모습에 길들어 있는 무상(無常)함을 떨쳐 내고 그 유기적인 형식을 사상에 의한 엄밀하고도 보편적인 형식에 가까워지도록 한다. 자유롭게 놓아두면 특수한 형태로 마음껏 자라나는 유기적인 형식을 사고의 형식에 따르게 한다는 것은 한편으로는 직선적이고 평면적인 형태에 완만한 곡선을 더해서 혼을 불어넣는 것이다. 이러한 혼합양식이야말로 자유로운 건축의 근간을 이룬다.

정신의 보편적인 장이면서 또한 무기적 자연의 측면을 이루기도 하는 이 주거는 이제 개별체의 형태도 포함하는데, 이 형태 덕분에 이전에는 존재에 의해 분리된 채 존재의 안이나 밖에 자리잡고 있던 정신이 현실에 근접하게 되어 그 작품은 활동하는 자기의식과 좀더 유사한 것이 된다. 여기서 노동하는 사람은 처음에 대자존재 일반인 동물의 형태를 손에 넣는다. 그런데 그는 더 이상 동물적인 생활을 있는 그대로의 자기 모습이라고는 생각지 않으므로, 그 자신이 동물을 산출해 낼 만한 힘이 있다고 생각하며 그것을 자기 작품으로 인식한다는 식으로 자기와 동물의 차이를 증명한다. 그 결과 동물의 형태는 폐기되어 다른 의미를 띠고서 사상적인 상형문자로 거듭난다. 그런데 이렇게 되면 단지 동물의 형태가 공작인에게 이용된다고만 할 수는 없게 되고 사상의 형태라고나 할 인간의 형태가 여기에 뒤섞여 있게 된다. 그러나 이 작품에는 여전히 자기가 자기로서 현존하는 것과 같은 실질적인 형태가 결핍되어 있다. 말하자면 그 작품에 내면적인 의미가 포함되어 있음을 스스로 언명하는 형태가, 즉 충실한 의미 그 자체를 존립시키는 장이라고 할 언어가 결핍되어 있는 것이다. 따라서 동물적인 요소에서 벗어나 완전히 순화되어 자기의식의 형태만을 갖춘 작품이라도 여전히 목소리를 동반하지 않는 형상일 뿐이다. 이 형상이 소리를 내기 위해서는 해돋이의 햇빛을 받아야 하지만, 이 소리는 결국 빛에 의해 생겨나 외적인 자기의 존재를 알리는 음향에 지나지 않을 뿐이지 내면적인 자기를 나타내는 언어는 아니다.

이런 형태로 나타나는 외적인 자기와 대립하는 것은 스스로 내면을 갖추고 있음을 나타내는 또 다른 형태이다. 자신의 본질로 되돌아오는 자연은 생명을 지닌 채 자신의 운동 속에서 흐트러지고 개별화되어 가는 다양한 모습을 비본질적인 어떤 그릇으로 전락시켜 버린다. 즉 그것은 내면을 가리는 덮개와 같다. 이 내면은 처음에는 아직 단순한 암흑이며 부동의 물체로서 볼품없는 검은색 돌이다.

형상과 그릇이라는 두 가지 표현은 내면과 외면이라는 정신의 두 요소를 포함하고 있다. 또한 이 두 표현은 대립적인 관계 속에 내면적인 자기와 외면적인 자기의 형태를 드러내고 있다. 양자는 통일되어야만 한다. 인간의 모습을 한 조각상의 혼은 아직 내면으로부터 밖으로 나와 있지 않고 스스로 내면화된 존재인 언어가 되어 있지도 않다. 갖가지 겉모습을 지닌 상(像)의 내면은 아직 소리를 내지 않고 자기 내부에 구별된 요소를 지니지 않은 채, 갖가지 요소로 이루어진 겉모습과 구별되는 내면이 되어 있지 않다. 공작인은 자연적 형태인 동물과 자기의식의 형태인 인간을 혼합해서 양자를 통일하려 한다. 그러나 이중적인 의미를 지닌 채 수수께끼에 둘러싸여 있는 이 존재는 의식과 무의식, 단순한 내면과 복잡한 외면의 충돌을 빚으면서 모호한 사상과 명석한 표현을 연결지어 심원하면서도 이해 불가능한 지혜의 언어를 토해 낼 뿐이다.

이 스핑크스라는 작품이 등장하면서 이제는 자기의식에 대항하여 무의식의 작품을 산출해 내던 본능적인 노동은 자취를 감추었다. 이 작품에서는 자기의식의 의미를 지닌 공작인의 활동에 대해서 똑같이 자기의식을 지니고 자기를 표현하는 내면이 겉으로 드러나 마주하고 있다. 공작인은 이 작품 속에서 자신의 의식이 분열되고 정신과 정신이 대면하는 경지에 이른 것이다. 따라서 자기의식을 지닌 정신이 자신이 곧 의식의 대상이자 형태임을 자각하여 자기통일을 이룰 때에는, 의식이 결여된 직접적인 자연 형태와 정신의 혼합체는 순화되기에 이른다. 형태나 말이나 행위에 나타나던 이 괴물은 사라지고 정신적인 형태가 마련되면서 외면은 안으로 향하고 내면은 스스로 밖으로 나와 자기표현을 하게 된다. 이제 사상은 사상에 알맞은 형태로 사상을 낳고 스스로를 유지해 나가는 명확한 존재로 변모한다. 이 정신을 지닌 존재는 바로 예술가이다.

2. 예술종교

정신은 의식과 마주해 있는 자기의 형태를 의식 그 자체의 형식으로 고양하여 의식적인 인간을 정신의 모습으로 만들어 낸다. 공작인은 이제 사상과 자연이라는 이질적인 두 형식을 혼합하는 종합적 작업을 포기하고, 자기의식적인 활동을 하는 형태를 획득하는 가운데 스스로 정신적인 노동자가 되어 있다.

예술종교에서 절대신의 의식을 지닌 현실적 정신이란 과연 무엇이냐고 묻는다면 그것은 곧 참다운 인륜적 정신이라고 답해야만 하겠다. 이 정신은 그저 모든 개인의 삶을 지탱해 주는 보편적 실체에 그치지 않는다. 이 실체가 현실의 의식에 대해서 의식을 지닌 인간의 형태를 띠고 나타날 때, 개체의 모습을 띤 실체는 모든 개인에게 스스로의 본질을 형상화한 작품으로 받아들여진다. 그러므로 여기서 사람들이 인식하는 실체는 빛의 신이 아니다. 빛의 신에게서는 자기의식의 독자성이란 덧없이 사라져 가는 한낱 부정적인 것에 지나지 않으며 그는 주인을 자신의 현실로서 직관하고 있었던 것이다. 또한 이 실체는 증오에 불타는 민족 사이의 끊임없는 싸움을 상징하는 것도, 민족을 억압하여 다양한 계급으로 분할하는 것도 아니다. 그런 계급제도는 전체를 완성된 유기체와 같이 조직하는 듯 보이지만 거기에는 개인에게 두루 주어지는 보편적 자유라고는 전혀 없다. 정신은 이제 그런 수준에서 벗어나 자유로운 민족으로 존재하기에 이르렀으니, 여기서는 관습이 모든 사람의 삶을 지탱하는 실체가 되고 모든 개인은 저마다가 이 실체의 현실과 생활양식이 자기의 의지와 행위에 근거하는 것임을 자각하기에 이른다.

하지만 인륜적 정신의 종교는 자기의 현실을 넘어서 있는 것으로서 정신의 진리를 벗어나 순수한 자기 의지로 돌아온다. 인륜적인 민족은 자신의 실체와 직접 일체화되어 생활할 뿐 순수한 개별성을 띤 자기의식의 원리를 지니지 않는다. 그러므로 그의 종교는 이 민족이 자신의 존립을 지탱하는 실체와 분리될 때 비로소 완전한 모습으로 나타난다. 왜냐하면 현실의 인륜적 실체는 한편으로는 자기의식의 절대적인 운동에 반하는 불변의 정지 상태에 바탕을 두고 있어서 자기의식은 아직 이 안정된 관습적 생활과 거기에 이루어져 있는 확고한 신뢰관계에서 탈피하여 자기에게 되돌아오는 데까지는 이르지 못하고 있으며, 다른 한편으로는 인륜세계의 조직이 수많은 권리와 의무로 나뉘고 또 전체를 구성하는 계층과 그 특수한 행위 집단으로도 분화되어 있어서, 결국 개인은 한정된 자기 생활에 만족하는 나머지 자유로운 자기에는 제한이 없다는 사상을 아직 포착하지 못하고 있기 때문이다. 그러나 실체에 대한 흔들림 없는 직접적인 신뢰는 마침내 자기에 대한 신뢰와 자기확신으로 되돌아온다. 그리하여 많은 권리 및 의무와 한정된 행위는 모두가 온갖 사물과 그의 성질 사이에 행해졌던 것과 동일한 변증법적 운동을 인류세계 속에서 펼쳐 나간다. 이 운동은 자기를 확신하는 정신이 단순한 경지에 이르렀을 때 비로소 확고한 안정을 누리게 된다. 그러므로 인류가 자유로운 자기의식으로 완성되는 가운데 인류세계가 짊어지는 운명은 개체성이 자기에게 되돌아가는 것이며 인류정신이 순전히 경박한 정신(희극)이 되는 것이다. 이 정신은 자신의 존립을 지탱하는 모든 확고한 구별 요소와 그것이 유기적으로 조직된 집단을 자기 내부에서 해체해 버리고, 자기를 완전히 신뢰하는 나머지 한없는 기쁨과 극도로 자유로운 자기만족을 누리기에 이른다. 이때 정신이 스스로 단순한 확신을 지닌다는 것은 이중적인 의미를 띤다. 즉 그것은 인류가 안정적으로 존립하면서 확고한 진리를 지니고 있음과 동시에 절대적인 불안정을 겪으며 소멸해 간다는 뜻이다. 그러나 마침내 이 확신은 전도되어 소멸되고 만다. 왜냐하면 인류적 정신의 진리는 지금으로선 실체적인 본질이자 신뢰일 뿐이기 때문이다. 여기서 자기는 자신이 자유로운 개별자임을 자각하지 못하므로 자기 내면에 다다라서 자유로워지는 순간 소멸하고 만다. 이렇듯 신뢰가 무너지고 민족의 실체가 내부적으로 흔들리게 되면 지금껏 어느 한쪽에서 존립하지 못하고 중간에서 서성거리던 정신은 자기야말로 본질임을 파악하는 자기의식의 극으로 자리를 옮겨 새로이 등장하기에 이른다. 이 자기의식은 자기를 확신하는 정신으로서 인류세계의 상실을 서글퍼하며 현실을 초월한 자기의 본질을 순수한 자기로부터 창출해 낸다.

　그러한 시기에 출현하는 것이 절대예술이다. 이전의 예술은 본능적 노동이었는데 이때는 가공해야 할 사물의 세계에 침잠하여 그곳을 들락거리면서 작품활동이 이루어졌다. 여기선 자유로운 인류세계를 실체로 하는 일도 없었고 따라서 공작인이 자유로운 정신적 활동을 펼쳐서 창작을 하는 일도 없었다. 그러나 이어지는 절대예술의 단계에서 정신은 예술을 뛰어넘어 더욱 고차적인 표현을 이루어 내게 된다. 즉 여기서는 자기로부터 태어난 인류의 실체가 표현될 뿐만 아니라 특정한 이 자기가 표현의 대상이 되고, 정신이 개념으로부터 자기를 낳을 뿐만 아니라 개념 그 자체를 형상화하는 것이다. 이때 개념과 제작된 예술작품은 서로 동일한 것임이 알려진다.

이렇게 해서 인륜적 실체는 단순히 현존하는 상태에서 벗어나 순수한 자기의식 속으로 되돌아가므로, 이 자기의식은 개념의 측면을 이루면서 정신의 대상이 되는 정신을 생성하는 활동을 한다. 이때 개인은 인륜에 복종하는 봉사자로서 애쓴 끝에 무의식적인 존재나 고정된 성질 일체를 제거해 버리는데, 이 경우 인륜적 실체 그 자체도 유동적인 것이 되어 있다. 그러므로 자기의식의 이 활동은 순수한 형식이라 할 수 있다. 이 형식은 실체인 신의 비밀을 밝혀서 신을 주체적 존재로 만드는 밤의 세계로서, 인륜적 정신은 자기를 순수하게 확신하는 이 밤 속에서 마침내 자연이나 일상세계 모두에서 해방되어 자유로운 형태를 띠고 되살아난다.

정신이 육체를 빠져나와 순수개념에 다다를 때 실제로 나타나는 존재는 정신이 그의 고뇌를 담을 그릇으로 삼기 위하여 선택한 개인의 형태를 띤다. 정신은 이 개인에게 폭력을 행사하는 보편자 또는 권력이며 더 나아가서는 개인의 파토스를 부채질하는 힘이기도 한데, 여기에 몸을 맡겨 버리면 개인의 자기의식은 자유를 잃고 만다. 그러나 보편자의 이 긍정적인 권력도 개인의 순수한 자기가 휘두르는 부정적인 힘에는 압도되어 버린다. 불패의 힘을 의식한 개인의 순수한 활동이 형체 없는 실재와 몸싸움을 벌이는 것이다. 여기서 상대를 제압하는 개인은 파토스를 활동 소재로 삼아 자기의 내용을 채워 나간다. 이렇게 해서 개인과 파토스의 통일이 작품이 되어 나타날 때 보편정신은 개체의 모습을 띠고 표상된다.

1) 추상적인 예술작품

최초의 예술작품은 본디 있는 그대로의 추상적이고 개별적인 작품이다. 그리하여 이 작품은 직접 있는 그대로의 대상으로서 자기의식을 향해 나아가는데, 이때 자기의식은 자기의식대로 처음에는 그 정신에 대해서 존재하는 온갖 구별을 폐기하는 방향으로 나아가며 이로써 그 스스로 생명을 얻은 예술작품을 창출해 내려고 한다.

예술가의 정신이 자기의 형태와 활동하는 의식을 최대한 서로 떼어 놓으려고 하는 첫 번째 제작법은 작품의 형태가 '사물'로서 거기에 존재한다는 점에서 직접적인 방법이다. 이 방법은 자기라는 형태를 스스로 이루고 있는 개별성의 양식과, 환경이나 주거와 같은 형태와 관련된 주변의 무기적인 요소를 나타내는 보편성의 양식으로 구별된다. 이 형태는 전체를 순수한 개념으로 고양시킴으로써 정신에 어울리는 순수한 형식을 띤다. 그것은 죽은 자의 보금자리가 되거나 외부적인 혼에 의해서 밝혀지거나 하는 오성이 깃든 결정체도 아니려니와, 자연과 사상이라는 두 형식을 식물 상태에서 갓 벗어난 형태로 섞어서 아직은 모방 수준에 그치고 있는 혼합체도 아니다. 그보다도 오히려 개념의 작용은 뿌리나 줄기나 잎사귀로부터 그 형식에 아직 들러붙어 있던 요소들을 다 제거하여 이들을 형상으로 순화한다. 이 경우 결정체를 이루던 직선이나 평면은 약분 불가능한 곡선의 관계로 고양된다. 그리하여 유기체에 혼을 불어넣는 작용이 오성의 추상적인 형식으로 끼어 들어가게 됨과 동시에 그 본질, 즉 약분 불가능한 성질은 오성에 반하여 계속 유지되기에 이른다.

그런데 주거 안에 자리잡은 신은 동물 형태로 조각된 신의 그릇에서 밖으로 꺼내진 검은 돌로서 이제는 의식의 빛이 스며든 존재가 된다. 동물적인 요소와 뒤섞여 있던 인간적인 형태는 드디어 그 동물성을 떨쳐 낸다. 신은 단지 동물로부터 우연히 나타난 겉모습을 빌려 썼을 뿐이다. 이제 동물은 신의 참모습과 나란히 놓여 있는데 더 이상 독자적인 가치를 지니지 못하고 타자를 표현하기만 하는 한낱 상징으로 전락하고 만다. 이리하여 신의 모습은 자연조건에 제약을 받는 동물적 생활의 옹색함을 털어 버리고 유기적 생명의 내면에 갖춰진 것을 표면에 융합되어 드러나게끔 하지만, 다만 이는 표면적인 형태로 암시돼 있을 뿐이다.

그러나 신의 본질은 자연의 보편적인 모습과 현실적으로는 이에 대항하는 듯이 보이는 자각적인 정신과의 통일에 있다. 동시에 먼저 개별자의 형태로 나타나는 신의 존재는 자연의 여러 장 가운데 하나이며, 또한 자기의식을 지닌 그 현실상(相)도 하나의 개별적인 민족정신이다. 하지만 그런 존재는 신이라는 이 통일체에서는 정신으로 되돌아온 장이 되어 결국은 사상의 빛으로 밝혀져서 자각적인 생명과 일체화된 자연이 되어 있다. 따라서 신의 형상에 깃들어 있는 자연의 장은 이미 폐기된 형태로 이럼풋한 기억으로 남아 있을 뿐이다. 파괴적인 인간이나 자연계의 거침없는 생태로 말미암아 벌어지던 혼란스러운 싸움은 티탄족(族)의 비인륜적인 세계로 표현되었지만, 마침내 이 세계는 정복되어 이제 명료한 형태를 띠기 시작한 현실의 변두리로, 정신 속에서 안식을 누리는 세계의 저 멀리 어두운 곳으로 쫓겨난다. 처음에 빛과 어둠이 어우러져서 태어났던 옛 신들인 하늘, 땅, 바다, 해 그리고 지상을 휩쓰는 불의 신 등등은 여기서 다른 형태로 교체되어 있다. 이 새로운 신의 모습은 티탄족의 여운이 희미하게 남아 있어서 그에 대한 기억을 어렴풋이 불러일으킬망정 더 이상 자연신은 아닌, 자각적인 민족의 명확한 인륜적 정신을 체현한 조각상의 형태로 나타난다.

이렇게 해서 만들어진 신의 단일한 형태는 이제 무한한 개별화를 낳는 불안정한 상태를 자체적으로는 깨끗이 없애 버려 안정된 개체 속에 집약된다. 즉 보편자로서는 필연적일 수밖에 없지만 존재양식이나 운동으로서는 우연성을 지니는 자연계라는 장의 무한한 개별화, 그리고 민족이 특수한 행위 집단이나 자각적인 개개의 점으로 분산되어 잡다한 의미와 행위양식을 지닐 때 나타나는 무한한 개별화가 모두 다 자체적으로는 말소되어 안정된 개체 속에 집약되는 것이다. 그리하여 이 실재의 형태는 자기의식의 불안정한 요소와 대립하게 되는데, 이 자기의식은 단지 순수한 활동을 통해 불안정을 가져올 뿐이다. 실체에 귀속된다는 점에서 보자면 예술가는 자신의 모든 것을 작품에 쏟아 넣지만 특정한 개인으로서의 자기 자신은 그 작품 속에서 아무런 현실성도 지니지 못한다. 즉 예술가는 자신의 특수성을 외화하여 홀가분한 상태에서 추상적인 순수한 행위로 나아감으로써 자신의 작품을 완성할 수밖에 없다. 처음에 직접 작품을 제작할 때는 작품과 저마다의 자각적인 활동 사이의 분열은 아직 재통일되어 있지 않다. 따라서 작품은 독자적인 혼이 불어넣어진 존재는 아니고, 오직 그것이 제작되는 과정을 통틀어서만 비로소 하나의 혼을 지닌 전체가 된다. 의식 속에서 산출되고 인간의 손으로 만들어진다는 이른바 예술작품들의 공통점은 이제 개념으로 현존하지만 이는 작품과는 대립되는 개념의 요소로 나타난다. 그러므로 예술가나 관찰자가 지닌 개념이 예술작품을 가리켜 독자적인 혼을 부여받은 존재라고 언명하면서 행위자 또는 관찰자로서의 자기 존재를 잊어버릴 만큼 사심 없는 태도를 보인다 해도, 자기 자신을 의식한다는 요소는 결코 결여될 수 없다는 정신의 개념이 이에 맞서서 주장되어야 한다. 그런데 이 자기의식의 요소는 작품과 대립한다. 왜냐하면 이 요소는 애초에 그런 식으로 자기가 분열됐을 때 두 측면에 각각 행위와 사물이라는 추상적인 규정을 나눠서 부여했는데, 이들 양자는 그들의 출발점에 위치한 통일로는 아직 돌아가지 못했기 때문이다.

그러므로 예술가는 자기가 만들어 낸 작품을 보면서도 자기와 동일한 것을 만들어 내지는 않았다는 느낌을 받는다. 물론 대중이 그 작품을 경탄해 마지않으며 자기들의 본질을 드러내는 정신이라면서 작품에 존경을 표함으로써 작품의 어떤 의식을 일깨울 수는 있다. 그러나 이런 식으로 작품에 불어넣어지는 혼은 예술가의 자기의식에게는 다만 경탄의 소리로 되돌아올 수밖에 없으므로 오히려 이는 작품과 예술가가 서로 다른 존재임을 예술가에게 알려 주는 것이나 마찬가지이다. 작품이 이처럼 기쁨을 안겨 주는 것으로 그치고 만다면 예술가로서는 거기서 작품을 창조할 때의 고통도 노동의 힘겨움도 찾아볼 수 없게 된다. 또한 대중은 작품을 평가하거나 그 앞에 공물을 바치는 등, 어떤 방식으로든 거기에 자기들의 의식을 이입할 수 있을 것이다. 그런데 이 과정에서 그들이 작품 위에 올라서서 이러저러한 식견을 뽐낼 경우 예술가는 자신의 업적이 그런 대중의 이해나 발언을 훨씬 넘어서 있다는 생각을 하게 되리라. 뿐만 아니라 대중이 예술가 앞에서 고개를 떨구며 그 작품을 마치 진짜 신처럼 받들 경우에는 예술가는 자기가 그 점에선 그야말로 거장이라고 생각하게 될 것이다.

이렇게 되면 예술작품은 그의 진면목을 드러낼 또 다른 장을 필요로 하게 된다. 즉 신이 심원한 창조의 밤으로부터 그의 대극에 있는 외면세계의 자기의식 없는 사물로 전락한다는 식의 표현법과는 다른 표현법이 필요해지는 것이다. 여기서 요구되는 한층 높은 경지가 바로 언어인데, 이는 직접 자기의식을 내포하는 현실적인 존재이다. 개별적인 자기의식은 언어로서 현실에 존재함과 동시에 그대로 온 곳으로 두루 전파되어 나간다. 말하자면 대자존재가 완전히 특수화된다는 것은 곧 동시에 수많은 자기를 향해 막힘없이 흘러 움직이면서 두루 전달되어 수많은 자기가 하나로 통일되는 것이다. 언어는 그야말로 혼이 혼으로 살아 있는 것이다. 따라서 언어를 바탕으로 조형되는 신은 그 자체로 혼을 부여받은 예술작품으로서, 조각상과 같은 사물의 존재와 대립해 있던 순수한 활동이 마침내 그 작품 속에 그내로 드러나게 된다. 다시 말해서 자기의식은 자신의 본질이 대상화하는 가운데 그대로 자기 속에 자리하는 것이다. 이렇듯 자기의식이 자신의 본질 속에 자리잡고 거기에 그대로 멈춰 있는 모습은 순수사유로서의 신심이며, 이 신심의 내면성은 찬가의 형태로 존재한다. 찬가는 자기의식의 개별성을 내포하고 있지만, 이 개별성은 사람들에게 들리는 동시에 곧장 보편적으로 번져 나간다. 모든 사람의 마음속에 점화된 신심은 정신의 물결을 타고 다면적인 자기의식이 되며 여기서 모든 사람의 행위가 동일해지고 존재가 단일화되는 것이 의식된다. 정신은 이제 모든 사람의 의식 속에 널리 침투된 자기의식으로서 순수한 내면성과 대타존재 및 개별적인 대자존재를 하나로 통일한 것이 된다.

이 찬가라는 언어는 교단의 보편적인 자기의식의 언어가 아닌 신의 언어와는 구별되어야 한다. 예술종교와 그 이전의 자연종교까지도 포함하여 신탁(神託)이야말로 신의 필연적인 최초의 언어이다. 왜냐하면 신의 개념 속에는 신이 자연의 본질인 동시에 정신의 본질이므로 자연으로서 존재할 뿐 아니라 정신으로서도 존재한다는 의미가 담겨 있기 때문이다. 그런데 이 요소가 이제 겨우 신의 개념으로 받아들여져 있을 뿐 종교 속에 실현되어 있지 않은 이상, 종교적 자기의식에게 신의 언어는 소원한 자기의식의 언어로 들린다. 공동체(교단)와 서먹서먹한 관계에 있는 자기의식은 아직 신의 개념이 요구하는 모습 그대로 거기에 존재하고 있지 못하다. 자기는 단일해서 단적으로 보편성을 체현하고 있는 대자존재인데, 교단의 자기의식에서 분리된 경우에는 한낱 개별적인 자기에 지나지 않는다. 그런데 신탁이라는 이 고유한 개별적인 언어의 내용은 절대정신을 상정하는 종교의 보편적인 성질로부터 산출된다. 따라서 자기의 존재를 아직 특수화하고 있지 않은 동방의 보편정신은 신에 대해서 역시 단순하고 보편적인 명제를 내세운다. 단순한 진리의 형태를 띤 그 실체적인 내용은 숭고하긴 해도 너무나 보편적이기 때문에 더 나아가 자기형성을 행하는 자기의식의 눈에는 진부한 것으로 비칠 따름이다.

한층 더 자기형성을 행하여 대자존재의 경지에 이른 자기는 실체의 파토스 또는 서광의 신이라는 대상을 지배하고 있으므로 그런 단순한 진리의 언어가 자체적인 존재임을 잘 알고 있다. 즉 그것은 신탁 같은 낯선 외래어를 통해서 우연한 사물의 형태로 존재하는 것이 아니라 '영원한 생명을 지니고서 아무도 모르는 새에 생겨난 신들의 율법, 글로 쓰여 있지 않으나 틀림이 없는 율법'으로 존재하고 있다. 빛의 신이 계시한 보편적인 진리는 여기서는 내면이나 지하로 물러나 있어서 더 이상 우연한 모습을 띠지는 않게 되었다. 그런데 예술종교에 이르면 신의 형태가 의식과 더불어 개체성을 받아들이게 되면서 인륜적인 민족의 정신을 체현하는 신의 언어는 민족의 특수한 사정을 고려하여 그 이해(利害)를 밝혀 주는 신탁이 된다. 그러면서도 민족의 보편적인 진리는 자체적으로 존재하는 진리로 이해되므로 여기에는 지적인 사유가 작용해야만 한다. 따라서 진리의 언어는 결코 사유와는 거리가 먼 낯선 언어가 아닌 그 자신의 언어가 된다. 고대의 현자 소크라테스는 무엇이 선이며 무엇이 아름다움인가 하는 문제에 대해 스스로 사유하여 풀어내려고 했지만, 이를테면 이 사람과 어울리는 게 좋은지 저 사람과 어울리는 게 좋은지 또는 아는 사람이 이번에 여행에 나서는 것이 좋은 일인지처럼 우연한 지의 내용이나 하찮은 일에 대해서는 다이몬(정령)의 지혜를 빌리곤 했다. 이와 마찬가지로 민족의 보편의식도 우연한 것에 관한 지식은 새나 나무라든가 증기를 뿜어내어 자기의식의 이성을 마비시킨다고 하는 발효되는 대지(大地)로부터 얻어 내곤 했다. 왜냐하면 우연한 것은 외부적으로 불쑥 생겨나는 정체불명의 존재여서 인륜적 의식으로서도 마치 주사위 던지듯 아무 생각도 없이 되는대로 이에 관한 결정을 내릴 수밖에 없기 때문이다. 물론 개인이 자기의 오성을 바탕으로 결정하거나 자신의 이해를 잘 따라서 선택한다고 할 때는 이러한 자기결정의 근저에는 이미 규정된 특수한 성격이 존재하게 마련이다. 이 특수한 성격은 그 자체로 우연의 산물이다. 따라서 개인에게 무엇이 유용한지를 오성의 힘으로 알아냈을 경우, 그러한 지는 신탁이나 제비뽑기를 통해서 얻은 지와 다름없다. 다만 차이가 있다면 신탁이나 제비뽑기에 의존하는 사람은 인륜적인 심정이 우연한 일에는 무관심하다는 것을 말로써 드러내는 데 반해, 오성의 지는 아무리 그 자체로 우연한 것일지라도 자신의 사유와 지가 다뤄야 할 본질적으로 중요한 대상이라고 여긴다는 데 있을 뿐이다. 이러한 양자를 넘어서는 것은 바로 우연한 행동에 관한 신탁을 숙고하는 태도인데, 이 숙고된 행동이 특수한 사정과 관련되고 이해 문제와 얽혀 있는 것인 이상 거기에 우연의 요소가 끼어들 수밖에 없다는 사실을 깨닫는 것이다.

참다운 자기의식이 구현된 존재는 정신이 언어 속에 지니고 있는 것인데,

이 언어는 낯설고 우연적이어서 보편성을 띠지 못하는 자기의식의 언어는 아니다. 그러므로 참다운 자기의식이 구현된 존재는 우리가 앞서 살펴본 예술작품(찬가)이다. 이는 사물의 형태를 띤 작품인 조각상과는 대립된다. 조각상은 정지해 있는 물체인 데 반해 찬가는 사라져 버린다. 조각상은 물체로서 대상화되어 자유를 누리면서 자신의 직접적인 자기와 단절되어 있지만, 찬가는 자기 속에 완전히 갇힌 채 독립된 형태를 띠는 일이 없다. 그리하여 이는 마치 시간과도 같이 거기에 있다고 생각되는 순간 이미 거기에는 없는 존재가 된다.

자기의식의 순수한 감각적 장 속에서 울려 나오는 신의 형태와 사물의 장 위에 정지해 있는 신의 형태가 서로 대립하는 모습을 털어 버리고 양자의 본질의 개념인 존재적 통일에 다다르는 두 측면의 운동이 '예배'이다. 이 예배에서 자기는 신이 피안으로부터 자기에게로 강림하는 것을 의식한다. 그리고 이로써 지금까지는 비현실적인 한낱 대상에 지나지 않던 신이 자기의식을 지닌 본디의 현실존재가 된다.

예배의 이러한 개념은 자체적으로는 이미 찬가의 흐름 속에 담겨 실제로 존재하고 있다. 이 신심은 자기가 몸소 자기 내부에서 누리는 직접적이며 순수한 만족감이다. 이렇게 순화된 혼은 그 순수함 속에서 그대로 신이 되고 신과 합일된다. 이 혼은 추상적인 존재이므로 대상과 자기를 구별할 만한 의식을 지니지 않는다. 따라서 이는 신적 존재의 밤이며 이 존재의 형태를 받아들이기 위해 마련된 장소이다. 그리하여 추상적인 예배는 자기를 순수한 신의 경지로 고양시키기에 이른다. 혼은 이러한 징화를 의식적으로 수행한다. 그러나 혼은 아직 자기 내부의 깊숙한 곳까지 내려가서 자기를 악한 것으로 인식하는 자기가 되어 있지는 않다. 오히려 그것은 자신의 표면을 말끔히 씻어 내고 흰옷을 걸치고 자기 내면에서는 노동과 형벌과 보상의 길을, 다시 말하면 특수한 성질을 떨쳐 내는 도야의 길을 거치고 난 뒤에 행복이 깃든 내면적인 집에 이르러 행복과 하나가 되는 현세적인 혼이다.

이러한 예배는 처음에는 비의(秘儀)로서만 행해질 뿐이며 단지 표상되기만 한 비현실적인 행사이다. 그러나 예배는 어디까지나 현실적인 행위여야만 하므로 비현실적인 행동이란 자기모순일 뿐이다. 예배를 통하여 본디의 의식은 순수한 자기의식으로 북돋워진다. 이 의식 속에서 신은 자유로운 대상이란 의미를 지니게 된다. 현실의 예배에 의해 대상은 자기에게로 되돌아 간다. 그리고 이 대상이 순수한 의식에 의해 현실의 피안에 안주하는 순수한 존재로 받아들여지는 한 이 존재는 예배를 매개로 하여 보편성을 잃고 개별적 존재가 되어 현실과 일체화한다.

　자기와 신이라는 두 측면이 행동 속에 나타나는 모습을 보면 먼저 자기의 식을 지닌 현실의식에게는 신이 현실의 자연물로 나타난다. 자연물이란 한편으로는 의식이 가진 소유물이자 재산으로서 자체적으로 존재하지 않는 것으로 여겨지지만, 다른 한편으로는 의식 자체의 직접적인 현실이자 개별체로서 의식에 의해서 신이 아니라고 간주되어 폐기될 수도 있다. 그러나 동시에 순수한 의식에서는 그런 외적인 자연물이 그 자체로 존재하는 신이라는 정반대의 의미를 지니게 된다. 자기는 이 자체존재를 위하여 그의 비본질적인 부분을 희생함과 농시에 반대로 자연의 비본질적인 면을 자신을 위하여 희생시킨다. 여기서 행동은 한편으로는 신심의 대상이 되는 추상적인 신을 폐기하여 현실적인 신이 되게 하고 또 한편으로는 행위자가 대상과 자신에게 갖추어져 있는 현실성을 폐기하여 이를 보편적인 경지로 고양시키는 이중적인 측면을 지닌 정신의 운동이다.

　그러므로 예배 그 자체의 행동은 소유자가 어떤 소유물을 기부하는 행위에서 시작된다. 그는 그것을 자기에게는 전혀 무용지물인 양 아무런 미련 없이 내놓아 번제의 연기 속으로 날려 버린다. 이때 소유자는 순수한 의식에 떠오르는 본질적인 신을 위하여 재산을 소유하고 향유할 권리를 포기하며, 나아가서는 자신의 인격성과 행위를 자기에게 귀속시키는 일을 단념함으로써 오히려 행위를 보편자와 신에 귀속되게끔 한다. 그러나 반대로 이때 실재하는 신은 소멸되고 만다. 희생물로 바쳐지는 동물은 신의 상징이고 먹어 치워지는 과일은 케레스 신이나 바쿠스 신의 생생한 모습 그 자체이다. 따라서 동물이 희생됨으로써 혈기와 생명을 지닌 천상의 신이 죽어 없어지고, 과일이 먹어 치워짐으로써 혈기 없이 비밀스럽고 교활한 힘을 지닌 지하의 신이 죽어 없어진다. 신적인 실체를 희생시키는 행위는 그것이 행위인 한은 자기의식의 측면을 지닌다. 그런데 이러한 현실적인 행위가 가능하기 위해서는 신 그 자체가 자체적으로는 이미 희생되어 있어야만 한다. 그 희생은 신이 자기를 존재에게 의탁해서 개개의 동물이나 과일이 되었을 때 행해진 것이다. 이제 행동하는 자기는 신이 이미 자체적으로 해왔던 희생행위를 자신의 의식 앞에 뚜렷이 존재하게 했으니, 이로 말미암아 직접 현실로 존재하는 신은 자기 자신의 현실적 신이라는 고차적인 모습으로 바뀐다. 왜냐하면 두 측면의 개별적인 모습과 분리를 폐기한 결과 생겨나는 통일은 단지 뭔가가 소멸한다는 부정적인 운명이 아니라 긍정적인 의미를 지니는 것이기 때문이다. 그런데 추상적인 지하의 신에 대해서는 희생물로 바쳐지는 것이 전적으로 신에게, 나머지 희생행위는 소유물과 대자존재가 보편자에게 귀속되는 일은 자기 그 자체와는 별개의 영역에서 벌어지는 일처럼 보인다. 그러나 이는 전체의 작은 부분에 지나지 않으며 나머지 희생행위는 무용지물만을 파괴하는 행위이고, 오히려 희생물로 바쳐진 공물을 연회 음식으로 조리하여 먹어 치우는 향연을 베풂으로써 이렇듯 희생하는 행위의 부정적인 의미를 숨기고 잊게 만드는 것이다. 무용지물만을 파괴하는 행위에서는 희생에 바쳐지는 공물의 대부분은 그대로 보존되며, 조리해서 먹는 경우에는 그중 유용한 것이 자신의 향락을 위해 쓰인다. 이 향락이야말로 신과 그 신을 나타내는 개별적인 자연물을 없애 버리는 부정적인 힘을 지니면서도 동시에 대상화되어 있는 신의 존재를 자각적인 인간 존재로 바꾸는 가운데 자기에게 신과 합일되어 있다는 의식을 일깨우는 긍정적인 현실이다.

그리고 예배는 분명히 현실적인 행동이긴 하지만 그의 의미는 오히려 신심을 지니는 데 담겨 있다. 신심에 속하는 것은 대상으로서 나타날 수 없으며 그 결과도 향락의 행위 속에서 스스로 존재하지 않게 되어 버린다. 따라서 예배는 더 나아가 이 결함을 보충하기 위해서 무엇보다 먼저 개개인이 저마다 할 수 있는 공동행위 또는 개별행위를 통해서 신의 영광을 위한 신의 주거와 장식물을 만들어 내게 하고, 이로써 자기의 신심을 대상적인 형태로 나타내게끔 한다. 그리하여 한편으로는 조각상이 지니는 대상성이 폐기된다. 왜냐하면 자신의 사상과 노동을 다 바쳐서 신에게 봉사하는 인간은 신의 은총을 받아 자기가 신에게 안겨 있다는 사실을 직관하기 때문이다. 또 한편으로는 이 행위도 예술가의 개인적인 노동은 아니며 예술가의 특수성은 보편성 속에 흡수되어 있다. 그러나 이렇게 성사되는 것은 신의 영광에 그치는 것이 아니고 신의 은총에서 오는 축복도 단지 표상을 통해 봉사자에게 내려지는 것은 아니다. 여기서는 노동 자체가 자기를 버리고 신의 영광을 위하여 무언가를 바친다는 애초의 뜻과는 정반대되는 의미를 띠고 있다. 신의 주거나 거처가 되는 건물은 인간을 위해 쓰이고 신전에 보존되어 있는 장식품도 필요할 때는 인간의 것이 된다. 신이 그의 장식품으로 말미암아 누리는 영광은 솜씨 좋고 대범한 민족의 영광이다. 축제 날이면 이 민족은 자기의 주거나 의복이나 작업장까지도 적당한 장식품으로 한껏 꾸며 놓는다. 이렇게 해서 그 민족은 신에게 바친 공물에 대한 대가와 신의 호의를 되돌려받음으로써 작업을 통한 신과의 일체감을 누린다. 그런데 이렇게 신과 하나로 어울리는 것은 미래에 희망을 걸고 그것이 실현되기를 바라는 것이라기보다는 오히려 신에게 영광을 돌리고 공물을 바침으로써 그대로 자기 자신의 부와 장식을 향유하는 것이다.

2) 살아 있는 예술작품

예술종교의 예배를 통해 신에게 가까이 가는 민족은 자기의 국가와 국가행위를 자기 자신의 의지이며 실천행위로 알고 있는 인륜적인 민족이다. 따라서 자기의식을 지닌 이 민족과 마주하고 있는 정신은 더 이상 빛의 신이 아니다. 빛의 신은 자기가 결여된 존재여서 개개인의 확신 속에 포함되는 일 없이 오히려 개개인을 두루 감싸안고 지배하면서 위압적인 힘을 행사하여 개개인을 소멸시키는 존재였다. 따라서 이 단일하고 형체 없는 신의 종교에서는 예배가 그의 참가자에게 보편적으로 돌려주는 대가란 기껏해야 그들이 신에게 선택된 민족이라는 것 정도였다. 이때 사람들은 이 신으로부터 민족으로서의 존립과 단일신을 얻을 뿐 현실적인 자기는 얻지 못한다. 이 자기는 오히려 유기되어 버린다. 왜냐하면 그들은 신을 공허한 심연으로서 존경할 뿐이지 정신으로서 존경하는 것은 아니기 때문이다. 그런데 다른 한편으로 예술종교의 예배에는 빛의 신의 추상적인 단일성과 함께 그와 같은 심연까지도 결여되어 있다. 그런데 직접 자기와 일체화된 신은 자체적으로는 정신이요 지적인 진리이지만 아직 의식된 진리는 아니고 그 내면 깊숙한 곳에 있는 자신의 존재를 깨달은 진리도 아니다. 여기서는 신이 스스로 자기를 지니고 있으므로 그의 모습은 의식에 친히 와 닿아 있고 또한 의식은 예배를 통해서 스스로 존속하며 널리 받아들여지고 있음을 실감할 뿐 아니라 스스로가 신 안에 존재하고 있음을 의식한다. 바꾸어 말하면 신은 실체적 공동체로 인정받고 있을 뿐인 저주받은 민족 속에서 자기를 상실한 채 현존하는 게 아니라 오히려 공동체 내에서 자기의 존재가 인정받는 민족 속에서 자기를 지닌 채 존재하는 것이다.

결국 예배를 통해 자기의식은 자기가 모시는 신의 품속에서 만족을 누리고, 신은 이 자기의식으로 돌아가 안주한다. 이렇게 신이 머무르는 장소는 그 자체로는 실체적 공동체의 밤이며 실체의 순수한 개별성이지만, 거기에는 아직도 대상화된 자신의 신과 화해하지 못한 예술가의 개별적인 긴장 상태는 더 이상 존재하지 않는다. 오히려 그 개별적인 모습은 폐기된 대상으로부터 되돌아오므로 충족되지 않은 파토스를 지니고 있는 만족감 넘치는 밤이다. 이 파토스는 그 자체로 보면 서광의 본질이긴 하지만 지금은 몰락하여 자기 속에 잠겨 있으니, 이런 몰락이 낳는 자기의식과 더불어서 현실적인 존재양상을 갖추게 된다. 여기서 서광의 신은 자기실현 운동을 끝마친 것이다. 신은 순수한 본질적인 모습을 잃고 대상적인 자연력 및 그의 발현으로 옮아가서, 신을 먹어 치우는 자기라는 타자존재를 위한 존재가 된다. 자기가 결여된 고요한 자연의 신이 과일이 되어 나타날 때면 자연은 조리되고 소화되는 것으로서 이기적인 생명에게 바쳐지는 단계에 이른다. 자연은 이처럼 먹고 마시는 데 쓰인다는 점에서 유용성을 지녀 최고의 자기완성을 이루는데, 왜냐하면 이때 자연은 더욱 고차적인 상태에 이를 수 있는 가능성을 얻어 정신계와 접촉하게 되기 때문이다. 지령(地靈)은 고요하면서도 억센 자연의 힘으로 성장하는 한편 정신적으로 발효되기도 한다. 그리하여 이는 형태를 바꾸어 자연 쪽으로 기울면 여성적인 양육의 원리가 되고, 정신 쪽으로 기울면 자기의식을 지닌 남성적인 전진하는 힘의 원리가 된다. 이리하여 예배에서 누리는 만족 속에 동방의 빛의 신이 지닌 본질이 밝혀진다. 이렇게 누리는 만족이 곧 빛의 신의 비의이다. 그런데 여기서 비의란 미지의 비밀을 숨겨 놓은 게 아니라 자기와 신이 합일되는 가운데 신의 계시가 내려지는 것을 가리킨다. 자기에게 계시되는 것은 오직 자기일 뿐이며, 또한 직접 자기확신을 안겨 주는 것으로서 계시된다. 그런데 이 확신 속에 단순한 신이 자리하게 된 것은 예배를 통해 이루어진 일이다. 이 신은 유용한 것으로서 눈에 보이고 만져지며 냄새나 맛이 나는 존재인 동시에 욕망의 대상이 되고 실제로 향락에 소비되어 자기와 일체화됨으로써 자기에게 그의 비밀스런 모습을 완전히 드러내며 계시하는 것이다. 이성 또는 마음에 계시된다는 것은 사실은 아직 비밀스러운 면을 갖고 있다. 왜냐하면 이 경우에는 직접 존재하는 것이 곧 시각적인 대상이고 향락의 대상이라는 확신이 결여되어 있기 때문이다. 그런데 종교에서는 그러한 확신이 자기의 무사상한 직접적인 확신으로 나타날 뿐만 아니라 동시에 순수한 지적 확신으로서도 나타나 있다.

이렇게 해서 예배를 통해 자기의식을 지닌 정신에게 그 정신 속에서 계시되는 것은 바로 단일한 신이다. 이는 한편으로 어둠 속에 숨어 있던 상태를 빠져나와 의식으로 들어와서 침묵 속에서 의식을 길러 내는 실체가 되지만 또 한편으로는 지하의 밤인 자기 안으로 모습을 감추는 운동이며, 지상에 남을 때는 어머니를 조용히 그리워하면서 머물러 있는 운동이기도 하다. 그러나 그보다 소란스런 충동은 여러 가지 이름을 가진 동방의 빛의 신과 그의 열광적인 생명 속에 드러나 보이는 것인데, 이 생명은 빛이라는 추상적인 존재에서 벗어나 처음에는 과일이라는 대상물이 되고 이어서 자기의식에 몸을 맡긴 채 거기서 본디의 현실성을 획득하여, 이제 마침내 열광하는 한 무리의 여인들이 되어 떠돌아다니며 모든 구속을 벗어던진 자연의 광란적 흥분이 자기의식을 지닌 인간을 사로잡은 듯한 모습을 나타낸다.

그런데 이런 가운데 의식에 드러나는 것은 이 단일한 실재로서의 절대정신, 다시 말하면 스스로 정신을 갖추고 있는 절대정신이 아닌 한낱 직접적인 자연의 정신일 뿐이다. 따라서 절대정신이 자기의식을 지닌 생명으로 나타난다 하더라도 이는 빵과 포도주의, 즉 케레스와 바쿠스의 비의를 통해서일 뿐이며 더 높은 천상의 본디 신들의 비의와는 무관하다. 이 신들의 개성은 그의 개성이 그의 본질적인 요소로서 자기의식을 내면에 품고 있는 것이다. 따라서 정신은 아직 자기의식을 지닌 정신으로서 자기를 희생물로 바친 것은 아니며, 또한 빵과 포도주의 비의도 아직 피와 살을 갖춘 비의는 아니다.

이렇듯 불안정한 신의 도취는 대상에게서 안정을 찾을 수밖에 없으며, 의식을 가다듬지 못하는 감격은 작품을 창출해 낼 수밖에 없다. 그런데 지금까지 조각상이 예술가의 감격에 대응하고 있었듯이 지금 이 감격에도 완성품으로서의 이 작품이 대응하지만, 이것은 생명 없는 자기가 아닌 살아 있는 육체를 지닌 자기로 나타나야만 한다. 이러한 예배는 인간이 자기 자신의 영예를 위하여 행하는 축제이지만 여기에는 아직 절대신의 의미가 담겨 있지는 않다. 왜냐하면 신은 이제 막 인간에게 계시된 터라 아직은 정신이 되어 있지 않고 또한 신이 본질적으로 인간의 형상을 받아들이진 않은 것으로 여겨지기 때문이다. 그러나 이 행사는 신이 인간의 형상을 하고 있다는 데 대한 계시의 근거가 되며 그 계시의 요소들을 뿔뿔이 흩어 놓은 상태로 제시한다. 그 결과 여기서는 신이 살아 있는 신체를 지닌다는 추상적인 요소가 되어 있는데, 이는 예전의 예배에서는 신과 인간의 합일로서 무의식적인 열광 속에 존재했던 것이다. 이리하여 인간은 완전히 자유롭게 움직일 수 있도록 도야되고 단련된 인간 자신의 육체를 조각상 대신 손에 넣게 된다. 이는 전적으로 자유로운 정지상태에 있는 조각상과 대비된다. 모든 개인은 적어도 성화 주자 역할을 할 만큼 단련되어 있는데 그중에서도 특히 한 사람이 눈에 띈다. 그는 모든 사람을 하나의 상으로 만들어 내고 모두를 유연하게 움직이는 힘이 되어 그 움직임에 형태를 부여한다. 이 삶은 그대로 혼을 지닌 살아 있는 예술작품이다. 아름다움과 강함을 두루 갖춘 이 육체에게는 그의 힘을 칭송하는 뜻에서 조각상에 바쳐져 있던 영광스런 장식품이 수여되는데, 이 육체의 영예는 돌로 된 신 대신 이 육체야말로 이 민족의 신을 최고도로 표현하고 있다는 의미를 지닌다.

이렇게 나타난 두 개의 표현 속에서는 자기의식과 신적 존재의 통일이 현존하고 있긴 하지만, 그 어느 쪽 표현도 균형 있는 통일에는 다다라 있지 않다. 즉 바쿠스적인 감격 속에서는 자기가 사라지고 아름다운 육체에서는 신의 모습이 사라져 있다. 바쿠스적인 감격에서 나타나는 의식의 혼미와 거칠고 어눌한 말투는 아름다운 육체에서 표현되는 명석함을 받아들여야만 하고, 후자의 정신이 결여된 명석함은 전자의 내면성을 제 것으로 삼아야 한다. 내면성이 외적으로 나타나고 외면성이 내면성이 되는 완전한 경지라고 한다면 또다시 언어를 떠올리게 된다. 다만 여기서 언어는 그 내용이 전적으로 우연적이고 개별적인 신탁의 언어도 아니고 특정한 신만을 예찬하는 감각적인 찬가도 아니려니와 바쿠스적인 광란 속에서의 내용 없는 넋두리도 아니다. 여기서 언어는 명석하고 보편적인 내용을 갖추고 있다. '명석한' 내용을 지니는 것은 예술가가 최초의 무절제한 원초적인 감격 상태에서 벗어나 자각적인 혼이 경험하는 모든 감동을 겪으면서 동시에 함께 살아가는 인간 존재를 하나의 형태로 완성해 놓고 있기 때문이다. 그리고 '보편적인' 내용을 지니는 것은 인간의 영예를 드높이는 이 축전에서는 하나의 국민정신, 하나의 신적인 특성만을 포함하는 조각상의 일면성이 소멸되어 있기 때문이다. 아름다운 투사는 그가 속해 있는 특수한 민족의 영예이기는 하지만, 그 자신은 개인적인 육체를 지닌 존재이니 거기서는 그 민족의 특수한 생활, 관심, 요구, 관습 등을 짊어지고 있는 정신의 자세한 모습이나 심오한 의미나 내적인 성격이 소멸되어 있다. 이렇게 자기를 외화해서 완전히 육체적인 모습으로 나타나는 가운데 정신은 현실적인 민족정신으로서 스스로 내포하고 있는 본성의 인상(印象)과 여운을 떨쳐 버린다. 이리하여 그 민족은 이제 자신의 특수성을 의식하기는커녕 오히려 특수성에서 벗어나 인간 존재의 보편성을 의식하게 되는 것이다.

3) 정신적인 예술작품

신의 모습을 특정한 동물에게서 발견하는 민족정신은 모두가 하나의 정신으로 규합되고 특정한 아름다운 민족정신이 모여서 하나의 판테온을 이루는데, 이때 그들 정신이 살아가는 장이 되고 주거가 되는 것은 언어이다. 자기 자신이 보편적인 인간성임을 자각하는 순수한 직관은 현실의 민족정신에서 그 형태를 얻는데, 이는 자연조건으로 말미암아 하나로 뭉쳐서 한 국민이 되어야 할 민족정신들이 공동 작업을 하게 되며 그로써 민족을 하나의 전체로서 형성하여 천계를 우러르는 모습을 띤다. 그러나 정신이 이런 존재로서 다다르게 된 보편성이란 인류적인 개인으로부터 겨우 출발한 것이므로 아직은 직접적인 상태에서 벗어나지 못했고 여러 민족성을 아우르는 하나의 국가를 형성하는 데 이르지도 못한 처지이다. 현실의 민족정신이 갖추고 있는 인류성은 한편으로는 개개인이 민족 전체를 단적으로 신뢰하고 있다는 것과 다른 한편으로는 신분의 차이가 있음에도 모든 국민이 통치상의 결정과 행동에 직접 관여하고 있다는 데 기초해 있다. 그런데 지금 당장은 민족의 통합이 영속적인 질서의 정립이 아니라 단지 공동의 행동을 위해 이루어지는 단계에 머물러 있으므로, 모든 사람이 저마다 자유롭게 통치에 참여하는 것은 아직 유보되어 있다. 따라서 지금은 개개인이 다만 거기에 집합해 있을 뿐, 개인이 전체의 의지와 행위에 자각적으로 관여할 여지를 없애 버리는 추상적 사상에 의한 지배는 정착되어 있지 않다.

민족정신의 집합체는 자연 전체와 인류세계 전체까지도 포괄하는 한 무리의 형태로 나타난다. 이런 형태들도 유일한 신의 지배에 복종하고 있다기보다는 그의 지상명령에 복종하고 있다. 그것만 놓고 보자면 이런 민족정신들의 형태는 자기의식을 지닌 실재의 자체적 존재와 행위를 나타내는 보편적 실체이지만, 이 자기의식을 지닌 실재는 세계의 원동력이 되고 또 적어도 당장은 세계의 중심이 되어 있는데 보편적 존재는 이 중심을 둘러싼 채 애를 쓰고 있는 것이다. 그렇지만 이 중심은 처음에는 보편적인 존재의 작업을 우연한 형태로 총괄하고만 있는 듯이 보인다. 그러나 신적 실재가 자기의식 속으로 되돌아온다는 것은 이미 근거를 내포하고 있어서, 이를 통해 자기의식은 신적인 원동력의 중심이 되고 본질적인 통일을 이루고 있는 셈인데, 다만 지금 당장은 이 통일을 천상계와 지상계의 우호적이고도 외적인 관계 속에 여전히 숨겨 두고 있는 것이다.

이 내용에 해당되는 것과 같은 보편성은 물론 내용을 나타내는 의식의 형식도 당연히 포함하고 있다. 의식은 더 이상 예배라는 현실적인 행위가 아니라, 비록 개념으로까지 고양되지는 못했을망정 일단 표상에 잠겨서 자기의식적인 존재와 외적인 세계를 종합적으로 결합하는 행위로 북돋워져 있다. 이러한 표상이 구현된 언어는 '서사시'라는 최초의 언어인데, 이는 비록 사상의 보편성으로서는 아니더라도 세계 전체의 모습으로는 보편적인 내용을 품고 있다. 서사시인은 현실의 개인으로서 세계의 주체가 되어 세계를 창조하고 유지해 나간다. 시인의 파토스는 사람들의 감각을 마비시킬 듯한 자연력이 아니라 므네모시네(기억의 여신)로서 일찍이 눈앞에 직접 실재하던 신을 자각하고 내면적으로 받아들여 기억하는 것이다. 시인은 내용 속에 매몰되어 가는 도구이다. 가치가 있는 것은 시인의 자기가 아니라 그의 내면에 있는 뮤즈가 엮어 내는 공동체의 노래이다. 그러나 작품에 실제로 나타나는 것은 보편성의 극에 위치한 신들의 세계가 특수성의 세계를 매개로 개별성의 극에 위치한 시인과 결합된다는 추리형식이다. 여기서 중간의 매개체 역할을 하는 것은 영웅들로 표상되는 민족이다. 영웅들도 시인과 마찬가지로 개인이기는 하지만 또 시인과는 달리 표상적으로만 존재하는 인간이다. 이 점에서 영웅들은 자유로운 보편성의 극을 이루는 신들처럼 보편적인 인간이라고 하겠다.

따라서 이 서사시에서 의식에 확연히 드러나는 것은 예배에서는 잠재적으로만 성립되어 있던 신과 인간의 관계이다. 그 내용은 자기를 의식한 인간의 행동이다. 이 행동은 안정된 실체적 공동체를 교란하고 신을 자극함으로써 신의 단순한 모습에 분열을 일으켜 자연적·인륜적인 온갖 힘이 세계에 펼쳐지게 한다. 행동은 평탄한 대지를 파헤치는 구덩이와 같아서, 여기에 피가 흘러들어 생기가 감돌면 죽은 자들의 혼이 불려나온다. 그리고 생명을 갈구하는 이 혼은 자기의식의 행위를 통하여 생명을 얻는다. 그리하여 일반 사람들이 노력을 기울이는 작업은 두 가지 측면을 나타내게 된다. 하나는 현실적인 민족 전체와 그 정점에 있는 개인에 의해 수행되는 이기적인 측면이고 다른 하나는 신들의 힘에 의해서 수행되는 보편적인 측면이다. 그런데 이 양자의 관계는 보편적인 것과 개별적인 것의 종합적 결합 또는 표상의 운동으로 앞서 규정된 바 있다. 그리고 이 종합적 결합 또는 표상의 양식이 어떠한가에 따라서 서사시의 세계에 대한 평가가 좌우된다. 이런 까닭에 여기서 양자는 모호하게 혼합되어 있는데, 이로 말미암아 행위의 통일이 일관성을 잃고 행위는 쓸데없이 우왕좌왕한다. 한편 보편적인 신들도 개인의 모습을 띠고 나타나므로 스스로의 행동원리를 지닌다. 따라서 활동 결과는 인간의 행위이기도 하지만 전적으로 신들 자신이 행한 자유롭고 자발적인 행위이기도 하다. 이로써 신들과 인간은 다 함께 똑같은 행위를 하게 된다. 이때 신들이 진지하다는 것은 우스꽝스럽고 불필요한 노릇이라고도 하겠는데, 왜냐하면 실제로 행동을 일으키는 것은 개인의 힘이기 때문이다. 게다가 개인의 진지한 태도나 노고 또한 불필요하다고 하겠으니, 왜냐하면 오히려 신들이 모든 것을 관리하고 있기 때문이다. 하루살이 인간은 그야말로 무(無)나 다름없으면서도 동시에 막강한 힘을 지닌 자기로서 보편적 세계를 다스리고 신들에게 상처를 입히며 더 나아가서는 신들로 하여금 현실적인 행위에까지 관심을 갖고 관여하게 한다. 거꾸로 말하면 이 보편적인 무력한 신들은 인간의 천부(天賦)를 양식으로 삼아 힘을 키우고 또 인간을 통하여 비로소 무언가를 해내게 되어, 자연력을 가지고 모든 사건의 소재를 제공하고 행위의 인륜적인 토대를 이루며 파토스를 북돋우게 된다. 비록 신들의 원초적인 힘은 개인의 자유로운 자기에 의해서 비로소 현실에 발을 들이고 활동적인 관계를 맺게 되지만, 이에 못지않게 신들은 인간과의 이러한 결합을 거부하고 자신의 특성을 고수한 채 아무런 제약도 받지 않는 보편자에 머무르기도 한다. 그리고 깨뜨릴 수 없는 이 통일의 유연성 덕분에 신들은 점과 같은 행위자와 그 형상을 짓밟으면서 그 자신은 순수성을 유지하는 채로 자신의 흐름 속에 모든 개인을 몰아넣어 해체하고 만다.

신들은 이렇듯 자기에 대항하는 인간의 이기적인 본성과 모순되는 관계에 빠진다. 또한 신으로서의 보편적인 성격도 신들 각자가 지니는 특성이나 이 특성에 따른 그 밖의 신들과의 관계와 대립을 빚는다. 신들은 영원하고 아름다운 개체이므로 자기 위치에 안주해 있을 뿐 소멸되지도, 외부적인 폭력에 시달리지도 않는다. 그러나 동시에 신들은 저마다가 특정한 위치를 차지하는 가운데 다른 신들과 관계를 맺는 특수한 신들이기도 하다. 이렇게 타자와 관계한다는 것은 곧 타자와 대립함으로써 분쟁을 일으킨다는 뜻인데, 이로 말미암아 신들은 우습게도 스스로의 영원성을 잊어버리기도 한다. 이들의 특성은 신들의 존재 그 자체에 뿌리를 내리고서 한계를 설정하면서도 개성 전체의 자립을 가능케 한다. 그 결과 신들이 저마다 지니는 성격은 뚜렷한 특이성을 잃어버리고 모호하게 타자들과 혼합된 모습을 띠기도 한다. 또 활동의 목적이나 활동 그 자체는 타자와 대립하고 더욱이 불패의 신통력과 대립하는 까닭에 겉으로는 그럴듯해 보일지라도 신은 우연적이고 내용이 없는 것으로서 이윽고 사라져 버린다. 그러므로 여기서는 언뜻 보기에는 진지한 행동이라는 것이 자기확신은 있으나 위험은 없는 한낱 유희가 되어 아무런 결과도 성과도 낳지 못한다. 그러나 신들의 신성 속에 부정적인 요소나 특성이 존재하는 것은 신들의 행위가 일관적이지 못하고 그 목적과 결과가 모순되어 있기 때문으로 여겨진다. 그리고 신들이 한정된 상태에서나마 자립적인 확신을 지니는 것이 낫다고 해도 바로 이 때문에 부정적인 것의 순수한 힘이 절대적인 궁극의 힘으로서 신들에게 대항해 오게 된다. 신들은 그 힘을 감당할 수 없는 유한한 개별적 자기에 맞서는 보편자이며 긍정적인 존재이지만, 이 보편적인 자기는 '개념 없는 공허한 필연성'이 되어 신들을 덮치고 또 서사시의 모든 내용을 포괄하는 표상인 신들의 세계 전체를 뒤덮게 된다. 이렇게 덮쳐 오는 운명 앞에서는 신들도 자기를 상실하고 비탄에 잠기게 된다. 신들의 한정된 본성은 이 운명이란 사태의 순수한 모습 속에서는 발붙일 데를 찾지 못하기 때문이다.

그러나 이 필연적인 운명은 개별적인 요소들의 모순된 실체성을 아우르는 개념의 통일이다. 여기서는 개별적인 요소들의 일관성 없는 우연한 상태도 질서를 얻게 되고 유희적인 행위도 진지함과 가치를 지니게 된다. 서사시라는 표상된 세계의 내용은 구속에서 벗어나 매개체 속에서 멋대로 움직이면서 영웅의 개성을 둘러싸고 있는데, 이렇게 무대 중앙에 등장하는 영웅은 매우 강하고 아름답지만 자신의 생명이 끊어지는 것을 느끼면서 코앞에 다가온 죽음을 직감하며 비탄에 빠져 있다. 왜냐하면 무대 중앙에서 독자적으로 확고하게 자리잡고 있던 현실적인 개별성은 이제 가장자리로 밀려나서 양극의 요소로 분열되어 서로가 마주치는 일도, 통일되는 일도 없기 때문이다. 이때 한쪽 극을 이루는 개별성이 추상적이고 비현실적인 필연의 운명에 해당하는데, 이는 무대 중간에서 매개체 구실을 하고 있는 영웅의 생명에는 관여하지 않으며 다른 하나의 개별성인 현실의 시인도 또한 영웅의 생명에는 관여하지 않은 채 표상 속에 잠겨 있다. 이 양극은 내용 쪽으로 가까이 다가가야 한다. 이때 한쪽 극을 이루는 필연성은 내용으로 가득 차야 하고 다른 한쪽 극을 이루는 시인의 언어는 내용에 관여함으로써 지금껏 방치됐던 내용에 확신과 확고한 부정성을 부여하게 된다.

이리하여 서사시보다 고도의 언어로서 '비극'이 등장한다. 이는 신들의 본질적인 세계와 행동하는 세계가 흩어져 분산되어 있던 것을 한층 밀접하게 이어 준다. 신들의 실체는 개념의 본성에 따라 서로 다른 형태로 분열되고 동시에 그의 움직임도 개념에 들어맞는 것이 된다. 형식면으로 보면 언어가 내용 속으로 들어감으로써 이야기를 엮어 나가는 성질을 잃어버리고, 마찬가지로 그 내용도 표상으로 제시되는 일은 없어진다. 영웅 자신이 스스로 애기하는 가운데 청중이자 관객이기도 한 사람들에게 제시되는 것은 자기의 정의와 목적, 자기에게 부여된 권력과 의지를 알고 또 말로도 나타내는 자각적인 인간들이다. 그들은 예술가로서 현실생활 속에 벌어지는 일상적인 행위에 뒤따르는 언어가 무의식적이며 자연적으로 소박하게 자기들의 결단과 그 시도를 밖으로 겉돌듯이 얘기하는 것과 달리 내면의 본질을 표출한다. 그리하여 그들은 행위의 정당한 권리를 증명하고, 자기들을 사로잡았던 파토스를 우연한 사정이나 특수한 개성에 얽매이지 않는 보편적인 개인의 형태로 잘 숙고해서 확실하게 표현한다. 그 결과 연기자로 등장하는 인물은 영웅의 가면을 쓴 현실의 인간들인데, 이들은 영웅에 관하여 얘기하는 게 아니라 영웅 자신이 실제로 하는 말로 영웅을 표현한다. 조각상이 본질적으로 인간의 손으로 만들어져야만 했듯이 가면극도 본질적으로 배우에 의해서 연기되어야만 하는데, 이는 결코 예술론에서 도외시될 수 있는 외적 조건이 아니다. 다시 말해 예술을 관찰하면서 배우를 무시하는 일이 분명히 있긴 하지만, 그것은 바로 이런 이유 때문에 진정한 예술의 핵심에 가닿지 않은 예술론임을 스스로 밝히고 있는 셈이다.

개념에서 생겨난 이런 형태들이 운동을 전개할 때 보편적인 기반이 되는 것은 최초의 표상적인 언어(서사시)의 의식과 자기를 잃어버리고 분산된 내용의 의식이다. 이 의식은 일반 민중이 지니는 의식으로서, 이들의 지혜를 말로 표현한 것이 장로(長老)의 합창이다.

이 민중은 스스로 자기들과 대립하는 통치 권력자의 긍정적·부정적인 소재로 쓰이고 있을 뿐이므로 무력하기는 하지만 자기들의 대표자를 가지고는 있다. 민중은 부정적인 힘을 지니고 있지 않으므로 풍요롭고 다채로운 신들의 생명을 하나로 모으거나 구속하거나 하지는 못하며 저마다 따로따로 놔둘 수밖에 없다. 그리하여 개개의 요소들을 자립적인 신으로 간주하고 그때그때 다른 신을 모시면서 찬가를 부르고 숭배할 따름이다. 그러나 민중은 엄숙한 개념이 존재하여 그런 신들의 형태를 파괴하면서 그 위를 자유롭게 활보하는 것을 느끼고, 자기들의 찬미를 받고 있는 신들이 이 개념이 지배하는 곳에 발을 들인다면 곤욕을 치르게 되리라는 사실도 깨닫는다. 이때 민중은 행위를 통해 거기에 간섭하는 부정적인 힘을 발휘하는 것이 아니라, 단지 자기를 상실한 채 이 힘을 사념하면서 낯선 미지의 운명을 의식하고 있을 뿐이다. 그리고 안정이 찾아오기를 헛되이 바라면서 힘없이 하소연하는 데 그친다. 민중은 실체적 공동체가 직접 행사하는 엄청난 위력 앞에 공포를 느끼며, 그러한 위력 상호간의 투쟁이나 이 위력과 더불어 살아가는 사람들을 위력과 마찬가지로 짓눌러 버리는 운명의 단순하고 확고한 자기 앞에서 두려움을 품는다. 이때 민중은 자기와 같은 부류인 이 사람들을 동정하지만, 그들로선 그런 움직임 앞에 속수무책으로 공포에 사로잡힌 채 하릴없이 개탄하면서 끝내 운명에 따라 모든 것을 단념하여 덧없는 안정을 취할 수밖에 없다. 그러나 이러한 운명의 장난은 영웅들의 필연적인 행위로도, 절대신의 내면에서 우러나온 행위로도 생각되지 않는다.

이처럼 방관하기만 하는 의식은 무관심한 태도로 표상만 하는 기반이 되고 그 위에 정신이 등장하지만, 이때 정신은 서사시에서와 같이 다양한 존재로 흩어지는 것이 아니라 단순히 두 가지 개념으로 양분된다. 따라서 정신의 실체도 단지 신의 힘과 인간의 힘이라는 양극으로 분열되어 나타난다. 이 기본적인 보편적 실재는 동시에 자기의식을 지닌 개인이며, 자신이 두 힘 가운데 어느 한쪽에 속하는 것임을 의식하고 거기에 어울리는 성격을 갖추고는 현실로 행동에 나서는 영웅이다. 이렇듯 보편성을 지향하는 개인은 이미 지적했듯이 더욱 하강하여 본디의 생생한 존재로서 현실 무대에 올라 많은 관객 앞에서 연기를 펼친다. 이때 관객들은 합창단 속에서 거울에 비친 자기의 상(像)을, 아니 오히려 자기 자신을 대변해 주는 표상을 보게 된다.

여기서 대상이 되는 정신의 내용과 운동에 관해서는 이미 인륜적 실체의 본성과 실현을 다루면서 고찰한 바 있다. 정신은 종교 형태를 취할 때 자기에 관한 의식을 획득하고 자기를 좀더 순수한 형식과 단순한 형태로 표현하게 된다. 실체는 그 내용으로 보아 신의 힘과 인간의 힘으로 나뉘고 또는 지하의 정의와 지상의 정의로 나뉘는데, 여기서 전자는 가족이고 후자는 국가권력이며 또 전자는 여성적인 것이고 후자는 남성적인 것이었다. 이제 인륜적 실체가 그 개념에 따라서 이러한 두 힘으로 갈라지면, 지금까지 수많은 형태를 취하면서 규정된 내용상의 변화를 보이던 신의 세계도 이 힘의 제약을 받게 되고 따라서 이런 규정으로 말미암아 본연의 개성에 한층 가까워지게 된다. 왜냐하면 이전처럼 전체가 실체로서 나타나는 다양한 추상적인 힘들로 분열되어 있을 때에는 그런 힘들을 하나의 요소로서 자기 안에 포괄하던 주체가 소멸할 수밖에 없었는데, 그 결과 개성은 그 신을 표면적으로 나타내는 형식이 되는 데 그쳤기 때문이다. 그런데 이와는 반대로 방금 이야기한 두 힘을 각각 체현한 영웅보다도 더 세세한 구별이 이루어진다면, 그렇게 구별된 역할의 인물들은 그저 우연히 그 자리에 있는 존재이며 그 자체로는 허울뿐인 인격으로 간주된다.

이와 동시에 실체는 형식 또는 지의 측면에서도 분열된다. 행동하는 정신은 그 자체가 의식이므로 대상과 대립한다. 의식은 이 대상에 작용을 가하는데 그 때문에 대상은 지의 의식을 부정하는 존재로서 규정된다. 이로써 행동하는 정신은 지와 무지의 대립 한가운데에 자리잡게 된다. 이 정신은 자기가 맡은 역할에 따라서 목적을 정하고 이를 인류의 본질에 합당한 것으로 인식한다. 그러나 역할은 일정한 것이므로 그 정신에게 인식되는 것은 실체의 한쪽 위력일 뿐이고 다른 한쪽은 은폐되어 있다. 그리하여 눈앞에 펼쳐져 있는 현실은 자체적으로 타자존재인 동시에 의식에 대해 타자존재로 나타난다. 이런 관계 속에서 천상의 정의와 지하의 정의는 지적인 의식에게 계시되는 위력과, 배후에 몸을 숨기고 있는 위력으로 양분된다. 한쪽은 밝은 면을 나타내는 신탁의 신이다. 이는 자연적인 요소에 견주어 본다면 만물을 비춰 주는 태양으로부터 태어나서 모든 것을 알고 계시하는 신, 즉 포보스와 그의 아버지 제우스이다. 그러나 진실을 말하는 이 신의 명령과 사실의 알림은 오히려 거짓된 면이 있다. 의식 그 자체가 행동하는 데서 지와 무지의 대립을 끌어안고 있는 이상 이러한 지는 그 개념상 무지나 다름없다. 바로 그렇기에 스스로 스핑크스의 수수께끼를 풀어 냈던 오이디푸스나 천진한 아이와도 같은 믿음을 지녔던 오레스테스도 신의 계시에 의해 오히려 파멸로 내몰린 것이다. 아름다운 신의 말씀을 전하는 델포이의 무녀는 〈맥베스〉의 마녀와도 같은 거짓말쟁이이다. 이 마녀는 무언가를 약속해 줌으로써 사람을 범죄의 구렁텅이로 내몰고 또 확실하다고 알려 준 내용 속에 감춰진 의미를 이용해서, 겉으로 드러난 의미를 곧이곧대로 받아들이는 자를 기만하는 것이다. 그리하여 이 마녀를 믿는 맥베스보다 순수하고 무녀나 아름다운 신을 믿는 오이디푸스나 오레스테스보다 사려 깊으며 철저한 연구 의식을 지닌 햄릿은 돌아가신 아버지의 망령이 자기를 살해한 자들의 범행에 관하여 참모습을 토로했을 때에도 당장 복수에 나서지 않고 또 다른 증거를 잡으려고 했으니, 이유인즉 사건의 참모습을 알려 준 망령이 마녀일 수도 있다는 생각을 했기 때문이다.

이러한 불신은 지의 의식이 자기확신과 대상이 되는 신과의 대립을 끌어안고 있다는 데에 근거한 것이다. 인륜적인 의식의 정의란 절대적 법칙에 비하면 현실 그 자체는 아무것도 아니라는 것이다. 그런데 이 정의는 여기서 자신의 지가 한 방면으로 치우쳐 있고 그의 법칙이 다만 그의 성격과 역할에 따른 법칙일 뿐이라는 사실을 경험한다. 다시 말해 이러한 지는 실체의 한쪽 위력만을 포착하는 데 지나지 않는 것이다. 결국 행동 그 자체는 확신이 그와 대립하는 존재로 전환되는 것이며 성격상의 역할과 지에 따른 정의가 그와 대립하는 실체의 다른 한쪽의 정의로, 즉 반대쪽에 있는 적대적인 힘과 역할을 지닌 복수의 여신 에리니에스로 전도되는 것이다. 에리니에스라는 이 지하의 정의는 제우스와 나란히 왕좌에 올라 현현하는 지의 신 아폴론과 마찬가지로 존경을 받게 되는 것이다.

 합창단이 노래하는 신들의 세계는 행동하는 개인과의 관계에서 위의 세 가지 신으로 압축된다. 실체는 하나인데 이는 화덕을 지키는 힘이요 가족의 경건함을 나타내는 정신이면서 동시에 국가와 통치의 보편적인 권력이기도 하다. 가족과 국가의 구별은 실체 그 자체에 안겨 있는 구별이므로 이는 개별화하여 두 개의 구별된 형태로 표상되는 것이 아니라 현실세계에 등장하는 두 인물이 서로 다른 역할을 하는 것이 된다. 이에 반하여 지와 무지의 구별은 현실적인 자기의식 그 어느 쪽에나 존재하고 있으므로 이는 추상적이고 보편적인 차원에서만 두 개의 개체적인 형태로 나뉜다. 왜냐하면 영웅의 자기는 전반적인 의식으로서만 현존하는 것이어서 본질적으로 지와 무지라는 형식상의 구별 전체도 갖추고 있기 때문이다. 다만 이 자기의 실체에는 일정한 한계가 있으므로 여기에는 구별된 내용의 한쪽 면만이 귀속될 뿐이다. 따라서 의식의 두 측면인 지와 무지는 현실적으로는 분리된 측면이 아니지만 표상 속에서는 저마다 개성을 지니고 특수한 형태를 띠게 된다. 즉 한쪽은 계시의 신 아폴론의 모습을 하고, 다른 한쪽은 몸을 숨기고 있는 복수의 여신 에리니에스의 모습을 하고 있다. 이들 두 신은 한편으로는 똑같이 존경을 받으면서 다른 한편으로는 실체를 형상화한 제우스에게서 서로가 필연적인 관계를 이룬다. 즉 지는 독자적으로 존재하지만 지의 진리는 단일한 신에게서 마련되어 있다는 것, 현실의식이 서로 대립하는 두 개의 의식으로 등장하게 되는 내용상의 구별은 사실 구별을 소멸시키는 내면적인 신을 근거로 삼는다는 것, 확신을 분명히 단언하는 것은 망각에 의해서 오히려 확증을 얻는다는 것, 이런 세 가지 사실로 말미암아 실체는 그런 필연적 관계를 지니게 되는 것이다.

 의식이 행동에 나서면 이러한 대립이 백일하에 드러난다. 의식은 계시된 지에 따라서 행동하면 그것이 기만적인 지라는 것을 깨닫게 되고, 내용면으로 실체의 한쪽 속성에 따르다 보면 다른 한쪽 속성을 침해함으로써 자기에게 맞설 권리를 상대에게 주고 만다. 의식은 지의 신을 따름으로써 오히려 계시되지 않은 것을 포착한다. 그리고 지의 본성이 모호한 것임을 의식 스스로도 알고 또 이를 함부로 믿고 따라서는 안 된다는 경고가 있었음에도 의식은 지를 신뢰한 결과 응분의 대가를 치르게 된다. 무녀의 광란이나 마녀의 비인간적인 자태, 나무의 속삭임, 새의 지저귐, 꿈 같은 것은 진리를 나타낸다기보다는 오히려 지는 기만적이며 사려도 없는 개별적이고 우연한 것이라고 경고하는 것이다. 달리 말하면 의식에 의하여 침해당한 다른 쪽의 위력은 그것이 가족의 법칙이건 국가의 법칙이건 간에 일단 공표된 법칙으로서 보편적으로 타당한 권리를 지니고 있는데도 의식은 자기의 지만을 추종하는 나머지 공표된 법칙이 눈에 띄지 않게 되는 것이다. 그러나 내용과 의식이 갖추어진 두 개의 위력이 서로 대립하면서 등장한다는 사태의 참모습은 이 두 위력이 똑같이 정의이면서도 행동에 의해 야기되는 대립에 휘말린다는 점에서는 똑같이 불의이기도 하다는 결과를 낳게 된다. 이렇듯 행위가 전개되면서 두 개의 위력과 저마다의 역할을 떠맡은 두 인물이 함께 몰락할 때 드디어 양자의 통일이 실증된다. 대립의 화해는 죽어서 지하의 레테(망각) 강에 다다르거나 아니면 범행을 용서받고 천상의 레테에 다다름으로써 성립된다. 다만 행동을 한 이상 의식은 자기의 죄를 부인하진 못하므로 죄에서 면책되는 일이란 있을 수가 없다. 결국 화해란 대가를 치르고 마음의 안정을 얻는 것이다. 여기서 두 위력은 망각의 늪으로 빠져들면서 실체의 두 힘과 개인, 나아가서는 선과 악이라는 추상적인 사상의 힘의 현실성과 행위가 모두 소멸된다. 왜냐하면 이 가운데 어느 쪽도 실체의 본질은 아니며, 오히려 전체가 내면적인 안정을 누리고 운명이 부동(不動)의 통일을 이루는 것이기 때문이다. 이때 일상생활은 안정되어 있으므로 가족과 정부는 아무런 활동도 생명력도 발휘하지 않고, 아폴론과 에리니에스는 동등하게 영예를 누리므로 현실성과 그 의미를 잃어버린다. 이리하여 정신을 얻어 활동하던 양자는 단일한 제우스로 되돌아가기에 이른다.

이러한 운명은 천상을 황폐하게 만들고 또한 개성과 본질과의 사려 없는 혼합을 끝낸다. 여기서 혼합이라고 말한 것은 그로 말미암아 본질적인 신의 행위가 일관성 없는 우연적이고 품격도 갖추지 못한 행위로 전락하여 나났기 때문이다. 결국 개체성은 표면적으로만 신에 의지할 때는 아무런 본질적 의미를 지니지 못하는 것이다. 고대 철학자들은 신에 대한 이 잘못된 표상을 추방해야 한다고 주장했는데 사실 이런 추방은 비극 속에서 이미 시작됐다고 할 수 있다. 왜냐하면 여기서 실체는 개념의 힘에 따라 분류되므로 개인은 본질적인 성격으로 규정되고 그 성격도 절대적인 역할로 간주되기 때문이다. 그러므로 비극에서 표상되는 자기의식은 제우스라는 유일의 최고 권력을 알고 이를 국가와 화덕의 위력으로 간주할 뿐인데, 지에 안겨 있는 본연의 대립에서는 제우스가 특수한 것에 형태를 부여하는 지의 아버지로 여겨지고 더 나아가서는 은폐된 내면의 보편적 원리를 아는 맹세와 복수의 제우스로 간주된다. 그런데 이런 개념의 틀을 벗어나서 온갖 표상으로 더욱 확산되어 나간 것은 합창에 의하여 간직되긴 하지만 더 이상 영웅의 파토스로 승화하지는 못하고 한낱 영웅의 정열이라는 우연하고 비본질적인 요소가 되어 버린다. 이런 요소들은 합창 속에서 찬미를 받긴 하지만 영웅이라는 역할을 맡을 수는 없을뿐더러 영웅에 의해서 본질적인 것으로 언명되고 존경받는 일도 없다.

그러나 또 신들의 인격 그 자체나 신의 실체를 걸머진 여러 배역의 인물 모두가 필연적으로 단순한 무의식의 영역에 빠져들고 만다. 자기의식과 대립하는 이 필연의 운명은 등장하는 모든 인물을 부정하는 힘을 지니고 있어서 이 힘에 휩쓸린 인물이라면 누구나 자기 자신을 잃고 몰락해 버린다. 여기서 자기는 일정한 배역을 맡아 등장하는 것일 뿐 배역들의 운동을 매개하지는 않는다. 하지만 단순한 자기확신을 지닌 자기의식은 실제로는 부정적인 힘으로서 제우스라는 일자, 즉 실체적인 본질과 추상적이며 필연적인 운명을 통일한다. 이 자기의식이야말로 모든 것이 그 안으로 되돌아가는 정신적 통일체이다. 이러한 신이나 운명과 구별되는 현실의 자기의식은 한편으로 합창단이나 아니면 오히려 관객들이다. 비극을 연출하는 신들의 생생한 움직임은 낯선 것으로 다가올 때 관객들을 공포에 떨게 하고, 또 친근하게 다가올 때에도 관객들 마음속에 행동이 뒤따르지 않는 동정의 감정을 불러일으키는 데 지나지 않는다. 한편으로 이 의식은 함께 행동하면서 일정한 배역을 맡기도 하지만, 여기서 나타나는 통일은 아직 자기와 운명과 실체의 진정한 통일이 이루어지지는 않았으므로 단지 외면적이고 위선적인 통일일 뿐이다. 즉 관객 앞에 등장하는 영웅은 가면과 배우로 나뉘게 되고 또 극중인물과 현실의 자기로 분열되어 있는 것이다.

영웅의 자기의식은 가면을 벗어던지고 나타나서 자기가 곧 합창단이 노래하는 신들의 운명이며 또 절대적인 위력들의 운명임을 알고 있는 자기의식이고, 합창단의 공동의식과는 더 이상 분리될 수 없는 존재라는 것을 분명히 보여 주어야만 한다.

이리하여 '희극'은 첫째로 현실의 자기의식이 신들의 운명을 짊어지고 나타난다는 측면을 지닌다. 신들의 이 원초적인 모습은 일반적인 요소이므로 자기도 아니고 현실적인 것도 아니다. 물론 이들은 개체의 형식으로 치장되어 있긴 하지만, 이 형식이란 그들 스스로 상상하고 있는 공상적인 것일 뿐이어서 그 자체가 절대적인 의미를 지닌 것은 아니다. 현실의 자기는 그러한 추상적인 요소를 자기의 실체적인 내용으로 삼지는 않는다. 그러므로 주체인 자기는 개별적인 성질을 지닌 추상적인 요소를 넘어서서 가면을 걸침으로써 독자적인 어떤 존재임을 내세우려 하는 추상적 요소를 비웃는 모순을 연기로 나타낸다. 스스로 보편적인 본질을 체현하고 있다고 거들먹거려 봤자 그 실상은 이 자기에게 그대로 드러나 있다. 자기는 현실에 얽혀 있는 스스로 보편적인 참다운 자기가 되기 위해 가면을 벗어던진다. 현실의 인간으로 그 나름대로 의미를 가지고 무대에 등장하는 자기는 맡은 배역을 소화하기 위해 일단 가면을 쓰고 연기를 하지만 마침내 이 겉치레를 벗어던지고 적나라한 평상시의 자기로 새롭게 등장한다. 그런데 이 모습은 본디의 자기 또는 배우나 관객과도 전혀 구별되지 않는 존재임이 드러난다.

이처럼 형태를 얻은 본질 일반은 개인 속에서 전반적으로 해체되어 간다. 이때 그 내용이 중대하고 필연적인 의미를 지니면 지닐수록 그 해체도 내용상 한층 중대하고도 허를 찌르는 것이 된다. 그런데 신의 실체는 자연계와 인간계의 본질을 내면에 통합해 놓은 것이다. 그중 자연계의 본질로 말하면 현실의 자기의식은 자연물을 장식이나 주거 등으로 이용하거나 자기의 먹을거리로 삼는 행위 속에서, 자연의 본질이란 어떤 사태인지 보여 주면서 그 비밀을 밝혀낼 운명을 감당하는 것이 자기임을 드러낸다. 즉 빵과 포도주의 비의에서 자기의식은 자연물에 안겨 있는 내적 본질의 의미마저도 모조리 자기 것으로 삼고, 희극에서 이 의미가 보편적으로 내포하고 있는 모순을 의식하고 있다. 그런데 이 의미가 인간의 본질을 품고 있는 한, 그것은 한편으로는 보편적인 국가 또는 본디의 데모스(그리스 시민)와 개별적인 가족이라는 두 측면을 가진 민족이지만 다른 한편으로는 자기의식으로 뒷받침된 순수한 지 또는 보편자에 대한 이성적인 사유라고 할 수 있다. 그런 데모스 즉 일반 대중은 스스로를 주인이며 통치자로 생각하고 존경받을 만한 오성과 식견의 소유자라고 생각하고는 있지만 자기들의 특수한 현실에 시달리고 휘둘리는 형편이다. 그들은 자기는 꼭 어떠어떠해야만 한다는 생각과 우연에 좌우되는 직접적인 일상생활, 다시 말하면 보편적인 것과 비속한 것 사이를 오락가락하는 우스꽝스러운 대조를 보이고 있다. 보편정신에서 유리된 개별성이라는 대중의 원리가 현실이라는 본디 형태를 띤 채 나타나고 또 암암리에 해악을 품고 있는 이 공동체의 원리가 공공연하게 사회의 주도권을 잡게 되면, 이론상의 보편성과 실제 행동의 보편성은 뚜렷한 대조를 이루고 일상을 살아가는 개인의 목적은 보편적 질서에서 완전히 분리되어 개별자가 공공질서를 비웃는 사태가 벌어진다.

이성적 사유는 신의 존재를 그의 우연한 형태에서 벗어나게 하고 나아가서는 합창단이 갖가지 규범을 내세우고 수많은 법칙이나 특정한 의무 또는 권리의 개념의 타당한 가치를 인정하려 들 때의 개념 없는 지혜에 항거한다. 그리하여 이 사유는 이상의 온갖 개념을 '미'와 '선'이라는 단순한 이념으로 받들어 올린다. 이러한 추상적 사유의 운동이야말로 규범이나 법칙이 스스로 내포하고 있는 변증법을 의식하여 이전에는 절대적 타당성을 지닌 듯이 보이던 것이 그렇지는 않다는 것을 의식하게 된다. 표상을 통해 신적 본질에 안겨 있던 우연한 성질이나 표면적인 개성이 사라지는 마당에 신들은 자연적인 측면에서 볼 때 거기에 직접 존재하는 벌거숭이 물체 이상의 것일 수는 없게 된다. 이때 신들은 구름과도 같아서 예의 표상처럼 수증기가 되어 사라져 버린다. 신들의 모습은 사유된 본질이라는 점에서 '미'와 '선'의 단순한 사상으로 집약되고, 이 미와 선 안에는 어떠한 내용이라도 임의로 집어넣을 수 있게 된다. 이러한 변증법적인 지의 힘은 행위의 특정한 법칙이나 규범을 내던지고 잘못된 방향으로 이끌린 젊은이의 쾌락과 경박함을 받아들이는가 하면 인생의 자질구레한 일에 노심초사하는 노인에게는 남을 속이는 기술을 가르쳐 준다. 이리하여 미와 선이라는 순수한 사상은 희극을 연출하게 된다.

왜냐하면 일정한 내용이나 절대적인 의식의 확신으로 채워진 사념에서 해방된 사상은 이제 공허한 것이 되어 결국 사념의 유희 또는 우연에 나부끼는 개인의 의견이 되어 버리기 때문이다.

이렇게 해서 지금까지는 공허한 마음의 안정과 망각에 빠져 자기의식과는 단절되어 있던 무의식적인 운명이 자기의식과 하나가 된다. 개별적인 자기는 이제 부정의 힘이 되는데 바로 이 힘에 의하여 신들이 소멸하고, 현존하는 자연과 그 성질이라는 신들의 요소도 소멸된다. 이와 동시에 자기는 그 스스로도 공허해지는 것이 아니라 오히려 이런 무실함 속에서 자기를 유지하고 자기와 더불어 있으면서 유일한 현실존재가 된다. 예술종교는 그러한 자기 속에서 완성되어 완전히 자기에게 되돌아가기에 이른다. 개별적인 자기의식이 자기확신을 안고 이런 절대의 권력으로 나타난 결과 조각상이나 살아 있는 아름다운 육체나 서사시의 내용이나 비극의 두 힘이나 인물처럼 표상된 형식, 의식에서 분리된 형식, 의식과는 이질적인 형식은 이제 모두 사라지고 만다. 이와 함께 신과 자기와의 통일도 예배나 비의에서와 같은 무의식의 통일이 아니라, 배우로 등장한 본디의 자기가 스스로 맡은 역할의 인물과 일체가 되고 관객도 자기가 표상한 것에 완전히 심취하여 자신이 무대에서 연기하고 있다는 느낌을 받게 되는 통일이다. 이제 자기의식이 직관하는 것은 자기와 대립하여 실재의 형식을 지니는 존재가 자기 속으로, 자기의 사유와 생활과 행위 속으로 오히려 녹아 들어오는 경지이다. 즉 보편자는 자기에게 되돌아와 자신을 확신하게 되고 이로써 낯선 것의 공포와 그 본질적 가치를 없애 버림으로써 의식은 오직 이 희극 말고는 더 이상 아무것도 없다는 느낌을 안고 행복을 자기 뜻대로 누리게 되는 것이다.

3. 계시종교

예술종교를 통하여 정신은 실체의 형식에서 주체의 형식으로 옮겨 간다. 왜냐하면 예술종교란 정신의 형태를 창출하는 것으로서 이 형태 속에 행위나 자기의식을 담아내기 때문인데, 이는 두려움을 자아내는 실체 속에서는 소멸될 수밖에 없고 비록 실체를 신뢰하더라도 거기서 자기 자신을 포착하지는 않는다. 이러한 신적 실재의 인간화는 조각상에서 시작되지만, 조각상은 인간적 자기의 겉모습만을 갖추고 있을 뿐 내면과 외형적인 활동은 그의 바깥에 있다. 그러나 예배에서는 이 양면이 하나가 되고 예술종교의 마지막 단계에서는 이 통일이 완성에 다다르는 동시에 자기라는 한쪽 극으로 옮겨 간다. 이 정신은 개별의식 속에서 자기를 전적으로 확신하는데 그 안에서 모든 실재는 사라져 버린다. 희극의 이런 경박함을 표현하는 것이 "자기는 절대적 실재이다"라는 명제이다. 일찍이 신이라 불리면서 자기를 한낱 우연한 속성으로 거느리던 절대적 실재가 이제는 술어의 위치로 내려앉은 것이다. 이제 실재라는 형태를 가지고는 대적할 상대가 전혀 없는 이 자기의식 속에서 정신은 자신의 의식을 상실해 버린 셈이다.

명제 "자기는 절대적 존재이다"는 그 자체로 봐도 알 수 있듯이 종교적이지 않은 현실정신에 잘 어울리는 것이다. 그런데 이런 명제를 표현하는 정신의 형태란 과연 어떤 것인지 생각해 봐야만 하겠다. 그와 동시에 이 형태는 자기를 술어의 위치로 낮추고 실체를 주어의 위치로 올려놓는 명제의 운동과 자리바꿈을 내포하게 될 것이다. 그 결과 실체를 주어로 올려놓는다고는 하지만 이 자리바꿈의 명제는 사태 자체의 관찰자인 우리가 보기에 그렇다는 뜻은 아니다. 바꾸어 말해 정신의 의식이 그 시초를 이루는 자연종교로 되돌려 보내지는 형태로 실체가 회복되는 것은 아니다. 이 자리바꿈은 자기의식 자체에 의해 자발적으로 일어난다. 그런데 자기의식은 의식적으로 자기를 방기하므로 외화되면서도 여전히 유지되어 실체의 주체 자리에 머무르는데, 그렇다면 이는 외화된 자기이면서 동시에 실체를 의식하게 될 것이다. 달리 말한다면 자기희생을 통하여 실체를 주체로 산출해 낸 자기의식은 그대로 주체적인 자기로 남아 있게 된다는 말이다. 결국 첫째로 "실체가 자기이다"라는 명제에서는 주체가 소멸됐을 뿐이고 둘째로 "자기가 실체이다"라는 명제에서는 실체가 술어로 바뀌었을 뿐이다. 그러므로 두 측면은 저마다의 대립적인 가치가 불균형을 이루는 형태로 각자 속에 현존하고 있는 것이다. 그렇다면 결과적으로는 두 본성이 하나가 되어 상호침투된다는 뜻인데, 이때 양자는 동등한 가치를 지니게 되어 본질적인 것이 되면서 동시에 하나의 구성요소가 되기도 한다. 이로써 정신은 자기 및 자기의 대상이 되는 실체의 의식이 되면서 또한 동시에 변함없이 단일한 자기의식으로 머무르게 된다.

예술종교는 인륜적 정신에서 비롯된 것인데 우리가 앞서 보았듯이 이 정신은 법적인 상태 속에서 "자기 그 자체라는 추상적 인격이 절대적 실재이다"라는 명제의 등장과 함께 몰락해 버렸다. 인륜생활에서는 자기가 민족의 정신에 몰입한 충실한 보편적 존재가 되어 있다. 그러나 단일한 개별자는 그런 내용에서 빠져나와 고양되어서 경박함을 통해 인격으로 순화되어 법 아래 살아가는 추상적인 보편적 존재가 된다. 이 보편성 속에서 인륜적 정신의 실재성은 상실되고 내용 없는 개개의 민족정신은 단일한 판테온 속에 모여든다. 그러나 이때 판테온이라는 것은 어떠한 민족정신이라도 있는 그대로 받아들이는 무력한 형식을 띤 표상 속의 판테온이 아니라, 개개의 민족정신을 해체하여 한낱 정신이 결여된 자기인 개별적 인격을 절대적으로 존립하게 하는 추상적이고 보편적인 순수사상의 판테온이다.

그러나 이 자기는 공허한 것이므로 내용을 해체해 버린다. 의식은 오직 자기 내면에서만 실재를 지니고, 법으로 인정된 인격으로서의 의식 자체의 존재는 내용 없는 추상체이다. 그러므로 의식은 오히려 자기에 관한 사상일 뿐이며 거기에 스스로가 대상으로 있음을 안다 해도 결국은 비현실적인 존재이다. 따라서 이 의식은 스토아적인 사유의 자립성에 다다랐을 뿐이다. 그리고 이 자립성은 회의적인 의식의 운동을 거친 다음 이전에 '불행한 자기의식'이라고 불렸던 형태 속에서 자기의 진실한 모습을 발견하는 것이다.

불행한 의식은 추상적 인격이 법적인 상태에서는 물론이고 더 나아가 스토아주의의 순수한 사유 속에서 타당하다는 것이 어떤 상황을 나타내는지 알고 있다. 이 의식은 인격의 그러한 타당화가 실은 완전한 상실임을 알고 있다. 불행한 의식 그 자체가 이러한 자기상실을 의식하고 자기의 지를 외화하고 있는 것이다. 여기서 우리는 이 불행한 의식이 자체 내에서 완전한 행복에 달한 희극적 의식과 정반대되는 의식으로서 이를 완성해 놓는다는 사실을 알 수 있다. 희극적 의식 속에는 온갖 신적 존재가 돌아와 있으니, 이 의식은 실체를 완전히 외화하고 있다. 그런데 이와는 반대로 불행한 의식은 스스로가 절대적임을 자처하는 자기확신의 비극적인 운명을 드러내고 있다. 이 의식은 자기확신 속에서 모든 실재성이 상실되고 나아가서는 자기에 관한 지도 상실되었다는 의식, 즉 실체 및 자기의 상실에 대한 의식이다. 그것은 "신은 죽었다"는 처절한 말로 자기를 표현하는 비통함이다.

이리하여 법적인 상태에서 인륜세계와 그 종교는 희극적 의식 속에 가라앉아 버렸고 불행한 의식은 이런 상실 전체를 아는 것으로서 나타나 있다. 이 의식에서는 직접적인 법적 인격으로서 자기의 가치만이 아니라 이를 통해 매개되고 사유된 자기의 가치도 상실되어 있다. 또한 신들의 영원한 법칙에 대한 신뢰도 자취를 감췄으며 특별한 것을 알려 주던 신탁도 침묵에 잠겨 버렸다. 그리하여 이제 조각상은 살아 있는 혼을 잃은 한낱 돌덩이가 되고 찬가는 믿음을 잃은 말잔치가 되었다. 신들의 식탁에는 정신을 잃은 음식물이 놓여 있고 신을 찬양하는 경기나 제전을 치르는 데서도 의식은 신과 하나가 되는 기쁨을 느낄 수가 없게 되었다. 예술의 여신 뮤즈가 만들어 낸 작품에는 신과 인간을 사로잡다시피 하는 자기확신에 넘치는 정신의 힘이 결여되어 있다. 이제 예술작품은 단지 우리가 보는 그대로의 것이므로 이는 나무에서 따낸 과일에 지나지 않는다. 결국 소녀가 과일을 건네주듯이 행운의 여신이 우리에게 작품을 건네줄 뿐이다. 여기에는 과일의 존재를 나타내는 현실적인 생명도, 그것을 받치고 있는 나무도, 거기에 양분을 제공하는 실체로서의 대지나 과일의 존재를 나타내는 원소도, 그리고 그 성질을 좌우하는 기후나 생성과정을 지배하는 계절의 변화도 전혀 존재하지 않는다. 따라서 행운의 여신이 예술작품과 더불어 우리에게 전해 주는 것은 그 작품의 세계도 아니고 작품이 꽃피어 열매를 맺는 인륜생활의 봄이나 여름도 아니며, 단지 이 현실을 뒤덮고 있는 기억일 뿐이다. 그러므로 이 작품을 향유하는 우리의 행위는 우리 의식이 완전한 진리로 충족될 만한 신에 대한 봉사행위도 아닐 뿐더러, 그 작품을 둘러싸고 산출하여 활기를 부여하는 인륜적 세계의 현실이라는 내면적인 장을 구축하는 행위도 아니다. 우리는 다만 그런 과일에 묻은 빗방울과 먼지를 떨어내서 그 외면적 현실존재라는 죽은 장을 넓은 범위에 걸쳐 구축할 뿐인데, 이는 작품 속에 들어가서 살아 숨 쉬기 위해서가 아니라 그것들을 자기 내부에서 표상하기 위해서이다. 그러나 손수 따낸 과일을 내미는 소녀는 나무나 공기나 빛 등을 직접 제공하는 갖가지 조건과 장 속에 펼쳐져 있는 자연보다도 더 고차적인 것이다. 이유인즉 이 소녀는 보다 고차적인 태도를 취하여 자각적인 눈길이나 과일을 건네는 몸짓 등의 광채 속에서 모든 것을 집약하고 있기 때문이다. 이와 마찬가지로 예술작품을 우리에게 제공해 줄 행운을 얻은 정신은 그런 민족의 인륜적인 생활이나 현실보다도 고차적인 존재이다. 왜냐하면 이 정신은 예술작품 속에 옮겨져서 외화되어 있는 정신을 내면적인 기억으로 만들기 때문이다. 이는 개의 신들이나 실체의 속성을 모두 다 하나의 판테온 속에, 즉 스스로를 정신으로 의식하는 정신 속에 집약하고 있는 비극적 운명을 짊어진 정신이다.

그러한 정신이 출현할 수 있는 조건은 이제 모두 갖추어져 있으니, 이러한 조건의 전체가 형성되면 정신이 생성되고 개념이 세워진다. 곧 개념의 출현은 자체적으로 이미 이루어져 있는 셈이다. 그런데 예술을 창출하는 데에는 절대적 실체인 신이 외화되는 형식이 포함된다. 절대신은 개체의 형식을 띨 경우에는 먼저 조각상이라는 사물로서 감각적 의식의 실재적 대상이 되어 나타나고, 다음에는 찬가라는 순수한 언어로 나타나되, 이는 자기가 낳은 생성의 형태가 아니라 그저 소멸되어 가는 대상의 형태를 띠고 존재한다. 즉 정신을 부여받아 보편적인 자기의식과 그대로 하나가 된 교단의 형태로서 예배 행사에서 매개된 형태를 띠는 것이다. 이어 그것은 경기를 치르는 아름다운 자기의 육체라는 형태로 나타나고, 마지막으로 표상으로 고양된 서사시라는 존재의 형태와 그 존재가 하나의 세계로 확장되어 순수한 자기확신을 지닌 보편성 속에 궁극적으로 집약되는 희극의 형태로 존재하게 된다. 지금까지 한편에는 이런 갖가지 형식이 있고 다른 한편에는 인격과 법의 세계, 내용이 해방되어 버린 장이 황폐화한 야만적인 상태, 나아가서는 스토아주의의 사유된 인격과 회의주의의 의식이 정처 없이 헤매는 상태가 있었는데, 이런 것들은 주변을 맴돌면서 자기의식으로서 생성되어 가는 정신, 즉 예수 그리스도의 탄생지를 둘러싸고 기대와 초조함에 휩싸여 있는 온갖 형태를 낳는다. 결국 이 모든 형태에 깃들어 있는 불행한 의식의 고뇌와 동경은 바로 이 전체의 중심에 있는 정신의 출현을 위해 모든 사람이 공유하는 산고(産苦)이다. 정신의 탄생이라는 이 단순한 순수개념 속에 이러한 모든 형태가 요소로 포함되는 것이다.

정신은 앞에서 정반대되는 명제로 표상된 두 개의 측면을 갖추고 있다. 하나는 실체인 신이 자기를 외화하여 자기의식이 된다는 측면이고 다른 하나는 반대로 자기의식이 자기를 외화하여 사물 또는 보편적인 자기가 된다는 측면이다. 이렇듯 두 측면이 마주 다가감으로써 서로의 진정한 통일이 이루어진다. 실체인 신이 자기를 외화하여 자기의식이 된다는 것은 필연에 따른 대립물로의 무의식적인 이행을 나타내고, 더 나아가서는 실체인 신이 자체적으로는 자기의식이라는 것을 나타낸다. 반대로 자기의식이 자기를 외화한다는 것은 자기의식이 자체적으로는 보편적 실재라는 점을 보여 준다. 다시말하면 자기는 대립물 속에 있으면서도 여전히 자기를 간직하고 있는 순수한 대자존재이므로 실체가 자기의식이고 또 이로 말미암아 정신이라는 것이자기의식에 깨우쳐져 있는 셈이 된다. 따라서 신으로서의 실체의 형식을 버리고 자기의식을 지닌 인간의 형태로 현세에 등장하는 정신, 곧 예수 그리스도에 대하여 자연적인 출생 관계에 비추어 말해 본다면, 그 정신의 어머니는현실적이지만 아버지는 자체적으로 존재한다고 할 수 있다. 왜냐하면 현실의 자기의식과 자체적 존재로서의 실체인 신은 예수 그리스도를 이루는 두요소로서, 이 양자가 서로 자기를 외화하여 그의 반대물로 바뀌는 가운데 예수 그리스도는 양자의 통일체로서 현세에 나타나기 때문이다.

그러므로 자기의식은 이미 자신의 대상이 자기이기도 하면서 존재이기도하다는 점을 알고 만물이 정신적 실재임을 알고 있다. 그런데 이때 자기의식이 일방적으로 자기 자신의 외화만을 파악하고 있다면, 그런 경지에는 다다를망정 아직 참다운 정신은 자각되지 못한 상태라고 할 수 있다. 즉 존재 일반으로서의 실체가 완전히 즉자대자적으로 자기를 외화하여 자기의식으로바뀌는 데에는 이르지 못한 것이다. 이 경우 만물은 다만 의식의 관점에서볼 때 정신적 실재일 뿐이지 만물이 즉자대자적으로 정신화되어 있는 것은아니기 때문이다. 이리하여 이 정신은 다만 사념 속에만 존재하는 것이 되는데, 이러한 사념이 광신적이 되면 자연·역사·세계는 물론 지금까지 나타난종교적인 신화의 표상적 세계에 대해서도 거기서 직접 의식에 현실로 나타나는 것과는 별도의 내적인 의미가 담겨 있다느니, 또는 갖가지 종교에 관해서 얘기한다면 그런 종교를 스스로 받아들인 자기의식이 인식하는 것과는별도의 내적인 의미가 거기에 담겨 있다느니 하고 생각하게 된다. 그러나 이런 의미는 빌려 온 의상과도 같아서 벌거벗은 현상을 덮지 못하고 신앙도 존경도 얻지 못하는 혼미한 밤이나 다름없으니, 여기서 의식은 그저 자아도취에 빠져 있을 뿐이다.

따라서 대상이 갖는 의미가 단순한 상념에 그치지 않으려면 그 스스로 자체적인 것이 되어야 하며, 무엇보다 먼저 그 의미가 개념적인 필연성을 띠고의식 앞에 드러나야 한다. 이리하여 존재하는 대상을 직접 바라보는 의식의 인식을 통해서 그 필연적인 운동에 의해 자기 자신을 알고 있는 정신이 우리 앞에 나타나게 된다. 이 개념은 처음에는 직접적인 개념으로서 그 의식에 대해 직접 존재하는 그대로 나타나지만, 그 다음에는 개념의 필연성에 따라서 자체적인 자기의식의 형태를 띠고 나타난다. 이는 곧 감각적 의식의 내용 없는 대상인 직접적 존재가 자기를 외화하여 의식과 대치하는 자아가 되어야만 하는 것과 같은 필연성에 따라 나타난 것이다. 그러나 필연성을 인식하는 사유 자체와 필연적으로 존재하는 직접적 존재 자체는 구별되어 있다. 그러면서도 또 개념의 단일한 통일체는 그 자체가 직접 그대로 있는 존재인 이상, 이 구별은 개념의 바깥에 있는 것이 아니다. 즉 여기서는 개념이 자기를 외화하여 직관된 필연성이 생성되는 가운데 개념은 이 필연성 속에서 자기를 고수하며 자기를 알고 또 개념파악하고 있는 것이다. 직접적 자체로서의 정신이 자기에게 자기의식의 형태를 부여한다는 것은 현실의 세계정신이 스스로 이러한 지의 경지에 다다랐음을 뜻한다. 이때 비로소 이 지도 진리로서 자신의 의식에 발을 들여놓게 된다. 이런 일이 어떤 과정을 거쳐서 일어났는지는 앞에서 이미 설명한 바 있다.

절대정신은 자체적으로, 또 동시에 자기의 의식에 대해서 자기의식을 지닌 인간의 형태로 태어났다. 이는 정신이 하나의 자기의식인 현실적 인간으로서 거기에 존재한다는 것을 이 세상 사람들이 믿고 있다는 형태로, 또 정신이 직접적 확신에 대해 존재한다는 형태로, 그리고 신앙의 의식이 이 신성을 실제로 보고 느끼고 그 소리를 듣는다는 형태로 나타나 있다. 따라서 이것은 사념에 따른 상상이 아니라 신앙의 의식에 대해 실제로 나타나는 현실이다. 이때 의식은 자기 내면의 사상으로부터 출발하여 신의 사상과 존재를 자기 내부에서 일체화하는 게 아니라, 직접 눈앞에 있는 존재로부터 출발하여 그 존재 속에서 신을 인식한다. 직접적인 존재라는 요소가 개념의 내용 속에 깃들어 있는 모습은 곧 종교적 정신이 온갖 실재를 의식으로 돌려보내는 가운데 단일한 긍정적 자기인 예수 그리스도가 되어 있는 것이다. 이는 현실의 정신 그 자체가 불행한 의식 속에서 단일하고 부정적인 자기의식이 되었던 것과 마찬가지이다. 이로써 실제로 존재하는 정신의 자기는 완전한 직접성의 형식을 띤다. 그런데 이 정신의 자기는 자연종교나 예술종교에서의 직접적 자기처럼 관념이나 표상이나 또는 작품으로 정립된 것은 아니다.

오히려 이 신은 직접적인 자기이며 현실의 개인으로서 그대로 감각적으로 직관된 것이고, 오직 그런 존재임으로 하여 자기의식을 지닌 인간이라고 할 수 있다.

신적 실재가 이와 같이 육화한다는 것 또는 직접 그대로 자기의식을 지닌 인간의 형태를 띤다는 것이 바로 절대종교의 단순한 내용이다. 이 종교에서 신은 정신으로 알려진다. 다시 말해 이 종교는 정신인 그 자신에 대한 의식이다. 왜냐하면 정신이란 자기외화 속에서 자기 자신을 아는 것이며 스스로 타자존재가 되는 가운데 자기동일성을 유지하며 운동하는 실재이기 때문이다. 그런데 이것은 자신의 우연한 속성 속에 있으면서도 자기에게 되돌아와 있는 한에서는 실체이지만, 비본질적인 것 또는 낯선 타자존재 속에 존재하는 것에 대해서 무관심하지는 않고 거기에 있으면서도 동시에 자기 내부에 머무른다. 즉 그런 한에서 실체는 주체이며 자기이다. 이런 까닭에 이 종교에서는 신적 실재가 계시된다. 신이 계시된다는 것은 두말할 것도 없이 신이 무엇인지 알려진다는 뜻이다. 또한 신이 정신으로 알려진다는 것은 신이 본질적으로 자기의식을 지닌 실재임이 알려진다는 뜻이다. 대상이 의식에 대해 타자 또는 낯선 존재로 나타나서 의식이 그 대상을 자기 자신으로 인지하지 못할 때, 의식의 대상 속에는 무언가 감춰진 비밀이 존재하게 된다. 그런데 절대신이 정신으로서 의식의 대상이 되면 그 감춰진 비밀은 해소된다. 왜냐하면 이때 대상은 주체적인 자기로서 의식에 관계하기 때문이다. 즉 여기서 의식은 자기가 곧 대상임을 직관하며 더 나아가 대상 속에서 자기에게 계시되는 것이다. 의식 그 자체는 자기확신 속에서 자기에게 계시된다. 여기서 의식의 대상은 자기이지만, 이 자기는 결코 낯선 것이 아니라 자기와 불가분의 통일을 이루는 보편적 존재이다. 그것은 순수한 개념이기도 하고 순수한 사유이기도 하며 또한 대자존재이면서 동시에 그 자체로 직접 존재하는 자체존재인가 하면 대타존재이기도 하다. 그리고 이런 대타존재로서 그대로 자기에게 되돌아와 자기에 머물러 있으니, 이 존재야말로 유일하고 진실하게 계시된 것이다. 자비롭고 정의로운 것 또는 천지의 창조주라는 등의 표현은 하나의 주어에 대한 술어이다. 이러한 술어는 주어라는 한 점을 지주(支柱)로 하여 의식이 사유로 돌아갈 때 비로소 나타나는 보편적 요소이다. 술어가 알려졌다고 해서 그의 근거이며 실재이기도 한 주어 자체가 아직 계시되었다고는 할 수 없거니와 마찬가지로 보편적인 여러 가지 성질이 보편적인 존재 자체를 나타내는 데 이르러 있지도 않다. 주어 자체가 되는 이 순수하게 보편적인 존재는 물론 자기로서 존재한다. 이것은 자기에게 되돌아가는 내적 존재이므로 그대로 거기에 존재하고, 또한 거기에 존재하는 것을 자각하고 있는 그 자기가 자기확신을 지니고 있는 것이다. 그러므로 그의 개념에 따라서 계시되는 이 자기야말로 정신의 참다운 형태이며, 또한 개념을 형상화한 이 형태야말로 정신의 본질이자 실체이다. 정신은 이제 자기의식으로 알려지면서 직접 자기의식에 계시된다. 왜냐하면 정신이란 이 자기의식 자체이기 때문이다. 여기서 신의 본성과 인간의 본성은 하나가 되고 바로 이 통일이 직관된다.

그리하여 절대종교에서는 사실상 의식 또는 신이 의식에 나타나는 그의 형태가 자기의식과 동일한 것이 되어 있다. 신의 형태는 그 자체로 하나의 자기의식이다. 따라서 이 형태를 지닌 신은 눈앞에 존재하는 대상이면서 동시에 그의 존재가 직접 순수한 사유이며 절대적 실재라는 의미도 지닌다. 현실의 자기의식으로서 눈앞에 있는 절대신은 영원한 단일존재로부터 강림한 듯이 생각되지만 실제로는 이렇게 강림했기 때문에 비로소 최고신의 경지에 이른 것이다. 왜냐하면 실재인 신의 개념은 단순히 순화된 상태에 이르러 절대적 추상체가 되는데, 이는 순수한 사유인 동시에 자기라는 순수한 개별체이며 또한 그의 단순함으로 말미암아 직접 거기에 존재하는 것이기도 하기 때문이다. 감각적 의식이라고 불리는 것은 바로 이 순수한 추상이다. 그리고 이 추상적 사유의 대상이 되는 것이 바로 직접 있는 그대로의 존재이다. 그리하여 여기서는 가장 낮은 것이 가장 높은 것이고 표면에 완전히 드러나 있는 계시가 가장 깊은 것이 된다. 그러므로 최고신이 자기의식을 지닌 존재로서 눈에 보이거나 귀에 들리거나 한다는 것은 바로 최고신의 개념이 사실상 완성됨을 뜻한다. 이제 이 완성을 통하여 신은 신이면서 동시에 직접 눈앞에 있는 것이 된다.

이처럼 눈앞에 직접 나타나 있는 것은 감각적인 의식뿐만 아니라 종교적인 의식에도 나타나 있다. 이 직접적인 존재는 자기의식을 지닌 채 존재하는 한 인간에 그치는 것이 아니라 그와 불가분의 형태로 순수하게 사유된 절대신이기도 하다. 흔히 우리가 개념적으로 "존재가 본질이다"라고 의식하는 사태를 종교적 의식도 의식하고 있는 것이다. 이처럼 존재와 본질이 하나가 되고 사유가 곧 존재이기도 하다는 것은 종교의식이 낳은 사상이고 그에 의해서 매개된 지이면서 동시에 그 의식의 감각을 통한 직접적인 지이기도 하다. 왜냐하면 존재와 사유의 이러한 통일은 자기의식을 지닌 인간의 모습을 하고 거기에 존재하는 가운데 사유에 기초한 통일이 동시에 존재하는 그대로의 형태를 띠고 있기 때문이다. 이리하여 신은 실제로 있는 그대로 모습을 드러내고 자체적인 모습 그대로 정신으로서 거기에 존재한다. 신은 오직 순수한 사변적 지를 통해서만 다다를 수 있고 오직 사변적인 지 안에만 존재하는 사변적인 지 그 자체이다. 이유인즉 신은 곧 정신이고 이러한 사변적인 지가 그대로 계시종교의 지이기 때문이다. 사변적인 지는 신이 곧 사유이고 순수한 본질이며 또 이 사유가 존재로 구체화하기도 한다는 것, 더 나아가 이 존재가 스스로를 부정하는 힘을 지니는 가운데 개별적이면서 동시에 보편적이기도 한 자기로서 존재한다는 것을 인식한다. 계시종교가 알고 있는 것은 바로 이러한 지이다. 지난날의 세계가 품어 온 희망과 기대는 오직 신의 계시를 갈구하며 절대신이 무엇인가를 직관하고 그 신 안에서 자기를 찾아내고자 하는 소망이었다고 한다면, 이제야 마침내 절대신 안에서 자기를 관조한다는 이 기쁨이 자기에게 의식되어 전 세계를 사로잡고 있다. 절대신은 정신이며 또한 예의 여러 가지 순수요소의 단순한 운동인데, 이 운동은 실재인 신이 자기의식을 지닌 생생한 존재로서 직관될 때에야 비로소 정신으로 인식된다는 사실을 나타내고 있는 것이다.

스스로를 정신으로 아는 정신이라는 이 개념은 그 자체로 직접적인 개념일 뿐, 아직 충분히 전개되어 있지는 않다. 신은 정신으로서 이 세상에 출현하여 자기의 모습을 계시한다. 이 처음으로 계시된 존재는 아무런 매개 없이 직접 눈에 보이는 것이지만 또한 이 직접적인 모습은 동시에 순수하게 매개된 사유이기도 하므로, 자기 스스로 직접 이 점을 표현해야만 한다. 이를 좀더 자세히 살펴보면 직접적으로 자기의식을 지닌 정신은 바로 이 개별적 자기의식인 예수 그리스도로서 보편적인 자기의식과 대립한다. 이 정신은 다른 것을 배제하는 유일한 존재이지만, 거기에 존재하면서 이를 대상으로 삼고 있는 의식에 대해서는 하나의 감각적 타자라는 형식을 아직 벗어나지 못한다. 이 타자는 신격화되어 있는 정신이 곧 자기의 정신임을 인식하지 못한다. 바꾸어 말하면 정신은 개별적인 자기에 머무른 채 아직 보편적인 모든 사람의 자기로서 존재하고 있지는 않은 것이다. 요컨대 신의 형태는 아직 보편적인 자기라는 개념의 형식은 취하지 못하고 있다. 그것은 직접적인 현실 존재이면서 또한 그것이 부정되어 보편적인 사유에까지 다다른 것인데, 이 보편적인 사유 속에서 전자의 현실성이 사라진 것은 아님을 의미하는 자기의 형식에는 아직 다다르지 못하고 있다. 그런데 그 자체로 직접 나타난 이 보편적인 신의 형식은 이미 사유나 개념 자체의 형식이 아니라 보편적인 현실이며, 자기의 총체이자 존재가 표상으로 북돋워진 형태이다. 이는 보편적으로도 그렇지만 특정한 예를 들어 말하자면 '감각적인 이것'이 폐기됐어도 이제 겨우 '지각'에 속하는 사물이 되었을 뿐, 아직 오성에 따른 '보편자'의 경지에 다다르지 못하는 것과 마찬가지이다.

이리하여 절대신은 개별적 인간인 예수 그리스도로 나타나서 한 개인으로서 감각적 존재에 어울리는 운동을 수행한다. 예수는 현세에 나타난 신이다. 그러므로 '지금 있는' 예수는 '과거에 있었던' 예수로 바뀌어 간다. 예수가 감각적으로 현존하는 것을 알고 있던 의식은 어느덧 그를 보지도 듣지도 못하게 된다. 그렇게 예수는 일찍이 보이거나 들리거나 했던 사람이 된다. 그리고 일찍이 예수를 보거나 듣거나 했을 뿐이라는 상태에 이르렀을 때 비로소 그 의식은 정신적인 의식이 된다. 그전에는 생생한 감각적 인간으로 의식 앞에 등장했던 예수는 이제 정신 속에서 되살아난 것이다. 왜냐하면 예수를 감각적으로 보고 듣고 하는 이상 의식 자체는 한낱 직접적인 의식에 지나지 않아서 자기와 대상과의 부등성을 폐기하지도, 순수한 사유로 돌아오지도 않으므로 자기의 대상이 되는 개인 예수를 정신적인 존재로 인식할지언정 자기 자신을 정신적인 존재로 인식하지 못하기 때문이다. 절대신이 육화하여 실제로 존재했던 예수가 사라져도 직접적인 존재는 그 부정적 요소를 지니고 있으며, 정신은 변함없이 현실의 직접적 자기로서 존재하지만 이는 교단이라는 보편적인 자기의식으로서 존재하는 것이다. 이 자기의식은 그 자체의 실체에 바탕을 둔 채 자기의식 속에서 보편적인 주체가 되어 있다. 개인 예수가 홀로 존재하는 게 아니라 교단의 의식과 일체화하고, 교단에서 특정한 자리를 차지하고 있는 예수가 종교적 정신의 완벽한 전체를 이루는 것이다.

그러나 개인의 존재가 과거가 되어 멀리 떠나가 버렸다는 것은 직접적으로 존재했던 것이 매개를 거쳐서 보편적인 것으로 정립되는 형식치고는 불완전하다. 직접적으로 존재하는 것은 단지 표면상 사유의 장으로 옮겨지는 것일 뿐 감각적으로 존재하는 면은 그대로 남아 있으므로, 직접적인 존재가 사유 자체의 본성과 일체화되는 데까지는 이르지 못한다. 이는 기껏해야 표상으로 북돋워진 것임을 보여 줄 뿐이다. 이유인즉 표상이란 감각적인 직접성과 이를 보편화한 사유를 종합적으로 합성해 놓는 것이기 때문이다.

이 표상이라는 형식이야말로 교단 내에서 의식되는 정신의 기본적인 형식이다. 이 형식은 정신의 자기의식이 아직 개념 그 자체의 형식으로까지는 성장하지 못하여 매개작용이 완성되지 않은 모습을 나타낸다. 그리하여 이런 표상에 의한 존재와 사유의 결합에는 정신적인 실재가 아직도 화해 불가능한 차안과 피안으로 양분되는 결함이 따르게 마련이다. 그 내용은 진리이면서도 표상의 장에 위치한 그 내용의 모든 구성요소는 개념적으로 파악되지 않은 채 각 요소마다가 순전히 자립적인 측면을 이루면서 외적으로 연결되어 있을 뿐이다. 참다운 내용이 참다운 형식으로 의식에게 받아들여지기 위해서는 의식이 더욱 고차적인 교양을 갖춤으로써 절대적 실체, 즉 신에 대해 직관한 것을 개념화하여 의식 스스로도 내용의 의식과 자기의식의 통일을 이루어야 하는데, 사실 이것은 사태의 참모습을 관찰하는 우리 눈앞에선 이미 성취되어 있었던 일이다.

신에 관한 이 내용은 그 의식 속에 존재하는 모습 그대로 관찰되어야만 하겠다. 여기서 절대정신은 내용이 되므로 자기 진리의 형태를 띠고 나타난다. 그러나 이 절대정신의 진리는 다만 교단의 실체 또는 그 자체로 나타난다거나 아니면 이런 내면성에서 벗어나 표상이라는 대상성으로 옮겨 간다거나 하는 데 그치는 것이 아니라, 현실의 자기가 됨으로써 자기에게 되돌아와 주체로서 존재하게 됨을 뜻한다. 이것이야말로 교단에서 절대정신이 수행하는 운동이며 그 속에 살아 숨 쉬는 절대정신의 생명이다. 그러므로 이렇게 자기를 계시하는 정신이 즉자대자적으로 어떤 존재인지 알기 위하여 교단 속에 살아 있는 절대정신의 풍요로운 생명을 되짚어서 그의 기원으로 거슬러 올라가 초기의 불완전한 교단의 표상이나 심지어 현실의 인간 속에 예수가 한 말에서 어떤 실마리를 찾으려 하더라도, 그 진면목은 결코 밝힐 수 없으리

라. 이렇듯 원점으로 거슬러 올라가는 근저에는 개념을 추구하려는 본능이 깔려 있긴 하지만, 이런 방식은 최초로 눈에 들어온 직접적인 현상의 근원과 개념의 단순함을 서로 혼동하는 어리석음을 저지르게 된다. 그러므로 정신의 풍요롭고 생생한 생명을 빈약하게 만들기라도 하듯이 교단의 표상과 이 표상을 받드는 행위를 제거한 결과 생겨나는 것은 개념이 아니라 오히려 단지 외면적이고 개별적인 모습이요 직접적인 현상의 역사적 존재양식이며, 한낱 지레짐작의 산물인 개별적인 형태와 그 과거의 모습에 관한 정신적이지 못한 추억일 뿐이다.

정신은 그 의식의 내용으로서 최초로 모습을 드러낼 때 순수한 실체인 하느님의 형식을 띤다. 이는 정신 자신의 순수한 의식의 내용이다. 다음으로 사유가 이루어지는 이 장은 구체적 개별존재인 예수의 형태로 하강하는 운동을 나타낸다. 이때 사유와 개별존재를 매개하는 것은 양자의 종합적인 타자로 옮아가는 의식, 표상작용 그 자체이다. 이 세 번째 장을 이루는 것이 표상된 타자존재에서 자기에게 되돌아가는 과정이며, 이것이 자기의식의 경지이다. 정신은 이러한 세 요소로 형성된다. 정신이 표상되어 따로따로 나타나는 것은 일정한 존재양식을 취하기 때문인데, 이 일정한 모습이란 바로 그 요소 가운데 하나이다. 따라서 정신의 구체적인 운동은 하나의 장을 이루는 각 요소들 속에서 정신의 본성을 전개해 나가는 것이다. 이 영역 속에서 요소들은 저마다 스스로 완결되어 있으므로 정신이 자기에게 되돌아오는 것은 동시에 다른 요소로 옮아가는 운동이기도 하다. 이때 표상은 순수한 사유와 자기의식 자체를 매개하는 그 특정한 모습들 가운데 하나일 뿐이다. 그러나 동시에 종합적인 결합이라는 표상의 성격이 이런 세 가지 장에 펼쳐져 있으면서 공통성을 지닌다는 점은 이미 앞에서 드러난 바와 같다.

이제부터 고찰되어야 할 내용 그 자체는 부분적으로는 이미 '불행한 의식'과 '신앙의 의식'의 표상으로 제시되었던 것이다. 다만 '불행한 의식'에서 내용은 의식이 동경하는 대로 산출된 것일 뿐 정신이 아직 자체적인 실체로서의 자기를 내용으로 하는 것은 아니므로 정신은 스스로 만족도 안정도 누릴 수 없다. 또 반대로 '신앙의 의식'에서는 정신은 자기가 결여된 세계의 본질로서 본질적으로 표상의 대상적인 내용이 되어 있기는 하지만, 이 표상은 현실에서 도피하여 자기의식의 확신을 지니지 못한다. 여기서 결국 확신은 허망한 지나 순수한 통찰로서 내용과는 동떨어져 버린다. 이에 반하여 교단의 의식은 내용을 자기의 실체로 삼으면서 동시에 그 내용도 교단 자체의 정신이 스스로 확신하고 있는 것이다.

먼저 정신은 순수사유의 경지에서 실체로 표상되어 있으므로 그대로 단순하고 자기동일적인 영원의 실재인 하느님이다. 여기서 말하는 실재는 추상적인 의미가 아닌 절대정신이라는 의미를 지닌다. 그러나 정신이란 내면적인 의미가 아닌 현실적인 존재로서 있는 것이다. 따라서 단일한 영원의 실재는 만약 단일한 영원의 실재로 표상되고 표현되는 데 그친다면 결국 헛되이 말로만 정신으로 불리는 데 지나지 않는다. 하지만 또 단일한 실재는 추상적인 존재인 까닭에 실제로는 그 자체가 부정적인 성질을 띠는데 더욱이 이는 사유의 부정성이고 실재 그 자체에 뿌리박힌 부정성이다. 즉 이 실재는 절대적인 자기 구별 또는 순수한 자기의 타자화를 일으킨다. 이는 실재로서 존재하는 한은 자체적이며 또 방관자인 우리에게 그렇게 보일 뿐이지만, 그 순수성은 추상적이고 부정적인 것이므로 여기서 실재는 스스로 자기와 맞서서 주체적인 자기가 되고 개념이 된다. 이리하여 실재는 대상으로 나타난다. 그리고 표상작용이 지금 얘기된 개념의 필연성을 하나의 사건으로 파악하고 표현할 때 영원의 실재인 신은 타자존재로서 생성된다고 할 수 있다. 그러나 영원의 실재는 타자존재의 형태를 띠면서도 그대로 자기 내면으로 되돌아간다. 왜냐하면 이 경우에 구별이란 자체적인 구별이라서 그대로 자기 자신과 구별되고 있을 뿐이므로 자기에게 되돌아가는 통일을 잉태하고 있기 때문이다.

여기서 실재는 세 요소로 구별된다. 첫째는 실재로서의 신이고, 둘째는 신의 타자존재로서 이 신을 대상으로 삼는 대자존재이며, 셋째는 타자존재 속에서 자기와 맞서서 자기를 아는 대자존재이다. 실재로서의 신은 자신의 대자존재 속에서 오직 자기를 직관하고 이렇듯 자기를 외화하면서도 자기 안에 머물러 있다. 이때 실재인 신으로부터 배제된 대자존재는 마치 언명된 말이 그로써 외화되어 공허해진 발언자를 그대로 내버려 두고 자립하지만, 이 말이 또한 그 즉시 들리고 또 오직 듣게 됨으로써만 말로 존재하는 것과도 흡사하다. 따라서 여기에 생겨나는 구별은 생겨나자마자 곧바로 해소되고 해소되자마자 곧 다시 만들어지는 구별이다. 그야말로 참다운 현실이란 바로 이와 같은 자기 내적인 둥근 고리 운동을 일컫는 것이다.

이러한 자기 내적 운동은 절대적 실재가 정신임을 드러내 준다. 정신으로 파악되지 않는 절대적 실재는 한낱 공허한 추상에 지나지 않는데 이는 자기 내적 운동으로 파악되지 않는 정신이 공허한 말에 지나지 않는 것과 마찬가지이다. 절대적 실재의 세 요소가 그대로 순수한 모습으로 포착되면 그 요소 하나하나마다 자기 스스로 대립을 지니는 가운데 오직 전체 속에서만 안정을 누리는 동적인 개념이 된다. 그러나 교단의 표상 활동은 개념을 파악하는 사유가 아니라 필연성이 없는 내용을 다루는 까닭에 개념의 형식 대신 자연적인 부자(父子)간의 혈연관계를 순수의식의 영역에 끌어들인다. 교단의 사유에서 의식은 이처럼 표상하는 태도를 취하므로 의식에 대해 신의 존재가 계시되더라도 신의 그 요소는 모두가 종합적인 표상일 뿐이기 때문에 한편으로는 저마다 뿔뿔이 흩어진 채 독자적인 개념에 의해 상호관계가 이루어지는 일이 없고, 다른 한편으로는 표상은 그의 순수한 대상에서 비켜난 채 단지 외면적으로 자기와 관계할 뿐이다. 이렇듯 표상 속에서 대상은 어떤 낯선 것에 의해서 계시되므로 이 정신의 사상 속에서 표상은 자기 자신을 인식하지 못할뿐더러 순수한 자기의식의 본성도 인식하지 못한다. 결국 의식은 표상의 형식을 벗어나 자연적인 예의 부자관계에서 자유로워져야 한다. 그리고 또 정신 고유의 운동 요소를 상호이행하는 요소로서가 아니라 고립된 부동(不動)의 실체 또는 주체로 파악하는 상황을 벗어나야 한다. 이런 필요성이 있는 이상 이와 같은 초월은 이전에 다른 측면에서 언급된 바 있듯이 개념이 그런 절박한 필요성을 지니는 것으로 이해될 수 있다. 그러나 이 절박함도 본능에 따른 것이므로 자기를 오해하고 형식과 더불어 내용마저 폐기해 버리는 결과를 낳고 만다. 또 달리 말하면 내용을 역사적 표상이나 전승된 유산 정도로 변질시켜 버린다. 이렇게 되면 단지 신앙의 외면적인 것만이 인식되지 않는 죽은 것으로 보존되고 오히려 신앙의 내면적 요소는 소멸되고 말 터이다. 왜냐하면 여기서는 내면을 이루는 개념이 스스로 개념으로서 인지되는 일이 없기 때문이다.

　　절대정신은 순수한 실재로 표상될 때 물론 추상적인 순수실재로 나타나지는 않는다. 오히려 이 실재는 정신의 한 요소에 지나지 않는 이상 하나의 장으로 격하되어 버린다. 그러나 정신이 이러한 장에 있는 것으로 표현될 경우, 여기에는 실재인 하느님이 하느님으로서 지니고 있는 것과 같은 형식상의 결함이 ˙나타난다. 하느님은 추상적인 존재이며 따라서 스스로의 단일성을 부정하여 하나의 타자가 된다. 이와 마찬가지로 실재의 장에 있는 정신도 단순한 통일성이라는 형식을 지니므로 본질적으로 타자가 될 수밖에 없다. 달리 말하면 영원한 실재와 이를 의식하는 대자존재의 관계는 순수사유에 근거한 직접적이고 단순한 관계이므로, 이렇듯 타자 속에서 자기 자신을 단순히 직관한다고 해도 타자의 존재가 그대로 정립되어 있는 것은 아니다. 이렇듯 순수사유 속에서의 구별이란 직접적으로는 아무런 구별도 없다는 식의 구별이다. 여기서는 양극이 본질적으로 대립하지 않는 '사랑에 의한 상호인정'이 나타난다. 즉 순수한 사유의 장에서 표현되는 정신은 그 자체가 본질적으로 단지 이 장에 머물러 있을 뿐만 아니라 현실적인 정신이 되어야만 한다. 왜냐하면 정신의 개념 속에는 단순한 사유의 산물인 순수한 개념을 폐기해 버리는 타자존재가 깃들어 있기 때문이다.

순수사유의 장은 추상적인 것이므로 그 자신이 오히려 스스로의 단순성을 부정하는 타자가 되어 표상이라는 본디의 장으로 옮아간다. 이 표상의 장에서는 순수개념의 각 요소가 서로 대립하는 실체적인 존재가 되는가 하면 동시에 주체가 되는데, 이들은 제3자에 대하여 서로 무관하게 존재하는 것이 아니라 자기에게 되돌아가 서로 분리되고 대립하게 된다.

이상과 같이 영원하고 추상적인 정신은 스스로 타자가 되고 존재로 발돋움하여 그대로 직접적인 존재로 이행해 간다. 이렇게 해서 정신은 드디어 '천지창조'를 한다. 결국 천지창조란 절대적 운동이라는 측면에서 본 개념 그 자체를 표상의 언어로 나타낸 것으로서, 즉 절대적으로 언명된 단순한 순수사유가 추상적인 성질로 말미암아 오히려 스스로를 부정해 자기와 대립하는 타자가 되는 과정을 표상의 언어로 나타낸 것이다. 또 같은 내용을 달리 표현한다면 절대적 실재로서 정립된 것이 단순한 직접적 존재이기 때문에 오히려 직접적인 존재로서 자기를 결하고 있으므로 이는 내면성 없는 수동적인 대타존재로 바뀌는 것을 나타내는 말이다. 이 대타존재야말로 동시에 하나의 세계를 가리킨다. 이렇게 대타존재가 된 정신은 일찍이 순수사유 속에 유폐되어 있던 요소가 안정된 형태로 존립하게 된 것이다. 이로써 순수사유의 단순한 보편성은 해체되어 각 요소 하나하나가 특수한 형태를 띠고 퍼져 나가게 된다.

그러나 세계는 다만 외적인 질서를 갖추고 완전한 모습으로 사방에 퍼져 나간 정신이라는 데 그치지 않는다. 정신이 본질적으로 단일한 자기인 이상 세계 속에도 역시 이 자기인 아담이 나타난다. 존재하는 정신인 이 개별자로 서의 자기는 의식을 지니고 자기를 타자인 세계로부터 구별한다. 그런데 이 렇게 개별자로서의 자기인 아담이 정립되긴 했어도 이는 아직 직접적인 존 재여서 스스로 정신임을 자각하지 못한다. 이 자기는 실제로 존재하긴 하지 만 정신으로 존재하는 것은 아니라서 '순결'하다고는 하겠지만 '선'이라고는 할 수 없는 존재이다. 아담이 실제로 자기가 되고 정신이 되기 위해서는 영 원의 실재인 신이 스스로 운동하여 자기의 타자 속에서 자기동일성을 유지 하는 형태로 나타났던 것과 마찬가지로 먼저 아담 스스로 타자가 되어야만 한다. 그런데 아담의 정신은 이제 겨우 직접적으로 존재하게 되어 그 의식의 다양한 모습으로 분열되어 있는 것으로서 규정되어 있으므로 그것은 지(知) 일반이 자기에게 되돌아가는 형태로 타자화된다. 여기서 직접적인 존재는 사상으로 전환되고 한낱 감각적인 의식은 사상에 대한 의식으로 전도된다. 더욱이 이 사상은 직접적인 상태에서 발단된 한정된 사상으로서 순수한 지 가 아니라 타자존재를 내포하고 있는 사상이므로 결국은 '선'과 '악'이라는 상호대립을 지닌 사상이 된다. 이때 인간은 아무런 필연성 없이 불쑥 생기 (生起)된 것으로 표상된다. 즉 인간은 선악을 가리는 인식의 나무 열매를 먹 은 탓에 자기동일성의 형식을 상실하고 의식의 순결함을 잃는 동시에 아무 런 노고 없이 누리던 풍요로운 자연과 동물의 낙원에서 추방당한 것으로 표 상되고 있는 것이다.

존재하는 의식이 자기에게 되돌아가는 것은 곧 자기동일성을 잃는 것으로 규정된다. 따라서 악이야말로 자기에게 돌아와 내향화한 의식의 최초 존재 양상으로 떠오른다. 그리고 선과 악의 사상은 단적으로 대립하는데 이 상태 는 여전히 해소되지 않고 있으니, 결국 인간의 의식은 본질적으로 악의 의식 일 수밖에는 없다. 그러나 동시에 바로 이 대립으로 말미암아 악과 대립하는 선의 의식과 선악의 관계도 나타나게 된다. 직접적인 존재가 사상으로 전도 되며 한편으로는 의식의 내향화가 그대로 사유가 되고 따라서 또 한편으로 는 신이 타자가 된다는 요소가 더욱 자세히 규정된다면, 악의 성립은 현재 존재하는 세계로부터 거슬러 올라가 원초적인 사유의 세계에서 이미 이루어졌다고 생각될 수 있다. 그렇다면 최초로 태어난 '빛의 아들' 루시퍼가 이미 자기중심적으로 내향화하여 타락한 상태이긴 했지만, 그 대신 곧이어 다른 아들인 예수가 태어났다고 할 수 있다. 그리고 '타락'이니 '아들'이니 하는 개념이 결여된 표상적인 형식은 개념의 요소를 표상의 차원으로 역전시키거나 표상을 사상의 영역으로 끌어들이게 된다. 또한 이 경우와 마찬가지로 영원의 실재인 신 안에 있는 '타자존재'라는 단순한 사상에 대하여 또 다른 갖가지 형태를 나란히 늘어놓아 거기에 내향화작용이 생겨나도록 하는 것도 물론 있을 수 있는 일이다. 그런데 동시에 이렇게 병렬함으로써 당연히 존재하게 되는 타자존재라는 이 요소가 차이를 드러내게 되므로 타자의 형태가 병렬하는 것도 인정될 수밖에 없다. 게다가 그것이 다수 일반으로서가 아니라 동시에 일정한 차이로 나타나기 때문에 한쪽 부분인 신의 아들이 자기 자신을 아는 단순한 존재로 나타나는 데 비해서 다른 한쪽 부분인 천사들은 독자적인 자신의 존재를 외화하여 오로지 신을 찬미하면서 살아가는 존재가 된다. 그런데 또 이 천사들 속에서는 외화된 존재가 회복되고 악이 자기에게 되돌아가는 내향화작용도 일어난다. 타자존재가 이처럼 둘로 나누어지는 한, 정신은 그 요소 속에서 특정한 것이 되고 또 그 요소들이 사위일체(四位一體)가 되거나 또는 다수의 천사가 여전히 선함을 유지하는 부분과 타락해서 악이 된 부분으로 분열될 경우 심지어 오위일체(五位一體)로도 표현되기에 이른다. 그러나 이런 식으로 요소의 수를 센다는 것은 한마디로 쓸데없는 짓이다. 왜냐하면 한편으로는 구별된 것 자체가 오직 하나의 것이기 때문이다. 즉 그것은 구별이라는 하나의 사상일 뿐인데, 이와 마찬가지로 이 사상은 첫 번째 것에 대해 두 번째 것이 있다는 식으로 구별된 것에 지나지 않는다. 그런데 또 한편으로는 다수의 요소를 하나로 포괄하는 사상은 그 보편성으로부터 벗어나 서너 가지 구별된 요소보다도 더 많은 요소로 분산되어 갈 수밖에 없는 것이다. 이런 보편성은 수의 원리인 추상적이며 절대적인 '1'과 비교해 본다면 수적으로 과연 얼마나 되는가는 규정된 바 없으니, 결국 문제가 되는 것은 수 전체일 뿐이지 어떤 특정한 수의 구별된 요소가 아니다. 따라서 이 경우 일반적으로 수를 세는 데 관심을 쏟는 것은 참으로 쓸데없는 짓이다. 또한 단지 크기나 수량의 차이를 따지고 든다는 것은 개념 없고 무의미한 노릇이다.

선과 악은 여기서 생겨난 사상에 따른 특정한 구별요소이다. 양자의 대립은 여전히 해소되지 않은 채 양쪽이 저마다 독자적인 사상의 실재로 표상되고 있으므로 인간은 본질이 결여된 자기로서 선악의 존재와 싸움을 하나로 종합하는 토대가 된다. 그러나 선악이라는 이 보편적인 힘은 역시 인간의 자기에게 귀속되는 것이다. 즉 자기야말로 두 개의 힘을 떠안고 있는 현실적 존재이다. 이런 점에서 악은 정신의 자연적인 존재의 내향화가 되는데 이와 반대로 선은 현실에 발을 들여서 실제로 존재하는 자기의식으로 나타나는 사태가 갑자기 발생하게 된다. 순수하게 사유된 정신에서는 그저 신의 실재가 타자화된다고 암시되기만 하던 것이 이제는 정신이 실현된 것으로 표상되기에 이르렀으니, 이 표상에서 신은 자기의 추상성과 비현실성을 방기하고 스스로 몸을 낮춘 선한 존재로서 실현되고 있다. 그런데 악이라는 다른 측면의 실현은 신의 실재에 어울리지 않는 사태의 발생으로 표상된다. 그런 악을 자신과 싸움을 벌이는 '신의 노여움'으로 파악하는 것이야말로 자기 자신과 싸움을 벌이는 표상의 가장 크고 높은 목표이지만, 이때 표상에는 개념이 결핍되어 있기 때문에 그 노력도 헛수고로 끝나고 만다.

이제 신의 소외는 이중의 양식을 띠게 된다. 이 경우 정신의 자기와 그 단일한 사상이 두 요소를 이루는데, 이 두 요소를 절대적으로 통일하고 있는 것도 정신 자신이다. 하지만 이 두 요소가 저마다 따로 나타나고 더욱이 이들의 가치가 동등하지 않다는 데에서 정신의 소외가 나타난다. 그리하여 이 부등함은 어느 쪽에 더 비중이 두어지는가에 따라서 이중의 부등함이 되고 여기서 두 가지 결합방식이 생겨나는데, 그 공통된 요소는 이미 제시해 둔 바와 같다. 한쪽 결합에서는 신의 실재야말로 본질적이고, 자연적 존재나 자기는 폐기되어야 할 비본질적인 것이 된다. 그런데 다른 한쪽 결합에서는 독자적인 자기가 본질적이며 단일한 신은 비본질적이다. 이런 양자를 매개하는 것은 내용 없는 공허한 존재 일반인데, 이는 다만 양측의 두 요소를 공유하고 있을 뿐이다.

이 대립은 서로 분리된 자립적 존재로 표상되는 두 요소의 싸움에 의하여 해소되는 것은 아니다. 두 요소가 자립적 존재라는 것은 양자가 저마다 자체적으로 자신의 개념상 스스로 해체될 수밖에 없음을 뜻한다. 두 요소가 사상과 자립적 존재의 혼합체 상태에서 벗어나 오직 서로가 사상으로서 대립하기에 이르렀을 때 비로소 그들의 싸움은 시작된다. 이렇게 됐을 때 양쪽은 일정한 개념으로서는 본질적으로 대립하는 관계에 있게 되는데, 그러면서도 또 이 두 요소가 자립적인 존재로서는 대립을 벗어난 곳에 저마다의 본질을 지니고 있는 것이다. 이때 양자의 운동은 자유롭고 자발적인 운동이다. 두 요소의 이 운동은 저마다 따로 고찰되어야만 할 자체적인 운동이다. 또 마찬가지로 그 운동을 시작하는 것도 양자 가운데 타자에 대해서 그 자체로 있는 존재 쪽이다. 이 자체존재가 운동을 시작하는 것은 자유의지에 기초한 행위로 표상된다. 그러나 이런 행위에 의해 필연적으로 외화가 일어나니, 이유인즉 개념상 대립관계 속에서만 그것 자체로 존재할 수 있는 것은 바로 그럼으로써 참으로 존속하는 것은 아니기 때문이다. 따라서 독자존재가 아닌 단일한 본질적 실재인 신이라고 인정받고 있는 그 자체존재는 마땅히 자기 자신의 외화를 무릅쓰고 죽음으로 향하며, 그 결과 절대신은 자기 자신과 화해하는 것이다. 이 운동 속에서 절대신은 정신으로 등장한다. 먼저 추상적인 신이 자기소외되고 자연적 존재가 되어 자기를 중심으로 하는 현실을 손에 넣는다. 그런데 이 타자존재와 감각적인 현재는 죽음이라는 두 번째 소외에 따른 타자화로 말미암아 원상으로 회복되고 이제는 감각성을 폐기한 보편적인 현재가 된다. 이리하여 신은 현재에서 본디의 제 모습을 띤다. 이제 직접 현실로 있는 존재는 더 이상 신의 바깥에 있는 신과는 다른 존재가 아니라 소외를 극복한 보편적인 존재가 된다. 따라서 이 죽음은 곧 정신으로 되살아나는 신의 부활이다.

　자기의식을 지닌 채 직접 현존하는 존재가 폐기될 때 신은 보편적인 자기의식이 된다. 절대신의 개별적 자기가 폐기되어 있는 이 개념은 그대로 교단의 설립을 촉진하게 된다. 이제껏 표상 속에 머물러 있던 교단이 마침내 주체적 자기로서의 자기에게 되돌아가는 것이다. 이렇게 해서 정신은 그의 자기의 두 번째 요소인 표상의 장을 떠나 세 번째 장인 자기의식 그 자체로 옮아간다. 표상이 자기의식으로 진행되어 가는 모습을 관찰할 때 우리는 먼저 신의 실재가 인간적인 성격을 띤다고 이야기되고 있음을 깨닫는다. 이미 신과 인간이 자체적으로는 분리되어 있지 않다는 사실이 표명되어 있다. 즉 신의 실재가 맨 처음부터 자기를 외화하고 그의 존재가 내향화하여 악이 된다는 표현 속에는, 악의 존재가 본디 신과 실재와 별개의 것은 아니라는 의미가 언명되지 않았을망정 은근히 내포되어 있다. 절대신이란 그와는 별개의 타자나 그에 대해 죄를 저지르는 일이 존재하지 않는다면 공허한 이름뿐인 존재가 될 것이다. 물론 자기내적 존재라는 요소는 오히려 정신의 자기를 이루는 본질적인 요소이기는 하다. 그런데 이런 자기내적 존재나 현실마저도 신 그 자체에 귀속되어 있다는 것은 우리에게는 개념으로 파악되며, 또 그것이 개념인 이상 표상적인 의식에게는 이해할 수 없는 사태로 여겨진다. 이때 자체는 표상적인 의식에 대해 전혀 무관한 모습으로 존재하게 된다. 그러나 절대신의 요소와 독자적으로 존재하는 자기로서의 예수의 요소가 서로 어긋나는 듯이 보이면서도 분리될 수 없다는 사상은 이 의식의 표상에도 드러나 보이는데—왜냐하면 이 표상도 진리의 내용을 가지고 있으므로—, 이는 뒤에 가서 신의 외화와 육화가 이루어졌을 때의 일이다. 이런 맥락에서 신의 육화에 대한 표상은 직접적이므로 정신적이지 않다. 다시 말해 그것은 아직 인간의 모습을 한 신인 예수 그리스도를 보편적 인간이 아닌 특수한 인간으로 알고 있을 뿐이다. 이렇듯 인간의 모습을 한 신이 그의 직접적 존재인 육신을 희생하여 하느님에게로 되돌아가는 운동 속에서 표상은 신을 보편적 인간으로 인식하고 정신이 된다. 이렇게 자기에게 되돌아가는 실재야말로 참다운 정신이다. 또한 여기서는 신의 실재와 타자 일반과의 화해, 특히 신의 타자로 간주되는 사상인 악과의 화해도 표상적으로 나타나 있다. 이런 화해가 성립되는 것을 개념상 선과 악은 본디 동일한 것이기 때문이며, 또는 신의 실재로부터 분리된 자연은 무에 지나지 않는다는 점에서 신의 실재도 전반적으로는 자연과 동일한 것이기 때문이라고 표현되기는 하지만, 이는 틀림없이 오해를 불러일으킬 만한 비정신적인 표현이라고 해야만 하겠다. 악이 선과 같은 것이라면 분명 악은 악이 아니고 선은 선이 아닐 터이니, 오히려 악과 선은 모두가 폐기되어 버리고 악이란 내향적인 대자존재이며 선이란 자기가 결여된 단일한 존재가 된다. 선과 악의 개념이 이렇게 표현될 때는 동시에 양자의 통일도 분명히 드러나게 된다. 왜냐하면 자기내적이고 내향적인 대자존재란 단일한 지를 뜻하고 자기가 결여된 단일한 존재란 자기내적인 순수한 대자존재를 뜻하기 때문이다. 결국 선과 악이 그의 개념에 비추어서 분리된 것이 아니라 동일한 것이라고 표현되어야 한다면 그와 마찬가지로 선과 악은 동일한 것이 아니라 전혀 다른 것이라고도 표현되어야만 하겠다. 왜냐하면 단일한 대자존재도 순수한 지도 모두 다 순수한 부정성을 지니고 있어서 스스로 절대적 구별을 낳을 수밖에 없기 때문이다. '선과 악은 동일한 것이다'와 '선과 악은 동일한 것이 아니다'라는 두 개의 명제가 함께할 때 비로소 전체가 완성된다. 이때 첫 번째 명제의 주장과 단언에는 두 번째 명제가 단호히 자기 주장을 내세우며 대항해야만 한다. 두 명제는 똑같이 옳기 때문에 또한 똑같이 옳지 않은데, 이것이 옳지 않은 까닭은 '똑같다'느니 '똑같지 않다'느니 또는 '동일'이니 '비동일'이니 하는 투의 추상형식을 마치 참답고 확실하며 현실적인 것인 양 간주하여 여기에 근거하려 하기 때문이다. 진리는 둘 가운데 어느 한쪽에 있는 것이 아니라 양자의 운동 속에 있는 것이다. 즉 단순한 동일체란 추상적인 것이므로 여기에 절대적인 구별이 생겨나는데, 이 구별 자체는 스스로 구별되므로 다시금 자기동일성을 이루는 운동을 하는 것이다. 이것이야말로 신의 실재와 자연 일반, 특히 인간의 육체가 똑같다는 것을 보여 준다. 결국 신은 신이 아닌 한에서 자연이고 자연은 신의 피조물로서 신성하다고 하겠으니, 이 두 개의 추상적인 존재를 이미 폐기된 존재로서 참다운 모습 그대로 정립하는 것이 바로 정신이다. 통상적인 판단이나 그의 정신이 결여된 계사 '이다'를 가지고는 제대로 표현될 수 없다. 마찬가지로 '신의 바깥에 있는 자연은 무이다'라고 하지만 이 무 자체는 또한 실제로 있는 것이다. 무라는 것은 절대적 추상이므로 순수한 사유 또는 자기내적 존재인데, 이것이 정신적 통일과 대립하는 요소를 지닐 때는 악이 된다. 이 개념을 파악하기가 어려운 것은 단지 계사인 '있다'에만 집착하느라고 두 요소를 '있게' 하고 '없게'도 하는 사유를 우리가 잊어버리기 때문이다. 사유에서의 이 두 요소는 오직 정신의 운동일 뿐이다. 구별을 한낱 요소나 폐기된 것으로 여기는 사유의 이러한 정신적 통일이야말로 앞서 이야기한 신과 자연과의 화해 속에서 표상적인 정신이 인지하는 바이다. 이 통일은 보편적인 자기의식이므로 자기의식은 더 이상 표상하는 데 그치지 않는다. 즉 운동이 자기의식에 귀속되기에 이른다.

이로써 정신은 보편적 자기의식이라는 세 번째 장에 들어서게 된다. 이제 정신은 교단의 정신이다. 여기서 교단은 자기의 표상으로부터 자기를 구별하는 자기의식인데, 이 교단의 운동은 그 자체로 잠재적으로 생성되어 있던 것을 실제로 만들어 내는 작용을 한다. 죽은 신인(神人) 또는 인신(人神)으로서의 예수는 그 자체가 보편적인 자기의식으로서, 이 자기의식은 그 점을 명확히 깨우쳐야만 한다. 다시 말하면 자기의식은 표상을 통한 대립의 한쪽 편인 자연적인 존재와 개별적인 대자존재를 본질로 하는 악의 측면을 이루고 있으므로 자립적인 존재이지만, 아직 정신의 요소로 표상되지 못하고 있는 이 악의 측면은 오히려 그 자립성을 바탕으로 하여 자체적으로나 의식적으로나 정신을 향해 나아가는 정신의 운동을 스스로 펼쳐 보일 필요가 있는 것이다.

악의 측면을 이루는 자기의식은 자연적 정신이다. 자기는 이 자연적인 상태를 벗어나 자기에게 돌아가 내향화하고 악이 되지 않으면 안 된다. 그러나 자연적이라는 것은 잠재적으로는 이미 악인 까닭에 내향화한다는 것은 곧 자연적 존재가 악임을 스스로 확신하는 데서 성립된다. 표상하는 의식에 귀착되는 것은 존재가 악이 된다는 것, 이 세계가 악이라는 것, 그리고 절대신이 존재로 바뀌어 화해를 이룬다는 것이다. 그러나 자기의식 그 자체에 귀착되는 것은 형식상 폐기된 요소에 지나지 않는 이 표상된 관념이다. 왜냐하면 자기의식은 부정적인 것으로서 의식의 순수한 자기 내적인 행위로서의 지이기 때문이다. 그런데 이 부정적 요소인 악은 내용상으로도 표현되어야만 한다. 신은 자체적으로는 이미 자기와 화해를 이룬 정신적인 통일체로서, 여기서는 표상된 각 부분이 한낱 폐기된 요소에 지나지 않는 이상 이렇게 표상된 부분은 이전과는 반대되는 의미를 지니는 것으로 드러난다. 이로써 각각의 의미는 반대쪽 의미와 어우러져서 완성되는데, 이렇게 해서 비로소 저마다의 내용은 모두가 정신적인 내용이 된다. 그리고 한쪽의 성질도 반대의 성질이 되므로 결국 타자존재 속에서 통일이 이루어지는 가운데 정신은 완성된다. 이는 사태 자체를 관찰하는 우리에게는 이미 대립적인 의미가 하나로 통일되었고 '같은 것'과 '다른 것', '동일'과 '비동일' 같은 추상적인 형식도 폐기되어 있었던 것과 마찬가지이다.

표상하는 의식에서 자연적인 자기의식의 내향화가 악을 실제로 있게 한 것이었다고 한다면, 자기의식의 장에서의 내향화란 악 그 자체가 본디 자연 속에 이미 존재하고 있음을 안다는 것을 말한다. 따라서 이러한 지는 물론 악이 되는 것이기는 하지만 실은 악의 사상이 될 뿐이므로 화해의 실마리가 되는 요소라고 할 수 있다. 왜냐하면 악으로 규정된 직접적인 자연 상태를 벗어나서 자기에게 되돌아가는 지는 자연의 방기이며 죄의 사멸이기 때문이다. 여기서 의식은 자연적 존재 그 자체를 방기하는 것이 아니라 악으로 인식된 자연적 존재를 방기한다. 따라서 직접적으로 자기 내부를 향해 가는 운동이란 실은 매개된 운동이기도 하다. 즉 이것은 자기 자신을 전제로 하고 자기의 근거가 되는 운동이다. 여기서 의식의 내향화의 근거가 되는 것이라면 자연 자체가 이미 자기에게 돌아가 있다는 점을 들 수 있다. 인간은 악으로 말미암아 안쪽으로 향할 수밖에 없는데, 실은 악이라는 것 자체가 내향화운동이다. 바로 이런 까닭에 이 최초의 내향화운동은 그 자체가 직접적이며 자기를 근거로 삼은 단순한 운동 개념이다. 따라서 타자화운동은 좀더 본디에 가까운 형식을 띠고서 비로소 나타난다고 해야 하겠다.

그러므로 악의 내향화라는 이 직접적인 상태 말고도 그리스도의 죽음이라는 표상에 따른 매개가 필요해진다. 자체적인 것은 정신의 참모습을 나타내지 않는 존재로서의 자연에 대한 지인데, 자기가 자기에게 되돌아와서 이러한 보편적인 상태가 되는 것은 곧 정신과 자기 자신과의 화해를 나타낸다. 따라서 이 자체는 개념파악을 하지 못하는 자기의식에서는 자기의식에 의해 표상된 존재라는 형식을 유지한다. 그러므로 이 자기의식에서 파악되는 것은 자연이 폐기되어 보편적인 것이 되면서 자기 자신과 화해했음을 인식하는 것과 같은 개념에 의한 파악이 아니라 신적 실재의 자기외화, 즉 신이 갑자기 인간으로 태어났다가 죽음을 맞이한다는 사태의 발생으로 말미암아 신이 그의 존재와 화해하는 데 대한 표상적인 파악이다. 이런 표상에 따른 파악은 좀더 명확히 표현하자면 예전에 표상의 형태로 영적 부활이라고 불렸던 것, 곧 개별적인 자기의식이 보편적인 교단으로 상승해 가는 것을 뜻한다. 신인(神人)의 죽음은 죽음으로서는 추상적인 부정이며 다만 자연적 보편성 속에서 끝나는 운동의 직접적인 결말에 지나지 않는다. 그의 죽음은 자기의식 속에서 자연적인 의미를 상실하고 방금 서술된 바와 같은 개념이 된다. 죽음은 이 개인의 소멸이라는 직접적인 의미를 뛰어넘어 보편적 정신으로 승화되어 빛을 받으니, 이제 이 정신은 자신의 교단과 더불어 살며 나날이 죽고 또 되살아나는 것이다.

표상의 장에서 절대정신이 개인으로서, 아니 그보다도 특수한 존재로서 그 육신을 통해 정신의 본성을 드러내 보인나는 일은 앞서 말했듯이 마침내 자기의식 자체 내로 옮겨져서 타자 속에서 자기를 유지하는 지로 나타난다. 그리하여 예수라는 특수한 개인은 실제로 죽은 것으로 표상되지만 실제로 죽은 것은 아니며, 오히려 자기의식의 특수성이 소멸되어서 성립되는 보편성이 자기와 화해한 신의 지로서 나타나기에 이른다. 그러므로 여기서는 최초에 나타난 표상이라는 장은 자기 속으로, 즉 개념 속으로 되돌아감으로써 이미 폐기된 것으로 표상된다. 그리고 이 표상에서는 단지 있는 데 지나지 않던 것이 주체가 되어 있다. 바로 그렇기에 최초의 장인 순수사유와 거기에 담겨 있는 영원의 정신인 신은 더 이상 표상하는 의식 또는 자기의 피안에 있는 것이 아니며, 오직 전체가 자기에게 되돌아가는 가운데 온갖 요소를 자기 내부에 포함하는 것이 된다. 신과 인간을 매개하는 예수가 맞이하는 죽음은 대상성을 띤 특수한 대자존재를 폐기하는 것이다. 여기서 특수한 대자존재는 이제 보편적인 자기의식이 된다. 그런데 한편으로는 바로 예수의 죽음을 통하여 보편정신이 자기의식이 되고 한낱 순수한 사유의 정신이었던 비현실적인 정신이 현실성을 얻는다. 신과 인간을 매개하는 예수의 죽음은 단지 그 자연적인 측면에서의 죽음, 즉 특수한 개인의 육신의 죽음으로 그치지 않는다. 단지 신에게서 분리된 생명 없는 육체가 죽는 것만이 아니라 추상적인 실재로서의 신도 죽는 것이다. 왜냐하면 예수는 그의 죽음이 아직 화해의 완성이라고는 할 수 없는 상태에서는 일면적인 존재이며, 이는 현실과 대립하는 단일한 사유야말로 신의 실재라고 인식하고 있기 때문이다. 이 자기라는 한쪽 극은 아직 손의 실재와 동등한 가치를 지니는 데는 이르지 못하고 있다. 자기가 그와 동등한 가치를 지니기 위해서는 교단의 정신에 다다라야만 한다. 그러므로 표상 속에서의 신의 죽음은 동시에 자기로 정립되어 있지 않은 추상적 실재로서의 신의 죽음이다. 거기에는 '신 그 자체가 죽었다'는 불행한 의식의 비통한 감정이 서려 있다. 이 가혹한 발언은 자신의 내면을 가장 깊이 인식하고 있는 단순한 지의 표현이다. 이때 의식은 자아=자아라는 깊은 밤 속으로 되돌려져서 자기 바깥에 대해서는 아무것도 구별할 수 없고 아무것도 아는 것이 없다. 따라서 이 감정은 사실상 실체신의 상실과 함께 실체신과 의식이 빚어내던 대립의 상실을 나타내고 있다. 그러나 이것은 동시에 실체신의 순수한 주체성을 드러낸다. 다시 말해 직접적인 대상으로 있는 순수한 신으로서의 실체에는 결핍되어 있던 순수한 자기확신을 드러내는 것이다. 그리하여 예수의 죽음에 대한 지는 정신을 부여하게 되는데 이로써 실체는 주체가 되고, 그 추상적이고 생명 없는 신의 모습이 죽어 사라지면서 실체신은 단일하고 보편적인 자기의식으로서 현실에 존재하기에 이른다.

여기서 나타나는 정신은 자기 자신을 아는 정신이다. 정신은 자기를 안다. 따라서 정신의 대상으로서 표상되는 것은 참다운 절대적 내용이다. 이미 보았듯이 이 정신의 내용은 정신 자체를 표현한다. 이와 동시에 이 내용은 자기의식의 내용이며, 자기의식에 대한 대상일 뿐만 아니라 현실에 존재하는 정신이기도 하다. 정신은 자기의 본성을 이루는 세 가지 장을 두루 관통해 나감으로써 이러한 존재가 되었으니 이렇듯 자기를 두루 관통해 나가는 운동이 정신을 현실화하는 셈이다. 여기서 운동하는 것은 정신이다. 정신은 운동의 주체이며 운동 그 자체인가 하면 또한 주체가 두루 관통해 나가는 실체이기도 하다. 우리가 종교에 발을 들여놓았을 때 정신의 개념은 이미 나타나 있었다. 그것은 자기 자신을 아는 정신의 운동이라는 형태로 나타나 있었던 것이다. 이 정신은 악을 용서하고 또 동시에 스스로의 단일성과 확고한 불변성을 떨쳐 버리는 운동, 다시 말하면 절대적으로 대립하는 것이 실은 서로가 동일한 것임을 인식하고 이 인식에 기초하여 양극의 화합을 이루어 내는 운동이다. 그리고 절대신이 계시된 종교의식은 이러한 개념을 직관하고 자기와 직관된 것과의 구별을 폐기한다. 그 의식은 주체인 동시에 실체이기도 하다. 이리하여 종교적인 의식은 바로 이런 운동이기 때문에, 또 이런 운동인 한에서 그 자체로 정신으로서 존재한다.

그러나 이 교단은 아직 그러한 자기의식이 되어 완성에 다다른 것은 아니다. 교단의 내용은 일반적으로 교단과 대립하는 표상의 형태를 띠고 있다. 이 분리는 교단의 현실적인 정신 상태이기도 하다. 즉 교단은 그 표상에서 벗어나 자기에게 되돌아갈망정 여전히 표상에 얽매여 있다. 이는 순수사유의 장이 표상에 얽매여 있었던 것과 마찬가지이다. 자신이 어떤 존재인지 의식하지도 못하고 있는 교단은 자기의식이 되어 있기는 하지만 자신을 이 자기의식이라는 대상으로 의식하지는 못하며, 자기 자신이라는 의식을 향해 열려 있지도 않다. 오히려 의식으로서의 교단은 이미 고찰한 바와 같이 표상을 대상으로 하는 의식이다. 우리가 살펴본 바로는 자기의식은 최후의 전환

점에 다다라서 스스로 내면화하고 내향적인 지에 이른다. 자기의식은 이제 육신이라는 자신의 자연적 존재를 외화하고 순수한 부정성을 획득한 것이다. 그러나 이러한 부정성을 갖춘 지의 순수한 내면성이 곧 자기동일성을 지닌 실재라는 것, 다시 말하면 실체신이 이 점에서 절대적인 자기의식에 다다라 있다는 것을 드러내는 긍정적인 의미는 경건한 의식에게는 낯선 타자로 나타날 뿐이다. 경건한 의식은 지의 순수한 내면화가 그 자체로 절대적 단일자인 실체신이라는 한쪽 측면을 포착하는데 이는 개념적으로 파악되는 것이 아니라 밖에서부터 주어지는 보상 행위처럼 표상되는 형태로 포착된다. 다시 말해 순수한 의식의 이런 심오함에는 추상적 실재인 신을 그 추상성에서 분리해 내서 순수한 신심(信心)의 힘으로 자기에게로 고양시킬 만한 힘이 있음을 이 의식은 자각하고 있지 않은 것이다. 따라서 자기의 행위는 자기에 대하여 부정적인 의미를 지닌다. 왜냐하면 실체신이 자기 측에서 행하는 외화란 자기 처지에서 보기엔 그저 자체적으로 잠재해 있는 것에 지나지 않으니, 자기는 그것을 이해하거나 개념적으로 파악하지 못하고 또 그것이 자기의 행위 자체로부터 비롯된 것임을 알아차리지도 못하기 때문이다. 다만 자체적으로나마 신과 자기의 통일이 이미 성립되어 있으므로 의식도 당연히 신과의 화해의 표상을 지니게 마련이지만, 이는 결국 표상에 지나지 않는다. 의식은 자신의 순수한 부정성에 신과 자기의 통일이라는 긍정적인 의미를 외부적으로 덧붙이는 데 만족하고 있다. 따라서 그 만족은 여전히 피안과의 대립을 벗어나 있지 못하다. 이렇게 되면 자기와 신이 화해한다는 것은 먼 훗날의 일로 의식될 터인데, 이는 마치 자기와는 다른 자기가 실현한 화해가 머나먼 과거의 일로 여겨지는 것과 다름없다. 개인으로서의 신인인 예수에게는 부모가 있지만 이때 아버지는 자체적으로만 존재하고 오직 어머니만이 현실적으로 존재한다. 이와 마찬가지로 보편적인 신인인 교단은 자기의 행위와 지를 아버지로 삼으면서 어머니를 다만 '영원한 사랑'으로 느낄 뿐, 스스로의 의식 속에 직접 존재하는 현실적 대상으로서 직관하지는 않는다. 따라서 교단과 신의 화해는 마음속에 존재하기는 하지만 그 의식과는 여전히 분열된 채 현실적으로 불완전한 상태에 있다. 자체 또는 순수한 매개의 측면으로서 교단의 의식 속에 파고 들어오는 것은 피안에 존재하는 신과의 화해이다. 그러나 현재 눈앞에 직접 있는 존재의 측면으로서 의식 속에 파고드는 것은 여전히 새로운 변용을 필요로 하는 이 세계이다. 물론 이 세계는 자체적으로는 신과 화해한 상태이다. 또한 이 세계에는 신이 대상을 더 이상 소외된 것으로 받아들이지 않고 사랑의 품에서 자기와 동일한 것으로 인식하고 있음이 신에 의해 드러나 있다. 그러나 자기의식에게는 이 직접적인 현재가 아직 정신의 형태를 띠고 나타나지 않는다. 교단의 정신은 그의 직접적인 의식에서는 종교적 정신과 단절되어 있다. 이 의식은 양자가 자체적으로는 분리되어 있지 않다고 언명하지만, 이는 단지 자체적인 것으로 그칠 뿐이다. 이 자체적인 통일은 아직 실현되지 않았고 절대적 대자존재가 되는 데 이르지도 못한 것이다.

Ⅷ 절대지

계시종교의 정신은 아직 그 의식 자체를 뛰어넘지는 못했다. 다시 말해 그 정신의 현실적인 의식은 자기의식의 대상이 되어 있지는 않다. 요컨대 정신 그 자체와 정신 속에 구별되어 있는 갖가지 요소는 표상되어 대상적인 형식에 머물러 있다. 그러나 이 표상의 내용은 절대정신이므로 이제 남은 일이라곤 표상이라는 형식을 폐기하는 것뿐이다. 그런데 오히려 이러한 형식은 의식 자체에 속해 있는 것이므로 그 진리는 이미 의식의 갖가지 형태 속에 나타나 있어야만 한다. 이처럼 의식의 대상을 극복하는 일은 자기에게 되돌아갈 때 나타났던 것처럼 일면적인 것으로 받아들여져선 안 된다. 보다 더 명확하게 말하자면 대상 그 자체가 소멸되는 것으로서 의식에게 그 모습을 드러내는 가운데 여전히 자기의식의 소외가 사물의 세계를 정립하는 것이기도 하다는 식으로 받아들여져야 하고, 더 나아가 그 소외에는 부정적인 의미만이 아니라 긍정적인 의미도 있는데 심지어 그 의미는 방관자인 우리 눈에만 보이게끔 자체적으로 있는 것이 아니라 자각적으로도 의식 속에 있다는 식으로 받아들여져야 한다. 자기의식에 대해서 대상이라는 부정적인 존재가 자기 자신을 폐기하는 것은 긍정적인 의미를 지닌다. 다시 말해 자기의식은 대상이 이처럼 무실하다는 사실을 깨닫는다. 이와 같은 일은 한편으로는 자기의식이 자기를 외화함으로써 일어난다. 왜냐하면 이러한 외화 속에 자기의식은 스스로를 대상으로 정립하고 대자존재와의 불가분의 통일성으로 말미암아 바로 이 대상을 자기 자신으로 파악하기 때문이다. 그리고 또 한편으로 여기에는 다른 요소도 포함되어 있다. 즉 자기의식은 이 외화와 대상세계를 다시금 폐기하여 자기를 회복함으로써 결국은 자기의 타자존재 속에 있으면서 자기에 머무르는 존재가 되는 것이다. 지금까지 살펴본 것이 의식이 행하는 운동으로서, 이 의식 속에 의식의 요소 전체가 나타나 있다. 마찬가지로 의식은 대상의 온갖 성질과 관계하게 되어 있어서 각각의 성질에 따라 대상을 포착하지 않으면 안 된다. 이렇게 대상의 모든 성질을 하나로 통합했을 때 대상 자체는 정신적 존재가 되는데, 이것이 의식에 대해서도 참으로 그러한 존재로서 나타나기 위해서는 대상의 개개의 성질이 자기로서 파악되고 저마다의 성질에 대하여 지금 말한 정신적인 관계가 맺어져야 한다.

대상은 첫째로 직접적인 존재이고 사물 일반으로서 나타나며 직접적인 '감각적 의식'에 상응한다. 다음으로 이것이 타자화하면서 스스로 관계하여 대타존재, 대자존재, 규정된 성질로서 나타나는데 이는 '지각'에 상응한다. 그리고 셋째로 '오성'에 상응하는 대상으로서 보편자라는 실재(본질)가 나타난다. 대상은 전체적으로 볼 때 보편자가 특정한 성질로 규정되는 과정을 거쳐 개별자에 이르는 추리 또는 운동을 뜻한다. 또한 거꾸로 말하면 이것은 폐기된 개별성이나 성질을 통해 개별자에서 보편자로 이행하는 운동이다. 그러므로 지금 이야기한 세 가지 규정에 따라 의식은 대상이 자기 자신임을 깨달아야 한다. 그렇지만 여기서 문제가 되는 것은 대상을 순수하게 개념파악하는 것과 같은 지가 아니다. 다만 여기서 지는 의식 그 자체에 귀속되는 측면에 따른 지의 생성과 그의 요소를 명시할 뿐이며 이때 본디의 개념이나 순수한 지를 구성하는 온갖 요소가 의식의 형태로서 나타날 뿐이다. 그러므로 여기서는 의식 그 자체 내에서 대상이 앞에서 언명된 바와 같은 정신적 실재로 나타나는 일은 없다. 또한 의식이 대상과 맺는 관계라는 것도 대상을 총체적으로 고찰하거나 순수한 개념형식으로 파악하거나 하는 것은 아니다. 그보다도 그것은 의식의 형태 일반이나 아니면 그런 형태들의 집합이라는 식으로 나타난다. 이런 형태들을 하나로 종합하는 것은 방관자인 우리가 할 일이며, 이러한 의식형태에서는 대상과 의식의 태도라는 요소 전체가 분산된 채 일면적으로 제시되는 데 지나지 않는다.

따라서 이와 같이 의식의 형태에 부응하는 대상의 파악에서는 과거에 이미 나타난 의식형태를 떠올려 보는 것만으로 충분하다고 하겠다. 우리가 본 바에 따르면 아무런 연관도 없이 직접 눈앞에 놓여 있는 대상을 다루는 것이 '관찰하는 이성'인데, 이 이성은 아무런 연관도 없는 이 사물 속에서 자기를 찾아 나선다. 여기서 이성은 그의 행위가 대상을 외면적으로 받아들일 뿐이고 대상도 자연 그대로 있는 직접적인 것에 지나지 않는다는 사실을 의식하고 있다. 이러한 관찰하는 이성의 최고 경지에서는 대상의 규정이 '자아의 존재는 사물이다'라는 무한판단으로 표현된다는 것은 우리가 이미 살펴본 대로이다. 더구나 직접 있는 그대로의 감각적인 사물이라는 이 자아가 '혼'으로 불린다면 이때 자아는 사물로 표상되고는 있지만 보이지도 만져지지도 않는다고 이야기되는 사물이므로, 사실은 '사물'이라고 간주되는 직접적인 존재는 아니다. 따라서 이 무한판단은 문자 그대로라면 정신이 결여되어 있는, 아니 오히려 몰정신적인 것 그 자체라고 해야만 하겠다. 그러나 이 판단은 그 개념에 비추어 본다면 실은 정신성이 더없이 풍부한 판단이라고 하겠는데, 이 점에서 이 판단 속에는 아직 밖으로 드러나지 않은 내면적인 것이 숨어 있는 셈이다. 그리고 이것은 우리가 앞으로 고찰해야 할 두 가지 서로 다른 요소가 있음을 언명한다.

'사물은 자아이다'라는 무한판단에서 사물은 사실상 폐기되어 있다. 사물은 그 자체로는 아무것도 아니며 오직 관계 속에서만, 즉 자아를 통한 자아와의 관계를 통해서만 의미를 지닐 뿐이다. 사물의 이러한 요소는 순수한 통찰과 계몽사상에서 의식된다. 사물은 단적으로 '유용한 것'이고 오직 유용성의 측면에서만 고찰된다. 자기소외된 정신의 세계를 편력하여 교양을 얻은 자기의식은 자기외화를 통하여 사물을 자기 자신으로 산출하고, 따라서 사물 속에서 여전히 자기를 유지하면서 그 사물이 비자립적인 존재이며 본질적으로 대타존재에 지나지 않는다는 것을 알고 있다. 그런데 여기서 대상의 유일한 본성을 이루는 '타자와의 관계'를 완전히 표현하려고 한다면 사물은 자기와 관계하는 대자존재로 자기의식에 인식될 것이다. 이때 자기의식은 감각적 확신이야말로 절대의 진리라고 언명하면서도 이 대자존재 자체가 하나의 요소임을 언명하게 된다. 즉 그것은 소멸되어 자기의 반대쪽이 되는 타자화된 존재로 이행하는 것이다.

그러나 이로써 사물의 지가 완결된 것은 아니다. 사물은 직접 있는 그대로의 성질에 따라서 인식될 뿐만 아니라 내면적인 본질을 지닌 자기로서도 인식되어야만 한다. 이 자기는 '도덕적 자기의식' 속에 실제로 존재한다. 이 자기의식은 자기의 지가 절대적인 본질이라는 것을 알고 존재가 곧 순수한 의지이며 지라는 것을 알고 있다. 이 자기의식에서는 오직 도덕적 의지와 지만이 존재할 뿐, 그 밖의 것은 한낱 비본질적이고 그 자체로는 존재하지 않는 것과 다름없는 빈껍데기와 같다. 도덕적 의식이 표상하는 세계에서는 존재가 자기의 밖으로 밀려났다가는 곧 다시 자기에게 되돌아오지만, 도덕의식이 양심의 단계에 이르면 존재와 자기의 교체나 치환은 더 이상 행해지지 않고 자기라는 존재 그 자체가 순수한 자기확신이라는 것이 깨우쳐지게 된다. 결국 도덕의식이 행동하며 자기에게서 벗어나 자기를 놓아두는 대상의 장이란 실은 자기에 관한 순수한 자기의 지이다.

이러한 단계적 요소를 거쳐서 정신과 바로 이 정신의 본디 의식과의 화해가 조성된다. 하나하나의 요소는 개별적인 것이며 오로지 이들의 정신적 통일만이 화해의 힘을 낳는다. 여기서 최종 요소로 나타나는 양심은 물론 이러한 통일 그 자체를 의미하며, 이미 밝혀졌듯이 사실상 이전의 모든 요소는 그 내부에 결집되어 있다. 이제 자기현존을 확신하는 정신은 오직 자기에 관한 지(知)만을 존재의 장으로 삼고 있다. 정신이 스스로 하는 행위는 의무에 대한 확신에서 비롯된 것이라고 언명하는 이 정신 자신의 말은 그대로 정신의 행동을 타당화하는 것이 된다. 행동이란 단순한 개념이 자체적으로나마 최초로 분열을 일으키는 것이며 또한 이 분열이 통일체로 되돌아오는 것이다. 이 최초의 운동은 인정의 장이 의무에 대한 단순한 지로서 구별 및 분열에 대항하여 정립될 때, 그리고 이 분열이 행동 그 자체 속에 존재하는 가운데 그런 식으로 강철처럼 단단하고 엄격한 현실이 행동에 대항하기에 이르렀을 때 두 번째 운동으로 전도된다. 그러나 '용서' 단계에서 우리는 이 엄격함이 자기 자신을 떠나 외화되는 모습을 보았다. 따라서 이 경우에도 직접적으로 눈앞에 존재하는 현실은 자기의식에 대해서 순수한 지라는 의미밖에 지니지 못한다. 마찬가지로 특정한 존재 또는 관계로서 자기와 대립하는 것도 순전히 개별자로서의 자기에 관한 지와 보편적인 지라는 양면을 지니게 된다. 그런데 여기서 동시에 제3의 요소로서 보편적인 존재가 정립되면서 그것이 앞의 두 존재와 대치하는 지로서 여겨지게 된다. 이렇게 마지막에 이르러서 다시금 양자는 아직 남아 있는 공허한 대립을 폐기하고 마침내 자아=자아라는 지에 다다른다. 여기서는 개별적인 자기가 그대로 순수하고 보편적인 지가 된다.

그러므로 의식과 자기의식의 이러한 화해는 이중의 측면에서 성취되는 것임을 알 수 있다. 하나는 종교적 정신 속의 화해이고, 다른 하나는 의식 그 자체 속의 화해이다. 전자는 자체적인 형식을 띠는 데 반해 후자는 대자적인 형식을 띠므로 이들은 서로 구별된다. 지금까지 고찰해 본 바로는 처음에 이 둘은 따로따로 나타난다. 즉 종교도 이제는 그의 대상에게 현실적인 자기의식의 형태를 부여하기는 했지만, 그보다 훨씬 전에 의식은 질서에 따라 온갖 형태를 띠고 나타나면서 한편으로는 그런 형태의 개별적인 요소와 마주치고 다른 한편으로는 그 요소들의 통일에 이미 다다라 있었던 것이다. 그런데 이런 두 측면의 결합은 아직 드러나 있지 않다. 이 결합이란 정신이 거쳤던 모든 형태의 계열을 포함하는 것이다. 이런 가운데 정신은 자기를 알게 되는데, 그것도 자체적으로 있는 정신의 절대적인 내용이 어떤 것인가 또는 내용 없는 형식인 자기의식의 측면에서 정신이 어떻게 대자적인 모습을 띠는가 하는 수준에 그치지 않고 어디까지나 정신의 즉자대자적인 절대적 모습이 인식되어야만 한다.

그런데 이러한 결합은 자체적으로는 이미 성립되어 있다. 물론 종교에서도 이 결합은 표상이 자기의식으로 되돌아가는 도상에 이미 성립되었다고도 하겠지만, 그것은 아직 본디의 형식을 갖춘 결합은 아니다. 왜냐하면 종교적인 측면이라면 자기의식의 운동과 대립하는 자체의 측면이 되기 때문이다. 그러므로 양쪽의 결합은 이 또 다른 측면에서 생겨난다. 이 측면이란 종교의 경우와는 반대로 자기에게 되돌아가는 측면이다. 즉 자기 자신과 그 대립을 내포하고 있는 측면, 그것도 단순히 자체적이거나 보편적인 형식이 아니라 전개되고 구별된 대자적 형식으로 내포하고 있는 측면이다. 여기서는 그 내용과 더불어서 그와는 다른 측면에 해당하는 자기의식적인 정신의 측면도 완전한 모습으로 눈앞에 제시되어 있다. 그러나 이 통일에는 여전히 개념의 단순한 통일이 결여되어 있다. 이 개념은 자기의식 자체의 측면에서는 이미 생겨나 있기는 하지만, 지금까지 살펴본 바로는 그 밖의 모든 요소와 마찬가지로 의식의 특수한 한 형태로 나타나 있을 뿐이다. 말하자면 이 개념은 '자기를 확신하는 정신'이라는 형태의 한 부분, 자기의 개념 속에 머물러 있는 '아름다운 혼'이라고 불렸던 부분에 해당한다. 여기서 아름다운 혼이란 정신이 순수하고 투명한 통일 속에서 자기를 아는 것이며 순수한 자기내적 존재에 관한 이런 순수한 지를 정신으로 인식하는 가운데 신을 직관할 뿐만 아니라 신을 곧 자기로서 직관하는 자기의식이다. 이 개념은 자기실현에 나서지 않고 고정되어 있을 때는 일면적인 형태를 띤다. 우리가 본 바로는 이 형태는 결국 공허한 수증기가 되어 사라져 버리지만, 그런 가운데서도 적극적인 자기외화를 하면서 앞으로 나아가는 것이었다. 이러한 자기실현을 통하여 대상을 갖지 않는 자기의식의 아집과, 내실을 갖추려고 하지 않는 개념의 확고함이 폐기되면서 자기의식은 보편적인 형식을 획득한다. 그리고 이 자기의식에게는 자기를 실현한 참다운 개념이 나타난다. 이렇게 해서 개념은 외화된 자기와 일체화된 스스로의 참다운 모습을 드러낸다. 그것은 순수한 지에 대한 지이다. 그런데 이 순수한 지는 의무로 받아들여지는 추상적인 신의 지가 아니라 진정한 대상인 바로 '이것'의 지이고 '이' 순수한 자기의식인 신이다. 왜냐하면 개념이란 대자적으로 존재하는 자기이기 때문이다.

이 개념이 충실해지는 과정은 자기확신을 지니고 행동하는 정신과 종교의 양면에서 진행된다. 종교에서 개념은 절대적 내용 그 자체와 이것을 의식에 대한 타자존재로 나타내는 표상의 형식을 얻었다. 그런데 자기확신을 품고 행동하는 정신의 경우에는 형식이 곧 자기 그 자체로 나타난다. 왜냐하면 그 형태는 그런 행동하는 정신을 포함하고 있기 때문이다. 즉 자기는 절대정신의 생명을 두루 관통해 나간다. 여기에 나타나는 정신의 형태는 이미 보았듯이 단일한 개념이 영원의 존재를 폐기하고 현세에 존재하면서 행동에 나선 것이다. 이때 정신이 분열되어 현세에 모습을 드러내는 것은 순수한 개념에 따른 것이다. 왜냐하면 순수함이란 절대적 추상성이며 부정성이기 때문이다. 마찬가지로 정신은 현실로 존재하는 장과 그 자신 속에서 존재하는 장을 순수한 지 자체 내에 간직하고 있다. 이유인즉 순수한 지는 단순한 직접적 상태 속에서 존재이기도 하고 본질이기도 한데, 이 경우 존재는 부정적인 사유인 데 비해 본질적 현존재는 긍정적인 사유 자체이기 때문이다. 마찬가지로 본질적인 현존재는 결국 순수한 지에서 존재 또는 의무의 모습을 하고 내향화하여 자기에게 되돌아가는 악한 존재가 된다. 이 내향화가 개념의 대립을 조성함에 따라서 행동도 현실성도 뒤따르지 않는 신에 관한 순수한 지가 등장한다. 그러나 이렇게 대립적으로 이루어지는 순수한 지의 등장은 곧 대립과 관련된 것이다. 신의 순수한 지는 자체적으로는 지의 단일성을 외화하고 개념이 지니는 부정성 또는 분열을 드러낸다. 이 분열이 자각적으로 자기에게 맞서는 한은 악이 생겨나고 그것이 잠재적인 자체적 상태로 있는 한은 선이 유지된다. 애초에는 자체적으로 생겨나 있던 것이 동시에 명확히 의식되면서 이중의 형태가 떠오른다. 즉 그것은 의식되는 것임과 동시에 스스로 존재하며 행동하는 것이기도 하다. 그리하여 이미 자체적으로 상정되어 있던 것이 이제는 그에 대한 의식의 지 또는 의식적 행동으로서 되풀이된다. 대립하는 두 측면은 상대에게 대항하여 나타나는 규정된 상태의 자립성을 서로 상대 앞에서 폐기해 버린다. 이러한 폐기행위는 개념의 일면성을 단념하는 것과 마찬가지이지만 이 단념은 그 자체로는 하나의 시초를 이루는 것이었다. 그런데 여기서 의식이 폐기하는 것은 자기 자신이며 또 의식이 단념하는 개념도 자기의 개념이다. 처음에 있는 예의 자체존재는 실은 부정적이고 매개된 존재이다. 그것이 지금에 이르러 참된 모습 그대로 정립되기에 이르렀다. 그리고 대립하는 측면들이 저마다 서로에 대해 규정됨으로써 나타나는 부정의 힘은 자체적으로는 자기 자신을 폐기하는 힘이 된다. 대립하는 두 부분 가운데 한쪽은 자기 내부로 물러난 채 보편성에 반하는 자기의 개별적인 존재이고 다른 한쪽은 자기에 반하는 추상적인 보편성이다. 전자는 자기의 독자성을 버려서 자기를 외화하고 자기의 잘못을 고백한다. 한편 후자는 경직된 추상적 보편성을 방기하고 생명 없는 자기와 부동의 보편성을 떨쳐 버린다. 그리하여 전자에게는 실재로서의 보편성의 요소가 갖추어지고 후자에게는 독자적인 자기의 보편성이 덧붙여진다. 행동으로 이어지는 이러한 운동을 통하여 정신은 자기의식이 된 순수한 지의 보편성으로서, 또는 지의 단일한 통일체인 자기의식으로서 등장하기에 이른다. 정신은 현재 속에 존재할 때 비로소 정신이 되고 그 존재가 사상으로 고양되어 절대적 대립을 경험하고 바로 이 대립에 의해 대립에서 벗어나 자기에게로 되돌아가는 것이다.

이리하여 종교에서는 타자를 표상하는 형식 또는 내용이었던 것이 이제 양심의 단계에서는 자기 스스로의 행위가 된다. 여기서 내용을 자기 자신의 행위와 결합하는 것이 바로 개념이다. 왜냐하면 개념이란 이미 우리가 보았듯이 자기 내면에서의 행위가 곧 모든 실재이자 모든 존재임을 아는 것이고 이 주체가 실체이며 다시 실체가 주체적인 자기의 지임을 아는 것이기 때문이다. 여기에 덧붙여서 우리가 할 일이 있다면, 저마다의 원리 속에서 정신 전체의 생명을 표현하고 있는 개개의 요소를 집약하는 일과 이 개념을 개념에 어울리는 형식으로 확보하는 일, 이 두 가지뿐이다. 그런데 사실 이 개념의 내용은 그 요소들 속에, 그리고 개념은 의식 있는 형태라는 형식 속에 이미 자체적으로 드러나 있는 것이었다.

여기서 마침내 정신은 궁극의 형태를 띤다. 이는 자신의 완전하고도 진실한 내용에 자기라는 형식을 부여함으로써 그의 개념을 실현하는 동시에 바로 이 실현된 상태 속에 자기의 개념을 굳게 지키는 정신으로서, 이것이 바로 절대지이다. 이것은 정신의 형태 속에서 자기를 아는 정신 또는 개념적인 지이다. 진리는 자체적으로 확신과 완전히 일치할 뿐 아니라 그 스스로 자기확신의 형태를 띤다. 다시 말하면 진리는 지의 정신에 대하여 그 정신이 자기를 안다는 형식으로 현세에 존재한다. 진리는 내용이지만 이것이 종교 속에서는 아직 자기의 확신과 일치해 있지는 않았다. 내용과 확신이 일치하기 위해서는 내용이 자기라는 형태를 띠어야만 한다. 이렇게 될 때 실재 자체인 정신이 의식에 대한 존재의 장에 나타나서 대상의 형식을 띠고서 본질 그 자체인 개념이 되기에 이른다. 이 존재의 장 속에서 의식에 나타나는 정신 또는 같은 의미로 의식에 의해 이러한 장에서 생겨나는 정신이 바로 '학문'이다.

결국 학문적인 지의 본성과 요소와 운동은 이런 지가 자기의식의 순수한 대자존재로 나타난다는 데서 이미 명확히 드러나 있다. 여기서는 자아가 다른 어떤 자아도 아닌 바로 이 자아이면서 또한 그대로 타자와 매개되어 개별자로서의 자기를 폐기한 보편적인 자아가 되어 있다. 이때 자아는 자기와는 구별되는 내용을 갖는다. 왜냐하면 그것은 순수한 부정성을 안고 자기분열을 일으키는 것이기 때문이다. 즉 그것은 다름 아닌 의식이다. 이 내용은 이렇게 구별되는 가운데 자아로서 존재한다. 왜냐하면 이 내용은 자기를 폐기하는 운동으로서 자아와 동일한 순수한 부정성을 지니기 때문이다. 자아는 자기와는 구별되는 내용 속에서 자기에게 되돌아간다. 이때 내용은 자아가 타자존재 속에 자기를 보존함으로써만 비로소 개념적으로 파악된다. 분명히 말해서 이 내용이란 지금 이야기한 운동 말고는 다른 어떤 것도 아니다. 왜냐하면 이 내용은 대상의 형태 속에서도 개념의 형태를 띠고 존재함으로써 자각적인 정신으로서 자기 자신을 두루 관통하는 정신이기 때문이다.

그러나 이러한 개념의 존재에 관하여 얘기한다면 정신이 자기를 의식하기 이전까지는 시간과 현실 속에 학문이 등장하지는 않는다. 정신이 자기의 정체를 아는 정신으로서 현존하는 것은 정신이 그의 불완전한 형태를 극복하여 자기의 본질적인 형태를 형성해서 의식 앞에 제시해 놓고 이로써 의식과 자기의식을 화해시키는 노고를 완수하기 이전에는 그 어디서도 이루어질 수가 없다. 즉자대자적인 절대적 정신은 각 요소가 구별될 때에는 대자적인 지로서 존재한다. 이는 개념파악 활동은 하면서도 아직 실체에까지 이르지는 못하고 있으며 그 자체로 절대적인 지는 아니다.

그런데 현실에서는 지의 실체인 신은 개념적으로 다듬어진 신의 형식을 띠기 이전부터 존재하고 있다. 왜냐하면 신이라는 것은 제대로 전개되어 있지 않은 자체 또는 근거이며, 부동의 단일성에 토대를 둔 개념으로서 아직 현세에 모습을 드러내지 않은 정신의 내면성 또는 자기이기 때문이다. 그러므로 신으로서 거기에 있는 것은 아직 전개되지 않은 단일하고 직접적인 것 또는 표상적인 의식 일반의 대상일 뿐이다. 무엇을 인식한다는 것은 정신적으로 의식한다는 것이므로 자기에 대해 존재하는 것이고 자기 스스로 존재하는 것이다. 이는 곧 개념이다. 그리고 이렇게 개념인 한에서 인식은 자체적 존재를 마주 대하고 이로써 이제 겨우 공허한 대상만을 손에 넣는다. 이 대상에 비하면 신이나 신의 의식 쪽이 더 풍부하다고도 하겠다. 그러나 신이 대상 속에 계시된다고 하더라도 사실 그것은 은폐되어 있다. 왜냐하면 신은 아직 자기가 결여된 존재이며 신에 대해 계시되어 있는 것은 오로지 자기 자신의 확신뿐이기 때문이다. 따라서 처음에 자기의식에게 주어지는 것은 한낱 신의 추상적인 요소에 지나지 않는다. 그러나 이 요소는 순수한 운동이 되어 스스로를 추구해 나가는 가운데 자기의식도 차츰 풍부해지면서 마침내 대상적 의식으로부터 신을 송두리째 낚아챔으로써 실체의 본질을 이루는 구조 전체를 자기 안으로 흡수하기에 이른다. 그리고 대상성을 부정하는 이러한 행태는 또한 대상을 적극적으로 정립하는 것이기도 하다. 여기서 자기의식은 스스로 대상의 요소를 산출하여 이를 의식 앞에 재구축한다. 이렇게 본다면 스스로를 개념으로서 아는 개념에서는 단계적인 요소가 충실해진 전체보다도 먼저 등장한다. 그리고 온갖 요소의 운동을 통하여 전체가 생성되는 것이다. 이에 반하여 의식에서는 전체가 아직 개념적으로 파악되지 않은 상태에서 요소보다 먼저 등장해 있다. 그런데 시간이란 존재의 모습을 띠고 있는 개념이며 공허한 직관으로서 의식에 표상된 개념 그 자체이다. 따라서 정신은 필연적으로 시간 속에 나타날 수밖에 없다. 정신은 그 자신의 순수한 개념을 파악하여 시간을 제거해 버리지 않는 한 언제까지나 시간 속에 나타나게 된다. 시간은 외면적이고 직관된 자기이며, 자기에 의해서 파악되지 않은 순수한 자기로서 단지 직관된 데 지나지 않는 개념이다. 이 개념은 스스로를 파악할 때 비로소 자신이 지닌 시간의 형식을 폐기한다. 이에 직관은 개념화되고 개념은 개념적인 직관이 된다. 그러므로 시간은 자기완성을 이루지 않은 정신의 필연적인 운명으로서 나타난다. 이 필연성은 자기의식이 의식에서 관여하는 몫을 풍부하게 하여 신이 의식에 받아들여지는 형식인 직접적인 자체의 모습을 움직이며, 또 반대로 이제 겨우 내면적인 것으로 받아들여진 자체를 실현하고 계시하여 자기확신에 속하는 것으로 만들려 한다.

이런 이유에서 경험 속에 있지 않은 것은 아무것도 알려질 수가 없다. 바꾸어 말하면 진리로 느껴지거나 영원한 것으로서 내면적으로 계시되거나 신성하다고 믿어지거나 하는 등등, 무슨 말로 표현되든지 간에 그런 경험에 속하지 않는 것은 지의 대상이 될 수 없다. 왜냐하면 경험이란 내용, 즉 정신이 그 자체로 바로 실체이면서 의식의 대상이 되는 것이기 때문이다. 그러나 여기서 정신으로 바뀐 실체는 그의 자체적 본모습인 정신으로 되돌아간다. 이렇게 자기에게 되돌아가는 과정을 통하여 비로소 정신 자체가 참다운 정신이 된다. 정신은 본디 인식의 운동이다. 이 운동 속에서 자체적인 것이 대자적인 것으로, 실체가 주체로, 의식의 대상이 자기의식의 대상으로, 다시 말하면 대상성을 폐기한 개념으로 바뀌어 간다. 이것은 둥근 고리를 그리며 자기에게 되돌아가는 운동으로서, 이 시초를 전제로 삼고 마지막에 이르러 비로소 거기에 다다른다. 그러므로 정신이 이렇듯 갖가지 구별된 단계를 자기 내부에 필연적으로 간직하는 한, 그의 전체는 단일한 자기의식과 대립하는 것으로 직관된다. 이처럼 전체는 여러 단계로 구별되어 있으므로 그 스스로 직관된 순수한 개념, 즉 시간과 자체적인 내용상의 구별로 나타난다. 주체로서 자기에 대하여 이제 겨우 내적인 필연성으로 나타나, 그 자신이 본디 있는 그대로의 자체적 존재인 정신임을 스스로 드러내 보여야만 한다. 이를 대상적으로 표현하는 일은 마지막에 다다라 완성되는 순간에 비로소 자기에게 되돌아와 자기가 되어 있는 것이다. 따라서 정신은 자체적인 본모습으로, 곧 세계정신으로 완성되기 전에는 자기의식을 지닌 인간 정신으로서 완성될 수 없다. 그러므로 종교의 내용은 시간적으로 학문보다 앞서서 정신이란 무엇인가를 언명하지만, 결국은 오직 학문만이 정신 그 자체에 관한 정신의 참다운 지가 된다.

정신이 자기에 대한 지의 형식을 스스로 발현시켜 나가는 운동은 정신이 현실의 역사로서 완성해 나가는 노동이다. 종교적인 교단은 처음에 절대정신을 받드는 실체일 때에는 단지 천하고 상스러운 의식일 뿐이다. 이어서 이 의식은 내면의 정신이 심원해질수록 야만적이고 혹독한 모습을 띠는데, 이때 둔감한 자기는 그의 의식에게는 낯선 내용인 본질적인 신의 존재에 관계하면서 한층 가혹한 싸움을 벌인다. 마침내 이 의식이 낯설기만 한 존재인 신을 밖으로 밀쳐 내듯 제거하려는 희망을 포기할 경우, 그렇게 밀쳐 내는 방식을 폐기하는 것은 곧 자기의식으로 되돌아가는 것이므로 의식은 이제 비로소 자기 자신과 자기의 세계 및 자기의 현재에 눈을 돌리고 그것이 자기의 소유물임을 안다. 그리고 이로써 공상적인 예지(叡智)의 세계에서 하강하여, 현실적인 자기에 의해 이 추상적인 장에 정신을 부여하기 위한 첫발을 내딛는다. 의식은 주변 세계를 관찰하는 가운데 한편으로 존재가 곧 사상임을 알아차리고 이를 이해하는가 하면 다른 한편으로는 그의 사유 속에서 존재를 발견한다. 이어서 의식은 사유와 존재의 직접적인 통일 또는 추상적인 신과 자기의 직접적인 통일을 추상적으로 언명하고 난 뒤에 최초의 빛의 신을 좀더 순화하여 연장(延長)과 존재의 통일로서―왜냐하면 연장이 빛보다 더 순수사유에 가까운 단일성을 지니므로―언명하는 가운데 결국 서광의 신을 사상 속에 불러일으키게 된다. 그런데 이와 동시에 정신은 이 추상적인 통일이자 자기가 결여된 실체성에서 소스라치게 놀라며 빠져나와 이에 대항하여 개체성을 내세우기에 이른다. 게다가 더 나아가서 정신은 교양을 통하여 이 개체성을 외화하여 일상세계로 내던지고는 온갖 존재 속에 스며들게 해서 유용성의 사상에 다다른다. 그리하여 절대적 자유 속에서 세계의 존재를 곧 자기의 의지로 파악하게 될 때 자기의 가장 깊숙한 곳에 자리한 사상을 바깥으로 드러내 놓고 세계의 본질적 실재가 곧 자아=자아라고 언명하는 것이다. 그런데 자아=자아는 자기 자신에게 되돌아가는 운동이다. 왜냐하면 이러한 동등성은 절대적 부정성으로서 절대적 구별을 낳게 되므로 자아의 자기동일성은 이 순수한 구별과 대립하게 되고, 순수한 구별은 자기를 아는 자기의 대상이 되는 구별로서 이른바 시간으로 불려야 할 것이기 때문이다. 그리하여 본질적인 실재는 앞에서는 사유와 연장의 통일이라고 불렸다면 이제는 사유와 시간의 통일로 파악되기에 이른다. 그러나 자기 자신에게 안겨진 구별로서 쉬지 않고 끊임없이 이어지는 시간은 도리어 자기 내면에서 무너지고 만다. 시간은 대상 세계의 안정을 낳는 연장으로 뒤바뀌는데 이 연장은 바로 자기와의 순수한 자기동일을 유지하는 자아이다. 다시 말하면 자아는 단지 자기라는 데서만 그치지 않는 자기동일적인 자기이다. 더욱이 이 동일성은 완전하고 직접적인 자기통일로서 이 주체가 바로 실체이기도 하다. 그런데 실체는 그것 자체만 따로 떼어 놓고 보면 내용 없는 직관이다. 또는 내용이 있는 직관이어도 거기에는 아무런 필연성도 없는 우연한 성질이 있을 뿐이다. 결국 실체는 절대적 통일체로서 생각되고 직관될 경우에 한해서 절대신으로서 가치를 인정받을 수 있다. 그리고 모든 내용은 차이를 내포하고 있으므로 실체 밖으로 나와, 실체에 속하지 않는 반성작용에 귀속될 수밖에 없다. 왜냐하면 실체는 주체가 아니고 자기를 뛰어넘어 자기에게 돌아가는 존재가 아니며, 또 정신으로서 개념적으로 파악된 것도 아니기 때문이다. 사정이 이런데도 내용에 관해 이야기되는 것이 있다면 그것은 단지 내용을 절대신의 공허한 심연으로 밀어넣기 위한 것이거나, 감각적 지각에 힘입어서 내용을 밖으로부터 긁어모아 온 것에 지나지 않는다. 지는 스스로 사물과 차이로 다가가서 다양한 사물의 차이를 문제삼고 있는 듯이 보이지만 그런 차이가 어디에서 어떻게 초래된 것인지는 제대로 파악되지 못한 상태이다.

그러나 정신이 우리에게 보여 준 바에 따르면 그것은 단지 자기의식을 순수한 내면으로 되돌려 오는 것만도 아니고 자기의식을 실체신과 그에 내포된 구별의 비존재 속에 가라앉혀 버리기만 하는 것도 아니며, 오히려 자기가 벌이는 다음과 같은 운동이라고 할 수 있다. 즉 자기는 자기외화를 함으로써 실체신 속에 침잠하는 한편 주체의 관점에서 실체신으로부터 자기에게 돌아와 실체신을 대상이나 내용으로 삼으면서도 동시에 대상 또는 내용의 차이를 폐기하는 운동을 펼치는 것이다. 이 경우 처음에 직접적인 상태에서 자기에게 되돌아가는 것은 주체가 실체신으로부터 스스로를 구별하기 때문이며, 여기서 개념이 자기분열을 일으키기 때문이다. 이때 순수한 자아의 자기내향화가 이루어진다. 이 구별은 자아=자아로 귀착되는 순수한 작용이므로 개념은 실체신을 본질로 하여 독자적으로 존립하는 세계의 필연성을 나타내며 이윽고 그 존재의 세계가 등장하게 된다. 그러나 존재하는 세계의 독자적인 존립은 명확한 성질로 규정된 개념이다. 따라서 이것은 개념이 단일한 실체신 속으로 침잠해 들어가는 자체적인 운동이기도 하며, 이러한 부정의 운동을 받아들임으로써 실체신은 주체가 된다. 요컨대 자아는 마치 스스로의 외화를 두려워하기라도 하듯이 실체 또는 대상의 형식에 대항하여 자기의식의 형식을 고수하는 것일 수는 없다. 정신의 힘이란 오히려 스스로 외화되는 가운데서도 자기동일성을 잃지 않는 절대적인 주체적 존재로서 자신의 대자존재와 즉자존재를 전부 자기의 요소로 떠안는 데 있다. 또한 자아는 서로 다른 온갖 구별요소를 절대신의 심연 속으로 도로 내던지고 거기서는 모든 것이 동일해진다고 언명하는 제삼자의 관점을 취하지도 않는다. 그보다도 오히려 지는 구별된 요소들이 자기 내부에서 활동하여 자신의 통일로 되돌아가는 것을 단지 관찰하기만 하는 무위의 상태에 놓여 있는 것처럼 보인다.

그리하여 지식이 의식의 구별을 뛰어넘으면서도 여전히 구별에 사로잡혀 있는 한에서 정신은 지식 속에서 자기형성의 운동을 펼치기에 이른 것이다. 여기서 정신은 자신이 존재하는 순수한 장인 개념을 획득한다. 이때 내용이 되는 것은 스스로 존재한다는 자유에 의해 자기소외를 하게 되는 자기이며, 다시 말해 자기 자신을 안다는 자기의 직접적인 통일이다. 이러한 외화의 순수한 운동은 내용면에서는 내용의 필연성을 이루고 있다. 외화를 통해 구별된 갖가지 내용은 특정한 것이므로 어떤 관계 속에 놓여 있을 뿐이지 자체적으로 존재하지는 않는다. 따라서 서로 다른 이 내용은 자기 자신을 폐기한다는 불안정한 부정성을 안고 있다. 그러므로 자유로운 존재와 마찬가지로 필연성이니 차이니 하는 것도 결국은 자기의 운동으로 나타난다. 이처럼 존재를 그대로 사상으로 삼는 이 자기의 형식 아래에서 내용은 개념이 된다. 이로써 개념을 획득한 정신은 개념이라는 살아 숨 쉬는 에테르 속에서 존재의 운동을 전개하여 마침내 '학문'이 된다. 이 학문 속에서 정신이 펼치는 운동의 요소는 더 이상 특정한 의식형태로 나타나지는 않는다. 오히려 여기서는 의식의 구별이 자기로 되돌아와 있으므로 그 요소는 특정한 개념과 이 개념 자체에 바탕을 둔 유기적인 개념의 운동으로 나타난다. 지금까지 서술된 《정신현상학》에서는 지와 진리의 구별과 이 구별을 폐기해 나가는 운동이 각각의 단계적인 요소를 이루었지만 '학문'에서는 그러한 구별과 그 구별의 폐기는 문제가 되지 않으며, 그보다는 개념의 형식이 문제가 되고 있으므로 그 요소는 진리와 지적 자기라는 두 가지 대상적인 형식을 서로 직접 통일하고 있다. 각 요소는 의식이나 표상에서 자기의식으로, 또는 그 반대로 이리저리 거듭해서 오가는 운동으로 나타나는 것이 아니라 의식 속에 현상화되는 상태에서 해방된 그 요소의 순수한 형태, 즉 순수한 개념과 그의 전진(前進)만이 순수한 모습을 띠고 나타난다. 거꾸로 본다면 학문의 추상적인 단계적 요소에는 저마다 여기에 상응하는 현상하는 정신 일반의 한 형태가 주어져 있다. 현실에 존재하는 정신이 학문보다 더 풍부하다고는 할 수 없을망정 정신의 내용이 학문보다 빈약한 것은 아니다. 의식의 온갖 형태가 단계적으로 나타나는 형식 속에서 학문의 순수한 개념을 인식하는 것은 개념의 실재성을 드러내 주는 것이기도 하다. 이런 면으로 보면 학문의 본질을 이루는 개념은 학문에서는 사유의 단순한 매개체로 정립돼 있으면서 스스로 매개하는 온갖 요소를 서로 분리해 놓는 가운데 그 내적인 대립을 통해 나타나게 된다.

학문은 순수한 개념의 형식을 외화할 수밖에 없는 필연성을 내포하고 있어서 그 개념은 결국 '의식'으로 옮아간다. 그런데 자기를 아는 정신은 바로 자기의 개념을 파악하는 데서 자기와 직접 일체화한다. 구별이란 점에서 본다면 이러한 일체화는 직접 거기에 있는 것에 대한 확신이며 곧 '감각적 의식'인데, 이는 바로 우리가 거쳐 온 운동의 출발점이다. 이처럼 자기 자신의 형식으로부터 자기를 해방하는 것은 바로 자기에 대한 자신의 지가 누리는 최고의 자유와 안정을 뜻한다.

그러나 이러한 외화는 아직 완전한 것은 아니다. 그것은 자기확신과 대상의 관계를 나타내는 것인데, 이 대상은 이렇듯 관계 속에 있다는 점에서 아직 완전한 자유를 획득하지 못한 셈이다. 지라는 것은 자기를 알 뿐만이 아니라 자기의 부정적인 면이나 한계도 아는 것이며, 자기의 한계를 안다는 것은 자기를 희생할 줄도 안다는 것을 뜻한다. 이러한 자기희생을 통하여 외화된 정신은 순수한 자기를 곧 자기 바깥에서의 시간의 경과로 직관하는 동시에 자기의 존재를 공간적으로도 직관하면서, 그 자신이 정신으로 생성되어 가는 과정을 자유롭고 우연적인 사건의 형식으로 표현한다. 이때 정신의 공간적인 생성이란 바로 '자연'으로서 여기에 정신은 직접 살아 있는 모습으로 생성된다. 외화된 정신인 자연은 스스로 존재하는 동안 자신의 존립을 영원히 외화하는 것이면서 동시에 주체를 수립해 나가는 운동이기도 하다.

이와 함께 정신의 생성을 나타내는 또 다른 측면인 '역사'는 자기를 매개하는 지적인 생성이다. 즉 이것은 시간의 흐름 속에서 외화된 정신이다. 그러나 이 외화는 또한 외화의 외화이며 부정은 부정의 부정이다. 이 역사의 생성과정은 갖가지 정신의 완만한 운동과 계기(繼起)를 보여 주는 화랑과도 같다. 이 화랑에 진열된 그림 하나하나에는 정신의 부(富)가 가득히 담겨 있어서 그 하나하나를 따라가는 발걸음도 느릿느릿하게 움직일 수밖에 없다. 왜냐하면 자기는 이 실체에 담겨 있는 부의 전체에 침투하여 이를 소화해야 하기 때문이다. 정신의 완성은 자기의 참모습인 스스로의 실체를 완전히 아는 데에 있으므로, 이때 지는 정신이 내향화하는 것이며 이 과정에서 정신은 자기의 현실존재를 떨쳐 버리고 자기의 형태를 기억에 맡겨 버린다. 내향화 과정에서 정신은 자기의식의 밤에 침잠해 들어가는데, 거기에는 사라져 간 현실존재가 보존되어 있다. 이렇게 폐기된 존재, 즉 이전부터 있었던 것이 지의 경지에서 새로 태어난 것이야말로 새로운 존재이고 새로운 세계이며, 새로운 정신의 형태이다. 이제 새로운 형태를 직접적으로 갖춘 정신은 다시 한 번 처음부터 순수하게 전진을 시작하여 거기서부터 다시금 성장해 나간다. 마치 이전의 모든 것은 정신 속에서 사라져 버리고, 정신은 이제까지 축적해 온 그의 온갖 경험에서 아무것도 배운 것이 없는 것처럼 말이다. 그러나 지나간 모든 것은 기억 속에 보존되고 내면화되어 실제로는 더욱 고차적인 실체의 형식을 이루고 있다. 그리하여 이 정신이 오직 자기 내면만을 출발점으로 하여 처음부터 다시 자기를 형성해 나가려고 할 때는 이미 출발점 그 자체가 높은 단계에 정립되어 있다. 이런 방식으로 현실계에 형성되는 정신의 왕국은 하나의 정신이 다른 정신을 대체하면서 저마다 기존의 정신세계를 인수하는 가운데 잇달아 탄생한다. 이렇게 이어지는 탄생에서 목표가 되는 것은 정신의 깊은 심연을 계시하는 것이니, 바로 이 심연이야말로 절대개념이다. 그러므로 이러한 계시는 이 정신의 심연을 폐기하여 밖으로 확장하는 것이고 또 이 자기의 내면에 있는 자아를 부정하는 것인데, 이런 부정성은 그 개념의 외화인 실체를 나타낸다. 여기서 계시는 외화가 자기 내부에서 스스로를 외화하여, 확장된 공간 속에 있으면서 또한 정신의 심연에 자리하여 자기에 머물러 있는 그 개념을 시간적으로 나타낸다. 목표가 되는 절대지, 즉 스스로가 정신임을 아는 정신은 그의 도정에서 온갖 정신이 어떠한 모습을 하고 어떻게 그의 왕국을 완성해 왔는지 기억을 떠올리고 있다. 그런 기억을 보존하고 있는 것은 일단 우연의 형식을 띠고 나타나는 자유로운 정신적 존재의 측면에서 보면 '역사'이고 개념적인 체계의 측면에서 보면 '현상하는 지의 학문'이다. 이 양자를 종합하면 개념적으로 파악된 역사가 된다. 그리고 이 역사야말로 절대정신의 기억이자 골고다의 언덕이며, 생명 없는 고독한 정신을 절대정신으로서 왕좌에 받들어 놓은 현실이자 진리이며 확신이다.

오직 이 정신 왕국의 술잔으로부터
정신의 무한함이 부풀어 오르는도다.

헤겔의 사상과 《정신현상학》

게오르그 헤겔의 생애와 저작들

조지 엘리엇의 소설 《미들마치》에는 에드워드 카스본이라는 매우 인상적인 인물이 등장한다. 이 인물은 '세계 신화학 전해(全解)'라는 책을 쓰려고 하는 목사인데, 아직 구상 단계일 뿐 집필을 하기는커녕 아직 시작도 못한 상태이다. 형용할 수 없을 만큼 지독한 인물인 프로이센의 헤겔도 카스본처럼 물러 터진 성격이었더라면 얼마나 좋았을까. 그리고 '세계 지식 전해'가 빛을 보는 날이 없었더라면 얼마나 좋았을까. 그러나 슬프게도 카스본처럼 불쌍한 인간이 1만 명쯤 있다면, 1명 정도는 '세계 지식 전해'를 실제로 써내는 헤겔 같은 인물도 있는 법이다. 그래서 우리는 이렇게 헤겔의 《정신현상학》때문에 괴로워하게 된 것이다. 헤겔은 통찰력과 함께 심원한 깊이도 지니고 있었다. 그 작품은 어떻게 보면 베트남전쟁에서 전사한 사람들에게 바쳐진 기념비 '검은 벽'과도 비슷하다. 애초에 없는 편이 나은 유감스러운 존재인 것이다. 하지만 우리는 이에 경의를 표하지 않을 수 없다. 다만 그 작품은 감탄할 만하긴 해도 명예롭진 않다는 점에서 '검은 벽'과는 다르다. 헤겔의 첫 번째 작품집은 1832년부터 1840년에 걸쳐 19권으로 출판됐고 이로써 헤겔은 명성을 얻었을 뿐만 아니라 광범위한 영향력까지 행사하게 되었다. 그런데 뒷날 출판된 작품집을 보면 그보다 권수가 늘어나 있다. 즉 독일은 통일된 뒤로 세계정복을 노리지 않을 때에는 헤겔전집 수량을 불리면서 시간을 보낸 셈이다.

헤겔은 그를 신봉하지 않는 사람에겐 혹평을 받고 있다. 그도 그럴 만하다. 이른바 작가로서 그의 글솜씨는 칸트처럼 부족한 정도가 아니라 그야말로 기가 막히게 형편없다. 애매하고도 지나치게 점잔빼는 투로 글을 쓰는데 본인은 그 사실을 모르고 있다. 그 표현이 어찌나 불명확한지 때로는 악마같이 정말로 말해야 할 내용은 숨겨 버리고, 그 결과 나타나는 애매함을 더욱 애매하게 만들면서 얼렁뚱땅 글을 끝맺어 버린다. 또한 헤겔은 실은 '인간

역사의 참된 목적은 헤겔체계를 배워
서 축복과 감사로 가득 찬 영원한 안
식에 이르는 것이다'라고 주장하고
있는 형편이다.

아르투르 쇼펜하우어는 헤겔을 허
풍쟁이 가짜 학자라고 비난했으며 많
은 사람들이 이 판단을 지지하고 있
다. 쇼펜하우어가 주저(主著)의 각
주에서 헤겔을 공격하면서 했던 말은
물론 비방에 가깝지만 그래도 상당히
설득력이 있다. 캄캄한 안개나 수렁
과도 같은 헤겔 작품을 읽고 나면 쇼
펜하우어의 주저가 마치 맑은 물 한
잔처럼 느껴질 것이다. 쇼펜하우어는
그저 질투심 때문에 헤겔을 공격한
것은 아니었다. 그는 칸트를 소홀히

헤겔(1770~1831)
헤겔은 세계와 세계 역사는 모두 어떤 비물질적
인 존재의 발전이라고 생각했다. 자기의식을 통
해 완결된 역사 과정은 헤겔 철학에 따라 제공
되었다.

다룬 헤겔의 음험한 방식에 진심으로 화가 났던 것이다. 게다가 그 국가주의
적인 철학에도 반감을 품었다.

헤겔은 세계사의 흐름을 더듬을 때에도 대부분 느긋하고 낙관적인 사고 경
과를 보여줬을 뿐인데, 그것도 헤겔이 어쩌다가 충실한 신민으로서 충성을
바치게 된 프로이센 왕국의 엄숙한 후광의 보호 아래 있던 밀폐된 시험관에
서 형성된 사고였다. 물론 그는 매우 흥미로운 진실이나 모순의 진리를 우연
히 찾아내기도 했다. 헤겔의 성품이 과대망상증·편집증에 걸린 채 프로이센
기질의 가장 나쁜 면을 드러내고 있다 해도, 그의 이런 성과는 인정할 수 있
을 것이다.

헤겔은 1770년 8월 27일 뷔르템베르크의 슈투트가르트에서 태어났다. 아
버지 게오르크 루드비히는 행정관이었고 어머니 마리아 막달레나는 헤겔에게
라틴어를 가르칠 만큼 교양 있는 여성이었다. 열세 살 때 헤겔은 어머니를
여의었지만 어머니에 대한 추억은 평생토록 소중히 간직했다. 가정의 종교는
신교의 경건파(敬虔派)였다고 한다. 그는 김나지움에서 그리스·라틴 고전주

의자들의 가르침을 받으면서 인문주의 교양을 익혔으며, 1788년 튀빙겐 대학 신학부에 관비생(官費生)으로 입학했다. 그는 이곳에서 횔덜린과 셸링 같은 친구들을 사귀었다. 이 세 명의 젊은이는 프랑스혁명에 강한 감명을 받아 '자유의 나무'를 심고 혁명의 노래를 부르면서 나무 주위를 빙글빙글 맴돌았다고 한다.

1793년 베른의 명문가인 슈타이거 집안의 가정교사가 된 헤겔은 이 시기에 그로티우스·홉스·흄·라이프니츠·로크·마키아벨리·루소·볼테르 등의 책을 읽었다. 1796년 들어서 그는 프랑크푸르트암마인에서 사업을 하는 고겔 집안의 가정교사가 되었는데, 그 무렵 횔덜린이나 셸링은 이미 혈기 왕성한 젊은 학자로서 이름을 날리고 있었다. 그렇게 그는 가정교사로 일하다가 아버지가 돌아가셔서 유산을 물려받게 되자 가정교사를 그만두고 학자의 길을 걷기 시작했다.

헤겔은 파란이라곤 거의 없는 평탄한 인생을 살았다. 1801년에 그는 꿈에 그리던 예나 대학으로 가서 〈행성들의 궤도에 관하여 *De Orbitis Planetarum*〉를 발표하여 교수 자격을 얻었다. 그해 7월에는 〈피히테와 셸링의 철학체계의 차이 *Differenz des Fichteschen und Schellingschen Systems der Ph.*〉라는 논문을 발표했는데 이는 헤겔이 쓴 첫 번째 철학논문으로서 셸링의 동일철학의 관점에서 피히테를 비평한 것이었다. 1801년부터 7년간은 셸링과 공동으로 〈철학비평잡지 *Kritisches Journal der Ph.*〉를 간행하는 한편 예나 대학에서 강의도 했다.

1807년 헤겔은 1801년부터 쓰기 시작한 《정신현상학》을 발표했다. 이로써 그는 셸링의 철학과는 전혀 다른 독자적인 철학을 확립했다. 이 책의 원고는 1806년 나폴레옹이 예나를 공격하기 전날 밤에 완성됐다고 한다. 나폴레옹 군이 예나를 점령하던 날 헤겔은 말에 탄 나폴레옹을 보고서 '세계정신'을 보았다고 말했다는 후문이 있다. 그해 전쟁 때문에 대학이 폐쇄되자 헤겔은 예나를 떠나 〈밤베르크 신문〉의 편집자가 되었다. 그리고 1808년 뉘른베르크의 에기디엔 김나지움의 교장이 되어 '철학입문' 교수로서 강의를 했고, 1811년 10월에는 이 지방 명문가의 딸 마리 폰 투허와 결혼했다. 이 시기에 쓰인 작품이 오늘날 《현상학》과 나란히 손꼽히는 《논리학》이다.

1816년 가을에 헤겔은 철학 정교수로서 하이델베르크에 부임했고 이듬해에 《엔치클로페디 *Encyclopädie der philosophischen Wissenschaften*》를 저술했다. 이것은 헤겔의 철학체계를 보여 주는 작품이다. 1818년 가을에는 문화부장관 폰 알텐슈타인의 초청을 받아 피히테의 후임으로서 베를린 대학으로 옮겨 갔다. 이곳에서 그는 《법철학강요 *Grundlegung der Philosophie des Rechts*》(1821)를 집필했다. 생전에 발표된 헤겔의 저술은 이 정도이지만 그가 대학에서 한 강의는 역사철학, 종교철학, 미학, 철학사 등 온갖 분야에 걸쳐 있었으며 그가 죽은 뒤에 유고(遺稿)로서 전집으로 출판되었다. 또한 비교적 최근에 그가 청년 시절과 베를린 시절에 쓴 미발표 유고가 잇달아 발견돼서 놀, 호프마이스터 같은 사람들의 손을 거쳐 편집되어 책으로 나왔다. 그리하여 청년 헤겔에 대한 연구 결과가 줄줄이 출판되었는데 그중 특히 유명한 것은 딜타이가 쓴 《헤겔의 청년 시절》과 루카치가 쓴 《젊은 헤겔》이다. 후자는 세계대전 이후의 작품이다.

헤겔의 친구들은 존경심을 담아서 그를 '노인'이라고 불렀다고 한다. 그런데 그리고 피히테나 셸링 같은 천재는 아니었다. 굳이 말한다면 소처럼 우직하게 꾸준히 걸음을 옮기면서 저 깊은 밑바닥까지 다 조사하지 않고서는 결코 연구를 그만두지 않는 인물이었다고 추측된다. 그 연구가 결실을 맺어 저 위대한 체계가 구축되지 않았나 싶다. 그는 사회에 늦게 진출하긴 했지만 일단 시작하고 나서는 그 깊고 넓은 사색과 정밀한 체계로 한 시대를 풍미했으며, 심지어 만년에는 그야말로 유일한 철학자로 추대되기에 이르렀다고 한다.

1831년 11월 13일. 그해 여름부터 유행하던 콜레라에 감염된 헤겔은 3일간 앓다가 결국 세상을 떠났다. 그는 피히테의 무덤 옆에 묻혔다.

살아 있는 동안 헤겔 본인이 직접 쓴 원고에도, 또 강의노트를 기반으로 그가 죽은 뒤에 재구성된 글에도 문제점은 많이 있었다. 그가 비평가들에게 남긴 유산은 바로 논쟁이었다. 그럼에도 그의 저술은 거의 다 영어로 번역됐는데 이 과정에서 '정신'을 과연 spirit와 mind 중 어느 쪽으로 번역할 것인가 하는 문제를 비롯하여 많은 어려움이 발생했다. 헤겔은 소원대로 베를린에서는 매우 고명한 인물이 되었으나, 그 지나친 야심과 오만함은 꺼림칙할 정도로 그의 철학과 하나가 되고 말았다. 그는 두 자녀를 두었는데 장남 칼은 역사가가 되어 그가 죽은 직후에 간행된 《전집》의 상당 부분을 편집했다.

여기서는 헤겔의 악명 높은 완전무결한 체제 가운데 가장 중요한 점을 간단히 설명하는 데 그치겠다. 굳이 '완전무결'이란 표현을 쓴 까닭은 이것이 여러 가지를 설명해 주기 때문이다.

칸트는 '물자체'를 인식할 가능성을 부정했다. 삼라만상에 대한 야심 찬 해설자인 헤겔은 이에 만족하지 못하고, 지식은 모두 이성을 통해 얻어진다고 생각하는 낡은 합리주의자였음에도 일시적으로 버클리 같은 경험주의자로 변신했다. 헤겔철학 해설자가 말하듯이 헤겔은 "모든 것이 존재한다고 말할 수 있는 유일한 근거는 의식 자체 안에서 발견될 것이다"라고 주장한다. 그의 논설에는 깊은 균열이 존재한다. 그러나 그 균열 없이는 헤겔은 앞으로 나아갈 수 없었을 것이다. 왜냐하면 그의 철학은 분명히 불가지(不可知)의 대상을 설명하고 있기 때문이다. 헤겔철학이 전혀 흥미롭지 않다고 하면 새빨간 거짓말일 것이다. 하지만 솔직히 말해 헤겔이 아니라 누가 했든지 간에 이토록 철저하게 탐구한 내용이라면 당연히 흥미를 끌 수밖에 없다. 그러므로 우리는 쇼펜하우어에게 공감을 느낀다.

헤겔의 가짜 철학은 바로 이 존재론적인 증명(신의 존재 증명, 프로테스탄트는 이 증명을 포기하고 '계시'라는 관념을 받아들였으며 칸트는 알다시피 이를 뒤집어엎었다)이 괴물처럼 비대해진 것이다. 헤겔처럼 참으로 불쌍한 후원자가 이 존재론적 증명을 칸트의 비판 앞에서 변호하려 했던 것은 존재론적 증명으로서는 부끄러운 일일 것이다. 이게 치욕이 아니라면 대체 무엇이 치이겠는가.

그런데 헤겔은 이런 비평을 즐길 만한 기지도 재치도 부족했다. 헤겔은 유머감각이 없었다. 또 안타깝게도 그의 철학을 옹호하는 사람들도 대체로 유머감각이 부족하다. 헤겔이 평생 무겁고 딱딱한 인간이었던 것처럼 이 결점에도 무겁고 딱딱한 구석이 있다. 철학 이외의 부분에서 그에게 가장 큰 영향을 준 인물은 괴테였는데, 헤겔은 뉴턴의 색채론(色彩論)보다도 괴테의 색채론을 더 좋아했다(이 점은 쇼펜하우어도 마찬가지였다). 괴테 같은 진정한 천재가 독일문학의 커다란 축을 이루고 있던 시대였으니, 동시대의 다른 독일 사상가들과 마찬가지로 헤겔도 그 창조적인 힘을 비창조적인 길로 돌릴 수밖에 없었다. 하지만 괴테의 관능적이고 유머 있는 시 〈로마 애가

(哀歌)〉(1795년)를 그가 과연 어떻게 이해했는지는 알 수 없다. 다만 뒷날 그의 아내가 된 마리 폰 투허 앞에서 이 시를 읊지는 않았으리라. '관념 (Idea)'과 마찬가지로 성욕이 자기를 의식하기라도 한 듯이(즉 성욕이 눈뜬 듯이) 그녀를 거칠게 다뤘을지는 몰라도(물론 실제로 그랬다는 증거는 없다), 결코 이 시를 그녀에게 들려주진 않았을 것이다. 이는 의미심장하고도 꽤 정확한 추측일 텐데, 이렇게 속된 일에 대해서는 헤겔과 같은 부류의 교수들은 얼굴을 찌푸리면서 되도록 화제로 삼지 않으려 했을 것이다.

그가 죽은 뒤에 헤겔학파는 우파와 좌파로 나뉘었는데 19세기 중반 이후에는 거의 명맥이 끊기고 말았다. 헤겔의 연구는 고대부터 현대에 이르기까지 온갖 분야에 걸쳐 있으면서 커다란 영향을 미쳤던 만큼 그에 반대하는 사람들도 많아서 자주 통렬한 비난을 받기도 했다. 그러나 그가 세상을 떠난 지 100년이 지난 1931년 무렵부터 다시 헤겔연구가 되살아나 오늘날처럼 번성하게 되었다.

현대철학을 대표하는 것으로는 마르크스주의, 실존철학, 실용주의 따위를 꼽을 수 있는데 이들은 모두 많든 적든 헤겔의 영향을 받았다. 좀 과장을 한다면 헤겔이 곧 현대철학의 원류라고 할 수 있다. 마르크스는 헤겔사상을 뒤집어 놓았다. 마르크스는 헤겔의 '정신'을 물질로 바꿔 놨을 뿐이다. 이처럼 쉽게 바꿀 수 있다는 것은(스피노자의 우주는 전부 물질이었다는 점도 아울러 고려하자면), 뭔가 문제가 있다는 증거다. 헤겔은 이렇게 변증법적 유물주의에 기여했을 뿐만 아니라 그 밖에도 커다란 영향을 미쳤다. 철학에 대한 그의 지배력은 매우 강해서 버트런드 러셀조차도 한때는 헤겔의 영향을 받았을 정도다(나중에는 헤겔을 싫어하게 됐지만). 이른바 '노년헤겔학파' 또는 '헤겔우파'는 프로테스탄티즘을 강화할 때 헤겔을 이용한다(그는 비교적 명확한 문체를 구사하던 젊은 시절에는 그리스도교를 대신할 합리적 종교를 제안했다). 이에 비해 '청년헤겔학파' 또는 '헤겔좌파'(마르크스도 좌파였다)는 세계를 변혁하고자 할 때 헤겔철학을 이용한다. 헤겔의 절대적 관념론은 국외로 널리 퍼져서 영국 철학자 F.H. 브래들리, J.E. 맥태거트, 미국의 조사이어 로이스 등의 출발점이 되었다. 헤겔은 자기 시대 이전의 철학을 모두 합쳐서 결산함과 동시에 다가올 미래까지 예감하고 있었다. 근대라는 시대가 몰락할 수밖에 없는 운명임을 그가 일찍부터 간파하고 있었다고 해도 지나친 말은 아니리라.

"미네르바의 부엉이는 황혼이 저물어야 비로소 날개를 편다"는 유명한 말이 있다. 《법철학강요》서문에 나오는 말이다. 이것은 일반적으로 미네르바의 부엉이(철학)는 한 시대가 끝날 무렵에 그 시대를 이야기하는 것으로서 탄생한다는 뜻으로 해석된다. 이렇게 본다면 헤겔이 묘사한 근대는 헤겔 시대에 이미 황혼을 맞이하고 있었던 셈이다. 하지만 이는 또한 다가올 미래를 예상하고 있었다는 뜻도 된다. 이것이 바로 변증법적인 사고방식이다. 이런 의미에서 헤겔철학은 이전의 모든 철학을 결말짓고 비평하면서 다른 한편으로는 이에 맞춰 다가올 미래를 예감하고 있었던 것이다.

《정신현상학》 개요

헤겔 철학이 본격적으로 출발한 기념비적 저작이 《정신현상학》이다. 마치 거친 말을 탄 벌거벗은 의식이 절대지(絶對知)를 지향하여 그 의식의 광야를 종횡으로 질풍노도(疾風怒濤)같이 달리는 체험기라고 할 만한 그의 대표 저작이다.

이 책에서 말하고 있는 것은 자연 그대로의 의식이 참다운 앎으로 나아가는 과정이다. 다른 말로 하면 영혼이 그 본성으로 보아 꼭 지나쳐야 할 통과역(영혼 형태의 연결)을 영혼이 통과하여 정신으로 순화해 가는 경로이다. 고속철도로 말하자면 A '의식'→B '자기의식'→C '이성'이라는 순서이다. 특급으로 말하자면 A[I '감각적 확신'→ II '지각'→ III '오성']→B IV '자기의식'→C[V '이성'→ VI '정신'→ VII '종교'→ VIII '절대지']라는 통과역이 있다. 그리고 각 정차역이 있다. 각 정차역이기 때문에 의식은, 어떤 때에는 하차를 하고, 출발시간도 잊을 정도로 멀리까지 가는 경우도 있다. 이것이야말로 각 정차역의 매력일 것이다. 의식은 놀이에 정신이 팔리기도 하고 경우에 따라서는 상처를 입으면서 겨우 되돌아오는 수모를 몇 번이고 겪게 된다.

이 의식의 모험은 대체적으로 말하자면 인류가 걸어온 '앎의 역사'를 더듬는 바로 그것이다. 동시에 개인의 의식이 단순한 자각에 지나지 않는 감각적 확신에서 이성의 절대확신(정신)으로 자기변신을 해가는 여행이기도 하다.

의식의 여행에서는, 이제까지 확신하고 있었다고 여겨지는 것이 차례로 '내 나름대로의 생각' '일면성' '허위성' '자기모순' 등등에 지나지 않는다는 것이 폭로된다. 어쩔 수 없이 회의를 느끼지 않을 수 없게 된다. 그러나 이 회의는 허무나 무로 끝나는 회의주의와는 다르다. 의식은 회의되고 부정된 의식의 자세를 뛰어넘어 자기 확신의 재구축을 꾀하기 때문이다. 의식의 부정은 자기부정이며 그것은 새로운 의식의 확신을 탄생시키는 자기부정이기도 한 것이다. 다시 말하면 의식의 변증법인 것이다.

자기부정이 동시에 자기긍정이 되는 의식의 과정은 어떻게 해서 가능할까? 자기 자신의 내부에서 안주하여 결코 밖으로 나오려고 하지 않는 의식으로는 도저히 무리한 이야기이다. 자기 자신에게 부과된 현실(과제)에 돌진해 가서 거기에서 격투를 벌이는, 마치 대상 안에서 죽음으로써 다시 자기에게로 되돌아오는 방식을 통해서이다. 대립하는 것과의 항쟁에 의해서 충실한 의식이 되는 것이다. 이것이 여행의 본질적인 의미라 할 수 있다.

그렇다면 왜 이와 같은 의식의 여행이 필요한 것인가? 학문이 시작되는 근거지를 획득하기 위해서이다. 학문은 전제가 없는 것이 아니다. 하나는 인류가 이제까지 다다른 지평, 현재의 학문적 기준을 분명히 하는 일이다. 동시에 그와 같은 학문적 기준에 개별적인 의식이 다다르는 일이다. 이렇게 함으로써 비로소 개인은 충분한 확신과 자격을 가지고 학문의 대도(大道)를 걸을 수가 있게 된다. 학문을 지망하는 사람은 모두 이 두 가지 전제를 획득하고자 하는 정열의 뒷받침을 받지 않으면 안 된다.

《정신현상학》 탄생

헤겔의 《정신현상학》이 처음 발표되었을 때 속표지에는 'System der Wissenschaft von G.W.F. Hegel'이라는 글귀 아래 'Erster Teil, die Phänomenologie des Geistes'라고 적혀 있었다. 즉 '현상학'은 '학문 체계'의 제1부였던 것이다. 그런데 Einleitung(서론) 앞에 있는 또 다른 속표지에는 'Erster Teil. Wissenschaft der Erfahrung des Bewußtseins'라는 표제가 붙어 있다. 일반적으로 후자는 초판에 붙어 있었던 것이라고 한다. 그런데 이 '제1부'가 무엇을 뜻하는지 뚜렷하지가 않다. 속표지의 제1부와 같은 뜻인지 아니면 '현상학' 가운데 제1부인지 알 수가 없다. '현상학'에서 제2부라는 항목은 눈에 띄지 않는다. 따라서 만약 속표지의 '제1부'와 뒤에 나온 '제1부'의 의미가 같다면, 이번에는 왜 한쪽은 '정신현상학'이라고 되어 있는데 다른 한쪽은 '의식의 경험학'이라고 되어 있는지가 문제된다. 라손 제3판에서는 '제1부, 의식의 경험학'과는 별개로 그 앞에 'Ⅰ. Wissenschaft der Phänomenologie des Geistes'라는 표제만 있는 페이지가 들어 있다. 이런 점으로 보아 헤겔 스스로 혼란에 빠져 있었던 게 아닌가 싶다. 그래서 학자들은 이렇게 말한다.

"헤겔은 처음엔 '의식의 경험학'이라는 제목으로 책을 쓰려고 했지만 도중에 내용이 바뀌면서 '정신의 현상학'을 떠올리게 되어 결국 '정신현상학'을 쓴 것으로 추정된다."

처음 《정신현상학》의 '서론' 앞에 '의식의 경험학'이라는 속표지가 있었다는 것은 저자가 원고를 인쇄에 넘길 때 펴내고자 했던 책의 내용이 바로 그 것이며, 이 책이 거기서부터 비롯되었음을 보여 준다. 그러나 완성된 '현상학'에서는 '서론' 앞에 '서설'이 덧붙어 '의식의 경험학' 차원을 넘어서는 내용(정신, 종교, 절대지)을 다루고 있다. 따라서 처음에는 '서론' 이하의 원고 일부분이 인쇄되었는데, 작가가 뒷부분을 쓰는 동안 마음이 변해서 '의식의 경험학'보다 더 넓은 내용을 다루게 된 것이 아닌가, 그래서 완성된 전체 작품에 대하여 새로운 '서설'을 덧붙여서 전체를 '정신의 현상학의 학문'으로 다듬었고 이것이 출판 단계의 속표지에서는 또 '정신현상학'으로 바뀐 것이 아닌가 하는 해석도 나오고 있다. 여기서 우리는 다음 두 가지를 생각해 볼 수 있다. 먼저 헤겔이 처음 집필을 시작했을 때에는 '정신현상학'을 구상하고 있지 않았다는 것, 그리고 헤겔이 《정신현상학》을 마무리짓고 나서 이 책 전체의 관점을 설명하고 다음에 발표할 '논리학'과의 연관관계를 밝히는 데 초점을 두고서 '서설'을 썼다는 것이다.

헤링은 '현상학'이 체계적인 구상 아래 태어난 것이 아니며 기나긴 사색이나 면밀한 계획도 없이 충동적으로 집필되기 시작했다고 말한다. 또 그는 헤겔이 의욕을 가지고 있었던 것은 분명하지만, 그와 더불어 출판사의 강한 압박도 있었을 테고 그 밖에 다른 사정들도 있어서 상상도 못할 만큼 짧은 기간에 《정신현상학》이 집필됐을 것이라고 추측한다. 그래서 원고도 그때그때 부분적으로 전달됐고, 그 와중에 작가의 의도도 바뀌었을 것이라는 것이다. 이 점은 호프마이스터나 이폴리트도 인정한 바이다. 어쨌든 '현상학'은 짧은 기간에 쓰였고 처음과 나중 내용이 서로 차이가 난다. 또 '서론'이 저자의 처음 의도를 나타내고 '서설'이 맨 마지막에 쓰였다고 할 수 있다. 따라서

19세기의 베를린 대학교 헤겔은 1818년에 부임하여 죽기 전해인 1830년까지 철학교수로 재직했다.

'현상학'을 연구할 때는 이런 사실들과 더불어 '체계의 제1부'가 무엇을 뜻하는지를 아울러서 고찰하지 않으면 연구가 중심을 잃고 흔들리게 될 것이다. 그 이유는 '서론'과 '서설'의 내용이 똑같다고만은 할 수 없지 않느냐는 의혹이 실제로 있고, 이 점을 뚜렷이 밝히지 않으면 핵심적인 문제를 놓치게 될 우려가 있기 때문이다.

다음으로 '체계의 제1부'란 말을 살펴보자. 이때 '체계'가 무엇을 뜻하는지 확실치가 않다. '엔치클로페디(Enzyklopädie)'가 논리학, 자연철학, 정신철학을 전부 아우르고 있다는 점에서 이 '체계'를 그런 의미의 체계로 간주하여, '현상학'이 여기서의 정신철학에 해당한다고 생각하는 사람도 적지 않다. 하지만 '정신철학'과 '현상학'의 내용은 매우 다르다. 그러므로 양자를 똑같은 것으로 간주하여 '체계의 제1부'를 그런 뜻으로 받아들인다는 것은 너무 지나친 해석이라고 해야 하겠다. 그러므로 우리는 처음에 헤겔이 '의식의 경험학'을 쓰려고 했지만 무슨 사정이 있어서 그 뒤에 실제로는 '현상학'을 쓰게 된 것이 아닌가 추측해 볼 수 있다. 그럼 여기서 간단히 그 사정을 서술해 보겠다. 이 고증은 헤링이 했으며 에렌베르크, 라손, 호프마이스터, 이폴리트 등이 확인해 주었다.

헤겔에게 '현상학'이란 철학적 발전의 역사를 밝히는 길이었는데, 이는 완전한 체계를 드러내는 것이 아니라 오히려 이제껏 지나온 길을 보여 주는 것이다. 슈투트가르트, 베른, 프랑크푸르트에서 청년 헤겔이 했던 일을 생각한다면 '현상학'이 무엇을 의미하는지 이해할 수 있으리라. '논리학'과 '엔치클로페디'에 대한 생각은 헤겔이 예나에 있던 시절부터 이미 싹터 있었다. 하지만 그가 독자적인 철학적 노선을 걷기 시작한 것은 '현상학'에서부터였다고 할 수 있다. 헤겔철학은 근본적으로 정신의 철학이며 인간 역사를 바탕으로 하고 있다고 여기는 것은 물론 올바른 판단이지만, 이미 그의 예나 시절에 '정신철학'이 거쳤던 과정이 암시해 주고 있듯이 '현상학'에 의해서 그 사상에 대한 뚜렷한 표현을 얻은 것이라는 사실도 지나쳐서는 안 된다.

1802~03년 그는 Logik u. Metaphysik oder Systema reflexionis et rationis라는 제목의 글을 쓰려고 했다. 다만 이 의지가 더욱 굳어진 것은 1805년이 다 되어서였다. 바로 그해에 그는 totam philosophiae scientiam, id est (a) philosophiam speculativam (logicam et metaphysicam), naturae et mentis ex libro per aestatem prodituro, et (b) jus naturae ex eodem이라는 책을 쓰겠다고 예고했다. 학문에 대한 이 구분 방식은 에렌베르크, 라손, 호프마이스터 등에 의해서 밝혀진 초기 체계의 초고와 일치한다. 그런데 이 체계에 대한 Einleitung(서론)이나 Phänomenologie(현상학)는 이 경우 전혀 문제가 되지 않고 있다. 그와 함께 헤겔은 자신의 모든 체계를 한 권의 책으로 펴내는 일을 단념해 버린 모양이다. 다만 그는 이 체계의 1부로서 '논리학'과 '형이상학' 및 그에 대한 '서론'을 출판하기로 마음먹었다. 이 '서론'에서 '정신현상학'이라는 명칭이 나타나게 된 것은 1806~07년 겨울학기에 있었던 일로 추정된다. 즉 논리학과 형이상학을 포함한 '그 체계의 제1부'의 '서론'을 쓰는 동안 문제가 점점 불거져서 도중에 '서론'이 그대로 '학문 체계의 제1부'가 된 것이다. 또한 그때 밤베르크의 출판자 게브하르트와 맺은 계약에 의하면 체계의 제1부로서 논리학과 형이상학이 다루어지고, 거기에 '현상학'이라는 '서론'이 덧붙여질 예정이었다. 그런데 책을 집필하는 과정에서 이 '서론'이 점차 방대해지더니 마침내 책 한 권 분량이 되었고, 그와 더불어 그 범위와 중요성도 새로운 각도에서 재조명되기에 이른 듯싶다.

헤겔이 1806년 9월에 썼다고 여겨지는 편지에는 원고의 일부분을 넘겼다는 이야기가 있다. 그 원고가 바로 의식, 자기의식, 이성으로 구성된 '정신현상학'이다. 하지만 여기에는 '서설'과 '정신, 종교, 절대지' 부분은 들어 있지 않았다. 후자의 세 부분은 1806년 10월에 한 부분씩 출판자에게 전해졌으며 '서설'은 1807년 1월에 전해졌다. 그리고 1807년 4월에 일부가 공개되었다. 그해 5월 1일 셸링에게 보낸 편지에 따르면 그는 예나전쟁 전날 밤에 원고를 마무리지었다고 한다.

Georg Wilhelm Friedrich Hegel : Phänomenologie des Geistes, 1807.

《정신현상학》 구성과 논리

이처럼 '현상학' 원고에서 이미 의식, 자기의식, 이성이라는 부분과 나머지 부분 사이의 단절이 드러나고 있다. 이는 대체 무엇을 뜻할까. 제1부의 세 가지 장(章)의 구분(의식, 자기의식, 이성)에 대해서는 헤겔 본인이 지시한 바가 있다. 그러나 제2부(정신, 종교, 절대지)에 대해서는 아무런 지시도 하지 않았다. 그래서 이제까지 '현상학'을 다룬 편집자들은 '엔치클로페디'에 나오는 정신철학의 구분에 따라 다음과 같이 나누었다.

A 의식

B 자기의식

C AA 이성

BB 정신

CC 종교

DD 절대지

그러나 헤겔 본인은 다음과 같이 나누었다.

A 1. 감각적 확신 2. 지각 3. 오성(이 세 가지가 '의식'이다)

B 4. 자기의식

C 5. 이성

6. 정신 7. 종교 8. 절대지

이로써 알 수 있듯이 헤겔 본인은 마지막 3장을 AB에 대한 C라고 간주하지는 않았다. 즉 마지막 3장(6, 7, 8)이 차지하는 지위가 애매한 것이다. 애초에 헤겔의 학설을 모조리 예의 삼분법으로 나누는 것은 불가능하다. 따라서 '엔치클로페디'의 구분법을 초기 저작에 그대로 적용하는 것은 불가능하다고 할 수밖에 없다. 지금까지 라손, 호프마이스터, 이폴리트 등은 헤겔 자신의 구분법을 그대로 받아들이지 않고 앞선 방법으로 편집했다. 하지만 어느 쪽이 올바른지 최종 결정을 내리기란 그리 쉬운 일이 아니다. 이성 속에 마지막 3장이 포함되어야 할지, 아니면 이성과 마지막 3장이 서로 같은 위치에 놓여야 할지 뚜렷하지가 않다는 것이 문제이다. 후자처럼 생각한다면 C 전체의 표제는 무엇이냐는 문제가 생기고, 전자처럼 생각한다면 'AA 이성'이라는 것이 동시에 뒤의 3장을 포함하는 넓은 뜻으로 생각될 수도 있다. '현상학'의 내용으로 보자면 그렇게 해석될 만한 구석이 아예 없는 것은 아니지만, 마지막 3장이 이성과는 다른 내용을 가지고 있는 것도 틀림없는 사실이다. 어쨌든 의식, 자기의식, 이성과 정신, 종교, 절대지 사이에 균열이 있다는 것만큼은 확실하다.

그렇다면 '현상학' 자체는 학문 체계에 대한 '서론'일까, 아니면 학문 체계의 일부일까. 처음에는 '현상학' 자체가 '서론'이 될 예정이었지만 집필이 진행되는 과정에서 이 부분이 점차 커지면서 결국 학문 체계의 일부가 되었다고 추론할 수 있다. 그러면 헤겔은 왜 학문의 '서론'을 쓰겠다고 암시한 것일까. 이폴리트의 말에 따르면 이는 교육적인 이유 때문이었다고 한다. 즉 헤겔은 다짜고짜 절대지부터 다룰 것이 아니라 먼저 일반적인 의식을 학문으로 이끌어야 한다고 생각했다는 것이다. 그런데 '현상학'을 학문의 제1부에 대한 '서론'으로 삼으려던 계획은 무너져 버렸다. 헤겔이 만년에 스스로 예정하고 있던 '현상학' 신판을 통해서도 이 점은 뚜렷이 밝혀지지 않았다. 1807년 5월 1일에 셸링에게 보낸 편지에서 헤겔은 이렇게 말했다.

"마침내 내 저서가 완성되었네. 하지만 안타깝게도 인쇄뿐만이 아니라 작품구성 자체에서도 혼란이 일어나고 말았네."

따라서 처음 의도한 구성이 흐트러졌다는 것은 분명한 사실이라고 할 수 있다.

그럼 1807년 '현상학'의 이른바 제1부와 제2부 사이의 균열은 진정한 균열인 것일까? 처음 의도가 도중에 바뀌는 것은 누구에게나 흔히 있는 일이다. 그러므로 헤겔에게도 그런 일이 충분히 일어날 수 있었을 것이다. '이성' 부분에서 인상학과 골상학이 예상외로 중요하게 취급되는 바람에 사태를 돌이킬 수가 없게 되어 결국 의식의 현상학뿐만 아니라 정신의 현상학이, 즉 정신현상 전체가 다루어지게 된 것이라고 추측할 수도 있다. 호프마이스터, 라손, 루카치 등이 지적했다시피 '이성적인 자기의식의 자기실현'이라는 장은 단순히 의식의 경험이라기보다는 오히려 객관적 정신을 암시하는 주관적 정신이라는 내용으로 이루어져 있다. 여기서 '의식'으로부터 '정신'으로 넘어가는 과정이 엿보인다. 곧 '의식'의 전개 전체를 지배하고 있던 '의식을 자기 것으로 삼는다'는 방법이 이제는 정신현상의 영역 전체로 퍼져 나가서, 개인적인 의식의 현상학이 정신 일반의 현상학이 되어 가는 단계가 거기에 나타나 있는 것은 아닐까. 거기서 우리는 균열된 틈을 메워 주고 있는 무언가를 발견할 수 있지 않을까. 요컨대 거기에 균열이 있다는 것은 확실하지만, 사실 그 틈은 메워져 있는 게 아닐까. 어쨌든 이로써

자기의식을 향하여
실재를 구성하는 역사적 과정은 자기의식을 향한 존재의 궁극적 본질의 전개 과정이다. 헤겔은 이러한 전개 과정을 그리스도의 죽음, 부활 등에 비유했다. 구원은 그 과정이 이해될 때 이루어진다.

《정신현상학》의 성립 과정은 독자 여러분도 대충은 파악했을 것이다.

하이데거는 이에 관해 대략 다음과 같이 말했다. '현상학'을 공표할 무렵의 헤겔 사상에서 학문이란 곧 '정신현상학'과 '논리학'이라는 이중적인 방식으로 전개되는데, '현상학'은 제1의 학문이고 '논리학'은 본원적인 학문이며, 둘 다 존재자 그 자체의 진리로서 제1철학에 속한다고 여겨진다(Holzwege S. 184). 더욱이 논리학은 본원적인 학문(eigentliche Wiss.)이며 절대신이 그 절대성 속에서 스스로 현신(現身)하는 것으로 간주되고, 그 점에서 '현상학'이

절대신의 강림(Parusie)을 서술하는 것과는 다르다고 생각된다(ibid. 181). 여기서 '논리학'은 전통적인 명칭이며 개념에 대한 지(知)라고 여겨지고 있다. 하지만 헤겔의 경우 개념은 그 자신에 대한 자기의 개념으로서 존재하므로, '논리학'은 자기 자신에 의해 자기가 절대적으로 파악되어 있다는 점에서 절대신의 절대적 자기파악(das absolute Sichbegreifen des Absoluten in der eigenen absoluten Ergriffenheit von sich selbst)이라고 할 수 있다(ibid. 181). 이 점에서 '논리학'은 '현상학'과는 다르다. 나중에 설명하겠지만 하이데거는 '서론'이 현상학의 근본적인 문제를 다루고 있다고 보았다. 이에 따르면 자연적인 의식(natüriches Bewußtsein)과 실재적인 지(reales Wissen)의 변증법을 통해서 주관이 자연적 의식으로부터 자신을 벗어나게 하는 것(absolvieren) —이것이 절대신(das Absolute)으로 이어진다—이 '현상학'의 중심과제라고 한다. 하이데거는 이 같은 형태로 절대신이 강림하게 되는 것에 대한 서술이 바로 '현상학'이라고 보고, 이에 비해 '논리학'은 절대신이 스스로 강림하는 것에 대한 서술이라고 보았다. 그런 식으로 '학문 체계'가 두 부분(논리학과 현상학)으로 나뉘어 이중으로 펼쳐진다는 것이다(ibid. 184). 하지만 또 다른 한편으로는 현상하는 지의 학문(현상학)은 본원적인 학문(논리학)과 통하며 또한 이에 속해 있다고도 이야기되고 있다(ibid. 181). 그러므로 하이데거가 보기에 양자는 순환적인 관계에 놓여 있는 셈이다.

　이처럼 '논리학'과 '현상학'의 관계는 뚜렷하다고만은 할 수 없다. '엔치클로페디'의 '정신철학'이 그대로 '현상학'에 적용된다면 '현상학'은 로고스, 자연, 정신이라는 체계 속에 편입되게 된다. 이 점이 뚜렷이 드러나 있다면 애초부터 아무 문제가 없을 것이다. 그런데 '정신철학'과 '현상학'은 내용상 매우 다르다. 따라서 '현상학'이 '체계의 제1부'인지 '체계'에 대한 '서론'인지는 여전히 불분명하다. '엔치클로페디'를 기준으로 돌아볼 경우 이 문제가 해결되지 않는다는 것이 문제이다. 양자의 관계는 '현상학'의 '절대지' 속에 간단히 설명되어 있다. 이에 따르면 '현상학'의 귀결로서 '논리학'이 나타나는 셈이 된다. 의식의 편력이 절대지에 다다르는 데서 개념 그 자체의 학문인 '논리학'이 나타난다고도 볼 수 있다. 그러나 한편으로 '논리학'이 '현상학'의 전제가 되는 것처럼 설명되고도 있다. 결국 양자의 관계는 순환적이다. 이는 헤겔철학의 성격으로 보아 당연하다면 당연한 것이다. 아무튼 이 문제에 관해 최종 결론을 내리기란 어렵다. 이에 관해서는 '절대지' 부분에서 다시 한 번 이야기하겠다.

지금까지 살펴봤듯이 처음에는 '현상학' 그 자체가 '의식의 경험학'으로서 헤겔의 철학체계에 대한 Einleitung(서론)의 의미를 지녔지만 나중에 가서는 현재와 같은 '현상학'이 되었다. 그렇다면 처음 계획에 따라 현재의 서론이 최초로 쓰였지만, 이는 아마도 첫 부분(의식, 자기의식, 이성)에 대한 서론이었을 뿐이지 현존하는 '현상학' 전체에 대한 서론은 아니었을 것이라고 추측할 수 있다. 다음으로 현존하는 Vorrede(서설)은 전체가 마무리된 다음 새로이 덧붙여

하이데거(1889~1976)
20세기 무신론적 실존주의 대표자. 후설에게서 철학을 배우고 그의 현상학적 방법을 계승한 하이데거는 《존재와 시간》에서 그 방법을 주요 골자로 삼았다.

진 것이라는 정설을 그대로 받아들인다면, 이는 작품 전체가 처음 계획보다도 더 넓은 내용을 포함하게 되자 이에 대해서 새로이 쓰인 것이라고 추측할 수 있다.

사실 서론과 서설은 뚜렷한 차이가 나는 것처럼 보인다. 서론은 자연적인 의식과 실재적인 지 사이의 관계를 중점적으로 다루면서, 오히려 인식론적인 태도라고 할 만한 '의식의 경험학'의 방법론적 근거 같은 것을 논하고 있다. 이에 비해 서설은 학문 그 자체가 과연 무엇이며 그것이 어떻게 펼쳐져야 하는지, 그리고 자신의 철학이 다른 철학들과 어떻게 다른지 이야기하고 있다. 여기서는 학문으로서 철학의 근본개념 같은 것이 논해지고 있는데, 이 논지에서 중심이 되는 것은 '개념'이고 '실체'이다. 달리 말해 '실체는 주관이다'라는 것이 개념의 변증법적인 자기실현에서 과연 어떤 형태를 띠는가 하는 것의 근본이념이 중심이 되어 있다. 이 점에서 '서설'은 헤겔이 '현상학'을 다 쓴 다음에 전체적인 전망을 전제로 삼고서 다음에 쓸 '논리학'과의 연관성을 고려하여 헤겔철학 전체의 근본개념을 논한 것이라고 해석할 수

있다. 그러므로 '현상학' 그 자체에 대해서 '서설'은 별 의미가 없다고 볼 수도 있다. 이는 충분히 타당성 있는 해석이다.

좀더 깊이 고찰해 본다면 '서론'이 앞쪽의 3부에 관하여 '의식의 경험학' 관점에서 서술되고 있다는 것, 이 관점은 뒤의 3부에서는 그렇게까지 문제가 되고 있진 않다는 것, '서설'의 '실체'에 관한 문제는 앞의 3부 가운데 의식과 자기의식 부분에서는 비교적 문제가 되고 있지 않다는 것이 드러난다. 그러므로 우리는 다음과 같이 말할 수 있다. '서론'은 앞쪽의 2부와 가장 깊이 관련되어 있으며 '서설'의 '실체'는 뒤쪽의 3부와 밀접하게 관련되어 있고, 앞쪽 3부에 포함될 법한 '이성'은 오히려 그 중간에 있는 것이다. 앞의 2부는 군이 말하자면 개인적 의식의 문제이고 뒤의 3부는 보편적 의식(정신)의 문제이며, '이성' 부분은 그 중간에 해당하는 셈이다. 여기서 우리는 '균열된 틈을 메우는 것'을 찾아볼 수 있다. 이렇게 본다면 결국 의식과 실체의 관계가 문제된다. 양자가 서로 다른 것인지 같은 것인지가 핵심적 고찰 주제로 떠오른다. 앞서 이성은 좁고 넓은 두 가지 뜻으로 이해된다고 했는데, 즉 이성은 정신과는 다른 영역에 속하는 것 또는 정신까지 포함하는 것으로 간주될 수 있다. 학자들은 이성까지의 세 부분과 정신 부분은 '엔치클로페디'의 주관적 정신과 객관적 정신의 차이에 해당된다고 말한다. 그렇다면 이성이 중간에 위치한다고 생각할 경우엔 당연히 의식 부분과 실체 부분은 하나로 묶여서 통일적으로 생각되어야 할 것이다. 또한 푸르푸스는 처음의 의식 부분에서 거두어진 성과가 헤겔의 저작 전체의 계획과 실마리를 투명하게 보여 주고, 정신의 형태가 의식의 여러 단계에 대응한다고 말했다. 그리고 뒤에 가서 살펴보겠지만 이폴리트는 '현상학'에는 개인적 의식을 절대지로 고양시키고 개인적 자기를 인류의 자기로 고양시킨다는 두 가지 과제가 있으며, 결국 그것들이 서로 일치한다고 말했다. 여기서는 개인의식과 보편의식의 결합 문제가 중심을 이룬다는 것이다. 이는 동시에 내가 말한 의식 부분과 실체 부분의 관계를 포함하고 있다고 하겠다.

그러므로 의식에 관한 '서론'과 실체에 관한 '서설'의 내용 사이에 있는 통일적 요소를 찾아내는 것이 곧바로 풀어야 할 핵심문제라고 할 수 있다. 이 핵심을 파악하는 것은 이윽고 '현상학'의 근본문제를 해결하는 열쇠가 될 것이다.

《정신현상학》 호소와 의의

《정신현상학》이라고 불리는 이 책은 과연 무엇을 논하고 있는 것일까. 한편으로는 가장 수준 낮고 단순한 의식에서 가장 고차원적이고 복잡한 의식에 이르기까지 의식이 거치는 모든 전개과정을 설명한 것이라고 보는 사람들도 있다. 또 한편으로는 의식을 통한 인간의 자기형성을 단계적으로 설명한 것이며, 이런 의미에서 교양을 통해 인간이 완전한 의미의 인간이 되어가는 과정을 논한 것이라고 보는 사람들도 있다. 따라서 이 책은 괴테의 《파우스트》나 베토벤의 〈교향곡 9번〉에 비견할 만한 작품으

시대 정신 베토벤(1770∼1827)
헤겔에 따르면 창조적 개인의 작품은 그 자신의 시대 정신에 싸여 있다. 고전주의에서 낭만주의로 이행하는 시기에 활동했다. 베토벤과 같은 위대한 작곡가의 음악은 다른 시대에서는 결코 나올 수 없는 것이다. 이는 역사 과정의 일부로서 그 시대에 고정된다.

로 평가되기도 한다. 물론 《정신현상학》이 그런 의미를 띤다는 것을 굳이 부정할 이유는 없다. 다만 《정신현상학》이 이런 설명을 통해서 대체 무엇을 사람들에게 호소하고자 했는지가 문제이다. 이 점이 뚜렷이 밝혀지지 않는다면 그것은 단순한 자기형성 이야기로 빠질 뿐이다. 헤겔이 이런 설명을 통해서 우리가 짊어진 근본문제가 무엇인지를 밝히려 하지 않았더라면, 그토록 애써 가면서 이 난해한 책을 쓸 필요도 없었을 것이다.

수많은 고난을 겪으면서 자기를 형성하고 교양을 쌓아 한 개인이 되어 가는 모습을 그리려는 시도는 그 시대에 유행한 것이라고도 할 수 있다. 이러한 시도는 루소의 《고백록》에서부터 괴테의 《빌헬름 마이스터》에서도 찾아볼 수 있다. 그런 의미의 '교육' 문제가 '자기형성'이라는 형태로 중요한 시대적

문제가 되었다는 것은 부정할 수 없는 사실이다. 물론 헤겔도 당연히 그러한 시대의 영향을 받았다. 만약 이 '자기형성'이 그것을 이룬 사람의 인간적인 '크기'나 '깊이'에 의해서 한 시대, 한 민족, 한 개인을 뛰어넘어 '세계적인 것'으로 간주된다면, 이를 논하는 것 자체가 중요한 의미를 지닌다는 사실도 부정할 순 없으리라.

하지만 단지 그뿐이라면 그것이 꼭 '철학'일 필요는 없을 것이다. 이 작품 첫머리에서는 철학은 반드시 학문(Wissenschaft)이어야 한다는 점을 강하게 주장하고 있다. 그러므로 작가 본인은 학문으로서의 철학이 과연 무엇인지를 이 책에서 드러내 보이려고도 한 셈이다. 앞서 이야기한 의미가 이 책에 전혀 들어 있지 않다는 것은 아니다. 작가는 이 책에서 그런 형태를 취하기는 했지만 이와 더불어, 아니 오히려 이를 통해서 학문으로서의 철학이 무엇인지를 밝히고자 한 것이다. 그렇다면 의식의 전개 및 자기형성과 철학은 서로 다른 것일까. 물론 그렇지는 않다. 철학은 의식의 자기실현이나 인간의 자기형성과 따로 존재하는 것이 아니다. 그래도 자기형성이 학문의 경지로 고양되지 않는다면 철학이라고는 할 수 없다. 인간의 자기형성 과정은 곧 인간의 역사이다. 교양이니 교육이니 자기형성이니 하는 단어의 느낌으로 본다면 그것은 개개인의 역사라고 할 수 있다. 개인의 자기형성이라는 점에서 인간의 역사가 고찰된다면, 방금 이야기한 학문은 이런 의미의 역사와 맥을 같이하는 것일까? 개인의 그런 체험이 그대로 학문이 되는 것일까?

이렇게 말한다면 물론 반대 의견이 나올 것이다. 학문은 학문인 이상 개인의 차원을 뛰어넘어 보편성을 띠어야 하기 때문이다. 그렇다면 자기형성 과정을 인류의 차원에서 생각한다면 어떨까. 이 경우 학문이 가진 보편성과 그렇게까지 차이가 나지 않는 것처럼 보인다. 하지만 좀더 깊이 생각해 보면 인류의 역사는 개인의 역사와 떼려야 뗄 수 없는 관계이다. 물론 개인의 역사가 모여 인류의 역사가 된다는 식으로 단순하게 생각할 수는 없겠지만, 개인의 역사 없이 인류의 역사가 독자적으로 존재할 순 없다고 해도 틀린 말은 아닐 것이다. 그렇다면 의식의 전개 또는 자기형성이 곧 학문이어야 한다는 것은 다음 세 가지 요소를 포함한다고 할 수 있다. 그것은 바로 개인과 인간 일반과 학문이다. 처음에 이야기한 것이 《정신현상학》의 모습이라면, 그것은 이들 세 요소가 하나로 합쳐졌을 때 비로소 성립된다고 할 수 있다. 그런데 하나로 합쳐진다는 것은 말처럼 쉬운 일이 아니다.

왜냐하면 개인의 차원에서나 인류 역사의 차원에서나, 역사라는 것이 곧 학문인 것은 아니기 때문이다. 그것이 학문이 되려면 거기에 어떤 요소가 마땅히 포함되어야 할 것이다. 게다가 여기서 말하는 학문이란 역사학 같은 학문과는 다르다. 그것은 '철학은 학문이다'라고 할 때의 학문이다. 그러므로 이것은 반드시 하나의 체계여야 한다. 더구나 엄밀한 의미에서 그런 것이어야 한다. 그렇다면 엄밀한 의미에서 학문이란 과연 무엇일까. 헤겔은 이를 어떻게 생각하면서 이 책에서 학문을 논하고 있을까. 이 문제는 여기서 직접 다룰 순 없으니 나중에 다시 살펴보겠다. 어쨌든 이렇게 보면 앞서 언급한 세 가지 요소가 하나로 합쳐진다는 것은 쉽지 않은 일임을 알 수 있다. 개인이 자기형성을 하는 것, 역사가 전개되는 것, 게다가 동시에 이것이 철학이라는 학문의 경지에서 이야기되어야 한다는 것, 이 세 가지가 하나로 결합되어 통일성 있는 전체로서 펼쳐진다는 것은 참으로 쉽지 않은 일이다.

그러기 위해서는 개인의 자기형성은 개인의 것인 동시에 인류 전체에 속하는 세계적인 것이어야 한다. 그리고 역사는 인류의 역사이면서 또한 개인의 자기형성과 통하는 것이어야 한다. 즉 개인의 '마음'이 역사에 직접 공명해야 한다. 그리고 또한 그것은 철학적 체계로서 구성되어 있어야 한다. 따라서 이런 일은 웬만해서는 이루어질 수 없다. 그런데도 헤겔은 《정신현상학》에서 굳이 그런 일을 감행했으니, 이는 정말 엄청난 시도이다. 그것은 그때까지 그 누구도 감히 시도하지 못했던 일이었다. 여기서 '굳이'라는 말을 쓴 까닭은 헤겔이 그 작업의 어려움을 알면서도 과감히 시도했기 때문이다. 이는 참으로 대담한 행동이다. 하지만 이런 강한 의지만 가지고는 작업이 이루어질 수 없다. 작업을 하려면 면밀하고 깊이 있으며 광범위한 사색이 필요하다. 깊고 넓은 학식을 하나로 종합하는 위대한 힘이 필요하다. 그럼 헤겔의 이 시도는 과연 성공했을까?

이에 대해 평가하기란 어려운 노릇이다. 하지만 솔직히 말해 헤겔의 시도는 반쯤 성공하고 반쯤 실패했다. 앞에서도 말했듯이 그는 물론 청년 시절에 각고의 노력을 기울였고 그 결과 수많은 업적을 쌓은 다음에 이 작업에 도전했다. 그는 과거의 모든 것을 《정신현상학》에 쏟아부어 나타내려고 했다. 그 바람에 그것은 재료의 무게를 가까스로 지탱할까 말까 한 작품으로 마무리되었다. 즉 자료의 무게에 짓눌려 버린 것이다. 이렇게 본다면 헤겔의 시도는 분명히 실패했다. 하지만 이는 동시에 헤겔이 끝없는 고투를 벌였다는 것을 보여 준다. 그러한 고투에서 배어나는 깊고도 넓은 사색의 위대함이 그 결점을 보완하면서 우리에게 강하게 호소하고 있는 것이다. 그래서 《정신현상학》은 완성품이 아닌데도 철학사상 가운데 가장 뛰어난 작품의 하나로 손꼽히게 된 것이다. 완성되지 않은 불완전한 작품이지만 이윽고 후기 헤겔철학이 완성에 이르기 위한 발판이 되었다. 뿐만 아니라 이 점에서 《정신현상학》은 문제가 있는 작품이지만, 바로 그렇기에 오히려 독자들에게 철학적 문제를 탐구하기 위한 발판을 제공하게 되었다. 이러한 까닭에 이 책은 지금으로부터 200여 년 전에 쓰인 책인데도 오늘날 여전히 문제가 되고 있다. 이 점에 대해서는 좀더 자세한 설명이 필요하겠지만, 그 설명은 이어지는 설명 속에서 저절로 이루어질 것이다.

개념의 정의

그런데 위에서 나는 철학이 엄밀한 의미에서 학문이어야만 한다고 말했다. 헤겔 본인은 이 문제에 대해서 과연 어떻게 생각했을까. 철학이 학문이라는 것은 그것이 오직 개념 속에서만 현존할 수 있음을 뜻한다. 즉 진리는 개념의 장(場)에서 펼쳐질 때에만 학문이 될 수 있다는 이야기다. 그럼 여기서 개념이란 무엇을 뜻할까. 보통 개념이라고 하면 여러 가지 개별적인 것을 추상하여 보편성을 끄집어 낸 것이라고 할 수 있다. 이렇게 본다면 그것은 추상을 통해서 독자적으로 고정된 보편자라는 뜻을 지닌다. 즉 오성의 대상이라는 뜻을 띤다. 하지만 헤겔이 말하는 개념은 그런 것이 아니다. 그런 것과 전혀 무관하지는 않지만, 오히려 그러한 의미의 개념을 하나의 요소로서 담고 있는 것이다. 이는 어떤 뜻일까.

헤겔이 말하는 개념이란 표상 또는 널리 알려진 것으로부터 사유된 것으로, 더 나아가 이로부터 개념으로 옮아가는 과정을 포함하고 있는 것이다. 처음에 표상으로부터 사유로 옮아간다는 것은 보통 오성의 관점에서 이루어진다. 그러므로 헤겔이 말하는 개념이란 이 오성의 관점을 한 요소로 삼으면서 이를 뛰어넘어 자기 내부에 포함하고 있는 것이다. 본디 오성은 추상작용을 한다. 즉 그것은 분할 및 고정작업을 수행하는데, 그 결과 살아 있는 구체적 존재(Dasein)는 생명을 빼앗기고 부정되어 죽어 버린 존재가 되고 마는 것이다. 따라서 오성을 하나의 요소로 삼는다는 것은 오성이 죽어 버린 존재를 그대로 폐기하고는 되돌아보지 않는 것이 아니라, 그것의 생명을 유지할 방법은 없는지 생각해 본 결과라고 할 수 있다. 일반적인 고찰에서는 오성의 이 고정된 면(형식)을 그대로 진리로 인정하고 그보다 더 나아가지는 않는다. 하지만 여기서는 그것을 존재의 죽음이라고 보는 관점에 서서, 그 죽음(부정)을 직시하고 뛰어넘어 오히려 그 존재를 살릴 방법은 없는지 생각하고 있는 것이다. 바로 그렇기에 "정신은 그야말로 부정적인 것에 맞닥뜨려 이를 직시할 때에만 비로소 절대적인 분열 속에서 자기를 발견하는 위력을 지니게 된다"는 말이 나오는 것이다. 그러한 부정성은 이를테면 형식을 형식으로 고정시키기 위해서 형식이 내용과 나뉘어 분열상태에 빠져 버리는 데에서 생겨난다. 그리고 여기서는 그런 오성에 의한 형식의 고정을 그 반대편에 있는 내용과의 관계 속에서 어떻게든 살려 나갈 방법은 없는지 생각하는 셈이다. 말하자면 내용을 부정하여 형식을 고정시키는 데서, 이 부정을 피하지 않고 이를 통해서 형식과 더불어 내용도 살리고 부활시킬 방법은 없는지 생각하는 것이다.

이것을 바꿔 말하면 처음에 이야기했듯이 사유된 것으로부터 개념으로 옮겨 가는 것이 된다. 이 경우 개념은 오성적 개념이 아니라고 할 수 있다. 처음에 사유된 것이 오성적 개념인 데 반하여 이 부정적인 형식을 뛰어넘어 처음의 대상이 자기를 회복한 것, 이것이야말로 헤겔이 말하는 개념이다. 따라서 이것은 보편적인 의미의 개념을 부정적으로 뛰어넘어 자기 내부에 포함하는 것이다. 달리 말해 개념이란 추리를 내포하는 것이라고 할 수도 있다. 먼저 처음의 대상이 사유 속에서 형식이라는 형태로 부정되어 간다. 이때 대상은 자기는 그런 형식이 아니라고 주장하고 있는 셈이다. 그럼 여기서 형식이 된 부정을 다시금 부정함으로써, 이 형식을 담은 뜻으로 내용을 회복한다. 이런 형태로 얻어진 것이 바로 개념이다. 그러므로 개념은 그와 같은 과정을 일련의 추리로서 내부에 포함한 것이라고 할 수 있다.

그러면 이 관점에서 볼 때 지금까지 개념은 어떻게 생각되어 온 것일까. 먼저 정신이 소박한 실체적인 삶(das substantielle Leben)에 안주해 있는 것으로 여겨졌던 경우를 들 수 있다. 이때 정신은 실재와 자기와의 일치를 굳게 믿고 이에 만족하고 있었다. 그러므로 지식(오성의 사유에 의한 지식)은 자신이 그대로 실재와 하나임을 굳게 믿고 있었던 것이다. 이 실체론적 형이상학의 대표자로는 스피노자를 들 수 있다. 다음으로 이 실체론에 대한 의문에서 출발하여 지식의 근거를 반성에서 찾으려는 태도가 등장했다. 이것은 실체가 아니라 반성, 즉 주관이야말로 지식을 결정짓는 궁극의 근거라고 생각하는 태도이다. 이는 칸트나 피히테가 내세운 주관주의이다. 이 두 가지(실체론과 주관주의) 사상은 양극을 이루고 있다. 반성적 주관의 관점은 실체론을 뛰어넘어 이를 부정하는 데서 성립되는 것이다. 그런데 헤겔에 따르면 이제 철학은 더 나아가 이 두 가지 관점마저 뛰어넘으려 하고 있다. 여기서 바로 실체와 주관의 동일성을 직관에 의거해 생각함으로써 잃어버린 실체를 되찾고자 하는 시도가 나타난다. 이것이 직관주의이며 그 대표적인 인물은 셸링이다.

이 마지막 시도는 실체를 되찾고자 하지만 "권총에서 갑자기 총알이 튀어나오는 것"과도 같으므로 여기선 처음에 이야기한 오성의 부정성이 무시될 수밖에 없다. 따라서 이 부정성까지 함께 담은 형태로 실체를 되찾으려면 과연 어떻게 해야 할지가 문제된다. 제3의 관점은 "정신의 힘은 그것의 자기표현(외화)에 정확히 비례하고, 정신의 깊이는 정신이 스스로 전개하는 과정에서 굳이 자기를 확장시킴으로써 자기를 상실하는 정도에 비례한다"는 점을 잊어버리고 있는 셈이다. 진리는 직관을 바탕으로 갑자기 획득되는 것이 아니라, 정신이 실체(대상) 속에서 자기를 잃어버림으로써 자기를 되찾을 때 비로소 획득되는 것이다. 이것이 곧 개념이다. 따라서 개념은 이러한 과정을 포함한 결과라고 할 수 있다. 곧 이런 과정(추리)을 포함한 하나의 전체인 것이다. 이 점에서 '진리는 전체'이다. 오성의 부정성을 잊어버리고 직관에 의지하는 것은 천재(天才)와 같이 신비로운 뜻을 지닐지는 몰라도 학문으로서의 공개적인 뜻을 지닐 수는 없다.

지금까지 설명한 내용을 요약하자면 "실체는 본질적으로는 주관이다"라고 나타낼 수 있다. 바꿔 말하면 "진리를 실체뿐만이 아니라 주관으로도 파악한다"는 것이다. 그럼 이것이 무엇을 뜻하는지 자세히 살펴보자. 먼저 실체는 주관이라고 할 경우, 사유와 실재의 일치라는 실체론의 사상이 구체적인 형태로 주장되고 있지는 않은가 하는 의문이 든다. 하지만 이 사상은 이미 말했듯이 주관에 의한 부정의 요소를 무시하고 있다. 반면에 실체=주관설은 이 부정의 요소를 똑바로 보는 데서 출발했으므로 실체론적인 형이상학과는 엄연히 다르다. 또한 "실체는 주관이다"라고 할 때 반대로 주관이 실체를 결정짓는 것은 아닐까 하는 의문이 든다. 그러나 이것도 그릇된 생각이다. 그렇게 생각할 경우 실체는 단지 부정되기만 할 뿐이지 회복될 수가 없기 때문이다. 그런가 하면 직관의 관점은 형식에 의한 부정을 똑바로 보지 않으므로 이를 다룰 수도 없다. 이상의 내용을 바꿔 말한다면 자기의 타자존재(부정) 속에서 자기와 일치한다는 이야기가 된다. 이는 실체가 주관의 관점에서 볼 때 자기(주관)의 부정(타자존재)임을 간파하고 그

스피노자(1632~1672)
실체론적 형이상학의 대표자. 데카르트는 실체를 그 자체로 존재하는 것, 존재하는 데에 다른 것은 필요하지 않는 것으로 정의했다. 스피노자는 모든 것의 총체는 외부의 것을 전혀 갖지 않는 유일한 것임을 지적했다. 헤겔은 스피노자의 철학체계를 따랐다.

부정을 긍정 속에 포함하면서 주관이 부정을 극복할 때, 그런 부정을 통해 실체가 생명을 얻는다는 뜻이다. 그러므로 실체는 부정되는 가운데 그 부정 속에서 실은 회복되고 있는 것이다. 이때 비로소 실체는 주관의 장에 놓여 있게 된다.

오성적으로 볼 때 인간의 주관은 어떤 의미로든지 절대적 유한함에서 벗어날 수 없다. 따라서 오성적 주관이 실체를 탐구할 때는 이미 유한한 장에 서 있는 셈이다. 이때 실체는 유한한 오성의 장에서 포착된다. 그래서 거기에는 언제나 부정이 따르는 것이다. 이때 그 부정을 눈치채느냐 마느냐가 관건이다. 이를 눈치채지 못한다면 주관이 실체와 그대로 일체화되어 있다고 생각하거나 주관이 전부라고 생각하게 된다. 반대로 여기서 주관이 부정의 장에 서 있다는 자각이 뒤따른다면, 그 부정을 포함하는 가운데 실체는 주관이라는 것이 자각될 터이다. 이때 대상이 되어 있는 실체는 실은 주관에 의한 부정을 자기 안에 포함하고서 그 부정을 다시 부정한 것이다. 이 사실을

깨달았을 때 주관 역시 실체 속에서 자기가 부정됨으로써 실체 안에 안주하게 된다는 것을 자각하기에 이른다. 그러므로 지식의 길은 늘 이런 뜻의 부정과 함께하고 있는 것이다. 그렇기에 어떤 사람은 이렇게 말했다.

"헤겔은 오로지 분열 속에서 자기 자신을 발견함으로써만 자신의 진리를 얻는다."

주관(형식)만의 관점을 취하는 것도 실체(내용)만의 관점을 취하는 것도 모두 다 추상에 지나지 않으며 한쪽 극에 있을 뿐이므로 진리를 얻지는 못한다. 이들은 양극으로 나뉘어 서로를 부정하고 있다. 따라서 한쪽 극에 사로잡히는 것은 단지 부정상태에 놓여 있는 것일 뿐이다. 그러므로 어느 쪽에도 사로잡히지 않은 채 서로의 부정을 똑바로 보고 이를 유지해 나가면서 양자 모두를 부정적으로 포함하는 장에 자리하는 것이야말로 진리를 얻는 길이다. 이는 곧 양자가 벌이는 유희(Spiel)의 장에 자리하는 것, 어느 한쪽에 사로잡히지 않고 양자를 부정적으로 유지하는 것이다. 이때 두 힘은 더 이상 양극이라는 부정적·추상적인 것이 아니게 된다. 이렇게 됐을 때 주어와 술어는 하나가 된다. 일반적으로는 주어(대상)가 술어 속에 포함되어 간다. 즉 주어는 술어 속에서 부정되어 간다. 판단이란 보통 그런 것으로 여겨진다. 하지만 이 경우에 주어는 생명을 잃어버린다. 거기에는 오직 술어만이 살아 있을 뿐이다. 이러한 부정을 눈치채고 그것을 포함하는 동시에 뛰어넘을 때 비로소 주어는 생명을 얻게 된다. 다시 말하면 처음의 판단은 그 자체만으로는 진리가 될 수 없다. 그것은 주어의 부정이기 때문이다. 그러므로 이 판단의 부정을 포함하여 그것을 긍정으로 바꿀 필요가 있다. 따라서 판단은 그 자체만으로는 충분치 않고, 그것이 더 나아가 추리로 전개될 때 비로소 부정을 긍정으로 바꿀 수가 있다. 판단의 부정을 추리에 의해 긍정으로 바꾸는 것이 이른바 헤겔의 변증법이다.

그러므로 진리(개념)는 모순을 지니고 있다. 이렇게 해서 주어의 논리를 펼치는 것이 그 목표가 된다. 이는 주어가 술어 속에서 부정되는 데 그치는 술어의 논리가 아니라, 그 부정을 통해서 주어를 회복하는 논리이다. 따라서 이것은 주어가 회복될 때까지 움직임을 멈추지 않는 논리인 것이다. 그렇게 될 때까지 모든 진리는 하나의 과정일 뿐이다. 이 과정이 더 이상 과정이 아니게 되는 순간에 비로소 절대지가 나타난다. 이때 주어와 술어, 실체와 주관, 대상과 인식은 완전히 일치한다. 그 밖의 지는 모두 긍정 속에서 부정에 뒤따르게 되는 모순이다. 이렇게 되면 이 과정의 전체적인 전개는 넓게 보자면 역사이자 의식의 편력이며, 개인으로 보자면 그의 자기형성 과정이라고 할 수 있다. 이상의 논리를 바탕으로 이것이 의식, 인간, 그의 행동, 개인, 대인관계, 사회, 국가, 즉 역사 속에서 과연 어떻게 펼쳐져 궁극의 경지에 이르는지 살펴보는 것이 바로 《정신현상학》이다. 여기서 우리는 의식의 경험이라는 것을 생각해 볼 수 있다.

'의식의 경험학'으로서의 《정신현상학》

저자인 헤겔의 말을 빌리자면 《정신현상학》은 '의식의 경험학'이기도 하다. 이것이 무슨 뜻인지 한번 생각해 보자.

철학에서는 현실적 인식을 다루기에 앞서서 먼저 절대신을 자기 것으로 삼는 도구나 절대신을 인식하기 위한 수단을 이해해 둘 필요가 있다고 생각하는 경향이 있다. 이런 생각의 바탕에는 인식과 절대신(자체적으로 존재하는 것) 사이에는 양자를 갈라놓는 한계가 존재한다는 확신이 자리잡고 있다. 만약 인식이 절대적 실재를 자기 것으로 삼는 도구라고 한다면, 이 도구를 어떤 대상에 적용할 경우 그 사물은 이제는 본디 있는 그대로의 것이 아니라 바뀐 것이 되고 만다. 그럼 도구를 통해서 절대신(자체)에 대해 얻은 표상에서 도구에 의해 바뀐 부분을 제외한다면 우리는 순수한 진리를 손에 넣을 수 있을까? 하지만 도구를 통해서 가공된 부분을 제외한다면 절대신(자체)은 애초에 이런 작업이 수행되기 전과 다름없는 상태가 될 테니, 우리는 출발점으로 되돌아가는 꼴이 되고 만다.

여기서 인식은 절대신을 포착할 수 없는 것이 아니냐는 의문이 생겨난다. 그러나 이 경우에도 의문 그 자체를 의문시하는 일은 없다. 만약 이 의문이 의문시된다면 인식을 도구로 생각하는 것도 의문시될 것이다. 이렇게 된다면 인식을 한쪽에다 두고 자체를 다른 쪽에 둔다는 사고방식도 의문시될 터이다. 그리고 애초에 인식을 자체의 바깥에 두면서도 마치 자체의 진리를 알 수 있는 것처럼 여기는 철학의 전제가 근본적으로 의문시될 것이다. 따라서 우리는 무의식적으로 가지고 있는 그러한 전제를 버려야 한다.

여기서 중요한 것은 나타나는 지(知)이며, 나타나는 자연적 의식(지)이 진리가 되어 가는 것이다. 그러므로 여기선 '학문의 기초 쌓기'가 문제가 되진 않는다. 그런 것은 처음부터 인식과 자체를 뚜렷이 구별해 놓은 전제를 바탕으로 하고 있다. 자신이 진리(실재적인 지)라는 사념을 품고 있는 지가 바로 자연적인 의식이다. 하지만 그것은 어디까지나 사념에 지나지 않는다. 이 사념은 한낱 사념일 뿐이고 자연적 의식의 사념이 곧 실재적인(참된) 지인 것은 아니다. 자연적 의식이 이것을 겪어 나가는 과정이 《정신현상학》이요 '의식의 경험학'이다. 그렇다고 해서 자연적 의식과는 별개로 어딘가에 참된 지가 있는 것은 아니다. 만약 그렇다면 그런 '의식의 경험' 따위에 신경 쓸 것 없이 그 참된 지를 직접 탐구하면 될 것이다. 문제는 그게 아니라, 그때그때 자연적인 의식을 향하여 그 의식 속에서 그건 그렇지 않다고 이야기하는 것이 있으니, 그것이 바로 실재적인 지이다. 그리하여 자연적 의식은 번번이 의문을 느끼면서 자기부정을 하게 된다. 자기 내부에 있는 자기를 부정하는 것의 이야기를 마치 어딘가 낯선 곳에서 들려오는 것처럼 듣고 그것과 만나지 않을 수 없는 것이다. 이런 형태로 자연적 의식은 번번이 깨달음을 얻고 절망에 빠진다. 이러한 과정 그 자체에서 이야기되고 있는 것이 참된 지이다.

그러므로 절망(Verzweiflung)에 빠진다는 것은 단순한 부정운동이 아니다. 일반적으로 회의론이라고 불리는 것은 이 부정의 무(無)에 머무른 채 앞으로 나아가려 하질 않는다. 그러나 여기서 절망이라고 불리는 의문은 거기에 진리가 없다는 사실을 발견하지만, 그렇게 인식된 무가 그 시점에서 이미 한정돼 있다는 사실을 깨닫는다. 따라서 그것은 더 이상 무가 아닌 그 무엇이다. 그것은 일정한 대상인 그 무언가로서 나타나는 것은 아니지만, 그럼으로써 이미 다른 무언가가 되어 있는 것이다. 즉 거기서는 다른 존재로 옮겨 가는 일이 이미 일어나 있다. 절망은 거기에 머물러 있는 것이 아니라 이처럼 의문을 품고 절망하면서도 계속 앞으로 나아가는 과정 그 자체이다. 이 과정이 동시에 지이고 학문이다. 이 의문의 길을 쭉 걸어가면서 성과를 거두는 것이 바로 학문이다. 이런 의문의 행보(경험) 말고 다른 어떤 곳에 고정된 진리나 학문이 있는 것은 결코 아니다. 자연적 의식은 학문, 진리의 부정이다. 그러나 동시에 이 부정 앞에서 주춤대지 않고 이를 견뎌 내면서, 그 부정 속에서 부정을 통해 자기를 실현하는 것이야말로 학문이다. 자연적 의식의 관점에서 보자면 자기가 죽음으로써 자기의 위치를 얻어 살아가게 된다. 거기에 학문이 성립되는 장(Element)이 존재한다.

그런데 보통 참과 거짓은 일정한 것으로서 고정된 채 존재하고 있다고 여겨진다. 그래서 참과 거짓이란 전혀 다른 것이고 서로에 대해 절대적인 타자로서 존재한다고 생각되며, 거짓은 단지 부정적인 것일 뿐이라고 여겨진다. 그러나 헤겔에 의하면 전혀 그렇지 않다. 참이란 본디 자기부정을 행하는 것이다. 본디 모든 것은 자기와 같지 않은 부정적인 것을 내포하면서 자기로서 존재하는데, 참이라고 해도 예외는 아니다. 참은 거짓을 부정적인 자기로서 자기 안에 포함하여 존재하는 것이다. 고정된 거짓이 존재하여 참의 요소가 되는 것도 아니고, "거짓 속에도 어느 정도 참이 존재한다"는 것도 아니다. 이러한 생각은 참과 거짓을 별개의 것으로 구별하고 있는 셈이다. 그게 아니라 자연적인 의식 속에서 "그것이 생각과는 다른 것이다"라는 형태로 실재적인(참된) 지가 이야기를 해주는 것이다. 자연적 의식은 어딘지 알 수 없는 곳에서 들려오는, 자기가 생각하고 있는 바와는 다르다(거짓)는 이야기를 듣게 된다. 이때 실재적인 지가 스스로 이야기하고 있는 것이다. 그 거짓은 거짓 자체가 아니라 그때 이미 한정돼 버린 거짓이 되어 있는 까닭에 단순한 거짓의 차원을 뛰어넘어 있으며, 여기서 또 다른 새로운 것(참)이 그것을 포함한 채 나타나기에 이른다. 이런 식으로 나아가는 과정 자체가 학문이며 그러는 가운데 최후의 학문이 완성되어 간다.

이렇게 생각하면 거기에 뭔가 척도(Maßstab)가 있는 것처럼 보인다. 본디 무언가를 자기와 구별하면서 그것에 관계하는 것이야말로 의식의 존재방식이다. 즉 어떤 것이 의식을 상대하고 있는 것이다. 이 상대하는 관계에 의해 한정된 것이 이른바 지(知)이다. 이것은 타자에 대해서 있으므로 자체라고는 할 수 없다. 그러므로 이 대타존재와 자체(참)를 비교해서 음미해 볼 필요가 있다. 이때 음미하는 주체는 '우리'이다. 하지만 이 '우리'가 끼어든다고 해서 지금까지 말한 것과는 다른 관계가 나타나는 것은 아니다. 우리가 음미를 한다 해도 그때 음미되는 대상은 언제나 자체가 아닌 대타존재이다. 즉 음미하는 우리에 대해서 있는 존재인 것이다. 그러므로 또 다른 새로운 관계가 나타나지는 않는다. 상대하는 관계라는 점에서는 처음에 말한 관계와 마찬가지이다. 따라서 '우리'가 불변의 척도인 것은 아니다. 지금 말한 관계를 떠나서 일정한 척도가 따로 존재한다고 생각하는 것은 잘못이다.

의식은 자기의 척도를 자기 자신에게 부여하고 있을 뿐이다. 의식은 자기에 대해 진리로서 존재하는 것의 의식이면서 동시에 이에 대한 자기의 지의 의식이기도 하다. 음미할 때는 이러한 두 요소, 즉 진리와 지를 비교하고 있는 셈이다. 음미란 바로 그런 것이다. 이렇게 비교한 결과 양자가 일치하지 않는다면 보통은 진리에 대한 지가 거짓으로 간주되게 마련이다. 그래서 지는 양자가 일치하지 않는 것이 자기 잘못이라고 여겨, 진리(자체)와 일치하기 위해 자기를 바꾸어야 한다고 생각하게 된다. 이것이 일반적인 방식이다. 하지만 중요한 것은 지가 변하면 진리도 변한다는 것이다. 왜냐하면 이미 말했듯이 진리란 지에 대해 존재하는 진리이지 지에서 벗어나 자체적으로 존재하는 것은 아니기 때문이다. 이런 식으로 '자체'라고 생각되던 것은 지 또는 의식에 대해서 존재하는 '자체'였다는 사실이 여기서 밝혀진다. 대상(자체)의 지가 대상과 일치하지 않을 때에는 대상도 지속적으로 그 상태로 있는 것은 아니다. 척도에 의해 측정되어야 할 것이 척도와 일치하지 않을 때에는 척도 자체도 바뀐다.

요컨대 의식은 척도를 스스로 지니고 있다. 의식은 자기 자신을 음미한다. 이런 형태로 거기서 '경험'이 이루어진다. 이 경험을 통해 의식은 무엇인가를 깨닫는다. 이때 그 무엇은 실재, 자체로 간주된다. 그러나 이 자체는 의식에 대해 존재하는 자체이다. 진리란 이처럼 두 가지 뜻을 지니고 있다. 이런 식으로 자연적 의식이 진리라고 생각하고 있는 그의 지 속에서 진실한 지(das wahre Wissen)가 의식에게 말을 거는 것이다. 이러한 관계 자체가 경험이요, 이렇게 이중으로 된 불분명한 관계가 진리이다. 그러므로 자연적 의식이 보기에 진리란 거기에 있는 동시에 없는 것이다.

이리하여 자연적 의식은 자기에 대한 타자(자체)가 사라질 때까지 편력의 길을 계속 나아갈 수밖에 없다. 이 편력이 끝나는 곳에선 '우리'라고 불리는 것도 모습을 감춘다. 이때는 절대적인 긍정이 나타난다. 이렇게 될 때까지는 자연적 의식(이는 일반적인 의식 또는 그때그때의 의식이라고 할 수 있다)은 자기 내부의 어딘지 모를 곳에서 자기를 향해 부정적인 이야기를 하는 무언가가 존재하는 것을 경험해야만 한다. 그 의식은 어떤 것이 진실이라고 생각할 때마다 부정과 맞닥뜨릴 수밖에 없다. 왜 그런가, 그 이유는 설명할 수

프랑스혁명에 대한 비관적 태도 헤겔은 프랑스혁명에 대해 철학적으로 자기형성의 의문으로 나타냈다. 자기형성이 역사의 무게에 의해 파괴되었다는 것이다. 열광적인 지지자들이 품고 있던 혁명의 이미지가 묘사된 〈자유의 나무를 심는 사람들〉이란 프랑스혁명 당시 작품.

없다. 그것은 단지 하나의 사태일 뿐이다. 그런 사태가 일어나는 이유는 아무도 모른다. 의식 또는 지라는 것이 언제나 무언가에 대해서 존재할 수밖에 없다는 의미에서 부정을 수반하고 있기 때문이라고 설명할 순 있으리라. 그러나 이는 어디까지나 사태에 대한 설명에 그칠 뿐이며, 왜 그렇게 되어 있는가 하는 의문은 결코 사라지지 않을 것이다. 헤겔은 절대지를 논함으로써 이 문제에 대한 최종 해답을 내놓은 것으로 보인다. 하지만 신도 역시 골고다가 없으면 고독한 존재라는 것을 그 스스로 말하고 있다는 점만 봐도 알 수 있듯이, 왜 그런가 하는 의문에 대해서는 답이 나와 있지 않다.

　이유인즉 이 의문에 대답하기란 불가능하기 때문이다. 번번이 닥쳐오는 '실체의 밤'은 인간으로선 견디기 힘든 무거운 짐이다. 지금까지 인류의 모든 작업은 이것을 둘러싸고서 이루어졌다. 근대에 접어들자 서양인은 인간의 지식으로써 자연을 정복하고 자연의 원리에 의해 사회를 다른 형태로 만들 수 있다고 믿게 되었다. 이는 넓게 본다면 인간의 자기형성이라고 할 수 있다. 여기에는 자연의 원리가 만물을 지배한다고 생각하는 태도가 존재한다. 이는 역사의 변혁에까지 이르고 있다. 이런 의미의 자기형성은 독일에서는 교양이란 형태로 나타났다. 이 자기형성은 과연 열매를 맺었을까. 헤겔의 말에 따르면 그러지 못했다.

자기소외의 발견

헤겔은 프랑스혁명에 기대를 걸었지만 그 결말에는 비관적인 태도를 보였다. 이것이 철학적으로는 자기형성에 대한 의문으로 나타났다. 즉 자연의 원리(오성적 원리)에 의한 자기형성은 역사의 무게에 짓눌려 파괴되어 버렸다는 것이다. 여기서 '자기소외'라는 개념이 나타난다. 근대의 역사 속에서 이 자기소외를 발견한 것은 그야말로 깊은 통찰의 성과였다. 근대사상에서 말하는 자기형성이란 있는 그대로의 자기를 유지하거나, 관습에 물들어 자기를 의식하지 않는 가운데 역사 속에 묻혀 있는 것이 아니다. 그것은 마땅히 그래야 할 당위적인 인간의 모습, 즉 자연적으로 주어진 인간의 모습을 자기 힘으로 이루는 것을 뜻한다. 자연적인 자기가 되려고 한다는 것은 현재 실제로 있는 자기가 자연적이지 않다고 생각하기 때문이다. 이는 실제로 역사적으로 관습 속에 존재하는 이 자기로부터 벗어나 본디의 당위적인 자연적 자기에게 돌아가고자 하는 것이다. 이런 의미에서 자기형성을 하려 한다는 것인데, 그렇다면 당위적인 본디의 자연이란 과연 무엇일까. 그것은 바로 17~18세기의 오성이 포착한 물리학적·수학적 자연이다. 따라서 그것은 있는 그대로의 자연이라는 이름을 내걸고 있음에도 실은 오직 오성의 빛으로 밝혀진 자연일 뿐이다. 이 점에서 그것은 오성의 빛으로 밝혀진 자연이지 자연 그 자체는 아니다. 그러므로 여기서 주장된 것은 단지 그러한 빛을 받아 승인된 오성적 자연에 지나지 않으며, 이 빛을 받았을 때 부적합하다고 밝혀지는 것은 모두 비자연적인 것으로 간주돼 버렸다.

오성의 빛을 받으면서 당위적인 자연을 목표로 자기를 형성해 나가는 것이 곧 본디의 자연이 되는 것이라고 여겨진 이상, 여기서 본디의 자연이란 자연 그 자체가 아니라 이 빛을 받은 자연일 뿐이다. 즉 가장 자연적인 자연 그 자체라고 생각되던 것이 실은 오성이 생각해 낸 당위적인 자연이었던 것이다. 여기서 무의식적인 전도가 일어난다. 이런 전도를 의식하지 못한다는 점에서 이 사상의 성격이 드러난다. 이 당위적인 본디의 자연이라는 추상적인 것은 역사의 무게에 짓눌려 속절없이 무너져 내리고 말았다. 그리고 헤겔

소외 개념 헤겔은 우리에게 이질적이고 부적절하게 보이는 것이 사실상 어떤 우리 자신의 일부라는 개념은 소외를 의미한다고 생각했다. 정신적인 세계와 물질적인 세계 안에서 소외상태는 변증법적 변화의 추동력을 제공한다.

은 이런 사태 속에서 자기소외를 발견했다. 이른바 변증법이라는 것에서 자기소외는 큰 비중을 차지한다. 오성의 빛이라는 생각이 자신을 따라다니는 그림자를 잊어버린 까닭에 자기소외는 당연히 부닥칠 수밖에 없는 문제이다. 이때 "실제로 해보니 그렇지 않더라"는 식으로 그림자에 휩싸여 당황하고 마는 인간의 모습이 드러난다. 여기에 드리우는 부정의 그림자를 포착했다는 점에서 이 사상의 깊이가 엿보인다.

의식하여 자기 자신이 되려고 하는 것, 즉 칸트의 표현을 빌리자면 일부러 현명해지고자 하는 것이 실제로는 그렇게 되질 않는다. 왜냐하면 그러한 자기는 오성이 추구하는 한에서 당위적인 본디의 자기이기 때문이다. 게다가 그것이 본디 자연적인 모습이라고 생각됐다는 것 자체가 문제이다. 여기서는 오성적인 추상이 포착한 당위적인 상태에 다다르는 것이 자연 그 자체가 되는 것이라고 간주되고 있다. 이로써 알 수 있듯이 자연 그 자체라고 생각되고 있는 것은 사실 당위적인 것이다. 존재하는 어떤 것이 당위적으로 존재해야 하는 것이라고 생각되고 있는 것이다. 즉 존재하는 것은 실제로는 무시되고 있다. 따라서 당위적으로 존재해야 하는 것은 존재하는 것에 의해 그때 그때 원점으로 되돌려질 수밖에 없다. 이리하여 본디의 모습으로 여겨지는 '당위적인' 모습은 번번이 전도되기만 한다. 이 사태에 대한 인식이 자기소외로서 열매를 맺는다. 그것은 당위적인 빛이지만 그림자가 뒤따르지 않는 빛이다. 그래서 그림자와 마주치면 붕괴돼 버리는 것이다. 여기에 심오한 변증법이 존재한다.

당위적인 모습이란 그림자가 뒤따르지 않는다는 의미에서 본원적인 것이며 나타나지 않은 것, 다시 말해 자체(즉자, an sich)인 것이다. 그것은 당위적으로 어떤 존재여야 할 것이지만 실제로는 아무것도 아니다. 요컨대 생각되기만 한 관념적인 추상물이다. 따라서 그것이 어떤 존재이려면 그림자와 마주쳐야만 한다. 자기와 대치하는 무언가를 만나야만 한다. 그런 뜻에서 타자에 대해 있는 가운데 자기에 대해 있어야만 한다. 대자(für sich)란 바로 그런 것이다. 이때 비로소 최초의 자체는 자기가 된다. 자기만의 자기가 되어 독자성을 얻는 것이다. 하지만 이렇게 되면 자체는 더 이상 자체가 아니게 된다. 자체가 대자적인 상태에서 자기 자신이 된 것, 그것이 바로 즉자대자이다. 이를 가리켜 헤겔은 자기에게 되돌아온다(reflektieren)고 했다. 이는 reflexion이라는 독일어 동사인데 '반성'이라는 의미보다는 '되돌아오다, 돌이켜보다'라는 의미가 강하다. 이렇게 되돌아옴으로써 그것은 본디의 자기를 되찾게 되는데, 이때 그것은 더 이상 자체가 아니고 대자를 부정하는 가운데 자기가 되어 있는 것이다. 따라서 그것은 부정의 부정이다.

《정신현상학》에 나오는 자체(즉자, an sich)란 본디의 당위적인 모습이지만 아직 실제로 드러나진 않은 상태를 뜻한다. 이것은 부정이 뒤따르지 않는 순수한 긍정으로서 추상의 상태에 놓여 있는 것이다. 그런데 이 책에서는 독특하게도 "방관자인 우리 눈에 비치는 사태 자체"라는 기이한 표현이 곳곳에 나온다. 이는 사태 속에 놓여 있는 것에게는 자체적이고 본원적이며 당위적이지만 실제로 나타나 있지는 않은 것, 따라서 헤겔이 이야기하는 개념의 모습으로는 알려져 있지 않은 것도, 그것을 알고 있는 '우리'에게는 그것이 자체에 지나지 않는다는 점이 알려져 있다는 것을 뜻한다. 요컨대 사태 속이 아니라 사태 밖에 있으면서 그것을 관찰하고 서술하는 상황에 있는 저자이자 철학자인 '우리'에게는 그것이 자체에 지나지 않는다는 점이 알려져 있다는 뜻에서 "방관자인 우리 눈에 비치는 사태 자체"란 표현이 쓰이고 있는 것이다. 사태는 자체적인 상태에 머무르는 한 실제로 나타나 있지 않으므로 알려져 있지도 않다. 하지만 우리에게는 다 알려져 있다. 그것이 바로 자체라는 사실이 알려져 있는 것이다. 이 표현은 그런 뜻으로 쓰였으니 오해하지 말기를 바란다.

《정신현상학》에서는 이상과 같은 이론적인 전제를 바탕으로 서설, 서론, 의식, 자기의식, 이성, 정신, 종교, 절대지라는 과정을 거쳐 인간 의식의 전개가 동시에 인류의 역사라는 형태로 설명되고 있다. 물론 역사라고는 해도 일반적인 의미가 아니라 깊은 의미를 지닌 철학적인 역사이다. 그러므로 이것을 일반적인 의미의 역사에 비춰 보자면 비판할 여지는 얼마든지 있다. 하지만 그 의미를 깊이 생각할 줄 아는 사람은 거기에서 살아 있는 역사를 발견할 수 있을 것이다. 보통 역사의 관점에서 보자면 앞에 있어야 할 것이 여기서는 뒤에 나오고 또 어떤 데서는 되풀이되기도 한다. 하지만 그것들은 동시에 그것을 체계적으로 다루려 하기 때문에 일어나는 사태이다.

그럼 이제 헤겔의 말을 빌려 이 글을 끝맺겠다. 그는 어느 논고에서 말했다. "결과를 나는 알고 있다. 나는 모든 영역을 탐색했으니까." 이것이야말로 헤겔철학의 진수가 아닐까. 헤겔철학은 다른 의견들을 억지로 가두는 강제수용소는 아닐 테지만, 설령 그렇다 해도 놀랍지는 않을 것이다.

게오르크 헤겔 연보

1770년	8월 27일, 뷔르템베르크 공국의 수도 슈투트가르트에서 아버지 게오르크 루드비히 헤겔(1733~1799)과 어머니 마리아 막달레나(1741~1783) 사이에서 3남매(남동생 루드비히, 여동생 크리스티아네) 중 장남으로 태어남. 아버지는 카를 오이겐 공을 보좌하던 수세국(收稅局)의 서기관이었고, 어머니는 소년 헤겔에게 라틴어를 가르칠 정도로 교양 있는 부인이었음. 같은 해 횔덜린과 베토벤도 태어남.
1773년(3세)	여동생 크리스티아네 태어남.
1775년(5세)	라틴어학교에 입학함. 그해 셸링도 태어남.
1776년(6세)	악성 천연두로 생명의 위협을 받음.
1777년(7세)	가을, 슈투트가르트의 김나지움에 입학하여 그리스와 로마의 고전을 배움.
1783년(13세)	온 집안이 열병을 앓아 9월 20일 어머니 죽음. 그해 9월, 파리조약에 따라 영국의 아메리카 식민지의 독립이 승인됨.
1786년(16세)	에픽테토스의 《요록》과 롱기노스의 《숭고에 관하여》 번역을 시도함.
1788년(18세)	아리스토텔레스의 《윤리학》과 소포클레스의 비극을 읽음. 김나지움 졸업시 논문 〈터키인의 예술과 학문의 위축상태〉를 낭독함. 10월 27일, 튀빙겐 대학 신학부에 입학함. 같이 입학한 횔덜린(1770~1843)과 친교를 맺음. 5년 재학 중 2년은 주로 철학을, 나머지 3년은 신학을 공부함. 12월, 논문 〈고대 그리스와 로마의 고전작가들의 독서가 우리에게 미치는 이익에 관하여〉를 씀. 같은 해 칸트의 《실천이성비판》, 루소의 《참회록》, 기번의 《로마제국쇠망사》가 출판됨.

1789년(19세) 프랑스혁명이 일어나자 튀빙겐 대학에서도 혁명에 대한 관심이 고조됨. 혁명을 지지하면서 금지된 혁명 관련 문헌을 읽는 비밀 정치모임을 조직함. 이즈음 칸트의 《순수이성비판》, 야코비의 《스피노자 이론에 관한 서한》, 히펠의 《인생행로》, 루소의 《에밀》《사회계약론》《참회록》 등을 읽음.

1790년(20세) 9월 27일, 철학 석사학위를 받음. 10월, 셸링(1775∼1854)이 튀빙겐 대학에 입학하면서 헤겔과 횔덜린 그리고 셸링 3인의 친교가 시작됨. 같은 해 칸트의 《판단력비판》이 출판됨.

1791년(21세) 장래 헤겔의 부인이 된 마리 폰 투허 태어남.

1793년(23세) 튀빙겐 대학 신학부를 졸업하고 목사보가 됨. 이해부터 1795년까지 〈민족종교와 그리스도교〉의 초고를 씀. 잠시 슈투트가르트로 귀향했다가 프랑스혁명의 영향으로 떠들썩한 스위스의 베른으로 가 상류귀족인 슈타이거 집안의 가정교사가 됨. 이 가문의 보수적인 분위기가 마음에 들지는 않았으나 베른의 귀족주의적인 정치조직을 가까이에서 살펴볼 수 있는 좋은 기회가 됨. 같은 해, 칸트의 《다만 이성의 한계 내의 종교》를 공간함. 셸링은 최초의 논문 《신화에 관하여》를 발표함. 1월 루이 16세 처형, 4월 제1차 대불대동맹, 6월 자코뱅당 독재 시작됨.

1794년(24세) 칸트의 《다만 이성의 한계 내의 종교》를 읽음. 7월, 프랑스에서 테르미도르의 반동 일어남. 12월, 셸링에게 보내온 서한에서 로베스피에르의 공포정치가 시작됨을 전함. 같은 해 피히테의 《전지식학의 기초》 간행됨.

1795년(25세) 피히테의 《전지식학의 기초》, 실러의 《인간의 미적 교육에 관한 서한》을 읽음. 셸링의 여러 논문에서 점차 영향을 받기 시작함. 5월, 제네바를 여행함. 5월부터 7월까지 〈예수의 생애〉를, 11월부터 1796년에 걸쳐 〈그리스도교의 율법성〉 초안을 잡음. 11월에 프랑스 총재정부 성립됨.

1796년(26세) 7월, 알프스 고산지방을 여행함. 8월, 시 〈엘레우시스〉를 횔덜린에게 보냄. 11월, 횔덜린의 소개로 알게 된 프랑크푸르트암마인의 가정교사 자리를 얻기 위해 잠시 슈투트가르트에 귀향함. 이즈음부터 1798년에 걸쳐 〈그리스도교의 정신과 그 운명〉의 초고를 씀.

1797년(27세) 1월, 말시장 상인인 고겔 집안의 가정교사로서 프랑크푸르트로 가 횔덜린과 재회하며 우정을 확인함. 같은 해 칸트의 《도덕형이상학》, 셸링의 《자연철학논고》, 횔덜린의 《히페리온》 제1부가 출판됨. 프로이센의 왕 프리드리히 빌헬름 3세 즉위함.

1798년(28세) 봄, 마인츠를 여행함. 부활제에는 스위스의 귀족지배를 비판한 칼의 《칼친서역》을 번역하여 익명으로 출판함(헤겔의 처녀 출판). 〈뷔르템베르크의 최근 내정에 관하여〉를 써서 세습왕제의 권력을 제한하고 그 남용을 막기 위해 뷔르템베르크 민회와 대의제도의 개혁이 필요하다고 주장함. 이 논문을 슈투트가르트의 친구에게 보냈으나 그들의 반대로 공포되지 못함. 8월 이후 칸트의 《도덕형이상학》을 연구함.

1799년(29세) 1월 15일, 아버지 죽음. 유산 분배로 3,154굴덴을 상속받아 얼마간의 재산이 생겼으므로 학자로서 설 준비를 하고, 실러·피히테·슐레겔·셸링이 있는 예나에 뜻을 둠. 2월, 《독일 헌법론》 제1서문을 씀. 스튜어트의 《국민경제학》을 연구함. 7월, 피히테(1762~1814)는 무신론 논쟁 끝에 예나를 떠남. 같은 해, 실러 《발렌슈타인》 3부작을 완성함. 슐라이엘마허의 《종교에 관하여》, 셸링의 《자연철학 체계의 최초 구상》, 횔덜린의 《히페리온》 제2부가 발간됨. 7월, 제2차 대불대동맹 결성함. 프랑스에서는 11월에 브뤼메르의 쿠데타 발발하여 12월에 집정정부 수립됨.

1800년(30세) 1799년부터 이해에 걸쳐 단편 《자유와 운명》의 초안을 잡고, 9월에는 《1800년 체계 단편》을 씀. 그리고 로렌츠의 저서를 통해 에우클레이데스의 기하학을 연구하는 한편, 《그리스도교의 율법성》의 개고에 대한 서문을 쓰기 시작함. 가을, 마인츠를 여행함. 11월, 셸링에게 보내는 편지에서 자신도 예나 대학에서 함께 가르치고 싶고, 그 준비로 연구에 전념하고 있다는 사연을 전함. 같은 해 피히테의 《인간의 사명》《봉쇄상업국가론》, 셸링의 《선험적 관념론의 체계》가 출간됨. 5월 나폴레옹이 알프스를 넘어 6월 마렝고 전투에서 오스트리아군을 격파함.

1801년(31세) 1월, 예나로 옮김. 7월, 《피히테와 셸링의 철학체계의 차이》를 공간함. 셸링의 동일철학의 관점에서 피히테를 비판함. 8월, 기계론적 사고방식을 비판한 논문 〈행성들의 궤도에 관하여〉를 예나 대학 사강사의 자격을 얻어 겨울학기부터 강의를 시작함. 논리학과 형이상학(이후 거의 학기마다 강의) 및 철학입문을 강의하고, 또 셸링과는 공동으로 철학연습을 지도함. 같은 해 슐라이엘마허의 《독백록》이 출판됨. 2월, 프랑스와 오스트리아 간에 체결된 뤼네빌화약으로 신성로마제국은 사실상 붕괴됨. 7월, 나폴레옹은 교황 피우스 7세와 종교협약을 맺음.

1802년(32세) 셸링과 공동으로 〈철학비판잡지〉를 발행함. 여기에 〈서론. 철학적 비판일반의 본질〉〈상식은 철학을 어떻게 생각하는가〉〈회의론과 철학과의 관계〉〈신과 지〉〈자연법의 학문적 취급방법에 관하여〉 등 여러 논문을 발표함. 봄까지 《독일헌법론》의 초안을 잡고, 신성로마제국 붕괴의 원인과 독일 국가재건의 방향을 탐색함. 《인륜의 체계》도 이즈음 씌어짐. 여름학기 자연법학의 강의를 시작함(이후 거의 매학기). 같은 해 셸링의 《브루노》가 간행됨.

1803년(33세) 가을, 셸링이 뷔르츠부르크로 떠남. 겨울학기에 자연철학과 정신철학(뒷날 합하여 '실재철학'이라 일컬음)을 강의함(이후 매학기).

1804년(34세) 칸트(1724~1804) 죽음. 실러의 《빌헬름 텔》이 출판됨. 5월, 나폴레옹이 황제에 즉위함.

1805년(35세) 2월, 괴테(1749~1832)의 천거로 원외교수로 승진함. 겨울학기 처음으로 철학사를 강의함. 2월, 《정신현상학》의 인쇄 시작됨. 6월, 바이마르 정부로부터 100타레르의 연봉을 받음. 10월 13일, 예나가 프랑스군에 점령되어 말을 타고 순시하던 나폴레옹을 보고는 세계를 지배하는 개인, 세계정신을 보았노라고 편지에 씀. 그날 밤 멀리 포화를 바라보면서 《정신현상학》을 탈고함. 다음 날, 예나·아우엘슈타트의 전투에서 프로이센군 패배함. 10월 20일 《정신현상학》의 마지막 원고를 밤베르크의 출판사로 보냄. 같은 해 7월, 라인동맹이 성립함. 8월, 신성로마제국이 멸망하고 프란츠 2세 퇴위함. 8월에 제3차 대불대동맹, 12월에 아우스터리츠의 삼제회전에서 러시아·오스트리아 연합군이 패하고 프레스부르크 조약이 이루어짐.

1806년(36세)　1월, 《정신현상학》 서론의 원고를 출판사에 보냄. 2월, 슬하에 딸 하나를 둔 브르크하르트 부인(1778~1817)과의 사이에서 남자 아이가 태어나 루드비히 헤겔(1807~1831)이라 이름지음. 3월, 예나 대학 폐쇄됨. 친구 니이탐머(1776~1848)의 주선으로 밤베르크 신문사 편집을 맡아 라인동맹 가입국인 바이에른의 지방도시 밤베르크로 감. 4월, 《정신현상학》을 공간함. 이 저서를 공간함으로써 셸링과의 편지 왕래와 교우관계 끊어짐. 1806년부터 1807년에 걸쳐 피히테는 '독일 국민에게 고함'을 연속으로 강연함. 7월, 프랑스와 프로이센의 틸지트조약이 성립됨. 10월, 프로이센에서는 슈타인의 개혁이 시작됨.

1808년(38세)　11월, 니이탐머의 주선으로 뉘른베르크 김나지움의 교장 겸 철학예비학 교수가 됨. 상급반에서는 주로 엔치클로페디, 중급반에서는 논리학과 정신현상학, 하급반에서는 법론과 의무론, 기타 각 학급에서는 종교론을 강의함. 같은 해 괴테의 《파우스트》 제1부가 출간됨.

1811년(41세)　4월에 뉘른베르크의 시회의원의 딸인 마리 폰 투허(1791~1855)와 약혼하여 8월 12일에 결혼함. 같은 해 영국에서 러

다이트운동이 일어남.

1812년(42세) 《논리학》 제1권 객관적 논리학 제1편 유론을 공간함(서문의
            날짜는 3월 22일). 장녀 스잔나를 낳았으나 곧 죽음. 같은
            해, 나폴레옹이 러시아에서 패하여 물러남.

1813년(43세) 《논리학》 제1권 객관적 논리학, 제2편 본질적 공간함. 적자
            인 장남 칼 헤겔(1813~1901)이 태어남. 같은 해 11월, 리
            히트조약에 따라 바이에른이 나폴레옹 통치에서 벗어남. 11
            월, 라이프치히 전투에서 연합군이 승리함. 12월, 뷔르템베
            르크가 나폴레옹을 등짐.

1814년(44세) 차남 이마누엘 헤겔(1814~1891) 태어남. 같은 해 5월, 나
            폴레옹이 엘바 섬에 유배되고 제1차 파리조약이 성립됨. 9월
            부터 1815년 6월까지 빈 회의가 열림.

1815년(45세) 3월, 나폴레옹이 엘바 섬을 탈출함. 한편 뷔르템베르크의 프
            리드리히 1세는 새로운 헌법의 제정을 위해 국회를 소집함.
            6월, 예나에서 독일학생연합이 결성되고, 나폴레옹은 워털루
            전투에서 패함. 9월에 신성동맹, 11월에 제2차 파리조약이
            성립됨.

1816년(46세) 《논리학》 제2권 〈주관적 논리학(개념론)〉을 공간함(서문의
            날짜는 7월 21일). 10월, 하이델베르크 대학 정교수로 취임
            함. 매학기 거의 엔치클로페디를 강의함. 철학사 2회, 미학
            2회, 인간학 및 심리학 2회, 자연법과 국가학 1회의 강의도
            함. 이즈음 뷔르템베르크에서는 왕과 민회가 새로운 헌법의
            제정을 둘러싸고 대립함. 또 작센바이마르 대공국에서는 독
            일 최초의 헌법이 제정됨.

1817년(47세) 《철학적 제학문의 엔치클로페디》를 공간함(서문의 날짜는 5
            월). 서자인 루드비히의 친어머니가 죽고 루드비히를 헤겔
            집안에서 맞아들임. 〈하이델베르크 문학연보〉의 편집에 참여
            하고, 〈야코비 철학비판〉을 기고함. 〈하이델베르크 연보〉에
            는 〈1815~1816년 뷔르템베르크 왕국 지방민회 토론 비판〉
            을 기고하여 의사록을 논평함. 민회와 국왕과의 분쟁은 봉건

적 특권과 근대적 주권의 투쟁으로 보고 국왕측에서는 구(舊)바이에른 헌법 부활을 꾀하는 민회를 비판함. 이로 인해 친구 파울스(1761~1851)와 대립하게 됨. 여름학기에 처음으로 미학 강의를 함. 10월 18일, 독일 여러 곳으로부터 학생들이 모여들어 튀빙겐 고성에서 기념제를 개최하여 자유주의·민족주의의 깃발을 높이 듦. 이때 독일학생연맹을 전 독일학생연맹이라 개칭함. 11월, 알텐슈타인(1770~1840)이 문교장관에 취임함. 12월 26일, 베를린 대학에서 피히테의 후임으로 헤겔을 맞아들임. 같은 해 리카도의 《경제학원리》가 간행됨.

1818년(48세) 10월 22일, 베를린 대학 교수 취임연설을 함. 그 뒤 1831년 죽을 때까지 베를린 대학 교수로서 《엔치클로페디》, 그 1부로서의 논리학·형이상학·자연철학·정신철학 나아가 자연법과 국가학 또는 법철학·철학사·미학 등을 강의함. 그리고 새로이 종교철학과 역사철학의 강의를 시작함. 같은 해 바이에른과 바덴에서 헌법이 제정됨.

1819년(49세) 3월, 러시아의 스파이라는 혐의를 받던 저명 시인 코체부(1761~1819)가 전 독일학생연맹원인 칼 잔트에 의해 살해됨. 여름, 칼스바트 결의(독일대학 감시, 언론출판의 자유를 제한)를 함. 리우겐지방을 여행함. 겨울, 문학비판잡지 발간에 관한 건의서 문교장관에게 제출함. 같은 해 쇼펜하우어 《의지와 표상으로서의 세계》 정편이 발간됨. 뷔르템베르크 헌법 시행함. 영국에서는 피털루 학살사건이 발생함.

1820년(50세) 6월 25일, 《법철학강요》의 서문을 씀. 9월, 독일연방회의에서 칼스바트 결의를 승인함. 같은 해 이탈리아에서 카르보나리 당의 난이 일어남.

1821년(51세) 《법철학강요》 공간. 여름학기에 처음으로 종교철학 강의 시작함. 같은 해 프로이센의 왕은 국회 개원의 무기한 연기를 명령함.

1822년(52세) 브뤼셀과 네덜란드를 여행함. 겨울학기에 처음으로 세계사의 철학 강의를 함.

1823년(53세) 제자 중 한 사람인 헤닝이 헤겔 강의의 복습강의를 시작하여
헤겔학파가 형성되기 시작함.

1824년(54세) 프라하와 빈을 여행함. 부활제에 포이어바흐(1804~1872)가
청강차 베를린에 왔다가 1826년 부활제까지 머묾.

1825년(55세) 서자 루드비히가 네덜란드 식민지군에 입대함. 2월, 덴마크
인 하이베르크(1791~1860)로부터 그의 저서 《인간의 자유
에 관하여》(헤겔철학 소개서)를 기증받음. 같은 해 영국에서
는 공장법이 성립(노동조합 공인), 러시아의 상트페테르부르
크에서 데카브리스트의 난이 일어남.

1826년(56세) 1월, 〈베를린 지방신문〉에 〈회개한 자에 관하여〉를 기고함.
7월, 간스(1798~1839)와 함께 과학적 비판협회를 창립함.

1827년(57세) 1월, 〈과학적 비판연보〉를 발간함에 있어 슈라이엘마허의 참
가를 거부함. 이 연보에 〈빌헬름 폰 홈볼트(바가바드 기타란
이름으로 알려진 마하바라타의 에피소드에 관하여)의 비평〉
을 기고함. 《엔치클로페디》 제2판을 공간하여 5월 25일 그
서문을 씀. 8월부터 10월에 걸쳐 프랑스를 여행하고 돌아오
다가 바이마르의 괴테를 방문함.

1828년(58세) 〈과학적 비판연보〉에 〈졸거의 유고 및 왕복서한에 관하여〉
와 〈하만 저작집에 관하여〉를 기고함. 11월, 포이어바흐로부
터 서신과 취직논문 〈하나이면서 보편 또는 무한한 이성에
관하여〉를 기증받음.

1829년(59세) 〈과학적 비판연보〉에 〈겟셀의 '무지와 절대지의 아포리즘'에
관하여〉, 〈필자 익명의 '헤겔의 교설 또는 절대지와 현대의
범신론'에 관하여〉, 〈슈발트와 칼가니코 공저의 '철학일반 특
히 헤겔의 엔치클로페디에 관하여의 비평'〉을 기고함. 여름학
기에 〈신의 존재증명에 관하여〉 강의함. 9월, 칼스바트 여행
뒤 귀국 중 재차 바이마르로 가 괴테를 만남. 10월 18일, 대
학총장에 취임하여 라틴어로 취임연설을 함. 12월, 로제 박
사의 학위수여식에서도 연설함.

1830년(60세) 6월, 아우구스부르크의 신앙고백 3백주년 기념제에서 연설함. 8월, 총장으로서 국왕탄생일 축하현상 논문을 고시함. 60세가 되는 생일에 제자들로부터 초상을 새긴 메달을 기증받음. 《엔치클로페디》제3판을 공간함. 9월 19일, 그 서문을 씀. 10월, 대학총장을 사임함. 같은 해 포이어바흐의 《사와 불사에 대한 고찰》이 출판됨. 7월혁명이 일어남.

1831년(61세) 〈과학적 비판연보〉에 〈오레르트의 '관념실재론'에 대하여〉, 〈게레스의 《세계사의 기초, 구성, 시대서열에 관하여》의 비평〉을 기고함. 〈프로이센 국가신문〉에 〈영국선거법 개정안에 관하여〉를 기고, 이 개정은 오히려 국가권력조직을 뒤엎는 빌미가 되리라 하고 엄중히 비판했으나, 연재 도중 프로이센의 왕에 의해 게재를 금지당함. 《정신현상학》의 개정 준비를 시작함. 8월 28일, 루드비히가 바타비아에서 세상을 떠나다. 11월 7일, 《논리학》제1권 제1편 유론 제2판의 서문을 씀. 11월 14일, 콜레라로 죽음. 생전의 유언에 따라 피히테의 묘 곁에 묻힘.

1832년(62세) 동료와 제자들 편집에 의해 《헤겔전집》전18권의 출판이 시작됨. 여동생 크리스티아네 세상을 떠남.

옮긴이 김양순

성신여자대학교 독문학과를 졸업하고 동대학원에서 독문학을 전공하다. 독일 뮌헨대학에서 심리학 전공. 심리치료사자격을 취득하다. 옮긴책 미하엘 엔데《끝없는 이야기》프로이트《정신분석 입문》《꿈의 해석》비트겐슈타인《논리철학논고》《철학탐구》《반철학적 단장》등이 있다.

세계사상전집075
Georg Wilhelm Friedrich Hegel
PHÄNOMENOLOGIE DES GEISTES
정신현상학
G.W.F. 헤겔/김양순 옮김
동서문화창업60주년특별출판
1판 1쇄 발행/2016. 11. 30
1판 2쇄 발행/2021. 2. 1
발행인 고정일
발행처 동서문화사
창업 1956. 12. 12. 등록 16-3799
서울 중구 마른내로 144(쌍림동)
☎ 546-0331~6 Fax. 545-0331
www.dongsuhbook.com

＊

이 책의 출판권은 동서문화사가 소유합니다.
의장권 제호권 편집권은 저작권 법에 의해 보호를 받는 출판물이므로
무단전재와 무단복제를 금합니다.
사업자등록번호 211-87-75330
ISBN 978-89-497-1590-2 04080
ISBN 978-89-497-1514-8 (세트)